中世思想原典集成

第II期
1

訳─山本耕平
編訳─監修─上智大学中世思想研究所

Corpus fontium mentis medii aevi

トマス・アクィナス 真理論

上

平凡社

中世思想原典集成 第II期 1

トマス・アクィナス 真理論 上

凡例

1——第II期1および2には、トマス・アクィナス『真理論』（Quaestiones disputatae de veritate）の全訳を上・下二巻に分けて収録し、総序、翻訳、訳註（底本註を含む）の順に配列した。

2——翻訳の底本として、Sancti Thomae de Aquino Opera omnia, iussu Leonis XIII P.M. edita, tomus XXII: Quaestiones disputatae de veritate, cura et studio Fratrum Praedicatorum, 3 vols., Roma 1972-76 を用いた。

3——訳文は訳者が聖カタリナ女子大学『人間文化研究所紀要』、聖カタリナ女子大学キリスト教研究所『研究所紀要』、聖カタリナ女子大学社会福祉学部『聖カタリナ女子大学研究紀要』、『聖カタリナ大学・聖カタリナ大学短期大学部研究紀要』の諸号に二〇〇二年から二〇一二年にかけて掲載した訳文を加筆・訂正したものである。

4——翻訳部分において、〔 〕は訳者による補記・補註を示す。

5——固有名の日本語表記は『中世思想原典集成』全二〇巻・別巻一巻（平凡社、一九九二—二〇〇二年）に従った。すなわち、原音を尊重しつつ、慣用優先の例外もある。ギリシア語の普通名詞を除く古典語の長音は原則としてこれを無視し、ラテン語は概して古典読みを採る。聖書関係のものは新共同訳に依拠する。なお、ギリシア語人名は訳文中では原文ラテン語に従いラテン語化した表記で示した。

6——聖書引用文は、邦訳聖書各種を参照しつつも、原文に即して翻訳した。なお、書名およびその略語は新共同訳に従った。詳細は巻末の聖句引照索引を参照されたい。

真理論
目次

Corpus fontium mentis medii aevi

総序……稲垣良典……7

真理論——山本耕平訳

第一問題　真理について……30
第二問題　神の知について……106
第三問題　イデアについて……231
第四問題　言葉について……276
第五問題　摂理について……323
第六問題　予定について……397
第七問題　生命《いのち》の書について……445

第八問題　天使の認識について……476
第九問題　天使の知の伝達について……615
第一〇問題　精神について……656
第一一問題　教師について……770
第一二問題　予言について……806
第一三問題　脱魂について……913

Corpus fontium mentis medii aevi

下巻目次

第一四問題　信仰について
第一五問題　上位の理性と下位の理性について
第一六問題　良知について
第一七問題　良心について
第一八問題　無垢の状態での最初の人間の認識について
第一九問題　死後の魂の認識について
第二〇問題　キリストの魂の知について
第二一問題　善きものについて
第二二問題　善きものへの欲求について
第二三問題　神の意志について
第二四問題　自由決定力について
第二五問題　感能について
第二六問題　魂の情念について
第二七問題　恩寵について
第二八問題　罪人の義化について
第二九問題　キリストの恩寵について

索引

聖句引照索引
人名・固有名索引
監修者・訳者紹介

中世思想原典集成 第II期 1

トマス・アクィナス 真理論 総序

稲垣良典

ここに初めて全訳が公刊される(一)トマス・アクィナス（Thomas Aquinas　一二二四/二五―七四年）の『定期討論集・真理論』（Quaestiones disputatae de veritate）の翻訳者山本耕平氏は、本集成第一四巻『トマス・アクィナス』（一九九三年）巻頭の「総序」でトマスの生涯・著作・思想を簡潔に記述する中で、この著作については次のように紹介している。

> トマスは一二五六年から五九年まで第一回目のパリ大学神学部教授の任務を果たした。神学教授の任務は聖書を教義学的に「講義」（legere）し、諸問題を「討論裁定」（disputare）して解決を与え、さまざまの機会に「説教」（praedicare）することであった。……この時期のトマスの最も重要な著作は「定期討論集」（quaestiones disputatae）『真理論』（De veritate）である。トマスはこの時期に翻訳されたさまざまのアラブ＝ギリシアの原典資料に触れ、基本的にプラトン的・アウグスティヌス的な諸見解とキリスト教の玄義に対する自らのアリストテレス的なアプローチとを調和させようと努めている（一四頁）。

右の引用の「この時期」とはパリ大学神学部教授候補者としてケルンからパリに移った一二五二年から教授の任期が終了して故郷イタリアに帰った五九年までの約九年を指しており、トマスの約二十年続く著作時期の初期に当たる。この時期の著作としては、「形而上学における革命」と評される「存在《エッセ》」の形而上学の立場を確立した『存在者と本質について』（De ente et essentia　一二五二―五六年。本集成第一四巻『トマス・アクィナス』所収）、自らが属する修道会の存在理由と活動の自由擁護のための論争的著作、彼自身の神学的総合の最初の試みとも言える『命題集註解』（Scriptum super libros Sententiarum）、学問論、特に神学と哲学の関係について自らの立場を明確に示した『ボエティウス三位一体論註解』（Super Boetium De Trinitate　同巻所収）、『イザヤ書註解』（Expositio super Isaiam ad litteram）、その他、トマス思想の独自性を示す注目に値する力作を数多く挙げることができる。

それらの間にあって最も重要な著作は『真理論』であるとする山本氏の主張に私は全面的に賛成であり、その主張の裏付けとして述べられていることも適切であると考える。ところで今回この訳書の出版によってトマス初期の最も重要な著作が、限られた少数の西洋中世哲学研究者のみでなく、知的探求――それは真実に在るものの探求であり、その意味で真理の探究である――に関心を持つ人々が容易に通読できるものとなった。この機会に、この著作が現代のわれわれに対して熟考と判断を迫る挑戦の書であることを、私は特に強調したい。言い換えると、私はこの著作は現代のわれわれには見えにくくなっている「実在」に対してわれわれの知的な目を開き、かつ強めて、人間として学ぶべき大事な事柄をあらためて学ぶ道を拓くという可能性を秘めているのではないか、と考えているので、最初にそのことを述べて読者の参考に供したい。

私が初めて『真理論』第一問題「真理について」第一項「真理とは何か」を読んだ時、不意打ちをくったかのように驚いたのは「しかし認識（cognitio）は真理の結果とも言うべきもの（quidam veritatis effectus）である」という一句が目に入った瞬間であった。これはわれわれが普通一般に（哲学的議論をする時も含めて）語っていることと正反対ではないか。真理こそが認識（多くの場合、多大の労苦と努力を要求する研究《リサーチ》）の目指す結果であり、人間の認識活動は根本的・原則的に「真なる認識」つまり真理という結果を獲得するための活動ではないのか。どうしてトマスはそれと正反対のことをあたかもわかりきったことのように語ることができるのか。このような疑問を感じつつあらためてパラグラフの冒頭を読み返すと、「すべての認識は認識されたものへの認識する者の同化（assimilatio）――たとえば視覚は色の形象（species）に基づいて態勢づけられる（＝色に同化される）ことを通じて色を認識するように――を通じて完成される」という認識成立の原則が明記されている。

つまりトマスによると人間の知性が対象である「在るもの《エンス》」を認識するのは、「在るもの」は「在るもの」である限り「真なるもの」（verum）であるから、その「真なるもの」に知性が同化させられることを通じてである、というのである。「在るもの」は「在るもの」である限り真である、という原理が根拠づけられるのは、トマスによると知性（的霊魂）は「すべての在るものと合致することをもってその本性とする」（natus est convenire cum omni ente）ようなものであるが、この知性への「在るもの」の合致を言い表すのが「真」（verum）という名称だ、ということである。ここでトマスは、「知性（的霊魂）はすべての在るものと合致することをもってその本性とする」という自らの洞察の拠りどころとして、アリストテレスが『霊魂論』（De anima）において「魂は、或る意味で存在するもののすべてである」[2]と述べていることに言及している。

しかし「在るものは在るものである限り真である」という原理は、「在るものは在るものである限り善である」という原理と同じく、それの根拠づけとしてのトマスの形而上学的洞察も含めて、それを説得的に説明することは容易ではなく、ここでその課題と取り組むことはできない。他方、トマスが『真理論』において確立し、明晰に論述している「真」「真理」および知的認識に関する見解が、今日われわれの間で広く受け入れられ、ほとんど自明的となっている立場とははなはだしく異なっていることは明瞭である。そこで、ここではそのような相違が思想史のどの時期に、どのように顕在化したかについて簡単に説明することからこの著作の解説を始める。

まず真理に関してただちに気づく相違は、今日われわれは「真理の探求」あるいは「真理の獲得・所有」とは言うが「真理の観想」（contemplatio veritatis）という言葉は死語と化した、という事実である。ところが、トマスにとっては真理の観想は人間にとって最高の、最も望ましい行為であり、幸福そのものと同一視されていた。ということは、現代のわれわれにとって真理とは多くの場合、多大の労苦と努力を払うことで手に入れることのできる知識を意味するのに対し、トマスにとって真理とは、あるがままに眺めることでその美しさと善さを味わい、深い喜びに溢れるような「実在」を意味した、ということである。言い換えると、トマスにとって真理とは、われわれが自らの認識能力をあらゆる手段を駆使して強大なものにすることによって、いわば力ずくでもぎ取る成果ではなく、むしろその光によってわれわれ自身の存在と生命が豊かにされ、完成されるような「実在」とも言うべきものであった。

知的認識に関しても右と同様の相違を指摘することができるであろう。カント（Immanuel Kant 一七二四―一八〇四年）が『純粋理性批判』（Kritik der reinen Vernunft）において理性的心理学つまり形而上学的霊魂論は、思考一般の論理的解明（die logische Erörterung des Denkens überhaupt）が、誤って客観・対象の形而上学的規定（eine metaphysische Bestimmung des Objekts）と見なされた(3)――「カテゴリーの根底にあるところの意識の統一が対象としての主体（私）の直観であると受け取られた(4)」――という致命的な誤謬推理に基づくとして、それを学問の世界から追放して以来、われわれの間から次のような人間的認識についての見方は姿を消したと言えるのではないか。それはトマスの形而上学的霊魂論の立場であり、知的な認識活動の主体であるわれわれ自身が、いわば自己の内からして、自己実現的で目的志向的な人間的行為として認識を理解しようとする立場である。これに対して現在われわれの間で広く受け入れられている人間的認識についての見方は、事物（実在）が作動因として認識主体に直接に働きかけることによって（われわれの意識の領域に）成立する対象と、認識主体すなわち主観という二極の間の関係として、人間的認識をいわば外から記述し、説明しようとするものだ、と言えるであろう。

右に述べたトマス『真理論』の「真」「真理」および知的認識に関する見解と、近・現代において支配的となった立場との相違をめぐる説明は単に概略的なものに止《とど》まるが、私が強調したかったのは形而上学的霊魂論は十九世紀にカントによって学問の領域から追放されるのにはるかに先立って崩壊し、その帰結として、形而上学的認識論は、近代哲学において第一哲学の座を占めることになる新しい認識論によって置き換えられていた、という歴史的事実である。

このことについてはすでに詳細に論じたことがあるので(5)、ここではトマスが十三世紀中頃に、存在そのものが問われる場においては人間霊魂は知的実体であるとするアウグスティヌス（Augustinus 三五四―四三〇年）の立場を基本的に継承しつつ、霊魂とは何であるかが問われる場では身体の形相であるとするアリストテレス霊魂論の立場を受け入れることによって形而上学的霊魂論を確立したことをまず確認したい。ところが十三世紀後期にはヨハネス・ドゥンス・スコトゥス（Johannes Duns Scotus 一二六五／六六―一三〇八年）によって、右に要約したトマス霊魂論の前半が、そして十四世紀前半にはウィリアム・オッカム（William Ockham; Guillelmus de Ockham 一二八五頃—一三四七年）によって後半が自然的理性によっては認識不可能として信仰の領域に移されることによって、形而上学的霊魂論は完全に崩壊したのである。

実はここで見落としてはならないのはトマスの形而上学的霊魂論の認識理論において重要な位置を占める「形而上学的」な抽象（abstractio）の理論がスコトゥスでは部分的にオッカムでは完全に直観的認識（notitia [cognitio] intuitiva）の理論によって置き換えられ、そのため知性的認識において認識する知性（的霊魂）と認識される在るもの（実在）とが「一」になるという「平凡（platitude）でありつつ神秘（mystery）」としか言いようのない認識の原理が見失われた、ということである。[6] トマスの形而上学的な抽象の理論とは、いわゆるスコラ哲学を学ぶ者が必ず直面し、多くの研究者が混乱と挫折を経験する能動知性（intellectus agens）と、その働きによって可能となる可感的スペキエスから可知的スペキエスへの移行に関する理論であるが、それがオッカムの剃刀によって、つまり「理性と経験」の名によって破棄されたことによって、知性（的霊魂）と在るものが「一」になることを理解する道が閉ざされ、形而上学的霊魂論は理論的に崩壊したのであった。[7]

私がここで中世後期に起こった形而上学的霊魂論の崩壊の過程に言及したのは、トマスが『真理論』（およびその数年後、ローマ滞在中の著作『定期討論集・霊魂論』[Quaestiones disputatae de anima]）において構築した形而上学的な認識理論が現代において持つ重要な意義に読者の注意を喚起するためである。今日、われわれは確実な認識といえば検証可能な科学的認識に限られるという考え方に傾き、神、精神（自己）、それに価値など、知覚できない実在の存在は確証不可能であり、それらについての確実な認識を知的探求から除外する傾向が常識化している。しかしこのような知的状況はこれらの実在について語る言葉の不在によるものであり、そしてそのような不在を引き起こした主要原因は形而上学的霊魂論の崩壊である、と言えるのではないか。

ところで、読者に注意していただきたいのは、トマスの形而上学的霊魂論は何らかの致命的な理論的欠陥のゆえに崩壊したのではなかった、ということである。むしろトマスの形而上学的な認識理論は、知性（的霊魂）ないし精神が自己の本質まで徹底的に立ち帰ることによって成立する自己認識——それは同時にトマス的存在論の中核とも言える「在るもの《エンス》」認識でもある——を基盤とするものであった。私は本書で展開されるトマスの議論を注意深く辿る労を惜しまない読者は、デカルト的コギトとの類似を感じさせるトマスの自己認識に基づく形而上学がカントの批判にも十分堪える認識理論を含むことを認められるに違いないと確信している。神、精神（自己）、価値などの実在に関する確実な認識への道を閉ざして、知的探求を科学的知識の限界を超えて徹底して推し進めることを不可能にしているのが現代哲学において主流を占める認識理論であると思われるが、右に述べたところから、トマスの形而上学的な認識理論が現代において有力な一つの選択肢になりうることが示唆されたのではないだろうか。われわれが人間として善く生きるために必要とする知識の中に、神、精神（自己）、そして価値など、目に見えない実在についての知識が含まれることは明白であり、それらの知識、つまり知恵（sapientia）の探求への道を拓きうると思われるトマスの形而上学的霊魂論という選択肢の現代における重要性もまた明白だ、と言えるのではなかろうか。

次に読者が本書により大きな興味を抱き、また本書をよりよく理解されるようになることを期待して、本書の特異な著作形式、および興味や関心の対象になると思われる論述について解説したい。まず『定期討論集』という本書の題名についてであるが、それが「討論（裁定）する」（disputare）という神学教授の三つの任務のうちの一つに由来することにはすでに触れた。少し説明を補足すると、それは聖書の本文《テクスト》の註解を行う「講義《レゲレ》」とは無関係に成立した、講義と並ぶもう一つの授業形式だったのではない。そうではなく、本文《テクスト》についての註解から当然浮かび上がってくるが註解という方法では適切かつ十分に対処できないさまざまの疑問《プロブレム》が「問題」（quaestio）として明確に提示され、理性や権威に基づいて議論され、解決が図られるようになった。それをさらに論理的により洗練された仕方で考察しより完全な解決に到達することを目指す授業形式が「討論」（disputatio）と呼ばれるようになったのである。このように中世大学の授業形式の進化の中で形をとった「討論」（それはまた「スコラ学的方法[8]」の典型でもある）は十二世紀に始まって十三世紀の初頭までには授業形式として確立されていたのであるが、その進化において卓越した弁証論者であるペトルス・アベラルドゥス（Petrus Abaelardus; Pierre Abélard 一〇七九―一一四二年）の『然りと否』（Sic et non 本集成第七巻『前期スコラ学』一九九六年、所収）は「鋭いインパクト」を与えたとされる[9]。

中世大学特有の授業形式についての最新の研究によると、「（討論《ディスプタティオ》とは）本文《テクスト》との関連で進行していた離脱（detachement）の過程――中世的な学問的精神の成熟と弁証論的方法により熟達することによって自然に起こった過程――における（「問題」に続く）もう一つの段階を表示するものである[10]」。つまり、討論とは教育、実習、研究の正規の形式であり、教授が司《つかさど》り、弁証論的方法を特徴とし、参加者が用意した理性と権威に基づく諸々の議論、および神学的あるいは実践的問題に関する衝突を取り上げて検討するのがその内容である。「討論」が中世大学特有の授業形式であることはそれが中世大学の制度的産物と言える「スコラ学」の根本的特徴を明瞭に示すことを意味する。それは何よりも、「問題提起」に続いて最初に論者自身の立場とは反対の「異論」が導入されるという討論の構造において明らかである。つまりスコラ学は神の言《ことば》である聖書が教える信仰の真理を知解することを根本的課題とするが、決して独断専行的に自説を展開するのではなく、まず異論を紹介することで真理の共同的探求の場を確保したのであった。

それに続く「反対異論」は自説と合致する内容であるが、そこで多くの場合言及される所謂「権威」に帰せられる役割も、とくにスコラ学的神学に先行する「修道院神学[11]」との対比において注目に値する。ここで問題になる「権威」は神の言《ことば》そのものに帰すべき絶対的な神的権威ではなく、神学ではアウグスティヌス、ヒエロニュムス（Hieronymus 三四七―四一九／二〇年）、大グレゴリウス（Gregorius I 五四〇頃―六〇四年／教皇在位五九〇―歿年）、哲学ではアリストテレス（「哲学者」）、アヴェロエス（「註釈者」Averroes; Ibn Rushd 一一二六―九八年）などの人間的権威であるが、修道院神学においては例えばアウグスティヌスの「権威」は偉大なる「収穫者」に喩えられたのに対して神学者（例えばベルナルドゥス）は自らを「貧しい落穂拾い」に喩えた。これに対してスコラ学者は自らを巨人の肩に乗った小人に喩え、権威への依存を認めつつも、自らがより遠方を見渡し、「学《スキエンティア》」としての神学という「新しい」言葉を語りうると主張したのであった[12]。

中世大学神学部で実際に行われた正規の授業としての討論においてはここまでが討論の第一段階として一日目に実施され、次の「解答《レスポンシオ》」すなわち教授自身による問題の確定《デテルミナティオ》、および「異論への解答」は通常次の日に行われた。ここで見落としてはならないのは教授は自らの解答を決して問題の最終的解決として与えたのではなかったことである。むしろ「解答」は過去に為された討論にからみついていた曖昧さや不明瞭さを、様々の「区別」を導入することによって克服し、新たな問題を設定して真理の共同的探求をより先へと進めるための一歩に過ぎない、というのが「討論」の精神だったのである。実際に「鉄は鉄によって鋭くされる」という格言そのままに厳しい対決を通じて真理の共同的探求をおし進めようとする授業形式であった討論は、一二七七年のパリ司教による二一九命題の異端宣告と、その直後のオックスフォードにおけるカンタベリー大司教による三〇命題の異端宣告（それらの中にはトマス・アクィナスのいくつかの命題も含まれていた）が出る頃には、正統‐異端論争の性格を示し始めていた。それはまさしくスコラ学が創造的な活気を喪失して守勢に転じ、護教への道を歩み始めた徴しだったのである。トマスが行った討論および神学的探求一般においては、異論に対して自らを開きつつ、厳しい対決を通じて真理の共同的探求を進める「スコラ学」的神学と、「キリストの倣《まね》び」に徹し、絶えざる祈りと「聖なる読書《レクティオ・ディウィナ》」を通じての聖性への歩みである修道院神学とは、みのり豊かな緊張をはらみつつ、創造的な学問活動の源泉となりえた。しかし、それらの対立・矛盾が表面化し、理性と信仰の分離が進んだのに相応してスコラ学の変容と崩壊が始まったと言えるであろう。

次に中世大学の授業形式としての討論にはどのような種類があり、どのように行われたかについて簡単に説明する。ここで「定期討論」と訳した quaestio(nes) disputata(e) というラテン語は文字通りには「討論された（諸）問題」と訳すべきであろうが、後に述べる「自由（任意）討論」と違って学年暦に定められた授業期間中に恒常的・規則的に行われるとの意味で「定期」という訳語が定着したものと思われる。分類という観点から本質的なのは討論が一人の教授《マギステル》によって主宰される、一、二の講師と学生たちを含む教室内部で内輪に為される私的討論（disputatio privata）と、学部全体に開かれ、すべての教授、講師、学生が出席し、討論に参加できる公的討論（disputatio publica）ないし正規討論（disputatio ordinaria）との区別である。教授は公的討論を定期的に行うよう定められていたが、「公的」討論を行うのは様々の窮地に立たされる危険をはらんでいたため、この任務を回避する教授も多かった。この私的‐公的の区別が重要なのは、トマスは全部で二九問題、二五三項から成る「真理論」を三年足らずの任期の間に正規討論の形で、学部全体の活動に支障を来すことなしにどうして討論し尽くすことができたか、という難問が不可避だからである。

公的討論には正規の授業として行われるものとは別に、年に二回、四旬節と待降節に行われる、騎士の「馬上槍試合」にも喩えられる大学の祝祭とも言うべき任意（自由）討論（quaestio quodlibetalis）があった。これは文字通り公開の、誰でも、何についても質問してよい討論であり、しかも正規討論においては質問にその場で応答するのは教授ではなく、講師だったのに対して、自由討論においては教授がその場で即座に応答しなければならなかった。このように中世大学の討論は単に授業の一形式に止まるのではなく、研究者たちが直接に席を同じくして共通の問題と取り組み、激しく火花を散らして対決しつつ協力して探求を推進する、まさに文字通りの共同研究であったと同時に、「開かれた大学」の理念を鮮やかに実現するものでもあったことは注目に値するのではないだろうか。

ここで先に言及した二九問題、二五三の項から成る「真理論」を三年あまりの任期（一一六週）中に正規討論の形で討論し尽くすことがそもそも可能か、という問題を取り上げよう。この問題への解答は、現在われわれの前にある書物『真理論』――これは討論の後、一定の期間内に教授が大学の文書局に提出することを義務づけられていた討論記録に基づく――と実際に行われた討論との間にどの程度の同一性および差異があったか、現実に行われた一回の討論は一つの「項」に相当するのかそれとも「問題」か、などの難問をあらかじめ解決することを要求する。この問題に関する、二十世紀前半のトマスの歴史的研究において指導的役割を演じたマンドネ（P.

Mandonnet　一八五八—一九三六年）から本書レオ版の監修者であるドンデーヌ（A. Dondaine　一八九八—一九八七年）に到る研究の経緯にはここでは立ち入らないが、この間の研究においては先に触れた「私的討論」にはまったく注意が払われず、もっぱら公的ないし正規討論のみが視野に入っていたことだけは強調しておかなければならない。

「私的討論」と「公的討論」の区別を初めて明確に論じ、トマス研究者を長年悩ませてきたこの問題の解決に向けて新しい道を拓いたのは、先に「中世大学特有の授業形式についての最新の研究」として紹介した論文の著者B・バザン（B. C. Bazán）である。[13] 彼によると、トマスは確かに公的討論も行ったが、「真理論」は彼が通常講義を行っていたドミニコ会のサン＝ジャック修道院で年間約八十回、一回一項ずつ、彼の教室に属する講師および学生のみと行った私的討論——討論される問題の内容によっては公的討論よりもはるかに長い時間を確保することが可能な——の所産である。前世紀の終わり近く、トマスその人と仕事について優れた入門書を著したJ＝P・トレル（J.-P. Torrell）はバザンの労作によってこれまでトマス研究者たちを身動きのできない隘路に閉じこめてきた一つの難問から解放されたことを高く評価しつつ、バザンの解決策はなおいくつかの解消すべき問題点を残していることを指摘する。[14] たとえばバザンによればトマスは一回目のパリ大学神学部任期中は任意討論のほかは公的討論を行わなかったことになる。また神学教授の正式の職名は「聖書教授」（Magister in Sacra Pagina）であったことが示すように、聖書の註解講義がトマスの第一の職務であったことに照らして、「真理論」に仕事の比重がかかり過ぎている。さらにトマスの教室の学生たちがいかに有能で俊敏であったとしても、『真理論』の論述は私的討論としてはあまりに高度・精妙に過ぎる、等々。

これらの問題点はいずれも納得できるものであり、特に『真理論』でトマスが展開している議論ないし論証はしばしばきわめて精密かつ複雑で、たとえば『神学大全』（Summa theologiae）の文章を読み慣れている者を大いに驚かせる。しかしトレル自身指摘しているように「討論」は授業形式であるのみでなく著作形式《ジャンル》であることを考慮すればこうした問題点は自然に解消する。むしろ、そこに神学教授の職務に就いた自らの使命、立ち向かうべき独自の課題を自覚したトマスがこの著作の完成にかけた熱意というか意気込みを生き生きと感じ取ることができる、と言えるのではないだろうか。しかも前述のA・ドンデーヌによると、『真理論』の場合、われわれはそのことを単に推察するのではなく、トマスの著作の中では唯一例外的に存在する、自筆手稿にも劣らぬ価値のある口述筆記書の原本から直接に見て取ることができるのである。口述筆記書には数多くの訂正、加筆、抹消箇所があり、トマスがしばしば用語についてためらい、引用すべき権威を探索し、ある思想の最も適切な表現を見出すために訂正を重ねて努力する様子が如実に浮かび上がる。しかし、これ以上説明を重ねるよりも、「真理論」を口述する仕事場のトマスを描写したドンデーヌの研究書の一節を引用しよう。

修道士トマスはすでに構想し終え、廃物同様の紙片に「判読不能な文字」(littera inintelligibilis)で書き記された文章を声高に読んでいる。一人の筆記者——彼はわれわれの方に背を向けて坐っているので、誰であるかははっきりしない——が、すばやく聖者《トマス》の口述を書き取っている。彼が用いているのは、まだ製本されていない、同じ大きさにそろえられた羊皮紙である。時折、トマスは躊躇し、すでに口にした文句を反復し、彼の思想を新しい形で表現するために、ある言葉を除去するようにとか、文章の始まりを変えるように頼んでいる。ちょうど今、トマスはある権威ある著作からの引用の中途で口述をやめる。彼は棚にある数冊の書物の所へ行って、そのうちの一つを取り上げ、開いてしばらく眺め、次いでアウグスティヌス、ボエティウス、あるいはアリストテレスからの引用文を一語一語口述する。

しばらくたって、今度は筆記者の方が仕事を中断する。彼はすり減って先が丸くなり、インクが固まり過ぎ、不鮮明にしか書けなくなってしまった鵞《が》ペンを削ったり、新しい欄に進む前に、インクの乾くのを待ったり、あるいは部屋の隅に置いてある羊皮紙を取ってきて、それを平らに伸ばしたりしなければならない。

時折、筆記者はしばらく部屋から離れなければならないことが起こるが、トマス教授は絶え間なく口述を続けている。〔仕事部屋に数人いる中の〕もう一人の筆記者が急いで座に着いて、ペンを手にするのである。

彼は同僚が戻ってくるまでペンを取り続ける。彼の不在時間が三分間であろうと、一時間もしくはそれ以上に延びようと。[15]

少し長い引用になったが、読者を『真理論』の著者、三〇歳を過ぎたばかりのパリ大学神学部新任教授によってまさにこの著作が生み出される現場に案内することができることを願って記した次第である。「討論」という中世大学に特有の授業形式に由来する特異な著作形式についての解説はここまでにして、読者の興味や関心の対象になると思われる問題を選んで本書の内容の解説に移ることにしたい。

「真理について」と題された本書を手に取って、まずどのような内容であるかを知るために目次に目を向ける者の多くは、真理に充《あ》てられているのは第一問題のみであって、第二問題から第二〇問題までは真理の主題《テーマ》から離れて、もっぱら認識に関わりのある事柄（その中には人祖アダム、死後の霊魂、「神・人」キリストの認識も含まれる）が取り扱われていることに軽い失望を覚えるかもしれない。そしてその後、第二一問題以下の六個の問題は一転して善とその欲求に関わる事柄、しかも最後の三問題は恩寵を取り扱っていることを発見するに到ると、トマスの著作意図を測りかねて大いに困惑する者が多いのではなかろうか。

私はこの問題に関して、かつて『真理論』のユニークな翻訳をものしたエディット・シュタイン（Edith Stein 一八九一―一九四二年）が訳書の末尾で次のように記しているのを読んで深い共感と感銘を覚えたことをよく記憶している。「真理についての諸探求がこのような仕方で（恩寵論をもって）終幕を迎えることは驚くべきことであろうか。否、この著作全体の精神を思い浮かべるならば、そうではないのではないか。この著作は、第一のもの、すなわちすべての被造的な存在と認識の出発点である永遠的真理をもって始められ、被造的存在と認識とを永遠的真理への合一へと連れ戻すところの道（キリストの恩寵）でもって終わっているのである[16]」。

この見解は傾聴に値するものであり、『真理論』において『神学大全』と同様の体系的構想、つまり神からの万物の発出、神の像《かたどり》である理性的被造物の神への還帰、この還帰の「道」であるキリストというトマス独自の神学的総合の構想がすでに芽生えていると言えるのかもしれない。

この目次が示唆している『真理論』の著作意図は次のように理解できるのではなかろうか。教授候補者としてパリ大学で数年の修業を重ねたトマスは、自らが生涯を通じて探求・考察、さらに観想して他者に伝える[17]べき聖教[18]（Sacra Doctrina）、すなわちカトリック信仰の真理[19]（Veritas Fidei Catholicae）の全体について明確な見通しに到達し、当時論議されていた主な問題（quaestiones）についても独自の理解を進めていた。『真理論』はそのトマスがパリ大学という最善の活動の場を得て神学教授の仕事を始めるにあたって、自らが構想していた聖教の主要な問題のすべてを含む神学的総合――それは信仰の知解（intellectus fidei）を徹底的に進めようとする試みであった――をキリスト教社会（Respublica Christiana）に向かって発信するという意図をもって著作したものではなかろうか。

言うまでもなく、内容的には『真理論』は「真理について」と題する第一問題を序論として、認識と欲求の働きの厳密で詳細な分析を通じて構築される精神の形而上学、と言うのがより正確であろう。それは先に述べたように、十三世紀中頃にトマスによって体系的に仕上げられた直後に、理論的体系の綻《ほころ》びや欠陥によってではなく、信仰と理性ないし神学と哲学を取り巻く精神的・知的風土の変化に伴って崩壊への道を辿り始め、十四世紀のウィリアム・オッカムにおいて崩壊の過程は完結した。つまりトマスが『真理論』において体系化した精神の形而上学――人間精神が自己認識の深まりを通じて神認識に到り着く形而上学――は、われわれにとって「未知の国」と化してしまったのである。

前に述べたことの繰り返しになるが、人間精神は自らの固有の働きを振り返ることを通じて精神の本質にまで立ち帰る、という自己認識を通じて「自己自身において自存するもの[20]」（subsistens in se ipsa）という精神の高次の在り方を認識し、そこから探求を進めてすべての在るもの《エンス》の「存在《ある》」の第一の根源たる「存在そのもの」（Ipsum

Esse）としての神の認識に到達する。これが右に「自己認識の深まるところ、第一の真理たる神の認識に到達する精神の形而上学」と記したものである。ここであらためて強調しておきたいのは、トマスは『真理論』においてこの精神の形而上学をアウグスティヌスから学び取るにあたって、アリストテレス哲学の研究から得た洞察によって訂正し、補完はしたのだが、基本的にはアウグスティヌスの根本的立場を継承したということである。さらにトマスは『真理論』において精神の自己認識について考察する際、先にも触れたように、デカルト的コギトとの類似を感じさせる議論をしており、そのことはトマス研究者の間で関心を呼んだこともある[21]。しかし私はトマスの議論はアウグスティヌスの「自己認識の深まりを通じて神の認識へ」という真理探求の原理に基づいて解釈すべきである、と考えている。

　では今や「未知の国」と化してしまった精神の形而上学——それは前述のように現代のわれわれには見えにくくなってしまっている神、自己（および精神的存在一般）、価値などの「実在」に対してわれわれの知的な目を開き、視力を強めてくれる可能性を秘めている——を単に歴史的研究の対象としてではなく、われわれ自身の知恵の探求のために現代において復活させることは不可能であろうか。確かに、後で述べるようにトマスが『真理論』で提示したさまざまの「問題」に対する解答は、この著作に続く神学的総合の試みである『対異教徒大全』（Summa contra gentiles）および『神学大全』において、時としてかなり大きく変更ないし修正されることになる。その意味では『真理論』はトマスが生涯の課題とした神学的総合の著作としては未熟な面を含んでいる。しかし他面、本書が提示する精神の形而上学は、それがまさしくトマスの精神によって最初に生み出されるままの記録という新鮮さのゆえに、読む者に強烈な知的刺激ないし衝撃を与えることも否定できない。それゆえにこの著作は、一度《ひとたび》は「未知の国」となった形而上学的霊魂論、とりわけ形而上学的な認識理論を、現代における有力な一つの哲学的選択肢として蘇らせる機会となりうるのではないか、と私は期待している。

　二九個の問題（quaestio）、二五三個の項（articulus）から成る本書の内容について詳細な説明に立ち入ることはできないので、取り扱われている主題[22]はどのようなもので、どのように配列されているかについて述べるに止めざるをえない。第一問題は「真理について」と題され、第一項は「真理とは何か」という問いで始まるが、トマスは単に「真理《ウェリタス》」の定義を考察しているのではなく、「真《ウェールム》」を始めとする「在るもの《エンス》」が「在るもの」である限りにおいて有する固有性――それは「在るもの」がすべて有する完全性であり、「在るもの」と置き換えが可能である――を体系的に明らかにしようとする。それらはあらゆる類（genus）を超越するがゆえに「超越するもの」（transcendens）と呼ばれ、ここでは「もの」（res）、「一」（unum）、「或るもの」（aliquid）、「善」（bonum）、「真」（verum）の五個が挙げられているが、トマスは後に「美」（pulchrum）を加えている[23]。

　定義の問題に関しては「真理ないし真は三つの仕方で定義される」と述べた上で、第一は真理の本質側面《ラティオ》に先行しそれにおいて真が基礎づけられるものに即してであり、アウグスティヌスの「真とは在るところのものである」を例として挙げる。第二は、それにおいて「真」の本質側面が形相的に完成されるものに即してであり、イサアク・イスラエリ（Isaac Israeli　八五五頃―九五五年頃）の「真理はもの《レス》と知性の等化（adaequatio）である」が例として挙げられる。第三の仕方では、「真」は後続する結果に即して定義されるのであり、例としてはヒラリウス（ポワティエの　Hiralius Pictaviensis　三一五頃―六七年）の「真とは存在を宣言し明示するものである」を挙げている。この論述から判断する限り、トマスはアウグスティヌスが真理ないし真を第一に事物の真理として、神的知性との関連において理解していたのに対して自分自身は第一に真理を（人間）知性の真理として捉えており、真理はその第一の本質側面《ラティオ》においては知性の内にあり、さらに厳密にはものの何たるかを認識する知性の内にではなく、複合し分割する（＝判断する）知性の内に在ることを強調することに集中している。イサアクの定義なるものも、この時代に情報の貴重な集積とされたイサアク・イスラエリの『諸定義について』（Liber de definitionibus）には見出されず、アヴィセンナ（イブン・シーナー　Avicenna; Ibn Sīnā　九八〇―一〇三七年）の『形而上学』（Metaphysica; Liber de philosophia prima）がその真実の源泉であることが判明しており、トマスが真理の定義という問題をそれほど重視していたとは思われない。

この「序論」に続いて、トマスは神の知《スキエンティア》について一般的に述べた後に、神的イデア、言《ことば》、摂理、予定、生命の書という順序で神の知に関わる問題を取り上げる（第二—第七問題）。次の天使たちの認識を取り扱う第八問題は本著作最多の一七項から成り、第九問題では照明、語りによる天使的知の共有が論じられる。続く二つの問題では天使の場合と同様、人間的認識に関わるさまざまの問題と、人間的知を共有する手段としての「教える」という行為が論じられる。第一二問題から第一五問題までは予言（預言）、脱魂、信仰という人間の超自然的な認識行為、およびアウグスティヌスが永遠的と時間的な事柄を認識する人間理性の働きを区別するために導入した上位の理性と下位の理性という概念が検討される。第一六問題以下は良知と良心という人間の実践的認識、および通常の人間的認識からは区別された三つの人間的認識の様態が取り扱われる。

第二一問題から最後の第二九問題までは善とその欲求の考察に充てられている。まず「在るもの《エンス》」と置き換えられる善について論じた後に、善の欲求としての意志について一般的に考察した上で、神の意志が取り上げられる。次いで人間の同一の認識能力が知性（intellectus）と理性（ratio）とに区別されるのに対応して、端的に意志する自然本性的欲求能力としての意志（voluntas）から選択的欲求能力としての自由意思（liberum arbitrium）が区別されて考察の対象となる。ちなみに、一五の項から成る第二四問題「自由意思について」の後半の八項は恩寵の問題を論じていることは興味深い。自由意思の行使に対する恩寵の深い関わりを理解するとき、トマスが続く二つの問題で感能（sensualitas）と霊魂の情念（passio）について考察した後に、この著作の全体を恩寵を取り扱う三つの問題をもって閉じたことの意味もよりよく理解されるのではないだろうか。

少壮神学者トマスが『真理論』という著作で企画したのは何であったのか、またそれは現代のわれわれにとってどのような意義があるのか、そこで取り扱われた主要な問題はいかなるものであったか、等についてのこれまでの解説はきわめて概略的に止まる。この著作に含まれている卓越した洞察や、読む者を徹底的な探求へと誘う強烈な知的刺激などは、すべて読者が自ら発見し、触れ、味わうのに委ねたい。ただ一つ、この著作およびトマスの他の諸著作にある程度親しんだ者として、思想家トマスについて現在でもかなり広まっていると思われる誤解について注意を促したい。かつて私はこの誤解の内容を次のように表現したことがある。「こんにちトマスとわれわれの間をへだてているのは、七百年の歳月でも、言語の障壁でもなく、なにより『トマス』の名で横行する巨大な虚像であるように思われる。それは中世キリスト教世界、カトリック教会、封建制度（！）などの制度の擁護者にしたてあげられ、かれ自身いわばひとつの『制度』にされてしまった『トマス』である。さらに超歴史的な学問体系としてのスコラ学やトミズムの建設者としての『トマス』という偶像もある」[24]。

しかし私がここで思想家トマスについての誤解と言うのは、右に述べたような程度の誤解ではなく、トマスの学説に通じている研究者ですら陥る可能性のある誤解を指している。それはトレルの言葉を借りると「トマスは彼の思想の基本に関わる諸選択においてはぶれることなく一貫的であるが、彼の思想には固定した体系家の片鱗もないことを忘れてはならない」ということである。トレルによると、トマスはむしろ「永続的に発見することを止めない、運動の内なる天才なのである」[25]。「運動の内なる天才」（un génie en mouvement）という表現は、たとえばトマスが構築した巨大な知的建造物、ゴシック大聖堂に喩えられる『神学大全』を七百数十年の歳月の彼方に遠望するに止まった場合には、確かに実感が湧かないかもしれない。しかしわれわれがトマス自身の知的探求の現場にできる限り近づき、親しくその進展を見極める努力を惜しまなかったならば、トレルの表現が決して誇張ではないことに思い当たるに違いない。

一つだけ例を挙げると、トマスは本書第二四問題第一五項で「人は恩寵なしに自らを恩寵を持つことへと準備づけうるか」という問題を考察しているが、その論旨は数年前の著作『命題集註解』とは微妙ながら重大な違いを見せている。前著では「人間は自由意思のみによって（ex solo libero arbitrio）恩寵へと自らを秩序づけることが可能である」という主張が大きな比重を占めていたのに対して、本書では「人が自らの内にあることを為す」という自由意思の働きが恩寵を持つことにおいて果たす役割を認めつつ、それが神によって導かれることの必要性を強調しているのである。そして『神学大全』においては、前二著においてはトマス自身の立場を内容とする主文の内に置かれていた「人間は自らの内にあることを為すことによって自らを恩寵へと準備する」という命題は異論の位置に移され、「人間は恩寵なしに自らを恩寵へと準備することはできない」というトマス固有の立場が明確に言明されている[26]。

私がトマスの『真理論』の全訳の刊行によって、彼の初期の最も重要な著作をわが国の知的探求に関心を持つ人々が容易に通読できるようになったことを歓迎する最大の理由もそこにある。トマスが本書で論じている問題の多くはすでに全訳されている『神学大全』においても考察の対象となっており、読者はそれらの箇所を比較検討することによって絶えざる「運動の内に」あったトマスの知的探求に親密に触れることができるであろう。そして、そのことによって「神とは何であるか」という問いを中心に置いてトマスがその全生涯を懸けて行ったとされる知的探求は、現代のわれわれにとって何か縁遠い、重大な関心の対象とはなりえないものではなく、実は人間が人間として善く生きるために必要な知恵の探求であることが明らかになることを期待したいのである。

註

1——部分訳としては『トマス・アクィナス・真理論（第一問）』花井一典訳、哲学書房、一九九〇年／『真理論』第一問題第一項、稲垣良典『トマス・アクィナス』（「人類の知的遺産」20）、講談社、一九七九年、所収。

2——Aristoteles, De anima III, 432b21.（『霊魂論』山本光雄訳、岩波書店、一九六八年／『魂について』中畑正志訳、京都大学学術出版会、二〇〇一年）

3——I. Kant, Kritik der reinen Vernunft, B409.（『純粋理性批判』4、中山元訳、光文社、二〇一一年）

4——Ibid., B421.

5——稲垣良典『抽象と直観——中世後期認識理論の研究』創文社、一九九〇年。

6 ———— Cf. H. McCave, "The Immortality of the Soul", in: A. Kenny (ed.), *Aquinas: A Collection of Critical Essays*, London 1969.

7 ———— 前掲『抽象と直観』、特に第四章参照。

8 ———— 古典的研究として、Martin Grabmann, *Die Geschichte der scholastischen Methode*, 2 Bde., Berlin 1957 を参照。

9 ———— David Knowles, *The Evolution of Medieval Thought*, London 1962, p. 126.

10 ———— B. Bazán, "Les questions disputées, principalement dans les facultés de théologie", in: *Les Questions disputées et les questions quodlibétiques dans les facultés de théologie, de droit et de médecine* (Typologie des sources du Moyen Âge occidental, fasc. 44-45), Turnhout 1985.

11 ———— ジャン・ルクレール『修道院文化入門』神崎忠昭・矢内義顕訳、知泉書館、二〇〇四年、第九章「修道院神学」参照。

12 ———— 同右、二五五—二五九頁。

13 ———— 前掲註10を参照。

14 ———— Jean-Pierre Torrell, O.P., *Initiation à saint Thomas d'Aquin. Sa personne et son œuvre*, Paris 1993, pp. 91-92.

15 ———— A. Dondaine, *Secrétaires de saint Thomas*, Roma 1956, pp. 10-11.

16 ———— *Des hl. Thomas von Aquino Untersuchungen über die Wahrheit (Questiones disputatae de veritate) in deutscher Übertragung von Edith Stein*, 2 Bände, Louvain/Freiburg 1952-55, II, S. 447.

17 ———— 「観想したことを他者に伝える」(contemplata aliis tradere)はトマスが所属した説教者修道会(Ordo Praedicatorum)通称「ドミニコ会」のモットーとされる。

18 ———— 「聖教」すなわち神学については次を参照。『神学大全』第一巻第一問題(全一〇項)、高田三郎ほか訳、創文社、一九六〇年。

19 ———— これは通称『対異教徒大全』(Summa contra gentiles)の正式の書名(Liber de veritate catholicae fidei contra errores infidelium)であり、『真理論』に続いて著作されたトマスの神学的総合の書名に同じく「真理」の言葉が用いられているのは興味深い。

20 ———— 『真理論』第二問題第二項参照。

21——『真理論』第一問題第九項。Cf. P. Hoenen, "La théorie du jugement d'après St. Thomas d'Aquin", Analecta Gregoriana 39 (Roma 1946) 特に第二章「聖トマスの Cogito ergo sum」。Charles Boyer, "Le sens d'un texte de Saint Thomas: «De Veritate, q. 1, a. 9»", Gregorianum V (Roma 1924), 424-443.

22——Vernon J. Bourke は本書英訳（St. Thomas Aquinas, Truth, 3 vols., trans. by R. W. Mulligan, J. V. McGlynn, R. W. Schmidt, Chicago 1952-1954）への序文 "Introduction to St. Thomas on Truth" で本書の内容の豊かさを示すものとして一四個の主題を挙げている。

23——稲垣良典「トマス・アクィナスの transcendentia 論——存在と価値」、『中世の哲学者たち』思索社、一九八〇年、参照。

24——稲垣良典『トマス・アクィナス』（思想学説全書）勁草書房、一九七九年。

25——Torrell, op. cit., p. 97.

26——稲垣良典「解説　トマスの《恩寵》概念」、『神学大全』第十四分冊、創文社、一九八九年、所収参照。

Thomas Aquinas

Quaestiones disputatae de veritate

トマス・アクィナス

真理論

山本耕平＝訳

真理論

第一問題　真理について

一――真理とは何であるか。
二――真理は第一義的には事物の内にではなく知性の内に見出されるか。
三――真理は複合したり分離したりする知性の内にのみ見出されるか。
四――すべてのものがそれによって真なるものであるただ一つの真理が存在するか。
五――第一真理とは別の何らかの真理が永遠であるか。
六――被造物における真理は不変的であるか。
七――神において真理は本質的に語られるのか、あるいはペルソナ的に語られるのか。
八――他のすべての真理は第一真理に由来するのか。
九――真理は感覚の内にあるか。
一〇――或る事物は偽なるものであるか。
一一――虚偽は諸々の感覚の内にあるか。

一二——虚偽は知性の内にあるか。

第一項

問題は真理・真性（veritas）についてである。第一に、真理・真性とは何であるかが問われる。真なるもの（verum）は在るもの（ens）とまったく同じものである、と思われる。その理由、

(1) すなわち、アウグスティヌスは『ソリロクイア』[1]において、「真なるものとは在るところのものである」（verum est id quod est）と語っている。ところで、在るところのもの（quod est）は在るもの（ens）にほかならない。それゆえ、真なるものは在るものとまったく同じものを表示している。

(2) この問題に答える或る人は、真なるものと在るものとは、その主体においては（secundum supposita）同じであるが、概念的に（secundum rationem）違っている、と主張した。——これに対しては次のように言われる。おのおのの事物の本質規定（ratio rei）は、そのものの定義によって表示されるものである。ところで、アウグスティヌスによって、在るところのものが真なるものの定義として措定されている。彼はその他のどんな定義をも拒否している。それゆえ、在るところのものであることによって、真なるものと在るものとは、合致（conveniant）するのであるから、両者は概念的にも同じものであると思われる。

(3) さらに、概念的に異なっているものどもは、それらの一方は他方なしに理解されうる、というあり方をしている。それゆえ、ボエティウスは『デ・ヘブドマディブス』[2]において、神の善性が知性によって、しばらく神の存在から分離されても、神が存在することは理解されうる、と語っている。ところで、在るものは、自らから真なるものが分離されるならば、決して理解されえない。というのも、在るものはそれが真なるものであることによって、理解されるものだからである。それゆえ、真なるものと在るものとは概念的に違っていないのである。

(4) さらに、もし真なるものが在るものと同じでないとすれば、真なるものは在るものの状態（entis dispositio）であるのでなければならない。ところで、真なるものは在るものの状態ではありえない。実際、真なるものは在るものを全面的に滅ぼすような状態ではない。もしそうだとすれば、「在るものは真なるものである。それゆえ、在るものは在らぬものである」ということが帰結しよう。ちょうど「この人は死んでいる。それゆえ、人間ではない」ことが帰結するように。同様に、真なるものは在るものを縮減する状態（dispositio diminuens）でもない。もしそうだとすると、「在るものは真なるものである。それゆえ、在るものは在る」ことは帰結しないであろう。ちょうど「或る人は歯の点で白い。それゆえ、その人は白い人である」ことが帰結しないようにである。同様に、真なるものは在るものを限定したり、特殊化したりする状態（dispositio contrahens vel specificans）ではない。なぜなら、その場合には真なるものは在るものと置換されないことになろう。それゆえ、真なるものと在るものとはあらゆる仕方で同じものである。

(5) さらに、一つの同じ状態（dispositio）にあるものどもは、同じものである。ところで、真なるものと在るものには同じ状態が属している。それゆえ、両者は同じものである。というのも、『形而上学』第二巻[3]には、「存在における事物の状態は、真理・真性におけるそのものの状態と同様である」（dispositio rei in esse est sicut sua dispositio in veritate）と語られている。それゆえ、真なるものと在るものとは全面的に同じものである。

(6) さらに、同じでないものはすべて、何らかの仕方で相違している。ところで、真なるものと在るものとはいかなる仕方によっても相違していない。というのは、在るものはすべてその本質によって真なるものであるから、両者が本質によって相違することはないし、また何らかの違いによって相違することもないからである。もしこうした何らかの違いによる仕方で相違していれば、両者は何らかの共通した類に属していなければならないであろう。それゆえ、両者はあらゆる仕方で同じものである。

(7) もし在るものと真なるものとがまったき仕方で同じでないとすれば、真なるものは在るものの上に何かを加えていなければならない。しかし、たとえ真なるものが在るものよりもより大きな外延を有しているとしても、真なるものは在るものの上に何ものも加えていない。このことは、哲学者〔アリストテレス〕の『形而上学』第四巻[4]によって明らかである。そこで哲学者は、「在るものは在る、あるいは在らぬものは在らぬ、と言うとき、われわれは真なるものを定義して語っている」(verum definientes, dicimus esse quod est aut non esse quod non est) と述べている。したがって、真なるものは在るものと在らぬものとを含んでいる。それゆえ、真なるものは在るものの上に何ものも加えていない。したがって、真なるものと在るものとはまったき仕方で同じである、と思われる。

以上に反して、 (1) 同じ事柄の無用な繰り返しは、無意味である。それゆえ、もし真なるものが在るものと同じものであるとすれば、「真なる在るもの」(ens verum) と語られることは無意味であろう。しかし、それは偽である。それゆえ、在るものと真なるものは同じものではない。

(2) さらに、在るものと善きものとは置換される[5] (ens et bonum convertuntur)。ところで、真なるものは善きものと置換されない。というのも、或る事柄は善きものではないが、真なるものであるからである。たとえば、ある人が姦淫の行いをする、ということきである。それゆえ、真なるものも在るものと置換されず、したがって、真なるものと在るものとは同じものではない。

(3) さらに、ボエティウスの『デ・ヘブドマディブス』[6]によれば、すべての被造物において「在ることと在るところのものとは異なっている」。ところで、真なることはものの在ることを表示する。それゆえ、造られたものにおいて、真なるものは在るところのものとは異なっている。ところで、在るところのものは在るものと同じものである。それゆえ、被造物においては真なるものと在るものとは異なっているのである。

(4) さらに、より先なるものとより後なるものとして関係しているものは、いずれも異なったものでなければならない。ところで、真なるものと在るものとは上述の仕方で関わっている。というのも、『原因論』[7]において、「諸々の被造物のうちで最初のものは存在である」と語られ、同書の註釈者は、他のすべてのものは在るものを特定化することによって (per informationem de ente) 語られる、と述べている。したがって、他のすべてのものは在るものよりもより後なるものである。それゆえ、真なるものと在るものとは異なったものである。

(5) さらに、原因と原因から生じたものとに共通的に語られるものどもは、原因から生じたもの、特に被造物においてよりも神において、より一なるものである。ところで、神において、在るもの(ens)、一なるもの(unum)、真なるもの(verum)、善きもの(bonum)のこれら四つは、以下のように固有的なものと見なされる(appropriantur)。すなわち、在るものは神の本質に、一なるものは御父のペルソナに、真なるものは御子のペルソナに、善きものは聖霊のペルソナに属するというように。ところで、神の(三つの)ペルソナは概念的に区別されるのみではなく、実在的にも区別される。したがって、これらは相互に述語されることはない。それゆえ、被造物においては、前述の四つははるかに強く概念的以上に区別されなければならない。

答えて次のように言わなければならない。論証されるべき事柄においては、それ自体によって知性に知られる何らかの基本原理(principia per se intellectui nota)への還元がなされなければならないが、それと同様に、何らかの本性を探究するときも、同じような分析がなされなければならない。そうでないと、両者の場合に認識は無限に進んでゆくことになろう。そして、その場合には、事物についての知や認識は全面的に滅びてしまうであろう。ところで、知性が最初に最も知られたものとして捉え、かつ自らのすべての懐念・概念(conceptiones)をそれへと分析するそのものは、アヴィセンナが『形而上学』の初め[8]で語る通り、在るもの(ens)である。それゆえ、知性の抱く他のすべての懐念・概念は、在るものへの附加によって得られるのでなければならない。しかし、種差が類に、あるいは附帯性が基体に附加される仕方で、在るものに何かがいわば外的なものとして附加される、ということはありえない。というのも、どのような実在も本質的に在るものであり、それゆえ、哲学者も『形而上学』第三巻[9]において、在るものが類でありえないことを証明しているのである。そうではなく、或るものどもが在るものに加わっている、と言われるのは、それらが在るものという名称によって表出されていない在るものそのものの様態を表出する(exprimunt modum ipsius entis qui nomine entis non exprimitur)かぎりにおいてである。そして、そのことは二様の仕方で起こってくる。一つは、表出された様態が、在るものの或る特殊的な様態（aliquis specialis modus entis）である場合である。というのも、在ること（entitas）には種々異なる段階があり、それら段階に即して存在の種々異なる様態が理解され、これら様態によって、事物の種々異なる類が理解されるからである。たとえば、実体は在るものに附加される何らかの実在を指示するような或る種差を、在るものの上に附加するわけではなく、実体の名称によって存在の或る特殊的な様態、すなわち、自体的に在るもの（per se ens）が表出されているのであって、他の類においても同様である。

もう一つの仕方では、表出される様態が、すべての在るものに一般的に伴う様態（modus generalis consequens omne ens）であるような場合である。そして、この様態は二様に理解されうる。一つの仕方では、おのおのの在るものにそれ自体において伴うかぎりでの在るものの様態である。もう一つの仕方では、他の在るものに関係している在るものに伴うかぎりでの在るものの様態である。第一の仕方による場合、このことは二様にある。すなわち、或るものが在るものの内に肯定的に表明されるか、否定的に表明されるかするからである。ところで、すべての在るものの内に理解されうるもので、肯定的でそれ自体単独に語られるようなものは、在るものがそれに即して存在する、と言われる在るものの本質・存在内実以外には何も見出されない。このことを表明するために、「もの」（res）という名称が付けられている。「もの」というこの名称は、アヴィセンナの『形而上学』の初めの箇所[10]によれば、在るものから次の点で相違している。すなわち、在るものは存在の現実態（actus essendi）から取られるが、ものという名称は在るものの何性あるいは本質（quiditas vel essentia entis）を表示している、という点で相違している。他方、すべての在るものに無条件的に属している否定は不可分割性（indivisio）である。そして、このことを表出しているのは「一なるもの」（unum）という名称である。実際、一なるものは不可分な在るものにほかならないからである。他方、在るものの様態が第二の仕方で、すなわち、在るものの別の在るものに対する関係によって理解されると、このことは二様にありうる。一つの仕方では、或る在るものが別の在るものから分割されることによってである。そして、このことを「或るもの」（aliquid）という名称が表出している。というのも、或るもの（aliquid）は、いわば別の何か（aliud quid）を意味しているからである。それゆえ、在るものは、それ自体において不可分なものであるかぎりにおいて、一なるものと言われるように、在るものが他の諸々の在るものから分割されて在るかぎりにおいて、或るものと言われる。他の仕方では、在るものが別の在るものと合致することによって理解される。そして、このことは、すべての在るものと合致するような本性をもった何かが理解されないと、ありえないことである。そして、魂（anima）がこのようなもので、魂は、『霊魂論』第三巻[11]に語られている通り、「或る意味ですべてのものである」からである。ところで、魂の内には、認識能力と欲求能力がある。それゆえ、「善きもの」（bonum）という名称は、在るものの欲求への合致（convenientia entis ad appetitum）を表出しており、『倫理学』の初めに、「善きものとは万物が欲求するものである」と言われているのである。他方、在るものの知性への合致（convenientia entis ad intellectum）を表出しているのは、「真なるもの」（verum）という名称である。

ところで、すべての認識は、認識者が認識される事物に類似化することによって完成される[12]。したがって、この類似化が認識の原因である。たとえば、視覚は色の形象によって態勢化されることによって色を認識するように、である。それゆえ、在るものの知性に対する第一の関係は、在るものが知性に合致することであり、この合致はより適切には知性とものとの対等（adaequatio intellectus et rei）と言われる。そして、このことの内に真なるものの特質は形相的に完成するのである。それゆえ、このことが、真なるものが在るものの上に附加している事柄、すなわち、ものと知性との合致あるいは対等であり、こうした合致に、既述の通り、ものの認識が伴ってくるのである。それゆえ、ものの在ること・有性（entitas rei）がものの真であること・真性（veritas）の特質・性格に先行しており、認識は真性・真理の一種の結果である。それゆえ、以上のことによって、真性・真理あるいは真なるものは、三様に定義されるのが見出されるのである。一つは、真性・真理の特質・性格に先行し、真なるものがその内にもとづいているそのものによって定義される。この意味でアウグスティヌスは『ソリロクイア』[13]において、「真なるものとは在るところのものである」と定義し、またアヴィセンナはその『形而上学』[14]において

「或るものの真理・真性とは、そのものの内に確立されているそのもの自身の存在の固有性（proprietas）である」と、また他の人は「真なるものとは存在と存在するものとの不可分性（indivisio）である」と述べている。もう一つの仕方では、真なるものの特質がその内に形相的に完成されるそのものによって定義される。この意味でイサアク[15]は「真理は事物と知性との対等である」（veritas est adaequatio rei et intellectus）と述べ、アンセルムスは『真理について[16]』において「真理とは、精神によってのみ捉えられる直《ただ》しさ（rectitudo）である」――この直しさは一種の対等に即して語られるからである――と、また哲学者は『形而上学』第四巻[17]において真・真なるものを定義するとき、「在るものは在り、在らぬものは在らぬ、と言われるとき」、われわれは真・真なるものを語っている、と述べている。第三の仕方では、真なるものは真なるものに伴う結果によって定義される。この意味で、ヒラリウス[18]は「真なるものとは存在を公に示し、それを明らかにするものである」と、またアウグスティヌスは『真の宗教について[19]』において、「真理とは、在るものがそれによって示されるそのものである」と、また同書[20]で「真理とは、われわれがそれに即して下位のものについて、判断するそのものである」と述べているのである。

(1) それゆえ、第一に対しては次のように言わなければならない。異論にあるアウグスティヌスの真理の定義は、ものの内に基礎を持つかぎりでの真性について与えられているのであって、真なるものの本質規定がものの知性への合致において完成するというそのかぎりにおいて、定義されているのではない。――あるいは次のように言うべきである。真なるものとは在るところのものであると言われる際、「在る」は存在の現実態の意味でではなく、命題の肯定を表示する知性の複合のしるしとして受け取られている。したがって、真なるものとは在るところのものであるとは、〔真なるものとは〕存在するところの或るものについての存在〔肯定〕を示す、という意味となる。こうしてアウグスティヌスの定義は上述の哲学者の定義と同一のものに帰する。

(2) 第二に対して、その解答は上述のことから明らかである。

(3) 第三に対しては言わなければならない。或るものが他のものなしにも理解されうる、というのに二様のあり方がある。一つは、或るものは他のものが理解されないときにも、理解されるということを意味している。この意味に解すると、概念的に相違しているものは、一方は他方なしにも理解されうる、という仕方によってである。もう一つの仕方でも、或るものは他のものなしに理解されうるが、それは、他のものが存在しなくても或るものは理解されるというときである。そして、在るものは、知性に合致ないし対等することなしには理解されえないゆえに、真なるものなしに理解することはできない。しかし、在るものの本質規定を理解する者は、真なるものの本質規定をも理解していなければならない、ということはない。ちょうど、在るものを理解する者が皆、能動知性を理解しているわけではないが、しかし能動知性なしには何ごとも理解されないごとくである。

(4) 第四に対しては言わなければならない。真なるものは在るものの状態であるが、しかしそれは在るものに何らかの実在を加えるような状態ではなく、また在るものに何らかの特殊的なあり方を附加する状態でもなく、かえってすべての在るものに一般的に見出される或るものを、――それはしかし、在るものという名称によっては、表出されていない或るものである――附加する状態である。それゆえ、真なるものは在るものを滅ぼしたり、それを減じたり、また部分的にそれを縮減したりする状態である必要はないのである。

(5) 第五に対しては言わなければならない。異論において、状態(dispositio)ということは、性質の類に属しているかぎりにおいてではなく、何らかの秩序を含意しているかぎりにおいて、理解されている。というのも、他のものどもの存在の原因であるものどもは、最高度に在るものどもであり、また〔他のものどもの〕真性〔真であること〕の原因であるものどもは、最高度に真なるものどもであるから、哲学者は、或る事物にとって存在と真性における身分は同じである、と結論しているのである。したがって、最高度に在るものであるものが見出されるところには、最高度に真なるものが存在するのである。それゆえ、こうしたことは、在るものと真なるものとが概念的に同じものであるがゆえにではなく、或るものは何らかの在ること・有性を所有するかぎりで、それに即して知性に合致する本性を有するからである。こうしたわけで、真なるものの特質は在るものの特質に伴うのである。

⑹　第六に対しては言わなければならない。真なるものと在るものとは概念的に相違しているが、それは在るものの概念内容に含まれていない或るものが、真なるものの概念内容の内に含まれることによってであるが、そのときそれは、真なるものの概念内容に含まれていない何かが、在るものの概念内容に含まれるという仕方によってではない。それゆえ、真なるものと在るものとは本質によって相違することはなく、また対立する相違によって相互から区別されることもない。

⑺　第七に対しては言わなければならない。真なるものは在るものよりも外延が大きいわけではない。というのは、在るものは、在らぬものが知性によって把捉されているかぎりで、在らぬものについて何らかの仕方で述語づけられる。それゆえ、哲学者は在るものの否定とか欠如が、或る意味で在るものと語られる、と『形而上学』第四巻[21]において述べ、アヴィセンナも自らの『形而上学』の初め[22]で、命題がそれについて形成されるそのものは、知性によって把捉されていなければならないから、命題は在るものについてしか形成されえない、と語っている。以上から、すべての真なるものが何らかの仕方で、在るものであることは明らかである。

⑴　しかるに、反対異論の第一に対しては次のように言わなければならない。「真なる在るもの」と語られるとき、その表現が無意味でないのは、在るものという名称によって表出されない何かが、真なるものという名称によって表出されるからであって、両者が実在的に相違しているがゆえではない。

⑵　反対異論の第二に対しては次のように言わなければならない。その人が姦淫することは悪であるけれども、そのことは在ること・有性の何かを有しているかぎり、知性に合致する本性を有しており、そのかぎりでそこには真なるものの特質が伴っており、したがって、真なるものが在るものを超出したり、在るものによって超出されたりしないことは明らかである。

⑶　反対異論の第三に対しては次のように言わなければならない。「在ることと在るところのものとは異なっている」と言われるとき、存在の現実態が、その現実態が適合している当のものから区別されているのである。

ところで、在るものという名称は存在の現実態から取られるのであって、存在の現実態が適合するそのものから取られるのではない。したがって、反対異論の推論は帰結しない。

(4) 反対異論の第四に対しては次のように言わなければならない。真なるものが在るものよりもより後なるのは、真なるものの本質規定が上述の仕方で在るものの本質規定とは相違していることによるのである。

(5) 反対異論の第五に対しては次のように言わなければならない。異論の推論には三つの点で欠陥がある。第一には、神のペルソナは実在的に区別されるけれども、しかしペルソナに固有的なものと見なされたものは実在的にではなく、ただ概念的に相違しているだけであることを見落としている。第二に、ペルソナは、たとえ相互に実在的に区別されるとしても、しかしそれらは本質から区別されるわけではない。それゆえ、御子のペルソナに固有的なものと見なされる真なるものが、神の本質の側から所有している在るものから区別されるわけではない。第三に、在るもの、一なるもの、真なるもの、善きものは被造の諸事物においてよりも神の内によりいっそう合一されてあるとしても、しかしそれらが神の内で〔概念的に〕区別されることから、それらが被造物において実在的に区別されるという必要はない。実際、こうしたことが可能であるのは、実在的に一であることを自らの本質規定からは有していない事柄においてである。たとえば知恵と力がそうであり、これらは神においては実在的に一であるが、被造物においては実在的に区別されるものである。ところで、在るもの、一なるもの、真なるもの、善きものはその本質規定に即して、実在的に一であることを有しているのである。したがって、それらはどこで見出されようとも、実在的に一なるものである。しかしそれらが神の内で、それに即して合一しているその実在の一性は、それらが被造物の内で、それに即して合一しているその実在の一性よりもより完全である。

第二項

第二に、真理は第一義的には事物の内にではなく知性の内に見出されるか、が問われる。そして、そのようには見出されないと思われる。その理由、

⑴　真なるものは、既述の通り、在るものと置換される。ところで、在るものは第一義的には、魂の内によりも事物の内に見出される。それゆえ、真なるものもまた事物の内に見出される。

⑵　さらに、事物が魂の内にあるのは、本質によってではなくその形象によってであり、そのことは哲学者が『霊魂論』第三巻[23]に語る通りである。それゆえ、もし真理・真性が第一義的に魂の内に見出されるとすれば、真理・真性は事物の本質ではなく、事物の類似ないし事物の形象であるであろう。そして、真なるものは魂の外にある在るものの形象であることになろう。ところで、魂の内にある事物の形象は、魂の外にある事物には述語されない。ちょうど、その形象が事物と置換されないように。というのも、置換されるとは、主語と述語とが相互に置換して述語されることだからである。それゆえ、真なるものも在るものと置換されないことになるが、これは偽である。

⑶　さらに、或るものの内に在るものはすべて、そのものがそれの内に在るそのもののあり方に従う。それゆえ、もし真理が魂の内に第一義的に在るならば、真理についての判断は魂が評定することによって在るであろう。したがって、人が知性において抱く臆見はすべて真なるものであり、二つの相矛盾することが同時に真なるものである、――こうしたことは不条理であるが――と主張した往昔の哲学者たちの誤謬に舞い戻ることになろう。

⑷　さらに、真理・真性が知性の内に第一義的に在るとすると、知性に属するものが真理の定義の内に措定されなければならない。ところで、アウグスティヌスは『ソリロクイア』[24]において「真なるものとは、見られる通りにあるものである」といった定義を非難している。というのも、こうした定義によれば、見られないものは真なるものでないことになるが、そうしたことは地中にある最も隠れた小石については、偽であることは明らかだからである。同様に、彼は次のような真なるものの定義、すなわち「真なるものとは、認識者が認識することを意志し、認識することが可能であるとき、彼に見える通りにあるそのものである」といった定義を、批判してい

る。なぜなら、この定義によれば、或るものが真なるものであるのは、認識者がそのものを認識することを意志し、それが可能である場合だけである、といったことになろうからである。また、知性に属するものがその内に措定される他のいずれの定義にも、同じ批判の論拠が妥当する。それゆえ、真理は第一義的に知性の内に在るわけではない。

以上に反して、(1) 哲学者は『形而上学』第六巻[25]において、「偽と真とは事物の内にではなく、精神の内にある」と述べている。

(2) さらに、「真理は事物と知性との対等である」〔第一項解答主文参照〕。ところで、この対等は知性の内にのみ存在しうる。それゆえ、真理も知性の内にのみ存在する。

答えて次のように言わなければならない。多くのものにより先とかより後という仕方で述語されるものどもにおいて、共通な言葉の述語づけをより先に受容するものは、他のものどもの原因である必要はないが、それはその共通な言葉の完全な特質が最初に、その内にあるそのものでなければならない。たとえば、健康な、という言葉は健康の完全な特質が最初にその内にあるところの動物に、より先に述語づけられる。しかし、健康を生ぜしめるものとして、薬が健康な、と言われる。したがって、真なるものが多くのものにより先とより後という仕方で述語されるときも、真理の完全な特質が最初にその内に見出されるそのものに、真なるものはより先に述語づけられるのでなければならない。また、どのような動きあるいは働きにおいても、その完成はその終極にある。ところで、認識する力の動きは魂に終極する。というのも、認識されるものは認識者の様態によって、認識者の内に存在しなければならないからである。他方、欲求する力の動きは事物に終極する。このことから、哲学者は『霊魂論』第三巻[26]において、魂の働きの内に一種の円環を提示している。すなわち、魂の外にある事物が知性を動かし、知性認識された事物が欲求を動かし、そして欲求は動きがそれから始まったその事物に到達することに向かう、というかぎりでの円環である。そして、既述の通り〔第一項〕、善きものは在るものの欲求への関係（ordo）を、他方、真なるものは在るものの知性への関係を含意しているから、そのことより哲学者は、『形而上学』第六巻[27]において、善と悪は事物の内に、真と偽とは精神の内にある、と述べている。他方、事物は、知性に対等しているかぎりでのみ、真なるものと言われる。それゆえ、真なるものは事物の内にはより後なる仕方で、他方、知性の内にはより先なる仕方で見出されるのである。

しかし、次のことを知らなければならない。すなわち、事物は実践知性と思弁知性に対して別々の仕方で関係している。実際、実践知性は事物の原因であり、したがって自らによって生ぜしめられる諸事物の尺度である。他方、思弁知性は、事物から〔知を〕得るのであるから、事物そのものによって何らかの仕方で動かされており、したがって事物がこの知性を測っているのである。以上から明らかなことは、われわれの知性が知をそれらから得ている自然物が、われわれの知性の尺度であることであり、そのことは『形而上学』第一〇巻[28]に言われている。しかし、自然物は神の知性によって測られ、神の知性の内に万物はあるのであって、それは制作者の知性の内にあらゆる制作品があるのと同様、である。それゆえ、神の知性は測られることなく測るものであり、他方、自然物は測るものであるとともに測られるものである。しかし、われわれの知性は測られるものであるが、自然物を測るものではなく、ただ人工物のみを測るものである。それゆえ、二つの知性の中間に位置づけられる自然物は、両方の知性に対等することによって、真なるものと言われる。すなわち、自然物は神の知性との対等に即しては、神の知性によって秩序づけられたそのものを実現することによって、真なるものと言われ、それはアンセルムスの『真理について』[29]とアウグスティヌスの『真の宗教について』[30]、ならびにアヴィセンナ[31]の導入した定義、すなわち「或るものの真理・真性とは、そのものの内に確立されているそのもの自身の存在の固有性である」によって明らかである。他方、事物は、人間の知性との対等に即しては、自分自身について真なる判断を生ぜしめる本性を持つかぎりで、真なるものと言われる。それはちょうど、偽なるものと言われるものが、アリストテレスの『形而上学』第五巻[32]に語られている通り、「本性的に、事物がそれでないところのものに見えるようなもの、あるいは事物が持っていない性質を持っているように見えるようなもの」であるのと同様である。ところで、真理・真性の第一の特質の方が、第二の特質よりもより先である。なぜなら、事物の神の知性への関係の方が、人間の知性への関係よりもより先だからである。それゆえに、たとえ人間の知性が存在しないとしても、なお諸事物は神の知性との関係において真なるものである。しかし、不可能な仮定によってではあるが、もし、諸事物は存続しているが、両方の知性が取り去られると考えてみるとすれば、真理・真性の性格はいかなる仕方においても存続しないであろう。

(1) それゆえ、第一に対する答えは以下である。既述のことより明らかな通り、真なるものはより先に真なる知性に述語され、より後に知性に対等している事物に述語される。そして、真なるものは両方の仕方で在るものと置換されるが、しかし異なった仕方によってである。というのは、真なるものは、在るものに述語されるかぎりでは、述語づけによって（per praedicationem）在るものと置換される。——実際、すべての在るものは神の知性に対等しており、また人間の知性を自らに対等させることのできるものであり、またその逆も真であるからである。——他方、真なるものは、知性に述語されるかぎりで理解されるならば、魂の外の在るものと置換されるが、それは述語づけによってではなく、随伴することによって（per consequentiam）である。というのは、知性のいずれの真なる働きにも何らかの在るものが対応し、またその逆〔＝すべての在るものは知性の真なる働きに対応する〕でもなければならないからである。

(2) 第二に対する解答は、第一の異論解答によって明らかである。

(3) 第三に対しては次のように言わなければならない。或るものの内に在るものは、自らがその内に在るその或るものに従うのは、そのものが或るものの諸根原から生ぜしめられている場合だけである。それゆえ、空気の内に外部のもの、すなわち太陽によって生ぜしめられている光は、空気によりも太陽の動きによりいっそう従うのである。同様に、諸事物によって魂の内に生ぜしめられた真理も、魂の判断に従うのではなく、諸事物の存在に従うのである。「というのは、事物があるか、ないかによって、言表は真なるものとか偽なるものとかと言われるからである」[33]。知性についても同様である。

(4) 第四に対しては次のように言わなければならない。アウグスティヌスは、事物の真理・真性がそれに依存していない人間知性の直視について、語っているのである。というのも、われわれの知性によって認識されない多くの事物があるからである。ところが、神の知性が現実的に、そして人間の知性が可能態において知性認識しないような、いかなる事物も存在しない。実際、〔人間の知性において〕能動知性は「すべてのものをわれわれがそれによって可知的にするそのもの」と言われ、可能知性は「われわれがそれによってすべてのものになるそのもの」[34]と言われるのである。真なる事物の定義には、神の知性の現実態における直視が措定されうるが、人間の知性の直視は、上述のことから明らかなように、可能態における直視しか措定されえないからである。

第三項

第三に、真理は複合したり分離したりする知性の内にのみ見出されるか、が問われる。そして、その内にのみ見出されるわけではない、と思われる。その理由、

(1) 真なるものは在るものの知性への関係によって語られる。ところで、知性が事物に関係づけられる第一の関係は、諸事物の定義を懐念する（concipere）ことによって、知性が諸事物の何性をその内に形成するそのものである。それゆえ、知性のこの働きの内に真なるものは第一義的、かつより先に見出される。

(2) さらに、「真なることは事物と知性との対等である」〔第一項解答主文参照〕。ところで、複合したり分離したりする知性が事物に対等されうるように、諸事物の何性を認識する知性も事物に対等されうる。それゆえ、真理は複合したり分離したりする知性の内にのみあるわけではない。

以上に反して、(1)『形而上学』第六巻[35]に、「真と偽とは事物の内ではなく、精神の内にある。他方、単純なものどもや事物の何であるかについては、その真・偽は精神の内にも存在しない」と言われている。

(2) さらに、『霊魂論』第三巻[36]には、「分割されえないものを思惟する働きには真・偽は存在しない」と言われている。

答えて次のように言わなければならない。真なるものは、事物の内によりも知性の内により先に見出されるように、事物の何性を形成する知性の働きの内によりも、複合・分離する知性の働きの内により先に見出される。実際、真なるものの特質は事物と知性との対等の内に成立する。ところで、何ものも自分自身に対等することはなく、等しさは異なったものどもの間に成立する。それゆえ、知性の内に真理の特質が最初に見出されるのは、事物が魂の外に持っていない知性に固有な或るものを、知性が最初に所有し始めるときである。そして、その或るものは事物に対応しており、したがって、それら二つ、つまり知性と事物との間には対等が見出されうるのである。ところで、諸事物の何性を形成する知性は、魂の外にある事物の類似を所有するだけである。それは、可感的事物の形象を得るかぎりでの、感覚の場合と同様である。ところで、把捉された事物について知性が判断し始めるとき、その判断そのものは知性に固有な或るものであって、それは外部において事物の内に見出されるものではない。そして判断は、外部の事物の内にあるものに対等するとき、その判断は真なるものと言われる。ところで、或るものが存在する、とか存在しない、とかと知性が語るとき、知性は把捉された事物について判断している。そして、そうすることは複合・分離する知性の役割である。それゆえ、哲学者も『形而上学』第六巻[37]において、「複合と分離は知性の内にあって、事物の内にあるわけではない」と語っている。そうしたわけで、真理は知性の複合・分離の働きの内に、より先に見出されるのである。

しかし、第二義的な意味では、真なるものは諸事物の何性とか定義とかを形成する知性の内にも、より後なる仕方で語られる。それゆえ、真なる複合とか偽なる複合とかにもとづいて、定義が真であるとか偽であるとかと言われるのである。すなわち〔定義が偽であるのは〕、定義が属さないものに定義が適用される場合、たとえば、円の定義が四角形に帰せられる場合である。あるいは、定義の部分が相互に複合されることができない場合である。たとえば、或る事物の定義が「感覚能力を持たない動物」と言われる場合である。実際、含意されている複合、すなわち、或る動物は感覚能力を持っていないものである、という複合は偽なるものである。したがって、定義が真なるものとか偽なるものとかと言われるのは、複合への関係によってのみであり、それは事物が知性との関係によってのみ、真なるものとか偽なるものとかと言われるのと同様である。

それゆえ、上述のことから明らかなことは、真なるものは、より先には知性の複合とか分離の働きに述語され、第二には諸事物の定義にも、それら定義に真なるとか偽なる複合が含まれているかぎりで、述語される。また第三には、神の知性に対等し、また人間の知性に対等することが本性的であるかぎりで、諸事物に真なるものが述語される。第四には、真なるものは人間について、彼が真なる事柄を選択しうるゆえに、あるいは自分自身についてあるいは他の人々について、自らが語り行うことによって真なる評価、あるいは偽なる評価をなすことのゆえに、述語される。というのも、言葉が表示する知性内容が、真なるものという述語づけを受け入れるように、言葉も同じ仕方で真なるものという述語づけを受け入れるからである。

(1) それゆえ、第一に対しては次のように言わなければならない。何性の形成が知性の第一の働きであるけれども、しかしその働きによって知性は事物に対等しうる何らかの固有性を持つわけではない。したがって、その働きの内に固有の意味での真理があるわけではない。

(2) 上述のことによって、第二に対する解答は明らかである。

第四項

第四に、すべてのものがそれによって真なるものであるただ一つの真理が存在するか、が問われる。そして、そうである、と思われる。その理由、

(1) アンセルムスは『真理について』[38]の書で、時間が時間的なものどもに関わるように、真理は真なる事物に関わる、と述べている。ところで、時間はすべての時間的なものに対して、ただ一つの時間があるように関わっている。それゆえ、真理はすべての真なるものに対して、ただ一つの真理があるように関わっている。

(2) しかし、真理は二様に語られる、と主張されてきた。一つは、事物の在ることと同じであるかぎりの真理・真性であり、それはアウグスティヌスが『ソリロクイア』[39]において「真なるものとは在るところのものである」と定義する通りである。この意味では、諸事物の存在性（essentiae rerum）が多くあることに即して、真理・真性も多くあるのでなければならない。別の仕方では、知性の中に自己を表出するかぎりでの真理がある。その意味で、ヒラリウス[40]は「真なるものは存在を公に示すものである」と規定している。そして、この仕方では、神の第一真理によるのでなければ、何ものも知性に何かを明らかにすることはできないのであるから、すべての真理は知性を動かすことにおいて、或る意味で一つである。ちょうど、諸々の色は、視覚を一つの光によって動かすかぎりで、視覚を動かしていることにおいて一つであるごとくである。――これに対しては、次のように言われる。時間は、すべての時間的なものどもにおいて、数的には一である。それゆえ、真理が諸々の真なるものに関わる仕方が、もし時間が諸々の時間的なものに関わる仕方と同様であるとすれば、すべての真なるものには数的に一つの真理がなければならないであろう。また、すべての真理が一つであるためには、それらが知性を動かすこと、あるいは範型において一つであることでは不十分である。

(3) さらに、アンセルムスは『真理について』[41]の書で、次のように推論している。すなわち、多くの真なるものに多くの真理があるとすれば、諸々の真理は諸々の真なるものの変化に即して変化しなければならない。とこ

ろで、真理は真なる事物の変化によって変化することはない。というのは、真なるものどもとか直《ただ》しいものどもとかが破壊されても、事物がそれに即して真なるものとか直しいものとかである真性・真理や直しさは、なお留まっているからである。それゆえ、真理はただ一つあるだけである、と。〔アンセルムスは〕小前提を次のことから証明している。記号は破壊されても、その表示作用の直しさはなお留まっている。というのも、その記号は、それが表示していたそのものを表示することは直しいまま留まるからである。同じ理由によって、すべての真なるものや直しいものが滅びても、そのものの直しさとか真性・真理は留まるのである。

(4) さらに、被造物においては、何ものも自らが自らの真性・真理であるようなものではない。たとえば、或る人の真性・真理はその人〔自身〕ではないし、肉の真性・真理は肉〔そのもの〕ではない。ところで、いずれの被造の在るものも真なるものである。それゆえ、いかなる被造の在るものも真性・真理ではない。それゆえ、真理はすべて非被造のものである。したがって、ただ一つの真理があるだけである。

(5) さらに、アウグスティヌス[42]が語る通り、神以外の何ものも人間精神よりも大いなるものではない。ところで、アウグスティヌスが『ソリロクイア』で証明している通り、真理は人間精神よりも大いなるものである。なぜなら、真理は人間精神よりもより小さいとは言われえないからである。実際、もし小さいとすれば、人間精神が真理について判断しなければならないことになろう。しかしこれは偽である。――というのも、精神は真理について判断するのではなく、真理に即して判断するからである。ちょうど、裁判官は法律について判断するのではなく、法律に即して判断するようにであって、それはアウグスティヌスが『真の宗教について』において語る通りである。――同様に、人間精神は真理に等しい、と語ることはできない。というのも、魂は真理に即して万物を判断するが、しかし自分自身に即して判断することはないからである。それゆえ、真理は神以外の何ものでもない。したがって、ただ一つの真理があるだけである。

(6) さらに、アウグスティヌスは『八三問題集』[43]において、真理は身体の感覚によっては捉えられないことを次のように証明している。すなわち、感覚によって捉えられるものは可変的なものだけである。ところで、真理は不変的なものである。それゆえ、真理は感覚によっては捉えられない。同様に、次のように推論される。被造のものはすべて可変的である。ところで、真理は可変的ではない。それゆえ、真理は被造物ではない。それゆえ、真理は非被造のものである。それゆえ、真理はただ一つあるだけである。

(7) さらに、アウグスティヌスは同所[44]で同じことに対して、別の推論を次のように行っている。「偽なるものに類似したものを持っていないような可感的なものは、そもそも存在しない。したがって、その二つを区別することはできない。ただ一つの例を挙げれば、われわれが身体を通して感覚するすべてのものがそうであって、それらは感覚に現在していないときでさえ、それらの像をわれわれは、あたかも現在するかのように経験するのである。たとえば、夢とか錯乱状態における場合のようにである」。ところで、真理は偽なるものに類似するような何ものも所有していない。それゆえ、真理は感覚によっては捉えられない。同様に、次のように推論される。被造のものはすべて、何らかの欠陥を持つかぎりで、偽なるものに類似したものを持っている。それゆえ、いかなる被造のものも真理ではない。したがって、ただ一つの真理があるだけである。

以上に反して、(1) アウグスティヌスは『真の宗教について』[45]において、「類似が類似したものどもの形相であるように、真理は真なるものどもの形相である」と述べている。ところで、多くの類似したものどもには、多くの類似が存する。それゆえ、多くの真なるものには多くの真理が存在する。

(2) さらに、被造物における真理はすべて、非被造の真理を範型としてそれより発出し、また自らの真性を後者の真理から所有しているように、可知的な光はすべて非被造の第一の光を範型としてそれより発出し、その光から他を明らかにする力を所有している。しかし、ディオニュシウス[46]によって明らかな通り、可知的な光はたくさんあるとわれわれは主張する。それゆえ、多くの真理の在ることが、同様の仕方で端的に承認されるべきである。

(3) さらに、さまざまな色は、光の力によって視覚を動かすことができるけれども、しかし色は多くあり、異なっていると言われ、色は或る限定のもとでしか一つであるとは言われない。それゆえ、被造物におけるすべての真理も、第一の真理の力によって、自己を知性に表出するけれども、しかしこのことから、一つの真理のみが語られうるとすれば、それは或る限定された意味においてのみである。

(4) さらに、被造物における真理は、非被造の真理の力によってでなければ、自己を知性に明らかにすることができないように、被造物におけるいかなる能力も、非被造の能力の力によってでなければ、何かを為すことはできない。しかし、能力を所有するすべてのものに一つの能力がある、とわれわれはいかなる仕方でも語ることはない。それゆえ、すべての真なるものに何らかの仕方で一つの真理がある、と言うべきではない。

(5) さらに、神は事物に対して三通りの原因、すなわち作出因、範型因、そして目的因の関連において関わっている。そして、神に固有的なものと見なす働きによって、事物の在ること・有性は作出因としての神に、事物の真であること・真性は範型因としての神に、事物の善くあること・善性は目的因としての神に関係づけられる。もっとも、固有的に語れば、個々のおのおののものは個々の原因に関係づけられるけれども。しかし、われわれはいかなる仕方によっても、すべての善きものに一つの善くあること・善性が、すべての在るものに一つの在ること・有性がある、とは言わないのである。それゆえ、すべての真なるものに一つの真性・真理があると言うべきではない。

(6) さらに、被造物におけるすべての真理がそれを範型として発出している非被造の真理は、一つであるけれども、しかしこれら真理はその一つの真理を同じ仕方で範型としているわけではない。というのは、その一なる真理はすべてのものに同じ仕方で関係しているけれども、しかしすべてのものがその一なる真理に同じ仕方で関わっているわけでないことは、『原因論』[47]に語られている通りである。それゆえ、必然的なものと非必然的なものとの真理は、非被造の真理を別々の仕方で範型としているのである。ところで、神の範型を模倣する異なった仕方が、被造の諸事物における相違を生ぜしめている。それゆえ、端的に、被造物における真理はたくさんあるのである。

(7) さらに、「真理は事物と知性との対等である」〔第一項解答主文参照〕。ところで、種的に異なっているものどもに知性への一つの対等がある、ということはありえない。それゆえ、真なる事物は種的に異なっているから、すべての真なるものに一つの真理があるわけではない。

(8) さらに、アウグスティヌスは『三位一体論』第一二巻[48]において、「人間精神の本性は、精神が認識するすべてのものを或る無比の光の内に観るように、可知的な諸事物に結合されているということが信じられなければならない」と述べている。ところで、魂がそれによって万物を認識する光は真理である。それゆえ、真理は魂そのものと同じ類に属していなければならない。したがって、真理は被造のものでなければならない。それゆえ、種々異なった被造物には、種々異なった真理が存在するであろう。

答えて次のように言わなければならない。既述のことから明らかなように、真理は固有の意味では、人間あるいは神の知性の内に見出される。ちょうど、健康が動物の内に見出されるように。しかし、他の諸事物の内にも、真理は知性への関係によって見出されるのである。ちょうど、健康も他の或るものに、それらが動物の健康を生ぜしめ、あるいはそれを保持するかぎりで、述語されるのと同様である。それゆえ、真理は、神の知性には第一にかつ固有的に見出され、他方、人間の知性には固有的にではあるが、第二義的に見出され、諸事物の内には非固有的、かつ第二義的に見出されるのである。というのも、諸事物の内には、上述の二つの真理のいずれかとの関係によって見出されるからである。それゆえ、神の知性の真理はただ一つであり、その真理から人間の知性に多くの真理が派出してくるのである。それは、「人間の子供たちから、さまざまな真理が減弱してしまった」〔詩一二：二〕という言葉への註釈[49]が語る通り、「一人の人の顔から鏡に多くの似姿が映る」ようにである。他方、諸事物に在る真理は、諸事物の在ること・有性（entitas rerum）が多であるに応じて、多である。

ところで、人間の知性との関係で諸事物に述語される真理は、それら事物に何らかの仕方で附帯するものである。というのも、人間知性が存在せず、また存在しえないと仮定しても、事物はなお自らの本質において存続するであろうからである。他方、神の知性との関係で事物に述語される真理は、それら事物に分離されえない仕方で随伴する。というのは、それら事物はそれらを存在へと産出する神の知性によるのでなければ、自存することはできないからである。さらに、事物の真理は人間の知性よりも神の知性との関係において、事物により先に内在している。というのも、事物は神の知性にそれを原因として関係づけられるが、人間の知性に対しては、知性が事物から知を獲得するかぎりで何らか結果に対するように、関係づけられるからである。それゆえ、以上のような意味で、或る事物は人間知性への関係においてよりも、神の知性への関係において、第一義的に真なるものと言われる。それゆえ、もし、万物が第一義的にそれに即して真なるものであるところの、固有の意味で語られた真理が理解される場合には、万物は一つの真理、すなわち神の知性の真理によって、真なるものである。アンセルムスは『真理について』(50)の書では、真理についてこの意味で語っているのである。他方、もし諸事物がそれに即して第二義的に真なるものと語られるが、固有の意味で語られる真理が理解される場合には、多くの真なるものに多くの真性・真理があるのである。また、一つの真なるものについて種々異なる精神の内には多くの真性・真理があるのである。他方、もし万物がそれに即して真なるものと言われるが、固有でない仕方で語られる真性・真理が理解される場合、多くの真なるものには多くの真性・真理があるが、一つの真なるものには、ただ一つの真理があるだけである。ところで、諸事物が真なるものと言われるのは、神の知性、あるいは人間の知性の内にある真理によってである。ちょうど、食べ物が健康なものと言われるのは、動物の内にある健康によってであって、食べ物に内在している形相によってでないごとくである。しかし、事物は事物そのものに内在している真性・真理によって、いわば事物に内在している形相によって真なるものと言われる。その真理は知性に対等した在ること、あるいは知性を自らに対等させる在ることにほかならない。ちょうど、食べ物が、それによって食べ物自身が健康と言われる、食べ物自身の性質によって健康と言われるごとくである。

(1) それゆえ、第一に対しては言わなければならない。時間は時間的なものどもに対して、測るもの・尺度が測られるものに対するように、関係している。それゆえ、アンセルムスはすべての真なるものの尺度であるその真理について、語っていることは明らかである。そして、その真理は数においてただ一つであり、それは時間が一つであるのと同様であることは、第二の異論の推論において結論されている通りである。ところで、人間の知性の内に、あるいは事物そのものの内にある真性・真理は、事物に対して外的で共通な尺度が測られるものどもに対するように、関係しているのではなく、或るときは測られるものが尺度に対するように関係し、それは人間知性の真理に妥当する。したがって、諸事物が変化することに即して、この真理も変化するのである。

また或るときには、内的な尺度が事物そのものに対するように、関係する。それは事物そのものの内にある真理に妥当する。そして、これら尺度も測られるものどもの多性に即して多数化されなければならない。ちょうど、種々異なる物体に種々異なる次元が属するようにである。

(2) 異論の第二をわれわれは承認する。

(3) 第三に対しては言わなければならない。事物が滅びても存続する真理は、神の知性の真理である。そして、この真理は無条件的に数において一つである。しかし、事物や魂の内にある真理は、事物の変化に即して変化する。

(4) 第四に対しては言わなければならない。「いかなる事物も自らの真理ではない」と言われるとき、このことは実在の内に完全な存在を所有している事物について理解される。ちょうど、「いかなる事物も自らの存在ではない」と言われるときと同様である。しかし、事物の存在は一種の被造の実在である。したがって、同じ意味で、ものの真理は何らかの被造のものである。

(5) 第五に対しては言わなければならない。魂がそれに即して万物について判断する真理は、第一の真理である。というのは、神の知性の真理から、天使の知性に諸事物の生得的な形象が流入し〔第八問題第九項〕、その形象によって天使は万物を認識するように、神の知性の真理から、範型的にわれわれの知性に第一の基本原理についての真理が発出し、その真理に即してわれわれは、万物について判断するのである。そして、その真理によってわれわれが判断できるのは、その真理が第一の真理の類似であることによってのみであるから、第一の真理によってわれわれは万物について判断すると言われるのである。

(6) 第六に対しては言わなければならない。異論の不可変的な真理は第一の真理である。この真理は感覚によって捉えられないし、被造の或るものでもない。

(7) 第七に対しては言わなければならない。いずれの被造物も偽なるものに類似したものを持っているけれども、しかし、被造物における真理そのものが偽なるものに類似した何かを持つことはない。というのは、被造物は欠陥があるかぎりで、偽なるものに類似した何かを持ってはいるけれども、真理が被造物に属する（consequitur）のは、被造物が欠陥のあるものであるかぎりにおいてではなく、被造物が欠陥から解放され（recedit）、第一の真理に一致するものとなる（conformata）かぎりにおいて、だからである。

(1) 反対異論の第一に対しては言わなければならない。固有の意味で二つのものが類似しているとき、類似性は両者の内に見出される。ところで、真理は、知性とものとの一種の一致であるから、固有の意味では両者の内にではなく、知性の内に見出される。それゆえ、すべての事物は神の知性という一つの知性と合致するかぎりで、真なるものであり、真なるものと言われるのであるから、すべてのものは一つの知性によって真なるものでなければならない。もっとも、多くの類似したものには種々異なる類似性は存在する。

(2) 反対異論の第二に対しては言わなければならない。可知的光は神の光を範型としているけれども、しかし固有の意味では、光は被造の諸々の可知的光に述語される。しかし、真理は固有の意味では、神の知性を範型とした諸事物には述語されない。したがって、われわれは一つの光を語るように、一つの真理を語るわけではない。

(3) 反対異論の第三に対しては言わなければならない。色についても同様に言われるべきである。というのは、さまざまな色は光を通してしか見られないけれども、色が固有の意味でも見られうるものと言われるからである。

(4)-(5) さらに、反対異論の第四に対しては能力から、反対異論の第五に対しては在ること・有性から、同様に言われるべきである。

(6) 反対異論の第六に対しては言わなければならない。諸事物は神の真理をさまざま異なった仕方で範型としているけれども、しかしそのことのゆえに、諸事物が固有の意味では一つの真理によって真なるものであって、多くの真理によって真なるものではない、ということが排除されるわけではない。というのも、範型づけられた諸事物に、種々異なった仕方で受け取られているものは、範型の内に真理が固有の意味で語られるのと同様に、固有の意味で真理と言われるわけではないからである。

(7) 反対異論の第七に対しては言わなければならない。種的に異なっているものどもは、諸事物そのものの側からは神の知性に一つの対等によって、対等することはないけれども、しかし万物が対等している神の知性は一つである。そして、神の知性の側からはすべての事物に対して一つの対等がある。もっとも、必ずしもすべてのものが神の知性に同じ仕方で対等するわけではないけれども。したがって、上述の仕方で、すべての事物には一つの真理があるのである。

(8) 反対異論の第八に対しては言わなければならない。アウグスティヌスは、顔の類似が鏡に映っているように、われわれの精神の内にあり神の精神そのものを範型としている真理について語っている。そして、第一の真理からわれわれの魂に反映しているこうした真理は、既述の通り、多である。——あるいは、次のように言うべきである。「使徒言行録」に「われらも神の子孫である」〔使一七：二八〕と言われているその意味では、すべての可知的なもの、あるいは非物体的なものは一つの類に属しており、その意味で類を広義に解すれば、第一の真理は或る意味で魂の類に属している、と言うべきである。

第五項

第五に、第一真理とは別の何らかの真理が永遠であるか、が問われる。そして、そうだと思われる。その理由、

(1) アンセルムスは『モノロギオン』[51]において、命題の真理について語り、「真理が始めや終わりを持つと理解されるにせよ、持たないと言われるにせよ、真理は始めや終わりによって限定されることはありえない」と述べている。ところで、すべての真理は始めや終わりを持つか、あるいは始めや終わりを持たないか、いずれかとして理解される。それゆえ、いかなる真理も始めと終わりによって限定されることはない。ところで、このようなものは永遠である。それゆえ、すべての真理は永遠である。

(2) さらに、そのものの存在が、そのものの存在の破滅に伴うようなものはすべて、永遠なものである。というのも、そのものの存在が措定されるにせよ、非存在が措定されるにせよ、そのものは在ることが帰結するからである。さらに、どんなときでも、おのおののいずれのものも、存在するものあるいは存在しないものとして措定されなければならない。ところで、真理の破滅には真理の存在が帰結する。というのも、もし真理が存在しなければ、真理の存在しないことが真であるからである。また、何ものも真理によってでなければ、真なるものではありえない。それゆえ、真理は永遠である。

(3) さらに、もし諸々の命題の真理が永遠でないとすれば、それら命題の真理が真でなかった或る時が指摘されなければならない。ところで、そのとき「諸々の命題にはいかなる真理も存在しない」というこの命題は真なるものであった。それゆえ、そのとき命題の真理は存在したのである。これは仮定したことに反する。それゆえ、命題の真理は永遠でない、と言われることはできない。

(4) さらに、哲学者は『自然学』第一巻[52]において、質料は永遠であること――それは偽であるけれども――を、質料は消滅するとき或るものになるように消滅し、生成するとき或るものから生成することによって、質料は自らの消滅の後も自らの生成の前も存続している、ということによって、証明している。ところで、或るものがそれより生成し、また或るものがそれから消滅するものは質料である。同様に、真理は消滅したり生成したりすることが措定される場合、真理は自らの消滅の前と自らの生成の後に、存在することが帰結する。すなわち、生成

する場合には、質料は非存在から存在へと変化しており、また消滅する場合には、存在から非存在へと変化しているが、真理が存在しないときには、真理の存在しないことが真なることであり、そうしたことは結局のところ、真理が存在しなければありえないことである。それゆえ、真理は永遠である。

(5) さらに、存在しないと知性認識されることのできないものは、すべて永遠的である。というのも、存在しないものはいずれも、存在しないと知性認識されうるからである。ところで、諸々の命題の真理も、存在しないと認識されることはありえない。というのも、知性が或るものを認識できるのは、そのものが真なるものであると認識する場合だけだからである。それゆえ、諸々の命題の真理も永遠である。

(6) さらに、未来にあるものは、常に未来にあるものであった。また、過ぎ去ったものは常に過ぎ去ったものであるであろう。したがって、未来の事柄についての命題は、或るものが未来にあるものであるがゆえに、真なるものであり、また過ぎ去った事柄についての命題は、或るものが過ぎ去ったものであるがゆえに、真なるものである。それゆえ、未来の事柄についての命題の真理は常にあったし、過ぎ去った事柄についての命題の真理も、常にあるであろう。それゆえ、第一の真理のみが永遠であるのみならず、他の多くの真理も永遠である。

(7) さらに、アウグスティヌスは『自由意思論』[53]において、「円の本質規定や二足す三は五である、ということと以上に永遠なるものは何もない」と述べている。ところで、これらの真理は被造物における真理である。それゆえ、第一の真理以外に或る真理は永遠である。

(8) さらに、命題が真理であるために、或る事柄が現実的に命題として表現されるという必要はなく、命題がそのものについて形成されうるその当のものが存在するだけで十分である。ところで、世界が存在した以前において、神以外にも、それについて命題が形成されえた何かがあった。それゆえ、世界が生成する以前にも、命題に表現されうる事柄の真理はあったのである。ところで、世界が存在する以前にあったものは、永遠なるものである。それゆえ、命題に表現されうるものどもの真理は永遠である。小前提の証明。世界は無から、すなわち無の後に作られた。それゆえ、世界が存在する前に、世界には非存在が属していた。ところで、真なる命題は存在するものについてのみならず、存在しないものについても形成される。たとえば、存在するものは存在する、と真に命題化されることが可能であるように、存在しないものは存在しない、と真に命題化されることが可能であり、それは『命題論』第一巻[54]に明らかな通りである。それゆえ、世界が存在する以前にも、真なる命題がそれより形成されえたそのものはあったのである。

(9) さらに、知られるものはすべて知られるかぎり、真なるものである。ところで、神は命題化されうるすべてのものを永遠から知っていた。それゆえ、命題化されうるすべてのものの真理は、永遠から存在する。したがって、多くの真理が永遠なるものである。

(10) しかし、以上のことから帰結するのは、それら命題化されうるものの真であるのは、神の知性においてであって、それら自身においてではない、と主張されてきた。――これに対しては次のように言われる。或るものどもが真なるものであるのは、それらが神によって知られたものであるかぎりにおいてでなければならない。ところで、すべてのものは永遠から神によって、それらが神の精神の内にあるかぎりにおいてのみならず、それらの固有の本性にあるものであるかぎりにおいても、知られたものである。すなわち、「シラ書」には、「万物は、創造される以前から主なる神に知られ、また、その完成の後も神は万物を知っている」〔シラ二三・二〇〕と言われている。したがって、神は諸事物を永遠から知っていたのと別の仕方で、それらが完成された後に認識する、ということはない。それゆえ、永遠から多くの真理が神の知性の内のみならず、それ自体に即しても存在したのである。

(11) さらに、或るものが端的に存在する、と言われるのは、そのものが自らの完成の状態にあることによってである。ところで、真理の特質は知性において完成する。それゆえ、もし神の知性の内に永遠から多くの真なるものがあったとすれば、多くの真理が永遠的であることは端的に承認されるべきである。

(12) さらに、「知恵の書」に、「正義は恒常的で不滅である」〔知一・一五〕と言われている。他方、トゥリウス〔キケロ〕が『修辞学』[55]に語る通り、真理は正義の部分である。それゆえ、真理は恒常的で不滅である。

(13) さらに、普遍的なものは恒常的で消滅しないものである。ところで、真なるものは最高度に普遍的なものである。それは在るものと置換されるからである。それゆえ、真理は恒常的で消滅しないものである。

(14) しかし、普遍的なものはそれ自体では滅びず、附帯的に滅びる、と言われた。——これに対しては次のように言われる。ものはそのものに附帯的に適合するものによってよりも、そのものに自体的に適合するものによって、名づけられねばならない。それゆえ、もし真理は自体的に言えば恒常的で消滅しないものであるが、附帯的にのみ消滅したり生成したりするのだとすれば、普遍的に語られる真理は永遠であることが承認されなければならない。

(15) さらに、神は世界よりも永遠から先に存在した。それゆえ、神の内により先という関係は永遠から存在した。ところで、関係したものどもの一方が措定されると、残りの一方も必然的に措定される。それゆえ、世界の神に対するより後という性格は、永遠から存在した。それゆえ、神の外にあり、何らかの仕方で真理が適合する或る別のものが永遠から存在したのである。

(16) より先性とより後性という関係は、実在の内に存在する何かではなく、ただ思考上においてのみ存在するものである、と言われてきた。——これに対しては次のように言われる。ボエティウスが『哲学の慰め』の終わり[56]で、たとえ世界が常にあったとしても、神は本性によって世界よりもより先である、と述べている。それゆえ、より先という、上述の関係は実在的な関係であって、ただ単に思考上の関係ではない。

(17) さらに、意味表示の真性・真理は意味表示の直《ただ》しさである。ところで、或ることが意味表示されることは、永遠から直しいことであった。それゆえ、意味表示の真性・真理は永遠から存在したのである。

(18) さらに、御父が御子を生んだことと聖霊が両者から発出したことは、永遠から真なることであった。ところで、これらは複数の真なることである。それゆえ、複数の真なる事柄が永遠から存在するのである。

(19) しかし、それらは一つの真理によって真なるものである、と主張されてきた。それゆえ、多くの真理が永遠から存在することが、帰結するわけではない。——これに対しては次のように言われる。御父がそれによって御父であり御子を生むそのものと、御子がそれによって御子であり聖霊を発出するそのものとは別々のものである。ところで、御父がそれによって御父であるそのものによって、「御父は御子を生む」とか「御父は御父である」ということは真なることであり、他方、御子がそれによって御子であるそのものによって、「御子は御父から生まれた者である」ということも真なることである。それゆえ、このような諸命題は、一つの真理によって真なるものであるわけではない。

(20) さらに、人間と笑いうる者とは置換されるけれども、「人間は人間である」と「人間は笑いうる者である」という命題のおのおのに、同じ真理が見出されるわけではない。というのは、人間という名称が叙述する特性と笑いうる者という名称が叙述する特性とは同じではないからである。ところで、御父という名称と御子という名称が含意している特性は、上述の場合と同様に、同じものではない。それゆえ、上で語られた命題に同じ真理があるわけではない。

(21) しかし、こうした諸命題は永遠からあったわけではない、と主張されてきた。――これに対しては次のように言われる。命題を作ることのできる知性があるときはいつでも、命題は存在することができる。ところで、「御父は御父である」とか「御子は御子である」という命題を認識し、したがって、そうした命題を形成するか語るかする神の知性は、永遠から存在した。というのも、アンセルムス[57]によれば、最高の霊にとって語ることは知性認識することだからである。それゆえ、前述の諸命題は永遠から存在したのである。

以上に反して、(1) いかなる被造物も永遠ではない。〔ところで〕第一の真理以外のすべての真理は被造物におけるものである。それゆえ、第一の真理のみが永遠である。

(2) さらに、在るものと真なるものとは置換される。ところで、一つの在るもののみが永遠である。それゆえ、一つの真理のみが永遠である。

答えて 次のように言わなければならない。先に語られた通り〔第一項〕、真理は何らかの対等（adaequatio）、あるいは均等（commensuratio）を含意している。それゆえ、或るものが真なるものと言われるのは、或るものが均等した・釣合ったもの、と言われるのと同様である。ところで、物体は線、面、深さという物体に内在的な尺度によって測られ、また場所にあるものが場所によって、動が時間によって、布が腕の長さによって測られるのと同様、物体は物体にとって外的な尺度によっても測られる。それゆえ、或るものが真なるものと言われうるのも、二様の仕方においてである。一つは、そのものに内属している真理によって真なるものと言われ、もう一つは、そのものにとって外的な真理によって真なるものと言われる。そして、この後者の仕方では、すべての事物が第一の真理によって真なるものと言われる。また、知性の内にある真理は事物そのものによって測られるのであるから、事物の真理のみならず知性の真理、あるいは知性の思惟内容を表示している命題の真理も、第一の真理からその名を得ているのである。ところで、知性と事物の対等、あるいは均等において、それら二つのいずれもが現実態にあるという必要はない。というのも、われわれの知性は、未来に存在するであろうが現在は存在していないものどもに対等しうるからである。さもないと、たとえば、「反キリストが生まれるであろう」という命題は、真なるものではないことになるであろう。それゆえ、語られている事物そのものが存在しないときでも、知性の内にのみ在る真理によって、命題は真なるものと言われるのである。同様に、神の知性も、永遠から存在したのではなく時間の内に作られたものどもに、永遠から対等することが可能であった。したがって、時間の内にあるものどもが永遠なる真理によって、永遠から真なるものと言われることは可能である。それゆえ、もしわれわれが真理を諸々の真なる被造物の、それらに内属している真理——われわれが事物と被造の知性との内に見出す真理——と解するならば、真理は、事物の真理であれ命題のそれであれ、永遠なものではない。というのも、真理そのものが内属している事物そのものや知性が、永遠でないからである。他方、真理が、それによって万物が真なるものと言われる、諸々の真なる被造物の真理——第一の真理である外的な尺度としての真理——として解せられると、そのときには事物、命題、知性の思惟内容のいずれであれ、これらすべてのものの真理は永遠である。そして、このような真理の永遠性をアウグスティヌスは『ソリロクイア』[58]において、アンセルムスは『モノロギオン』[59]において追求しているのである。それゆえ、アンセルムスは『真理について』[60]において、「私が『モノロギオン』において、最高の真理がいかにして始めも終わりも持たないかを言表の真理によって証明したことを、あなたは理解できるでしょう」と述べているのである。

ところで、この第一の真理は、すべてのものについてただ一つしかありえない。というのも、われわれの知性において、真理の相違は二様の仕方でしかありえない。すなわち、一つは、知性がそれらについて異なった認識を所有する認識対象の相違のゆえであり、魂の内で、それら異なった認識に異なった真理が伴うのである。もう一つの仕方では、知性認識の仕方の相違にもとづく。たとえば、ソクラテスの走行は一つの事態であるが、『霊魂論』第三巻[61]に言われている通り、結合・分離することによって、ソクラテスの走行と一緒に時間を認識する魂は、ソクラテスの走行を現在の事柄、過去の事柄、未来の事柄として、おのおの異なった仕方で認識する。したがって、知性は種々異なる真理がその内に見出される種々異なる懐念（conceptiones）を形成するのである。ところで、上述の真理の相違の二様の仕方のいずれも、神の認識の内には見出されない。というのは、神は異なる諸事物について異なる認識を持つのではなく、一つの認識によって万物を認識するからである。すなわち、一つのもの、すなわち自らの本質によって万物を認識するのであって、ディオニュシウスが『神名論』[62]に語る通り、神は「自らの認識の働きを個々の事物一つ一つに向けるわけではない」のである。同様に、神の認識の働きは何らかの時間に関わることはない。というのも、神の認識の働きは、全時間を含むことによって、全時間から離れている永遠によって測られるからである。それゆえ、結論されることは、永遠から多くの真理があるわけではない、ということである。

(1) それゆえ、第一に対しては言わなければならない。アンセルムスは自らの主張の意味を、『真理について』[63]において説明している通り、さまざまな命題の真理性が始めや終わりによって限定されないのは、「命題そのものが始めを持たなかったがゆえではなく、命題が存在してその命題に真理が欠落しているような時は理解されえないがゆえである」と主張した。ここで言及されている命題は、以前に論じられたもの、すなわち、或ることは未来に在るであろうことが真として意味表示されているような命題である。それゆえ、以上から明らかなことは、アンセルムスは、被造の事物に内属している真理や命題が、始めと終わりなしにある、と主張しようとしたのではなく、命題が真なるものとそれによって言われる外的尺度としての第一の真理は、始めも終わりもなしに存在すると、主張しようとしたことである。

(2) 第二に対しては言わなければならない。魂の外にわれわれは二つのもの、すなわち事物そのものと事物の否定された状態や欠如された状態を見出す。そして、これら二つは知性に対して、同じ仕方で関わっているのではない。というのも、事物そのものは、自らが所有している形象のゆえに、神の知性に対等する。ちょうど技の制作品がその技に対等するように。また、事物は〔この同じ形象によって〕魂の内に受け取られた自らの類似を通して、自らについての認識を生ぜしめるかぎりにおいて、同じ形象によって自らにわれわれの知性を合致させる本性を有しているのである。他方、魂の外に考察される在らざるものは、神の知性にそれによって比例するような何ものも持っていないし、またわれわれの知性に自らについての認識を、それによって生ぜしめるようなものも持っていない。それゆえ、在らざるものが何らかの知性に比例するとすれば、それは在らざるものそのもののゆえではなく、在らざるものという概念を自分自身の内に得る知性そのもののゆえである。それゆえ、魂の外に実在的に存在している事物は、それによって自らが真なるものと言われうる或るものを、自らの内に有している。しかし、事物の非存在については、そうしたことは妥当しない。非存在に真理の何かが帰せられるとすれば、それは知性のゆえである。それゆえ、「真理は存在しない、ということは真である」と言われるとき、ここで表示されている真理は、在らざるものに属するのであるから、知性の内以外にはいかなる実在性をも持っていない。それゆえ、事物の真理が破壊されるという事実に伴ってくるのは、知性の内にある真理が存在するということだけである。したがって、この推論から知性の内にある真理は、永遠である、ということだけが結論されることは明らかである。もちろん、この真理は永遠なる知性の内に存在しなければならない。そして、この真理は第一の真理である。それゆえ、上述の推論から示されることは、ただ第一の真理のみが永遠である、ということである。

(3)-(4) 上述のことによって、異論の第三と第四に対する解答は明らかである。

(5) 第五に対しては言わなければならない。真理は存在しない、ということは端的には理解することはできない。しかし、いかなる被造的な真理も存在しない、ということを理解することはできる。それはいかなる被造物も存在しない、ということを理解することができるのと同様である。というのも、知性は自らが存在せず、自らが知性認識しないことを理解することができるからである。もっとも、自らが存在せず、知性認識しないとすれば、知性にはそうしたことを理解することはできないけれども。実際、知性は知性認識の働きにおいて所有するものすべてを、知性認識の働きによって認識する必要はないのである。知性は常に自分自身に立ち帰るわけではないからである。したがって、それなしには知性が知性認識することのできない被造的な真理が存在しないことを、知性が理解するとしても何ら不都合ではないのである。

(6) 第六に対しては言わなければならない。未来の事柄であるかぎりの未来の事柄は、存在していない。同様に、過去の事柄であるかぎりの過去の事柄は、存在していない。それゆえ、過去の事柄と未来の事柄とについての真理と、在らざるものについての真理とは同じ推論が妥当する。そして、この推論から、第一の真理以外に何らかの真理の永遠性が結論されることのありえないことは、既述の通りである。

(7) 第七に対しては言わなければならない。アウグスティヌスの言葉は、異論に言われている諸真理は神の精神の内にあるかぎりで永遠である、と理解されるべきである。あるいは、アウグスティヌスは、永遠を永続の意味に解しているのである。

(8) 第八に対しては言わなければならない。在るものについても在らざるものについても、真なる命題が形成されるけれども、在るものと在らざるものとは、既述のことから明らかなように、真理に対して同じ仕方で関わっているのではない。それゆえ、異論に対する解答は既述のことから明らかである。

(9) 第九に対しては言わなければならない。神は多くの命題化されうるものを永遠から知っていたが、しかし、それら多くのものを一つの認識によって知っていたのである。それゆえ、時間の内に生ずるであろう多くの事物について、神の認識がそれによって真なるものであった一つの真理のみが永遠からあったのである。

(10) 第一〇に対しては言わなければならない。既述のことから明らかなように、知性は、現実的に存在しているものに対等するのみならず、現実的には存在しないものにも対等する。特に、過去のものとか未来のものといったものがまったく存在しない神の知性はそうである。それゆえ、諸事物はそのもの固有の本性に即して永遠から存在したわけではないけれども、しかし神の知性は、固有の本性の内に時間において未来にある諸事物に対等していたのである。したがって、諸事物の真理は永遠からは存在しなかったけれども、神の知性は諸事物の真の認識を、それら事物の固有の本性においても永遠から有していたのである。

(11) 第一一に対しては言わなければならない。真理の特質（ratio veritatis）は知性の内に完成するけれども、事物の特質（ratio rei）は知性の内に完成するわけではない。それゆえ、あらゆる事物の真理は神の知性の内にあったことによって、永遠からあったことは端的に承認されるけれども、神の知性の内にあったことのゆえに、真なる事物が永遠からあったことが端的に承認されうるわけではない。

(12) 第一二に対しては言わなければならない。異論の言葉は神の正義について理解される。あるいは、もし人間の正義について理解されるとすれば、そのとき正義は自然物が恒常的であると言われるのと同じ意味で、恒常的である、と言われているのである。たとえば、火は妨げられなければ、その自然本性の傾きのゆえに常に上方に動くと言われるように、自然物も恒常的であると言われるごとくである。そして、トゥリウス[64]が言うように、力は本性から発出するかぎりにおいて、「本性に類似し理性に調和した所有態」であるから、力は、或るときには妨げられるけれども、その働きに対して欠けるところのない傾きを有しているのである。したがって、『学説彙纂[65]』の初めにおいても「正義はおのおのの人に自らの権利・義務（ius）を賦与する恒常的で恒存する意志である」と言われている。ところで、正義の部分である真理は、法的な審理の証言の内に見出されるものである。しかし、われわれは今この種の真理について論じていない。

(13) 第一三に対しては言わなければならない。普遍的なものは恒常的で消滅しないものである、と言われるが、それはアヴィセンナ(65)によって二様に解釈されている。一つは、普遍的なものは恒常的で消滅しないものである、と言われるが、それは世界の永遠性を主張する人々によれば、始めを持たなかったし、また終わりを持たないであろう個別的なものを根拠にしてである。というのも、哲学者たちによれば、生成は種の恒常的存在を保持するためにあるからである。実際、種の存在は個物の内には保持されえないからである。もう一つは、普遍的なものはそれが自体的には消滅せず、個物の消滅によっては附帯的に消滅するだけであるがゆえに、恒常的と言われるのである。

(14) 第一四に対しては言わなければならない。或るものが別のものに自体的に帰せられるのには、二様のあり方がある。一つは、肯定的に。たとえば、火が上方に運ばれる、という場合である。そして、ものは附帯的な述語によってよりもこうした自体的な述語によって、よりいっそう名付けられるのである。というのも、われわれは火は下方に運ばれるものどものに属するよりも、上方にあり上方に運ばれるものどもにより属する、と言うのである。もっとも、火は或るときには附帯的に下方に運ばれることはある。灼熱した鉄において明らかなごとくである。他方、或るときには、或るものは別のものに除去という仕方で、自体的に帰せられる。すなわち、或るものから、そのものに本性的に対立するような状態を導入するものどもが除去される、ということによってである。それゆえ、もしそうした状態の或るものが附帯的に現在するとき、その反対の状態が端的に述語づけられるであろう。たとえば、一性は第一質料に自体的に帰せられるが、それは一つにする何らかの形相を措定することによってではなく、異なったものを生ぜしめる諸形相を除去することによってである。それゆえ、質料を異なったものにする諸形相が現在するとき、一つの質料が在ると言うよりも、複数の質料が在る、とより端的に語られる。異論の事情はこのようなものである。すなわち、普遍的なものは、何らかの不可滅な形相を所有しているゆえに消滅しないものと言われるのではなく、諸々の個物において消滅の原因である質料的な状態が、それ自体で普遍的なものに適合しないがゆえである。それゆえ、個々の事物に存在している普遍的なものは、この個物とか、あの個物とかにおいて消滅する、と端的に言われるのである。

(15) 第一五に対しては言わなければならない。他の諸々の類は、類であるかぎり、実在の内に何かを措定するけれども、――たとえば、量は量であること自体から或ることを語っている――関係だけは、関係であること自体からは諸事物の実在の内に何かを措定する、といったことはない。というのは、関係は或ることを述語づけるのではなく、或ることに対して述語づけるからである。それゆえ、諸事物の実在の内に何ものも措定せず、ただ思考の内にのみ措定するような、或る関係が見出されるのである。実際、そのことが四通りの仕方で起こることは、哲学者とアヴィセンナ(67)の言葉から理解されうる。一つは、或るものが自分自身に関係づけられる場合である。たとえば、「同じものは同じものに同じである」と言われるように。実際、もしこの関係が自己自身に同じであると言われるそのものに加えて、諸事物の実在の内に或ることを措定しているとすれば、われわれは関係の無限背進をすることになろう。というのも、或るものが自己自身にそれによって同じと言われるその関係そのものが、附加された関係によって、自己自身に同じものでもあることになろう。このようにして無限に進むであろうからである。第二に、関係そのものが或るものに関係づけられるとき、思考上のみの関係が生ずる。たとえば、父性はその基体に何らかの媒介的な関係によって関係づけられる、と言われることはできない。というのも、その媒介的な関係も、別の媒介的な関係を必要とするであろうからである。かくして無限に進んでゆくであろう。それゆえ、父性がその基体に関係づけられたとき、表示される関係は実在的ではなく、ただ思考上のものである。第三に、関係づけられたものの一方が、他方に依存しているが、その逆の依存のないときは、思考上のみの関係が生ずる。たとえば、知は知られうるものに依存しているが、逆の依存はないようにである。それゆえ、知の知られうるものへの関係は実在における或るものであるが、知られうるものの知への関係は実在的ではなく、ただ思考上の関係であるにすぎない。第四に、在るものが在らざるものに関係づけられるときには、思考上のみの関係が生ずる。たとえば、われわれは、われわれの後に来るであろう人々よりもより先である、という場合である。

もしこれが実在的な関係であるとすれば、〔もし未来の世代が無限であるとすれば〕同じものの内に無限の関係がありうることが帰結するであろう。したがって、これら最後の二つから明らかなことは、より先であるというこの関係は、諸事物の実在に何ものをも措定せず、ただ知性の内に何かを措定する、ということである。一つには、神は被造物に依存しないからであり、またそのようなより先ということは、在るものの在らざるものへの関係を含意しているからである。それゆえ、以上から、それだけが永遠である神の知性以外の内に、何らかの永遠なる真理が存在する、といったことは帰結しないのである。

(16) 第一六に対しては言わなければならない。神は被造の諸事物よりも、本性によってより先であるけれども、しかしその関係が実在的であることが帰結するわけではなく、より先と言われているものとより後と言われているものとの本性の考察から、そのように理解されているのである。ちょうど、知られうるものが、知よりも本性によってより先と言われるが、しかしだからといって、知られうるものの知への関係が、実在における或るものであるわけでないのと同様である。

(17) 第一七に対しては言わなければならない。表示作用がたとえ存在しないとしても、或るものが表示されることは正しいという主張は、神の知性の内に存在している事物の秩序との関連で理解される。それはちょうど、箱が存在しなくても、箱が蓋を持つことは、制作者の技の態勢づけとの関連では正しい、というのと同様である。それゆえ、以上のことから、第一の真理以外に別の真理が永遠であることが成立するわけではない。

(18) 第一八に対しては言わなければならない。真なるものの特質は在るものにもとづいている。ところで、神の内には複数のペルソナと固有性とが措定されるけれども、しかし神においてただ一つの存在が措定されるだけである。というのは、神において存在はまったく本質的に語られるからである。したがって、御父が在る、とか御父は生む、また御子が在る、とか御子は生まれた、などのようなすべての命題は、ものに関係づけられるかぎり、これらすべては一つの真理、すなわち第一の永遠なる真理を有するのである。

(19) 第一九に対しては言わなければならない。御父がそれによって御父であるものと、御子がそれによって御子であるそのものとは、別のものであるが、――というのは、前者は父性であり、後者は子性であるから――しかし父がそれによって在り、子がそれによって在るものは、同じものである。というのも、両者は一つである神の本質によって在るからである。

(20) 第二〇に対しては言わなければならない。人間という名称と笑いうる者という名称とが叙述する特性は、本質的に同じものではなく、また父性と子性の場合のように一つの存在を持っているわけでもない。したがって、類似性があるわけではない。

(21) 第二一に対しては言わなければならない。神の知性は、いかに異なっているものでもそれらを、また自らの内に種々異なる真性・真理を持つものをも、ただ一つの認識によって認識するのである。それゆえ、神は、ペルソナについて理解されるこれらすべての命題について、ただ一つの認識によって、いっそう十全に認識するのである。それゆえ、これらすべてについてもただ一つの真理があるだけである。

第六項

第六に、被造物における真理(veritas creata)は不変的であるか、が問われる。そして、不変的である、と思われる。その理由、

(1) アンセルムスは『真理について』[68]において、「私は真理が不変的に恒存することを次の推論によって理解する」と述べている。ところで、彼の言及する推論は、前述されたことより明らかな通り、意味表示の真理から取られたものである。それゆえ、諸々の命題の真理は不変的である。同じ理由によって、命題が表示する事柄の真理も永遠である。

(2) さらに、もし命題の真理が変化するとすれば、その真理は事物の変化に応じて最大度に変化する。ところ

で、事物が変化するとき、命題の真理は留まっている。それゆえ、命題の真理は不変的である。小前提の証明。真理とは、アンセルムス(69)によれば、或るものが神の精神において受け取っていたものを実現しているかぎりでの、一種の直《ただ》しさである。ところで、「ソクラテスは座している」という命題は、ソクラテスの座していることを表示するという事実を、神の精神の内で獲得した。そして、この命題は、たとえソクラテスが座していなくても、彼の座していることを表示する。それゆえ、たとえソクラテスが座していなくても、真理はその命題に留まるであろう。したがって、事態が変化しても、命題の真理は変化しない。

(3) もし真理が変化するとすれば、こうしたことは真理がその内に内在しているものどもが、変化するがゆえでなければありえない。たとえば、或る諸形相が変化すると言われるのは、それらの基体が変化する場合だけである。ところで、真理は真なるものどもの変化に応じて変化するわけではない。というのも、アウグスティヌスとアンセルムス(70)が語る通り、真なるものどもが滅びても、真理はなお存続するからである。それゆえ、真理はまったく不変なるものである。

(4) さらに、事物の真理は命題の真理の原因である。「というのも、事物が在る、あるいは在らぬということから、言表は真あるいは偽となると言われるからである(71)」。ところで、事物の真理は不変的である。それゆえ、命題の真理も不変的である。小前提の証明。アンセルムスは『真理について』において、命題の真理は神の精神の内で受け取っていたものを、命題が実現しているかぎりで、不動のままに留まることを証明している。ところで、同様に、いずれの事物も神の精神においてそれを持つように秩序づけられていたそのものを、実現しているのである。それゆえ、いずれの事物の真理も不変的である。

(5) さらに、すべての変化が完成したとき、常に留まるものは決して変化しない。たとえば、さまざまな色の変化において表面は変化するとは言われない。というのは、色のどのような変化がなされても、表面は留まるからである。ところで、真理は、いずれの事物の変化がなされても、留まっている。というのも、在るものと真なるものとは置換されるからである。それゆえ、真理は不変的である。

⑹　さらに、同じ原因があるところには、同じ結果がある。ところで、「ソクラテスは座る」、「ソクラテスは座るであろう」、「ソクラテスは座った」というこれら三つの命題の真理の原因は同じものである。すなわち、ソクラテスの座することである。それゆえ、これら命題の真理は同じである。ところで、もしこれら三つの命題の一つが真なるものであるならば、他の二つの命題の一つは常に真なるものでなければならない。というのは、たとえば、ソクラテスが座している、ということが或るときに真なるものであるとすれば、ソクラテスは座った、あるいはソクラテスは座るであろう、ということは常に真なるものであったし、また真なるものであるであろう。それゆえ、これら三つの命題に対して二つの真理が常に存続している。したがって、その真理は不変的である。同じ理由によって、他のいずれの真理も不変的である。

以上に反して、結果は、その原因が変化するとき、変化する。ところで、命題の真理の原因である事物は変化する。それゆえ、命題の真理も変化するのである。

答えて次のように言わなければならない。或るものが変化するというのに、二つの仕方がある。一つは、そのものが変化に従属しているからである。たとえば、物体は可変的である、と言われるように。この意味では、いかなる形相も可変的ではない。したがって、「形相は不変的な本質によって、確固不動の状態にある」[72]と言われる。それゆえ、真理は形相の仕方で表示されるのであるから、目下の問題は、この仕方で真理が可変的であるかどうか、ということではない。もう一つの仕方では、或るものはそれ自身に即して変化が生ずるがゆえに変化する、と言われる。たとえば、白さは白さに即して物体が変化するがゆえに、変化する、と言われるようにである。この意味で、真理について可変的であるかどうか、が問われる。

このことを明証にするために、次のことを知らなければならない。すなわち、それに即して変化があるそのものは、或るときには変化し或るときには変化しない、と言われる。実際、そのものに即して動いているものに変化が内属している場合には、動いているもの自身が変化している、と言われる。たとえば、白さや量は、これらに即して或るものが変化するとき、変化すると言われるようにである。それらがこの変化に即して基体において相互に継起するからである。他方、それに即して変化があるそのものが外的である場合、そのものはその変化において変化することなく、不動のまま持続している。たとえば、場所は、或る人が場所的に動いても、変化するとは言われない。――それゆえ、『自然学』第三巻[73]にも、「場所は包むものの不動の境界である」と言われている。――実際、場所的な動によって意味されているのは、場所を占める一つのもののさまざまな場所の継起ではなく、むしろ一つの場所にあって、場所を占める多くのものどもの継起である。ところで、基体の変化に応じて変化すると言われる内属する諸形相には、変化の二つの仕方がある。すなわち、類的な形相と種的な形相とは別々の仕方で変化する、と言われる。というのも、種的な形相は変化の後、存在に即しても可知的性格に即しても、同じものとしては留まっていない。白さは、それが変化すると、決して留まることはないからである。しかし、類的な形相的変化は変化の後では、可知的性格に即しては同じままに留まるが、存在に即しては、同じままに留まらない。たとえば、白から黒への変化の後、色は確かに色という共通的性格によれば変化しないままに留まるが、色の同じ種が留まるわけではないようにである。

ところで先に、或るものは第一の真理によってそれを外的尺度として真なるものと言われ、他方、或るものは内属する真理によってそれを内的尺度として真なるものと言われることが語られた。それゆえ、被造の諸事物は第一の真理の分有において多様であるが、しかし諸事物がそれに即して真なるものと言われる第一の真理は、いかなる意味でも変化することはなく、アウグスティヌスが『自由意思論』[74]において、「われわれの精神は真理そのものについて、或るときにはより多く、或るときはより少なく見ることがあるが、真理はそのもの自体においては留まっており、増大したり減少したりすることはない」と言っているが、それはこのことである。しかし、もしわれわれが真理を諸事物に内属するものとして理解すると、或るものどもが真理との関連で変化するに応じて、真理は変化する、と言われる。

それゆえ、先に語られた通り、真理は諸々の被造物において二様に見出される。すなわち、事物そのものと知性の内に見出される。——というのも、行為の真理は事物の真理に含まれ、命題の真理は、命題が表示している知性の真理に含まれるからである。——ところで、事物は神の知性との関連でも、人間の知性との関連でも真なるものと言われる。それゆえ、もし事物の真理が、神の知性への秩序において理解される場合には、事物の真理は確かに可変的であるが、虚偽へと変わるのではなく、別の真理へと変わるのである。実際、真なるものと在るものとは置換されるのであるから、真理は最高度に普遍的な形相である。それゆえ、ちょうど、どのような変化が為された後にも、事物は在るものとして留まっているように（ただし、事物はそれによって存在を所有する別の形相に即して、別のものとしてあるのではある）、それと同様、事物は常に真なるものに留まるが、しかし別の真理によってである。というのは、事物が変化によってどのような形相、あるいは欠如を獲得しようとも、事物はそれがどのような状態によってあるにせよ、それをあるがままに認識する神の知性に、その形相とか欠如に即して対等するからである。他方、事物の真理が人間の知性への秩序において、あるいはその逆において考察されると、或るときには真理から虚偽への変化が生じ、或るときには或る真理から別の真理への変化が生ずるのである。

実際、「真理は事物と知性との対等」であり、他方、等しいものどもから、もし等しいものどもが取り去られると、なお等しいものどもが残る（同じ等しさによってではないけれども）のであるから、知性と事物とが同じ仕方で変化するとき、真理は留まるが、別の真理が留まっていなければならない。たとえば、ソクラテスが座しているとき、ソクラテスが座している、と理解され、その後ソクラテスが座していないとき、ソクラテスは座していない、と理解されるようにである。他方、等しいものの一方から或るものが取り去られ、他方から何も取り去られないとき、あるいは等しい両者から等しくないものどもが取り去られるとき、必然的に不等性が出来する。そして、等しさが真理に関わるように、不等性は偽に関わるのである。したがって、知性が真なるものであり、そして事物が変化するときに知性が変化しないとき、あるいはその逆であるとき、あるいは知性と事物の両者が変化するが、同じ仕方で変化しないとき、虚偽が出来する。したがって、真理から虚偽への変化があることとなる。たとえば、ソクラテスが色白であるとき、ソクラテスは色白である、と理解されるとき、知性は真なるものである。他方、後にソクラテスが色白に留まっているのに、ソクラテスは色黒いと理解されるとき、あるいはその逆にソクラテスが色黒に変化しても、なお彼が色白い、と理解されるとき、あるいは彼が蒼白になったのに、赤らんだと理解されるときには、虚偽が知性に出来する。以上から、真理が変化するのはいかにしてであるか、また真理が変化しないのはいかにしてであるか、は明らかである。

(1) それゆえ、第一に対しては言わなければならない。アンセルムスがそこで語っているのは、万物がそれを外的尺度として、それに即して真なるものと言われる第一の真理についてである。

(2) 第二に対しては言わなければならない。知性は自分自身に立ち帰り、『霊魂論』第三巻[75]に語られている通り、他の諸事物と同様に自己を認識するのであるから、知性に属するものどもは、真理の特質に関するかぎり、二様に考察されることができる。一つは、それらが何らかの事物であるかぎりにおいて考察される。この場合には、他の事物についてと同様、これらについても真理は同じ仕方で語られる。すなわち、事物は自らの本性を保持することによって、神の精神において受け取っていたものを実現するがゆえに、真なるものと言われるように、命題は、神の精神において自らに指定されていた自らの本性を保持することによって、真なるものと言われるのである。そして、この本性は命題そのものが留まるかぎり、命題から取り去られることはありえない。もう一つの仕方では、知性認識される事物に関係づけられるかぎりで、考察される。この場合、命題が真なるものと言われるのは、それが事物に合致する場合である。このような真理は、既述の通り、変化するのである。

(3) 第三に対しては言わなければならない。真なる事物が破壊された後も、留まる真理は第一の真理であり、これは諸事物が変化しても変化しないものである。

(4) 第四に対しては言わなければならない。事物が留まってあるかぎり、事物において事物の本質的な事柄に関して、いかなる変化も起こりえない。たとえば、命題にとって、それを表示するように設定されているそのものを表示することは、本質的なことである。それゆえ、事物の真理はいかなる仕方でも可変的ではない、ということが帰結するのではなく、事物が留まるかぎり事物にとって本質的な事柄に関して、事物の真理は不変的であることが帰結するのである。――しかし、それら本質的なものどもにおいて、事物が消滅することによって変化が附帯する。――しかし、附帯的な事柄に関しては、たとえ事物が留まっているときも、変化は附帯しうる。したがって、附帯的な事柄に関しては事物の真理に変化は起こりうるのである。

(5) 第五に対しては言わなければならない。すべての変化がなされたとき、真理は留まる。しかし、既述のことから明らかなように、同じ真理が留まるわけではない。

(6) 第六に対しては言わなければならない。真理の同一性は事物の同一性のみならず、知性の同一性にも依存している。ちょうど、結果の同一性が能動者と受動者の同一性に依存するようにである。ところで、異論の三つの命題で表示されるものは、同じであるとしても、しかしそれらについての知性の認識内容は同じではない。というのは、知性の複合の働きにおいて、時間が結合される。それゆえ、時間の多様なるに即して、知性の認識内容も異なるからである。

第七項

第七に、神において真理は本質的に語られるのか、あるいはペルソナ的に語られるのか、が問われる。そして、ペルソナ的に語られる、と思われる。

(1) 神において根原の関係を含意しているものはすべて、ペルソナ的に語られる。ところで、真理がこのようなものであることは、アウグスティヌスの『真の宗教について』[76]の言葉から明らかである。そこで彼は、神の真理は「その根原の最高の類似であって、偽が生じてくるようないかなる不類似をも伴っていないもの」である、と語っている。それゆえ、真理は神においてペルソナ的に語られる。

(2) さらに、何ものも自分に似たものでないように、何ものでも自分に等しいものではない。ところで、ヒラリウス[77]によれば、何ものも自分に似たものはないという事実から、神における類似はペルソナの区別を含意しているのである。それゆえ、同じ推論が等しさにも適用される。ところで、真理は或る種の等しさである。それゆえ、真理は神におけるペルソナ的な区別を含意している。

(3) さらに、神において発出を含意しているすべてのものは、ペルソナ的に語られる。ところで、真理は一種の発出を含意している。というのは、真理は、言葉と同様、知性の抱く懐念（conceptio intellectus）を表示しているからである。それゆえ、言葉がペルソナ的に語られるように、真理もペルソナ的に語られるのである。

以上に反して、三つのペルソナにはただ一つの真理があるだけである、とアウグスティヌスは『三位一体論』第八巻[78]において語っている。それゆえ、真理は本質的なもので、ペルソナ的なものではない。

答えて次のように言わなければならない。神における真理は二様に理解されうる。一つは固有の意味で。もう一つは比喩的な意味で。すなわち、もし真理が固有の意味で理解される場合には、真理は神の知性と事物・実在との対等を含意することとなる。そして、神の知性は、それによって他の万物を知性認識する、自らの本質であるところの事物・実在を第一に認識するのであるから、神における真理も根原的には神の知性と神の本質である実在との対等を含意し、次いで神の知性の被造の諸事物への対等を含意している。ところで、神の知性と神の本質とは、測るものと測られるもののように、相互に対等することはない。というのも、一方が他方の根原であるのではなく、両者はまったく同じものであるからである。それゆえ、そのような等しさから結果してくる真理は、本質の観点から考えられようと、知性の観点から考えられようと、根原というかなる性格をも含意していない。両者は神において一つの同じものだからである。実際、神において知性認識するものと知性認識されるものとは同じものであるように、事物の真理と知性の真理とは神において同じものであって、根原といういかなる含意をも伴っていないものである。他方、もし神の知性の真理が、被造の諸事物に対等するかぎりで理解されるとしても、同じ真理が留まることとなる。すなわち、神は自己と他のものどもを同じものによって知性認識するからであるが、しかし真理の概念に被造の事物の根原という性格が附加されている。すなわち、被造物に対して神の知性は、尺度と原因として関係する。ところで、神の内で根原の性格、あるいは根原から由来しているものを含意しない名称はすべて、あるいは被造の事物の根原の性格を含意するものでさえ、真理は本質的に語られる。それゆえ、神において、もし真理が固有に解されると、本質的に語られる。しかし、真理は、技とか知性に属する他のものとしては、御子のペルソナに、固有なものと見なされる。

真理が神において比喩的、あるいは類似的に解されるのは、被造の事物において見出される性格によって、真理が神の内で理解される場合である。被造の事物において真理はそれら事物が自らの根原、すなわち神の知性を模倣することによって、語られる。それゆえ、同じように、この仕方で真理は神において御子に適合するところの、根原の最高の模倣が語られるのである。そして、真理のこの理解によって、真理は御子に固有の意味で、またペルソナ的に語られる。アウグスティヌスが『真の宗教について』において述べているのは、この意味においてである。

(1)　以上から、異論の第一に対する解答は明らかである。

(2)　第二に対しては言わなければならない。神における等しさは、或るときはペルソナ的区別を指示する関係を含意する。たとえば、御父と御子は等しい、という場合である。そして、このかぎりで等しさという名称の内に実在的区別が理解されている。他方、或るときには等しさという名称の内に実在的な区別ではなく、ただ思考上の区別のみが理解される。たとえば、神の知恵と善性とは等しい、という場合である。したがって、この場合、等しさはペルソナ的区別を含意する必要はない。そして、真理という名称によって含意されている等しさは、このようなものである。真理は知性と本質との等しさだからである。

(3) 第三に対しては言わなければならない。真理は知性によって懐念されているけれども、しかし真理という名称によっては、言葉という名称によってのようには懐念の性格（ratio conceptionis）は表出されていない。それゆえ、事情は同じではないのである。

第八項

第八に、他のすべての真理は第一真理に由来するのか、が問われる。そして、由来しない、と思われる。その理由、

(1) 姦淫するということも真なる事柄である。ところで、それは第一の真理から由来するものではない。それゆえ、すべての真理が第一の真理から由来するわけではない。

(2) 姦淫がそれに即して真なるものと言われる、記号とか知性とかの真理は神に由来しているが、姦淫が事柄に関係づけられるかぎりの真理は神に由来しているのではない、と言われてきた。——これに対しては次のように言われる。第一真理のほかに、記号や知性の真理のみならず、事物の真理もある。それゆえ、もし姦淫ということが事柄に関係づけられるかぎりで、神に由来するものでないとすれば、この事物の真理は神に由来するものではないであろう。したがって、第一真理以外の他のすべての真理が神に由来するわけではない、というわれわれの主張が認められるであろう。

(3) さらに、「彼は姦淫する」ということから、「彼が姦淫することは真である」ことが帰結する。それゆえ、命題の真理から語られる事柄の真理への移行が起こり、語られる事柄の真理は、事物の真理を表出しているので

ある。したがって、上述の真理は、彼の行為が彼という主語に結びつけられることの内に成立する。ところで、語られる事柄の真理が、そのような行為とその主語との結合から生ずるとすれば、それは逸脱のもとにあるような行為の結合が理解される場合だけであろう。それゆえ、事物の真理は、行為の本質そのものに関してのみならず、その逸脱した形に関しても存在するのである。ところで、逸脱した形で考察される行為は、決して神に由来するものではない。それゆえ、事物の真理のすべてが神に由来するわけではない。

(4) さらに、アンセルムス[73]は事物が真なるものであるのは、事物が然るべく在ることによってである、と語り、また事物が然るべく在る、と言われうるさまざまの仕方のうちで、神が許すときに起こるがゆえにその事物が然るべく在る、と言われる一つの仕方を措定しているのである。ところで、神の許しは行為の逸脱にまで及んでゆく。それゆえ、事物の真理はそうした逸脱にまで到達する。しかし、そうした逸脱は決して神に由来するものではない。それゆえ、すべての真理が神に由来するわけではない。

(5) 逸脱や欠如は端的に在るものと言われるのではなく、ただ限られた意味で在るものと言われるように、それらは端的に真理を有しているのではなく、ただ限られた意味で真理を有している、と言われる。そして、そうした限定された意味での真理は、神に由来していない、と主張されてきた。――これに対しては、次のように言われる。真なるものは在るものの上に知性への関係を附加している。他方、逸脱とか欠如はそれ自体においては端的に在るものではないけれども、しかし知性によって端的に認識されている。それゆえ、それらは端的には在ることを持っていないけれども、しかし端的に真性・真理は有しているのである。――さらに、限定されているものはすべて、無条件的なものに還元される。たとえば、エチオピア人は歯の点で白いということは、エチオピア人の歯は無条件に白い、ということに還元される。それゆえ、もし限定された意味での真理が、神に由来していないとすれば、無条件的な真理もすべて神に由来しないことになろう。しかし、これは不条理である。

(6) さらに、原因の原因でないものは、その結果の原因ではない。たとえば、神は罪という逸脱の原因ではない。なぜなら、神は、罪という逸脱が、それより生ずる自由決定力における欠陥の原因ではないからである。ところで、存在は肯定的諸命題の真理の原因であるように、非存在は否定的諸命題の真理の原因である。それゆえ、アウグスティヌスが『八三問題集』[80]において語る通り、神は非存在ということの原因ではないから、神は否定的諸命題の原因ではないことが帰結する。したがって、すべての真理が神に由来するわけではない。

(7) さらに、アウグスティヌスは『ソリロクイア』[81]において、「真なるものとは、見られる通りにあるものである」と語っている。ところで、或る悪しきものは、見える通りにあるものである。それゆえ、或る悪しきものは真なるものである。ところで、いかなる悪しきものも神に由来することはない。それゆえ、すべての真なるものが神に由来しているわけではない。

(8) 悪しきものは、悪しきものの形象によってではなく、善きものの形象によって見られる、と言われてきた。――これに対しては次のように言われる。善きものの形象は何ものをも善きものとしてのみ見えるようにする。それゆえ、悪しきものが善きものの形象によってしか見られないとすれば、悪しきものは善きものとしてのみ見られることになる。しかし、これは偽である。

以上に反して、(1) 「コリントの信徒への手紙一」の「〔聖霊によらなければ〕誰も言えないのです」云々〔一コリ一二：三〕に註解して、アンブロシウス[82]は「すべての真なるものは誰によって語られようと、それは聖霊から出ているのです」と述べている。

(2) さらに、被造物におけるすべての善性・善くあることは、神である非被造の第一善（primum bonum）に由来している。それゆえ、同じ論拠によって、他のすべての真理は、神である第一真理（prima veritas）に由来しているのである。

(3) さらに、真理の特質は知性において完成する。ところで、すべての知性は神に由来している。それゆえ、すべての真理は神に由来している。

(4) さらに、アウグスティヌスは『ソリロクイア』[83]において、「真なるものとは在るところのものである」と述べている。ところで、すべての存在は神に由来する。それゆえ、すべての真理も神に由来している。

(5) さらに、真なるものは在るものと置換されるように、一なるものも在るものと置換され、またその逆でもある。ところで、すべての一なるものは、アウグスティヌスが『真の宗教について』[84]において語る通り、第一の一性(prima unitas)から由来している。それゆえ、すべての真理も第一の真理から由来しているのである。

答えて次のように言わなければならない。被造の諸事物において、真理は、既述の通り、事物の内にも知性の内にも見出される。知性の内には、知性がそれらの知標(notitia)を自ら所有するそれら事物に合致するかぎりで、真理は見出され、他方、事物の内には、事物が神の知性を模倣するかぎりで、真理は見出される。神の知性はそれら事物の尺度であって、ちょうど技がすべての制作品の尺度であるごとくである。もう一つの仕方では、真理は事物の内に、それら事物が自らについて人間の知性の内に、真なる把捉を本性的に生ぜしめるかぎりで見出される。人間の知性がそれら事物によって測られることは、『形而上学』第一〇巻[85]に語られている通りである。ところで、魂の外にある事物は自らの形相によって、神の知性の技を模倣し、同じ形相によって人間の知性に真なる把捉を本性的に生ぜしめ、その形相によっておのおのの事物は、存在を所有しているのである。それゆえ、存在している諸事物の真理は、自らの可知的性格の内にそれらの在ること・有性を含み、人間の知性や神の知性への対等の関係を附加しているのである。ところで、魂の外にあるさまざまな否定や欠如態は、神の技の範型をそれによって模倣したり、自分自身についての知標をそれによって人間の知性に導入したりする、何らかの形相というものをもっていない。しかし、それらが知性に対等するということは、それらの可知的性格を把捉する知性に依存しているのである。かくして、明らかなことは、石が真なるものである、盲目が真なるものである、と言われるとき、真理は両者に対して同じ仕方で関わっているのではない、ということである。すなわち、石について語られる真理は、石自らの可知的性格の内に在るということ・有性を含み、さらに知性への関係、――この関係は、事物が知性へそれによって関係づけられる或るものを持っているがゆえに、事物自身によっても生ぜしめられるものである――を附加している。他方、盲目について語られた真理は、それ自身の内に盲目というその欠如を含んでおらず、盲目の知性への関係のみを含んでいる。この関係は、さらに、盲目それ自身の内の或るものによって支えられているわけではない。盲目は自らの内に持っている何かによって、知性に対等しているわけではないからである。それゆえ、明らかなことは以下のことである。すなわち、被造の諸事物の内に発見される真理は事物の在るということ・有性と事物の知性への対等、あるいは知性の事物ないし事物の欠如への対等のみを含みうる、ということである。そして、これらすべては神に由来している。なぜなら、それによって知性に対等する事物の形相そのものが、神に由来し、『倫理学』第六巻[86]に語られている通り、知性の善としての真そのものも、――というのも、おのおのの事物の善はその事物そのものの完全な働きにあるが、知性の完全な働きは真を認識することに即してのみあり、それゆえ、真の認識の内に、上述された意味での、知性の善があるのである――神に由来しているからである。それゆえ、すべての善とすべての形相は神に由来しているから、すべての真理は神に由来している、と端的に言わなければならない。

(1) それゆえ、第一に対しては言わなければならない。「すべての真なるものは神に由来する。ところで、姦淫することは真なるものである。それゆえ」云々、という推論は附帯性の虚偽に陥っている。というのは、既述のことから明らかであるように、われわれが「姦淫することは真なるものである」と語るとき、姦淫という行為の内に含まれている欠陥が真理の特質に含まれている、ということを言っているのではなく、真なるものはその行為の知性への対等のみを述語している、と言っているのである。それゆえ、「姦淫する行為は神から由来する」ことが結論されるわけではなく、その命題の真性・真理性が神から由来していることが結論されるべきである。

(2) 第二に対しては言わなければならない。さまざまな逸脱とか他の諸欠陥は、既述のことから明らかな通り、他の諸事物と同様の仕方で真性・真理を持つわけではない。したがって、さまざまの欠陥についての真理は神の内にあるけれども、そのことから逸脱が神に由来することが結論されることは不可能である。

(3) 第三に対しては言わなければならない。哲学者の『形而上学』第六巻[87]によれば、真理は事物の内の複合にあるのではなく、魂が形成する複合の内にある。したがって、真理は、逸脱を伴ったその行為が基体に内属することの内にあるのではなく、――というのは、このことは善とか悪とかの性格に属するからである――その基体に内属している行為が魂の把捉に対等することの内にあるのである。

(4) 第四に対しては言わなければならない。善、責務、直《ただ》しさなどこれに類するものが、神の許しに対するのと神の意志の他のさまざまなしるしに対するのとは、別々の仕方によってである。後者においては、意志の働きそのものに対する関係と同様、意志の働きの対象に対する関係がある。たとえば、神が両親に栄誉が与えられることを命ずるとき、両親の栄誉そのものが善であり、また命ずること自体も善である。他方、神の許しにおいては、許すものの働きに対する関係のみがあって、許しの対象への関係は存在しない。それゆえ、神がさまざまな逸脱の生ずるのを許すことは、正当であるが、しかしそのことから逸脱そのものが何らかの直しさを持っていることが帰結するわけではない。

(5) 第五に対しては言わなければならない。否定や欠如に適合する限定された意味での真理は、神に由来し、知性の内にある端的な意味での真理に還元される。したがって、諸々の欠陥についての真理は、神に由来するが、しかしそれら欠陥そのものが神に由来しているわけではない。

(6) 第六に対しては言わなければならない。非存在は、否定的な命題を知性の内に生ぜしめる、という意味で否定的命題の真理の原因ではなく、魂そのものが魂の外にある在らざるものに自己を対等させるものにすることによって、そのことを行っているのである。それゆえ、魂の外にある非存在は魂の内の真理の作出因ではなく、その範型因である。しかし、異論は作出因にもとづくものであった。

(7) 第七に対しては言わなければならない。悪しきものは神に由来するものではないけれども、しかし悪しきものがしかじかであるまさにそのようなものとして見えることは、神に由来している。それゆえ、悪しきものの在ることがそれによって真であるその真理は、神に由来しているのである。

(8) 第八に対しては言わなければならない。悪しきものは魂に対して善きものの形象によってでなければ、働くことはないけれども、しかし悪しきものは欠陥のある善きものであるから、魂は欠陥の可知的性格を把捉し、そのことの内に悪しきものの可知的性格を捉えて、悪しきものは悪しきものとして見られるのである。

第九項

第九に、真理は感覚の内にあるか、が問われる。そして、存在しない、と思われる。その理由、

(1) アンセルムス[88]は「真理は精神によってのみ捉えられる直《ただ》しさである」と語っている。ところで、感覚は精神の本性には属していない。それゆえ、真理は感覚の内には存在しない。

(2) さらに、アウグスティヌスは『八三問題集[89]』において、真理は身体的な諸感覚によっては、認識されないことを証明している。そして、彼の諸論拠は上述の箇所に措定されている。それゆえ、真理は感覚の内には存在しない。

以上に反して、アウグスティヌスは『真の宗教について[90]』において、「真理とは、在るものがそれによって示されるそのものである」と語っている。ところで、存在するものは知性によってのみならず、感覚によっても示される。それゆえ、真理は知性の内のみならず、感覚の内にも存在するのである。

答えて次のように言わなければならない。真理は知性と感覚の内に存在するが、しかし、同じ仕方によってではない。すなわち、知性の内には、真理は知性の働きの帰結として、また知性によって認識されたものとして存在する。すなわち、真理は知性が、事物の在るがままに事物について判断することに即して、知性の働きに伴っ

てくる。他方、真理が知性によって認識されるのは、知性が自らの働きを認識することによってのみならず、自らの事物への対比（proportio）を認識することによって、自らの働きに立ち帰る（intellectus reflectitur super actum suum）ことによってである。そして、この対比はその働きそのものの本性が認識されるのでなければ認識されえない。また、働きの本性は知性そのものである能動的根原の本性が認識されなければ認識されえない。そして、知性の本性には諸事物に対等することが属している。それゆえ、知性が真理を認識するのは、自己自身に立ち帰ることに即してである。他方、真理は感覚の内には感覚の働きに伴うものとしてある。すなわち、感覚が事物について、それが在るがままに判断するかぎり、真理は感覚の内にある。しかし、真理は感覚の内に、感覚によって認識されたものとしてあるわけではない。というのは、たとえ感覚が諸事物について真に判断するとしても、感覚はそれによって真に判断している真理を、認識しているわけではないからである。実際、感覚は自らが感覚することを認識するとしても、しかし、自らの本性を認識するわけではないし、したがって自らの働きの本性も、自ら働きの諸事物に対する対比も認識するわけではない。したがって、感覚は自らの真理を認識することはないのである。

こうしたことの理由は次の通りである。存在者の内で最も完全なものども、たとえば、知性的な諸実体は、完全な還帰によって自らの本質に立ち帰る（redeunt ad essentiam suam reditione completa）。すなわち、それらは自己の外の何かを認識することにおいて、或る意味で自己の外に出ている。他方、自己の認識の働きを認識することによって、すでに自己に立ち帰り始めている。というのも、認識の働きは認識者と認識されるものとの媒介だからである。ところが、今問題にしている立ち帰りは、自らに固有な本質を認識することによって完成する。それゆえ、『原因論』[91]には、「自己の本質を知る者はすべて、完全な還帰によって、自己の本質へと立ち帰るものである」と言われている。ところで、他のものどもの内で知性的実体により近い感覚は、可感的対象を認識するのみならず、自己が感覚していることをも認識する。しかし、感覚の還帰は、感覚が自己の本質を認識しないがゆえに、完成されない。このことについて、アヴィセンナ[92]は次のような理由を指摘している。すなわち、感覚は身体的器官を通してでなければ、何ものをも認識しない。ところが、身体的器官が感覚能力と自己自身との媒介であることはありえない。他方、感覚できない能力は、自らの働きを認識しないがゆえに、いかなる仕方でも自己自身に立ち帰ることはないのである。たとえば、火は自らが熱くすることを認識しないようにである。

以上のことから、異論に対する解答は明らかである。

第一〇項

第一〇に、或る事物は偽なるものであるか、が問われる。そして偽なるものではない、と思われる。その理由、

(1) アウグスティヌスは『ソリロクイア』[93]において、「真なるものとは在るところのものである」と述べている。それゆえ、偽なるものとは在らぬものである。ところで、在らぬものは何らかの事物ではない。それゆえ、いかなる事物も偽なるものではない。

(2) しかし、真なるものは在るものの種差である、と語られた。したがって、真なるものが在るものであるように、偽なるものも在るものである。――これに対しては次のように言われる。分割するいかなる種差も、種差がそのものの種差であるその当のものとは置換されない。ところで、真なるものは、先に語られた通り、在るものと置換される。それゆえ、真なるものは、或る事物が偽なるものと言われうるように、在るものを分割する種差ではない。

(3) さらに、「真理は事物と知性との対等である」〔第一項解答主文参照〕。ところで、すべての事物は神の知性に対等している。何ものもそれ自体において、神の知性が認識するのと違った仕方ではありえないからである。それゆえ、すべての事物は真なるものである。それゆえ、いかなる事物も偽なるものではない。

(4) さらに、すべての事物は自らの形相から真性・真理性を有している。たとえば、人間が真に人間と言われ

るのは、彼が人間の真の形相を持っていることからである。ところで、いかなる形相をも持っていないような事物はまったく存在しない。実際、すべての存在は形相に由来するからである。それゆえ、いずれの事物も真なるものである。それゆえ、いかなる事物も偽なるものではない。

(5) さらに、善きものと悪しきものとは、真なるものと偽なるものとが関係しているように、関係している。ところで、悪しきものは諸事物の内に見出されるがゆえに、ディオニュシウスとアウグスティヌス[94]が語る通り、悪しきものは何らかの善きものの内にのみ実在性を有している。それゆえ、もし虚偽が諸事物の内に見出されるとすれば、虚偽は真なるものの内にしか見出されないことになろう。しかし、これは可能的とは思われない。というのも、もし可能であるとすると、真なるものと偽なるものが同じであることになろうからである。しかし、これは不可能である。人間と白とが、白さが人間の内に実在性を有するがゆえに、同じであるといったことが可能的でないのと同様である。

(6) さらに、アウグスティヌスは『ソリロクイア』[95]において、以下のように異論を提出している。もし或る事物が偽なるものと呼ばれるとすれば、それはそのものが似ているか、似ていないかによってである。「もし似ていないがゆえであるとすれば、偽なるものと呼ばれえないものは何もないのである。というのは、何ものかに不類似でないようなものは何もないからである。他方、もし似ているがゆえであるとすれば、すべてのものは声高に抗議する。それらは似ていることによって真なるものであるからである」。それゆえ、いかなる仕方によっても虚偽が事物の内に見出されることはありえない。

以上に反して、(1) アウグスティヌス[96]は偽なるものを次のように定義している。「偽なるものとは或るものの類似に近いものであるが」、そのものの類似を持っているその当のものには至っていないものである、と。ところで、すべての被造物は神の類似を持っている。それゆえ、いかなる被造物も同一性という仕方で神に到達していないのであるから、すべての被造物は偽なるものである、と思われる。

(2) さらに、アウグスティヌスは『真の宗教について[97]』において、「すべての物体は真なる物体であり、偽なる一性である」と述べている。ところで、或る物体が偽なるものである、と言われるのは、その物体が一性を模倣しているが、しかし一性であるわけでないからである。それゆえ、いずれの被造物も自らの何らかの完全性によって、神の完全性を模倣しているが、それにもかかわらず神から無限に隔たっているから、いずれの被造物も偽なるものであると思われる。

(3) さらに、真なるものが在るものと置換されるように、善きものも在るものと置換される。ところで、善きものが在るものと置換されることから、或る事物が悪しきものとして見出されるのが妨げられるわけではない。それゆえ、真なるものが在るものと置換されることから、ある事物が偽なるものとして見出されるのが、妨げられるわけではない。

(4) さらに、アンセルムスは『真理について[98]』において、命題の真理は二様にある、と語っている。一つは、「命題が意味表示するよう受け取ったものを意味表示しているがゆえに」命題は真なるものである、という場合である。たとえば、「ソクラテスは座している」という命題は、ソクラテスが座しているにせよ、座していないにせよ、ソクラテスが座することを、意味表示している。もう一つは、命題が「それのために形成された」そのものを表示する場合に、命題は真なるものである。――というのは、命題は当のものが在るときに、そのものが在ることを表示するために形成されるからである。――そして、このかぎりで、命題は固有の意味で真なるものと言われる。それゆえ、同じ理由によって、いずれの事物もその目的を実現するとき、真なるものと言われる。他方、その目的を実現していないとき、事物は偽なるものと言われる。ところで、自らの目的から逸脱している事物はすべて、自らがそれのために存在しているそのものを実現していない。それゆえ、多くの事物はこのようなものであるから、多くの事物が偽なるものであると思われる。

答えて次のように言わなければならない。真理は事物と知性との対等にあるように、偽はそれらの不等性にある。ところで、事物は、既述の通り、神の知性と人間の知性とに関わっている。神の知性には、一つには、諸事物の内に積極的に語られ見出されるものに関して、事物は測られるものが測るもの・尺度に対するように関わっている。というのは、これらすべてのものは神の知性の技から発出してくるからである。もう一つは、事物は神の知性に、認識されたものが認識者に対するように、関係する。この意味では、諸々の否定や欠陥も神の知性に対等する。というのは、これらすべては神によって生ぜしめられたものではないけれども、神はそれらを認識しているからである。それゆえ、諸事物は、どのような形相あるいはどのような欠如や欠陥のもとに、どのような仕方で存在するにせよ、神の知性に対等することは明らかである。したがって、いかなる事物も神の知性との関係では真なるものであることは明らかである。それゆえ、アンセルムスは、『真理について』[99]において、「したがって、真理は存在しているすべてのものの本質の内にある。というのは、それらは、最高の真理において存在するからである」と述べている。それゆえ、神の知性との関連によっては、いかなる事物も偽なるものであると言われることはできない。

しかし、人間の知性との関係によれば、ときに事物の知性への不等性が見出される。この不等性は或る意味で、事物そのものから生ぜしめられる。というのは、事物は自らについての知標を魂の内に、事物から外部に現れるものを通して生ぜしめる。実際、われわれの認識は感覚から始まり、感覚の直接的な対象は感覚的性質だからである。それゆえ、『霊魂論』第一巻[100]にも、「附帯性は何性の認識に大いに貢献する」と語られている。したがって、或る事物において感覚的性質が現象しているが、それらの性質の下にない本性をそれらが指示するとき、その事物は偽なるものであると言われる。それゆえ、哲学者は、『形而上学』第六巻[101]において、「現にそのような性質ではないようなもの、あるいは現にそのものでないようなものに見える本性のもの」が偽なるものと言われる、と語っている。たとえば、偽なる金と語られるのは、そのものにおいて外的には金の色や他のこのような附帯性が見られるが、しかし、内的に金の本性がそれら附帯性の基体になっていないからである。しかし、事物は必然的に虚偽を生ぜしめるような仕方で、魂における虚偽の原因であるわけではない。というのは、真理と虚偽は魂の判断の内にとりわけて存在するが、しかし魂は、事物について判断しているかぎり、事物から働きかけられているわけではなく、むしろ或る意味で働きかけている。それゆえ、事物が偽なるものと言われるのは、魂が事物について常に偽なる把捉を為すがゆえではなく、それらについて現象しているものどもによって判断を下す本性をもっているからである。

ところで、既述の通り〔第四項〕、事物の神の知性への関係は、事物にとって本質的であり、その関係によって自体的に事物は真なるものと言われるが、他方、人間の知性との関係は、事物にとって附帯的であり、この関係によって事物は端的に真なるものと言われるのではなく、いわば限定的に、また可能的に真なるものと言われるのであるから、無条件的に言えば、すべての事物は真なるものであり、いかなる事物も偽なるものではなく、或る限られた意味で、すなわち、われわれの知性との関係において、或る諸事物は偽なるものと言われるのである。したがって、両側面の推論に答えなければならない。

(1) それゆえ、第一に対しては言わなければならない。「真なるものとは在るところのものである」（verum est id quod est）という、かの定義は真理の可知的特徴を完全に表出しているのではなく、いわば真理をただ質料的にのみ表出しているにすぎない。ただし、「在る」（est）が命題の肯定を意味し、事物において在るがままにあると語られたり、理解されたりするものが真なるものである、と語られることを意味している場合は別である。この意味に解すれば、偽なるものとは、存在しないもの、すなわち語られたり、理解されたりするようには存在しないものである、と言われうる。そして、この種の偽なるものは諸事物の内に見出されるのである。

(2) 第二に対しては言わなければならない。真なるものは、固有に言えば、在るものの種差ではありえない。というのは、在るものは、『形而上学』第三巻[102]に証明されている通り、いかなる種差も持っていないからである。しかし、或る意味で真なるものは、善きものと同様、在るものに対して種差の仕方で関係している。というのも、それらは在るものという名称によっては表出されていない、在るものについての何かを表出しているからである。

そして、このかぎりで在るものの意味は、真なるものの意味との関連では無限定である。したがって、真なるものの意味は在るものの意味に対して、或る意味で種差が類に対するように関係しているのである。

(3) 第三に対しては言わなければならない。異論の推論は承認されるべきである。というのも、それは神の知性への関係における事物についてては妥当するからである。

(4) 第四に対しては言わなければならない。いずれの事物も何らかの形相を有しているけれども、しかしすべての事物がそれらの諸特徴が感覚的性質によって外部に明らかにされるような、そうした形相を持っているわけではない。以上の連関において、或る事物は自らについて本性的に誤った判断を生ぜしめやすいというかぎりにおいて、偽なるものと言われるのである。

(5) 第五に対しては言わなければならない。魂の外にある或るものが偽なるものと言われるのは、既述の通り、そのものが自らについて偽なる判断を生ぜしめるからである。ところで、何ものでもないものは、自らについていかなる判断をも、本性的に生ぜしめることはない。認識能力を働かせないからである。それゆえ、偽なるものと言われるものは、何らかの在るものでなければならない。それゆえ、すべての在るものは、在るものであるかぎり、真なるものであるから、事物の内にある虚偽は何らかの真理の内に基礎を置いていなければならない。そうしたわけで、アウグスティヌスは『ソリロクイア』[103]において、「劇場で他の人物を演じている悲劇俳優は、もし真の悲劇俳優であるのでなければ、偽なる者ではないであろう。同様に、描かれた馬は、もし真の絵でないとすると、偽なる馬ではないであろう」と語っている。しかし、矛盾対立する事柄が真である、ということが帰結するわけではない。というのは、それによれば、真なるものと偽なるものが語られているそれら肯定と否定とは、同じものに関係づけられることはないからである。

(6) 第六に対しては言わなければならない。或る事物が偽なるものである、と語られるのは、その事物が本性的に欺きがちであるからである。ところで、私が「欺く」と言うとき、欠陥を引き起こす何らかの働きを意味している。ところで、何ものも在るものであるかぎりにおいてでなければ、本性的に働くことはない。他方、すべての欠陥は在らざるものである。ところで、おのおのの事物は、在るものであるかぎりで、真なるものの類似性を有している。他方、存在していないかぎりで、真なるものの類似牲から離れてゆく。したがって、私が「欺く」ということは、働きを含意しているかぎり、その起原は類似性にあり、虚偽の可知的特徴が形相的にそこにある欠陥を含意するかぎり、不類似から生じているのである。したがって、アウグスティヌスは『真の宗教について』(104)において、虚偽の起原は不類似にある、と語っているのである。

⑴　反対異論の第一に対しては言わなければならない。どのような類似性からでも、魂は本性的に欺かれるのではなく、その内にある不類似性が容易には見出されえない大きな類似性から欺かれるのである。したがって、大小いずれであれ類似性から、魂は不類似性を発見するための透察力の優劣に即して欺かれるのである。しかし、事物はどんな人をも誤りに導くことから偽なるものである、と端的に言われるべきではなく、多くの人々や知恵ある人々を欺く本性にあることから、偽なるものと言われるべきである。ところで、被造物は、神の何らかの類似性をそれ自身において持っているけれども、しかし両者の間の不類似性は大変大きいので、そうした類似性から精神が欺かれるということが、はなはだしい愚かさから少なからず起こってくるのである。それゆえ、被造物の神への上述された類似性と不類似性から、すべての被造物が偽なるものと言われなければならないことが帰結するわけではない。

⑵　反対異論の第二に対しては言わなければならない。或る人々は神は物体であると考えた。そして、神は万物がそれによって一つであるその一性であるから、彼らは結果として物体は一性への類似性そのもののゆえに、一性そのものである、と考えた。それゆえ、物体が偽なる一性と言われるのは、物体が或る人々を物体の一性を信ずるという誤りへと導いたか、あるいは導くことが可能であったがゆえである。

⑶　反対異論の第三に対しては言わなければならない。完全性には、第一と第二の二つがある。第一の完全性はおのおのの事物の形相であって、それによって事物は存在を所有している。それゆえ、いかなる事物も存続し

ている間は、この完全性なしに在るということはない。第二の完全性は、事物の目的、あるいはそれによって目的に到達するところの働きである。事物はこの完全性をときどき持っていないことがある。ところで、第一の完全性から事物における真なるものの特質が結果してくる。というのは、事物は形相を持つことから、神の知性の技を模倣し、自らの知標を魂の内に産出するからである。他方、第二の完全性から事物の内に、目的から生じてくる善くあること・善性の特質が結果してくる。したがって、悪しきものは事物に端的に見出されるが、しかし偽なるものはそうではない。

(4) 反対異論の第四に対しては言わなければならない。哲学者の『倫理学』第六巻[105]によれば、真なるものそのものは知性の善・知性にとっての善きもの（bonum intellectus）である。というのは、知性の働きが完成するのは、その思惟内容が真なるものであることによってであるからである。そして、命題は知性の思惟内容の記号であるから、命題の真理は命題の目的である。しかし、こうしたことは他の諸事物には妥当しない。それゆえ、事情は同様ではないのである。

第一一項

第一一に、虚偽は諸々の感覚の内にあるか、が問われる。そして、虚偽は諸々の感覚の内にはない、と思われる。その理由、

(1) 「知性は常に直《ただ》しい」と『霊魂論』第三巻[106]に語られている。ところで、知性は人間においてより上位の部分である。それゆえ、人間の他の諸部分も直しさを追求している。ちょうど、大宇宙においても下位の諸物体は、上位の諸物体の動によって態勢づけられるごとくである。それゆえ、魂の下位の部分である感覚も常に直しいであろう。それゆえ、感覚の内には偽なるものはないのである。

(2) さらに、アウグスティヌスは『真の宗教について』[107]において、「眼自身はわれわれを欺くことはない。なぜなら、眼は自らの感受しないものを魂に知らせることはできないからである。そこでもし眼のみならず、すべての身体的感覚がそれ自身が感受する通りに伝えるとすれば、身体の諸感覚からそれ以上の何をわれわれは要求すべきであるか、私は知らない」と述べている。それゆえ、感覚には偽なるものはないのである。

(3) アンセルムスは『真理について』[108]において、「真理や虚偽は、私には感覚の内にではなく、臆見の内にあると思われる」と語っている。したがって、提示されたことが支持されるのである。

以上に反して、(1) アンセルムスは[109]「われわれの感覚の内に、確かに、真理は存在するが、しかし常に在るわけではない。というのも、感覚はときにわれわれを欺くからである」と述べている。

(2) さらに、アウグスティヌスの『ソリロクイア』[110]によれば、「偽なるものは真なるものの類似からはるかに隔たったものが意味されているが、しかし少なからず真なるものを模倣しているのである」。ところで、感覚は或るときには或る諸事物についての類似を、それらの実在にあるのとは違った仕方で所有する。たとえば、眼が圧迫されるとき、ときどき一つのものが二つに見えることがある。それゆえ、感覚の内には偽なるものがあるのである。

(3) しかし、感覚は固有の感覚対象においては欺かれないが、共通的対象については欺かれる、と主張されてきた。――これに対して。或るものについて、そのものが現に在るのとは別の仕方で何かが把捉されるときはいつでも、その把捉は偽なるものである。ところで、白い物体が緑のガラスを通して見られるとき、感覚は現に在るのとは別の仕方で把捉している。というのは、感覚はそのものを緑のものと把捉し、虚偽と見抜く上位の判断がなければ、そのように判断するからである。それゆえ、感覚は固有の感覚対象においても欺かれるのである。

答えて次のように言わなければならない。諸事物から始めを取るところのわれわれの認識は、次の順序で進んでゆく。第一に感覚に始まり、第二に知性において完成する。結果として感覚は、或る意味で知性と事物との媒介として見出される。というのも、感覚は事物に対しては、いわば知性的なもの（quasi intellectus）として関係づけられ、知性的認識に対しては、いわば何らかの事物として関係づけられるからである。したがって、感覚の内には真理とか虚偽は二様にある、と言われる。一つは、感覚の知性への関係によって。この場合、感覚は知性の内に真なる判定や偽なる判定を生ぜしめるかぎりで、事物と同様に偽なるものとか真なるものとかと言われる。もう一つは、感覚の事物への関係によって。この場合、在るものが在るとか、在らぬものが在るとかと判断するかぎりで、知性の内にと同様に感覚の内に真理とか虚偽がある、と言われる。

それゆえ、われわれが感覚について第一の意味で語るならば、感覚の内には或る意味では虚偽はあり、或る意味では虚偽はないのである。すなわち、感覚は、それ自体、一種の事物であるとともに、他の事物を評価しうるものである。それゆえ、感覚は、それが何らかの事物であるかぎりにおいて知性に関係づけられるとき、知性に関係づけられた感覚の内には虚偽はいかなる仕方においても存在しない。というのは、感覚は、態勢づけられるかぎりで正確に、自らの状態を知性に示すからである。それゆえ、アウグスティヌスは、言及された典拠において、「眼は自らの感受しないものを魂に知らせることはできない」と語っているのである。他方、感覚が他の事物を表現しうるものたるかぎりで、知性に関係づけられる場合には、感覚は或るときには事物を事物が現に在るのとは違った仕方で、知性に表現するのであるから、感覚は偽なる判定を生ぜしめる本性にあるというかぎりで、偽なるものであると言われる。もっとも、事物についても語られた通り、必然的にそうした判定を生ぜしめるわけではない。実際、知性は事物について判断するように諸感覚によって提示されるものどもについても判断するからである。それゆえ、感覚は知性との関係においては、自分自身の状態については、知性の内に真なる判定を常に生ぜしめるが、諸事物の状態については、常に真なる判定を下すわけではない。

他方、感覚が、事物に関係づけられるかぎりで考察される場合には、虚偽と真理は感覚の内に、事物が知性の内にあるその仕方によって存在する。ところで、知性において真理と虚偽が第一にまた第一義的に見出されるのは、複合し分離する判断においてである。何性の形成の内には、上述の形成の働きに伴ってくる判断作用への関係によってのみ存在する。それゆえ、感覚においても固有には真理と虚偽は、可感的対象を判断することに即して語られる。他方、可感的対象を把捉するかぎりでは、固有の意味では、真理と虚偽はそこにはなく、判断への関係に従ってのみ、すなわち、そのような把捉からこれこれしかじかの判断が本性的に帰結してくるかぎりで、感覚の内に真偽が存在する。ところで、或る事物についての感覚の判断、たとえば、感覚の固有対象についての判断は自然本性的である。しかし、他の事物については、いわば比較考量によって判断がなされる。――そうした比較考量は人間においては、感覚的部分の能力である思考力（vis cogitativa）が行い、他の動物においてはその代わりに、自然本性的評定力（aestimatio naturalis）が存する。――したがって、この感覚的な力は共通的な可感的対象や附帯的な可感的対象について判断する。ところで、或る事物の自然本性的な作用は、附帯的に妨げられるか、内的あるいは外的な欠陥によって妨げられるかするのでなければ、常に一様な仕方である。そこから、固有の可感的対象についての感覚の判断は、その器官や媒介物に障害がなければ、常に真である。しかし、共通的な可感的対象や附帯的対象については、或るときには感覚の判断は欺かれる。したがって、感覚の判断において、いかにして虚偽がありうるかは明らかである。ところで、諸感覚の把捉に関して、次のことを知らなければならない。すなわち、或る把捉する力、たとえば、固有感覚は、可感的対象が現在するときに可感的形象を把捉する力である。他方、或る把捉する力、たとえば想像力は、事物が不在であるときも可感的形象を把捉するものである。したがって、感覚は、器官や媒介物に障害がなければ、常に事物をそれが在るがままに把捉するけれども、想像力は多くの場合、事物をそれが現に在るのでないように把捉する。というのも、それは事物を事物が不在であるときにも、現在しているものとして把捉するからである。それゆえ、哲学者は『形而上学』第四巻[二三]において、虚偽の主《ぬし》は感覚ではなく想像力である、と語っているのである。

(1)　それゆえ、第一に対しては言わなければならない。大宇宙において、上位の諸物体は下位の諸物体からは何物も受け取らず、その逆である。ところで、人間においてより上位のものである知性は、感覚から何かを受け取る。したがって、事情は同様ではない。

他の異論に対しても上述のことから、その解答の容易であることは明らかである。

第一二項

第一二に、虚偽は知性の内にあるか、が問われる。そして、存在しないと思われる。その理由、
(1) 知性は二つの働きを有し、一つは諸々の何性を形成する働きで、哲学者が『霊魂論』第三巻[112]に語る通り、その内には偽なるものの存在しない働きであり、もう一つは知性がそれによって複合したり、分離したりする働きであり、この働きにも偽の存在しないことは、「何人も偽なるものを知性認識することはない」、と『真なる宗教について[113]』において語るアウグスティヌスによって明らかである。それゆえ、偽は知性の内には存在しない。
(2) さらに、アウグスティヌスは『八三問題集[114]』において「欺かれている者は自らが欺かれているその事柄を、知性認識しているわけではない」と述べている。それゆえ、知性の内には虚偽は存在しえない。
(3) さらに、アルガゼル[115]は「われわれは或るものを、それを在るがままに知性認識するか、知性認識しないかのいずれかである」と語っている。ところで、事物を在るがままに知性認識する者は、誰でも真に知性認識している。それゆえ、知性は常に真である。それゆえ、知性の内には虚偽は存在しない。
以上に反して、哲学者は『霊魂論』第三巻[116]において、「思惟内容の複合があるところには、すでに真か偽がある」と述べている。それゆえ、偽なるものは知性の内に見出される。

答えて次のように言わなければならない。知性という名称は、知性が事物の最も深い部分を認識するということから、取られている。というのも、知性認識（intelligere）するとは、いわば内面を読み取る（intus legere）、ということを意味するからである。実際、感覚や表象力は外的な附帯性のみを認識するにすぎない。しかし、知性だけは事物の内奥や本質の認識に到達するからである。しかし、さらに、知性は諸事物の本質を把捉することから、推論し探究することによって種々異なった仕方で働く。それゆえ、知性は二様に理解される。一つは、知性の名前が最初にそこから賦与されたそのものにのみ関わるかぎりで、理解される。そしてこの場合に、固有の意味で知性認識すると言われるのは、われわれが諸事物の何性を把捉する場合か、あるいは諸事物の何性が知性によって知られると、ただちに知られるものどもをわれわれが知性認識する場合である。たとえば、基本命題がそうで、それをわれわれは、その名辞を認識するとき、認識するのである。そこから、知性は諸原理の所有態と言われるのである。ところで、事物の何性は知性の固有対象である。それゆえ、固有の可感的対象の感覚知覚が常に真であるように、知性も事物の何であるかを認識することにおいては常に真であり、それは『霊魂論』第三巻[117]に語られている通りである。しかし、何性の認識においても、知性が欺かれて複合したり分離したりするかぎりで、虚偽は附帯的に生起しうるのである。そして、それは二様に起こる。すなわち、或るものの定義を別のものに帰属させる場合である。たとえば、理性的で死すべき動物ということをちょうど驢馬の定義として捉えたり、あるいは結合しえない定義の諸部分を相互に結合したりするかぎりにおいてである。たとえば、驢馬の定義として不死なる非理性的動物と捉えるごときである。実際、「或る非理性的動物は不死である」というのは偽なるものだからである。したがって、定義が偽なるものでありうるのは、定義が偽なる主張を巻き込むかぎりにおいてのみであることは明らかである。ところで、この二つの偽なるもののあり方は、『形而上学』第五巻[118]に触れられている。同様に、第一の基本命題においても知性は、決して欺かれることはない。それゆえ、もし知性が知性という名称がそれから賦与されるその働きから理解されると、知性の内には虚偽は存在しないのである。第二の仕方では、知性は類的に理解せられる。すなわち、臆見とか推論とかを含めて、すべての働きに及んでゆくかぎりで、理解される。そして、この意味では知性の内には虚偽は存在する。もっとも、第一の基本命題への還元が正しくなされるならば、こうしたことは決して起こらない。

以上のことによって、諸々の異論への解答は明らかである。

訳註

1——Augustinus, Soliloquia II, cap. 5, PL 32, 889.（『ソリロキア〈独白〉』清水正照訳、教文館、一九七九年）

2——Boethius, De hebdomadibus, ed. R. Peiper, Leipzig 1871, p. 171, 85.（『デ・ヘブドマディブス』、本集成第一四巻『トマス・アクィナス』一九九三年、所収、トマス・アクィナス『ボエティウス デ・ヘブドマディブス註解』山本耕平訳、参照）

3——Aristoteles, Metaphysica II, 1, 993b30.（『形而上学』出隆訳、岩波書店、一九六八年）

4——Ibid. IV, 7, 1011b25.

5——Cf. Id., Ethica Nicomachea I, 6, 1096a23.（『ニコマコス倫理学』加藤信朗訳、岩波書店、一九七三年）

6——Boethius, op. cit., p. 169, 26.

7——Liber de causis, prop. 4; ibid., comm. 18 (17).（『原因論』V＝M・プリオット／大鹿一正訳、聖トマス学院、一九六七年）

8——Avicenna, Metaphysica I, cap. 6, f. 72rb A, ed. Venetiis 1513.

9——Aristoteles, op. cit. III, 3, 998b22.

10——Avicenna, op. cit. I, cap. 6, f. 72va C.

11——Aristoteles, De anima III, 8, 431b21.（『霊魂論』山本光雄訳、岩波書店、一九六八年）; id., Ethica Nicomachea I, 1, 1094a3.

12――Cf. Thomas Aquinas, Scriptum super libros Sententiarum I, d. 34, q. 3, a. 1, arg. 4 et d. 35, a. 1, arg. 4.

13――Augustinus, op. cit. II, cap. 5, PL 32, 889.

14――Avicenna, op. cit. VIII, cap. 6, f. 100ra A.

15――他のスコラ学者と同様にトマスはこの定義を誤ってユダヤ人哲学者イサアク（Isaac Israeli　八五五頃―九五五年頃）に帰している。Cf. Avicenna, op. cit. I, cap. 9, f. 74ra A.

16――Anselmus, De veritate, cap. 11, PL 158, 480A.（『真理について』古田暁訳、聖文舎、一九八〇年）

17――Aristoteles, Metaphysica IV, 7, 1011b25.

18――Hilarius, De Trinitate V, 3, PL 10, 131C.（『三位一体論』出村和彦訳、本集成第四巻『初期ラテン教父』一九九九年、所収）

19――Augustinus, De vera religione, cap. 36, PL 34, 151.（『真の宗教』茂泉昭男訳、教文館、一九七九年）

20――Ibid., cap. 31, PL 34, 147.

21――Aristoteles, Metaphysica IV, 2, 1003b5.

22――Avicenna, op. cit. I, cap. 6, f. 72va C.

23――Aristoteles, De anima III, 8, 431b28.

24――Augustinus, Soliloquia II, cap. 5, PL 32, 888.

25――Aristoteles, Metaphysica VI, 4, 1027b25.

26――Id., De anima III, 10, 433a14.

27――Id., Metaphysica VI, 4, 1027b25.

28――Ibid. X, 1, 1053a31.

29――Anselmus, op. cit, cap. 7, PL 158, 475B-C.

30――Augustinus, De vera religione, cap. 36, PL 34, 151.

31――Avicenna, op. cit. VIII, cap. 6, f. 100ra A.

32――Aristoteles, Metaphysica V, 29, 1024b21.

33――Id., Categoriae, cap. 5, 4b8 et cap. 12, 14b21.（『カテゴリー論』山本光雄訳、岩波書店、一九七一年）

34——Id., De anima III, 5, 430a14.
35——Id., Metaphysica VI, 4, 1027b25.
36——Id., De anima III, 6, 430a26.
37——Id., Metaphysica VI, 4, 1027b29.
38——Anselmus, op. cit., cap. 13, PL 158, 486C.
39——Augustinus, Soliloquia II, cap. 5, PL 32, 889.
40——Hilarius, op. cit. V, 3, PL 10, 131C.
41——Anselmus, op. cit., cap. 13, PL 158, 484C.
42——Augustinus, De libero arbitrio I, cap. 10, PL 32, 1233（『自由意志』泉治典訳、教文館、一九八九年）; ibid. II, cap. 6, PL 32, 1248; id., De Trinitate XV, cap. 1, PL 42, 1057.（『三位一体論』中沢宣夫訳、東京大学出版会、一九七五年／加藤信朗・上村直樹訳、本集成第四巻『初期ラテン教父』所収）; 次の『ソリロクイア』は、より正しくは、id., De libero arbitrio II, cap. 12, PL 32, 1259; 次は、id., De vera religione, cap. 31, PL 34, 148.
43——Id., De diversis quaestionibus LXXXIII, quaestio 9, PL 40, 13.
44——Ibid.
45——Id., De vera religione, cap. 36, PL 34, 152.
46——Dionysius Areopagita, De coelesti hierarchia, cap. 13, § 3, PG 3, 301D; Dionysiaca, 956.（『天上位階論』今義博訳、本集成第三巻『後期ギリシア教父・ビザンティン思想』一九九四年、所収）
47——Liber de causis, comm. 24 (23).
48——Augustinus, De Trinitate XII, cap. 15, PL 42, 1011.
49——Petrus Lombardus, Glossa in Psalmos, Ps. 10:2, PL 191, 155A.
50——Anselmus, op. cit., cap. 13, PL 158, 484C.
51——Id., Monologion, cap. 18, PL 158, 168B.（『モノロギオン』古田暁訳、本集成第七巻『前期スコラ学』一九九六年、所収）
52——Aristoteles, Physica I, 15, 192b25.（『自然学』出隆・岩崎允胤訳、岩波書店、一九六八年）

53——Augustinus, De libero arbitrio II, cap. 8, PL 32, 1252.

54——Aristoteles, De interpretatione I, 9, 17a26.（『命題論』山本光雄訳、岩波書店、一九七一年）

55——Cicero, De inventione II, cap. 53, n. 162.（『発想論』片山英男訳、岩波書店、一九九九年）

56——Boethius, De consolatione Philosophiae V, prosa 6, PL 63, 859B.（『哲学の慰め』渡辺義雄訳、筑摩書房、一九六六年／畠中尚志訳、岩波書店、一九三八／二〇〇一年）

57——Cf. Anselmus, Monologion, cap. 32 et 63, PL 158, 186B et 209A.

58——Augustinus, Soliloquia II, cap. 2 et 15, PL 32, 889 et 898.

59——Anselmus, Monologion, cap. 18, PL 158, 168B.

60——Id., De veritate, cap. 10, PL 158, 479A.

61——Aristoteles, De anima III, 6, 430a31.

62——Dionysius Areopagita, De divinis nominibus, cap. 7, § 2, PG 3, 869B; Dionysiaca, 398.（『神名論』熊田陽一郎訳、教文館、一九九二年）

63——Anselmus, De veritate, cap. 10, PL 158, 479A.

64——Cicero, op. cit II, cap. 53, n. 159.

65——Digesta I, tit. 1, lege 10, ed. Th. Mommsen, Hildesheim 1889, p. 1.（『学説彙纂』江南義之訳、信山社、一九九六年）

66——Avicenna, Sufficientia I, cap. 3, f. 15^{v}, ed. Venetiis 1513.

67——Aristoteles, Metaphysica V, 9 et 15, 1018a7 sqq. et 1021a26; ibid. X, 6, 1056b32; Avicenna, Metaphysica III, cap. 10, f. 83^{v} E-G.

68——Anselmus, De veritate, cap. 13, PL 158, 485C.

69——Ibid., cap. 7, PL 158, 475B-C.

70——Augustinus, Soliloquia I, cap. 15, PL 32, 884; Anselmus, De veritate, cap. 13, PL 158, 485B.

71——Aristoteles, Categoriae, cap. 5, 4b8; Anselmus, De veritate, cap. 13, PL 158, 485.

72——Liber sex principiorum I, ed. L. Minio-Paluello, Bruges 1966, p. 35.

73——より正しくは、Aristoteles, Physica IV, 4, 212a20.

74——Augustinus, De libero arbitrio II, cap. 12, PL 32, 1259.

75——Aristoteles, De anima III, 4, 430a2.

76——Augustinus, De vera religione, cap. 36, PL 34, 152.

77——Hilarius, op. cit. III, 23, PL 10, 92B.

78——Augustinus, De Trinitate VIII, cap. 1, PL 42, 948.

79——Anselmus, De veritate, cap. 8, PL 158, 475D-476A.

80——Augustinus, De diversis quaestionibus LXXXIII, quaestio 21, PL 40, 16.

81——Id., Soliloquia II, cap. 5, PL 32, 888.

82——Pseudo-Ambrosius, Super I Cor. 12:3, PL 17, 245B.

83——Augustinus, Soliloquia II, cap. 5, PL 32, 889.

84——Id., De vera religione, cap. 36, PL 34, 151.

85——Aristoteles, Metaphysica X, 1, 1053a31.

86——Id., Ethica Nicomachea VI, 2, 1139a27.

87——Id., Metaphysica VI, 4, 1027b29.

88——Anselmus, De veritate, cap. 11, PL 158, 480A.

89——Augustinus, De diversis quaestionibus LXXXIII, quaestio 9, PL 40, 13.

90——Id., De vera religione, cap. 36, PL 34, 151.

91——Liber de causis, prop. 15 (14).

92——Avicenna, Liber de anima V, cap. 2, f. 23va, ed. Venetiis 1513.

93——Augustinus, Soliloquia II, cap. 5, PL 32, 889.

94——Dionysius Areopagita, De divinis nominibus, cap. 4, § 20, PG 3, 721 A; Dionysiaca, 259; Augustinus, Enchiridion, cap. 14, PL 40, 238.（『信仰・希望・愛（エンキリディオン）』赤木善光訳、教文館、一九七九年）

95——Id., Soliloquia II, cap. 8, PL 32, 891.

96 Ibid. II, cap. 15, PL 32, 898.

97 Id., De vera religione, cap. 34, PL 34, 150.

98 Anselmus, De veritate, cap. 2, PL 158, 470C.

99 Ibid., cap. 7, PL 158, 474B.

100 Aristoteles, De anima I, 1, 402b21.

101 より正しくは、id., Metaphysica V, 29, 1024b21.

102 Ibid. III, 8, 998b22.

103 Augustinus, Soliloquia II, cap. 10, PL 32, 893.

104 Id., De vera religione, cap. 36, PL 34, 151.

105 Aristoteles, Ethica Nicomachea VI, 2, 1139a27.

106 Id., De anima III, 10, 433a26.

107 Augustinus, De vera religione, cap. 33, PL 34, 149.

108 Anselmus, De veritate, cap. 6, PL 158, 473D.

109 Ibid., cap. 6, PL 158, 473C.

110 Augustinus, Soliloquia II, cap. 15, PL 32, 898.

111 Aristoteles, Metaphysica IV, 5, 1010b2.

112 Id., De anima III, 6, 430b26.

113 Augustinus, De vera religione, cap. 34, PL 34, 150.

114 Id., De diversis quaestionibus LXXXIII, quaestio 32, PL 40, 22.

115 Algazel, Metaphysica, p. I, tr. 3, sent. 11, ed. J. T. Muckle, Toronto 1933. p. 83.

116 Aristoteles, De anima III, 6, 430b27.

117 Ibid. III, 6, 430b27.

118 Id., Metaphysica V, 29, 1024b26.

真理論

第二問題　神の知について

一——知は神に適合するか。
二——神は自己自身を知っているか。
三——神は自己とは別のものどもを知っているか。
四——神は諸事物について確かで明確な認識を有しているか。
五——神は個々の事物を認識するか。
六——人間の知性は個々の事物を認識するか。
七——神は個々のものが今在る、とかない、かを認識するか。
八——神は諸々の在らぬものを認識するか。
九——神は無限なものを知っているか。
一〇——神は無限なものを作ることができるか。
一一——神についての知とわれわれについての知は、同名異義的に語られるか。

一二――神は未来の非必然的なものを知っているか。
一三――神の知は可変的であるか。
一四――神の知は諸事物の原因であるか。
一五――神は諸々の悪しきものを知っているか。

第一項

問題は神の知（scientia）についてである。第一に、神の内に知（scientia）が存在するかどうか、が問われる。

そして、存在しないと思われる。その理由、

(1) 他のものへの附加から所有されるようなものは、最も単純なものには見出されえない。ところで、神は最も単純なものである。それゆえ、知は本質への附加から所有されるものであるから、――というのは、生きることは存在することに或るものを加え、知ることは生きることに或るものを加えているからである[一]――知は神の内には存在しないと思われる。

(2) しかし、神において知は本質の上に何かを加えているのではなく、本質という名称によっては表示されていない別の完全性が、知という名称によって神の内に示されている、と主張されてきた。――これに対しては次のように言われる。完全性は実在・ものを表示する名称である。ところで、神において知と本質とは完全に一つのものである。それゆえ、知と本質という名称によって同じ完全性が示されているのである。

(3) さらに、神の全完全性を表示しないどのような名称も、神に述語されることはできない。というのは、もし全完全性を表示しないとすれば、神の内には部分は見出されないのであるから、その名称は何ものも表示しないし、したがって、神に帰せられることはできないからである。ところで、知という名称は神の全完全性を表示

していない。というのは、『原因論』[2]に語られている通り、神は「〔神を〕名づけるすべての名称を超えている」からである。それゆえ、知は神に帰せられることはできない。

(4) さらに、哲学者の『倫理学』第六巻[3]によって明らかな通り、知（scientia）は結論の所有態（habitus conclusionis）であり、直知（intellectus）は諸原理の所有態（habitus principiorum）である。ところで、神は何ものも結論として認識することはない。というのは、その場合には、神の知性は原理から結論へと推論することになろうからである。こういったことを、ディオニュシウスは『神名論』第七章において、天使たちからも斥けている。それゆえ、知は神の内には存在しない。

(5) さらに、知られる事柄（quod scitur）はすべて、より知られている或ることを通じて知られる。しかし神には、より知られているものとか、より知られていないものというものは存在しない。それゆえ、神の内には知は存在しえない。

(6) さらに、アルガゼル[4]は、知は知る者の知性における知られうるものの刻印である、と述べている。ところで、刻印されるといったことは、神から全面的に排除される。それが受容性と複合性を含意しているからである。それゆえ、神に知は帰せられえない。

(7) さらに、不完全性の意味を含むものはすべて、神に帰せられることはできない。ところで、知は不完全性を含んでいる。というのは、『霊魂論』第二巻[5]に語られる通り、知は所有態、あるいは第一現実態（actus primus）として表示され、思考の働きは第二現実態として表示される。ところで、知は第二現実態との関連では可能態（potentia）にあるから、この関連では不完全なものだからである。それゆえ、知は神の内には見出されえない。

(8) しかし、神の内には知は現実態においてのみ存在する、と主張されてきた。——これに対しては、次のように言われる。神の知は諸事物の原因である。ところで、知は、もし神に帰せられるならば、永遠から神の内にあった。それゆえ、知は神の内で現実態においてのみ存在したのであれば、神は永遠から諸事物を存在へと産出したのである。しかし、これは偽である。

(9) さらに、われわれが知という名称について知性の内に懐念している(concipere)ものに対応する何かが見出されるときはいつでも、われわれはそのものについて、それが存在することのみならず、それが何であるかをも知っているのである。知は何ものかであるからである。ところで、われわれは神について、ダマスケヌスが語る通り、何であるかを知ることはできず、ただ存在することだけを知っているのである。それゆえ、知という名称が表出するところの知性の抱く懐念(conceptio)には、神の内の何ものも対応していないのである。それゆえ、知は神の内には存在しない。

(10) さらに、アウグスティヌスは「すべての形相を免れている神は、知性にとって近づきえないものである」と述べている。ところで、知は知性が抱く一種の形相である。それゆえ、神はこのような形相を免れている。それゆえ、知は神の内に存在しない。

(11) さらに、知性認識すること(intelligere)は、知ること(scire)よりもより単純で、優れたものである。ところで、『原因論』に言われている通り、われわれが神とは知性認識するもの、あるいは知性実体であると言うとき、「われわれは神を固有の名前で名づけているのではなく、神の第一の結果の名前で名づけているのである」。それゆえ、知という表現は神にはいっそう適合しえない。

(12) さらに、性質は量よりもより大きな複合を含んでいる。というのは、性質は量が媒介となってのみ実体に内属するからである。ところで、量の類に属する何かを、神に帰属することは、神の単純性のゆえに、われわれには不可能なことである。実際、すべての量は諸部分を持っているからである。それゆえ、知は性質の類に属するのであるから、決して神に帰属されてはならない。

以上に反して、(1) 「ローマの信徒への手紙」には「ああ高大なるかな神の富と知恵と知識と」云々〔ロマ一一・三三〕と言われている。

(2) さらに、アンセルムスの『モノロギオン』によれば、「それぞれの事物において、それを所有しないよりも所有することの方が、端的により善いすべてのもの」は神に帰属されるべきである。ところで、知はこのようなものである。それゆえ、知は神に帰属されるべきである。

(3) 知のためには三つのものだけが必要とされる。すなわち、認識者がそれによって事物について判断する能動的能力(potentia activa)、認識される事物、そしてそれら両者の合一である。ところで、神の内には、最高の能動的能力があり、また神の本質は最高度に可認識的(cognoscibilis)であり、したがって、神の内には両者の合一がある。それゆえ、神は最高度に知る者である。小前提の証明。『知性実体について』[10]の書に言われている通り、「第一の実体は光である」。ところで、光は最高度に能動的光を持っている。そのことは、自分自身を他のものに注ぎ、多数化することから、明らかである。さらに、光は最も可認識的でもある。それゆえ、他のものを明らかにもする。それゆえ、神である第一の実体は、認識するために能動的能力を持ち、神自身可認識的なものでもある。

答えて次のように言わなければならない。すべての人々によって、知は神に帰せられているが、しかし、種々違った仕方によってである。或る人々は、自らの知性によって被造物における知のあり方を超えることができないゆえに、知は神の内で、ちょうどわれわれの内におけるように、その本質に附加された何らかの状態としてある、と主張したが、こうしたことはまったく誤りであり、不条理なことである。というのも、もしこうしたことが措定されると、神は最高度に単純なものでないことになろう。というのは、神の内に実体と附帯性との複合があることになろうから。さらに、神自身は自らの存在でないことになろう。というのは、ボエティウスが『デ・ヘブドマディブス』[11]において述べている通り、「存在するものは何かを分有しうるが、存在そのものは何ものをも分有しない」からである。それゆえ、神は、もし附加された状態としての知を分有するとすれば、神は自らの存在でなくなり、したがって、神にとって自らの存在の原因である他のものから、存在を所有することになろう。かくして、彼は神でなくなるであろう。

それゆえ、他の人々は、われわれが神に知、あるいはこのような何かを帰することによって、われわれは神の内に何かを措定しているのではなく、神は創造された事物における知の原因であることを表示しているだけだ、と主張した。言い換えれば、神は被造物に知を伝えるがゆえにのみ、知る者であると言われる、と。しかし、オリゲネス[12]やアウグスティヌス[13]が語る通り、神は知る者である、と語られるこの命題の真性の或る理由は、神は知の原因である、ということであるけれども、しかし二つの理由から、その真性の全面的な理由とはなりえないのである。第一に、同じ推論によって、神が諸事物の内に生ぜしめるものすべてを、神に述語しなければならなくなるからである。たとえば、諸事物の内に神は動を生ぜしめるがゆえに、神は動いている、と言われねばならないであろう。しかし、もちろんこうしたことを語ることはできない。第二に、結果と原因とについて語られるものどもは、結果のゆえに原因の内に内在している、と言うことはできないのであって、むしろ、原因の内に見出されるがゆえに、結果の内に内在している、と言われるのである。たとえば、火は熱いことから熱さを空気に伝えるのであって、その逆ではないように。同様に、神は、知的な本性を持っていることから、われわれに知を伝えるのであって、その逆ではないのである。

それゆえ、他の人々は、知やこのような他のものは、比例した何らかの類似によって神に帰属される、と主張した。たとえば、怒りとか憐れみ、その他の諸情念が神に帰せられるように、と。というのは、神は、神の内には怒りといった情念は存在しえないけれども、怒った人間が行う事柄に似たことを為すかぎりにおいて、怒ると言われるのである。実際、神は罰するからである。これはわれわれにおいては怒りの結果である。同様に、神は、知る者の結果に似た結果を生ぜしめるがゆえに、知る者と言われる、と主張する。たとえば、知る者の業は特定の始原から特定の目的へと発出するように、神に起原のある自然の業も同様である。これは『自然学』第二巻[14]に明らかな通りである。ところで、この見解によれば、知は、ちょうど怒りとかこうした他のもの[15]のように、神に比喩的に帰属されることになろう。しかし、このことはディオニュシウスや他の聖人たちの言葉に背くことになる。

したがって、別の仕方で語られるべきである。すなわち、神に帰属される知は、神の内に存在する或るものを表示している。このことは生命とか本質とか、このような他のものも同様である。そして、それらは、表示された実在に関しては、違った別々のものではなく、ただ知性認識の仕方に関してのみ相違しているにすぎない。というのは、神において、本質、生命、知、そして神に述語されるこのようなものはすべて完全に同じものである。しかし、われわれの知性は神の内に生命、知、そしてこのようなものを認識するとき、種々異なった概念を所有しているのである。

しかし、これらの概念は偽なる概念ではない。というのも、われわれの知性が抱く概念は、一種の類似化によって知性認識されたものを表現するかぎりにおいて、真なるものだからである。さもないと、もしそれら概念が実在の何ものにも対応しないとすれば、それらは偽であるであろう。ところで、われわれの知性は神に類似化することによって、諸々の被造物を表現するような仕方で、表現することはできない。というのも、われわれの知性は何らかの被造物を認識するとき、その事物の何らかの形相の概念を、その事物の全完全性に従って形成し、かくして知性認識された事物を定義する。ところで、神はわれわれの知性を無限に超越しているのであるから、われわれの知性によって懐念された（concepta）形相は、神の本質を完全に表現することはできず、本質のより劣った何らかの模倣を所有するだけだからである。魂の外にある諸事物においても、すべての事物が神を種々異なった仕方で、しかし不完全に、模倣していることを、われわれが観察するようにである。したがって、種々異なった事物は異なった仕方で神を模倣し、種々異なった形相に従って、神の一なる単純な形相を表現するのである。というのは、その単純な形相の内には、被造物において区別され、多様な仕方で見出される完全性のすべてが、完全に合一しているからである。それはちょうど、数のすべての特性が、或る意味で一の内に先在していること、また或る王国の管理人のすべての権能が王の権能の内に合一されていることに似ている。ところで、もし神を完全に表現する何らかの事物が存在するとすれば、それはただ一つであろう。そのものはただ一つの仕方で、かつただ一つの形相によって表現するであろうからである。それゆえ、御父の完全な似像である御子はただ一人であるのである。同様に、われわれの知性も種々異なった概念によって神の完全性を表現する。というのは、それら概念のすべてが不完全だからである。というのも、その概念がもし完全であるならば、ちょうど神の知性の抱く御言葉《みことば》がただ一つであるように、それもただ一つであろう。それゆえ、われわれの知性の内には、神の本質を表現する多くの概念が存在するのである。それゆえ、神の本質はそれら概念のそれぞれに対応するのである。ちょうど、諸事物が自らの像に対応するように。したがって、知性の抱くそれらすべての概念は、一つのものについて多数であるけれども、真なる概念である。そして、名称は、知性認識が媒介となるのでなければ、事物を表示しないことは、『命題論』第一巻に述べられている通りであるから、知性は一つの事物に多くの名称を、知性認識の異なった仕方によって、あるいは異なる観点によって（両者は同じことを意味しているが）、当てはめるのである。しかし、これらすべての概念に事物における何かが対応しているのである。

(1) したがって、第一に対しては次のように言わなければならない。知が、在るものへの附加によって所有されるのは、われわれの知性が或る人の知とその人の本質とを区別して捉えるかぎりにおいてのみである。というのは、附加は区別を前提しているからである。それゆえ、神において知と本質は、既述の通り、知性認識の仕方によってでなければ、区別されないのであるから、知は知性認識の仕方によるのでなければ、神の内に、神の本質への附加によって存在するといったことはないのである。

(2) 第二に対しては次のように言わなければならない。神において知は本質と別の完全性を表示しているということを、真なることとして語ることはできない。それは別の完全性であるかのように表示されているにすぎない。というのは、われわれの知性は、われわれが神について有する異なった諸概念から、先に述べた諸名称を神に適用するからである。

(3) 第三に対しては次のように言わなければならない。名称は知性の認識内容の記号であるから、或る名称は或る事物の全体性を表示することに、知性が認識することに即して、関わっている。ところで、われわれの知性は神の全体を認識することはできるが、それを全体的に認識できるわけではない。神の全体を認識するのは、神の内には部分と全体は存在しないからであって、神については全体が認識されるか、あるいは何も認識されないか、そのいずれかが必然である。しかし私が神を全体的には認識しない、と言うとき、その理由はわれわれの知性は、神がその本性において可認識的であるかぎりにおいて、神を完全に認識しないからである。たとえば、「〔矩形の〕対角線は辺と通約できない」[17]という結論を、すべての人々によってそう言われているという理由で蓋然的にしか認識しない人は、その結論を全面的には認識していない、ということに似ている。というのは、その人はその結論のいかなる部分も知らないというわけではなく、結論全体を認識しているけれども、それが可認識的である認識の完全な仕方に到達していないからである。それゆえ、同じように神に述語される諸名称は神全体を表示しているが、神を全体的に表示しているわけではないのである。

(4) 第四に対しては次のように言わなければならない。神の内に何らの不完全性もなしにあるものは、被造物においては何らかの欠陥を伴って見出されるのであるから、この理由からもし被造物の内に見出されるものを、神に帰属させせようとする場合、不完全性に属するすべてを切り離し、完全性に属するものだけが残るようにしなければならない。というのも、被造物はこのことによってのみ神を模倣するからである。それゆえ、私は、われわれの内に見出される知は、何らかの完全性と何らかの不完全性を有している、と言うのである。実際、知の完全性にはその確実性が属している。というのは、知られるものは確実な仕方で認識されるからである。他方、知の不完全性には原理から結論への知性の推論が属し、知はそれら結論に関わっているからである。というのは、これら推論は、原理を認識している知性が結論をただ可能態においてのみ認識していることによって可能だからである。というのも、もし結論を現実的に認識しているとすれば、そこには推論はないであろう。実際、動は可能態から現実態への端的な移行であるからである。それゆえ、神において知は、認識される事物についてのその確実性のゆえに語られるのであって、前述された推論のゆえに語られるのではない。ディオニュシウスが語る通り、推論は天使においても見出されないのである。

(5) 第五に対しては次のように言わなければならない。認識者の認識の仕方が考察される場合、神は一つの同じ直視によって万物を見るのであるから、神にとって或るものがよりよく知られ、或るものはより劣って認識される、ということはないけれども、しかし認識される事物のあり方が考察される場合、神は或るものをそれ自体においてはより可認識的なものとして認識し、他方、或るものを可認識性の劣るものとして認識する。たとえば、神が認識するすべてのものの内で、最も可認識的なものは自らの本質であり、この本質によって確かに万物を認識し、自己の本質を見ることによって同時に万物を見るのであるから、いかなる推論によっても万物を見るということはない。それゆえ、神の認識において、認識されるものの側から認められる先に触れた順序に関して、知の性格は神の内に保持されている。というのも、神は万物を、とりわけ原因によって認識するからである。

(6) 第六に対しては次のように言わなければならない。異論のアルガゼルの言葉は、事物が自己の類似をわれわれの魂に刻印することによって、われわれの内に獲得されるわれわれの知について理解されるべきである。しかし、神の認識においては逆である。というのも、神の知性から諸々の形相がすべての被造物に流出するからである。それゆえ、われわれの内の知はわれわれの魂の内にある諸事物の刻印であるごとく、逆に諸事物の形相は、諸事物における神の知の一種の刻印としてのみ存在するのである。

(7) 第七に対しては次のように言わなければならない。神の内に措定される知は、所有態の仕方でではなく、むしろ現実態の仕方でである。なぜなら、神は常に万物を現実に認識しているからである。

(8) 第八に対しては次のように言わなければならない。作用因から結果は、原因の条件に従ってのみ発出する。したがって、何らかの知によって発出するすべての結果は、原因の条件を制約する知の限定の結果として起こるものである。それゆえ、自らの原因として神の知を所有する諸事物は、それらが発出するよう神によって決定されたときにのみ、発出するのである。それゆえ、諸事物が永遠から発出することは、たとえ神の知が永遠から現実的であったとしても、必然的なことではない。

(9) 第九に対しては次のように言わなければならない。知性が事物の何であるかを認識すると言われるのは、知性がその事物を定義するとき、すなわち、知性があらゆる関連においてその事物に対応する、事物の或る形相を懐念するときである。ところで、既述されたことから、われわれの知性が神について懐念するものはすべて、神を表現するに至らないことは明らかである。したがって、神自身の何性は、われわれには永遠から隠されたままである。われわれがわれわれの現在の生において、神について認識しうる最大のことは、神はわれわれが神について懐念しうる一切のことを超越しておられる方である、ということである。それはディオニュシウスの『神秘神学』[18]によって明らかな通りである。

(10) 第一〇に対しては次のように言わなければならない。神は「われわれの知性の抱くすべての形相から免れる」と言われるのは、われわれの知性の抱く或る形相が、神をいかなる仕方においても表現していないがゆえではなく、どんな形相も神を完全には表現していないがゆえにである。

(11) 第一一に対しては次のように言わなければならない。『形而上学』第四巻[19]に語られている通り、「名称が表示している可知的特質は定義である」。それゆえ、或る事物の名称は、もしその意味が定義であるならば、固有の名称である。ところで、既述の通り、名称によって表示されるいかなる可知的特質も神自身を定義することはないから、われわれによって付けられたどんな名称も固有には神の名称ではなく、固有には、名称によって表示される可知的特質によって定義される被造物の名称である。しかし、被造物の諸名称であるそれら名称は、被造物の内に何らかの仕方で神の類似が表現されているかぎりで、神に帰せられるのである。

(12) 第一二に対しては次のように言わなければならない。神に帰せられる知は性質ではない。さらに、量に附加してくる性質は物体的な性質であって、知のような物体的次元を超えた（spiritualis）性質ではない。

第二に、神は自己自身を認識しているか、あるいは知っているか、が問われる。そして、知っていない、と思われる。その理由、

⑴　知る者は、知られる対象に対して自らの知に即して関係する。ところで、ボエティウスが『三位一体論』[20]において言っているように、「神において、本質は一性（unitas）を保持し、関係はペルソナ（persona）の三性（trinitas）を多重化している」。それゆえ、神の内で知られるものは知る者からペルソナ的に区別されていなければならない。ところで、神におけるペルソナの区別は相互的な述語づけを許容しない。というのは、御父は、御子を生んだがゆえに、自己自身を生んだ、とは言われないからである。それゆえ、自己自身を認識するということは、神において認められることはできない。

⑵　さらに、『原因論』[21]には、「自らの本質を認識する者はすべて完全な還帰によって自らの本質に戻る者である」と言われている。ところで、神は自らの本質に戻ることはない。というのも、神は自らの本質から出てゆかないからである。出発がなかったところには、還帰もありえないからである。それゆえ、神は自らの本質を認識しないし、したがって自己自身のことを知らないのである。

⑶　さらに、知は知る者の知られる物への類似化である。ところで、何ものも自分自身に似たものであるわけではない。というのも、ヒラリウス[22]が言う通り、「そこには類似が存在しない」からである。それゆえ、神は自己自身を認識しないのである。

⑷　さらに、知は普遍的なものについてのみ存在する。ところで、神は普遍的なものではない。というのも、普遍的なものはすべて抽象によって存在する。ところで、神は最も単純なものであるから、神から抽象がなされることはありえないからである。それゆえ、神は自己自身を認識することはないのである。

⑸　さらに、神がもし自己自身を知る（scire）とすれば、自己を知性認識する（intelligere）であろう。知性認識することは、知ることよりもより単純であり、それゆえ、神にいっそう帰属されるべきである。ところで、神は自己を知性認識しない。それゆえ、自己を知らないのである。小前提の証明。アウグスティヌスは『八三問題

集』の第一六問題[23]において、「自分を知性認識するものは、自己を把握（comprehendere）しているのである」と述べている。ところで、何ものも、有限なものでなければ、把握されることはない。そのことは同所[24]でのアウグスティヌスの言葉から明らかである。それゆえ、神は自己を知性認識しないのである。

(6) さらに、アウグスティヌスは同所[25]で以下のように推論している。すなわち、「われわれの知性は、無限であることを欲することは可能であるけれども、無限であることを欲するわけではない。というのも、自分自身を知ることを欲しているからである」。したがって、自己を知ることを欲するものは、自己が無限であることを欲しないのである。しかし、神は自己が無限であることを欲する。神は無限であるからである。というのは、もし神がそれであることを欲していない或るものであるとすれば、神は最高度に至福な者とは言えないであろう。それゆえ、神は自分が自己自身に知られることを欲しないのである。それゆえ、自己を認識しないのである。

(7) しかし、神は端的に無限であり、自己が端的に無限であることを欲するけれども、自己に対しては無限ではなく、有限であり、したがって、自己が無限であることを欲することもない、と主張されてきた。――これに対しては次のように言われる。『自然学』第三巻[26]に言われている通り、或るものが無限と言われるのは、それを超えるものが何もないことによってであり、有限と言われるのは、それを超えるものがあることによってである。ところで、『自然学』第六巻[27]に示されている通り、無限なものは有限なものによっても、無限なものによっても、超えられることはありえない。それゆえ、神は無限なものであるけれども、自己自身に対して無限であることはできないのである。

(8) さらに、神にとって善きものであるものは、端的に善きものである。それゆえ、神にとって無限なものも、端的に無限なものである。ところで、神は端的に有限なものではない。それゆえ、神は自己自身にとっても有限なものではない。

(9) さらに、神は自己自身に関わる場合にのみ、自己自身を認識する。それゆえ、彼が彼自身にとってもし有限なものであるとすれば、彼は自己自身を有限な仕方で認識するであろう。しかし、神は有限なものではないから、彼は現にあるのとは別の仕方で自己自身を認識しているであろう。したがって、自己自身について誤った認識を持つことになろう。

(10) さらに、神を認識する者たちのうちで、或る者が他の者よりもより多くのことを認識するのは、或る者の認識の仕方が他の者の認識の仕方を超えていることによってである。ところで、神は自己自身を、他の或る者が神を認識するよりも、無限にすぐれて認識する。それゆえ、神が自己を認識する仕方は無限である。それゆえ、神は自己自身を無限に認識する。したがって、神は自己自身にとって有限なものではない。

(11) アウグスティヌスは『八三問題集』[28]において、或る人が別の人より、或るものについてより多くを知性認識する、といったことのありえないことを、次の仕方で示している。「事物を、それが在るのとは別の仕方で知性認識する者はすべて誤っている。ところで、事物について誤っている人はそのものを認識していないのである。したがって、どんな事物でも、それを現に在るのとは別の仕方で認識する人は皆、その事物を認識していないのである。したがって、いかなるものも、それが現に在るのと別の仕方では、決して知性認識されないのである」。それゆえ、事物はすべての人に一様な仕方で在るのであるから、知性認識されるのも一様な仕方によってである。したがって、いかなる事物も、或る人が他の人よりもよりよく知性認識する、といったことはない。それゆえ、神が自己自身を知性認識するとすれば、神は、他の人々が神を知性認識するよりも、自己をより多く認識することはないことになろう。かくして、或る関連では、被造物は創造主に等しいことになるであろう。これは不条理なことである。

以上に反して、ディオニュシウスは『神名論』第七章[29]において、「神の知恵は自己自身を認識することによって、他のすべてのことを認識する」と述べている。それゆえ、神は特に、自己自身を認識するのである。

答えて次のように言わなければならない。或るものが自分自身を認識すると言われるとき、そのものは認識するものであり、かつ認識されるものであると言われている。それゆえ、神がいかなる仕方で自己自身を認識するかを考察するためには、いかなる本性によって或るものは認識するものであり、かつ認識されるものであるかを見なければならない。

したがって、以下のことを知らなければならない。すなわち、或る事物が完全であるのは、二様の仕方で見出される。一つは、自らの種によってそのものに適合する、自らの存在の完全性に即してである。ところで、或る事物の種に即した存在は、他の事物の種に即した存在から区別されるから、このようなすべての被造の事物において、その事物の完全性は、無条件的な完全性に、この完全性が他の種においても見出されるかぎりにおいて、及ばないのである。したがって、それ自身において考察された個々のそれぞれの事物の完全性は、宇宙全体の完全性の一部分であるから、不完全なものである。というのは、宇宙全体の完全性は相互に集結された個々の事物の完全性から生ずるものである。それゆえ、この不完全性に対して何らかの救済があるために、被造物の中に別の種類の完全性が見出されるのである。それは或る事物に固有な完全性が、他の事物にも見出されることによる。そして、これは認識者であるかぎりの認識者の完全性である。というのは、或るものが認識者によって認識されるのは、認識されるもの自体が何らかの仕方で認識者のもとにあるかぎりにおいてだからである。したがって『霊魂論』第三巻[30]において、「魂は或る意味においてすべてである」と言われているのである。というのは、魂はすべてのものを認識するような本性にあるからである。この仕方において宇宙全体の完全性が、一つのものの内に存在することが可能的である。それゆえ、魂が到達しうる究極的な完全性は、哲学者たちによれば、宇宙の全秩序と宇宙の諸原因の秩序とが魂の内に描かれることである。そのことの内に、彼らは人間の究極目的をも措定したのである。しかし、われわれによれば、それは神を見ることの内にあるであろう。というのも、グレゴリウス[31]によれば、「万物を見ている者を見る者たちに、見ていないような何かがあるであろうか」ということになるからである。

ところで、或る事物の完全性は、その完全性がその事物において持っていた特定の存在に即して、他の事物の内に存在する、といったことは不可能である。したがって、完全性が他のものの内に存在しうるかぎりで、それを考察しようとするならば、その完全性をそれらの本性そのものによって限定しているそれら事物から切り離して考察しなければならない。そして、諸事物の形相や完全性は質料によって限定されるがゆえに、或る事物が認識されうるものであるのは、そのものが質料から分離されていることによるのである。それゆえ、このような事物の完全性がその内に受容されるその基体は、非質料的でなければならない。というのは、もしその基体が質料的であれば、受け取られた完全性は、その基体の内に、或る特定の存在に即して在ることになろう。したがって、それは認識されうるものである状態、すなわち、或る事物の完全性が他の事物の内に在りうるような仕方で知性の内に在るのではないであろう。

したがって古代の哲学者たちは、似たものは似たものによって認識されると考え、そのことによって万物を認識する魂は、たとえば、魂の土が土を認識し、魂の水が水を認識し、他のものについても同様に認識するために、魂が万物から質料的に構成されているであろうことを主張して、誤りに陥ったのである。というのは、彼らは、認識される事物の完全性は、認識者の内に、事物それ自身の本性において持っていたのと同じ限定された存在を持つことによって、存在しなければならないと考えたからである。しかし認識される事物の形相は、認識者の内にそのようには受け取られない。それゆえ、註釈者〔アヴェロエス〕も『霊魂論』第三巻[32]において、形相が可能知性（intellectus possibilis）と第一質料（materia prima）とに受け取られる受容の仕方は同じではない、と述べているのである。というのも、認識する知性には或るものは非質料的に受け取られなければならないからである。それゆえ、われわれは、認識力を有する本性は諸事物の内にそれら事物の非質料性の程度に比例して見出されるのを見るのである。すなわち、植物とそれ以下のものは、非質料的な仕方ではいかなるものも受容することはできない。したがって、『霊魂論』第二巻[33]に明らかな通り、それらはすべての認識を欠如しているのである。ところで、感覚は質料を持たないが、質料的諸条件を伴っている形象を受容する。知性は質料的な諸条件からも完全に浄められた形象を受容する。同様に、認識されうる諸事物の内にも秩序が存在する。すなわち、註釈者が語る通り、質料的事物は、われわれがそれらを可知的なものにするがゆえにのみ、知性認識されうるものである。というのは、それらは可能態においてのみ可知的であって、ちょうどさまざまな色が太陽の光によって現実的に可視的なものになるように、能動知性（intellectus agens）の光によって現実的に可知的なものにされるからである。他方、非質料的な事物はそれ自身において可知的なものである。したがって、それらはわれわれにはより知られないものであるが、本性の秩序によればより知られるものである。

それゆえ、神はあらゆる可能態性を完全に免れているから、質料からの分離の究極にあるがゆえに、神は最高度に認識しうるものであり、かつ最高度に認識されうるものであることが帰結する。それゆえ、可認識性の性格は神に、神の本性が存在を実在的に所有していることに比例して、神の本性によって適合するのである。そして、神は自らの本性を所有することによって存在しているのであるから、最高度に認識するものとして自らの本性を所有する程度において、神は認識するのである。それゆえ、アヴィセンナはその『形而上学』第八巻[34]において、「彼自身は自身を知性認識し把握するものである。というのは、彼の何性は」質料を「取り去られているから、自己自身と完全に同一なものの何性であるからである」と、言っているのである。

(1) それゆえ、第一に対しては次のように言わなければならない。ペルソナの三性は神の内に実在的にある関係、すなわち、起原の関係によって神の内に多重化されている。ところで、神は自己自身を知っている、と言われるとき、同時に表示されている（consignificatur）関係は、いかなる実在的な関係でもなく、ただ思考上の関係にすぎない。というのも、同じものが自己自身に関連づけられるときはいつも、そのような関係は実在における何かではなく、ただ思考上の或るものだからである。実際、実在的な関係は二つの端を必要とするのである。

(2) 第二に対しては次のように言わなければならない。自分を知る者は自分の本質に戻る、と言われるこの言表は比喩的な言表である。というのは、『自然学』第七巻[35]に証明されている通り、知性認識の働きの内には動はないからである。したがって、固有に言えば、知性認識には循環とか還帰は存在せず、一つの認識されうるものから他のそれに至るというかぎりで、そこに発出とか動が存在すると言われるのである。確かに、われわれにおいて、このことは一種の推論によって起こる。したがって、魂が自己を認識するとき、魂からの発出と魂への還帰が存在する。すなわち、第一に、魂から発出する働きは対象に終極し、次いでその働きへの立ち帰りがなされ、最後に働きがその対象から認識され、能力がそれらの働きによって認識されるかぎりにおいて、能力と本質への立ち帰りが為されるのである。しかし神の認識には、先に言及された通り、知られたものによって未知のものへと至るかぎりにおける、何らかの推論があるわけではない。それにもかかわらず、認識されるものの観点から、神の認識の内に或る種の循環が見出されうる。というのは、神は自らの本質を認識するとき、他の諸事物を直視するかぎりで、それら事物の内に神の本質の類似を見るからである。したがって、或る意味で彼は自らの本質に戻ると言われうるのである。しかし、われわれの魂の場合のように、他の諸事物からのみ神は神の本質を認識するという意味においてではない。しかし、『原因論』[36]において、自らの本質への還帰は、事物の自分自身における自存にほかならない、と言われていることに注意しなければならない。というのは、自己の内に自存していない諸形相は他のものへと流出し、決して自己自身に集結されることはないが、自己の内に自存している諸形相は他の諸事物にまで伸びてゆき、それらを完成しそれらに影響を与えるが、しかし、それらはそれら自身の内に留まっているという仕方においてである。この仕方によれば、神は最高度に自らの本質に還帰するのである。というのは、神はすべてのものを摂理し、そのことによってすべてのものへと何らかの仕方で出てゆき、それへと発出する。しかし、神は自己自身の内に不動のまま、また他のものに混合することなく留まっているからである。

(3) 第三に対しては次のように言わなければならない。実在的な関係である類似は、諸事物の区別を要求するが、ただ思考上のみの関係である類似には、それら似たものの内の思考上の区別で十分である。

(4) 第四に対しては次のように言わなければならない。普遍は質料から分離されているかぎりで可知的である。それゆえ、われわれの知性の働きによって分離されたものではなく、それら自身によってあらゆる質料から解放されたものどもは、最高度に認識されうるものである。したがって、神は普遍ではないけれども最高度に可知的なものである。

⑸　第五に対しては次のように言わなければならない。神は、無限なものであるけれども、自己を知り、自己を知性認識し、自己を把握している。というのは、神は欠如的な仕方で（privative）無限なものではないからである。欠如的な仕方で無限なものの場合には、無限の性格は量にふさわしいものである。実際、部分の後に部分を無限に有しているからである。それゆえ、もしそのような無限が自らの無限の性格に従って、すなわち、部分が部分の後に認識されるように、認識されなければならないとすれば、その無限は決して把握されえないであろう。というのは、その無限は終わりを持っていないのであるから、終わりに到達することは決してありえないであろう。しかし、神は否定的な仕方で（negative）無限なものと言われる。というのは、神の本質は何ものによっても制約されないからである。実際、何ものかに受け取られた形相は、受け取るもののあり方に従って制限される。それゆえ、神の存在は、神自身が自らの存在であるがゆえに、何かに受け取られたものではないから、そのかぎりで彼の存在は有限ではなく、まさにその理由から神の本質は無限なものと言われるのである。そして、被造のいずれの知性においても、その認識能力は何かに受け取られたものであるから、われわれの知性は神を神が可認識的である通りに明瞭に認識することにまで至ることはできない。そのかぎりで、神を把握することはできないのである。というのは、われわれの知性は神における認識の終極、すなわち、既述の通り〔第一項第三異論解答〕、把握することには到達しないからである。ところで、神の本質が無限である仕方と神の認識能力が無限である仕方は同じであるから、その認識はその本質の大きさと同様に効力がある。したがって、神は自己の完全な認識にまで到達する。そのかぎりで、神は自己を把握する、と言われるが、そのような把握によって認識されるものそのものに、何らかの終極が立てられるがゆえではなく、その認識に何らの欠けるものがないという、認識の完全性のゆえにそう言われるのである。

⑹　第六に対しては次のように言わなければならない。われわれの知性は、その本性によって有限なものであるから、何らかの無限なものを把握すること、あるいは完全に認識することは不可能である。アウグスティヌス

の推論はこの限定された本性を前提して進んでいる。しかし神の知性の本性は別であって、それゆえ、異論の推論は帰結しないのである。

(7) 第七に対しては次のように言わなければならない。もし神という言葉が、固有の意味において、十全な意味が与えられるならば、神は自己自身に対しても他のものに対しても有限なものではない。神が自己自身に対して有限なものであると言われるのは、有限な知性が有限なものを認識するように、神が神自身を認識するがゆえである。しかし、そのものを超えることのできないもの、と言われる異論の無限の特質は、欠如的な仕方で理解された無限のそれであって、これはまったく的外れである。

(8) 第八に対しては次のように言わなければならない。量を含んでいるそうした完全性に関して、もし神との関連で何らかの属性を有しているならば、そのものはその属性を端的に有していることが帰結する。たとえば、神との関連で大きいものはすべて端的に大きいのである。他方、不完全性を含んでいるそうしたものどもにおいて、同じことが帰結するわけではない。たとえば、もし或るものが神との関係において小さいものであるとすれば、そのものが端的に小さいことが必然的に帰結するわけではない。すべてのものは、確かに、神との関係においては無であるが、しかし端的な意味で無であるわけではない。それゆえ、神との関係において善きものであるものは、端的に善きものである。しかし、神との関係において有限なものは、端的に有限なものであることが帰結するわけではないのである。というのは、有限なものは不完全性を含むが、善きものは完全性を含んでいるからである。しかし、いずれにしても、神の判断において何らかの属性を有しているのが見出されるものは、端的にその属性を有しているのである。

(9) 第九に対しては次のように言わなければならない。「神は有限な仕方で自己自身を認識する」と言われるとき、これは二様の仕方で理解されうる。第一には、その仕方が認識される事物に適用される場合である。すなわち、この場合には、神は自己自身を有限なものである、と認識するであろう。この意味では、その叙述は偽である。というのも、そのときには神の認識が誤ったものとなろうからである。第二には、その仕方は認識する者に適用される。そのときは、なお二つの仕方で理解される。一つは、「有限に」という言葉が、完全に、という意味にほかならず、認識の終極に到達するがゆえに、有限な仕方で認識すると言われるのである。この意味では、神は自己を有限な仕方で認識するのである。もう一つは、「有限に」という言葉が認識の効力に関わっている。この意味では、神は自己を無限に認識する。というのは、神の認識は無限にその効力があるからである。しかし、神が自己自身に対して、前述した仕方で、有限であるということから、神の自己についての認識が有限である、と結論することはできない。ただし、このことが真であると言われたその仕方によれば別である。

(10) 第一〇に対しては次のように言わなければならない。異論の推論は、「有限に」という言葉が認識の効力に関わるかぎりでは、妥当である。したがって、神が自己を有限に認識するのでないことは明らかである。

(11) 第一一に対しては次のように言わなければならない。或る人が他の人よりもより多く認識すると言われるとき、それは二様に理解されうる。第一に、「より多く」という言葉は、第一義的に認識される事物に関係する。この意味では、知性認識する者のうちの何人《なんぴと》も知性認識される事物について、それが知性認識されるものであるかぎりで、他の人よりもより多く認識することはない。というのは、知性認識される事物に、事物の本性が所有しているよりもより多く、あるいはより少なく帰属させる者は誤っていて、知性認識していないからである。もう一つの仕方では、「より多く」という言葉は、認識者の認識の仕方に関係づけられうる。この意味では、或る人は他の人よりもより透察力をもって知性認識することによって、より多くを認識するのである。たとえば、天使は人間よりも、そして神は天使よりもより多くを認識する。このことは知性認識のより強い能力のゆえである。この証明において取られているもう一つの章句、すなわち、「事物を、それが在るのとは別の仕方で知性認識する」という言葉も、同様に区別しなければならない。というのは、「別の仕方で」という言葉が、認識される事物のあり方であるとすれば、その場合は認識する者は誰も、その事物が在るのとは別の仕方で認識することはない。というのは、これは事物が在るのとは別の仕方で事物が在ると認識することになろうから。他方、この言葉が認識者の認識の仕方であるとすれば、この場合は質料的事物を認識する者はすべて、事物が在るのとは別の仕方で認識している。というのも、質料的に存在している事物は、非質料的にのみ認識されるからである。

第三項

第三に、神は自己とは別のものども（alia a se）を認識するか、が問われる。そして、認識しない、と思われる。その理由、

⑴　知性認識されるものは知性認識するものを完成するものである。ところで、神自身とは別の何ものも、神を完成するものではありえない。なぜなら、その場合には何か或るものが神よりもより優れたものであることになろう。それゆえ、神自身とは別な何ものも、神に認識されるということはありえない。

⑵　しかし、事物あるいは被造物は、神に認識されているかぎりで、神と一つのものである、と主張されてきた。――これに対しては次のように言われる。被造物は、神の内にあるかぎりにおいてのみ、神と一つである。それゆえ、もし神は被造物を、それが神と一つのものであるかぎりにおいてのみ、認識するとすれば、神は被造物をそれらが神の内にあるかぎりにおいてのみ認識するであろう。したがって、被造物をその固有の本性において認識することはないであろう。

⑶　さらに、もし神の知性が被造物を認識するとすれば、神はそれを自らの本質によって認識するか、あるいは他の何か外的なものによって認識するかのいずれかである。もし何らかの外的な手段によって認識するとすれば、認識のすべての手段は、認識者としての認識者の形相であるから（眼の瞳の内にある石の形象において明らかであるように）、認識者を完成するものであるゆえ、神にとって外的な或るものが、神の諸々の完全性の一つであることが帰結するであろう。しかしこれは不条理である。他方、もし神が被造物を自己の本質そのものによって認識するとすれば、神の本質は被造物から区別される或るものであるから、神は或るものを認識すること

から他のものを認識することが帰結するであろう。ところで、或るものを他のものから認識するすべての知性は、推論し推理する知性である。したがって、神の知性の内には推論的な思考があることになり、それゆえ、不完全性があることになる。しかし、これは不条理である。

(4) さらに、事物がそれによって認識される手段は、その手段によって認識される事物に比例していなければならない。ところで、神の本質は被造物を無限に超越し、無限と有限との間にはいかなる比も存在しないのであるから、神の本質は被造物そのものに比例しているということはない。それゆえ、神は自らの本質を認識することによって、被造物を認識することは不可能である。

(5) さらに、哲学者は『形而上学』第一一巻[37]において、神はただ自己自身のみを認識する者であることを、証明している。ところで、「ただ……のみ」という言葉は、「他のものとともにではない」ということを意味している。それゆえ、自己と別のものを認識することはないのである。

(6) さらに、もし自己とは別なものを認識するとすれば、神は自己自身を認識するのであるから、自己自身と自己と別なものとを同じ根拠で認識するか、あるいはそれらを別々の根拠によって認識するかのいずれかである。もし同じ根拠によって認識するとすれば、神は自己自身を自らの本質によって認識するのであるから、他の諸事物もそれらの本質によって認識するであろうことが帰結する。しかし、この帰結は不可能なことである。他方、もしそれらを別々の根拠によって認識するとすれば、認識者の認識の働きは、それによってものが認識される根拠によってそのあり方が決まってくるのであるから、神の認識の内には多数性と多様性が見出されることが起こってくるであろう。しかし、これは神の単純性に背くことである。それゆえ、神はいかなる仕方でも被造物を認識しないのである。

(7) さらに、御父のペルソナが神性という本性から隔たっているよりも、被造物は神からよりいっそう隔たっている。ところで、神が自分は神であると認識する仕方と自分は父であると認識する仕方とは同じではない。というのは、彼が父であることを彼が認識すると言われるとき、彼は自分が神であることを認識すると言われるときに含まれていない父という知標が含まれているからである。それゆえ、もし神が被造物を認識するときは、彼は被造物をそのもとに認識する観点とは異なる観点のもとに、自己自身を認識することになろう。しかし、これは〔先の異論の第六において〕証明された通り、不条理である。

(8) さらに、存在することと認識することとの根原は同じである。ところで、アウグスティヌス[38]が語る通り、御父は、彼が神である同じ根原によって、御父であるわけではない。それゆえ、御父は、彼が神であることを認識する同じ根原によって、彼が御父であることを認識しているわけではない。

(9) さらに、知は知る者の知られるものへの類似化である。ところで、神と被造物との間には最小の類似がある。というのも、そこには最大の隔たりがあるからである。それゆえ、神は被造物について最小の認識を持つか、あるいはまったくその認識を持たないかである。

(10) さらに、神は自らが認識するものすべてを直視するであろう。ところで、アウグスティヌスが『八三問題集[39]』で語る通り、神は自己の外に何ものをも直視することはない。それゆえ、神は自己の外に何ものをも認識することはない。

(11) さらに、被造物の神に対する関係は、点の線に対する関係と同じである。それゆえ、トリスメギストゥス[40]は「神は可知的な天球であり、その中心は至る所にあり、その境界はどこにもない」と言っている。そして、アラヌス[41]が説明する通り、その中心によって彼は被造物を理解している。他方、点が線から切り離されようとも、線はその量の何ものをも失うことはない。それゆえ、被造物の認識が神の完全性から取り去られても、神の完全性は何ものも失うことはない。ところで、神の内にあるものはすべて、神の完全性に属している。というのも、何ものも神の内に附帯的な仕方では存在しないからである。それゆえ、神は被造物についての認識を持っていないのである。

(12) さらに、神は認識するものすべてを永遠から認識している。実際、神の知は変化しないからである。ところで、神が認識するものはすべて、在るものである。認識は在るものについての認識でしかないからである。それゆえ、何であれ神が認識するものは永遠から在ったのである。ところで、いかなる被造物も永遠から存在することはなかった。それゆえ、神はいかなる被造物をも認識していないのである。

(13) さらに、他の或るものによって完成されるすべてのものは、その或るものとの関連で、受動的能力を自らの内に有している。というのも、完全性は完成されたもののいわば形相だからである。ところで、神は自らの内に受動的能力を持っていない。というのは、それは神から遠く斥けられている変化の根原だからである。それゆえ、神は自己と別なるいかなるものによっても完成されることはない。ところで、認識者の完成は認識されうるものに依存している。なぜなら、認識者の完成は、現実に彼が認識するもの、すなわち、認識されうるものの内にのみあるからである。それゆえ、神は自己と別なものを認識することはないのである。

(14) さらに、『形而上学』第四巻[42]に語られている通り、「動かすものは、動かされるものよりも本性的により先である」。ところで、可感的なものが感覚を動かすものであるように、可知的なものは知性を動かすものである。それゆえ、神はもし自己と別の何かを知性認識するとすれば、或るものが神よりもより先なるものであることが帰結するであろう。これは不条理である。

(15) さらに、知性認識されたものは知性認識者の内に何らかの喜びを生ぜしめる。それゆえ、『形而上学』の初めに[43]、「すべての人々は本性的に知ることを欲する」。そのことのしるしは諸感覚の喜びである」と述べられている。したがって、この書のいくつかの巻はこの章句を含んでいるのである。それゆえ、もし神が自己と別の何かを認識するとすれば、その別のものが神における喜びの原因となるであろう。これは不条理である。

(16) さらに、何ものも在るものの本性によってのみ認識される。ところで、被造物は存在よりも非存在の方をより多く含んでいる。それはアンブロシウス[44]や聖人たちの多くの言葉によって明らかである。それゆえ、被造物は神に、知られているというよりも、むしろより知られていないのである。

(17) さらに、何ものも真なるものの性格を持つことによってのみ認識される。ちょうど、何ものも善きものの特質を有することによってのみ欲求されるようにである。ところで、可視的な被造物は、聖書において夢幻に喩えられている。それは「シラ書」の「頼むに足らぬ夢幻に意を留むる者は、影を捉えんとし、風を追うものに似たり」〔シラ三四：二〕から明らかな通りである。それゆえ、被造物は神には、知られているというよりも、むしろいっそう知られていないのである。

(18) しかし、被造物は神との関係によってのみ在るものと言われる、と主張されてきた。――これに対しては次のように言われる。被造物が、神によって認識されるのは、神に関係づけられるかぎりによってのみである。したがって、もし被造物が神に関係づけられるかぎりで、夢幻であり在らざるものであって、したがって認識されざるものであるとすれば、被造物は神によっていかなる仕方によっても認識されることはできないであろう。

(19) さらに、感覚の内に先に存在しないものは、知性の内に存在することはない。ところで、神の内には感覚的認識を措定することはできない。この認識は質料的であるからである。それゆえ、神は、被造物が感覚の内に先に存在するといったことはないのであるから、被造の諸事物を知性認識することはないのである。

(20) さらに、事物は特にその原因によって、そして最高度にはその事物の存在の原因によって認識される。ところで、四つの原因の内、作出因と目的因は事物の生成の原因である。他方、形相と質料は事物の存在の原因である。というのは、これらは事物の構成の中に入るからである。ところで、神は諸事物の作出因と目的因としてのみその原因である。したがって、神が被造物について認識することは、きわめて少しである。

以上に反して、(1) 「ヘブライ人への手紙」には、「すべては神の眼には露《あらわ》で明らかである」〔ヘブ四：一三〕と言われている。

(2) さらに、互いに関係しているものにおいて、その一方が認識されると、他方も認識される。ところで、根原と根原から出てきたものとは関係的に語られる。それゆえ、神は自らの本質によって諸事物の根原であるから、神は自らの本質を認識することによって被造物を認識するのである。

(3) さらに、神は全能である。それゆえ、同じ理由によって、神は全知と言われなければならない。それゆえ、神は快いものだけではなく、有用なものをも知っているのである。
(4) さらに、アナクサゴラスは、知性は「すべてを認識するために、何ものとも混合していない」と主張した。このことについては、哲学者によって、『霊魂論』第三巻[45]において、称賛されている。ところで、神の知性は最高度に混合しないもので、純粋なものである。それゆえ、自己だけではなく、他のものをも、最高度にすべてのものを認識するのである。
(5) さらに、或る実体は単純であればあるほど、よりたくさんの形相を把握することができる。ところで、神は最も単純な実体である。それゆえ、神はすべての事物の形相を把握することができる。それゆえ、神は、自己自身を認識するだけでなく、すべての事物を認識するのである。
(6) さらに、哲学者[46]によれば、「原因はその結果の完全性をより高い程度において含んでいる」。ところで、神は認識するすべての者にとって、被造物を認識する原因である。というのは、神は「この世に入ってくるすべての人を照らす光」〔ヨハ一：九〕だからである。それゆえ、神は最高度に被造物を認識するのである。
(7) さらに、アウグスティヌスが『三位一体論』[47]において証明している通り、何ものも認識されていなければ、愛されることはない。ところで、神は「存在しているすべてのものを愛している」〔知一一：二四〕。それゆえ、すべてのものを認識しているのである。
(8) さらに、「詩編」において、「また眼を形成し給いし者、見守り給わずや」〔詩九四：九〕と、肯定の答えを含意しながら、語られている。それゆえ、万物を作った神その者は、万物のことを考え、認識しているのである。
(9) さらに、「詩編」の他の箇所で、「彼は彼らおのおのの心を形成し給える者、その諸々の業を知り給う者なり」〔詩三三：一五〕と言われている。ところで、言及されている者は、諸々の心の作者である神である。それゆえ、神は人間の業を認識している。したがって、神は自己と別のものを認識するのである。
(10) さらに、これと同じことが、「詩編」の別の箇所で語られていることから帰結する。「彼は御知恵もて天を造り給いぬ」〔詩一三六：五〕と。それゆえ、神は自らが創造した諸天を知性認識しているのである。

(11) さらに、原因が認識されるとき、特に形相原因が認識されるとき、その結果も認識される。ところで、神は被造物の形相的範型因である。それゆえ、神は自己自身を認識するとき、被造物をも認識するであろう。

答えて次のように言わなければならない。神が自己のみならず、他のすべてのものをも認識していることは、疑問の余地なく承認されなければならない。このことは以下の仕方で証明されうる。すなわち、自然本性的に他のものに向かうものはすべて、そのものを目的へと導く或るものから、この傾向性を有するのでなければならない。そうでなければ、偶然に他のものに向かっていることになるであろう。ところで、われわれは自然的な諸事物の内に、それぞれの事物がそれによって自らの目的に向かう、本性的な欲求を見出す。それゆえ、すべての自然的な事物に対して自然的事物をそれらの目的へと秩序づけ、それらに本性的な傾向性、あるいは欲求を賦与した何らかの知性を措定しなければならない。ところで、事物が何らかの目的に秩序づけられうるのは、その事物がそれへと秩序づけられている目的と同時に、その事物そのものが認識されている場合だけである。それゆえ、諸事物の本性の起原や諸事物における本性的な秩序が、それから発出する神の知性の内には、自然的な諸事物についての認識が存在しなければならない。詩編作者が「また眼を形成し給いし者、見守り給わずや」〔詩九四・九〕と言うとき、このことを示唆しているのである。というのは、マイモニデス[48]が指摘している通り、それは「眼をその目的、すなわち、見ることに比例するように形成し給いし者は、眼の本性を見守り給わずや」と詩編作者が言った場合と同じことだからである。

ところで、さらに、神は被造物をいかなる仕方で認識するかを見なければならない。したがって、以下のことを知らなければならない。すなわち、働くものはすべて、現実態にあるかぎりで働くのであるから、働くものによって作られるものは何らかの仕方で働くものの内にあるのでなければならない。それゆえに、働くものはすべて自分に似たものを生ぜしめるのである。ところで、他のものの内にあるものはすべて、そのものの内に受容するものの仕方で存在している。それゆえ、働く根原が質料的であるならば、その結果は根原の内にいわば質料的な仕方で存在しているであろう。というのは、それは、いわば、質料的な力の内に存在するからである。他方、もし働きの根原が非質料的で能動的根原であるとすれば、その結果も根原の内に非質料的に存在するであろう。ところで、或るものが他のものによって認識されるのは、他のものの内に非質料的に受容されるかぎりにおいてである、と先に語られた。それゆえ、能動的な質料的根原は自らの諸結果を認識しないのである。というのも、それら諸根原の内に自らの結果は、認識されうるものであるかぎりで、存在していないからである。しかし能動的な非質料的な諸根原の内には、結果は認識されうるものであるかぎりで、存在している。なぜなら、その内に非質料的な仕方で存在するからである。それゆえ、すべての能動的で非質料的な根原は、自らの結果を認識しているのである。この理由から、『原因論』[49]において、「知性実体は自己の下位にあるものを、それに対して原因であるかぎりで、認識している」と言われているのである。それゆえ、神は諸事物の非質料的な能動的根原であるから、神においてそれらの認識が存在することが帰結するのである。

(1) したがって、第一に対しては次のように言わなければならない。知性認識されるものは、認識されるその事物によって、認識者を完成するわけではない。というのも、その事物は知性認識者の外にあるからである。そうではなく、事物はそれによって認識されるその事物の類似に即して、認識者を完成するものである。というのも、完成は完成されるものの内にあるからである。たとえば、魂の内にあるのは、石ではなく、石の類似である。ところで、知性認識される事物の類似は、知性の内に二様の仕方で存在する。或るときは、認識する者自身とは別のものとして存在する。あるときは、認識する者の本質そのものとして存在する。たとえば、われわれの知性は自己自身を認識することによって、他の諸々の知性を、自らが他の知性の類似であるかぎりにおいて、認識する。しかし、知性の内に存在する石の類似は、知性の本質そのものではなく、かえって、いわば質料における形相のように、知性の内に受け取られる。ところで、知性と別なるこの形相は、或るときは確かに、自らがそのものの類似であるその事物に対しては、その事物の原因として関係する。たとえば、そのものの形相が作り出された事物の原因であるところの実践知性（intellectus practicus）において明らかである。他方、或るときは、この形相は事物の結果である。たとえば、事物から認識を得るわれわれの思弁知性（intellectus speculativus）において明らかである。それゆえ、知性が認識者の本質ではない類似によって、何らかの事物を認識するときはいつでも、知性は自己と別なる或るものによって完成されるのである。他方、もしその類似が事物の原因である場合は、その類似によってのみ完成され、そのものの類似が完成であるようなその事物によって完成されることは決してないであろう。たとえば、家は技の完成ではなく、かえってその逆である。他方、類似が事物による結果である場合は、事物も何らかの意味で、すなわち、能動的な意味で、知性の完成であろう。しかし事物の類似は形相的な意味での完成であろう。他方、認識される事物の類似が知性認識者の本質そのものであるときは、知性は自己と別なものによって完成されることはない。もっとも、能動的な意味で、すなわち、その本質が他のものによって産出されている、という場合は別である。そして、神の知性は諸事物によって生ぜしめられた知を持っていないし、また諸事物をそれによって認識する事物の類似は自らの本質と別のものではなく、また自らの本質は他のものによって生ぜしめられたものではないのであるから、神が他の諸事物を認識するということから、神の知性が他のものによって完成される、ということは、いかなる意味においても帰結しないのである。

(2) 第二に対しては次のように言わなければならない。「かぎりにおいて」（secundum quod）という言葉が、認識される事物の側から認識に関係づけられるとすれば、神は諸事物を神の内にあるかぎりにおいてのみ認識するのではない。というのは神は、事物において、神と一つになっているかぎりでそれら事物が神の内に有している存在のみならず、神から異なっているかぎりで、神の外に有している存在をも認識するからである。他方、「かぎりにおいて」という言葉が認識者の側から認識を規定しているとすれば、神は事物を、自らの内にあるかぎりにおいてのみ認識する。というのは、神の内に存在し、神と同じものである事物の類似から、それらを認識するからである。

(3) 第三に対しては次のように言わなければならない。神は被造物を、それらが自らの内にあるかぎりにおいて認識する。ところで、いずれの作出原因であれその内にある結果は、もし原因それ自体であるものが把握されるのなら、原因そのものと別のものではない。たとえば、技の内にある家は技そのものと別のものではない。というのは、結果が能動的根原の内にあるのは、能動的根原が自己に結果を類似化することによってであり、他方、この能動的根原は技がそれによって働くそのもの自体であるからである。したがって、もし或る能動的根原が自らの形相によってのみ働くとすれば、その結果は、その能動的根原がその結果を有しているかぎりにおいて、その根原の内にあり、かつその結果は根原の内にその形相と区別されてあることもないであろう。同様に、神は自らの本質によって働くのであるから、彼の結果は神の本質から区別された何かとして彼の中にあることはなく、神の本質と完全に一つのものとしてある。したがって、神がそれによって結果を認識するそのものは、自らの本質と別のものではない。しかし、自らの本質を認識することを通して結果を認識するからといって、神の知性の内に何らかの推論があることが帰結するわけではない。というのは、別々の認識の働きによって両者をそれぞれ認識するときは、そのときにのみ知性は、或るものから別のものへと推論していると言われるのである。たとえば、人間の知性は別々の働きによって原因と結果を認識し、したがって、結果を原因によって認識するとき、その知性は原因から結果へと推論していると言われる。しかし認識する力がそれによって認識する手段と認識される事物とに同じ働きによって向けられるとき、そのときには認識の内に何らの推移も存在しない。たとえば、視覚が自らの内にある石の形象によって、石を認識するとき、あるいは鏡に映っているものを鏡によって認識するとき、視覚は推移しているとは言われない。なぜなら、視覚にとっては、事物の類似へともたらされることと、こうした事物の類似を通して認識されるところの事物へともたらされることは、同じであるからである。ところで、神が自己の本質によって自己の結果を認識するのは、この仕方によってである。ちょうど、事物そのものが事物の類似によって認識されるように。したがって、神は一つの認識によって自己と他の諸事物を認識する。ディオニュシウスも『神名論』第七章(50)において、「神は自己自身についての固有の認識と、すべての存在している事物を含んでいる他の一般的な認識とを持っているわけではない」と言っている通りである。したがって、神の知性にはいかなる推論もないのである。

(4) 第四に対しては次のように言わなければならない。或るものが他のものに比例すると、二様の仕方で言われる。一つは、それらの間に比（proportio）が認められるがゆえである。たとえば、四は二に比例を有している。実際、四の二に対する比は二倍であるからである。もう一つの仕方では、比例性（proportionalitas）の仕方によってである。たとえば、六が三の二倍であるように、八は四の二倍であるがゆえに、六と八とは比例している、と言われる。というのは、比例性は、比と比との類似であるからである。そして、すべての比には、或るものの他のものへの或る一定の過剰のゆえに、比例していると言われる事物の間には、或る関係が認められるのであるから、何らかの無限なものが有限なものに対して比の仕方で比例するということは不可能である。他方、比例性の仕方で比例していると言われる事物において、それら相互の関係は認められず、考えられるのは、他の二つの事物に対する二つの事物の関係の類似性である。したがって、無限なものが有限なものに比例することを何も妨げないのである。というのは、或る有限なものが或る有限なものに等しいように、或る無限なものは別の無限なものに等しいからである。この仕方によって、手段はその手段によって認識されるものに比例していなければならない。したがって、手段が或ることを論証することに関わっているように、手段によって認識されるものは論証されるものに関わっている。したがって、神の本質が被造物がそれによって認識される手段であるのを妨げるものは何もないのである。

(5) 第五に対しては次のように言わなければならない。或るものは二様の仕方で知性認識される。一つは、そのもの自身において知性認識される。すなわち、知性認識される、あるいは認識される事物そのものから、直観する者の直視が形成されるときである。もう一つの仕方では、或る事物が或る他のものにおいて見られ、この他のものが認識されるとき、この事物そのものが認識されるのである。それゆえ、神は自分自身の内に自分自身のみを認識する。しかし、神は他の諸事物それ自体を、神自身の本質を認識することによってのみ認識する。このことによって、哲学者は、神は自己自身のみを認識する、と言ったのである。そして、このことにディオニュシウスの『神名論』第七章[51]の言葉はまったく一致する。すなわち、「神は存在しているものどもを、存在しているものどもの知によってではなく、自分自身の知によって認識する」と言っている。

(6) 第六に対しては次のように言わなければならない。認識の根拠が認識者の側から取られるならば、神は自己と他者を同じ根拠によって認識する。なぜなら、神において認識者と認識の働きと認識の手段とは同じであるからである。他方、認識の根拠が認識される事物の側から取られるならば、自己と他のものとを同じ根拠によって認識するわけではない。というのは、神がそれによって認識する手段に対して、神自身ならびに他の諸事物が有する関係は、同じではないからである。というのも、神はその本質によってその手段と同じであるが、他方、他の諸事物はその手段とは、それらが手段に類似しているがゆえにのみ、同じであるにすぎない。それゆえ、神は自己自身を自己の本質によって認識するが、他の事物は類似によって認識するのである。しかし、神の本質であるものと他の諸事物の類似であるものとは、実在的には同じものである。

(7) 第七に対しては次のように言わなければならない。認識者の側からは、神は自分が神であることと自分が父であることを、まったく同じ認識によって認識する。しかし、認識されるものの側からは、それによって認識する手段は同じではない。というのも、神は自分が神であることを神性によって認識するが、自分が父であることを父性によって認識するからである。この父性は神性と実在的には一つであるが、それらを知性認識する仕方によれば同じものではない。

(8) 第八に対しては次のように言わなければならない。認識される事物の側からは、存在の根原であるものは認識の根原でもある。というのも、事物が認識されうるものであるのは、そのものの根原によってであるからである。他方、認識するものの側からは、それによって認識される手段は事物の類似であるか、事物の根原であるか、である。もっとも、事物の類似は実践的認識においてでなければ、事物そのものの存在の根原ではない。

(9) 第九に対しては次のように言わなければならない。或る二つのものの間の相互の類似は二様の仕方で認められる。一つは、本性の合致によって認められる。そのような類似は認識者と認識されるものとの間には必要ではない。かえって、われわれはときどき、そのような類似がより小さければ小さいほど、認識はより透察力に富むのを見るのである。たとえば、知性の内にある類似の石への類似性は、感覚の内にある類似の石への類似性よりもより小さい。知性の内にある類似は質料からより隔たっているからである。しかし、知性は感覚よりも対象をより透察して認識するのである。もう一つの仕方では、表現に関して認められる。そして、認識者の認識対象へのこのような類似は必要である。したがって、被造物の神への類似は本性の合致に即しては、最小であるけれども、しかし、神の本質が被造物を最高度に表現することに即しては、その類似性は最大である。したがって、神の知性は最もすぐれて事物を認識するのである。

(10) 第一〇に対しては次のように言わなければならない。神は自己の外に何物をも直視しない、と言われるとき、神がその内に直視するものに関連づけられるべきであって、直視しているものに関連づけられるべきではない。というのは、神がその内に万物を直視するそのものは、神自身の内にあるからである。

(11) 第一一に対しては次のように言わなければならない。線から現実的な点が取り去られても、線は線の量の何ものをも失わないけれども、点で終わるという線の本質的固有性が線から取り去られるときには、線の実体そのものが滅んでしまう。神についても同様なことが妥当する。というのは、神の被造物が存在しない、と措定されても、神は何かを失うわけではない。しかし被造物を産出する権能が神から取り去られると、神の完全性は破壊されるであろう。ところで、神は諸事物を現実態にあるかぎりで認識するのみならず、神の能力の内にあるかぎりでも認識するのである。

(12) 第一二に対しては次のように言わなければならない。認識は在るものについてしか存在しないが、認識されるものが認識されるとき、在るものは自らの本性の内に在る、という必要はない。というのは、たとえば、われわれは場所的に隔たっているものを認識するように、時間的に隔たっているものをも認識するのである。それは過去の事柄において明らかである。したがって、永遠でない事物についての神の認識が永遠なものとして措定されても、不都合ではないのである。

(13)　第一三に対しては次のように言わなければならない。完全性・完成という名称は、もし厳密に解されると、神の内に措定することはできない。なぜなら、何ものも作られたものでなければ完成されたものではないからである。ところで、神において、完全性という名称は積極的によりも、むしろ否定的に理解される。すなわち、神が完全であると言われるのは、すべてのものの何ものも神には欠けていないからであって、神の内に完全性への可能態にある或るものが在り、そのものはそのものの現実態であるものによって完成される、といったことのゆえではない。それゆえ、神の内には受動的能力は存在しないのである。

(14)　第一四に対しては次のように言わなければならない。可知的なものと可感的なものが感覚や知性を動かすのは、感覚的認識や知性的認識が事物から得られるかぎりにおいてである。ところで、神の認識はそのようなものではない。それゆえ、異論の推論は妥当しない。

(15)　第一五に対しては次のように言わなければならない。哲学者の『倫理学』第七巻[52]と第一〇巻[53]によれば、知性の歓びはふさわしい働きから生じてくる。それゆえ、そこでは[54]「神は一つの単純な働きにおいて歓ぶ」と言われている。それゆえ、知性の対象は、それが知性的な働きの原因であるかぎりにおいて、知性的な歓びの原因である。ところで、知性の対象は、それによって知性の働きが形相化されるその類似を、知性の内に生ぜしめるかぎりで存在する。それゆえ、知性認識される事物が知性における歓びの原因であるのは、知性の認識が諸事物から得られる場合だけであることは明らかである。こうしたことは神の知性には存在しない。

(16)　第一六に対しては次のように言わなければならない。無条件的に、かつ絶対的に語られる存在は、神の存在についてのみ理解される。善きものについても同様に妥当する。その理由から、「マタイによる福音書」第一九章第一七節[55]には「神おひとりのほかに、善き者はいない」〔ルカ一八：一九〕と言われている。したがって、被造物は神に近づけば近づくほど、存在をより多く所有し神から遠ざかるほど非存在をより多く所有するのである。というのは、被造物は有限な存在を分有するかぎりでのみ、神に近づくのであるが、しかし神から無限に隔たっているのであるから、被造物は存在よりも非存在の方をより多く有していると言われる。しかし、被造物が有しているその存在は、神から由来しているのであるから、神によって認識されるのである。

(17) 第一七に対しては次のように言わなければならない。先行の解答と同様、可視的な被造物は第一真理に近づくことによってのみ、真性を有し、他方それから欠落することによって偽性を有することは、アヴィセンナ(56)も語る通りである。

(18) 第一八に対しては次のように言わなければならない。或るものは神に二様の仕方で関係づけられる。一つは、共通の尺度によって関係づけられる。この仕方で神に関係づけられた被造物は、ほとんど無として見出される。もう一つは、存在をそこから得ている神への依存性によって関係づけられる。この後者の仕方でのみ、事物は神にそれによって関係づけられる存在を有している。この仕方によって、事物はまた神に認識されうるものである。

(19) 第一九に対しては次のように言わなければならない。異論の言葉は、事物から知を得るわれわれの知性について理解されるべきである。というのは、事物は段階的に自らの質料性から知性の非質料性へと導かれる、すなわち、感覚の非質料性が媒介になって、導かれるからである。したがって、われわれの知性の内にあるものは、より先に感覚の内にあったのでなければならない。しかし、こうしたことの余地は神の知性の内には存在しない。

(20) 第二〇に対しては次のように言わなければならない。アヴィセンナ(57)が語る通り、自然的な作用者は生成のみの原因である。――その証拠は、その作用者が破壊されても、事物は存在しなくなるのではなく、生成のみが止まる、ということである。――しかし諸事物に存在を注入させる神的な作用者は、諸事物の構成要素として事物に入っていかないけれども、すべての事物にとって存在の原因である。ところで、神的な作用者は事物の構成に入っていく本質的な諸根原の類似である。したがって、神は事物の生成のみならず、事物の存在と事物の本質的な根原を認識するのである。

第四項

第四に、神は諸事物について固有の明確な（determinatus）認識を有するか、が問われる。そして、そうした認識を持っていない、と思われる。その理由、

(1) ボエティウスが言う通り、[58]〔認識の対象について〕「普遍は知性認識され、個別は感覚される」。ところで、神の内には感覚的認識は存在せず、知性的認識のみが存在する。それゆえ、神は諸事物について普遍的認識しか持っていない。

(2) さらに、もし神が被造物を認識するならば、それらを多くの形象によって認識するか、一つの形象によって認識するかのいずれかである。それゆえ、もし多くの形象によって認識するとすれば、神の知は認識者の側から多数化される。というのは、それによって認識されるものは認識者の内にあるからである。他方、一つの形象によって認識されるとすれば、また一つのものによっては多くのものについて、明晰で固有な認識を持つことはできないとすれば、神は諸事物について固有の認識を持つことはないと思われる。

(3) さらに、神は諸事物に存在を流入させることによって、諸事物の原因であるように、火は熱きものどもに熱を流入させることから、熱きものの原因である。ところで、もし火が自己自身を認識するとすれば、自分の熱を認識することによって、他のものをそれらが熱きものであるかぎりで、認識するであろう。それゆえ、神は自己の本質を認識することによって、他のものどもを、それらが在るものであるかぎりにおいてのみ、認識するのである。ところで、そうしたことは事物について固有の認識を持つことではなく、最も普遍的な認識を持つことである。それゆえ、神は諸事物について固有の認識を持つわけではない。

(4) さらに、或る事物についての固有の認識は、その事物そのものの内にある以上の、あるいはそれ以下の、何ものをも含んでいない形象によってのみ所有されうる。というのは、緑の色は、それに届かぬ形象、たとえば黒の形象によっては、不完全にしか認識されないであろう。それと同様に、緑の色を超えている形象、たとえば

白の形象によっても不完全にしか認識されないであろう。というのも、白の内には色の本性が最も完全に見出されるからである。それゆえ、『形而上学』第一〇巻[59]に言われている通り、白はすべての色の尺度でもある。ところで、神の本質が被造物を凌駕する度合いに応じて、被造物は神に届かない。それゆえ、神の本質は被造物が媒介となって固有に、かつ完全に認識される、といったことはまったくありえないのであるから、被造物は神の本質が媒介となっても、固有に認識されることはありえないであろう。ところで、神が被造物を認識するとすれば、自らの本質による外はない。それゆえ、神は被造物について固有の認識を有することはないのである。

(5) さらに、事物について固有の認識を生ぜしめるすべての媒介は、その結論がその事物であるであろう推論の中項として用いられうる。ところで、神の本質はこのような仕方で被造物に関係していない。さもなければ、諸々の被造物は、神の本質が在ったときはいつでも、存在したことになろう。それゆえ、自らの本質によって被造物を認識する神は、諸事物について固有の認識を有していないのである。

(6) さらに、神が被造物を認識するとすれば、それらをそれらの固有の本性においてか、あるいはイデアにおいて認識するかのいずれかである。もし固有の本性において認識するとすれば、被造物の固有の本性は、神が被造物をそれによって認識するその媒介である。ところで、認識の媒介は認識者の完全性である。それゆえ、被造物の本性が神の知性の完全性であることになろう。しかし、これは不条理なことである。他方、被造物をイデアにおいて認識するとすれば、イデアは事物の本質的なものや附帯的なものよりも、事物からより隔たっているのであるから、神の知性は事物の本質的なものや附帯的なものによる認識よりも、より劣った認識を有することになろう。ところで、事物についてのすべての固有の認識は、事物の本質的なものによるか、附帯的なものによるか、いずれかによって所有される。というのも、『霊魂論』第一巻[60]に語られている通り、「諸々の附帯性も事物の何であるかを認識するために、大きな部分を伝える」からである。それゆえ、神は諸事物について固有の認識を持たないのである。

(7) さらに、普遍的な媒介によって、或る個別的なものについての固有の認識を持つということはできない。

たとえば、動物ということによって人間についての固有の認識を持つことはできないのである。ところで、神の本質は最も普遍的な媒介である。というのは、認識さるべきすべてのものに対して共通的に関係しているからである。それゆえ、神は自らの本質によって被造物の固有の認識を持つことはないのである。

(8) さらに、認識は認識の媒介によって態勢づけられる。それゆえ、固有の認識は固有の媒介によってのみ所有されることになろう。ところで、神の本質はこの被造物を認識する固有の媒介であることはできない。というのは、もしこの被造物に固有な媒介であるとすれば、もはや他の被造物にとっては認識の媒介ではないことになろう。というのは、この被造物と他の被造物にとって認識の媒介であるものは、両者に共通な媒介であって、他のものにとって固有な媒介でないことになる。それゆえ、神が、自らの本質によって被造物を認識するとき、それらについて固有の認識を持つことはないのである。

(9) さらに、ディオニュシウスは『神名論』第七章[61]において、神は「質料的なものを非質料的な仕方で、多を単一に」、あるいは区別された事物を区別されない仕方で、認識すると言っている。ところで、神が諸事物を認識する神の認識はこのようなものである。それゆえ、神は諸事物について区別されない認識を有しているのである。したがって、神はこのものとか、あのものとかを固有の仕方で認識することはないのである。

以上に反して、(1) それらについて固有の認識を持っていないものどもについて、何人《なんぴと》も他のものから識別して認識することはできない。ところで、神は被造物を、それらを識別する仕方で認識する。というのは、この被造物はあの被造物ではないことを認識するからである。さもなければ、神はそれぞれの被造物に、それら自身の受容能力に従って与えることはできないであろうし、また、人々の行為を正しく判断することによって、それぞれの者にその業に従って報償を与えることもできないであろう。それゆえ、神は諸事物についての固有の認識を有しているのである。

(2) さらに、不完全な何ものも神に帰せられてはならない。ところで、或るものがそれによって、種別的にではなく一般的に認識されるその認識は不完全である。その認識に或る何かが欠けているからである。それゆえ、神の認識は事物についてただ一般的な認識であるのではなく、種別的な認識でもあるのである。

(3) さらに、「最も幸福な者である」神が、もしわれわれが認識する程度においても事物について認識しないとすれば、「最も愚かな者である」ことが起こってくるであろう。これを哲学者は、『霊魂論』第一巻と[62]『形而上学』第三巻に[63]おいて、矛盾することと見なしている。

答えて次のように言わなければならない。神は諸事物をそれらの目的へと秩序づけるということから、神は諸事物についての固有の認識を持っていることが証明されうる。というのは、或る事物が自らの固有の目的に何らかの認識によって秩序づけられうるのは、事物がその目的への特定の関係をそれに即して有するその事物の固有の本性が、認識される場合だけである。このことがいかにして可能であるかは、次の仕方で考察されるべきである。

原因の認識によって結果が認識されるのは、結果がその原因に伴ってくるというかぎりにおいてのみである。それゆえ、もし或る普遍的な原因が存在して、その原因の働きは何らかの個別的な原因が媒介してのみ或る結果に限定されるとすれば、その一般的な原因の認識によっては結果について固有の認識は得られないで、結果はただ一般的に知られるだけであろう。たとえば、太陽の働きがこの若芽の産出へと限定されるのは、大地か種子の内の発生させる力が媒介的に働くことによってのみである。したがって、もし太陽が自分自身を認識するとしても、太陽はその若芽の固有の原因をも認識しているのでなければ、太陽はこの若芽の固有の認識を持つことはなく、ただ一般的な認識を持つに留まるであろう。したがって、或る結果について固有で完全な認識が所有されるためには、認識者の内に一般的ならびに固有的な原因のすべての認識が、集結されなければならない。これが哲学者が『自然学』の初めに[64]語っていることである。すなわち、「われわれが個々のものを認識すると言われるのは、第一の諸原因と第一の諸原理の構成要素に至るまで」、すなわち、註釈者が[65]解説している通り、近接原因に至るまで認識するときである。ところで、われわれが或るものを神の認識の内に措定するのは、神自身が自らの本質によってそのものの原因であるかぎりにおいてである。というのは、事物はこのような仕方で神の内に存在して、神によって認識されることができるからである。それゆえ、神は固有の原因ならびに一般的な原因、これらすべての原因の原因であるから、神は自らの本質によって、固有な原因と一般的な原因のすべてを認識するのである。というのは、神がそのものの原因でない事物の共通的な本性を限定しているような何ものかが、その事物の内に存在するといったことはまったくないからである。したがって、諸事物の共通的本性を神が認識する根拠は、それぞれの個的事物の固有の本性や固有の原因を神が認識する根拠と、まったく同じである。ディオニュシウスは『神名論』第七章[66]において、この理由を指摘して次のように述べている。「もし神が一つの原因によって、すべての存在者に存在を与えたとすれば、同じ原因によってすべてのものを知るであろう」。そして、さらに「というのは、自己自身を認識している万物の原因そのものが、もし自分から発出し自分がそれらの原因である事物を認識していないとすれば、或るところでは無為に過ごしているのである」と述べている。ここで、無為に過ごす、とは事物の内に見出される或るものの原因であるには至らない、ということを意味している。こうしたことは、事物に内在するものどものなかの或るものを、もし認識しないといったことがあれば、生じてくるであろう。

したがって、以上に語られたことから明らかなことは、神は自己の内に万物を認識するということを、明らかにするために導入されるすべての例には、何らかの欠陥があるということである。たとえば、点がもし自分自身を認識しうるとすれば、線を認識するであろうという、点の例、また光は自分自身を認識することによって、さまざまな色を認識するであろう、という光の例のごときである。というのは、線の内にあるものすべてが、原因としての点に還元されるわけではないし、また色の内にあるものすべてが光に還元されるわけではないからである。それゆえ、点が自己自身を認識するとき、普遍的にしか線を認識しないであろう。同様に、光は色を普遍的にのみ認識するであろう。しかし既述のことから明らかなように、神の認識については同様ではないのである。

(1)　したがって、第一に対しては次のように言わなければならない。異論のボエティウスの言葉は、われわれの知性について理解されるべきであって、後に言われる通り〔第五項〕、個々の事物を認識できる神の知性について理解されるべきではない。ところで、われわれの知性は個々の事物を認識しないとしても、種に固有な特質によって事物を認識することによって、事物について固有な認識を有するのである。それゆえ、たとえ神の知性が個々の事物を認識しないと仮定しても、事物について固有の認識を持つことはできるであろう。

(2)　第二に対しては次のように言わなければならない。神は万物を多くのものの理念である一つのもの、すなわち、すべての事物の類似である自らの本質によって認識する。そして、その本質はそれぞれの事物の固有の理念であるから、神はそれぞれの事物についての固有の認識を有しているのである。ところで、一つのものがいかにして多くのものに固有で共通的な理念であるかは、以下のように考察されうる。

すなわち、神の本質が或る事物の理念であるのは、その事物が神の本質を模倣するかぎりにおいてである。ところで、いかなる事物も神の本質を十全に模倣することはない。というのは、もし十全に模倣するとすれば、そのような模倣はただ一つあるだけであろう。そして、このように考えられた神の本質は、ただ一つのものの固有の理念である。ちょうど、御父を完全に模倣する御父の像はただ一つ、すなわち、御子だけであるように。ところで、被造の事物は神の本質を不完全に模倣するのであるから、異なった諸事物が異なった仕方で模倣することが起こってくる。ところで、それら事物のいずれにおいても、神の本質の類似から導き出されないようなものは何もないのである。したがって、それぞれのものに固有なもののすべては、神の本質の内にそれが模倣しているものを見出すのである。このかぎりで、神の本質は事物の、事物自身に固有なものに関しても、類似である。したがって、神の本質はその事物の固有の理念であり、同じ理由によって別の事物の固有の理念であり、そして他のすべての事物の固有の理念である。それゆえ、神の本質は、それが万物の模倣する一つのものであるかぎりにおいて、万物の共通な理念であるが、諸事物が違った仕方でそれを模倣するかぎりで、このものとかあのものとかの固有の理念である。この意味で、神の本質は、それがそれぞれの事物の固有の理念であるかぎりにおいて、それぞれの事物についての固有の認識を生ぜしめるのである。

(3) 第三に対しては次のように言わなければならない。火は、神の本質について語られたように、熱きものどもに見出されるすべてのものに関して、それらの原因であるわけではない。したがって、両者は同様ではないのである。

(4) 第四に対しては次のように言わなければならない。白さは、色の本性に属する二つのものの一つ、すなわち、色の構成におけるいわば形相的要素である光に関して、緑を凌いでいる。この関連では、白は他の諸々の色の尺度である。しかし、色の内には、それらにおいていわば質料的要素である或る別のもの、すなわち、透明体の限定が見出される。そして、この点では、白さは色の尺度ではない。したがって、白さの形象の内に、他の諸々の色の内に見出される全体があるわけでないことは明らかである。したがって、白さの形象によって、他の諸々の色のいずれについても、固有の認識が得られるわけではない。しかし、神の本質については同様ではない。さらに、他の諸事物は神の本質を原因として、その内に存在している。しかし他の諸々の色は白さを原因として、その内にあるわけではない。したがって、両者は同様ではないのである。

(5) 第五に対しては次のように言わなければならない。論証は知性の推論的な能力によって完成される一種の証明である。それゆえ、推論的でない神の知性は、自らの諸結果を自らの本質によって、あたかも論証によってのように認識することはない。神の知性は、論証する人が論証によって所有する知よりも、より確かな知を諸事物について自らの本質によって有するのではあるが。さらに、もし或る人が神の本質を把握しうるとすれば、その人は個々の事物の本性を、結論が論証の媒介によって認識されるよりもより大きな確実性をもって認識するであろう。しかし神の結果は、神の本質が永遠であることのゆえに、永遠であることが帰結するわけではない。というのは、神の結果は神の本質の内に存在しているが、それらはそれら自体において常に存在するような仕方で存在しているのではなく、或るときに、すなわち、神の知恵によって決定されるときにはいつでも存在するような仕方で、存在しているからである。

(6) 第六に対しては次のように言わなければならない。もしその規定が認識されるものの側から認識に関連づけられるときには、神は事物をその固有の本性において認識する。他方、認識する者の側から認識について語るならば、その場合には事物をイデアにおいて、すなわち、事物の内にある附帯的であれ、本質的であれ、そのすべてのものの類似であるイデアによって認識する。もっとも、イデアそのものは事物の附帯性でも事物の本質でもあるわけではない。ちょうど、われわれの知性における事物の類似も、事物そのものにとって附帯的でも本質的でもなく、本質か附帯性かの類似であるように。

(7) 第七に対しては次のように言わなければならない。神の本質は普遍的な原因であるかのような普遍的な媒介である。ところで、普遍的な原因と普遍的な形相とは、事物の認識を生ぜしめることに対して別々に関係している。すなわち、普遍的な形相においては、結果は、いわば質料的な可能性の内にある。ちょうど、種差が類の内にあるのは、ポルフュリウスが語る通り[67]、形相が質料の内にある類比に即してのようにである。他方、結果は原因の内には能動的能力の内に存在している。たとえば、家は制作者の精神においては能動的能力の内にある。そして、それぞれの事物は現実態にあるかぎりで認識され、可能態にあるかぎりで認識されるわけではないから、類を種別化する種差が類において可能態にあることは、類の形相によって種についての固有の認識が所有されるためには不十分である。ところで、或る事物に固有なものは何らかの能動的な原因の内にあるのであるから、その事物についての認識はその原因によって十分に所有される。したがって、木材と石材によって、家は、制作者の内にある家の形相によって認識されるのと同様に、認識されるわけではない。そして、能動的原因としての神の内にはそれぞれの事物の固有の諸条件が存在するのであるから、たとえ神の本質が普遍的媒介であるとしても、神の本質はそれぞれの個々の事物について固有の認識を生ぜしめることができるのである。

(8) 第八に対しては次のように言わなければならない。神の本質は共通的かつ固有な媒介であるが、既述のごとく、同じ関連によってそうであるわけではない。

(9) 第九に対しては次のように言わなければならない。神は区別された事物を区別されない仕方で知る、と言われるとき、もし「区別されない仕方で」という言葉が、認識する者の側から認識を限定するとすれば、その叙述は真である。そして、ディオニュシウスはこの仕方で理解している。神は区別されたすべてを一つの認識によって認識するからである。他方、もしその言葉が認識を認識されるものの側から規定しているとすれば、その叙述は偽である。というのは、神は或る事物の他の事物からの区別を認識し、また或るものがそれによって他のものから区別されているそのものを認識するからである。それゆえ、それぞれの事物について神は固有の認識を有しているのである。

第五項

第五に、神は個々の事物（singularia）を認識するか、が問われる。そして、認識しないと思われる。その理由、

(1) われわれの知性は、質料から分離されているがゆえに、個々の事物を認識しない。ところで、神の知性はわれわれの知性よりも質料からいっそう分離されている。それゆえ、神の知性は個々の事物を認識することはない。

(2) しかし、われわれの知性が個々の事物を認識しないのは、それが質料から分離されているからのみならず、その認識を事物から抽象するがゆえである、と主張されてきた。――これに対して次のように言われる。われわれの知性は、感覚、あるいは想像力が媒介となってのみ、事物から認識を得る。それゆえ、感覚と想像力が知性よりも先に諸事物から認識を得ているのである。ところで、個々の事物は感覚と想像力によって認識される。それゆえ、知性が事物から認識を受け取るということは、知性が個々の事物を認識しないことの理由とはならないのである。

(3) しかし、知性は事物から完全に浄化された形相を受け取るが、感覚や想像力はそうではない、と主張されてきた。――これに対しては次のように言われる。われわれの知性が個々の事物を認識しないのは、出発点として考えられた形相の浄化のゆえではない。実際、この観点から、知性は個々の事物をよりいっそう認識していなければならないであろう。というのは、知性が自らの知性認識のまったき類似化を獲得するのは、事物から何かを受け取ることによってであるからである。それゆえ、個々の事物の認識を妨げるものは、終端として考えられた形相の浄化（これは形相が知性の中で有している清さである）である、ということが帰結する。ところで、形相の清さは知性が質料から解放されることによってのみ所有される。それがわれわれの知性が個々の事物を認識しない理由そのものである。すなわち、知性が質料から分離されているからである。したがって、神は個々の事物を認識しないという主張が得られるのである。

(4) さらに、もし神が個々の事物を認識するならば、神はすべてのものを認識するのでなければならない。というのは、一つのもののための理拠とすべてのもののための理拠は同じであるからである。ところで、神はすべての個々のものを認識しているわけではない。それゆえ、いかなる個々のものも認識しない。小前提の証明。アウグスティヌスが『エンキリディオン』[68]で語る通り、「多くのもの」、すなわち、多くの卑しむべきものを「知るよりも、それらを知らない方がより善い」のである。ところで、個々の多くのものの内には卑しいものが存在する。それゆえ、より善いもののすべてが神に帰せられるのであるから、神はすべての個々の事物を認識しているわけではない、と思われる。

(5) さらに、すべての認識は認識者の認識されるものへの類似化によって生ずる。ところで、個々の事物が神に類似化することはまったくありえない。というのも、個々の事物は可変的で質料的であり、この種の他の多くの性質を有しているが、それらとまったく反対のものが神の内にはあるからである。それゆえ、神は個々のものを認識しないのである。

(6) さらに、神は認識するものすべてを完全に認識する。そして、完全な認識が事物について持たれるのは、そのものが存在しているのと同じ仕方で認識される場合のみである。ところで、神は個々の事物を、それが存在するのと同じ仕方で認識することはない（というのは、個々の事物は質料的であり、神は非質料的に認識するからである）から、神は個々の事物を完全に認識することはできない。したがって、神はそれをまったく認識しないのである。

(7) さらに、完全な認識は認識者が事物を事物が存在しているその仕方で認識することを必要とするが、これは認識されるものにのみ関係し、認識する者の働きに関係するわけではない、と主張されてきた。——これに対しては次のように言われる。認識は認識されるものを認識者に適用することによって生ずる。それゆえ、認識されるものの仕方と認識する者の仕方は同じでなければならない。それゆえ、前述の区別は無効であると思われる。

(8) さらに、哲学者[69]によれば、もし或る者が或るものを見出そうと欲するならば、彼はそのものについて何らかの認識をあらかじめ持っていなければならない。また、彼が共通的な形相によって所有するものは、その形相が何らかのものによって限定されなければ、十分ではない。たとえば、或る人が見失った奴隷を適切に探すことができるのは、彼について何らかの知標をあらかじめ持っている場合だけである。そうでなければ、彼を見出した場合でも、彼だと認めることはできないであろう。また、彼が人間であると知っていることでは十分でなく（それでは、彼を他の者たちから識別することができないであろうから）、自分の奴隷に固有なものによって何らかの知標を持っていなければならない。それゆえ、もし神が個々の或るものを認識しなければならない場合、それによって神が認識する共通な形相、すなわち自らの本質は何かによって限定されなければならない。それゆえ、神の内にはそれによって神の本質が限定されうるような何ものも存在しないのであるから、神は個々の事物を認識しないと思われる。

(9) しかし、神がそれによって認識するその形象は共通的であるが、それでいてそれぞれのものに固有なものの仕方で存在している、と主張されてきた。——これに対して次のように言われる。固有なものと共通なものとは相互に対立している。それゆえ、同じものが共通的かつ固有的な形相であることはありえない。

(10) さらに、視覚の認識は、視覚の媒介である光によって彩色された何かへと限定されるのではなく、色を有する事物そのものである対象によって限定されるのである。ところで、事物をそれによって認識する神の認識において、神の本質はいわば認識の媒介であり、またディオニュシウスも『神名論』第七章[70]に語る通り、それによって万物が認識される何らかの光のようにある。したがって、神の認識は決して個々の事物に限定されることはない。したがって、神は個々の事物を認識しないのである。

(11) さらに、知は性質であるから、知はそれの多様性によって基体が変化するような、そうした形相である。ところで、知られるものの変化によって知は変化する。というのは、もしあなたが座っているのを私が知っている場合、あなたが立つことで、私は知を失ったことになる。それゆえ、知られるものの変化によって知る者は変化するのである。ところで、神は決して変化しえない。それゆえ、可変的である個々の事物は神によって知られたものではありえない。

(12) さらに、何人《なんぴと》も個々の事物がそれによって構成されているものを認識するのでなければ、個々の事物を認識することはできない。ところで、個々の事物を個々の事物であらしめているものは質料である。ところで、神は質料を認識しない。それゆえ、個々の事物を神は認識しない。小前提の証明。ボエティウス[71]と註釈者の『形而上学』第二巻への解説[72]が語る通り、われわれの欠陥のゆえに、われわれには認識するのが難しい或る事柄がある。たとえば、霊的諸実体のように、本性において最も明白なものどもがそうである。他方、或るものは、そのものの欠陥のゆえに認識されないものである。たとえば、存在の最も小さいもの、たとえば、動、時間、空虚、などである。ところで、第一質料は存在の最小のものである。それゆえ、質料はそれ自体では認識されえないものであるから、神は質料を認識しないのである。

(13) しかし、質料はわれわれの知性には認識されざるものであるが、しかし神の知性には認識されうるものである、と主張されてきた。――これに対しては次のように言わなければならない。われわれの知性は、事物から受け取った類似によって事物を認識する。他方、神の知性は、事物の原因である類似によって事物を認識する。

ところで、事物の原因である類似と事物そのものとの間には、その事物と他の類似との間によりもより大きな合致が必要とされる。それゆえ、質料の欠陥は、われわれの知性が質料の認識のために十分な類似を得ることができない理由であるから、それは、神の知性が質料の認識のために十分な類似を得ることのいっそうできない理由であるであろう。

(14) さらに、アルガゼル(73)によれば、神が自己自身を認識するのは、認識のために要請される三つのものが神の内に見出されるからである。すなわち、質料から分離された知性認識する実体、質料から分離された知性認識されるもの、そして両者の合一である。このことから帰結することは、何ものも質料から分離されなければ、認識されないということである。ところで、個々の事物は、そのようなものたるかぎり、質料から分離されえない。それゆえ、個々の事物は知性認識されえないのである。

(15) さらに、認識は認識者とその対象との中間のものである。そして、認識が認識者から遠ざかれば遠ざかるほど、それはより不完全である。ところで、認識が認識者の外にあるものに向けられるときはいつでも、その認識は外的な或るものへと遠ざかっている。それゆえ、神の認識は最も完全なものであるから、神の認識は自己の外にある個々の事物を対象とするとは思われない。

(16) さらに、認識の働きは認識能力に本質的に依存しているように、認識対象にも本質的に依存している。ところで、自らの本質である神の認識の働きは、自己の外の或るものに本質的に依存している、と措定することは適切ではない。それゆえ、神が自己の外にある個々の事物を認識すると語ることは不適切である。

(17) さらに、ボエティウスが『哲学の慰め』第五巻(74)において語る通り、何ものも、それが認識者の内に存在する仕方によってでなければ、認識されることはない。ところで、事物は神の内に非質料的な仕方で存在し、したがって、質料と質料の諸条件とを伴わずに存在する。それゆえ、個々の事物のように、質料に依存しているものどもを神は認識することはない。

以上に反して、(1)「コリントの信徒への手紙一」に、「そのときには私は、はっきり知られているようにはっきり知ることになる」〔一コリ一三：一二〕と言われている。ところで、そのように語った使徒自身は、或る個別的なものであった。それゆえ、個々の事物は神によって認識されているのである。

(2) さらに、諸事物は、既述の通り、神がそれら事物の原因であるかぎりにおいて、神によって認識されている。それゆえ、神は個々の事物を認識しているのである。

(3) さらに、道具の本性を認識することは、道具がそれへと秩序づけられているそのものが認識されなければ、不可能である。ところで、感覚は個々の事物の認識のために道具として秩序づけられた一種の能力である。それゆえ、もし神が個々の事物を認識しないとすれば、神は感覚の本性を知らないことになろう。したがって、人間の知性の本性をも知らないことになろう。実際、人間の知性の対象は想像力の内にある形相だからである。しかしこうしたことは不条理である。

(4) さらに、神の能力と知恵とは対等している。それゆえ、能力に従属しているものはすべて、神の知にも従属している。ところで、神の能力は個々の事物の産出に及んでいく。それゆえ、神の知も個々の事物の認識に及んでいくのである。

(5) さらに、先に述べられた通り、神は諸事物について固有で判明な認識を有している。ところで、このことは諸事物が相互にそれによって区別されるそのものを知るのでなければ、ありえないことである。それゆえ、神は或る事物が他の事物からそれによって区別されるすべての事物の個別的な諸条件を認識している。それゆえ、神は個々の事物をそれらの個別性において認識するのである。

答えて次のように言わなければならない。このことをめぐっては多くの誤りがあった。すなわち、註釈者が『形而上学』第一一巻[75]において言及する通り、或る人々は神が個々の事物を認識することを、一般的な仕方での認識を別にすれば、端的に否定した。これらの人々は神の知性の本性を、われわれの知性の限度内に限定しようとしている。しかし、この誤謬は、哲学者によってエンペドクレスを反駁するために、『霊魂論』第一巻[76]と『形而上学』第三巻[77]に見出される推論によって、論破されうることである。というのは、もし——エンペドクレスの語ったことから帰結したように——神が他の者たちが知っていることを知らなかったとすれば、自らにおいて最も幸福で、それゆえ最も賢明な者である神が最も愚かな者であることになろう。それゆえ、もしわれわれのすべてが認識している個々の事物を、神が知らないと主張されるならば、上と同様なことになろう。それゆえ、他の人々、たとえば、アヴィセンナ[78]や彼に従う人々は、神はすべての個々の事物を認識するが、個々の事物がそれより産出されるすべての普遍的な原因を認識するときに、いわばそれらを普遍的に認識しているのだ、と主張した。たとえば、天文学者は天球のすべての運動や諸天体の隔たりを認識するとき、次の二百年間に起こってくるすべての蝕をも認識するであろう。しかし、天文学者はいかなる蝕をも、農夫がそれを見ているときにそれを認識しているように、今蝕であるとか、今蝕ではないと知るような、一種の個別的なものであるかぎりにおいて、それを認識するわけではない。神は上述のような仕方で個々の事物を認識している、と彼らは主張する。すなわち、神はそれらを、いわば、それらの個物の本性において見ているのではなく、普遍的な原因の認識によって見ているのである、と。しかしこの見解は成立しえない。というのは、普遍的な原因からは、普遍的な形相がそれによって個体化される何かが介入するのでなければ、普遍的な形相のみが伴ってくる。ところで、一緒に集合された多数の普遍的な形相からは、——これら形相の数はいかに大きくてもさしつかえないが——いかなる個物も構成されえない。なぜなら、それら形相の集合はなお、多くのものの内にあると理解されるからである。それゆえ、もし或る人が上に述べられた仕方で蝕を普遍的な原因によって認識しうるとすれば、彼は個物ではなく普遍のみを認識することになろう。実際、普遍的な結果は普遍的な原因に比例し、個別的な結果は個別的な原因に比例するからである。したがって、先に言及された、神は個々の事物を知らないであろう、という容認できないことが帰結することになろう。

　それゆえ、神はすべての個々の事物を、普遍的な原因においてのみならず、それぞれのものをその固有の個的な本性に即しても認識することを無条件に承認すべきである。このことを明証にするためには、次のことを知らなければならない。すなわち、神が諸事物について持っている神の知は、制作者の知に比較される。というのも、神の知は、技が制作品の原因であるように、万物の原因であるからである。ところで、制作者は、制作品を産出するというかぎりで、自らの内に有している技の形相によって制作品を認識している。ところで、制作者は形相のみを産出する。というのは、技の作品のための質料は自然が準備していたからである。それゆえ、制作者が自らの技によって制作品を認識するのは、形相の観点によってのみである。ところで、すべての形相はそれ自体から普遍的である。したがって、制作者は自らの技によって確かに家を普遍的に認識するけれども、彼はこの家とかあの家とかは、感覚によって個的な家の知標を獲得するかぎりにおいてでなければ、認識することはない。ところで、もし技の形相が形相を産出しうるように、質料をも産出しうるとすれば、技の形相によって制作品を形相の観点によっても、質料の観点によっても認識するであろう。それゆえ、個体化の根原は質料であるから、そのものを普遍的な本性によってのみならず、何らかの個物であるかぎりにおいても、認識するであろう。それゆえ、神の技は形相のみならず、質料をも産出しうるものであるから、神の技の内には形相のみならず、質料の類似も存在するのである。したがって、神は諸事物を形相に関しても、質料に関しても認識するのである。それゆえ、神は普遍的なもののみならず、個的なものをも認識するのである。

　しかしそのとき疑問が残る。或るものの内に存在しているものはすべて、自らがその内に存在しているそのものの仕方によって、そのものの内に存在している。したがって、事物の類似は神の内に非質料的にのみ存在している。したがって、われわれの知性は、諸事物の形相を非質料的に受容するということ自体からは、個々の事物を認識しないのに対して、他方、神は個々の事物を認識するが、それはいったいいかにしてであるのか。このことの理由は、もしわれわれが、われわれの知性の内にその類似によって所有される事物への関係と、神の知性の内にその類似によって所有される事物への関係との間の相違を考察すれば、明白である。というのは、われわれの知性の内にあるその類似は、事物が先に感覚に働きかけ、そのことによって知性に働きかけることに即して、事物から受け取られたものである。他方、質料は、ただ可能態にのみ在るものであるがゆえに、働きかける根原ではありえない。したがって、われわれの魂に働きかける事物は、ただ形相によってのみ働きかけるのである。それゆえ、われわれの感覚に刻印され、そして或る段階まで浄化されて知性にまで到達する諸事物の類似は、もっぱら形相の類似である。しかし、神の知性の内に在る事物の類似は、事物を作り出しうるものである。ところで、事物は強い存在、あるいは弱い存在いずれを分有するにせよ、それを神からのみ所有している。そして、すべての事物の類似は、その事物が存在を神から分有しているかぎりにおいて、神の内に在るのである。それゆえ、神の内に在る非質料的な類似は、形相のみならず、質料の類似でもある。そして、或るものが認識されるためには、そのものの類似が認識者の内に存在することが必要とされるが、事物は実在において存在するのと同じ仕方で認識者の内に存在する必要はないゆえに、われわれの知性は、それらの認識が質料に依存しているような個々の事物を認識しないのである。というのは、われわれの知性には質料の類似は存在しないからである。しかし、それは個々の事物の類似がわれわれの知性に非質料的に存在するがゆえではない。しかし、神の知性は個々の事物を認識することができる。というのも、神の知性は非質料的な仕方において、質料の類似を有しているからである。

(1) したがって、第一に対しては次のように言わなければならない。われわれの知性は、質料から分離されているとともに、事物から受け取られた認識を有している。それゆえ、質料的に受け取ることもなく、質料の類似がその内に存在することもありえない。そのために、個々の事物を認識しないのである。しかし既述の通り、このことは神の知性には他の仕方で妥当するのである。

(2) 第二に対しては次のように言わなければならない。感覚と想像力は身体的器官に結びついた能力である。それゆえ、諸事物の類似はそれら能力の内に質料的に、すなわち、質料なしにではあるが、質料的な諸条件を伴って受け取られる。その理由から、それら能力は個々の事物を認識するのである。しかし、知性については事情は別である。それゆえ、異論の推論は帰結しない。

⑶　第三に対しては次のように言わなければならない。浄化の過程の終端のゆえに、形相は非質料的に受け取られることが起こる、しかし、このことは個物が認識されないことを十分に説明するものではない。むしろ、質料の類似が知性に受け取られないで、形相の類似のみが受け取られることは、この過程の出発点のゆえに起こってくるのである。それゆえ、異論の推論は帰結しない。

⑷　第四に対しては次のように言わなければならない。すべての知識は、それ自体においては、善きものの類に属するが、或る卑しむべきものの知は悪であることが附帯的に起こってくる。それは何らかの恥ずべき行為の機会であって、その理由から或る知は禁止されているゆえであるか、あるいは或る知によって人がより善いものから引き離され、したがって、それ自体において善きものであるものが或る人には悪しきものになるからである。しかし、こうしたことは神において起こりえない。

⑸　第五に対しては次のように言わなければならない。認識のためには、本性における合致の類似は必要とされず、もっぱら表現の類似のみが必要とされる。たとえば、黄金の彫像によって、われわれは或る人の記憶へと導かれるようにである。ところで、異論の推論は、認識のために本性の合致の類似が必要である、という前提のもとで妥当するものである。

⑹　第六に対しては次のように言わなければならない。認識の完成は、事物が存在しているその仕方で在る、そのように事物を認識するときに成立する。認識者の内にある認識される事物と同じ存在の仕方を持つことにおいてではない。それは上で繰り返し語られた通りである。

⑺　第七に対しては次のように言わなければならない。認識を生ぜしめるところの、認識されるものの認識者への適用は、〔本性の〕同一であるという仕方によってではなく、表現の仕方によって理解されるべきである。それゆえ、認識者のあり方と認識されるもののあり方とは、同じである必要はないのである。

⑻　第八に対しては次のように言わなければならない。異論の推論は、もし神がそれによって認識する類似が

個々の事物に固有ではない共通的なものであるとすれば、妥当するであろう。しかし、これと反対のことが先に示されたのである〔第四項〕。

(9) 第九に対しては次のように言わなければならない。同じものが同じ観点において共通的であるとともに固有的でもある、と言うことは不可能である。ところで、神がそれによって万物を認識する神の本質が、いかにしてすべてのものの共通な類似であり、しかも個々の事物に固有な類似でもあるか、このことは先に説明された〔第四項第二異論解答〕。

(10) 第一〇に対しては次のように言わなければならない。身体的な視覚には二つの媒介が存在する。一つは、それのもとで認識する媒介、すなわち、光である。この媒介によって、視覚は或る特定の対象に限定されることはない。もう一つは、それによって視覚が認識する媒介、すなわち、認識される事物の類似である。そして、この媒介によって視覚は特殊的な対象に限定される。ところで、神の本質は、事物を認識する神の認識において、両方の媒介の位置を占める。したがって、神の本質は個々の事物についての固有の認識を生ぜしめることができるのである。

(11) 第一一に対しては次のように言わなければならない。神の知は、知られうるものの変化によって変化することは決してない。というのは、われわれの知は、知られる事物が変化すると変化するが、それは現在している事物、過去の事物、あるいは未来の事物を別々の概念によって認識するということによる。そこから、座しているソクラテスについて所有されていたその認識は、ソクラテスが座していないときには、偽となるのである。ところで、神は現在のもの、過去のもの、未来のものとしての諸事物を同じ直視によって見る。それゆえ、神の知性の内の真理は、事物がいかように変化しても、同じものとして留まるのである。

(12) 第一二に対しては次のように言わなければならない。欠陥のある存在を有しているものどもは、働くという性格から欠落することによって、われわれの知性にとっての可認識性から欠落している。しかし、既述の通り、事物から知を獲得するのではない神の知性については、そうしたことはないのである。

(13) 第一三に対しては次のように言わなければならない。質料の原因である神の知性の内には、いわば、質料にその刻印を残している質料の類似が存在する。しかし、われわれの知性には、既述の通り、質料の認識に十分な類似は存在しえない。

(14) 第一四に対しては次のように言わなければならない。個物は個物たるかぎり、質料から分離されえないけれども、しかし質料の類似であるところの質料から分離されている類似によって、個物は認識されることはできる。したがって、その類似はたとえ質料から存在的に分離されていても、表現に即しては分離されていないのである。

(15) 第一五に対しては次のように言わなければならない。神の認識の働きは神の本質と異なった何かではない。神において知性と知性の働きとは同じであるからである。実際、神の働きは神の本質だからである。それゆえ、神の認識は自己の外に出る、とか流出するとかと言うことは自己の外にある或るものを認識することによって、神の認識は自己の外に出る、とか流出するとかと言うことはできない。さらに、認識能力のいかなる働きも、働きかけるものから働きかけられるものへと発出する自然的能力の働きのように、流出するものとか発出するものとは言われえない。というのは、認識の働きは自然的な働きにおけるように、認識者から認識されるものへの流出を含意せず、かえって認識されるものが認識者の内に存在することを含意しているからである。

(16) 第一六に対しては次のように言わなければならない。神の認識の働きは、認識されるものへのいかなる依存性をも有していない。というのは、神の認識において含意されている関係は、認識の働きそのものの認識されるものへの依存性を含意しておらず、かえって逆に、認識されるものの認識の働きへの依存性を含意しているからである。ちょうど知の名称の内に含意されている関係は、逆に、われわれの知の知られうるものへの依存性を指示しているように。また、認識の働きのその対象への関係は、認識能力への関係と同じではない。なぜなら、認識の働きは、認識能力によって自らの存在の内に支えられているのであって、その対象によってではないからである。というのも、認識の働きは能力の内にあるのであって、対象の内にはないからである。

(17) 第一七に対しては次のように言わなければならない。或るものが認識されるのは、そのものが認識者の内に表現されていることによってであって、そのものが認識者の内に存在していることによってではない。というのも、認識能力の内にある類似は、事物がそれによって認識される根原であり、しかも類似が認識能力の内に有している存在の観点においてではなく、それが認識されるものに対して有している関係の観点においてである。したがって、事物は事物の類似が認識者の内に有している存在の仕方によって認識されるのではなく、むしろ知性の内に存在している類似が事物をそれによって表現しているその仕方によって認識されるのである。それゆえ、神の知性の内にある類似は非質料的な存在を有しているけれども、しかし、それは質料の類似であるから、それは質料的事物、そして、それゆえ、個々の事物を認識する根原でもあるのである。

第六項

第六に、人間の知性は個々の事物を認識するか、が問われる。そして、それらを認識すると思われる。その理由、

(1) 人間の知性は、形相を質料から抽象することによって、認識する。ところで、形相を質料から抽象することは、形相から個別性を取り去ることではない。というのも、質料から抽象されている数学的対象においても、個別的な線を考えることができるからである。それゆえ、われわれの知性は非質料的であることによって、個々の事物を認識しないように妨げられるということはない。

(2) さらに、個々の事物は、共通な本性において合致するかぎりでは、区別されない。というのも、人間という種の分有によって、多くの人間は一人の人間である。それゆえ、もしわれわれの知性が個々の事物だけしか認識しないとすれば、そのときわれわれの知性は、或る個物の別の個物からの区別を認識しないであろう。した

がって、われわれの知性は、われわれがそれらに関して選択によって導かれる、それら諸行為の対象に導かれることはないであろう。というのは、選択は或る個物の別の個物からの区別を前提にしているからである。

(3) しかし、われわれの知性は、普遍的形相を何らかの個物に適用するかぎりで、個々の事物を認識する、という主張があった。——これに対しては次のように言われる。われわれの知性が或るものを別のものに適用しうるのは、両者をあらかじめ認識している場合だけである。それゆえ、個物の認識は普遍を個物に適用することに先行しているのである。それゆえ、前述の適用は、なぜわれわれの知性は個々の事物を認識するか、の原因ではありえない。

(4) ボエティウスの『哲学の慰め』第五巻[79]によれば、「下位の力の為しうることはすべて、上位の力も為しうる」。しかし彼が同所で語る通り、知性は想像力を超えてその上位にあり、想像力は感覚を超えてその上位にある。それゆえ、感覚は個物を認識するのであるから、われわれの知性も個物を認識することができるであろう。

以上に反して、次のように言われる。ボエティウス[80]は、「普遍は知性認識され、個別は感覚される」と語っている。

答えて次のように言わなければならない。いずれの行為も、行為の根原である行為者の形相の状況によって決定される。たとえば、熱くする働きは熱のあり方に従って決まってくるように。ところで、認識能力がそれによって形相化される認識されるものの類似は、現実態によって認識の根原である。熱くする働きの熱がそれである。したがって、いずれの認識も、認識者の内にある形相のあり方に即してあるのでなければならない。それゆえ、われわれの知性の内にある事物の類似は、個体化の根原であるところの質料とすべての質料的な諸条件とから離在するものとして、獲得されるのであるから、われわれの知性は、自体的に語れば、個物を認識しないで、普遍のみを認識することが帰結する。というのは、形相はすべて形相たるかぎり普遍的であるからである。ただし、自存する形相は別である。それは自存していること自体から、他に伝達されえないものだからである。

しかし、附帯的にはわれわれの知性は、個物を認識することが可能である。というのは、哲学者が『霊魂論』第三巻[81]に語る通り、表象像(phantasmata)はわれわれの知性に対して、可感的なものが感覚に対するように関係している。たとえば、魂の外にある色が視覚に対するようにあるのである。それゆえ、感覚の内にある形象が事物そのものから抽象され、その形象によって知性の認識は何らかの仕方で表象像に接続されるからである。

しかし、次のような相違がある。感覚の内にある類似は、認識の対象としての事物から抽象されている。したがって、事物そのものがこの類似によって直接的に認識される。他方、知性の内にある類似は認識の対象としての表象像ではなく、認識の手段として表象像から抽象されている。——それはわれわれの感覚が、鏡に映っている事物の類似を受け取る仕方によってである。知性は事物としての認識の対象にではなく、事物の類似としての認識の対象に導かれるのである。したがって、われわれの知性は、それが受け取る形象から、直接的に表象像を認識することへ導かれるのではなく、表象像がそのものの表象像であるそのものを認識することへと導かれるのである。しかし、知性がその働きの本性、それによって認識する形象の本性、そして最後に形象をそれより抽象するそのもの、すなわち、表象像の本性を考察するとき、一種の立ち帰りによってわれわれの知性は表象像そのものの認識にも戻っているのである。それは視覚の場合に似ている。すなわち、視覚において鏡から得られた類似によって、視覚は鏡に映っている事物の認識に直接的に導かれるが、鏡に映っている似像そのものへ何らかの還帰によって導かれるのである。それゆえ、われわれの知性が表象像から獲得した類似によって形象をそれより抽象した表象像そのもの、すなわち、個的な類似に立ち帰るかぎりにおいて、知性が想像力に何らかの仕方で接続することによって、個物について何らかの認識を有するのである。

(1) したがって、第一に対しては次のように言わなければならない。抽象がそれよりなされる質料は二様にある。すなわち、可知的質料と可感的質料(materia intelligibilis et sensibilis)の二つがあることは、『形而上学』第七巻[82]に明らかな通りである。可知的質料と私が言うのは、連続体の本性の内に考察されるもののことである。可感的質料と言うのは、自然的質料のことである。ところで、これらのそれぞれが二様に理解される。指定されたもの（signata）と指定されざるもの（non signata）の二つである。そして、この次元とかあの次元とかの限定を伴って考察されるかぎりで、質料は指定されている、と言う。他方、次元の限定なしに考察されるものを、指定されざる質料と言う。それゆえ、この関連において、指定された質料が個体化の根原であることを知らなければならない。この指定された質料からすべての知性は、「ここ」と「今」とから抽象すると言われるかぎりで、抽象しているのである。ところで、自然学の知性は、指定されざる可感的な質料からは抽象しない。というのは、自然学の知性は、人間とか肉、骨を考察するが、その定義の内に指定されざる可感的質料が入ってくるからである。数学的な知性は可感的な質料からは全面的に抽象するが、指定されざる可知的質料から抽象するわけではない。それゆえ、すべての知性に共通的な抽象は、形相を普遍的なものにすることであるのは明らかである。

⑵　第二に対しては次のように言わなければならない。哲学者の『霊魂論』第三巻[83]によれば、われわれの内で知性だけが動かすものであるのではなく、知性の抱く普遍的な概念が、為されるべき個別的なものに、それによって適用される想像力も動かすものである。それゆえ、知性はいわば遠くの動かすものであるが、個別的理性（ratio particularis）と想像力とは近接した動かすものである。

⑶　第三に対しては次のように言わなければならない。人間は個物を想像力と感覚によって認識する。したがって、知性の内にある普遍的な認識を、特殊的なものに適用することができる。というのは、固有に言えば、感覚と知性が認識するのではなく、人間が両者によって認識するのであり、そのことは、『霊魂論』第一巻[84]に明らかな通りである。

⑷　第四に対しては次のように言わなければならない。下位の力の為しうることは、上位の力も為しうる。しかし、同じ仕方によってではなく、より卓越した仕方によってである。それゆえ、感覚が認識するその同じものを知性も認識するが、しかし、より卓越した仕方によってである。というのは、知性はより非質料的な仕方で認

識するからである。したがって、もし感覚が個物を認識するならば、知性もそれを認識する、ということが帰結するわけではない。

第七項

第七に、先に触れられた〔第五項解答主文〕アヴィセンナの見解によって、神は個物が今在る、とかない、かを認識するか、が問われる。これは命題、あるいは特に個々の事物に関する命題を認識するかどうか、を問うことである。そして、神はそれを認識しない、と思われる。その理由、

(1) 神の知性は常に同じ状態においてある。ところで、個物は、今存在しているのと存在していないのとでは、異なった状態にある。それゆえ、神の知性は個物が今存在しているか今存在していない、を認識することはないのである。

(2) さらに、魂の諸能力の内、現に在るものと現にないものとに対等に関わっているそうした能力、たとえば想像力は、事物が今在るとか、あるいは今はないとかを認識しない。これを認識するのは、感覚のように、不在のものをあたかも現に在るもののように認識することのない諸能力である。ところで、神の知性は現に在るものにも、不在のものにも同じ仕方で関わっている。それゆえ、事物が今在るか、あるいはないか、を認識することはなく、諸事物の本性を端的に認識するのである。

(3) さらに、哲学者の『形而上学』第六巻[85]によれば、或るものが在る、とかないとかと言われるとき、表示される複合は事物の内にあるのではなく、ただわれわれの知性の内に在るだけである。しかし、神の知性の内には、いかなる複合もありえない。それゆえ、神は事物が在るとか、ないとかと認識することはないのである。

(4) さらに、「ヨハネによる福音書」に、「作られたものは神の内で生命であった」〔ヨハ一：三―四〕と言われ

ている。アウグスティヌス[86]はそれを解説して、創造された事物は神の内に、箱が制作者の精神の内にあるように在る、と述べている。ところで、制作者は自分の精神の内に有している箱の類似によって、箱が存在するか存在しないかを認識しない。それゆえ、神も個物が今存在するか、あるいは存在しないかを認識することはないのである。

(5) さらに、或る認識はより優れたものであればあるほど、神の認識により似たものである。ところで、諸事物の定義を把握する知性の認識は、感覚的な認識よりもより優れたものである。なぜなら、定義する知性は事物の内面に到達するが、感覚は外面的なものを取り扱うだけだからである。それゆえ、定義する知性は事物が存在するか、存在しないかを認識しないで、事物の本性を端的に認識するが、他方、感覚は事物が存在するかしないか、を認識するのであるから、事物が存在するか存在しないか、は知られることなく、事物の本性が端的に認識されるその認識のあり方が、神に最高度に帰属されるべきであると思われる。

(6) さらに、神はそれぞれの事物を、自分のもとにある事物のイデアによって認識する。ところで、そのイデアは事物が存在するか、存在しないかに対して対等に関わっている。さもなければ、イデアによって未来の事柄は神によって認識されないことになろう。それゆえ、神は事物が存在するか、存在しないかは認識しないのである。

以上に反して、(1) 或る認識は完全であればあるほど、認識された事物におけるより多くの諸条件を把握している。ところで、神の認識は最も完全な認識である。それゆえ、神は事物を事物のすべての条件によって認識する。したがって、事物が存在するか、しないかをも認識するのである。

(2) さらに、既述のこと〔第四項〕より明らかな通り、神は諸事物について固有で判明な認識を有している。ところで、事物を判明に認識するのは、存在している事物を存在していない事物から区別する場合だけである。それゆえ、神は事物が存在するか、存在しないかを知っているのである。

答えて次のように言わなければならない。或る種の普遍的な本質の、その種の本質的な固有性に対する関係は、個的な本質の、その個物のすべての固有の附帯性、すなわち、個物に見出されるすべての附帯性に対する関係と同じである。というのは、それら附帯性は個物の内に在ることによって、個物に固有なものにされるからである。ところで、種の本質を認識する知性は、その種のすべての本質的な附帯性を把握する。というのは、哲学者[87]が言う通り、定義は、基体の固有の附帯性へと結論するすべての論証の原理である。それゆえ、或る個物の固有の本質が認識されるとすれば、その個物のすべての附帯性も認識されるであろう。しかし、われわれの知性は、個物の本質を認識することはできない。というのは、われわれの知性は、個物の本質に属している指定された質料から抽象するのであり、そして、もし個物が定義を有するならば、指定された質料は個物の定義の内に措定されるであろうからである。しかし神の知性は種の普遍的本質を把握するのみならず、質料を把握することができるから、それぞれの個物の個的本質をも把握するのである。それゆえ、神の知性はすべての附帯性、すなわち、種全体あるいは類全体に共通な附帯性と同様、それぞれの個物に固有な附帯性をも認識するのである。後者の附帯性の内に時間が含まれ、時間の内にすべての具体的な実在が見出され、時間に従って事物は今在るとか、ないとかと言われるのである。それゆえ、神はそれぞれの個物について今在るとか、今はないとかということを認識する。また、普遍的なもの、個別的なもののいずれにせよ、それらについて形成されうる他のすべての命題を認識するのである。

しかし、このことについて、神の知性はわれわれの知性とは違った仕方で関わっている。というのは、われわれの知性は基体と附帯性を認識するために、別々の概念を形成し、さまざまな附帯性を認識するために、異なる概念を形成するのである。したがって、実体の認識から附帯性の認識へと推論するのである。さらに、或るものが他のものに内属していることを認識するために、われわれの知性は、或る形象を他の形象に複合し、それらを何らかの仕方で一つのものにし、かくして自分自身の内にさまざまな命題を形成するのである。他方、神の知性は一つのもの、すなわち、自らの本質によってすべての実体とすべての附帯性を認識し、したがって実体から附帯性へと推論することもなく、或るものを他のものと複合することもないのである。かえって、われわれの知性の内に起こる諸形象の結合の代わりに、神の知性の内には完全な一性があるのである。このことのゆえに、神は複合したものを複合性なしに、ちょうど「多を端的かつ単一に、また質料的なものを非質料的に認識する」[88]ように、認識するのである。

(1) したがって、第一に対しては次のように言わなければならない。神の知性は同じ一つのものによって、実在において変化しうるすべての状態を認識する。したがって、神の知性は、常に一なる状態に留まりながら、事物がいかに変化しようとも、それら事物のすべての状態を認識するのである。

(2) 第二に対しては次のように言わなければならない。想像力の内にある類似は、ただ事物自身の類似である。しかしそれは、事物がそこに見出される時間を認識するための類似ではない。このような制限は神の知性の内には見出されない。したがって、事情は同じではないのである。

(3) 第三に対しては次のように言わなければならない。われわれの知性の内にある複合の代わりに、神の知性には一性がある。ところで、複合は一性の一種の模倣である。それゆえ、それは合一とも言われる。したがって、神は複合し分割する知性よりも、複合しないことによって命題をより真実に認識することは明らかである。

(4) 第四に対しては次のように言わなければならない。制作者の精神の内にある箱は、箱に属しうるすべてのものの類似ではない。したがって、制作者の認識と神の認識とは似ているわけではない。

(5) 第五に対しては次のように言わなければならない。定義を認識する者は、定義によって論証される命題を可能態において認識している。ところで、神の知性においては、現実態にあることと可能態にあることは異ならない。それゆえ、神の知性は諸事物の本質を認識するということから、本質に伴ってくるすべての附帯性をただちに認識するのである。

(6) 第六に対しては次のように言わなければならない。神の精神の内にあるそのイデアは、その状況がどのようなものであっても、事物に対して同じ仕方で関係している。というのは、イデアは、事物のそのあらゆる状態によっての類似であるからである。したがって、イデアを通して神の精神はその事物をいかなる状態によっても、認識するのである。

第八項

第八に、神は諸々の在らぬもの（non entia）、すなわち、現在存在せず、未来にも存在しないし、過去にも存在しなかったもの（quae nec sunt nec erunt nec fuerunt）を認識するか、が問われる。そして、神はそれらを認識しない、と思われる。その理由、

(1) ディオニュシウスが『神名論』第一章[89]に言う通り、認識は存在するものについてのみある。ところで、現在存在せず、未来に存在しないし、また過去にも存在しなかったものは、いかなる仕方でも存在するものではない。それゆえ、このものについて神は認識することはできない。

(2) さらに、すべての認識は認識者が認識対象に類似化することによって成立する。ところで、神の知性は在らざるものに類似化するといったことはありえない。それゆえ、神の知性は在らざるものを認識することはありえない。

(3) さらに、事物についての神の認識はイデアによる。ところで、在らざるもののイデアは存在しない。それゆえ、神は在らざるものを認識しない。

(4) さらに、神が認識するものはすべて、神の御言葉《みことば》の内にある。ところで、アンセルムスが『モノロギオン』[90]において言っている通り、「過去に存在しなかったし、現在に存在せず、未来にも存在しないであろうもの

にはいかなる言葉も存在しえない」のである。それゆえ、そのようなものを神は認識することはない。
(5) さらに、神は真なるもののみを認識する。ところで、真なるものと在るものとは置換される。それゆえ、神は存在しないものを認識しないのである。

以上に反して、(1)「ローマの信徒への手紙」に「彼は存在しないものを、あたかも存在するものと呼ぶ」（ローマ四：一七）と言われている。ところで、神は在らざるものを認識しているのでなければ、それらを在るものと呼ぶことはないであろう。それゆえ、神は在らざるものを認識しているのである。

答えて次のように言わなければならない。神は被造の事物についての認識を、制作品の原因である制作者が制作品を認識するその仕方によって、有しているのである。それゆえ、認識される事物への神の認識の関係は、われわれの認識の事物に対する関係と反対のものである。というのは、われわれの認識は、諸事物から得られたものであるから、自然本性的に諸事物より後なるものであるが、他方、創造者の被造物についての認識と制作者の制作品についての認識は、認識される事物に対して自然本性的に先行している。ところで、より先のものが取り去られると、より後のものも取り去られるが、その逆は成立しない。その理由から、自然物についてのわれわれの認識は、自然物そのものが先在しなければ存在しえないが、神の知性、あるいは制作者の知性においては、事物が存在するにせよ存在しないにせよ、事物の認識は差異のないものとして存在する。

ところで、次のことを知らねばならない。制作者は作られるものについて二様の認識を、すなわち、思弁的な認識と実践的な認識を有している。思弁的、あるいは理論的認識を有しているのは、作品の構想を有しているがそれを作ることへと、意図によって適用しない場合である。他方、作品の構想を意図によって作る働きの終極へと及ぼしてゆくとき、彼は固有の意味で実践的な認識をしているのである。このかぎりで、医学は、アヴィセンナ(91)が言う通り、理論的認識と実践的認識に区分される。以上から、制作者の実践的認識は彼の思弁的認識に伴ってくることは明らかである。というのも、実践的認識は、思弁的認識を作品に適用することによって、生ぜしめられるからである。ところで、より後なるものが取り去られてもより先なるものは留まっている。したがって、明らかに、制作者は或るときには、作る態勢に在るところの或る制作品の認識を有している。また或るときには、作る態勢にない制作品の認識を有している。たとえば、作ることを意図していない制作品の或る形相を虚構する場合のように。しかし、作ることを意図していないこの制作品を、自らの能力の内にあるものとして、いつも直視している。というのは、制作者はときにそれを作るために彼には力が足りないような、そうした制作品を考え出すからである。彼はむしろそれを自らの目的の光の内に見ている。すなわち、彼はこれこれの目的に、これこれの思案によって到達できるであろう、と見ているのである。というのは、哲学者が『倫理学』第六巻と第七巻[32]において語る通り、作られうるものにおいて目的は、思弁的なものにおいて原理のようにあるからである。それゆえ、結論が原理の内に認識されるように、制作品は目的の内に認識されるのである。

それゆえ、神が何らかの在らざるものの認識を所有しうることは明らかである。そして、それらの或るものについては、いわば、実践的認識を有している。すなわち、過去にあったか、現在あるか、あるいは未来にあるであろうものについて実践的認識を有している。これらは神の認識から彼が決断するときに発出してくる。他方、過去になかったし、現在ないし未来にもないであろうもの、すなわち、神が決して作ることを決断しなかったものについては、一種の思弁的認識を有している。これらのものを神は自らの能力の内に直視している、——というのは、彼には作ることのできないものは何もないからである——と言われうるけれども、しかし、より適切にはそれらを自らの善性の内に直視していると言われる。神の善性は、神によって作られるすべてのものの目的だからである。というのは、神は過去、現在、未来に存在する事物にすでに伝えた仕方のほかに、自らが自らの善性を伝える他の仕方が多くあるのを見るからである。というのは、すべての被造の事物は、神の善性をいかに多く分有するとしても、神の善性に等しくあることは不可能だからである。

⑴　したがって、第一に対しては次のように言わなければならない。過去に存在せず、現在存在しないし、未来にも存在しないものは能動的根原としての神の能力、あるいは目的因としての神の善性の内に何らかの仕方で存在しているのである

⑵　第二に対しては次のように言わなければならない。認識される事物から得られる認識は、より先に存在している認識される事物に認識者が、それによって類似化する受動的な類似化の内に成立する。他方、認識される事物の原因である認識は、認識者が認識されるものを自己に類似化させる能動的な類似化の内に成立する。そして、神は、いまだ自己に類似化されたことのないものを自己に類似化させることができるから、神は在らざるものについての認識をも持つことができるのである。

⑶　第三に対しては次のように言わなければならない。もしイデアが、より共通の使用法に従って、実践的認識の形相であるならば、イデアは過去にあったか、現在にあるか、未来にあるであろうものにのみある。しかし、もしイデアが思弁的な認識の形相でもあるとすれば、過去に存在しなかったし、現在存在しないし、未来にも存在しない他のものにもイデアが存在すのを何も妨げないのである。

⑷　第四に対しては次のように言わなければならない。御言葉はそれによって万物を作り出す「御父の作り出す能力」の名称である。したがって、御言葉は神の働きが及んでいくものにまで及んでいく。それゆえ、「詩編」には、「彼は語った。すると、それらは作られた」〔詩三三：九〕と言われている。というのは、御言葉は他のものを認識するけれども、それは他のものどもの御言葉ではないからである。

⑸　第五に対しては次のように言わなければならない。過去に存在しなかったし、現在存在しないし、未来にも存在しないであろうものは、それらが存在を持つかぎりで、すなわち、自らの作出的あるいは目的的根原の内にあるかぎりで、真性を有している。そのかぎりで、それらは神によって認識されているのである。

第九項

第九に、神は無限なもの（infinita）を知っているか、が問われる。そして、知らないと思われる。その理由、

⑴ アウグスティヌスが『神の国』第一二巻[93]に語る通り、「知られるものはいずれも、知る者の把握によって限定されている」。ところで、無限なものは限定されることはありえない。それゆえ、無限なものは神によって知られていない。

⑵ しかし、神は無限なものを単純な知標の知によって知っているが、直視の知によって知っているわけではない、と主張されてきた。――これに対しては次のように言われる。すべての完全な知は把握し、したがって、それが知っているものを限定しているのである。ところで、神の内にある直視の知（scientia visionis）が完全であるように、単純な知標の知（scientia simplicis notitiae）も完全である。それゆえ、直視の知が無限なもののそれでありえないように、単純な知標の知も無限なもののそれではありえない。

⑶ さらに、神は認識するものすべてを知性によって認識する。ところで、知性の認識は直視と言われる。それゆえ、神は認識するものすべてを、直視の知によって知っている。それゆえ、もし直視の知によって無限なものを知らないとすれば、神はいかなる仕方でも無限なものを知ることはない。

⑷ さらに、神によって認識されているすべてのもののイデアは、神の内にあり、かつ神の内に現実的にある。それゆえ、もし無限なものが神に知られているとすれば、無限なイデアが神の内に現実的にあるであろう。しかし、これは不可能と思われる。

⑸ さらに、神は知るすべてのものを完全に認識している。ところで、何ものも、そのものの内奥にまで認識者の認識が貫通するのでなければ、完全には認識されない。それゆえ、神が認識するものはすべて、何らかの仕方でそのものを貫通している。ところで、無限なものは、有限なものによっても無限なものによっても、決して貫通されることはありえない。それゆえ、神は無限なものをいかなる仕方でも認識しないのである。

(6) さらに、或るものを自らの直視によって直視する者は誰でも、そのものを限定している。ところで、神は認識するものすべてを、直視している。それゆえ、無限なものは神によって認識されることはできない。

(7) さらに、もし神の知が無限なものに関わるならば、その知も無限であろう。しかしこうしたことはありえない。『自然学』第三巻[94]に言われている通り、無限なものはすべて不完全であるからである。それゆえ、神の知は決して無限なものの知ではない。

(8) さらに、無限の定義に背くものは、決して無限に帰せられることはありえない。しかし、認識されることは無限の定義に背くことである。というのは、『自然学』第三巻[95]に言われている通り、「無限は、どれほどの量をそれから取り去っても、それ以上多くの取り去られるべき量が残るもの」である。しかし、認識されるものは認識者によって獲得されなければならない。また、そのものの何かが認識者の外にあるようなものは、十分には認識されない。したがって、或るものによって十全に認識されるということは、無限の定義に背くことになる。それゆえ、神は認識するものすべてを十全に認識するのであるから、神は無限なものを認識しないのである。

(9) さらに、神の知は知られる事物の尺度である。ところで、無限にはいかなる尺度もありえない。それゆえ、無限が神の知のもとに入ることはない。

(10) さらに、測定することは、測定されるものの量を端的に確かめることである。それゆえ、もし神が無限を認識しているとすれば、したがって、その量を知っているとすれば、無限を測定していることになろう。しかし、これは不可能である。というのは、無限は無限たるかぎり、測られえないものだからである。それゆえ、神は無限を認識しないのである。

以上に反して、(1) アウグスティヌスが『神の国』第一二巻[96]において語る通り、「無限の数にはいかなる数も存在しないけれども、無限は、その知がいかなる数も持っていない神にとって、把握されえないものではない」。

(2) さらに、神は自分に認識されていないものは何も作ることはないから、作ることのできるものはすべて、知ることのできるものである。ところで、神は無限なものを作ることができる。それゆえ、神は無限なものを知ることができる。

(3) さらに、或るものを知性認識するためには、知性認識する者の側からと知性認識されるものの側からの非質料性と両者の結合とが要請される。ところで、神の知性は被造の或る知性よりも、無限により非質料的である。それゆえ、神の知性は、無限にはるかに知性認識力のあるものである。他方、被造の知性は、無限なものを可能態において認識することができる。それゆえ、神の知性は無限なものを現実的に認識することができるのである。

(4) さらに、神は現在あるもの、未来にあるであろうもの、そして過去にあったものをすべて知っている。ところで、もし世界が無限に存続するならば、生成は決して終わらないであろう。したがって、個々の事物は無限にあることになろう。ところで、こうしたことは神には可能であろう。それゆえ、神が無限なものを認識することは不可能なことではない。

(5) さらに、註釈者が『形而上学』第一一巻[97]に語る通り、「第一質料の可能態の内にあるすべての比例と形相は、第一の動者の現実態の内に存在する」。アウグスティヌス[98]は諸事物の種子的理念（rationes seminales）は、第一質料の内にあるが、原因的理念（rationes causales）は神の内にある、と語るとき、註釈者の考えに同意しているのである。ところで、第一質料には可能態における形相は無限にある。第一質料の受動的能力は無限だからである。それゆえ、第一の動者、すなわち、神の内にも現実態において無限が存在する。ところで、自らの内に現実的に存在するものはすべて、神は認識している。それゆえ、神は無限なものを認識している。

(6) アウグスティヌスは『神の国』第一五巻[99]において、或るものは真なるものである、ということを否定するアカデミア派を論駁しながら、多数の真なるものがあるのみならず、知性の自己自身の上への一種の反復によって、あるいは言明の反復によっても、無限に真なるものがあることを示している。たとえば、もし私が真理を語るならば、私が真理を語っていることは真であり、また私が真理を語っていると私が語ることが真であり、こうして無限に進んでゆくことができるからである。ところで、神は真なるもの一切を認識している。それゆえ、神は無限なものを認識しているのである。

(7) さらに、神の内にあるものはすべて神である。それゆえ、神の知は神自身である。ところで、神はいかなる意味でも包含されることがないゆえ、無限である。それゆえ、神の知も無限である。それゆえ、神は無限なものの知を有しているのである。

答えて 次のように言わなければならない。アウグスティヌスが『神の国』第一二巻[100]において語る通り、或る人々は、神の知性をわれわれの知性のあり方に従って判断することを欲して、神は無限なものをわれわれと同様認識することはできない、と主張した。したがって、神が個々の事物を認識し、加えて世界は永遠であると主張したとき、異なった時代に個的に同じものどもの循環があるであろう――これはまったく不条理なことであるが――ことが帰結した。それゆえ、先に規定されたこと〔第二項第五異論解答および第八項〕から示されうるように、神は無限なものを認識すると言うべきである。というのは、神は過去にあったし、現在あり、また未来にあるであろうそれらすべてを認識するのみならず、神の善性を分有しうるそれらすべてをも認識する――そして、それらの数は、神の善性が無限であるから、無限である――から、神は無限なものを認識することが帰結するのである。このことがいかにして生ずるかを考察しなければならない。

それゆえ、認識は認識の手段の力に即して、多くのものにあるいは少ないものに、及んでゆくことを知らなければならない。たとえば、視覚に受容される類似は、事物の個的な条件と同じ限定を有しているのである。したがって、その類似はわれわれをただ一つのものの認識にのみ導くものである。しかし、知性の内に受容された事物の類似は、個別的な諸条件から切り離されている。それゆえ、類似はより高められると、いっそう多くの事物の認識に導くものとなる。そして、一つの普遍的な形相は本性的に無限な個物によって分有されるのであるから、そこから知性は何らかの仕方で無限なものを認識するのである。しかし知性の内にあるその類似が個物の認識に導くのは、それによって個々の事物が相互から区別されるかぎりにおいてではなく、ただ共通の本性に関してのみである。そこから、われわれの知性は自分のもとに有している形象によって、無限なものを認識しうるのは、ただ可能態においてのみである。ところで、神がそれによって認識するその手段、すなわち、神の本質はその本質を模倣しうる無限なものの類似である。それはそれらに共通なものに関して類似であるのみならず、それらがそれによって相互から区別されるそのものに関しても類似である。それは先述したこと〔第四項および第五項〕から明らかである。それゆえ、神の知は無限なものを認識する力を有しているのである。ところで、神は現実的に無限なものをいかに認識するか、を今考察しなければならない。

　或るものは或る意味では無限であり、他の意味では有限であることは何らさしつかえない。たとえば、或る物体は長さでは無限であるが、幅では有限である、といった場合である。諸形相においても同様のことがありうる。たとえば、或る白い無限の物体を考えてみよう。白さの外延的な量（白さは附帯的に量を持つと言われうるかぎりにおいて）は、無限であるであろうが、それにもかかわらずその内包的あるいは本質的な量は有限であろう。同じことは、無限な物体の他のいずれの形相にも妥当する。というのは、質料に受け取られたすべての形相は、受け取るもののあり方に従って限定され、したがって、無限の内包を持つことはないからである。ところで、無限は認識に背反するように、何かによって超えられることにも背反する。というのは、無限は認識されることも、越えていかれることもありえないからである。しかし、もし或るものが無限なものを横断して動くとすれば、そのものの無限の方向でなければ、越えられうるであろう。たとえば、長さにおいては無限であるが、幅においては有限であるものは、その幅を横断して越えられうるであろうが、しかし長さに沿って越えられることは不可能であろう。同様に、もし無限が、それが無限であるその関連で認識されるとすれば、それは決して完全には認識されえないであろう。しかし、もし無限性に即してではなしに認識されるならば、その場合には完全に認識されるであろう。というのは、哲学者の『自然学』第一巻[101]によれば、「無限の特質は量に適合し」、他方、すべての量はその特質の内に諸部分の秩序を有しているのであるから、無限は部分の後に部分が把握されるとき、無限は無限の途によって認識されていることが帰結するであろう。それゆえ、もしわれわれの知性がこの仕方で、白い物体を認識しなければならないとすれば、われわれの知性は、物体も物体の白さも完全に認識することは決してできないであろう。しかし、無限の物体に見出される白さや物体性の本性そのものを認識するとすれば、その場合には無限を、そのすべての部分に関して、完全に認識するであろう。しかし、その無限性によって認識するわけではない。この場合には、われわれの知性は何らかの仕方で無限の連続体を完全に認識することは可能である。しかし、無限の数のものを一つずつ認識することはできない。われわれの知性は多くのものを一つの形象によって認識することはできないからである。それゆえ、多くのものを認識しなければならない場合は、或るものを他のものの後に認識しなければならない。したがって、それは不連続量を連続量によってのみ認識するのである。それゆえ、もし現実的に無限である多を認識しうるとすれば、われわれの知性は無限をその無限性によって認識していることになろう。しかし、これは不可能である。これに対して、神の知性は一つの形象によって万物を認識する。それゆえ、神は、一つの直視によって同時に万物の認識を有しているのである。したがって、神は多をその部分の順序に従って認識するわけではない。そして、神は無限の多を認識することができるが、その無限性によって認識するわけではない。というのは、もし神がそれをその無限性によって認識し、したがって多をその部分の後に部分を把捉するのだとすれば、神はそれの終わりに到達することはないことになろう。そして、それを完全に認識しないことになろう。それゆえ、私は、神は絶対的に無限なものを現実的に認識することを端的に承認する。また、自己によって知性認識された神自身が、自らの知性に対等するようには、それら無限なものどもは神の知性に対等していない。というのは、被造の無限なものにおける本質は、いわば、内包的に有限だからである。たとえば、無限の物体の白さがそうである。しかし神の本質はあらゆる意味において無限である。そのゆえに、無限なすべてのものは神にとって有限なものであり、そして神によって把握されうるのである。

(1)　したがって、第一に対しては次のように言わなければならない。或る事物は知る者によって限定される、と言われるのは、事物が知る者の知性を超えない程度において認識される、という意味においてである。換言すれば、そのものの或る部分が知る者の知性の外に残る、といったことがないのである。このようにして知られる事物は、知る者の知性に対して有限な或るものとして関係する。また、このことが、無限なものの途によっては知られない無限について、〔別の〕仕方によって起こるのは何ら不都合なことではない。

(2) 第二に対しては次のように言わなければならない。単純な知標による知と直視による知とは知る者の側からは、いかなる相違をも含意していない。相違を含意するのは、もっぱら知られるものの側からのみである。というのは、神において直視の知は、自己の外に置かれた事物を直視する身体的な直視との類似に従って語られる。それゆえ、直視の知によって神は自己の外にあるもののみを知ると言われる。それらは、現在あるか、過去にあったか、未来にあるであろうものである。他方、単純な知標による知は、先に証明されたように〔第八項〕、現在存在せず、未来に存在しないし、過去に存在しなかったものどもに関わる。また、神はこのものとかあのものとかを別の仕方で知ることはない。それゆえ、神が無限なものを認識しないのは、直視の知の側からではなく、存在しない可視的対象そのものの側からである。それらは、もし現実的にせよ継次的にせよ、無限なものと措定されるならば、神は疑いの余地なく、それらを直視の知によって認識するであろう。

(3) 第三に対しては次のように言わなければならない。視覚は、固有に言えば、一種の身体的な感覚である。それゆえ、視覚という名称が非質料的な認識に移行されるとすれば、この名称は比喩的にのみ存在するであろう。ところで、このような言葉遣いにおいて、諸事物の内に見出される種々異なった類似によって、真理の根拠は異なったものとなる。それゆえ、或るときにはすべての神の知は直視の知と言われ、或るときには過去のもの、現在のもの、未来のものについての知のみが直視の知と言われるが、それは何らさしつかえのないことである。

(4) 第四に対しては次のように言わなければならない。神そのものは、自らの本質によってすべてのものの類似であり、かつそれぞれのものの固有の類似である。それゆえ、神の内に諸事物の理念が多数ある、と言われるのは、種々異なる被造物への神の関係によってのみである。しかも、この関係は、ただ思考上の関係でしかない。ところで、思考上の関係が無限に多数化されるのは何ら不都合でないことは、アヴィセンナが自らの『形而上学』[102]に語る通りである。

(5) 第五に対しては次のように言わなければならない。移行は或るものから他のものへの動を含意している。そして、神は、連続的あるいは不連続的のいずれの無限であれ、そのすべての部分を推論によってではなく、一つの単純な直視によって認識する。したがって、無限を完全に認識するが、しかし知性認識することによって、無限を越えるわけではない。

(6) 第六に対しては、異論の第一に対してと同様に答えられるべきである。

(7) 第七に対しては次のように言わなければならない。異論の推論は欠如的に語られた無限について妥当する。この無限は量の内にのみ見出されるものである。というのは、欠如的に語られるものはすべて、不完全なものだからである。他方、否定的に語られた無限については妥当しない。この否定的な意味で、神は無限な者と言われる。或るものがまったく限定されないことは、より完全なことだからである。

(8) 第八に対しては次のように言わなければならない。異論の推論は、無限はその無限に即して認識することのできないことを証明している。というのは、無限のいかなる部分を取り去ろうとも、またその部分がいかに大きくても、それから取り去られるべき何かは常にあるであろうからである。しかし、神は部分から部分へと移行する仕方で無限を認識するわけではない。

(9) 第九に対しては次のように言わなければならない。量的に無限なものは、既述の通り、有限な存在を有している。したがって、神の知は無限の尺度でありうるのである。

(10) 第一〇に対しては次のように言わなければならない。測定することの特質は、そのことより或るものの特定の量について確実さが生ずるということにある。しかし神は無限を、その特定の量を認識するという仕方で認識するわけではない。というのは、無限は特定の量を持っていないからである。したがって、神が無限を認識することは、無限の特質に背反しないのである。

第一〇項

第一〇に、神は無限なものを作ることができるかどうか、が付随的に問われた。そして、作ることができる、と思われる。その理由、

(1) 神の精神の内にある諸々の理念は、諸事物を作り出しうるものであり、或る理念が他の理念を自らの働きで妨げることもない。それゆえ、神の精神には無限の理念があるのであるから、神の能力が力を発揮するときには、それら理念から無限の結果が伴ってくるのである。

(2) さらに、創造者の能力は被造物の能力を無限に超えている。ところで、被造物の能力には無限のものを継次的に産出することが属している。それゆえ、神は無限のものを同時に産出することができるのである。

(3) さらに、現実態に導かれない能力は無益である。もし現実態に導かれることが不可能であれば、その能力は最高度に無益である。ところで、神の能力は無限のものに及んでいく。それゆえ、無限なものを現実的に作ることができないとすれば、そのような能力は無益なものであろう。

以上に反して、 (1) セネカは[103]「イデアは自然的に生ずる諸事物の範型である」と述べている。ところで、自然的に無限なものがあることは不可能である。したがって、無限なものは生じない、と思われる。というのは、存在しえないものは生成しえないからである。それゆえ、神の内に無限なもののイデアは存在しないであろう。ところで、神はイデアによってのみものを作り出しうる。それゆえ、神は無限なものを作り出すことはできない。

(2) さらに、神が諸事物を創造すると言われるとき、創造する者の側からは新しい何ものも措定されないで、被造物の側からのみ新しいものが措定される。したがって、神が事物を創造するというのと、事物が神から生ずるというのとは、同じことである。それゆえ、同じ理由によって、神が事物を創造しうると語ることは、事物が

神から生ぜしめられうると語ることである。ところで、無限の事物が生ずるということはありえない。というのは、いかなる被造物も無限の働きのための能力を持っていないからである。それゆえ、神も無限なものを現実的に作ることはできないのである。

答えて次のように言わなければならない。無限には二つの区別が見出される。一つは、可能態と現実態によって区別される。そして、可能的に無限なものとは、常に継次の内に成立するものである。たとえば、生成とか時間とかの連続量の分割、これらすべてに、或るものの後に別のものが常に得られる、という可能的な無限がある。しかし、現実的に無限なものは、もし終わりのない線分を措定しうるとすれば、それがそうであろう。別の仕方では、無限は自体的と附帯的とに区別される。この区別の理解は以下の仕方で明らかになる。すなわち、無限の特質は、既述の通り、量に適合する。ところで、量は連続量についてよりも不連続量により先に語られる。したがって、自体的な無限と附帯的な無限がどのようなものかを理解するためには、多は或るときには自体的に要請され、或るときにはただ附帯的にのみ要請されることを考察しなければならない。多が自体的に要請されるのは、明らかな通り、一方が他方に本質的な依存性を有している、秩序づけられた原因と結果においてである。たとえば、魂は本性的な熱を動かし、本性的な熱によって神経や筋肉が動かされ、次いで筋肉や神経が手を動かし、手は棒を動かし、棒によって石が動かされる、という場合である。実際、これらにおいてより後なるもののいずれも、先行しているもののいずれにも依存している。他方、附帯的な多が見出されるのは、多に含まれるすべてのものが、いわば、一の代わりに措定され、それらは一であるか多であるか、あるいはより多いかより少ないか、ということには何ら違いのない仕方で関係している場合である。たとえば、大工が家を作るときに、その制作において多くの鋸を継次的に使用するとき、多くの鋸は家の制作のためにただ附帯的にのみ要請されているにすぎない、すなわち、一つの鋸はいつまでも持続することはできないからである。また、いくつの鋸が使用されるかは、家にとってどうでもよいことである。それゆえ、多が自体的に要請されていた場合にそうであったように、それら鋸の一つが他の鋸に依存しているということもないのである。それゆえ、以上の理由によって、無限についてさまざまな意見が発せられたのである。

すなわち、或る往昔の哲学者たち(104)は、彼らが始原として措定したものに無限は必然的に属している、と主張しようとして、現実態にある無限を附帯的にのみならず、自体的にも措定したのである。それゆえ、諸原因の無限進行をも措定したのである。ところで、哲学者はこの見解を『形而上学』第二巻と『自然学』第三巻(105)において、非難している。アリストテレスの考えに従う他の人々は、自体的な無限は現実態においても可能態においても、見出されえないことを承認したのである。というのも、或る事物が無限のものどもに本質的に依存する、ということは不可能だからである。もし依存しているとすれば、そのものの存在は決して完成されないことになろうからである。ところで、附帯的な無限を彼らは可能態においてのみならず、現実態においても措定した。それゆえ、アルガゼルは自らの『形而上学』(106)において、身体から分離した人間の魂は無限にある、と主張している。というのは、彼は世界が永遠である、と考えたからである。そして、このことを彼は不都合なことと見なしていない。というのは、諸々の魂において相互に何らの依存性もないからである。それゆえ、それら魂の多性において、附帯的にしか無限は見出されない。他方、或る人々は、現実的な無限は自体的にも附帯的にも見出されえず、ただ可能態における無限が見出されうるだけだと主張した。この無限は、『自然学』第三巻(107)に教えられている通り、継次において成立する。そして、これは註釈者の『形而上学』(108)の立場である。ところで、無限は現実的に存在しえない、ということは二つの理由から起こりうる。一つは、現実的に存在するということは、それが無限であるということ自体から無限ということに矛盾するからである。もう一つは、別の或ることのゆえである。たとえば、上方に動くということは、鉛の三角形に矛盾する。しかしそれが三角形であるがゆえではなく、鉛製であるがゆえである。それゆえ、もし現実的な無限が、中間的な意見に従って、本性的に存在しうるとすれば、あるいはもし無限の特質そのものとは別の何かが妨げることで存在しえないとしても、私は、神は現実的な無限をあらしめることができる、と主張する。しかし、もし現実的にあることが無限ということにその特質によって矛盾するとすれば、その場合は、神は無限を作ることはできない。たとえば、人間を非理性的な動物であらしめることができないごとくである。このことは矛盾した事柄が同時に存在する、ということを意味することになろう。ところで、現実的に存在することが無限ということに、その特質によって矛盾するかしないかは、たまたま偶然に問題になったのであるから、目下のところ別のところで議論すべき課題として残されている。異論と反対異論の両方の側に答えられるべきである。

(1) したがって、第一に対しては次のように言わなければならない。神の精神の内にある諸理念は、神の内にあるそのあり方によって自己を産出するのではなく、被造物の理念が受け入れているそのあり方によって自己を産出するのである。それゆえ、理念は非質料的であるけれども、しかしそれらから事物は質料的存在へと産出されるのである。それゆえ、哲学者が『自然学』第三巻[109]で語る通り、もし無限の特質に、同時に現実態において存在するのではなく、継次的に存在することが属しているならば、そのときには神の精神の内にある無限な理念は、そのすべてが同時に作出されうることはなく、継次的に作出されうるのである。したがって、無限なものが現実的に存在することは帰結しないのである。

(2) 第二に対しては次のように言わなければならない。被造物の能力は二様の仕方で或ることを為すことができない、と言われる。一つは、能力の強さに欠如があるから。そのときは被造物が為すことのできないことを、神は為すことができる、ということは正当に推論されている。もう一つは、被造物がそれを為すことができないと言われるそのものが、それ自身の内に何らかの矛盾を含んでいる場合である。そして、こうしたことは被造物にとってと同様、神にとっても不可能である。たとえば、矛盾した事柄が同時に存在する、といったことである。また、現実態にあることが無限の特質に矛盾しているとすれば、無限が現実的に在ることは、このようなものどもに含まれているであろう。

(3) 第三に対しては次のように言わなければならない。『自然学』第二巻[110]に言われている通り、或るものが、それに向かっている目的に到達しないとすれば、それは空しいことである。それゆえ、能力が空しく所有されていると言われるのは、単にそれが現実態に導かれないからではなく、その結果とか働きそのものが能力そのものと区別され、能力がそれのためにある目的であるがゆえである。しかし、神の能力のいかなる結果もその能力の目的ではなく、また能力の働きもその結果と違ったものではない。したがって、異論の推論は帰結しないのである。

(1) しかるに、反対異論の第一に対しては次のように言わなければならない。無限なものどもは本性的に同時に存在することはできないけれども、それらは生成することはできる。というのは、無限な存在は同時に存在することにあるのではなく、『自然学』第三巻[22]に言われている通り、「一日や競争」のごとく、生成の内にあるからである。しかし、神が作ることのできるものは自然的に生成するものだけであることが、帰結するわけではない。というのは、前述された意味によれば、イデアは、神の意志によって現実態へと決定されることに由来する実践的認識に即して理解されているからである。しかし、神は自らによって現在存在する、あるいは未来に存在するであろう、あるいは過去に存在するように決定されたものどもとは別の多くのものを、自らの意志によって作ることができるのである。

(2) 反対異論の第二に対しては次のように言わなければならない。創造において被造物の側に由来するものでなければ、新しいものは何もないけれども、しかし、創造という名称はこの新しさのみならず、神の側から由来するものをも含意している。というのは、創造は、自己の本質であるところの神の働きを表示し、かつ神からの存在の受容という被造物における結果を内包しているからである。それゆえ、神が或るものを創造することができることは、或るものが神によって創造されることができることと同じであるということは帰結しない。そうでないと、被造物が存在する前に、もし被造物の能力が先在したのでなければ、何ものも創造されえなかったことになろう。しかし、これは永遠の質料を措定することになろう。それゆえ、被造物の能力は、現実的に無限なものが存在することにまでは及ばないけれども、このことから神の側において現実的に無限なものどもを作る能力が排除されるわけではないのである。

第一一項

第一一に、知は、神とわれわれとについて文字通りに同名異義的（aequivoce）に語られるのかどうか、が問われる。そして、そのように語られると思われる。

(1) 同名同義的（univocationis）、あるいはアナロギア的（analogiae）な陳述のための共通な根拠があるところではどこでも、何らかの類似性がそこにはある。ところで、被造物と神との間には、いかなる類似性もない。それゆえ、同名同義、あるいはアナロギアによって両者に共通である何かはありえない。それゆえ、もし知という名称が神とわれわれとに述語される場合、それはただ同名異義的な仕方によるであろう。小前提の証明。「イザヤ書」に「お前たちは神を誰に似せて作ったのか」〔イザ四〇：一八〕と言われている。それは、あたかも「神は誰にも似ていることはありえない」と言われているのと同じである。

(2) さらに、何らかの類似があるところはどこでも、そこには何らかの関係が存在する。ところで、神と被造物との間には、いかなる関係も存在しえない。被造物は有限なもので、神は無限なものであるからである。それゆえ、それらの間にはいかなる類似も存在しない。したがって、先と同じことが帰結する。

(3) さらに、何らかの関係があるところはどこでも、そこには多少の程度をもって、あるいは等しい仕方で、多くのものによって所有される何らかの形相が存在しなければならない。しかし、このことは神と被造物について語られることはできない。というのも、その場合には神よりもより単純な或るものが存在することになろうからである。それゆえ、神と被造物との間にはいかなる関係も存在しない。したがって、また、いかなる類似性や共通性も、同名異義的なそれを別にすれば、存在しないのである。

(4) さらに、互いに類似性があるものどもの間の隔たりよりも、類似性のないものどもの間の隔たりの方が大きい。ところで、神と被造物との間には無限の隔たりがあり、これより大きないかなる隔たりもありえない。それゆえ、それらの間には、いかなる類似も存在しない。したがって、先と同じ結論が帰結する。

(5) さらに、被造物と神との間の隔たりは、被造の在るものと在らざるものとの間の隔たりよりもより大きい。というのは、被造の在るものは、自らの在ることの量——これは無限ではない——によってのみ、在らざるものを超えるからである。ところで、『形而上学』第四巻に語られている通り[112]、在るものと在らざるものとに共通なものは、「同名異義的な仕方によってでなければ」ありえない。「たとえば、われわれが人間と呼ぶものを、他の人々は非人間と呼ぶ」ごとくである。それゆえ、神と被造物とに共通な何ものかは、文字通りの同名異義的な仕方によるのでなければ、存在することはできない。

(6) さらに、すべてのアナロギア的なものは、一方が他方の定義の中に措定されるか——たとえば、実体は附帯性の定義の中に措定され、現実態は可能態の定義の内に措定されるように——あるいは、同じものが両方のものの定義に措定されるか——たとえば、動物の健康は、尿とか食物に語られる健康の定義に措定されるように。一方は健康を保持し、もう一方は健康を表示するからである——である。しかし、神と被造物はこのような仕方で関係しているわけではない。すなわち、一方が他方の定義に措定されることはないし、また、たとえ神が定義を持つと仮定するとしても、何らかの同じものが神と被造物の両者の定義に措定されることもない。それゆえ、何ものもアナロギアによって神と被造物に語られることはない。したがって、それらに共通的に語られるものがあれば、それらはすべて文字通りに同名異義的に語られていることが帰結する。

(7) さらに、実体と附帯性とは、実体の二つの種類の相違よりもより相違している。ところで、実体の二つの種類を、両者の固有の特質によって表示するために賦与された同じ名称は、それらにまったく同名異義的に述語される。たとえば、イヌという名称が星座のイヌ座、吠えるイヌ、イヌ鮫に賦与されるごとくである[113]。それゆえ、一つの名称が実体と附帯性に賦与される場合には、よりいっそう当てはまる。ところで、われわれの知は附帯性であり、他方神の知は実体である。それゆえ、知という名称は両者に、まったく同名異義的に述語されるのである。

(8) さらに、われわれの知は神の知の何らかの像にすぎない。ところで、事物の名称は、その像には同名異義的にのみ適合する。それゆえ、動物という名称は、哲学者の『カテゴリー論』[114]によれば、本当の動物と描かれた動物とに同名異義的に述語されるのである。それゆえ、知という名称も、神の知とわれわれの知にまったく同名異義的に述語されるのである。

以上に反して、(1) 哲学者は『形而上学』第五巻[115]において、あらゆる類の諸々の完全性がその内に見出されるそのものが、端的に完全である、と言っている。そして、これは神である、と註釈者は、同箇所[116]で語っている。ところで、他の類の諸々の完全性は、神の完全性と他の類の完全性との間に何らかの類似がなければ、神の内に見出されるとは言われえないであろう。それゆえ、被造物は何らかの仕方で神に似ているのである。それゆえ、知、あるいは被造物と神とに述語される他のものはすべて、まったく同名異義的に語られるわけではない。

(2) さらに、「創世記」には、「われわれは人間をわれわれの像と〔われわれの〕似姿へと作ろう」〔創一：二六〕と言われている。それゆえ、被造物と神との間には何らかの類似がある。したがって、先と同じ結論となる。

答えて次のように言わなければならない。或ることが被造物と神とに同名同義的に述語される、と言うことは不可能である。同名同義的なすべてのものにおいて、名称がそれらに同名同義的に述語されるそれらの両者にとって、名称の意味は共通である。したがって、その名称の意味に関しては、同名同義的なものどもは或る点で等しいものである。もっとも、存在的には、一方は他方よりもより先とかより後でありうるけれども。たとえば、数という意味において、すべての数は等しいものである。もっとも、ものの本性によれば、或る数は他の数よりも本性的により先であるけれども。ところで、被造物は、いかに神を模倣しようとも、或る事柄が神に適合するその同じ意味で、自らに適合する程度にまで到達するということはありえない。というのは、同じ意味によって種々異なるものの内にあるものどもは、実体とか何性とかに関してはそれらに共通であるけれども、存在に関しては区別されているからである。ところで、神の内にあるものはすべて、神の固有の存在である。というのは、神において本質は存在と同じであるように、神において知は知る者であることと同じことだからである。それゆえ、或る事物に固有である存在は、他のものに伝達できないのであるから、被造物は神が所有するのと同じ仕方で、或るものを所有することにまで到達することは不可能である。ちょうど、神が所有しているのと同じ存在に到達することが不可能であるように。われわれにおいても同様であろう。というのは、もしソクラテスにおいて、人間と人間としてあることとが相違していないとすれば、人間がソクラテスとプラトンについて同名同義的に述語されることは不可能であろう。彼らの存在は異なっているからである。しかし、神と被造物とに語られるものすべてが、完全に同名異義的に述語されている、とは言われない。というのも、もし被造物と神との間に何らの実在に即しての一致もないとすれば、神の本質は被造物の類似ではなくなり、かくて神は自らの本質を認識することによって、被造物を認識することはないことになろう。同様に、われわれも被造の諸事物から神の認識に至ることはできないであろう。また、被造物に当てはまる諸名称の或るものが、他のものよりも神によりいっそう述語されるべきである、ということもないであろう。というのも、同名異義的な述語づけにおいて、どのような名称が用いられようとも、まったく同じことだからである。というのも、名称はいかなる実在的な一致も表示していないからである。

それゆえ、知という名称は、神の知とわれわれの知についてまったく同名同義的に述語されることもなく、また文字通りに同名異義的に述語されることもなく、アナロギア的に述語される、換言すれば、比によって述語される、と言うべきである。ところで、比による一致は二様にありうる。そして、そのことによってアナロギアの共通性は二様に認められるのである。すなわち、相互の間の特定の隔たり、あるいは相互に別な関係を有することによって、相互に比が属しているものどもの間には一種の一致がある。たとえば、数二は、一の二倍であるかぎりで一を有している、という場合である。他方、一致は或るときには、それらの間に比例を有している二つのものの間には認められず、むしろ二つの関係ある比の間に認められる。たとえば、六は四と共通した或るものを有している。というのは、六は三の二倍であるが、ちょうど同じように四は二の二倍だからである。それゆえ、最初の一致は比例の一致であり、第二の一致は比例性の一致である。それゆえ、第一の一致の仕方によれば、それらの一方が他方に対して関係を有しているそれらの二つについて、アナロギア的に語られた或るものを、われわれは見出すのである。たとえば、在るものは実体と附帯性について、附帯性が実体に対して有している関係から述語され、また健康は尿と動物とに、尿が動物の健康に対して何らかの関係を有していることから述語される。他方、或るときには或るものが一致の第二の仕方によってアナロギア的に語られる。たとえば、視覚という名称は身体的な視覚と知性の視覚に語られる。視覚が眼にあるように、知性は精神にあるからである。それゆえ、第一の仕方でアナロギア的に語られるものにおいて、或るものがそれらに対してアナロギア的に共通的であるそれらのものの間に、何らかの特定の関係がなければならないから、この仕方によって何かが神と被造物とにアナロギア的に語られることは不可能である。というのは、いかなる被造物も、それによって神の完全性が限定されうるような神への関係を有していないからである。他方、アナロギアの他の仕方においては、それらにとって或るものがアナロギア的に共通なものであるそれらのものの間には、いかなる限定された関係も認められない。したがって、その仕方によれば、或る名称が神と被造物とにアナロギア的に語られて何らさしつかえないのである。

しかし、このことは二様の仕方で起こる。或るときにはその名称は、元々からの表示にもとづいて或ることを含意し、その或ることには前述の仕方によっても、神と被造物との間の一致が認められえない場合である。たとえば、神に比喩的に語られるすべてのものにおいてそうである。神が獅子とか〔ホセ一三：七―八〕、太陽とか〔マラ三：二〇〕、何かこのようなものと言われるときのごときである。というのは、これらのものの定義には、神に帰属しえないものが含まれているからである。他方、或るときには、神と被造物とに述語される名称が、前述した一致の仕方が被造物と神との間に認められえないことによって、元々から表示していた意味では何ものも含意していない――たとえば、欠陥も存在に即した質料への依存性もそれらのものの定義に含まれない――、そうしたすべてのものがそうである。たとえば、在るものとか善きものとか、他のこのようなものである。

(1) したがって、第一に対しては次のように言わなければならない。ディオニュシウスが『神名論』第九章[117]で語るように、神はいかなる仕方でも被造物に似ていると言われるべきではないが、諸々の被造物は何らかの仕方で神に似ている、と言うことはできる。というのは、或るものの模倣において生ずるものは、もしそのものを完全に模倣しているとすれば、そのものに完全に似ていると言われうる。しかし、その逆には言われない。というのは、人間がその像に似ている、とは言われず、その逆に言われるからである。他方、もし不完全に模倣しているならば、そのときは模倣しているものは、それの模倣において生ずるそのものに似ているとも、似ていないとも言われうる。似ているというのは、それが表現しているかぎりにおいてである。似ていないというのは、それが完全な表現には及ばないかぎりにおいてである。それゆえ、聖書は、神が被造物に似ている、ということをあらゆる仕方で否定している。しかし、被造物が神に似ていることを、或るときには承認し、或るときには否定している。人間を神の類似へと作った、と言うときには、それを承認している。しかし「詩編」で「神よ、誰か汝に如《し》く者あらんや」〔詩七一：一九〕と語るときは、それを否定しているのである。

(2) 第二に対しては次のように言わなければならない。哲学者は、『トピカ』第一巻[118]において、類似の二様の仕方を措定している。一つは、違った類における諸事物の間に見出され、それは比例とか比例性によって認められる。哲学者が同所で語る通り、或るものは別のものに関係するが、その仕方が、第三のものが第四のものに関係するのと同様の場合である。類似の第二の種類は同じ類の諸事物の内に認められる。たとえば、同じものが異なる事物の内に内在しているという場合である。ところで、類似は、第一の仕方で語られる特定の関係による関係づけを必要とするのではなく、第二の仕方で語られる関係づけのみを要請する。それゆえ、神と被造物との間にある類似の第一の仕方は、被造物との関連においては排除される必要はない。

(3) 第三に対しては次のように言わなければならない。この異論は類似の第二の種類から生じる。このような類似は被造物と神との間には存在しないことをわれわれは認める。

(4) 第四に対しては次のように言わなければならない。類似は二つのものが一つのものを分有することから、あるいは或るものが他のものに対して特定の関係を有し、その関係にもとづいて或るものから他のものが知性によって把握されうる、ということから認められる。そうした類似は隔たりを減少させる。しかし、比例の一致によって存在する類似は隔たりを減少させない。というのは、このような類似は多・少の程度によって隔たっている事物においても見出されるからである。というのは、二対一と六対三の比例性の類似は、二対一と一〇〇対五〇の比例性の類似よりより大きいわけではない。したがって、被造物の神への無限の隔たりは、前述の類似性を排除するわけではない。

(5) 第五に対しては次のように言わなければならない。在るものと在らざるものにも、或ることがアナロギア的に適合する。というのは、『形而上学』第四巻[119]に明らかな通り、在らざるものそのものが、アナロギア的には在るものと言われるからである。それゆえ、被造物と神との間にある隔たりがアナロギアの共通の根拠を妨げることはありえない。

(6) 第六に対しては次のように言わなければならない。異論の推論は、或るものの他のものへの特定の関係によって理解されるアナロギアの共通性に関しては、妥当する。というのは、そのときには一方が他方の定義に措定されなければならないからである。たとえば、実体は附帯性の定義に措定されるように、あるいは、或るものが他の二つのものの定義に措定されるのは、両者が或るものへの関係によって語られるがゆえであるように。たとえば、実体は量と性質の定義に措定されるように。

(7) 第七に対しては次のように言わなければならない。実体の二つの種類は、附帯性と実体とが有するよりもより大きな共通性を有するけれども、同じ名称がそれら二つの違った種類に、それらの間の共通な或るものを考察することによって、適用されないことはありうる。しかし実体と附帯性とに共通な名称が、それらが共通に所有しているものを考察するゆえに、使用されることは可能なことである。この場合、名称は同名異義的ではなく、アナロギア的であろう。

(8) 第八に対しては次のように言わなければならない。動物という名称は、絵が実物の動物を描いているとき、絵が模倣している外面的な形を表示するためではなく、絵がその形において模倣していないその内面的な本性を表示するために使用されている。したがって、動物という名称は、実物の動物と描かれた動物に同名異義的に使用されている。ところで、知という名称は被造物と創造主に、被造物が創造主を模倣しているその点に関して適合する。したがって、知という名称は両者に全面的に同名同義的に述語されているわけではない。

第一二項

第一二に、神は未来の個的で非必然的なもの（singularia futura contingentia）を知っているか、が問われる。そして、知らない、と思われる。その理由、

(1) 『分析論後書』第一巻に語られている通り、何ものも真なるものでなければ、知られることはできない。ところで、『命題論』で言われている通り、未来の個的な非必然的な事物の内には、特定の真理は存在しない。[120]したがって、神は個的で非必然的な未来の諸事物についての知を有していないのである。

(2) さらに、不可能なことに伴ってくるものは不可能なことである。ところで、神が個的で非必然的な未来の事柄を知るということから、不可能なこと、すなわち神の知は誤る、ということが帰結してくる。それゆえ、神は個的で未来の非必然的なことを知ることは不可能である。小前提の証明。神は何らかの未来の非必然的な事柄、たとえば、ソクラテスは座している、ということを知っていると仮定しよう。そうすると、ソクラテスは座して

いない、ということは可能的であるか、あるいは可能的でないかのいずれかである。もしそれが可能的でないとすれば、ソクラテスが座していないことは不可能である。したがって、ソクラテスは座していることが必然的である。もっとも、前提されたことは非必然的なことであったけれども。他方、もし座していないことが可能的であるとすれば、そして彼が座していないことを認めるとしても、このことから、一貫しない何ごとも帰結しない。しかし、神の知は誤っていることが帰結する。それゆえ、神の知が誤るということは不可能ではないであろう。

(3) しかし、非必然的なものは、神の内にあるかぎり、必然的なものである、と主張されてきた。——これに対しては次のように言われる。それ自体において非必然的なものは、神の内にある仕方を除けば、神との関連でも必然的なものではない。しかし、神の内にあるかぎり、それは神から区別されないものである。それゆえ、もし必然的なものであることによってのみ、神に知られたものであるとすれば、それは神から区別されたものであることによって、自らの固有の本性の内にあるかぎり、神によって知られていないであろう。

(4) さらに、哲学者の『分析論前書』第一巻[(21)]によれば、推論の大前提は必然性を表出し、小前提が内在性を表出するとき、必然性を表出する結論が伴ってくる。ところで、次のことは真である。すなわち、「神によって知られているものはすべて必然的に存在する」。というのは、もし神が存在すると知っているものが存在しないとすれば、神の知は誤っていることになろう。それゆえ、或るものの存在することが、神によって知られているとすれば、そのものは必然的に存在するのである。ところで、いかなる非必然的なものも存在することは必然的ではない。それゆえ、いかなる非必然的なものも神によって知られていないのである。

(5) しかし、「神に知られているものはすべて必然的に存在する」と言われるとき、その必然性は被造物の側からではなく、神の知の側からのみ含意されている、と主張されてきた。——これに対しては次のように言われる。「神によって知られているものはすべて必然的に存在する」と言われるとき、その必然性は語られていることの主語が表しているその事物に帰せられる。ところで、語られていることの主語は、神によって知られているものであって知っている者としての神自身ではない。それゆえ、この語られていることにおいて、必然性は知られる事物にのみ関係しているのである。

(6) さらに、われわれにおいてある認識はより確実であればあるほど、非必然的なものについての認識はより少なくなりうる。というのは、知は必然的なものについてのみあるからである。実際、知は、非必然的なものについてありうる単なる臆見よりもより確かだからである。ところで、神の知は最も確かなものである。それゆえ、神の知は必然的なものについてのみありうる。

(7) もし真なるすべての条件的命題の前件が、無条件的に必然的であるならば、その後件も無条件的に必然的であろう。ところで、次の条件的命題は真である。「もし或るものが神に知られているならば、そのものは存在するであろう」。それゆえ、「このものは神に知られている」という前件は無条件的に必然的であるから、後件も無条件的に必然的であろう。それゆえ、神に知られているものはすべて、必然的に無条件的に存在する。ところで、このこと、すなわち「これは神に知られている」ということが無条件的に必然的であることは、以下のように証明された。すなわち、このことは過去のことについて語られた何かである。ところで、過去のことについて語られたことはすべて、もしそれが真であれば、必然的である。というのは、存在したことは、存在しなかったということは不可能だからである。それゆえ、このことは無条件的で、さらに必然的である。永遠的なものはすべて必然的なものである。ところで、神は知っていることすべてを永遠から知っている。それゆえ、神が知っているということは、無条件的に必然的なことである。

(8) さらに、それぞれのものは、存在に関係するのと同じ仕方で真なるものに関係する。ところで、未来の非必然的なことは存在を有していない。それゆえ、それは真なるものの性格を有していない。それゆえ、それらについて知は存在しえない。

(9) さらに、哲学者の『形而上学』第四巻[122]によれば、「特定された或る事柄を理解しない者は、何ごとも理解しない」。ところで、未来の非必然的なことが、もし存在と非存在の両方に開かれているとすれば、いかなる仕方でもそれ自体においてもその原因においても決定されていない。それゆえ、未来の非必然的なことについての知はいかなる仕方でもありえない。

(10)　さらに、サン＝ヴィクトルのフーゴーは『秘跡論』[123]において、「神は自分自身の内にすべてを認識し、自分の外には何も認識しない」と言っている。ところで、非必然的なものはすべて自己の外にある。というのは、神の内にはいかなる可能性も存在しないからである。それゆえ、神はいかなる仕方でも、未来の非必然的なものを認識しないのである。

(11)　さらに、何らかの非必然的なものが、必然的な手段によって認識されるということはありえない。というのは、もし手段が必然的であるならば、結論も必然的であろうから。ところで、神は、自らの本質であるこの手段によってすべてを認識する。それゆえ、この手段は必然的であるから、何らかの非必然的なものを認識することはありえないと思われる。

以上に反して、 (1)「詩編」に、「彼は彼らおのおのの心を形成し給える者、その諸々の業を知り給う者なり」〔詩三三：一五〕と言われている。ところで、人々の業は、自由意思〔自由決定力〕に依存しているから、非必然的な事柄である。それゆえ、神は未来の非必然的な事柄を認識している。

(2)　さらに、必然的なものはすべて神によって知られている。ところで、すべての非必然的な事柄は、ボエティウスが『哲学の慰め』第五巻[124]において語る通り、神の認識に関係づけられる必然的な事柄である。それゆえ、すべての非必然的な事柄は神によって認識されているのである。

(3)　さらに、アウグスティヌスは『三位一体論』第六巻[125]において、神は可変的なものを不可変的な仕方で知っている、と語っている。ところで、或るものが非必然的であることは、そのものが可変的であることによる。というのも、非必然的なものとは、存在することも存在しないことも可能なもの、と言われるからである。それゆえ、神は非必然的なものを不可変的な仕方で知るのである。

(4)　さらに、神は諸事物を、自らがそれらの原因であるかぎりにおいて、認識している。ところで、神は必然的なものの原因であるのみならず、非必然的なものの原因でもある。それゆえ、神は必然的なものと同様、非必然的なものを認識している。

(5) さらに、神が諸事物を認識するのは、自分の内にすべての諸事物の範型があるかぎりにおいてである。ところで、非必然的で可変的なものについての神の範型は、不可変的なものでありうる。ちょうど、質料的なものの範型が非質料的であり、複合的なものの範型が単純なものであるように。それゆえ、神自身は非質料的で単純な者であるけれども、複合されたものや質料的なものを認識するように、神の内には非必然的なものの場所はないけれども、非必然的なものを認識しているのである。

(6) さらに、事物を知ることは事物の原因を認識することである。ところで、神はすべての非必然的なものの原因を知っている。というのも、神はすべてのものの原因である自己自身を知っているからである。それゆえ、神は非必然的なものを知っているのである。

答えて次のように言わなければならない。この問題をめぐってはさまざまな仕方で誤って考えられてきた。すなわち、或る人々[126]は、神の知について、われわれの知のあり方に従って判断しようとして、神は未来の非必然的な事柄を認識していない、と主張した。しかし、この考えは成立しえない。というのは、この考えによれば、神は非必然的に出来してくる人間的な事柄について、摂理を持たないことになろうから。それゆえ、別の人々〔ストア派〕は、神はすべての未来の事柄についての知を有しているが、それらすべては必然的に出来してくる、さもないと神の知はそれらについて誤っていることになろう、と主張した。しかし、この考えも成立しえない。というのも、この考えによると、自由意思は滅びてしまうことになろうからである。また忠告を求めることは不必要なことになるであろう。すべてのことが必然的になされるとすれば、功績に比例して罰や報いを与えることは不当なことになろう。それゆえ、神はすべての未来のことを認識している、と言うべきである。しかし、このことのゆえに、或る事柄が非必然的に出来することが妨げられるわけではないのである。

ところで、このことを知るためには、次のことを知らなければならない。すなわち、われわれの内には、誤りがその内にありえない或る認識能力や認識の所有態が存在する。感覚や知や諸原理についての直知がそれである。他方、偽がその内にありうる或る認識能力や認識の所有態が存在する。たとえば、想像力や臆見、判定力がそうである。ところで、或るものは認識されている通りに実在的には存在していない、ということから偽が起こってくる。それゆえ、もし或る認識能力が、その内には偽が決して存在しないようなものであるとすれば、その認識対象は認識者がそれについて把捉しているものから決して欠落することがあってはならない。ところで、必然的なものは、それの原因がそれを産出することへと不可変的に秩序づけられていることによって、それが生ずる以前にさえ、それが存在することが妨げられることは不可能である。それゆえ、常に真なるこのような能力態によって、必然的な事柄は、それが未来の事柄であるときでさえ、認識されることができる。たとえば、われわれが未来の蝕や日の出を真の知によって認識する場合である。他方、非必然的な事柄は存在へと産出される以前には、妨げられることがありうる。というのは、そのときにはそれはそのものの原因の内にのみ存在している。そして、その原因はそれらの結果を産出することを、妨げられることがありうるからである。ところで、非必然的なものはすでに存在へと産出された後は、もはや妨げられることは不可能である。したがって、そうした能力や所有態は、現在しているかぎりの非必然的なものについて、その内に偽の見出されない判断をすることができるのである。たとえば、ソクラテスが座しているときに、感覚が、ソクラテスは座している、と判断する場合である。このことから、未来の事柄としての非必然的な事柄は、偽がそれに現存しえないようないかなる認識によっても認識されえないことは明らかである。それゆえ、神の知には偽は現存しないしまた現存しえないのであるから、もし神が非必然的な事柄を未来の事柄であるかぎりにおいて認識するとすれば、神は未来の非必然的な事柄について知を持つといったことは、不可能であろう。

ところで、或るものが未来の事柄として認識されるのは、認識者の認識と事物の出来事との間に過去と未来との秩序が見出される場合である。しかし、この秩序は、神の認識と非必然的な事物との間には見出されないが、どのようなものであれその事物への神の認識の秩序は常に、現在しているものの現在しているものへの秩序に似ているのである。このことは次の仕方で理解されることができる。もし或る人が多くの人々が次々と継次的に一つの道に沿って、或る一定の時間歩いて行くのを見ていると仮定すると、その時間の個々の時に歩いている或る人々を、現在的な仕方で見るであろう、したがって、自分が見ている全時間において、歩いているすべての人々を現在的に見るであろう。しかし、すべての人々を同時に現在的に見ているわけではないであろう。というのは、彼の見ている時間は同時に全体ではないからである。しかし、彼の見ることの全体が同時に存在しうるとすれば、すべての人が同時に現在的に歩いているわけではないけれども、すべての人を同時に現在的に見るであろう。それゆえ、神の知の直視は永遠性――同時に全体であり、しかも全時間を含んでおり、時間のいかなる部分をも欠いていない――によって、測られるのであるから、時間の内に起こるものすべてを、神は未来のこととしてではなく、現在のこととして見ていることが帰結するのである。というのは、神によって見られているものは、確かに、そのものがその後に時間的に続く他の事物にとっては未来の事柄であるが、時間の内にはなく時間の外にある神の直視にとっては、未来の事柄ではなく、現在の事柄である。それゆえ、われわれは未来の事柄を、それがわれわれの直視との関連では未来の事柄であるがゆえに、未来の事柄として見るのである。実際、われわれの直視それ自身が時間によって測られるからである。しかし、時間の外にある神の直視にとって、未来の事柄は存在しない。たとえば、歩いている人々の隊列の中にいて、自分の前にあるものだけを見る人は、歩いている人を順々に見るであろうが、歩いている人々の隊列の外にいて、歩いているすべての人々を同時に観察する人は別の仕方で見ているであろう。

それゆえ、われわれの視覚は、非必然的なものを見ているとき、それが現在存在しているものであるとき、誤ることは決してないが、しかしそのことからそれらが非必然的に出来することが排除されることがないように、神はすべての非必然的な事柄を、それらが現在のものであれ、過去のものであれ、あるいは未来のものであれ誤ることなく見ているのである。というのは、神にとってそれらは未来の事柄ではなく、それらが存在するときそれらが存在することを見ているからである。それゆえ、そのことからそれらが非必然的に出来してくることが妨げられるわけではない。しかし、このことにおいて困難は、時間の相違を同時に表示するところのわれわれの認識の仕方によってのみ、われわれは神の認識を表示しうるということから、生じてくるのである。たとえば、もし神の知は在ると表示される場合、神はこのものが在るであろう、と言うよりも、このものが在る、ということを知っているとむしろ言われるべきである。というのは、神には未来の事柄はまったくなく、常に現在のことがあるだけだからである。それゆえ、ボエティウスが『哲学の慰め』第五巻[127]に語る通り、未来の事柄についての神の認識は「予見というより、むしろ固有的には摂理と言われる。というのも、神はそれらすべてを、いわば、ずいぶん遠くから永遠性の鏡の内に直視するからである」。とはいえ、それは、神が知るものがそれらとの関連では未来のものであるそれら他の事物への関係のゆえに、予見とも言われうるのである。

(1) したがって、第一に対しては次のように言わなければならない。非必然的なものは、非必然的なものであるかぎり、限定されていないけれども、しかし実在の世界に産出されるとすぐに、特定の真性を有する。そして、神の認識の直視がそのものにもたらされるのはこの仕方によってである。

(2) 第二に対しては次のように言わなければならない。既述の通り、非必然的なものは、実在の世界に存在が措定されるかぎりで、神の認識に関係づけられる。ところで、それは存在する瞬間から、そのものが存在するときは、そのものが存在しないということは不可能である。というのは、『命題論』第一巻[128]に言われている通り、「存在するものは、それが存在するときには、必然的に存在する」からである。しかし、そのものが端的に必然的であることや、神の知が誤ることが帰結するわけではない。たとえば、ソクラテスが座しているのを私が見ているとき、そのことは非必然的なことであるけれども、私の視覚は誤らないのである。

(3) 第三に対しては次のように言わなければならない。非必然的なものは、神によって知られているかぎり、必然的なものであると言われる。というのは、それはすでに現在するものであるかぎりにおいて、神に知られているからであって、そのものは未来のものであるかぎりにおいて知られているわけではないからである。そのことから、必然的に出来すると言われうるような、何らかの必然性を獲得するわけではない。というのは、出来するものは、未来に存在するものにのみ適合するからである。実際、すでに存在するものは、さらに出来することはありえず、そのものは出来したということが本当であり、このことは必然的なことである。

(4) 第四に対しては次のように言わなければならない。神に知られているものはすべて必然的である、と言われるとき、この命題は二様に解せられる。というのは、その命題は語り方にも語られている事物にも、いずれにも関係することが可能だからである。もし必然性が語り方に適用されるならば、命題は複合し、真なるものである。そして、その意味は次のようになる。すなわち、「神によって知られているものは存在する」と語られていることは必然的である。というのは、神が或るものが存在することを知っていて、そのものが存在しないことは不可能だからである。他方、必然性が語られている事物に適用される場合は、その命題は分割され、偽であるであろう。そして、その意味は次のようになる。すなわち、神によって知られていることは必然的に存在する。というのは、神によって知られている事物は、既述のことから明らかなように、そのことのゆえに必然的に出来するわけではないからである。そして、もしこの区別は、白さと黒さのように、基体において相互に継起する諸形相においてのみ妥当し、そして、或ることが一度神によって知られ、その後に神によって知られていないといったことは不可能であるから、この区別はここでは妥当しない、という反対がなされるとすれば、われわれは次のように答える。すなわち、神の知は変化せず常に同じ仕方であるが、事物がそれによって神の認識に関係づけられる状況は、神の認識に対して常に同じ仕方であるわけではない。というのは、事物は神の認識に対して、その事物の現在の存在の内にあるかぎりで、関係づけられるからである。しかし、事物の現在の存在は常にその事物に適合しているわけではない。それゆえ、事物はそのような状況を伴ってか、あるいはそれらなしに理解されうる。したがって、われわれは事物を事物が神の認識にそれにおいて関係づけられるその仕方で考察するか、あるいは何らか他の仕方で考察する。このかぎりで、前述の区別は妥当するのである。

(5) 第五に対しては次のように言わなければならない。もし前述の命題が事物に関わるとすれば、必然性は神によって知られている事物自身に適合するのは本当である。しかし、その命題が語り方に関わるとすれば、必然性は事物そのものには適合せず、知られるものへの神の知の関係に適合する。

(6) 第六に対しては次のように言わなければならない。われわれの知が未来の非必然的な事柄についてありえないように、神の知もそれらについてありえない。もし神がそれらを未来の事柄として認識するとすれば、このことはいっそう真であるであろう。しかし、神はそれらを自分自身には現在のものとして、他のものには未来のものとして認識する。それゆえ、異論の推論は成立しないのである。

(7) 第七に対しては次のように言わなければならない。このことをめぐっては異なった見解が存する。すなわち、或る人々は「このことは神に知られている」という前件は、それは過去の事柄であるけれども、未来のことへの関係を含意しており、したがって必然的でないがゆえに、非必然的である、と主張する。たとえば、「このことは起ころうとしていた」と言われるとき、その「していた」という過去は必然的なことではない。というのは、起ころうとしていたことが、起こらないことが可能だからである。実際、『生成消滅論』第二巻[129]に言われている通り、「歩くつもりにしていても、人は、実際に歩かないかもしれないからである」。しかし、この推論には効力がない。というのは、或る人が「このことは未来のことである」、あるいは「このことは未来のことであった」と言うとき、その人はその事物の産出に対する事物の諸原因を秩序づけることを指示している。ところで、或る結果のために秩序づけられた諸原因は、その結果が諸原因から帰結しないように妨げられることはありうるが、しかし、この結果を産出するよう諸原因が或るときに秩序づけられるのを妨げられることは不可能である。それゆえ、未来のことが未来に起こりえないとしても、未来のことでなかったということは不可能であろう。

したがって、他の人々は、この前件は必然的なものと非必然的なものとの複合であるがゆえに、非必然的であると主張する。というのは、神の知は必然的であるが、神によって知られている事柄は非必然的な事柄であるからである。これら両者が前述の前件の内に含まれているからである。たとえば、「ソクラテスは色白な人である」、あるいは「ソクラテスは動物であり、走っている」も非必然的である。しかし、この推論も無効である。というのは、命題の真性は命題において、質料的に措定されているものの必然性とか非必然性とかによって変化するのではなく、命題の真性がその内にもとづいている主要な複合からのみ措定されるからである。それゆえ、必然性と非必然性との同じ特性が、「私は、人間は動物である、と考える」と「私は、ソクラテスは走っている、と考える」の二つの命題に見出される。それゆえ、「神はソクラテスが走っているのを知っている」という前件において表示される主要な働きは必然的であるから、質料的に措定されるものがいかに非必然的なものであっても、そのことから前述の前件の必然的であることが妨げられるわけではない。

それゆえ、他の人々は前件が必然的であることを、無条件に承認するが、しかし前件が無条件に必然的であることから後件が無条件に必然的であることは、前件が後件の近接原因であるときでなければ帰結する必要はない、と言う。というのは、もし前件が間接的な原因であるとすれば、結果の必然性は近接原因の非必然性によって妨げられうるからである。たとえば、太陽は必然的原因であるけれども、太陽の結果である樹木の開花は非必然的である。というのは、樹木の開花の近接原因、すなわち、植物の発芽力は可変的であるからである。しかし、この推論も十分であるとは思われない。というのは、それは必然的な後件が必然的な前件から帰結する、という原因と結果の本性によるのではなく、後件が前件に対して有している関係によるからである。というのは、後件の反対のことは決して前件と両立しえないからである。こうしたことは、もし非必然的な後件が必然的な前件から帰結するならば、起こってくるであろう。それゆえ、この関係はいずれの真なる条件命題においても見出されなければならない。前件は結果であれ、近接的あるいは間接的な原因であれ、いずれでもさしつかえない。この関係がもし条件命題の内に見出されないとすれば、その命題はまったく真ではないであろう。それゆえ、次の条件命題「太陽が運動すれば、木は開花するであろう」は偽である。

それゆえ、最終的には、別の仕方で次のように言うべきである。この前件は無条件的に必然的であり、後件はそれが前件から帰結してくるその仕方によって無条件的に必然的である。というのは、事物それ自体に帰せられる（attribuuntur）ものと、認識されているかぎりの事物に帰せられるものとはまったく異なっている。というのは、事物にその事物それ自体によって帰せられる（attribuuntur）ものどもは、事物にその事物の仕方によって適合する（conveniunt）が、しかし、認識されたものであるかぎりの事物に帰せられたり、あるいはその事物に続いて生起する（consequuntur）ものどもは、認識するものの仕方によって存在している。それゆえ、もし前件の内に、認識に属している或るものが表示されているならば、後件は認識者の仕方によって理解されなければならないのであって、認識される事物の仕方によって理解されてはならない。たとえば、もし「私が或るものを知性認識するとすれば、そのものは非質料的である」と言いうる場合のように。というのは、知性認識されるものは、知性認識されるものであるかぎりにおいてのみ、非質料的でなければならないからである。同様に、「神が或るものを知っているならば、そのものは存在するであろう」と私が言うとき、後件は事物そのものの状態によってではなく、認識者の仕方によって理解されるべきである。ところで、事物はそれ自体においては未来のことであるけれども、しかし、認識者の仕方によれば、それは現在のものである。したがって、「もし神が或るものを認識するならば、そのものはあるであろう」と言うよりもむしろ、「そのものはある」と言うべきであろう。それゆえ、われわれは「もし神が、或るものを知っているならば、そのものはあるであろう」という命題と、「もし私が、ソクラテスが走っているのを見るならば、ソクラテスは走っている」という命題について同じ仕方で判断しなければならない。というのは、これら両者はその働きが行われているかぎり、必然的であるからである。

(8) 第八に対しては次のように言わなければならない。非必然的なものは、未来のものである間は、存在を有していないが、しかしそれが現在のものであることからは存在と真性・真理を有している。その状況において神の直視のもとにある。しかし、神は或るものの他のものへの関係を認識している。そして、この意味で、或るものが他のものとの関連で未来のものであることを認識している。したがって、産出されないであろう或る結果に、或る原因が傾いていることを神が認識しているかぎりにおいて、神は或るものを生じてこないであろう未来のことであると知っていることを肯定することに、何ら不都合はない。というのは、神が諸事物をそれらの原因の内にそれによって見る未来のことの認識について、今われわれは語っているのではなく、事物をそのもの自身において認識する、その認識について語っているからである。というのも、後者の場合、事物は現在のものとして認識されているからである。

(9) 第九に対しては次のように言わなければならない。非必然的なものは、神に知られているかぎりにおいては、現在のものである。したがって、それは矛盾したものの一方に限定されている。しかしそれは、未来のものであるかぎり、いずれにも開かれている。

(10) 第一〇に対しては次のように言わなければならない。神は自己の外に、もし「外に」の言葉がそれによって認識するそのもの〔手段〕に関係しているならば、何ものをも認識しない。しかし「外に」が認識するもの〔対象〕に関係しているならば、神は自己の外に在るものを認識する。このことは先に語られたことである〔第三項第一〇異論解答〕。

(11) 第一一に対しては次のように言わなければならない。認識の手段は二様にある。一つは、論証の手段であって、それは結論に比例したものでなければならない。かくして、それが措定されると、結論が措定されるのである。そして、神は諸々の非必然的なものの認識に対して、そのような手段ではない。認識のもう一つの手段は、認識されるものの類似であるものである。そして、神の本質はこの種の手段である。しかし先に述べられた通り〔第四項第二異論解答〕、個々の事物に対する固有の手段であるとしても、神の本質はいかなる事物にも対等するものではない。

第一三項

第一三に、神の知は可変的であるか、が問われる。そして、可変的である、と思われる。その理由、

(1) 知は知る者の知られる事物への類似化である。ところで、神の知は完全である。それゆえ、神は知られる諸事物に完全に類似化するであろう。ところで、神に知られるものどもは可変的である。それゆえ、神の知は可変的である。

(2) さらに、誤りうるすべての知は可変的である。ところで、神の知は誤りうる。というのは、それは存在しないことのありうる非必然的な事柄について、神の知は存在するからである。そして、非必然的なものが存在しないならば、神の知は誤る。それゆえ、神の知は可変的である。

(3) さらに、諸事物からの受容によってあるわれわれの知は、知る者の仕方によってある。それゆえ、諸事物に或るものを伝えることによってある神の知は、知られる事物の仕方によってある。ところで、神によって知られるものは可変的である。それゆえ、神の知も可変的である。

(4) さらに、相互に関係したものの一方が取り去られると、他方も取り去られる。それゆえ、一方が変化すると、他方も変化する。ところで、神によって知られるものは、可変的である。それゆえ、神の知も可変的である。

(5) さらに、増加や減少のありうる知はすべて、変化がありうる。ところで、神の知は増加や減少がありうる。それゆえ、変化しうるものである。小前提の証明。或るときは多く、或るときは少なく知る、すべての知る者の知は変化している。それゆえ、今知っているよりも、より多くあるいはより少なく知ることのありうるところの知る者は、可変的な知を有している。ところで、神は現在知っているよりもより多く知ることができる。というのも、神は或るものが現在存在する、あるいは過去に存在した、あるいは将来作ろうとしているものが未来に存在することを知っている。したがって、現在知っているよりもより多くのものを知ることができるであろう。同じ理由で、現在知っているよりも少なくしか知ることができないことがある。というのも、将来作ろうとしているものの内の或るものを、あきらめることがありうるからである。それゆえ、神の知は増加したり、減少したりすることがありうる。

(6) より多いあるいはより少ないものが、神の知のもとに入るとしても、神の知は変化しないであろう、と主張された。――これに対しては次のように言われる。諸々の可能的なものが神の能力に服しているように、諸々の知られうるものは神の知に服している。ところで、もし神が以前に可能であったよりも、もっとより多くを作りうるとすれば、その能力は増大するであろう。しかし、より少ないものしか作れないとすれば、その能力は減少するであろう。それゆえ、同じ理由によって、もし以前に知っていたよりもより多くのものを知るとすれば、神の知は増大するであろう。

(7) さらに、神は或るときにはキリストが生まれるであろうことを知っていたが、今は彼が生まれるであろうことを知らず、すでに生まれたことを知っている。それゆえ、神は以前知らなかった或ることを知っており、また今知らない或ることを知っていたのである。したがって、神の知は変化するのである。

(8) さらに、知のために知られるものが必要であるように、知る仕方も必要である。ところで、もし神がそれによって知る認識の仕方が変化するならば、神の知も可変的であるであろう。それゆえ、同じ理由で、神の知る対象は変化するのであるから、神の知は可変的であろう。

(9) さらに、神の内には、それによって善き人々のみを認識する、一種の是認の知があると言われる。ところで、神は是認していなかった人々を是認することがありうる。それゆえ、以前に知らなかったことを知ることが可能である。したがって、神の知は可変的であると思われる。

(10) さらに、神の知は神自身であるように、神の能力も神自身である。ところで、われわれは、神の能力によって諸事物が存在へと産出される、と言うのである。それゆえ、同じ理由によって、神の知によって諸事物は可変的に、神の完全性をいささかも損なうことなく、認識されるのである。

(11) さらに、一つのものから他のものへ移行するすべての知は可変的である。ところで、神の知はこのようなものである。神は自らの本質によって認識するからである。それゆえ、神の知は可変的である。

以上に反して、(1) 「ヤコブの手紙」に、「御父には移り変わりはありません」〔ヤコ一・一七〕と言われている。

(2) さらに、動かされるものはすべて、一なる第一の不動のものに還元される。ところで、すべての可変的なものの第一原因は、神の知である。諸々の制作品の原因が技であるように。それゆえ、神の知は不可変的なものである。

(3) さらに、動は『霊魂論』第三巻[130]に語られている通り、「不完全なものの現実態である」。ところで、神の知の内には、いかなる不完全性も存在しない。それゆえ、神の知は不可変的なものである。

答えて次のように言わなければならない。知は認識者と認識されるものとの中間のものであるから、知の内の変化は二様の仕方で起こりうる。一つは認識者の側から起こり、他は認識されるものの側から起こる。ところで、認識者の側から、知の内に三つのことを考察することができる。すなわち、知そのもの、知の現実態、そして知のあり方である。そして、これら三つによって知の内に、変化が知る者の側から起こりうる。

すなわち、知そのものから知の内に変化が起こるのは、以前知られていなかった或るものの知が新たに獲得されるか、あるいは以前知られていたものの知が失われるとき、このことによって知そのものの生成ないし消滅、あるいは増大ないし減少が認められるときである。ところで、そうした変化は神の知の内には起こりえない。というのは、先に示された通り、神の知は在るものについてのみならず、在らざるものについても存在する。ところで、或るものは在るものか在らざるものかであって、それ以外のものではありえない。肯定か否定かの間に中間のものはありえないからである。ところで、或る意味で、神の知の対象は現在、過去、あるいは未来に存在するもののみ、すなわち、神の知が自ら作ろうと意志する業に秩序づけられているかぎりのものだけである、というのは真であるけれども、しかし、たとえ神が知ることのこの仕方で、以前に知らなかった或るものを知るとしても、いかなる変化もこのことから神の知の内には生じてこないであろう。というのは、神の知は、知の側においては、在るものと在らざるものとに対等に関わっているからである。もし神の知の内にこのことから、何らかの変化があるとすれば、それは神の意志の側からであるであろう。意志は、以前に知をそれへと限定していなかった或るものへ知を限定するからである。

しかし、神の意志の内に、このことから何らかの変化が起こることはありえない。というのは、自らの働きを自由に産出することは意志の特質に属しているから、意志は、意志の特質そのものに由来するかぎり、対立しているもののいずれにも、対等に向かってゆくことができる。たとえば、何かを作ることを意志するか意志しないか、あるいは何ものも作らないことを意志するか意志しないか、いずれも可能である。しかし、意志しているときに同時に意志しないことはできない。また、不可変的である神の意志において、最初或るものを意志し、後でその同じものを同じときに意志しない、ということはできない。というのは、もしその場合は、神の意志は時間に制約されたものとなり、同時に全体的なものでないことになろうからである。それゆえ、もしわれわれが無条件的な必然性について語っているとすれば、神が意志しているものを意志することは必然的ではない。それゆえ、端的に言えば、神は意志しないことが可能なのである。他方、もし前提に伴う必然性について語っているならば、もし神が意志している、あるいは意志した、と仮定すれば、神が意志することは必然である。したがって、この前提にもとづいて語れば、すなわち、もし神が意志する、あるいは意志した、とすれば、彼が意志しないことは可能的ではない。ところで、変化は二つの項を必要とするから、変化は常に最初の項への関係において最後の項に関わっている。したがって、もし以前に意志していた場合、今意志することを意志しないことが可能であるとすれば、神の意志は可変的であることだけが帰結するであろう。したがって、知のこの仕方によってより多くの、あるいはより少ないものが神によって知られうるということから、神の知や神の意志の内にいかなる変化も措定されないことは明らかである。というのは、神がより多くを知りうると語ることは、神がその意志によってより多くの事物を作るよう、その知を決定することができる、ということを意味しているからである。

他方、働きの側からは、知における変化は三通りの仕方で起こる。第一には、以前に思考していなかったことを、現実的に思考することから起こる。たとえば、所有態から現実態に移行する人をわれわれは変化すると言う。しかし、そうした変化の仕方は神の知の内にはありえない。というのは、神は所有態において知る者ではなく、もっぱら現実態においてのみ知る者だからである。というのも、神の内には、所有態の内にあるようないかなる可能態性も存在しないからである。第二の仕方では、或るときには或るものを思考し、或るときには別のものを思考するということから、現実的な知る働きの内に変化が起こってくる。ところで、こうしたことも神の認識の内には存在しえない。というのも、神は自らの本質の一つの形象によって万物を見ており、したがって、万物を同時に直視しているからである。第三の仕方では、或る人は思考するとき、或るものから別のものへと推論することから、変化が起こってくる。しかし、こうしたことも神の内には起こりえない。というのも、推論はその間に存在している二つのものを必要とするけれども、二つのものを見るとき、それら二つを一つの直視によって見ているとすれば、二つのものを見ることから、知の内に変化があると言うことはできない。そうしたことは、万物を一つの形象によって見ることによって、神の知の内には起こらないのである。

他方、認識の仕方の側から、知の内に変化が起こるのは、或るものが以前より今、より明澄かつより完全に認識されるときである。ところで、こうしたことは二つの理由から起こりうる。一つは、認識がそれによって成立する手段が異なることから。たとえば、以前、或ることを蓋然的な手段で知っていたが、後に必然的な手段で同じものを知る人には知の変化が起こっている。ところで、こうしたことも神の内には起こりえない。神にとって認識の手段であるその本質は、不可変的であるからである。他の仕方では、或る人がより優れた能力を持っていて、或るものを同じ手段によってより鋭敏に認識するというかぎりで、知性的な能力から変化が起こりうる。こうしたことも、神においては起こりえない。というのも、神がそれによって認識する能力は、不可変的な神の本質であるからである。それゆえ、神の知は認識者の側からはあらゆる意味で不可変的であることが帰結する。

これに対して、認識される事物の側から、知の変化が起こるのは真理と虚偽によってである。というのは、同じ判断が留まっているとき、もし事物が変化するとき、以前真であった判断は偽となるであろう。こういったことも、神の内には起こりえない。というのは、神の認識の直視は、事物がその現在性においてあるかぎりで、すなわち、すでに一つのことに規定されているかぎりで、事物に導かれるからである。さらに、このかぎりで変化することはありえないのである。というのは、もし事物そのものが別の状態を取るとしても、その事物は神の直視に同じ仕方で服しているであろうからである。したがって、神の知はいかなる仕方においても可変的ではないのである。

(1) したがって、第一に対しては次のように言わなければならない。知の知られるものへの類似化は本性の合致によってではなく、表現によってである。それゆえ、可変的事物の知は、可変的である必要はないのである。

(2) 第二に対しては次のように言わなければならない。神によって知られているものは、それ自体で考察されると、別の仕方であることが可能であるけれども、しかし、既述の通り、そのものは別の仕方でありえないかぎりで、神の認識のもとにあるのである。

(3) 第三に対しては次のように言わなければならない。すべての知は、事物から受容することによってであれ、事物に刻印することによってであれ、知る者の仕方によってある。というのは、両方の知は、認識される事物の類似が認識者の内にあることによってあるからである。ところで、或るものの内に在るものは、自らがその内に存在しているそのものの仕方によって、そのものの内に存在しているのである。

(4) 第四に対しては次のように言わなければならない。神の知がそれへと関わっているそのものは、神の知のもとに服しているかぎりで、不可変的なものである。それゆえ、神の知も、前述された関係の変化によって変化しうる真理に関して不可変的である。

(5) 第五に対しては次のように言わなければならない。神は知らないものを知ることができる、と言われるとき、直視の知について語る場合でも、それは二様に理解されうる。一つは、複合された意味において、すなわち、知ることができると言われるものを、神は知らなかった、という前提のもとに理解することができる。この意味では、それは偽である。というのも、これらの両者、すなわち、神は或ることを知らなかった、そして、後でそれを知っている、ということは同時に存在することはできないからである。別の仕方では、命題は分割された意味においても理解される。この意味では、神の能力に関わるいかなる前提や条件も含まれていない。それゆえ、この意味で命題は、既述のことから明らかなように、真である。ところで、神は以前に知らなかったことを知ることができる、ということは或る意味で承認されるけれども、しかし、「神は知っているよりも、より多くを知ることができる」ということは、或る意味で承認されることはできない。というのは、「より多く」と言われていることによって、以前に存在していたものへの関係が含意されているのであるから、それは常に複合された意味で理解されるからである。同じ理由によって、神の知が増大、あるいは減少しうるということは、いかなる意味でも同意されえない。

(6) 異論の第六には同意する。

(7) 第七に対しては次のように言わなければならない。先に語られた通り〔第七項〕、神は諸々の命題を、結合したり分離したりすることなく知っている。したがって、種々異なった事物を、それらが存在するときも存在しないときも同じ仕方で認識するように、種々異なった命題をそれらが真であるときも偽であるときも、同じ仕方で認識する。というのは、それぞれのものを、それが真であるときに真であると認識するからである。「ソクラテスは走っている」という命題は、それが真であるとき、真であることを神は知っている。そして、「ソクラテスは走るであろう」という命題も同様であり、他も同様である。したがって、今真であるのは、「ソクラテスは走っている」ではなく、「ソクラテスは走った」であるが、それにもかかわらず神はその両方を知っている。というのは、両方の命題が真であるそのときに、両方を同時に直知しているからである。しかし、もし神が命題それ自体を形成することによって、命題を知っているとすれば、命題が真であるときでなければ、われわれにおいて起こっているように、或る命題を知らないことになろう。したがって、神の知は変化することになろう。

(8) 第八に対しては次のように言わなければならない。知る仕方は知る者自身の内にあるが、知られるものの自身はその本性によれば、知る者自身の内にあるわけではない。したがって、知る仕方の多様性は、知を可変的なものにするであろう。しかし、知られる事物の変化は知を変化させないであろう。

(9) 既述のことから、異論の第九への解答は明らかである。

(10) 第一〇に対しては次のように言わなければならない。能力のこの働きは、働く者の外の、可変的な存在をそこに有している自らの固有の本性における事物に終極する。したがって、産出された事物の側から、事物は可変的な存在へ産出されることが承認される。しかし、知は事物について事物が何らかの仕方で認識者の内にあるかぎりで、存在する。それゆえ、認識者が不可変的であれば、事物は神によって不可変的に認識されるのである。

(11) 第一一に対しては次のように言わなければならない。神は自らの本質によって他のものどもを認識するけれども、そのときいかなる移行も存在しない。というのは、神は同じ直知によって自己の本質と他のものどもを見ているからである。

第一四項

第一四に、神の知は諸事物の原因であるか、が問われる。そして、そうではないと思われる。

(1) オリゲネスは『ロマ書註解』[131]において、「事物は、神がそれが在るであろうことを知っているがゆえに、未来に存在するのではなく、未来に存在するがゆえに、それは生成する前に神に知られているのである」と言っている。それゆえ、事物が神の知の原因であって、その逆ではない、と思われる。

(2) さらに、原因が措定されると、結果が措定される。ところで、神の知は永遠から存在した。それゆえ、もし神の知が諸事物の原因であるとすれば、諸事物も永遠から存在したと思われる。しかし、これは異端の考えである。

(3) さらに、必然的な原因からは必然的な結果が帰結する。それゆえ、必然的な原因によって存在するさまざまな論証は、必然的な結論を有しているのである。ところで、神の知は永遠的であるから、必然的である。それゆえ、神によって知られている諸事物はすべて必然的であろう。しかし、これは不条理である。

(4) さらに、もし神の知が諸事物の原因であるならば、神の知は諸事物に対して、ちょうど事物がわれわれの知に関係しているように、関係している。ところで、事物はわれわれの知の内に自らのあり方を規定する。というのは、われわれは必然的な事物について必然的な知を有しているからである。それゆえ、もし神の知が諸事物の原因であるとすれば、知られるすべての事物に必然性のあり方を課することになろう。しかし、これは偽である。

(5) さらに、「第一原因は第二原因よりも結果により激しく影響を及ぼす」[132]。ところで、神の知は、もし諸事物の原因であるならば、第一の原因であろう。それゆえ、必然的な第二原因から諸結果の内に必然性が帰結するのであるから、神の知から諸事物の内に必然性がいっそう帰結するであろう。したがって、先と同じことが結論される。

(6) さらに、知は自らが原因として、それに関わっている事物に対しては、それらの結果として関わっている事物に対してよりも、より本質的な関係を有している。というのは、原因は結果に刻印するが、その逆はないからである。しかし、事物に対して、それらの結果として関わっているわれわれの知は、その知が必然的であるためには、知られる事物の内に、必然性を必要とする。それゆえ、もし神の知が諸事物の原因であるとすれば、はるかに強く必然性を知られるものの内に必要とするであろう。したがって、神は非必然的なものを認識しないことになろう。しかし、これは前述のことに反する。

以上に反して、 (1) アウグスティヌスは『三位一体論』第一五巻[133]において、「霊的であれ物体的であれ、被造物の全体は存在するがゆえに、それらを神が知っているのではなく、神が知っているがゆえに、それらは存在するのである」と語っている。それゆえ、神の知は諸事物の原因である。

(2) さらに、神の知は、創造されるべき事物の一種の技である。それゆえ、アウグスティヌスは『三位一体論』第六巻[134]において、御言葉《みことば》は「生きている諸々の理念で充満している技である」と語っている。ところで、技は制作品の原因である。それゆえ、神の知は、諸々の被造物の原因である。

(3) さらに、哲学者[135]が是認しているアナクサゴラスの見解、すなわち、諸事物の第一の根原は知性であり、これが万物を動かし区別している、という見解はこの立場を支持していると思われる。

答えて 次のように言わなければならない。結果は原因よりもより単純であることは不可能である。一つの本性がその内に見出されるどんなものも、その本性の最初の基体である、或る一つのものに還元されなければならない。たとえば、すべての熱い事物は一つで最初の熱いもの、すなわち火に還元されなければならないように。火は、『形而上学』第二巻[136]に言われている通り、他のものにおける熱の原因であるからである。したがって、すべての類似は何らかの形相の合致によって認められるのであるから、類似しているものは何でも、その一方が他方の原因であるか、あるいは両者が一つの原因を有する、といった関係にある。ところで、すべての知には、知る者の知られるものへの類似がある。それゆえ、知が知られるものの原因であるか、あるいは、知られるものが知の原因であるか、あるいは両者が一つの原因を有するか、のいずれかでなければならない。ところで、神によって知られる事物は、神における知の原因ではない。なぜなら、事物は時間的であり、神の知は永遠である。ところが、時間的なものが永遠的なものの原因であることはできないからである。同様に、両者が一つのものを原因として持つと言うことはできない。なぜなら、神の内には、さらに原因を持つようなものは何もないからである。神は自らが所有するいずれのものでもあるからでる。それゆえ、神の知が諸事物の原因であることが帰結するのである。しかし、逆に、われわれの知は、それを事物から得るかぎりで、事物を原因として有している。他方、天使たちの知は諸事物の原因であるのではなく、諸事物を原因として有するのでもなく、両者が一つの原因を有しているのである。というのは、神は自然的な形相を事物に、事物が自存するために流入させたように、諸事物の類似を天使たちの精神に諸事物を認識するために、流入させるからである。

しかし、次のことを知らねばならない。知は知であるかぎり、作用的原因を意味していない。ちょうど、形相が形相であるかぎり、作用的原因を意味していないように。というのは、作用は、いわば、作用者から或るものが発出することに成立する。ところで、形相は形相であるかぎり、自らがそこに存在しているそのものを完成し、そのものにおいて静止することにおいて、存在を所有するものである。それゆえ、形相は力が媒介となるのでなければ、作用の根原ではない。そして、或る場合には、形相そのものが力であることは真である。しかし形相であることによってではない。他の場合には、力は事物の実体形相とは別のものである。たとえば、諸々の物体の作用は、それらの性質の媒介がなければ生じてこない。同様に、知は認識者の内の或るものとして在ることを指示しているのであって、或るものが認識者によって生ぜしめられたことを指示しているのではない。したがって、結果は知からは、意志の媒介がなければ生じてこない。意志は、その本性から意志されているものへの或る種の働きかけ（influentia）を含意している。ちょうど、実体から働きは力が媒介とならなければ出てこないように。もっとも、或る実体において、たとえば、神において意志と知とは同じものである。或る諸実体においては、たとえば、神以外の他のものにおいては同じではない。同様に、神は万物の第一原因であるから、神から諸々の結果は第二の諸原因が媒介となって発出してくる。それゆえ、事物の原因である神の知と生ぜしめられた事物そのものとの間には、二様の媒介が存在する。一つは、神の側から、すなわち、神の意志であり、もう一方は、何らかの諸結果に関して事物そのものの側から、すなわち、第二原因である。第二原因が媒介となって諸事物は神の知から発出するのである。ところで、すべての結果は第一原因の条件のみならず、媒介の原因の条件にも伴ってくる。したがって、神によって知られている諸事物は神の知から、神の意志のあり方と第二の原因のあり方によって発出してくる。また、これら諸事物は神の知のあり方に、あらゆる関係において従う必要はないのである。

(1) したがって、第一に対しては次のように言わなければならない。オリゲネスの意図は、神の知は或るものが神によって認識されることから、そのものが必然的に生ずるよう、知られる事物を必然的にするような原因ではない、と語ることである。ところで、「未来に存在するがゆえに、神に認識されている」と言っていることにおいては、存在の原因が含意されているのではなく、結論を推論する原因だけが含意されているのである。

(2) 第二に対しては次のように言わなければならない。諸事物は意志が媒介となって知から発出するのであるから、知があるときはいつでも事物は存在へと出ていくのではなく、意志が規定するときに出ていくのでなければならない。

(3) 第三に対しては次のように言わなければならない。結果は近接原因の必然性に伴う。そして、近接原因は結果を論証する媒介でもありうる。しかし、結果は第一原因の必然性に伴う必要はない。というのは、結果は第二原因がもし非必然的であるならば、第二原因から妨げられることがあるからである。たとえば、諸天体の動によって、月下の物体の力が媒介となって、生成消滅する諸物体の内に産出される結果において、そのことは明らかである。というのも、天球の動は常に同じものに留まっているけれども、これら結果は、自然的な力に欠陥があるがゆえに、非必然的であるからである。

(4) 第四に対しては次のように言わなければならない。さらに、或る事物はわれわれの知の近接原因である。したがって、事物は自らのあり方をわれわれの知に課している。しかし、神は第一原因である。それゆえ、事情は同じではない。あるいは、別の仕方で次のように言うべきである。必然的な事物についてのわれわれの知が必然的であるのは、それら知られる事物がわれわれの認識を生ぜしめるからでなく、知において必要とされる知られる諸事物に対する知性的能力の対等のゆえである。

(5) 第五に対しては次のように言わなければならない。第一原因は第二原因よりも強く結果に影響を与えるけれども、結果は第二原因の働きなしには完成されない。したがって、もし第二原因においてその働きに欠陥の可能性があるならば、たとえ第一原因に欠陥の可能性がないとしても、その結果には欠陥の可能性があるのである。しかし、もし第一原因に欠陥がありうるとすれば、結果にも欠陥がはるかにありうるであろう。それゆえ、結果の存在のためには両方の原因が必要であるから、両方の原因の欠陥は結果に欠陥を生ぜしめる。したがって、それら原因のいずれかが非必然的なものと措定されれば、その結果は非必然的であることが帰結する。しかし、それら原因の一つだけが必然的なものとして措定されるならば、結果の存在のために両方の原因が必要であるから、結果は必然的ではないであろう。しかし、第二原因は必然的でありえないから、もし第一原因が非必然的であるならば、第二原因の必然性のためには結果の内に必然性が帰結する、ということができる。

(6) 異論の第六に対しては、第四に対するのと同様に答えられるべきである。

第一五項

第一五に、神は諸々の悪しきものを知っているか、が問われる。そして、神はそれを知らない、と思われる。

(1) すべての知は知られるものの原因であるか、あるいは、知られるものを原因として有しているか、あるいは少なくとも一つの原因から発出するものかである。ところで、神の知は悪しきものの原因ではないし、また悪しきものが神の知の原因でもない。また別の何かが両者の原因でもない。それゆえ、神の知は悪しきものについては存在しない。

(2) さらに、『形而上学』第二巻[137]に語られている通り、それぞれの事物は、存在に関係しているのと同じ仕方で真に関係している。ところで、悪しきものは、ディオニュシウスとアウグスティヌスが語る通り[138]、いかなる在るものでもない。それゆえ、悪しきものは真なるものではない。ところで、真なるものでなければ、何ものも知られることはない。それゆえ、悪しきものが神に知られることはありえない。

(3) さらに、註釈者は『霊魂論』第三巻[139]において、「常に現実態にある知性は、欠如態を決して認識していない」と述べている。ところで、神の知性は常に最高度に現実態にある。それゆえ、いかなる欠如態も認識しない。ところで、アウグスティヌスが語る通り[140]、「悪しきものは善きものの欠如態である」。それゆえ、神は悪しきものを認識しない。

(4) さらに、認識されるものはすべて、類似したものか、反対のものかによって認識される。ところで、神がそれによって万物を認識する神の本質は、悪しきものに類似したものではないし、悪しきものに反対のものでもない。というのは、悪しきものは神の本質を害することはできないからである。ところで、ものが悪しきものであると言われるのは、それが他のものを害するからである。それゆえ、神は悪しきものを認識しないのである。

(5) さらに、学ばれえないものは知られえないものである。ところで、アウグスティヌスが『自由意思論』[141]で語っている通り、悪しきものは学ばれうるものではない。「というのも、学習によっては善きもののみが学ばれうるからである」。それゆえ、悪しきものは知られうるものではない。それゆえ、悪しきものは神によって認識されるものではない。

(6) さらに、文法を知っている者は文法学者である。悪しきものを知っている者は悪人である。しかし、神は悪しき者ではない。それゆえ、神は悪しきものを知らないのである。

以上に反して、(1) 何人《なんぴと》も自分の知らないものに復讐することはできない。ところで、神は諸々の悪しきものに復讐する者である。それゆえ、神は悪しきものを認識しているのである。

(2) さらに、いかなる善きものも神に欠けていることはない。ところで、諸々の悪しきものについての知は善きものである。というのも、悪しきものの知によって悪しきものが回避されるからである。それゆえ、神は諸々の悪しきものについての知を有しているのである。

答えて次のように言わなければならない。哲学者の『形而上学』第四巻[142]によれば、一つである或るものを認識しない者は、何ものをも認識しない。ところで、或るものが一つであるのは、そのものがそれ自体において不可分なもので、他のものから区別されていることによってである。或るものを認識する者は誰でも、そのものが他のものから区別されていることを知るのでなければならない。ところで、区別の第一の根拠は肯定と否定の内にある。したがって、肯定を知る者は皆、その否定を認識しなければならない。そして、欠如は、『形而上学』第四巻に言われている通り[143]、基体を有する否定にほかならないのであるから、また『形而上学』の同所と[144]『自然学』第一巻に言われている通り[145]、「二つの反対のものの一方は常に欠如である」から、或るものが認識されること自体から、そのものの欠如と反対のものが認識されるのである。それゆえ、神は、それぞれのものをその本性において区別されたものであるかぎりで認識し、自らのすべての結果についての固有の認識を有しているのであるから、すべての対立する否定と欠如、また事物に見出されるすべての反対のものを認識していなければならない。それゆえ、悪しきものは善きものの欠如であるから、何らかの善きものとどんなものであれそのものの限度を認識すること自体から、あらゆる悪しきものを認識していなければならない。

(1) したがって、第一に対しては次のように言わなければならない。異論の命題は、事物についてその類似によって所有される知については、真性を有している。ところで、神によって悪しきものはその類似によって認識されるのではなく、その反対のものの類似によって認識される。それゆえ、神は、悪しきものを認識するがゆえに、神が悪しきものの原因であることが帰結するわけではなく、神は悪しきものが対立している善きものの原因であることが帰結するのである。

(2) 第二に対しては次のように言わなければならない。在らざるものは、在るものに対立するというまさにそのこと自体から、或る意味で在るものと言われることは、『形而上学』第四巻に明らかな通りである[146]。それゆえ、悪しきものは善きものに対立するまさにそのことから、悪しきものは認識されうる真なるものの性格を有しているのである。

(3) 第三に対しては次のように言わなければならない。註釈者の見解は[147]、神は自らの本質を認識することによって、個々の結果を特定の仕方で、すなわち、結果がそのものに固有の本性において区別されているかぎりで、認識するのではなく、すべてのものに見出される存在の本性だけを認識するであろう、ということであった。ところで、悪しきものは普遍的な在るものに対立するのではなく、個別的な在るものに対立するものである。それゆえ、そのことから悪しきものを認識しないであろうことが帰結する。しかし、この立論が誤っていることは、前述のこと〔第五項〕から明らかである。それゆえ、そのことから帰結すること、すなわち、神は欠如や悪しきものを認識しない、ということは誤っている。というのは、註釈者の意図によれば、欠如は知性から形相が不在であることによってのみ、知性によって認識されるのである。しかし、こうした形相の不在は常に現実態にある知性にはありえないことである。ところで、このことは必然的なことではない。というのは、事物が認識されること自体から、事物の欠如が認識されるからである。それゆえ、事物と欠如の両方が、知性に形相が現在することによって認識されるのである。

(4) 第四に対しては次のように言わなければならない。或るものの他のものへの対立は二様に理解される。一つは、一般的に理解される。たとえば、悪しきものは善きものに対立する、と言う場合。そして、この仕方では悪しきものは神に対立している。もう一つの仕方では、特殊的に対立する。たとえば、この白はこの黒に対立する、と言う場合である。そして、この意味では悪しきものは、この悪しきものによって取り去られ、またこの悪しきものがそれに害を働く善きものにのみ対立している。この第二の意味では、悪しきものは神に対立していない。したがって、アウグスティヌスは『神の国』第一二巻[148]において「悪徳は神に、悪しきものが善きものに対立するように対立する」と述べている。しかし、悪しきものが害する自然に対して悪徳が対立するのは、悪しきものが善きものに対立するようにのみならず、害する或るものがその自然に対立するようにである。

(5) 第五に対しては次のように言わなければならない。悪しきものは知られるものであるかぎり、善きものである。というのは、悪しきものを知ることは善であるからである。したがって、すべての学習されうるものの善であることは真である。しかし、それ自体において善であることが真であるのではなく、知られるものであるかぎりにおいてのみ善であることが真である。

(6) 第六に対しては次のように言わなければならない。文法学は文法学を所有することにおいて知られるが、悪しきものは悪しきものを所有することによって知られるのではない。したがって、類似があるわけではない。

訳註

1――Liber de causis, comm. 1.

2――Ibid., prop. 22 (21) et comm.

3――Aristoteles, Ethica Nicomachea VI, 3, 1139b31; ibid. VI, 5, 1141a7; 次のディオニュシウスは、Dionysius Areopagita, De divinis nominibus, cap. 7, § 2, PG 3, 868B; Dionysiaca, 388.

4――Algazel, Metaphysica, p. I, tr. 3, sent. 1, ed. J. T. Muckle, p. 63.

5――Aristoteles, De anima II, 1, 412a10 et 22.

6――Johannes Damascenus, De fide orthodoxa I, cap. 4, PG 94, 797B; ed. E. M. Buytaert, Bonaventure, N.Y. 1955, 19.（『知識の泉』小高毅訳、本集成第三巻『後期ギリシア教父・ビザンティン思想』所収）

7――スコラ学者たちは共通にこの文をアウグスティヌスに帰している。

8――Liber de causis, comm. 6 (5).

9――Anselmus, Monologion, cap. 15, PL 158, 163A.

10――Adam Pulchrae Mulieris, Liber de intelligentiis VI, ed. C. Baeumker, Münster 1908, p. 8.

11――Boethius, De hebdomadibus, ed. R. Peiper, p. 169, 29.

12――Origenes, Commentarii in Epistulam ad Romanos X, PG 14, 1292.

13――Augustinus, Enarrationes in Psalmos, Ps. 43:22, PL 36, 490.（『詩編注解⑵』谷隆一郎・堺正憲・花井一典訳、教文館、二〇〇六年）

14——Aristoteles, Physica II, 4, 194a21.

15——Dionysius Areopagita, De divinis nominibus, cap. 7, § 2, PG 3, 868D; Dionysiaca, 393; Ambrosius, De fide II, prol., PL 16, 583B; Augustinus, De Trinitate VI, cap. 4, PL 42, 927.

16——Aristoteles, De interpretatione I, 2, 16a3.

17——Id., Topica I, cap. 15, 106a38.（『トピカ』村治能就訳、岩波書店、一九七〇年）

18——Dionysius Areopagita, De mystica theologia, § 3, PG 3, 1001A; Dionysiaca, 577.（『神秘神学』今義博訳、本集成第三巻所収／熊田陽一郎訳、教文館、一九九二年）

19——Aristoteles, Metaphysica IV, 7, 1012a23.

20——Boethius, De Trinitate, cap. 6, PL 64, 1255A.（『三位一体論』坂口ふみ訳、本集成第五巻『後期ラテン教父』一九九三年、所収）

21——Liber de causis, prop. 15 (14).

22——Hilarius, De Trinitate III, 23, PL 10, 92B.

23——より正しくは、Augustinus, De diversis quaestionibus LXXXIII, quaestio 15, PL 40, 14.

24——Ibid., quaestio 15, PL 40, 15.

25——Ibid.

26——Aristoteles, Physica III, 7, 204a3.

27——Ibid. VI, 9, 237b23.

28——Augustinus, De diversis quaestionibus LXXXIII, quaestio 32, PL 40, 22.

29——Dionysius Areopagita, De divinis nominibus, cap. 7, § 2, PG 3, 869B; Dionysiaca, 398.

30——Aristoteles, De anima III, 8, 431b21.

31——Gregorius I, Dialogi IV, cap. 33, PL 77, 376B.（『対話』矢内義顕訳、本集成第五巻所収／『対話』J・シュメールバッハ訳、中央出版社、一九五一年）

32——Averroes, In Aristotelis De anima III, comm. 5, VI^{1}, 139B, ed. Venetiis 1562.（『霊魂論註解』花井一典・中澤務訳、本集成第一一巻『イスラーム哲学』二〇〇〇年、所収）

33 ——Aristoteles, De anima II, 12, 424a32. 次の註釈者は、Averroes, In Aristotelis De anima III, comm. 5, VI^{1}, 146 D; ibid., comm. 18, 161 D; id., In Aristotelis Metaphysicam II, comm. 1, VIII, 29 B.

34 ——Avicenna, Metaphysica VIII, cap. 6, f. 100ra B.

35 ——Aristoteles, Physica VII, 6, 247a28.

36 ——Liber de causis, comm. 15 (14) et prop. 27 (26).

37 ——Aristoteles, Metaphysica XI (=XII), 9, 1074b29; Petrus Hispanus, Summulae logicales, tr. 7, n. 36（『論理学綱要』山下正男訳、京都大学人文科学研究所、一九八一年）; Aristoteles, Sophistici elenchi, cap. 22, 178a39.（『詭弁論駁論』宮内璋訳、岩波書店、一九七〇年）

38 ——Augustinus, Enarrationes in Psalmos, Ps. 68:3, PL 36, 844.

39 ——Id., De diversis quaestionibus LXXXIII, quaestio 46, PL 40, 30.

40 ——Pseudo-Hermes Trismegistus, Liber XXIV philosophorum II, ed. C. Baeumker, Freiburg im Breisgau 1913, p. 208.

41 ——Alanus ab Insulis, Regulae caelestis iuris, 7, PL 210, 627A.

42 ——Aristoteles, Metaphysica IV, 5, 1010b37.

43 ——Ibid. I, 1, 980a21.

44 ——出典箇所未詳。Cf. Augustinus, Confessiones IV, cap. 10, PL 32, 699; ibid. VII, cap. 11, PL 32, 742.（『告白』山田晶訳、中央公論社、一九六八年）

45 ——Aristoteles, De anima III, 4, 429a18.

46 ——Id., Analytica posteriora I, 2, 72a29.（『分析論後書』加藤信朗訳、岩波書店、一九七一年）

47 ——Augustinus, De Trinitate X, cap. 1, PL 42, 971.

48 ——Moses Maimonides, Dux neutrorum seu dubiorum III, cap. 20.

49 ——Liber de causis, prop. 8 (7).

50 ——Dionysius Areopagita, De divinis nominibus, cap. 7, § 2, PG 3, 869C; Dionysiaca, 400.

51 ——Ibid., cap. 7, § 2, PG 3, 869C; Dionysiaca, 401.

52 ——Aristoteles, Ethica Nicomachea VII, 14, 1154b15.

53——Ibid. X, 6, 1174b19.

54——Ibid. VII, 15, 1154b26.

55——より正しくは、「ルカによる福音書」第一八章第一九節である。

56——Avicenna, Metaphysica VIII, cap. 6, f. 100ra A.

57——Ibid. VI, cap. 2, f. 92ra C.

58——Boethius, In Isagogen Porphyrii commenta editio secunda I, PL 64, 85D.（『ポルフュリウス・イサゴーゲー註解』石井雅之訳、本集成第五巻所収）

59——Aristoteles, Metaphysica X, 2, 1053b28.

60——Id., De anima I, 1, 402b21.

61——Dionysius Areopagita, De divinis nominibus, cap. 7, § 2, PG 3, 869B; Dionysiaca, 398.

62——Aristoteles, De anima I, 5, 410b4.

63——Id., Metaphysica III, 4, 1000b3.

64——Id., Physica I, 1, 184a12.

65——Averroes, In Aristotelis Physicam I, comm. 1, IV, 6 F, ed. Venetiis 1562.

66——Dionysius Areopagita, De divinis nominibus, cap. 7, § 2, PG 3, 869B; Dionysiaca, 399.

67——Porphyrius, Isagoge, De differentia, ed. L. Minio-Paluello, Bruges 1966, p. 18.（『イサゴーゲー』水地宗明訳、中央公論社、一九七六年）

68——Augustinus, Enchiridion, cap. 17, PL 40, 239.

69——より正しくは、プラトンである。 Averroes, In Analytica posteriora I, comm. 5, I^2, 24 F, ed. Venetiis 1562.

70——Dionysius Areopagita, De divinis nominibus, cap. 7, § 2, PG 3, 869B; Dionysiaca, 398.

71——Boethius, Contra Eutychen et Nestorium, cap. 1, PL 64, 1341B.（『エウテュケスとネストリウス駁論』坂口ふみ訳、本集成第五巻所収）

72——Averroes, In Aristotelis Metaphysicam II, comm. 1, VIII, 29 B, ed. Venetiis 1562.

73——Algazel, op. cit., p. I, tr. 3, sent. 1, ed. J. T. Muckle, p. 63

74——Boethius, De consolatione Philosophiae V, prosa 4, PL 63, 848C.

75——Averroes, In Aristotelis Metaphysicam XI (=XII), comm. 51, VIII, 337 A.

76——Aristoteles, De anima I, 5, 410b4.

77——Id., Metaphysica III, 4, 1000b3.

78——Avicenna, Metaphysica VIII, cap. 6, f. 100rb C.

79——Boethius, De consolatione Philosophiae V, prosa 4, PL 63, 849B.

80——Id., In Isagogen Porphyrii commenta editio secunda I, PL 64, 85D.

81——Aristoteles, De anima III, 7, 431a14.

82——Id., Metaphysica VII, 10, 1036a9; ibid. VII, 11, 1036a26.

83——Id., De anima III, 11, 434a14.

84——Ibid. I, 4, 408b11.

85——Aristoteles, Metaphysica VI, 4, 1027b29.

86——Augustinus, In Johannis Evangelium tractatus I, n. 17, PL 35, 1387.（『ヨハネによる福音書講解説教⑴』泉治典・水落健治訳、教文館、一九九三年）

87——Aristoteles, Analytica posteriora I, 2, 71a11.

88——Dionysius Areopagita, De divinis nominibus, cap. 7, §2, PG 3, 869B; Dionysiaca, 398.

89——Ibid., cap. 1, §4, PG 3, 593A; Dionysiaca, 34.

90——Anselmus, Monologion, cap. 32, PL 158, 186A.

91——Avicenna, Canon medicinae I, fen1, doctr. 1, cap. 1, ed. Venetiis 1513.（『医学典範』五十嵐一訳、朝日出版社、一九八一年／檜學・新家博・檜晶訳、第三書館、二〇一〇年）

92——Aristoteles, Ethica Nicomachea VI, 10, 1144a31; ibid. VII, 8, 1151a16.

93——Augustinus, De civitate Dei XII, cap. 18, PL 41, 368.（『神の国』⑴—⑸、泉治典ほか訳、教文館、一九八〇—八三年）

94——Aristoteles, Physica III, 11, 207a14.

95——Ibid. III, 6, 207a7.

96——Augustinus, De civitate Dei XII, cap. 18, PL 41, 368.

97——Averroes, In Aristotelis Metaphysicam XI (=XII), comm. 18, VIII, 305 I.

98——Augustinus, De Genesi ad litteram VI, cap. 10, PL 34, 346; ibid. VI, cap. 14, PL 34, 349; ibid. IX, cap. 17, PL 34, 406.（『創世記逐語注解⑴』片柳栄一訳、教文館、一九九四年）

99——より正しくは、id., De Trinitate XV, cap. 2, PL 42, 1074.

100——Id., De civitate Dei XII, cap. 17, PL 41, 366.

101——Aristoteles, Physica I, 2, 185b2.

102——Avicenna, Metaphysica III, cap. 10, f. 83vb F.

103——Seneca, Epistulae morales ad Lucilium VI, epist. 6 (58), 19.（『セネカ道徳書簡集（全）——倫理の手紙集——』茂手木元蔵訳、東海大学出版会、一九九二年）

104——ピュタゴラス、アナクサゴラス、デモクリトス、プラトン。Aristoteles, Metaphysica I, 3, 984a11; id., Physica III, 6, 202b30.

105——Id., Metaphysica II, 2, 994a1; id., Physica III, 6, 203a3.

106——Algazel, op. cit., p. I, tr. 1, div. 6, ed. J. T. Muckle, p. 40.

107——Aristoteles, Physica III, 10, 206a18.

108——Averroes, In Aristotelis Metaphysicam II, comm. 6, VIII, 31 D.

109——Aristoteles, Physica III, 10, 206a18.

110——Ibid. II, 10, 197b25.

111——Ibid. III, 6, 206a18.

112——Id., Metaphysica IV, 4, 1006b18.

113——Boethius, De divisione, PL 64, 877D.

114——Aristoteles, Categoriae, cap. 1, 1a1.

115——Id., Metaphysica V, 16, 1021b30.

116 ——Averroes, In Aristotelis Metaphysicam V, comm. 21, VIII, 131 B.

117 ——Dionysius Areopagita, De divinis nominibus, cap. 9, § 6, PG 3, 913C; Dionysiaca, 468.

118 ——Aristoteles, Topica I, cap. 17, 108a7.

119 ——Id., Metaphysica IV, 1, 1003b10.

120 ——Id., Analytica posteriora I, 4, 71b25; id., De interpretatione I, 13, 18a28 sqq.

121 ——Id., Analytica priora I, 9, 30a15.（『分析論前書』井上忠訳、岩波書店、一九七一年）

122 ——Id., Metaphysica IV, 4, 1006b10.

123 ——Hugo de Sancto Victore, De sacramentis christianae fidei I, p. 2, cap. 15, PL 176, 212B.

124 ——Boethius, De consolatione Philosophiae V, prosa 6, PL 63, 861A.

125 ——Augustinus, De Trinitate VI, cap. 10, PL 42, 932.

126 ——Averroes, In Aristotelis Metaphysicam XII, comm. 51, VIII, 337 A.

127 ——Boethius, De consolatione Philosophiae V, prosa 6, PL 63, 860B.

128 ——Aristoteles, De interpretatione I, 9, 19a23.

129 ——Aristoteles, De generatione et corruptione II, cap. 11, 337b7.（『生成消滅論』戸塚七郎訳、岩波書店、一九六八年）

130 ——Aristoteles, De anima III, 7, 431a6.

131 ——Origenes, Commentarii in Epistulam ad Romanos VII, PG 14, 1126C.

132 ——Liber de causis, prop. 1.

133 ——Augustinus, De Trinitate XV, cap. 13, PL 42, 1076.

134 ——Ibid. VI, cap. 10, PL 42, 931.

135 ——Aristoteles, De anima I, 2, 405a18.

136 ——Id., Metaphysica II, 1, 993b24.

137 ——Ibid. II, 1, 993b30.

138 ——Dionysius Areopagita, De divinis nominibus, cap. 4, § 19, PG 3, 716C; Dionysiaca, 237; ibid. cap. 4, § 20, 721A; Dionysiaca, 256; Augustinus, De civitate Dei XI, cap. 9, PL 41, 325.

139 ——— Averroes, In Aristotelis De anima III, comm. 25, VI[1], 169 A.

140 ——— Augustinus, Enchiridion, cap. 11, PL 40, 326.

141 ——— Id., De libero arbitrio I, cap. 1, PL 32, 1223.

142 ——— Aristoteles, Metaphysica IV, 4, 1006b10.

143 ——— Ibid. IV, 2, 1004a15; ibid. IV, 6, 1011b19.

144 ——— Ibid. IV, 6, 1011b18.

145 ——— Id., Physica I, 7, 191a13.

146 ——— Id., Metaphysica IV, 2, 1003b10.

147 ——— Averroes, In Aristotelis Metaphysicam XII, comm. 51, VIII, 337 A.

148 ——— Augustinus, De civitate Dei XII, cap. 3, PL 41, 351.

真理論

第三問題　イデアについて

一――神の内にイデアは存在するか。
二――複数のイデアを措定すべきか。
三――イデアは思弁的認識に属するか。
四――悪はイデアを有しているか。
五――第一質料はイデアを有しているか。
六――神の内には、現在存在せず、未来に存在しないであろうし、過去にも存在しなかったものどものイデアが存在するか。
七――諸々の附帯性は神の内にイデアを有しているか。
八――個々の事物は神の内にイデアを有しているか。

第一項

問題はイデアについてである。第一にイデアを措定すべきかどうか、が問われる。そして、措定すべきではないと思われる。その理由、

(1) 神の知は最も完全である。ところで、事物についてその本質によって所有される認識は、その類似性によって所有される認識よりもより完全である。それゆえ、神は諸事物をそれらの類似性によって認識するのではなく、それらの本質によってよりよく認識する。したがって、イデアと呼ばれる諸事物の類似性が神の内に存在することはない。

(2) しかし、神は諸事物をそれらの本質によって認識する場合よりも、諸事物の類似である神自らの本質によって認識するとき、より完全に認識すると主張されてきた。――これに対しては次のように言われる。知は知られるものへの類似化である。それゆえ、認識する手段が認識される事物により類似し、一つのものになればなるほど事物はその手段によってより完全に認識されるのである。ところで、被造物の本質は神の本質よりもいっそう被造物に合一している。それゆえ、被造物は神の本質によって知られるよりも、事物はそれらの本質によって知られるときに、より完全に事物は認識されるであろう。

(3) しかし、知の完全性は認識の手段が認識される事物に合一しているよりも、認識する者に合一する場合にいっそう存在する、と主張されてきた。――これに対しては次のように言われる。知性の内にある事物の形象は知性の内に存在を持っているかぎりでは、個別的であるが、しかし知られるものに関係づけられるかぎりでは普遍の性格を持っている。というのは、その形象は個別的な諸条件に即してではなく、共通的な本性に即しての事物の類似であるからである。またその形象による認識は個別的ではなく、普遍的である。それゆえ、認識は知る者によりも知られる事物に対する形象の諸関係に伴ってくるものである。

(4) さらに、諸々のイデアを措定したプラトンの見解が哲学者[二]によって批判されたのは、プラトンが質料的な

諸事物の形相が質料なしに存在すると主張したがゆえである。ところで、これらの形相は神の知性の外にあるよりも神の知性の内にある場合の方が、よりいっそう質料なしに存在している。なぜなら、神の知性は最高の非質料性にあるからである。それゆえ、諸々のイデアを神の知性の内に措定することは、はるかに不適切なことである。

(5) さらに、哲学者[2]がプラトンの見解を批判したのは、プラトンの措定するイデアが生み出すこともなくまた生み出されることもなくて、したがって無用なものであるということのゆえである。ところでイデアがもし神の精神の内に措定されるならば、生み出されたものではない。実際、生み出されたものは複合されたものであり、また同様に生み出すこともない。というのも、生み出されたものは複合されたものであり、生み出すものは生み出されたものに似ているのであるから、生み出すものも複合されていなければならないからである。それゆえ、神の精神においてもイデアを措定することは適切なことではない。

(6) さらに、ディオニュシウスは『神名論』第七章[3]において、神は存在しているものを存在していないものから知るが、イデアによって知ることはない、と言っている。ところでイデアが神の内に他者に対して措定されるのは、それらイデアによって諸事物が認識される場合だけである。それゆえ、神の精神の内にはイデアは存在しないのである。

(7) さらに、範型づけられたものはすべて、自らの範型に比例したものである。ところで神に対する被造物のいかなる比例も存在しないことは、有限なものの無限なものへの比例が存在しないのと同様である。それゆえ、神の内には被造物の範型は存在しない。それゆえ、イデアは範型的形相であるから、神の内には諸事物のイデアは存在しないと思われる。

(8) さらに、イデアは認識することと働くこととの規範である。ところで認識と働きにおいて欠落のありえないものは、いずれの規範をも必要としない。したがって、神はこのようなものであるから、神の内にイデアを措定する必要はないと思われる。

(9)　さらに、量における一が等しさを生ぜしめるように、質における一は類似性を生ぜしめることは、『形而上学』第五巻[4]に語られている通りである。ところで神と被造物との相違のゆえに、被造物が神に等しかったり、その逆であったりすることは決してありえない。それゆえ、神の内には被造物へのいかなる類似性も存在しない。それゆえ、イデアは事物の類似性の名称であるから、事物のイデアが神の内にあることはないと思われる。

(10)　さらに、もしイデアが神の内にあるとすれば、それは被造物を産出するためにのみあるであろう。ところでアンセルムスは『モノロギオン』[5]において、「万物がそれによって造られた御言葉《みことば》の内に諸事物の類似が存在するのではなく、真で単純な本質があることは十分に明らかである」と述べている。それゆえ諸事物の類似と呼ばれるイデアは神の内に存在しないと思われる。

(11)　さらに、神は自己と他の事物とを同じ仕方で認識する。さもないと、その本質は多様で分割されうるものとなろう。ところで、神は自己自身をイデアによって認識することはない。それゆえ、他のものどももイデアによって認識することはない。

以上に反して、(1)　アウグスティヌスは『神の国』[6]において、「イデアの存在を否定する者は不信仰者である。その者は御子の存在を否定するからである」と語っている。

(2)　さらに、知性によって働く者はすべて、自分が何を働いているかを知らないというのでなければ、自らの業の構想(ratio)を自らのもとに持っているのである。ところで、神は知性によって働く者であり、自らの働いていることを知らない者ではない。それゆえ、神のもとには、イデアと呼ばれる諸事物についての構想が存在するのである。

(3)　さらに、『自然学』第二巻[7]に語られている通り、三つの原因、すなわち作出因、目的因、形相因は究極的には一つに帰する。ところで、神は諸事物の作出因と目的因である。それゆえ神は諸事物の形相的範型因でもある。というのも、神は事物の部分である形相ではありえないからである。かくして結論は先と同じになる。

(4) さらに、個的な結果が普遍的な原因によって産出されるのは、その普遍的原因が固有なものか固有化されたものであるかのいずれかの場合だけである。ところで、すべての個別的な結果は、万物の普遍的な原因である神によって存在している。それゆえ、すべての個別的な結果は、それら個々のものの固有な、あるいは固有化された原因であるかぎりの神から存在しているのでなければならない。ところで、こうしたことは神の内に存在している諸事物の固有な理念・構想によってのみ可能である。それゆえ、神の内には諸事物の理念、すなわちイデアが存在しなければならない。

(5) さらに、アウグスティヌスは[8]「私は『秩序』において世界は可感的と可知的の二つがあると言ったことを後悔しているが、それはそのことが真でないからではなく、そのことは哲学者たちによってすでに語られていたにもかかわらず、私の独創的な考えのように語ったがゆえであり、またその語り方が聖書においては普通ではなかったからである」と語っている。ところで可知的世界とは世界のイデアにほかならない。それゆえ、イデアを措定することは真である。

(6) さらに、ボエティウスは、『哲学の慰め』第三巻[9]において、神に向かって語り、「あなたは万物を最高の範型から引き出され、美しい世界を精神によって管理しておられる。ご自身最も美しい方」と述べている。それゆえ、世界と世界の内にあるすべてのものの範型は神の内にある。かくして結論は先と同じである。

(7) さらに、「ヨハネによる福音書」には、「作られたものは神の内で生命であった」〔ヨハ一：三－四〕と言われている。こうしたことは、アウグスティヌス[10]が語る通り、すべての被造物が神の精神の内に、ちょうど箱が制作者の精神の内にあるようにあるからである。ところで、箱は制作者の内には、その類似つまりイデア〔構想〕によってである。それゆえ、すべての事物のイデアが神の内にあるのである。

(8) さらに、鏡が或るものどもの認識に導くのは、それらの類似が鏡に反映しているかぎりにおいてである。ところで、創造されたものでない御言葉は、すべての被造物を認識することへと導く鏡である。というのも、御言葉によって御父は自己と他のすべてのものを語るからである。それゆえ、御言葉の内にすべての事物の類似が存在するのである。

(9) さらに、アウグスティヌスは『三位一体論』第六巻(11)において、「御子はすべての生けるものどもの理念・構想に満ちた、御父の技である」と述べている。ところで、それら理念はイデア以外の何ものでもない。それゆえ、イデアは神の内にある。

(10) さらに、アウグスティヌス(12)によれば、事物を認識する仕方は二様にある。すなわち、本質によってと類似によって。ところで、神は諸事物をそれらの本質によって認識することはない。というのも、その仕方では、自らの現存によって認識者の内にあるものどもだけが認識されることになろう。それゆえ、既述のこと〔第二問題第三項〕から明らかなように、神は諸事物についての知を持っているのであるから、神はそれら事物の類似によって知っていることが帰結する。かくして結論は先と同じことになる。

答えて次のように言わなければならない。アウグスティヌスが『八三問題集』(13)において語る通り、「われわれはイデアをラテン語では形相(forma)とか形象(species)とかと字義通りに訳することができる」。ところで、或る事物の形相ということは三通りの仕方で語られる。一つは、事物がそれから形成されるその形相である。たとえば、結果の形相化は作用者の形相から発出するという場合である。しかし、作用は作用者の形相の完全な特質に達するような結果に、必然的に帰するわけではない。というのも、結果はしばしばそれには到達せず、特に同名異義的な原因の場合にそうである。それゆえ、或るものがそれから形成されるその形相は、そのもののイデアとか形相とかとは言われない。第二の仕方では、或るものの形相はそれによって或るものが形成されるその形相の意味で語られる。たとえば、魂は人間の形相であり、彫像の形は銅の形相であるようにである。そして、複合物の部分である形相は真にその事物の形相であると言われるけれども、しかし通常その形相はその事物のイデアとは言われなかった。というのはイデアというこの名前は、イデアがそのものの形相であるその事物から離在した形相を意味しているからである。第三の仕方では、或るものの形相はそれを範型として或るものが形成される形相を意味している。そして、これは或るものがそれを模倣することによって構成される範型的形相である。イデアという名称が通常用いられるのはこの意味においてである。したがって、或る事物のイデアとは、その事物が模倣する形相である。

しかし、次のことを知らなければならない。或るものが或る形相を模倣するのに二様のあり方が可能である。一つは、作用者の意図から。たとえば、絵がその肖像が描かれている或る人を模倣するに至るのは、画家の意図による。他方、前述のような模倣は或るときには、意図の外で附帯的かつ偶然に生じてくる。たとえば、画家はしばしば意図していない人の肖像を制作する、といった場合である。ところで、或る形相を偶然的に模倣することは、その形相を範型として形成されている、とは言われない。というのも、「……を範型として」(ad)という言葉は、目的への秩序を含意していると思われる。それゆえ、それへと或るものが形作られる範型的形相あるいはイデアを、その或るものは附帯的にではなく、自体的に模倣するのでなければならない。また、或るものが目的のために二様の仕方で働くのをわれわれは見るのである。一つは、作用者自身が自分に目的を規定するという仕方で働く。たとえば、知性によって働くすべての作用者がそうである。しかし、或るときには目的は作用者に、他の主要的な作用者によって決定される。たとえば、矢が決まった目的へと動くという場合、この目的はそれを投げる人によって矢に決定されることから明らかである。同様に、決まった目的へと向けられている自然の働きは、自然の目的をあらかじめ設定し、その目的へと自然を秩序づける知性を前提している。その理由で、自然のすべての業は知性的存在者の業であると言われるのである。それゆえ、もし或るものが、自らに目的を決定しない作用者によって他のものを模倣するように生成する場合、そのことから模倣された形相は範型とかイデアとかの性格を持たないであろう。というのも、われわれは生む人間の形相が生まれた人間のイデアとか範型とかであるとは言わないが、それは、こうしたことを言うのは、決まった目的のために作用するものが自らに目的を——その目的が作用者の内にあるにせよ、作用者の外にあるにせよ——決定する場合だけだからである。実際、制作者の内にある技の形相が制作品の範型とかイデアとかであると、われわれは言うのである。また、制作者の外にありそれを模倣するために制作者が何かを作るその形相をも同様に言うのである。こうしたことがイデアの性格であり、イデアは自らに目的をあらかじめ決定する作用者の意図にもとづいて或るものが模倣する形相のことである。

それゆえ、以上によって、すべてが偶然によって生起すると主張した人々は、イデアを措定しえなかったことは明らかである。ところで、この見解は哲学者たちによって批判された。というのは、偶然によって存在するものは、ごく少数の場合にしか一様なあり方をしていない。ところが、自然の営みは常に、あるいは多くの場合に一様な仕方で現れるのをわれわれは見ているからである。すべてのものは神から意志の決定によってではなく、自然本性の必然によって発出する、と主張した人々も同様にイデアを措定することができない。というのも、自然本性の必然性から働くものは、自らに目的をあらかじめ決定することはできないからである。しかし、こうしたことは目下の場合妥当しない。というのは、目的のために働くものすべてがもし自らに目的を決定しないとすれば、そのものに目的は、他の上位のものによって規定されるからである。かくして、そのものより上位の何らかの原因があるであろう。しかしこうしたことはありえない。というのも、神について語っているすべての者は神が諸々の在るものの第一原因であることを理解しているからである。したがって、プラトン(14)はすべては偶然に起こると主張したエピクロスや、すべては自然の必然性から起こると主張したエンペドクレスや他の人々の見解を斥けて、イデアの存在を措定したのである。そして為されるべき業をあらかじめ規定するために、イデアを措定する理由を、ディオニュシウスは『神名論』第五章(15)において「われわれが範型と言うのは、存在するものどもを実体化し個的に先在する神における諸理念である。これらを神学〔神の言葉〕は〈あらかじめ定めるロゴス〉と呼ぶ。それらは存在するものどもをあらかじめ規定し作出する神的善意志である。これらのロゴスに従って超実体的なものは万物をあらかじめ規定し産出したのである」と示唆している。ところで、範型的形相あるいはイデアは或る意味で目的の性格を有しており、また制作者はそれによって働く形相を範型的形相から受け取るのであるから、その形相が自己の外にあるときには、神は自己と別なる目的のために働き、自己と別なる根原から自己を働かせるものを受け取るという不適切なこととなるから、神の外にイデアの存在を措定することはできず、もっぱら神の精神の内に措定しうるのみである。

(1) それゆえ、第一に対しては次のように言わなければならない。認識の完全性は認識する者の側からか、あるいは認識されるものの側から認めることができる。それゆえ、類似による認識よりも本質による認識の方がより完全であると言われるのは、認識されるものの側から理解されるべきである。というのも、自分自身によって可認識的であるものは、自分自身からは可認識的ではなく自らの類似によって認識者の内にあるかぎりでのみ可認識的であるものよりも、いっそう自分自身によって知られたものだからである。この意味において、創造された諸事物が、それ自身によって可認識的である神の本質よりもより可認識的ではない、と措定することは不都合ではない。

(2) 第二に対しては次のように言わなければならない。認識の手段である形象のためには二つのことが要請される。第一に、形象は認識されるものを表現していなければならない。このことは認識されるものの本性に接近するかぎりでの形象に属する。第二には、形象は霊的あるいは非質料的な存在を持っていなければならない。このことは認識者の内に存在を持つかぎりでの形象に適合する。それゆえ、ものは感覚の内にある形象によってよりも、知性の内にある形象によってよりよく認識される。形象は知性においていっそう非質料的だからである。同様に、ものはたとえものの質料性が妨げとならないで、ものの本質が認識の媒介でありうるとしても、ものの本質そのものによって認識されうるであろうよりも、神の精神の内にある形象によってよりよく認識されるのである。

(3) 第三に対しては次のように言わなければならない。認識の内には二つのことを考えなければならない。第一に、認識の本性そのものを考察すべきである。そして、この認識の本性は、形象がそこに存在する知性への形象の関係によって規定される。第二には、認識の村象との関係において認識を規定することを考えなければならない。そして、このことは形象が事物そのものに対して有している関係に従って帰結する。それゆえ、形象が表現の仕方において認識される事物により似たものであればあるほど、認識はより規定されたものである。また、形象が、認識者であるかぎりの認識者の本性である非質料性により近づけば近づくほど、形象はより効果的に認識を生ぜしめるのである。

(4) 第四に対しては次のように言わなければならない。自然的な諸形相がそれら自体から非質料的であるということは、それら形相の特質に反する。しかし、それらがそこに存在する他のものから非質料性を獲得することは、不適切なことではない。それゆえ、われわれの知性の内では自然物の形相は非質料的であるのである。それゆえ、諸々の自然物のイデアがそれ自体で自存するものである、と措定するのは不適切である。しかし、神の精神の内にイデアを措定することは不適切なことではない。

(5) 第五に対しては次のように言わなければならない。厳密に言えば神の精神の内にあるイデアは生まれたものでもなく生むものでもなく、諸事物を創造し産出することのできるものである。それゆえ、アウグスティヌスは『八三問題集』[16]において、「イデアそのものは存在し始めたり、存在しなくなったりすることはないが、しかし存在し始めたり存在しなくなったりしうるものはすべてイデアに即して形成される、と言われる」と語っているのである。また、事物が複合されるとき、第一作用者は生ぜしめられたものに似ている必要はない。しかし、こうしたことは近接作用者には妥当しなければならない。この意味で、プラトン[17]はイデアは生成の近接的根原であると主張したのである。したがって異論の推論はプラトンの考えにも対立するのである。

(6) 第六に対しては次のように言わなければならない。ディオニュシウスの意図は、神は諸事物から獲得されたイデアによって認識するのではないとか、事物をイデアによってとは違った仕方で認識するのではない、ということを主張することである。それゆえ別の翻訳は上述の代わりに「神は直視によって個々の事物に接触するわけではない」と述べている。それゆえ、以上の推論によって、イデアの存在が全面的に排除されているわけではない。

(7) 第七に対しては次のように言わなければならない。被造物は神に対していかなる比例も持たないが、先行する問題〔第二問題第三項第四異論解答、および同問題第一一項〕で説明された通り、比例性は存在しうるのである。

(8) 第八に対しては次のように言わなければならない。神は存在しないことのありえない者であるから、自己の存在と別のものである本質を必要としないように、認識と働きにおいても欠けるところのありえないものであるから、自己自身と別の規範を必要とすることはなく、自らが自己自身の規範であるがゆえに、欠けるところがありえないのである。ちょうど、自らの本質が自らの存在であるがゆえに存在しないことがありえないようにである。

(9) 第九に対しては次のように言わなければならない。神の内にはそれによって等しさが認められうるような三次元的な量は存在しないが、強さの量は存在する。ちょうど、白さはその本性に完全に到達するがゆえに、強さの量において大きいと言われるごとくである。ところで、或る形相の強さの量はその形相を所有する仕方に関係する。また、神に属するものが何らかの仕方で被造物に派出しているが、しかし被造物が或るものを神がそのものを持つのと同じ仕方で持っている、といったことはいかなる意味でも認められない。したがって、被造物と神との間に類似性のあることをわれわれは何らかの仕方で認めるが、しかしその間に等しさがある、といったことはいかなる意味でも認めないのである。

(10) 第一〇に対しては次のように言わなければならない。アンセルムスの意図は、彼の言葉を注意深く考察する者には明らかなように、御言葉の内には諸事物そのものから取られた類似性があるということではなく、諸事物のすべての形相は御言葉から取られていると語ることである。したがって、御言葉が諸事物の類似なのではなく諸事物が御言葉の模倣である、と語っているのである。それゆえ、イデアは或るものが模倣するその形相であるから、以上の推論によってイデアが排除されるわけではない。

(11) 第一一に対しては次のように言わなければならない。神はもし認識の仕方が認識者の側から理解されると、自己と他のものどもを同じ仕方で認識する。しかし、認識されるものの側から理解されると、同じ仕方で認識するわけではない。というのは、神によって認識される被造物は神がそれによって認識する媒介と実在的に同じものではなく、神はその媒介と実在的に同じものである。それゆえ、神の知においていかなる多性も帰結しないのである。

第二項

第二に、複数のイデアを措定すべきかどうか、が問われる。そして、措定すべきではない、と思われる。その理由、

(1) 神において本質的に語られるものどもは、神の内でペルソナ的に語られるものどもと同様に、神の内に真実に存在すると思われる。ところで、ペルソナ的な固有性の多数性は、神がそれによって三一なる者と言われるペルソナの多数性を導出する。それゆえ、諸々のイデアは、三つのペルソナに共通的であるゆえに本質的なのであるから、神の内に事物の多数性に従って多数のイデアが存在するのであるならば、神の内には三つのペルソナのみならず無限のペルソナのあることが帰結する。

(2) 反対に、イデアは本質そのものであるがゆえに、本質的ではないと主張されてきた。――これに対しては次のように言われる。神の善性、知恵、能力は神の本質であるが、本質的な属性と言われる。それゆえ、イデアもそれらが本質そのものであるとしても、本質的な属性と言われうるのである。

(3) さらに、神に帰せられるものはすべて、最高の仕方で神に帰せられねばならない。ところで、神は諸事物の根原である。それゆえ、根原の高貴さに最高度に属するものはすべて神の内に措定されなければならない。ところで、一性はこのようなものである。というのは、「すべての力は、それが多数化されている場合よりも単一性を有している場合の方がより無限である」ことは、『原因論』[18]に語られている通りである。それゆえ、神の内

には最高の一性がある。それゆえ、神は実在的に一であるのみならず概念的にも一である。というのは両方の仕方で一であるものが、いずれか一つの仕方でのみ一であるものよりもいっそう一であるからである。それゆえ、神の内に多くの理念、すなわちイデアがあるといったことはない。

(4) さらに、哲学者は『形而上学』第五巻に[19]「全面的に一であるものは知性、時間、場所、概念のいずれによっても分離されえない。特に、その実体において分離されえない」と述べている。したがって、神は最高度に在るものであるがゆえに、最高度に一であるとすれば、神は概念的に分離されることはできない。したがって、上と同じ結論となる。

(5) さらに、もしイデアが複数あるとすれば、それらは等しくないものであることが帰結する。というのは、イデアがそのもののイデアであるその事物が神に多様な仕方で類似しているとすれば、或るイデアは存在だけを、別のイデアは存在と生を、他のイデアはさらに知性認識を含んでいるであろう。それゆえ、神の内にいかなる不等性を措定するのも不適切なのであるから、神の内に多数のイデアは存在しえないと思われる。

(6) さらに、質料的な諸原因は一なる第一質料に還元されうる。そして、作出因も目的因も同様に還元されうる。したがって、形相因も第一の一なる形相に還元されうる。ところで、この還元の最後はイデアである。というのも、アウグスティヌスが『八三問題集』[20]において語る通り、「諸々のイデアは根原的な形相あるいは理念である」。それゆえ、神の内にはただ一つのイデアしか存在しない。

(7) しかし、第一の形相はただ一つあるだけであるが、イデアはこの形相への種々異なった関係によって多数あると言われてきた。――これに対して次のように言われる。イデアは自らがそこにある神への関係によって多数化されるとは言われえない。神は一であるからである。また、イデアは第一原因の内にあるかぎりで範型づけられたものへの関係によって多数化されることもない。というのも、ディオニュシウス[21]が語る通り、第一原因においてそれらは一つであるからである。また、固有の本性の内にあるかぎりでの範型づけられたものとの関係によってもイデアは多数化されることはない。というのも、固有の本性における範型づけられた事物は時間的であるが、他方イデアは永遠的であるからである。それゆえ、第一の形相への関係によってはいかなる仕方においても、イデアは多数であるとは言われえないのである。

(8) さらに、神と被造物との間のいかなる関係も神の内にはなく、ただ被造物の内にのみある。ところで、イデアとか範型は神の被造物への関係を含意している。それゆえ、その関係は神の内にはなく被造物の内にある。それゆえ、イデアは神の内にあるのであるから、このような関係によって多数化されることはありえない。

(9) さらに、多くの形象によって認識する知性は複合され、或るものから別のものへと移行するものである。ところで、このようなことは神の知性から最も隔たっている。それゆえ、イデアは神がそれによって知性認識する諸事物の理念であるから、イデアは神の内において多ではないと思われる。

以上に反して、(1) 同じものは同じ観点においては、それ自らの本性から同じものだけを産出する。ところで、神は多くの異なるものを産出する。それゆえ、神は同じ理念によってではなく複数の理念によって諸事物を産出する。ところで、諸事物が神によってそれらにのっとって産出されるそれら理念はイデアである。それゆえ、神の内には多数のイデアが存在するのである。

(2) さらに、アウグスティヌスは『八三問題集』[22]において「すべてのものは理念によって造られたとしても、人間と馬とは同じ理念によって造られたわけではない、ということが帰結する。そのように考えることは不条理なことである。それゆえ個々の事物は固有の理念によって創造されたのである」と述べている。それゆえ、多数のイデアが存在するのである。

(3) さらに、アウグスティヌスはネブリディウスへの書簡[23]において、三角形と四角形の定義が同じであると言うのが不適切であるように、神の内の人間の理念とこの人の理念とが同じであると言うのは不適切である、と述べている。それゆえ、神の内にはイデア的な理念が複数存在すると思われる。

(4) さらに、『ヘブライ人への手紙』に「信仰によって、私たちは、この世界が神の言葉によって創造され、したがって見えるものは、眼に見えないものからできていることを、理解するのです」〔ヘブ一一：三〕と言われている。ところで眼に見えないものを複数形でイデア的形象（species ideales）と呼んでいる。それゆえ、イデアは複数あるのである。

(5) さらに、イデアは聖なる人々によって技や世界の名前で表示されていることは、引用されている典拠から明らかである。ところで技は何らかの多を含意している。というのも技は一つの目的に向かっているさまざまな指示の集合だからである。世界もすべての被造物の集合を含意しているから、世界も同様の意味を有しているのである。それゆえ、神の内には複数のイデアを措定しなければならない。

答えて次のように言わなければならない。或る人々は、神は知性によって働き、本性の必然性によって働くのではないと考える。神はただ一つの志向するもの、すなわち被造物一般の観念を持つだけであって、諸々の被造物に見られる区別は第二の諸原因によって生ぜしめられる、と主張した。というのは、彼らは神は最初に一つの知性実体を創造し、この知性実体が三つのもの、すなわち、魂、世界そして他の知性実体を産出し、このように進んでいって第一の一なる根原から諸事物の多数性が発出した、と主張するのである。この見解によれば、確かに神の内にイデアは存在するが、全被造物に共通なただ一つのイデアがあることになり、個々の事物に固有な諸々のイデアは第二原因の内にあることになるであろう。ディオニュシウスも『神名論』第五章[24]において、クレメンスと言われる或る哲学者はより上位のものはより下位のものに対しては範型である、と主張したと語っている。しかし、こうした見解は成立しえない。というのは、もし或る作用者の意図が一つの或るものにのみ向かうならば、作用者の意図の外で生起する他のものはいずれも、作用者によって根原的に意図されたものに附帯するところのいわば偶然的なものとなる。ちょうど、或る人が何らかの三角形を造ろうと意図したとき、その三角形が大きいか小さいかはその人の意図の外にあるようにである。ところで、どのような一般的なものにも、その内に含まれる特殊的なものが附帯している。それゆえ作用者の意図が或る一般的なものにのみ向かうとき、それが何らかの特殊的なものによっていかなる仕方で限定されようとも、それは作用者の意図の外にあるであろう。ちょうど、自然が動物というものだけを生むことを意図しているとすれば、人間が生まれたとか馬が生まれたとかということは、自然の意図の外にあるのと同様である。それゆえもし働く神の意図が被造物一般に関わるならば、被造物の区別全体は偶然的に附帯していることとなろう。ところで、被造物の間のこの区別が第一原因との関係では附帯的であり、第二原因との関係では自体的であるということは不適切である。というのも、自体的にあるものは、附帯的にあるものよりもより先だからである。ところで、或るものの第一原因への関係は第二原因への関係よりも先であることは、『原因論』(25)において明らかである。それゆえ、第一原因との関連で附帯的であり第二原因との関連では自体的である、ということは不可能である。しかし、これと逆のことが起こりうるのである。すなわち、われわれとの関連では偶然的にあるものが、神にはあらかじめ認識され神によって秩序づけられているのを、われわれは見るのである。それゆえ、諸事物の区別全体は神によってあらかじめ規定されていると言わざるをえない。したがって、神の内に個々の事物の固有の理念を措定するのは必然であり、このゆえに神の内に複数のイデアを措定するのは必然のことである。

　以上から、多数性の仕方が理解されうる。すなわち、知性の内に形相は二様の仕方でありうる。一つは、形相が知性認識の働きの始原であるような仕方においてである。たとえば、知性認識者であるかぎりの知性認識者に所有されている形相がそうである。この形相は知性認識者における知性認識されるものの類似である。もう一つは、形相が知性認識の働きの終極であるような仕方においてである。たとえば、制作者が知性認識することによって家の形相を考え出す場合である。その形相は知性認識の働きによって考え出され、その働きによっていわば生ぜしめられたものであるから、その形相は知性認識の働きの始原ではありえず、したがってそれによってものが認識される第一のものであることはありえず、むしろ知性認識者が何かをそれによって作り出す知性認識されているものとして関わっている。しかしそれにもかかわらず、上述の形相はものがそれによって認識される第二のものである。というのは、制作者は考え出された形相によって何が作られるべきかを理解するからである。

思弁知性においても知性が現実的に認識するためにそれによって形相化される形象は、それによってものが認識される第一のものである。ところで、知性はこの形相によって現実態にもたらされるがゆえに、事物の何性を形成し、また複合・分離することによってすでに働くことができるのである。それゆえ、知性の内に形成された何性そのもの、あるいは肯定命題や否定命題も知性の何らかの産出物であるが、それらを通して外部の事物の認識に至る第二の産出物である。ところで、もし制作者の知性が自分自身の類似へと何らかの制作品を産出するとすれば、そのときには確かに制作者の知性そのものがイデアであるであろうが、しかしそれは知性であるかぎりにおいてではなく、知性認識されたものであるかぎりにおいてである。ところで、他のものを模倣して産出されるものどもにおいて、他のものを模倣するものは或るときにはそのものを完全に模倣する。そして、そのとき作り出す知性は、作り出されるものの形相をあらかじめ把捉しており、模倣される事物の形相そのものを模倣されるその事物の形相たるかぎりで、イデアとして所有しているのである。他方、或るときには或るものは他のものを模倣しようとしているが、そのものを完全には模倣していない。そのときには作り出す知性は、模倣される事物の形相を作り出されるべき事物のイデアとか範型として無条件に有しているのではなく、範型づけられたものが根原的な範型からそれに即して欠落したり模倣したりする或る限定された比を伴って、それを有しているのである。それゆえ、私は次のように主張する。すべてのものを知性によって作り出す神は、すべてのものを自らの本質の類似へと産出する。それゆえ、神の本質は諸事物のイデアであるが、本質であるかぎりにおいてではなく、知性認識されたものであるかぎりの本質がイデアである。ところで被造の諸事物は神の本質を完全に模倣しているわけではない。それゆえ、神の本質は神の知性によって、諸事物のイデアとして無条件に理解されるのではなく、被造物が神の本質から欠落しあるいは神の本質を模倣することに即して、生ずべき被造物の神の本質そのものに対する比を伴って理解されるのである。ところで、種々異なる事物は異なる仕方で神の本質を模倣し、おのおのの事物は自らの固有の仕方で模倣する。おのおのの事物には他の事物から区別された存在が属するからである。したがって、神の本質そのものは、本質への諸事物の異なる比が同時に理解されるときに、おのおのの事物のイデアなのである。それゆえ、諸事物の種々異なる比が存在するのであるから、イデアは複数でなければならない。確かに、イデアは本質の側からは万物に一つであるが、本質に対する被造物の種々異なる比の側からはイデアの多数性が見出されるのである。

(1) それゆえ、第一に対しては次のように言わなければならない。ペルソナ的な固有性が神の内にペルソナの区別を導入するのは、それら固有性が関係の対立によって対立するからである。それゆえ、対立しない固有性、たとえば共通的な霊の発出と父性はペルソナを区別しないのである。ところで、イデアも他の本質的な属性もいかなる相互の対立も有していない。したがって同様ではないのである。

(2) 第二に対しては次のように言わなければならない。イデアと本質的な属性について事情は同様ではない。というのは、本質的な属性はそれらの第一義的な意味において、創造主の本質以上のものは何も表示していない。それゆえ、本質的な属性も神はそれらによって被造物に関係づけられるけれども、多数化されることはない。たとえば、善性によって善きものを生ぜしめ、知恵によって知恵あるものを生ぜしめるようにである。他方、イデアはその第一義的な意味の内に、本質以外の別のあるもの、すなわち本質への被造物の比そのものを有している。そして、このことの内に理念・イデアの本質規定が形相的に完成し、そのことによってイデアは複数であると言われるのである。しかしそれにもかかわらず、イデアが本質に属することによってイデアが本質的なものと言われて何らさしつかえないのである。

(3) 第三に対しては次のように言わなければならない。理念の多数性は或るときには、事物の何らかの相違に還元される。たとえば、ソクラテスと座しているソクラテスとは概念的に相違しているように。そして、このことは実体と附帯性との相違に還元される。同様に人間と動物とは概念的に相違している。この相違は形相と質料の相違に還元される。というのも、類は質料から取られ、種差は形相から取られるからである。それゆえ、概念的なこうした相違は最高度の一性とか単純性とかに背反する。他方、或るときには概念的な相違は何らの事物の相違に還元されることなく、種々異なった仕方で可知的である事物の真理に還元される。したがって、われわれは神の内に諸理念の多数性を措定するのである。それゆえ、こうしたことは最高度の単一性とか単純性とかに背反しないのである。

(4) 第四に対しては次のように言わなければならない。哲学者は引用の箇所で理念を定義と呼んでいる。ところで神の内に、われわれは多くの理念を定義として理解することはできない。というのは、それら理念のいずれも神の本質を把握することはないからである。それゆえ、引用は妥当しない。

(5) 第五に対しては次のように言わなければならない。知性の内にある形相は二重の関係を有している。一つは、形相がそのものの形相であるその事物への関係である。もう一つは、形相がその内に存在している知性への関係である。第一の関係から形相は或る性質のものとは言われず、或る事物の形相と言われるだけである。というのは、質料的事物の形相は知性においては質料的形相ではないし、可感的事物の形相は可感的ではないからである。他方、第二の関係によれば形相は或る性質のものと言われる。というのは、形相は自らがその内に存在しているそのもののあり方に従うからである。それゆえ、イデアを模倣する諸事物のうち、或るものは他のものよりも神の本質をより完全に模倣しているということから、諸々のイデアが不等なものであることが帰結するのではなく、諸々のイデアは不等なものどものそれであることが帰結するのである。

(6) 第六に対しては次のように言わなければならない。万物がそれへと還元される一なる第一の形相は、それ自身に即して考察された神の本質である。神の知性は神の本質を考察することから、こう言ってよければ、イデアの多数性がその内に成立する模倣そのものの種々異なる仕方の認識に到達するのである。

(7) 第七に対しては次のように言わなければならない。イデアが多数化されるのは、自らの固有の本性の内にある諸事物への種々異なる関係によってである。しかし諸事物が時間的であるとしても、その関係が時間的である必要はない。知性の働きは人間の知性の場合でも、或るものにそのものが存在しないときでも及んでゆくからである。たとえば、われわれが過去の出来事を知性認識するごとくである。他方、関係が働きに伴ってくることは、『形而上学』第五巻[26]に語られている通りである。それゆえ、時間的な諸事物に対する関係は神の知性の内では永遠的である。

(8) 第八に対しては次のように言わなければならない。神と被造物との間の関係は神の内では実在的ではなく、その関係は神の内でわれわれの知性認識のあり方に即して存在する。同様に、それは神において自己自身を知性認識する神の仕方によって存在しうる。すなわち、諸事物の自らの本質に対する関係を認識するかぎりにおいて存在する。したがって、これらの関係は神の内には、神によって認識されたものとして存在しているのである。

(9) 第九に対しては次のように言わなければならない。イデアは、或るものが最初にそれによって認識されるそのもの、という性格を持つのではなく、知性の内に存在する知性認識されたものという性格を持っている。ところで、知性の一性は或るものが最初にそれによって認識されるそのものの一性に従う。ちょうど、働きの一性が働くものの根原である働くものの形相の一性に従うようにである。それゆえ、神によって知性認識された関係は多であるけれども（その多なる関係の内にイデアの多が成り立つが）、しかし神はそれらすべての関係を自らの一つの本質によって知性認識するがゆえに、神の知性は多であるのではなく一であるのである。

第三項

第三に、イデアは思弁的認識に属するか、あるいは実践的認識に属するかが問われる。そして、イデアは実践的認識にのみ属する、と思われる。その理由、

(1) アウグスティヌスが『八三問題集』[27]で語る通り、「諸々のイデアは諸事物の根原的な形相であり、初めや終わりを持つすべてのものがそれによって形成されるものである」。ところで、思弁的認識によっては何ものも形成されない。それゆえ思弁的認識はイデアを有していない。

(2) しかし、イデアは初めと終わりのあるものへの関係を有するのみではなく、初めや終わりを持ちうるものへの関係をも有していることは、アウグスティヌスが同所[28]で語る通りである。したがって、イデアは現在存在せず、未来に存在しないであろうし、過去にも存在しなかったもの――それらについて神は思弁的認識を有している――にも関係する、と主張されてきた。――これに対しては次のように言われる。実践知は、たとえ人が作り出すことをまったく意図していないとしても、人が作り出すものをそれに即して知っているその知を意味している。この意味で医学の一部門が実践的と言われるのである。ところで、神は作ることを意図していないけれども、作ることのできるものを作り出すその仕方を知っている。それゆえ、神はそれらについても実践的な認識を有している。したがって、両方の仕方でイデアは実践的認識に属しているのである。

(3) さらに、イデアは範型的形相そのものである。ところで、範型的形相も実践的認識においてしかありえない。というのも、範型とは他のものがそれを模倣して作られるそのものであるからである。それゆえ、イデアは実践的認識のみに関係する。

(4) さらに、哲学者[29]によれば、実践知性はそのものの根原がわれわれの内にあるものどもに関わる。ところで、神の知性の内にあるイデアはイデアを範型としたもの（ideata）の根原である。それゆえ、イデアは実践知性に属するのである。

(5) さらに、知性の内のすべての形相は事物に由来しているか事物に関係を有しているか、のいずれかである。ところで、事物に関係を有している形相は実践知性に関わっているが、事物に由来している形相は思弁知性に関わっている。ところで、神の知性の内のいかなる形相も事物に由来することはない。というのは、神の知性は事物から何ものも受け取っていないからである。それゆえ、それら形相は事物への関係を有している。したがって、それら形相は実践知性に属している。

(6) さらに、神において実践知性と思弁知性とのイデアが別々のものであるとすれば、その相違は〔神の内の〕何か独立したものによることはありえない。というのも、このようなものはすべて神においてはただ一つだからである。また、その相違は、「或るものは自分自身に対して同じである」と言うときのような同一性の関係によることもありえない。というのは、このような関係はいかなる多数性をも導入しないからである。また相違の関係によることもない。というのも、結果が多数化されるときでも、原因は多数化されることはないからである。それゆえ、思弁的認識のイデアはいかなる仕方でも実践的認識のイデアと別のものではない。

(7) しかし、両方のイデアは、実践的イデアが存在することの根原であるが、思弁的イデアは認識することの根原であるという点で相違している、と主張されてきた。――これに対しては次のように言われる。存在することと認識することとの根原は同じである。それゆえ、このことから思弁的イデアと実践的イデアとは区別されないのである。

(8) さらに、思弁的認識は神においては神の単純な知標にほかならない。ところで神の単純な知標は知標以外の何ものをも有しえない。それゆえ、イデアは事物への関係を附加するのであるから、イデアは思弁的認識に属するのではなく、もっぱら実践的認識に属するのである。

(9) さらに、実践知性の目的は善である。ところで、イデアの関係は善に対してのみ限定されている。というのは、諸々の悪は意図の外で起こるからである。それゆえ、イデアは実践知性にのみ関係する。

以上に反して、(1) 実践的認識は作られるべきものにのみ及んでゆく。ところで、神はイデアによって作られるべきもののみを知っているのではなく、現在しているものや作られたものをも知っている。それゆえ、イデアは実践的認識にのみ及んでゆくわけではない。

(2) さらに、神は制作者が制作品を認識するよりも、より完全に被造物を認識する。ところで、被造の制作者はそれによってものを作り出す形相によって、作り出されたものについての思弁的認識を有している。それゆえ、神ははるかに強く思弁的認識を有しているのである。

(3) さらに、思弁的認識は諸事物の根原や原因、ならびに諸事物の属性を考察するものである。ところで、神はイデアによって諸事物において認識されうるすべてのことを認識する。それゆえ、神においてイデアは実践的認識のみならず、思弁的認識にも属するのである。

答えて次のように言わなければならない。『霊魂論』第三巻[30]に語られている通り、「実践知性は思弁知性とは目的によって相違している」。というのは、『形而上学』第二巻[31]に語られている通り、思弁知性の目的は端的に真理であるが、実践知性の目的は働きであるからである。それゆえ、或る認識が実践的と言われるのは、その認識が働きへの秩序を持つことからである。このことは二様の仕方で起こる。すなわち、或るときには、認識は働きに現実的に秩序づけられる。たとえば、制作者が形相をあらかじめ考え、その形相を質料の内に導入することを意図するという場合である。そのとき、認識と認識の形相とは現実的に実践的である。他方、或るときには認識は働きに秩序づけられうるものであるが、しかし現実には秩序づけられていない。たとえば、制作者が制作品の形相を案出し、それを作り出す仕方を知っているが、しかし作り出すことを意図していない、という場合である。そして、このとき認識は所有態あるいは力において、実践的であると言われる。他方、認識がいかなる仕方でも働きに秩序づけられないときには、その認識は純粋に思弁的である。このことも二様の仕方で起こってくる。一つは、認識が認識者の知によって本来的に産出されえないものどもについての認識である場合である。たとえば、われわれが自然的なものどもを認識する場合のごときである。他方、或るときには認識された事物は確かに知によって作り出されうるものであるが、——というのも、事物は働きによって存在へと産出されるからである——しかし作り出されうるものとして考えられていない。ところで、或る事物は知性によって分離されうるが、存在によっては分離されえないものである。それゆえ、事物が存在的に分離されえないものどもを相互に区別することによって、作り出されうるものとして知性によって考察されるとき、その認識は現実的にも所有態的にも実践的ではなく、もっぱら思弁的である。たとえば、制作者が家を考察するとき、家の諸属性や類、種差ならびに事物そのものにおいて存在的に区別されないで見出される他のこれに類するものどもを探究することによって、家を考察する場合のごときである。他方、事物の存在のために同時に要請されるすべてのものが事物の内に考察されるとき、その事物は作り出されうるものとして考察されているのである。

そして、以上四つの仕方によって神の認識は諸事物に関わっている。すなわち神の知は諸事物の原因でありうるものである。それゆえ、神は或る事物を、それらが何らかのときに存在するように、自らの意志の命令によって秩序づけることによって考察する。そして、これらの事物について神は現実的に実践的な認識を有している。他方、神はいかなるときにも作ることを意図していないものどもを認識している。実際、先行の問題〔第二問題第八項〕で語られた通り、過去に存在しなかったし、現在存在せず、未来に存在しないであろうものどもを神は知っていて、それらについて現実的な知を持っているが、現実的に実践的な知ではなく、力による実践的知のみを有しているのである。そして、神は作り、あるいは作ることのできる事物を、それらの固有の存在の内にあるかぎりにおいて考察するのみならず、人間知性がそれら事物の内に分析によって見出しうるすべての徴表によっても考察するがゆえに、自ら作り出しうる事物についての認識を作り出しうる事物ではない仕方によっても有しているのである。また、神の知がそれらの原因ではありえない事物、たとえば諸々の悪をも神は知っているのである。それゆえ、われわれは神の内に実践的認識も思弁的認識も最も真なる仕方で措定するのである。

それゆえ、今やわれわれは先述されたさまざまな仕方のうちで、どの仕方によってイデアが神の認識の内に措定されるべきか、を見なければならない。それゆえ、イデアはアウグスティヌス(32)が語る通り、言葉の固有性によれば形相と言われるが、事物に注目すればイデアは事物の理念、あるいは類似性である。ところで、われわれは或る形相の内に二重の関係を見出す。一つは、それら形相によって形成されるものへの関係である。たとえば、知が知る者に関係する場合である。もう一つは、外部にあるものへの関係である。たとえば知は知られるものに関係する。ところで、この後者の関係は前者の関係のようには、すべての形相に共通的ではない。したがって、形相という名称は第一の関係のみを含意している。形相が常に原因のあり方を有しているのはこの理由である。実際、形相は自らによって形相化されるものの、或る意味での原因であるからである。その形相化が諸々の内在的な諸形相における内属という仕方によるにせよ、範型的な諸形相における模倣という仕方によってにせよ、いずれにおいてもそうである。ところで、類似と理念は第二の関係をも有しているが、そのことから原因のあり方がそれらに適合するわけではない。それゆえ、もしイデアについてその名称の固有の性格に即して語るならば、イデアはそれによって或るものが形成されうるその知にしか及んでゆかない。そして、これは現実的に実践的な認識、あるいは或る意味で思弁的でもあり、力によってのみ実践的な認識である。しかし、もしイデアを共通的に類似とか理念とかと呼ぶならば、そのときイデアは純粋に思弁的な認識にも属することができる。あるいはより固有の言い方をすれば、イデアは現実的あるいは力による実践的認識に関係する。しかし類似とか理念は思弁的ならびに実践的認識に関係する。

(1) それゆえ、第一に対しては次のように言わなければならない。アウグスティヌスはイデアの形成を作られるものにのみ関係づけるのではなく、作られうるものにも関係づけている。それら作られうるものについて、もし何も〔現実的に〕作られない場合には或る意味で思弁的認識があるのであり、そのことは既述から明らかな通りである。

(2) 第二に対しては次のように言わなければならない。異論の推論は、現実的にではなく力において実践的である認識には妥当する。そうした認識は現実的な働きから退いているかぎりで、或る意味で思弁的認識と言われる。

(3) 第三に対しては次のように言わなければならない。範型は外部にあるものへの関係を含意するけれども、その外的なものに対して原因の関係を含意している。それゆえ、固有の意味で言えば、範型は所有態あるいは力において実践的である認識にも属するのであって、現実的に実践的な認識にのみ属するわけではない。というのも、或るものが範型と言われうるのは、別のものがたとえ作られないとしても、そのものを模倣して作られうるということだからである。イデアについても同様である。

(4) 第四に対しては次のように言わなければならない。実践知性はそのものの根原がわれわれの内にあるものに関わる。しかもどのような仕方によってでもよいのではなく、われわれによって作り出されうるものとしてわれわれの内にあるものである。

(5) 第五に対しては次のように言わなければならない。思弁知性と実践知性とは形相を事物から所有しているか、あるいは事物への関係を所有しているかによって区別されるものではない。われわれにおいても実践知性は或るときには事物から取られた形相を所有しているからである。たとえば、或る制作者は何か或る制作品を見て、それに即して自分が作り出そうと意図する形相を考えるからである。それゆえ、思弁知性に属するすべての形相が事物から得られたものである必要はないのである。

(6) 第六に対しては次のように言わなければならない。実践的イデアと思弁的イデアとは、神において二つのイデアのように区別されるのではなく、知性認識の性格に即して実践的イデアは思弁的イデアの上に、働きへの関係を加えていることから区別されるのである。たとえば、人間は動物の上に理性的ということを加えているが、しかし人間と動物は二つの事物でないのと同様である。

(7) 第七に対しては次のように言わなければならない。存在の根原と認識の根原とが同じであるのは、存在の根原であるものはすべて認識の根原でもあるがゆえである。しかしその逆は言えないのである。というのは、結果はときには原因を認識する根原であるからである。それゆえ、思弁知性の形相は認識の根原でのみあるが、実践知性の形相は同時に存在と認識の根原であって何らさしつかえないのである。

(8) 第八に対しては次のように言わなければならない。知標が単純と言われるのは、知られるものへの知の関係——この関係はすべての知に分離されない仕方で結びついている——を排除するためではなく、知標の類の外にあるものの混合を排除するためである。たとえば、事物の存在は直視の知が加えているものであるように。あるいは、産出すべく知られた諸事物への意志の秩序は、是認を表明する知が加えているものであるようにである。

(9) 第九に対しては次のように言わなければならない。真なるものと善きものとは相互を含み合っている。というのは、真なるものも一種の善きものであり、すべての善きものは真なるものであるからである。それゆえ、善きものもそれの真性だけが考察されるかぎりでは、思弁的認識によって考察されるのである。たとえば、われわれが善きものを定義し善きものの本性を明示する場合である。善きものは善きものたるかぎりで考察される場合、実践的に考察されることもできる。ところでこれは、善きものが動や働きの目的であるかぎりにおいて考察される場合である。したがって、神の知性におけるイデアや類似性や理念は善きものに終極する関係を持つことから、もっぱら実践的な知標に属する、といったことの帰結しないことは明らかである。

(1) しかるに、反対異論の第一に対しては次のように言わなければならない。神において時間の盛衰といったことはない。というのは、神は同時に全体である自らの永遠性によって全時間を含んでいるからである。したがって、神は過去のこと、現在のこと、未来のことを同じ仕方で認識している。そして、このことが「シラ書」において、「万物は、創造される以前から主に知られ、またその完成の後も、同様である」〔ウルガタ訳、シラ二三・二九〕と言われている事柄である。したがって、固有の意味で理解されたイデアは実践的認識の限界を、イデアによって過去の事柄も認識されるということから、超える必要はないのである。

(2) 反対異論の第二に対しては次のように言わなければならない。被造の制作者が自らの制作品について作り出す形相によって持っているその認識は、制作者が作り出すことを意図していないとしても、もし存在へと産出されうるものとして認識しているならば、常に思弁的認識であるわけではなく、所有態的には実践的認識である。ところで、それによって制作品を自らによって産出されうるものとしてではなく認識する制作者の認識、すなわち純粋に思弁的な認識は、それら制作品に対応するイデアを有しているのではなく、おそらくそれらの理念とか類似性とかを有しているのである。

(3) 反対異論の第三に対しては次のように言わなければならない。根原とか原因とかによって存在することは、実践的認識や思弁的認識に共通である。それゆえ、この論拠から或る知について、それが思弁的でないとか実践的でないとかと証明されることはできない。

第四項

第四に、悪は神の内にイデアを有しているか、が問われる。そして、有していると思われる。その理由、

(1) 神は悪についての単純な知標の知を有している。ところで、イデアは広義に類似とか理念とかと解せられるかぎりで、単純な知標の知に或る意味で対応する。それゆえ、悪は神の内にイデアを有しているのである。

(2) さらに、悪は悪に対立しない善の内に存在することを何も妨げない。ところで、悪の類似性は善に対立しない。たとえば、黒の類似性は白に対立しないのである。というのは、反対のものどもの種は魂の内では反対のものではないからである。それゆえ、神は最高善であるけれども、神の内に悪のイデアあるいは類似性を措定することは何らさしつかえない。

(3) さらに、何らかの共通性のあるところには、何らかの類似性がある。ところで、或るものが在るものの欠如であること自体から、そのものは在るものの述語づけを受け入れる。それゆえ、『形而上学』第四巻[33]において、諸々の否定と欠如は在るものと言われると語られているのである。それゆえ、悪が善の欠如と語られること自体から、悪は最高善である神の内に何らかの類似性を有しているのである。

(4) さらに、それ自体で認識されるものはすべて、神の内にイデアを有している。ところで、偽は真と同様に、それ自体で認識される。たとえば、第一の基本原理はその真性においてそれ自体で知られるように、それらに対立するものは自らの偽性においてそれ自体において知られるものである。それゆえ、偽は神の内にイデアを有している。ところで、真が知性の善のように、偽は一種の悪であり、それは『倫理学』第六巻[34]に語られている通りである。それゆえ、悪は神の内にイデアを有しているのである。

(5) さらに、何らかの本性を有しているものはすべて、神の内にイデアを有している。ところで悪徳は徳に反するものであるから、性質の類に何らかの本性を措定する。それゆえ、神の内にイデアを有している。ところで、悪徳であること自体からそのものは悪である。それゆえ、悪は神の内にイデアを有しているのである。

(6) さらに、もし悪がイデアを持っていないならば、それは悪が在るものでない場合だけである。ところで、人がそれによって認識する諸形相は、諸々の在らざるものについても存在する。というのも、金の山とかキマエラとかを想像して何らさしつかえないからである。それゆえ、悪のイデアが神の内にあっても何らさしつかえないのである。

(7) さらに、ある事物がしるしを持たないで、しるしづけられた他の諸事物の中に存在するならば、しるしを持たないこと自体がしるしである。それはしるしづけられた羊たちにおいて明らかである。ところで、イデアはイデアの結果であるものの一種のしるしである。それゆえ、善き事物は神の内にイデアを有し、悪はそれを持たないということ自体から、悪はイデアの結果であるものとか、形相づけられたものとかと言われなければならない。

(8) さらに、神から存在しているものはすべて、神の内にイデアを有している。ところで悪、すなわち罰の悪は神から存在している。それゆえ、悪は神の内にイデアを有しているのである。

以上に反して、(1) イデアの結果であるものはすべて、イデアによって規定された存在を有している。ところで悪は規定された存在を有していない。というのも、悪は存在を持たず、在るものの欠如であるからである。それゆえ、悪は神の内にイデアを有していない。

(2) さらに、ディオニュシウス(35)によれば、イデアあるいは範型は神の意志のあらかじめの規定である。ところで、神の意志は善にのみ向かっている。それゆえ、悪は神の内にイデアを有していない。

(3) さらに、アウグスティヌス(36)によれば、「悪は形象、限度、秩序の欠如である」。ところで、プラトン(37)は形象をイデアそのものと呼んだ。それゆえ、悪はイデアを持つことはできない。

答えて次のように言わなければならない。イデアはその固有の特質によれば、既述のこと〔第三項〕から明らかなように、或る事物を形成する根原としての形相を含意している。それゆえ、もしイデアが固有の意味に解せられるならば、神の内にある何ものも悪の根原ではありえないのであるから、悪が神の内にイデアを持つことはできない。他方、イデアが共通的に理念とか、類似とかと解せられても、悪は神の内にイデアを持つことはできない。というのは、アウグスティヌス(38)によれば、悪は形相を持たないことから〔悪と〕語られるからである。それゆえ、類似は何らかの仕方で分有された形相によって認められるのであるから、悪が神の内に何らかの類似を持つということはありえない。というのも、或るものが悪と言われるのは、そのものが神性の分有から遠ざかるということ自体からだからである。

(1) それゆえ、第一に対しては次のように言わなければならない。単純な知標の直知は、悪のみならず、現在存在せず、未来にも存在しないし、過去にも存在しなかった或る種の善をもその対象として有している。そして、後者のものに関しては単純な知標の知の内にイデアが措定されるが、悪に関してはイデアは措定されない。

(2) 第二に対しては次のように言わなければならない。悪が神の内にイデアを持つことが否定されるのは、ただ対立によってのみではなく、何らかの仕方で悪が神の内にある何ものかをそれによって分有し、かくして神の類似性が得られるような何らかの本性を所有している、といったことがないからである。

(3) 第三に対しては次のように言わなければならない。或ることが在るものと在らざるものとに、それによって共通的に述語されるその共通性はただ概念的なものである。というのは、諸々の否定と欠如は概念的な在るものでしかないからである。ところで、そのような共通性は、今われわれが語っている類似性のためには不十分である。

(4) 第四に対しては次のように言わなければならない。「いかなる全体もその部分より大きくない」という原理が偽であることは真である。それゆえ、この原理が偽であると認識することは真を認識することである。ところで、この原理の偽性はその原理に真性が欠如することによってのみ認識される。ちょうど盲目が視覚の欠如によって認識されるようにである。

(5) 第五に対しては次のように言わなければならない。諸々の悪しき行為は、善く在ることを何らか所有するかぎりで存在し神に由来しているように、行為の根原や結果である所有態についても同様である。それゆえ、それらが悪しきものであることは、いかなる本性も措定せず、ただ欠如だけを措定するのである。

(6) 第六に対しては次のように言わなければならない。或るものが在らざるものと言われるのには二様の仕方がある。一つは、在らざるものの規定の内に非存在が入るからである。たとえば、盲目が在らざるものと言われるようにである。そして、そのような在らざるものには知性においても想像力においてもいかなる形相も知覚されない。そして、悪はこのような在らざるものである。もう一つは、たとえ存在の欠如がそのものの定義の内に含まれないとしても、在らざるものは実在の内には見出されないからである。したがって、在らざるものを想像したり、それらの形相を知覚するのを何も妨げないのである。

(7) 第七に対しては次のように言わなければならない。悪は神の内にイデアを有していないということ自体から、悪は神によって対立する善を通して認識される。このようにして悪は神の認識にあたかも悪がイデアを有しているかのごとく関わるのである。ただし、イデアの欠如がイデアの代わりに対応しているというわけではない。というのも、神の内に欠如はありえないからである。

(8) 第八に対しては次のように言わなければならない。罰の悪は義の秩序の観点のもとで神から出ている。その意味で罰の悪は善であり、神の内にイデアを有しているのである。

第五項

第五に、第一質料は神の内にイデアを有しているか、が問われる。そして、有していないと思われる。その理由、

(1) イデアはアウグスティヌス[39]によれば形相である。ところで、第一質料はいかなる形相も持っていない。それゆえ、神の内には第一質料に対応するイデアは存在しない。

(2) さらに、質料は可能態においてのみ在るものである。それゆえ、もしイデアはイデアの結果に対応しなければならないとすれば、質料がイデアを有している場合には質料のイデアは可能態の内にのみあるのでなければならない。しかし、神の内に可能態性は入ってこない。それゆえ、第一質料は神の内にイデアを有していない。

(3) さらに、神の内のイデアは、存在するものか存在しうるものかのイデアである。ところで、第一質料はそれ自体で離在して存在するものではないし、存在しうるものでもない。それゆえ、第一質料は神の内にイデアを持っていない。

(4) さらに、イデアはそれに従って或るものが形成されるものである。ところで、第一質料は形相がその本質に属するような仕方で形相化されることはありえない。それゆえ、もし第一質料がイデアを持つとすれば、そのイデアは神の内で空しいものであろう。しかし、これは不条理なことである。

以上に反して、(1) 神から存在へと発出するものは、神の内にイデアを有している。質料はこのようなものである。それゆえ、第一質料は神の内にイデアを有しているのである。

(2) さらに、すべての本質は神の本質から由来している。それゆえ、何らかの本質を有するものはすべて、神の内にイデアを有している。ところで、第一質料はこのようなものである。それゆえ、同じことが帰結する。

答えて次のように言わなければならない。イデアについて最初に語ったと言われているプラトン[40]は、第一質料に対していかなるイデアも措定しなかった。その理由は次のものであった。プラトンはイデアをイデアを範型としたものどもの原因として措定した。ところが、第一質料はイデアを原因として生ぜしめられたものではなく、イデアと協働する原因であった。彼は質料の側から二つの根原、すなわち大と小を措定したが、形相の側からは一つのもの、すなわちイデアを措定した。ところで、われわれは質料が神によって創造されたものであると主張する[41]。それゆえ、質料のイデアが神の内に何らかの仕方で在る、と主張しなければならない。というのも、神によって生ぜしめられるものはすべて、神の類似をいつも保持しているからである。しかしながら、もしわれわれが固有の意味でイデアについて語るならば、第一質料が形相とか複合物とかのイデアから区別されたそれ自体のイデアを、神の内に有していると主張することはできない。というのも、固有の意味で語られたイデアは、事物にそれが存在の内に産出されうるかぎりで、関係している。しかし、質料は形相なしに存在へと出てゆくことはできないし、その逆もできない。それゆえ、固有にはイデアは質料だけにも形相だけにも関係することはなく、形相に関しても質料に関しても全体を作り出しうる一つのイデアが、複合物全体に関わるのである。しかし、イデアを類似とか理念とかと解するならば、形相と質料とは分離して存在することはできないけれども、区別して考察されることは可能であって、それらは、自体的に区別されたイデアを持つことができるのである。その意味で第一質料にも自体的なイデアが存在するのは何らさしつかえないのである。

(1) それゆえ、第一に対しては次のように言わなければならない。第一質料は無形相なものであるが、しかしその内に第一形相の模倣が内在している。というのは、第一質料はいかに弱い存在しか有していないとしても、その存在は第一有・第一の在るもの（primum ens）の模倣でありそのかぎりで神の内に類似を有しているのである。

(2) 第二に対しては次のように言わなければならない。イデアとイデアを模倣したものとは、本性の合致によって似たものである必要はないが、それらの表現するものによっては似たものでなければならない。それゆえ、複合された諸事物にも単純なイデアがあり、同様に可能態にあるものにもイデア的類似が現実的に存在するのである。

(3) 第三に対しては次のように言わなければならない。質料はそれ自体では存在することはできないけれども、しかしそれ自体で考察されることはできる。そのかぎりで自体的な類似を持つことはできるのである。

(4) 第四に対しては次のように言わなければならない。異論の推論は存在へと産出されうるものたるかぎりでの事物に関わる、現実的あるいは力による実践的イデアについては妥当する。

(1) しかるに、反対異論の第一に対しては次のように言わなければならない。質料は複合物においてのみ神によって存在へと発出する。したがって、固有の意味ではイデアはこの意味で質料に対応する。

(2) 同様に反対異論の第二に対しては次のように言わなければならない。質料は固有に言えば、本質を持っているのではなく、全体の本質の一部分である。

第六項

第六に、神の内には、現在存在せず、未来に存在しないであろうし、過去にも存在しなかったものどものイデアが存在するか、が問われる。そして、それらのイデアは存在しない、と思われる。その理由、

(1) イデアを神の内に有するものは特定の存在を持つものだけである。ところで、過去に存在しなかったし、現在存在しないし、未来に存在しないであろうものはいかなる仕方でも特定の存在を有していない。それゆえ、それらはイデアを有していないのである。

(2) それらは特定の存在をそれら自体の内に持っていないけれども、神の内には持っている、と主張されてきた。——これに対しては次のように言われる。或るものが限定されるのは、一方のものが他方のものから区別されることによってである。ところで、すべてのものは神の内にあるかぎり、一つであり相互から区別されていない。それゆえ、神の内においても限定された存在を持っていないのである。

(3) さらにディオニュシウス[42]は、範型は神の善き意志であって、それらは諸事物をあらかじめ決定し生ぜしめうるものである、と語っている。ところで過去に存在しなかったし、現在存在しないし、未来に存在しないであろうものは決して神の意志によってあらかじめ決定されることはなかった。それゆえ、それらは神の内にイデアとか範型を持っていないのである。

(4) イデアは事物の産出へと秩序づけられている。それゆえ、もし存在へと決して産出されないものにイデアがあるとすれば、それは空しいものであり、そういったことは不条理と思われる。それゆえ、云々。

以上に反して、(1) 神は諸事物についての認識をイデアによって有している。ところで、神は現在存在せず、未来に存在しないであろうし、過去にも存在しなかったものを認識していることは、先に神の知についての問題〔第二問題第八項〕において語られた通りである。それゆえ、神の内には現在存在せず、未来に存在しないし、過去に存在しなかったもののイデアも存在する。

(2) さらに、原因は結果に依存しない。ところで、イデアは事物の存在の原因である。それゆえ、イデアは事物の存在にいかなる仕方でも依存していない。したがって、現在存在せず、未来に存在しないであろうし、過去にも存在しなかったものどもについてもイデアは存在しうるのである。

答えて次のように言わなければならない。イデアは、固有の意味で語られるとき、現実態のみならず所有態における実践的認識に関係する。それゆえ、神は作ることのできるものについては、決して作らなかったしまた未来にも作らないとしても、それらについて能力態的に実践的な認識を有しているから、現在存在せず、過去に存在しなかったし、未来に存在しないであろうものについてのイデアは存在することが帰結する。しかし、現在存在し、未来に存在するであろうし、過去に存在したものについてのイデアと同じ仕方であるわけではない。というのは、イデアは現在存在し、未来に存在するであろうし、過去に存在したものを産出するように神の意志の意図から規定されているが、現在存在せず、未来に存在しないであろうし、過去にも存在しなかったものに関しては、それらを産出するようには規定されていない。したがって、これら後者のものはある意味で不特定なイデア（indeterminatae ideae）を有しているのである。

(1) それゆえ、第一に対しては次のように言わなければならない。現在存在せず、過去に存在しなかったし、未来に存在しないであろうものはそれ自体において特定された存在を有していないけれども、神の認識の内には特定された仕方で存在しているのである。

(2) 第二に対しては次のように言わなければならない。神における存在と神の認識における存在とは別のものである。たとえば悪は神の内には存在しないが、神の知の内には存在するのである。というのも、或るものが神の知の内にあると言われるのは、そのものが神によって認識されることによってである。そして、神は、先行した問題〔第二問題第四項〕において明らかなように、万物を区別して認識しているがゆえに、神の知の内には諸事物は区別されているのである。しかし、神の内ではそれらは一つであるのである。

(3) 第三に対しては次のように言わなければならない。神はこれらの事物のイデアを有しているが、それらを存在の内に産出することを意志しなかった。しかし、自らがそれらを産出しうることと、それらを産出する知を自ら所有することとは意志しているのである。それゆえ、ディオニュシウスも範型の特質に要請されるのは、あらかじめ規定し作出する意志ではなく、規定することができ作出することができる意志である、と言っているのである。

(4) 第四に対しては次のように言わなければならない。そのようなイデアはそれらイデアによって何かが産出されるように神の認識によって秩序づけられているのではなく、それらイデアによって何かが産出されうるように秩序づけられているのである。

第七項

第七に、諸々の附帯性は神の内にイデアを有しているか、が問われる。そして、有していないと思われる。その理由、

(1) イデアは事物を認識し、それらを生ぜしめるためにのみ存在する。ところで、附帯性は実体を通して認識され、実体の諸根原から生ぜしめられる。それゆえ、附帯性は神の内にイデアを有する必要はない。

(2) 附帯性が実体を通して認識されるのは、その存在であってその本質ではない、と主張されてきた。――これに対しては次のように言われる。事物の定義は、事物が何であるかを、とりわけその類を示すことによって表示する。ところで、附帯性の定義の内には、『形而上学』第七巻に語られている通り、実体と基体が措定されるが、それは註釈者が同所で語る通り、基体が類の代わりに措定されるという意味においてである。[43] たとえば、獅子鼻とはくぼんだ鼻であると言われるごとくである。それゆえ、附帯性が何であるかの認識に関しても実体を通して認識されるのである。

(3) さらに、イデアを有しているものはすべてイデアを分有しているのである。ところで分有することは何かを受け入れうる実体にのみ固有なことであるから、附帯性は何も分有しない。それゆえ、附帯性はイデアを有していないのである。

(4) さらに、より先とかより後とかが語られるものにおいて、共通的なイデアを得ることはできない。それは、

『形而上学』第三巻[44]や『倫理学』第一巻[45]に明らかなように、プラトンに従えば数とか図形とかにおいて見出される。そうしたことの理由は、第一のものはいわば第二のもののイデアであるからである。ところで、在るものは実体と附帯性についてより先とより後という仕方で語られる。それゆえ、附帯性はイデアを持たないが、イデアの代わりに実体を有しているのである。

以上に反して、(1) 神によって生ぜしめられたものはすべて神の内にイデアを有している。ところで、神は実体のみならず附帯性の原因でもある。それゆえ附帯性は神の内にイデアを有している。

(2) さらに、或る類にあるものはすべて、その類の第一のものに還元されなければならない。たとえば、熱いものはすべて火の熱さに還元されなければならないように。ところで、アウグスティヌスが『八三問題集』[46]において語る通り、「諸々のイデアは根原的な形相である」。それゆえ附帯性は一種の形相であるから、それらは神の内にイデアを有していると思われる。

答えて次のように言わなければならない。イデアを最初に導入したプラトンは、附帯性のイデアを措定せずただ実体のイデアのみを措定したことは、哲学者の『形而上学』第一巻[47]によって明らかである。その論拠は次のことである。プラトンはイデアは事物の近接原因であると主張した。したがって、彼はイデア以外に或る事物にとっての近接原因を見出したときには、その事物はイデアを有していないと主張した。このことは、より先とより後という仕方で語られるものにおいて共通のイデアは存在せず、第一のものが第二のもののイデアであると主張した理由でもある。ディオニュシウスも『神名論』第五章[48]においてこの見解に言及し、その見解を諸々の在るもののうちでより上位のものはより下位のものの範型であると主張した哲学者クレメンスに帰している。このような推論によって附帯性は実体によって直接生ぜしめられるのであるから、附帯性のイデアをプラトンは措定しなかったのである。ところで、われわれはすべての第二原因において神は働き、すべての第二の結果は神のあらかじめの規定から発現していることに即して、神をおのおの事物の直接の原因と措定するがゆえに、諸々の第一の在るもののみならず、第二の諸々の在るもののイデアをも神の内に措定するのである。したがって、実体と附帯性の両方の、しかし種々異なった附帯性のイデアを異なった仕方で措定するのである。

すなわち、或る附帯性はその基体の根原から生ぜしめられた固有の附帯性であって、これらは存在的にはその基体から分離されず、それらは一つの働きによってその基体とともに存在へと産出されているのである。したがって、イデアは固有に言えば、作り出されうる事物の、そのような事物であるかぎりの形相であるから、そのような附帯性の区別されたイデアがあるわけではなく、その基体のすべての附帯性を備えた基体の一つのイデアがあることになろう。たとえば建築家が家と家に附帯するすべてのものについてそのようなものたるかぎりで、一つの形相を有しているごとくである。建築家はその形相によって家をそのような家のすべての附帯性と同時に存在に産出するのである。たとえば、そのような附帯性は家が四角形である、とか等々である。他方、或る附帯性はその基体に分離されえない仕方で伴うものではなく、基体の諸根原に依存するものでもないものである。そのような附帯性は、基体がそれによって産出される働きとは別の働きによって存在へと産出される。たとえば、人間が人間であること自体から人間が文法家であることが帰結するのではなく、或る別の働きによって帰結するのである。そして、そのような附帯性のイデアは神の内において基体のイデアから区別されて存在する。たとえば、制作者は家の絵の形を家自身の形相とは別に思い描くごとくである。しかし、もしイデアを広義に類似とか理念とかと解するならば、上述の両方の附帯性は神の内に区別されたイデアを有している。というのは、それらは自体的に区別されて考察されうるからである。それゆえ、哲学者も『形而上学』第一巻[49]において、知られる性格に関しては附帯性は実体と同様にイデアを有していなければならない、と述べている。しかしプラトンがイデアを措定したその他の理由、すなわちイデアは生成と存在の原因であることに関しては、イデアは実体にのみあると思われる。

(1) それゆえ、第一に対しては次のように言わなければならない。既述の通り、神の内には第一の諸結果だけのイデアがあるのではなく、第二の諸結果のイデアも存在する。それゆえ、附帯性は実体によって存在を所有するけれども、イデアを持つことが排除されるわけではない。

(2) 第二に対しては次のように言わなければならない。附帯性は二様の仕方で理解される。一つは抽象的な仕方で。この場合は固有の特質に従って考察される。というのも、附帯性の内に類と種を指定することができるからである。そして、この仕方では基体は附帯性の定義の内に類としては措定されないで、むしろ種差として措定される。たとえば、獅子鼻性は鼻のくぼみであると言われるように。もう一つの仕方では附帯性は具体的に理解される。この場合には、諸々の附帯性がその基体と附帯的に一つであるかぎりで理解される。それゆえこの場合、附帯性に類も種も指定されず、したがって基体が附帯性の定義の内に類として措定されることが真である。

(3) 第三に対しては次のように言わなければならない。附帯性は分有するものではないけれども、しかしそれは分有そのものである。したがって、附帯性にも神の内でイデアとか類似が対応しているのである。

(4) 第四に対しては、既述から解答は明らかである。

第八項

第八に、個々の事物は神の内にイデアを有しているか、が問われる。そして、有していないと思われる。その理由、

(1) 個々の事物は可能的には無限である。ところで、神の内には存在しているもののイデアのみならず、存在しうるもののイデアも存在する。それゆえ、もし個々の事物のイデアが神の内にあるならば、神の内には無限のイデアがあるであろう。しかしこれは不条理と思われる。現実的に無限なものは存在しえないからである。

(2) さらに、個々の事物が神の内にイデアを有しているならば、個物のイデアと種のイデアとは同じであるか、別々のものであるかである。もし別々のイデアであるとすれば、そのときには一つの事物に多くのイデアが神の内にあることになる。というのも、種のイデアは個物のイデアでもあるからである。他方、もし一つの同じイデアであるとすれば、同じ種において存在しているすべての個物は種のイデアにおいて一致しているから、すべての個物にはただ一つのイデアだけがあることとなろう。したがって、諸々の個物は神の内に区別されたイデアを有していないのである。

(3) さらに、個物の多くは偶然生じてくる。しかし、そのようなものはあらかじめ規定されていることはない。それゆえ、イデアは前述のことから明らかなように、あらかじめの規定を要請するのであるから、必ずしもすべての個物が神の内にイデアを有しているわけではないのである。

(4) さらに、或る個物は二つの種から混合されたものである。たとえば、騾馬は驢馬と馬から混合されているごときである。それゆえ、もしそのようなものがイデアを持っているとすれば、それらのおのおのに二重のイデアが対応していると思われる。こうしたことは不条理と思われる。原因の内に多を、結果の内に一を措定することは不都合であるからである。

以上に反して、(1) イデアは神の内に認識するためと働くために存在する。ところで、神は個物を認識し個物を作り出すものである。それゆえ、神の内にはそれら個物のイデアが存在する。

(2) イデアは事物の存在へと秩序づけられている。ところで、個物は普遍よりもより真に存在を有している。というのも、普遍は個物においてのみ自存するからである。それゆえ、個物は普遍よりもよりいっそうイデアを有していなければならない。

答えて次のように言わなければならない。プラトン[50]は個物のイデアを措定せず種だけのイデアを措定したが、その理由は二つある。一つは、彼によればイデアは質料を作り出すものではなく、月下の世界の形相だけを作り出しうるものであった。他方、個別性の根原は質料であり、形相によっておのおのの個物は種に位置づけられる。したがって、イデアは個物に、個物たるかぎりにおいてではなく、種によってのみ対応しているのである。もう一つの理由は、既述のこと〔第一項〕から明らかなように、イデアは自体的に意図されたもののみに関係する。ところで自然の意図は根原的に種を保存することである。したがって、生成がこの人とかあの人とかに終極するとしても、自然の意図は人間を生むことである。このことのゆえに、哲学者も『動物論』第一九巻[51]において、目的因は種に共通な附帯性の内に措定されるべきであって、個物に見出される附帯性の内に措定されるべきではない、と述べている。個物の附帯性には作出因と質料因だけが措定されるべきである。したがって、イデアは個物にではなく種に対応している。同じ理由によってプラトンは類のイデアを措定しなかった。というのも、自然の意図は類の形相の産出にではなく種の形相のみの産出に終極するからである。しかし、われわれは神が個物の形相に関しても質料に関しても原因である、と主張する。また、すべての個物が神の摂理によって規定されている、と主張する。したがって、われわれは諸々の個物のイデアをも措定しなければならないのである。

(1) それゆえ、第一に対しては次のように言わなければならない。イデアが多数化されるのは、諸事物への種々異なる関係によってである。ところで、アヴィセンナ[52]が語る通り、思考上の関係が無限に多数化されることは不都合なことではない。

(2) 第二に対しては次のように言わなければならない。もしイデアを固有の意味で語れば、すなわち或る事物が存在へと産出されうるその仕方で事物のイデアを語るならば、そのときには一つのイデアが個物、種と類、個物そのものに個体化されているものどもに対応している。というのもソクラテス、人間、動物は存在的に区別されないからである。他方、イデアをもし一般的に類似とか理念とかの代わりとして理解するならば、ソクラテスとしてのソクラテス、人間としてのソクラテス、動物としてのソクラテス、これらおのおのの考察は異なったものであるから、この関連ではソクラテスに多数のイデアあるいは類似が対応するであろう。

(3) 第三に対しては次のように言わなければならない。或るものは近接せる作用者との関係では偶然に存在するが、すべてのものをあらかじめ認識している作用者との関連では、何ものも偶然に存在することはないのである。

(4) 第四に対しては次のように言わなければならない。騾馬は驢馬と馬との中間の種を持っている。それゆえ、騾馬は二つの種の内にあるのではなく、精子の混合によって生ぜしめられたただ一つの種の内にあるのである。というのも、雄の生む力は雌によって提供される質料を雄自身の種の完成にもたらすことができないからである。実際、その質料は雄自身の種の外にあるからである。その代わりに雄はその質料を自らの種に近い端までもたらす。したがって、同じ理由から別々のイデアが騾馬と馬には帰せられるのである。

訳註

1——Aristoteles, Metaphysica I, 9, 991a8.

2——Ibid. VII, 8, 1033b26.

3——Dionysius Areopagita, De divinis nominibus, cap. 7, §2, PG 3, 869A; Dionysiaca, 397.

4——Aristoteles, Metaphysica V, 15, 1021a11.

5——Anselmus, Monologion, cap. 13, PL 158, 185B.

6——出典箇所未詳。

7——Aristoteles, Physica II, 11, 198a24.

8——Augustinus, Retractationes I, cap. 3, PL 32, 588; id., De ordine I, cap. 11, 31 et 32.（『秩序』清水正照訳、教文館、

一九七九年）

9 ——Boethius, De consolatione Philosophiae III, metrum 9, PL 63, 758.

10 ——Augustinus, In Johannis Evangelium tractatus I, n. 17, PL 35, 1387.

11 ——Id., De Trinitate VI, cap. 10, PL 42, 931.

12 ——Id., Confessiones X, cap. 17, PL 32, 790.

13 ——Id., De diversis quaestionibus LXXXIII, quaestio 46, PL 40, 30.

14 ——Cf. Aristoteles, Metaphysica I, 6, 987b7.

15 ——Dionysius Areopagita, De divinis nominibus, cap. 5, § 8, PG 3, 824C; Dionysiaca, 360.

16 ——Augustinus, De diversis quaestionibus LXXXIII, quaestio 46, PL 40, 30.

17 ——Cf. Aristoteles, Metaphysica I, 9, 991b3.

18 ——Liber de causis, prop. 17 (16).

19 ——Aristoteles, Metaphysica V, 6, 1016b1.

20 ——Augustinus, De diversis quaestionibus LXXXIII, quaestio 46, PL 40, 30.

21 ——Dionysius Areopagita, De divinis nominibus, cap. 5, § 8, PG 3, 824C; Dionysiaca, 359.

22 ——Augustinus, De diversis quaestionibus LXXXIII, quaestio 46, PL 40, 30.

23 ——Augustinus, Epistula 14, PL 33, 80.

24 ——Dionysius Areopagita, De divinis nominibus, cap. 5, § 9, PG 3, 824D; Dionysiaca, 361.

25 ——Liber de causis, prop. 1 et comm.

26 ——Aristoteles, Metaphysica V, 15, 1020b28.

27 ——Augustinus, De diversis quaestionibus LXXXIII, quaestio 46, PL 40, 30.

28 ——Ibid.

29 ——Aristoteles, Metaphysica VI, 1, 1025b22.

30 ——Id., De anima III, 10, 433a14.

31 ——Id., Metaphysica II, 1, 993b20.

32 —— Augustinus, De diversis quaestionibus LXXXIII, quaestio 46, PL 40, 30.
33 —— Aristoteles, Metaphysica IV, 1, 1003b5.
34 —— Id., Ethica Nicomachea VI, 2, 1139a27.
35 —— Dionysius Areopagita, De divinis nominibus, cap. 5, § 8, PG 3, 824C; Dionysiaca, 360.
36 —— Augustinus, De natura boni, cap. 4, PL 42, 553.（『善の本性』岡野昌雄訳、教文館、一九七九年）
37 —— Cf. Aristoteles, Metaphysica I, 6, 987b7.
38 —— Cf. Augustinus, De natura boni, cap. 4, PL 42, 553.
39 —— Id., De diversis quaestionibus LXXXIII, quaestio 46, PL 40, 30.
40 —— Cf. ibid., quaestio 46, PL 40, 29; Aristoteles, Physica I, 8, 187a17; id., Metaphysica I, 6, 987b20.
41 —— Augustinus, Confessiones XII, cap. 7, PL 32, 828.
42 —— Dionysius Areopagita, De divinis nominibus, cap. 5, § 8, PG 3, 824C; Dionysiaca, 360.
43 —— Aristoteles, Metaphysica VII, 4, 1030b14; Averroes, In Aristotelis Metaphysicam VII, comm. 18, VIII, 167 E.
44 —— Aristoteles, Metaphysica III, 3, 999a6.
45 —— Id., Ethica Nicomachea I, 6, 1096a17.
46 —— Augustinus, De diversis quaestionibus LXXXIII, quaestio 46, PL 40, 30.
47 —— Aristoteles, Metaphysica I, 9, 990b27 et 991b6.
48 —— Dionysius Areopagita, De divinis nominibus, cap. 5, § 9, PG 3, 824D; Dionysiaca, 361.
49 —— Aristoteles, Metaphysica I, 9, 990b27.
50 —— Cf. Aristoteles, Metaphysica I, 6, 987b7.
51 —— Id., De animalium XIX (= De generatione animalium V), cap. 1, 778a30.（『動物発生論』島崎三郎訳、岩波書店、一九六九年）
52 —— Avicenna, Metaphysica III, cap. 10, f. 83vb E.

真理論

第四問題　言葉について

一――言葉は固有の意味で神の内に語られるか。
二――言葉は神において本質的に語られるか、あるいはペルソナ的にのみ語られるか。
三――言葉は聖霊に適合するか。
四――御父は自己を語るその同じ言葉によって被造物を語るか。
五――言葉というこの名称は被造物への関係を含意しているか。
六――事物がより真実に存在するのは御言葉においてであるか、あるいはその事物そのものにおいてであるか。
七――言葉は現在存在せず、未来にも存在せず、過去にも存在しなかったものどもに関係づけられるか。
八――造られたものはすべて御言葉の内では生命であるか。

問題は御言葉《みことば》（Verbum）についてである。そして第一に、言葉は固有の意味で神の内に語られるか、が問題とされる。そして、そのようには語られない、と思われる。その理由、

⑴　二様の言葉、すなわち内なる言葉と外なる言葉が存在する。ところで、外なる言葉は物体的で移りゆくものであるから、神に固有の意味で語られることはできない。同様に、内なる言葉も神に語られることはできない。というのも、ダマスケヌスが〔『正統信仰論』〕第二巻で[1]「内に表出された言葉とは音声に発せられるような何らの言表もなしに、思惟の過程において生じてくる魂の動きである」と定義して述べている。ところで、神の内には動も思惟も措定されることはできない。というのも、それらは何らかの推移によって実現されるものだからである。それゆえ、言葉は固有の意味では、いかなる仕方によっても神の内には語られないと思われる。

⑵　さらに、アウグスティヌスは『三位一体論』第一五巻[2]において、或るものは精神の口であるとも言われることから、或る言葉は精神そのものに属していることを明らかにしている。それは「マタイによる福音書」に「口から出るものども、それらが人間を汚すものである」〔マタ一五：一一〕と言われている通りである。そして、心の口についてこうしたことが理解されるべきことは、その後に続いている事柄、すなわち「口から発してくるものは心から出てくるものである」〔マタ一五：一八〕から明らかである。しかし、口は霊的事物においては比喩的にのみ語られるものである。それゆえ、言葉も霊的事物においては比喩的にしか語られることはない。

⑶　さらに、御言葉は創造者と諸々の被造物との中間のものであることは、「ヨハネによる福音書」に「万物は御言葉によって造られた」〔ヨハ一：三〕と語られていることから示される。そして、まさにそのことから、アウグスティヌスは御言葉が被造物でないことを示している。それゆえ、同じ推論によって、御言葉は創造者でないことが示される。それゆえ、言葉は神の内にある何かを措定するといったことはない。

⑷　さらに、中間は両端から等しく隔たっている。それゆえ、もし御言葉が、語る御父と語られる被造物との

間の中間のものであるとすれば、御言葉は諸々の被造物から本質によって区別されるのであるから、御父からも本質によって区別されるのでなければならない。しかし、神の内には本質によって区別される何かがあるわけではない。それゆえ、言葉は固有の意味で神の内に措定されることはない。

(5) さらに、受肉したかぎりでの御子に適合するものはすべて、固有の意味で神の内に語られることはない。たとえば「人間である」とか「歩く」とかこれに類するものがそうである。ところで、言葉という性格は御子に、御子が受肉したかぎりにおいてのみ適合する。というのも、言葉という性格は、語る者を明らかにすることにもとづいており、他方、御子が御父を明らかにするのは、御子が受肉するかぎりにおいてのみだからである。それはちょうどわれわれの言葉も音声と一つになっているかぎりにおいてのみ、われわれの知性の思惟内容を明らかにするのと同様である。それゆえ、言葉は固有の意味で神の内に語られることはない。

(6) さらに、もし言葉が固有の意味で神の内に存在するとすれば、永遠から御父のもとにあった御言葉と時間の内に受肉した御言葉とは同じであることになろう。ちょうどそれが同じ御子であるというのと同様にである。しかし、こうしたことは語られえないと思われる。すなわち、受肉した御言葉は心の言葉に関係づけられ、御父のもとにある御言葉は、アウグスティヌスの『三位一体論』第一五巻[3]に明らかな通り、精神の言葉に関係づけられる。ところで、音声とともに発声された言葉と心の内にある言葉とは同じではない。それゆえ、永遠から御父のもとに在ったと言われる御言葉は、固有の意味では神の本性に属しているとは思われないのである。

(7) さらに、結果はより後なるものであればあるほど、ますます記号の性格をよりいっそう所有する。たとえば、葡萄酒は葡萄酒樽の目的因であり、さらに葡萄酒はより後なる意味ではその樽を表示するために付属される丸札の目的因である。それゆえ、丸札は記号という性格を最大度に持っている。ところで、音声の内にある言葉は、知性から発現してくる最後の結果である。それゆえ、記号という性格は精神の抱く懐念（conceptus mentis）によりも、音声の言葉にいっそう適合する。同様に、言葉という性格も、言葉が何かを明示するということから音声の言葉により適合する。ところで、精神的なものよりも物体的なものの内により先に存在するものはすべて、固有の意味で神に語られることはない。それゆえ、言葉は固有の意味では神に語られることはできない。

(8) さらに、それぞれの名称はその名称がそこから付与されるそのものを特に指示している。ところで、言葉（verbum）というこの名称は空気を打つこと（verberatio aeris）からか、あるいは言葉が真なることを叫ぶものにほかならないというかぎりでの叫び（boatus secundum quod verbum nihil est aliud quam verum boans）から付与されている。それゆえ、こうしたことが言葉という名称によって特に表示されていることである。しかし、こうしたことは、神には比喩的にしか適合しない。それゆえ、言葉は固有の意味では神の内に語られることはないのである。

(9) さらに、語る人の言葉は、語るその人の内にある語られる事柄に類似したものである、と思われる。ところが、自己を知性認識する御父は類似によってではなく、本質によって自己を知性認識する。それゆえ、御父は自己を見ることから、自己の何らかの言葉を生むことはない、と思われる。かえってアンセルムス[4]が語る通り、「語ることは、至高の霊にとって思惟することによって直知することにほかならない」のである。それゆえ、言葉は固有の意味では神の内には語られないのである。

(10) さらに、被造物との類似によって神に語られるものはすべて、神について固有の意味で語られるのではなく、比喩的に語られる。ところで、神において言葉は、アウグスティヌス[5]が語る通り、われわれの内にある言葉との類似によって語られる。それゆえ、言葉は神において比喩的に語られ、固有の意味で語られるものではない、と思われる。

(11) さらに、バシリウス[6]は神が言葉であると語られるのは、神からすべてのものが発せられることによってであり、知恵と語られるのは知恵によって万物が認識されるからであり、また光と言われるのは光によって万物が明らかにされるからである、と語っている。ところで、発するということは固有の意味で神に語られることはない。というのも、発することは音声に属するからである。それゆえ、言葉は固有の意味では神の内に語られることはない。

(12) さらに、音声の言葉が受肉した御言葉に対するように、精神の言葉は永遠の御言葉に対していることは、アウグスティヌス[7]によって明らかである。ところで、音声の言葉は受肉した御言葉には比喩的な意味においてでしか語られない。それゆえ、内なる言葉もまた永遠なる御言葉について比喩的にしか語られないのである。

以上に反して、(1) アウグスティヌスは『三位一体論』第九巻[8]において「われわれがあなたに理解させようとしている言葉は、愛を伴った知識である」と語っている。しかし、知識と愛とは固有の意味で神において語られるものである。それゆえ、言葉も固有の意味で語られるのである。

(2) さらに、アウグスティヌスは『三位一体論』第一五巻[9]において、「外的に聞こえる言葉は、内部で輝いている言葉のしるしである。そして言葉という名称は、この後者の方にいっそう適合する。なぜなら、肉体の口によって発せられるものは、言葉の音声であり、それ自身も言葉と言われるのは、内なる言葉が外に明らかになるために、それがそこから取られているそのもののゆえである」と語っている。以上から、言葉という名称は物体的な言葉によりも、霊的な言葉により固有的に語られる。ところで、物体的なものによりも霊的なものによりいっそう固有的に見出されるものはすべて、最も固有の仕方で神に適合する。それゆえ、言葉は神に最も固有の仕方で語られるのである。

(3) さらに、サン＝ヴィクトルのリカルドゥス[10]は、言葉は知恵ある者の意味を明らかにするものである、と語っている。ところで、御子は最も真実に御父の意味を明らかにする。それゆえ、言葉という名称は最も固有に神において語られるのである。

(4) さらに、アウグスティヌスの『三位一体論』第一五巻[11]によれば、言葉は形相づけられた思想にほかならない。しかし、神の思考は形相づけられるものではなく、常に形相づけられているものである。なぜなら、神の思考は常にその現実態にあるからである。それゆえ、言葉は最も固有の意味で、神の内に語られるのである。

(5) さらに、一のさまざまなあり方のうちで、最も単純なそれが第一にまた最高度に固有的に一と語られる。それゆえ、言葉においても同様に、最も単純であるものが最高度に言葉と言われる。しかし、神の内にある御言葉は最も単純なものである。それゆえ、言葉は神において最も固有的に語られるのである。

(6) さらに、文法家たちによって述べ言葉・動詞（verbum）と言われる文のこの部分が、言葉（verbum）という共通の名称を自分自身のものとして受け取るのは、その部分が文章全体を完成するものであり、いわば文の最も重要な部分であり、さらに文の他の諸部分は述べ言葉・動詞によって明らかにされるからである。というのは、名指し言葉・名詞（nomen）は述べ言葉・動詞の内に理解されるからである。ところで、神の御言葉はすべての事物のうちで最も完全なものであり、事物を明らかにするものでもある。それゆえ、最も固有的に神において言葉が語られるのである。

答えて次のように言わなければならない。一般に名称がわれわれによって付与されるのは、われわれが事物についての認識を得ることによってである。そして、自然においてより後なるものは多くの場合、われわれにはより先に知られているものであるから、名称を付与する場合に、しばしば或る名称は二つのものの一方の内により先に見出されるが、他方の内にその名称によって表示される事物はより先に存在しているということがあるのである。たとえば、「在るもの」「善きもの」のごとく、神と被造物について語られる名称において明らかであって、これらの名称は被造物により先に付与され、被造物から神に述語づけられることへと転用されたのである。とはいえ「在ること」や「善きこと」は神の内により先に見出されるものである。したがって、外なる言葉は可感的なものであるから、内なる言葉よりもわれわれによりいっそう知られたものであるから、名前の付与ということに関しては、音声の言葉の方が内なる言葉よりもより先に言葉と呼ばれるのである。とはいっても、内なる言葉は自然本性的にはより先であり、外なる言葉の作出因でも目的因でもある。目的因である理由は、音声の言葉がわれわれによって表出されるのは内なる言葉を明らかにするためである、ということである。したがって、内なる言葉は外なる言葉によって表示されなければならず、他方外に発せられるものは知性認識されたものを表示するのであって、知性認識の働きそのものを表示することはなく、能力態（habitus）や能力（potentia）である知性を表示するのも、それらが知性認識されているかぎりにおいてのみである。それゆえ、内なる言葉は内部において知性認識されているものそのものである。他方、外なる言葉の作出因である理由は、外に発せられた言葉は意図に従って意味表示的であるから、その言葉の根原が他の人工物の場合と同様、意志にあるということである。したがって、他のさまざまの人工物の場合において、制作者の精神の内に外なる人工物の一種の似像が先在するように、外なる言葉を発する者の精神の内に外なる言葉の一種の範型が先在しているのである。したがって、制作者の内にわれわれは三つのもの、すなわち制作品の目的と制作品の範型とすでに産出された制作品そのものを認めるように、話す者の内にも三様の言葉が見出されるのである。すなわち、知性によって懐念されるもの（id quod per intellectum concipitur）で、このものは音声なしに発せられる心の言葉（verbum cordis）であり、これを表示するために外なる言葉（verbum exterius）が発せられる。さらに、外なる言葉の範型があり、これは音声の像を有しているところの内なる言葉（verbum interius quod habet imaginem vocis）と言われ、さらにまた外に表出された言葉があって、これは音声の言葉（verbum vocis）と言われる。[12] 制作者において目的への意図が先行し、次に制作品の形相を考え出すことが続き、最後に制作品が存在へ産出されるように、話す者において心の言葉は音声の像を有している言葉よりも先にあり、最後に音声の言葉があるのである。

それゆえ、音声の言葉は物体的な仕方で実現されるのであるから、神については比喩的にしか語られえない。すなわち、神によって産出された被造物そのもの、あるいはそれらの動が、結果が原因を指示するように、神の知性を指示しているというかぎりで神の言葉と言われる。それゆえ、同じ理由によって、音声の似像を有している言葉は神について固有の意味で語られることはできず、ただ比喩的にのみ語られるにすぎない。すなわち、この意味で神の言葉は作られるもののイデアと言われる。これに対して、知性によって現実に思考されているものにほかならないところの心の言葉は、固有の意味で神について語られる。というのも、心の言葉は質料性とか物体性とか、あらゆる欠陥から全面的に遠ざけられているからである。そして知識と知られるもの、知性認識の働きと知性認識されるもののようなものは、固有の意味で神について語られるのである。

(1) それゆえ、第一に対しては次のように言わなければならない。内なる言葉は知性認識されているものであり、それはわれわれが現実に知性認識することによってのみ存在するのであるから、内なる言葉は知性認識という現実態にある知性を常に必要とする。ところで、知性の現実態そのものは動と言われる。しかし『自然学』第三巻に叙述されているように、それは不完全なものの動ではなくて、『霊魂論』第三巻に述べられている通り、働きであるところの完全なものの動(motus perfecti)である。[13] ダマスケヌスが内なる言葉を精神の動であると語ったのはこの意味においてである。というのも、動は動がそこに終極するそのものとして理解されているからである。すなわち、働きは働きによって生じたものの意味に理解され、それは知性認識が知性認識されたものと理解されるのと同様である。また言葉の本質規定のためには、内なる言葉に終極する知性の働き〔現実活動〕は、思惟作用が含意すると思われる何らかの推移を伴って生ずるという必要はなく、どのような仕方によってであれ何かが現実に知性認識される、ということで十分である。しかしわれわれにおいては、われわれが或るものを内的に語るのは、しばしば推移によってであるために、ダマスケヌスとアンセルムス[14]は言葉を定義するとき、「思考」(consideratio)の代わりに「思惟」(cogitatio)を用いているのである。

(2) 第二に対しては次のように言わなければならない。アウグスティヌスの議論は、類似点から出発しているのではなく、より重要でないものからより重要なものへと進んでいる。というのも、心の内に言葉があると言うよりも口があると言われるべきだ、とは思われそうにないからである。したがって、異論の議論は妥当しない。

(3) 第三に対しては次のように言わなければならない。「中間のもの」は二つの意味に理解することができる。一つは、動の二つの端の間にあるものとして。たとえば、青白さは黒くなったり白くなったりする動における白と黒との中間のものである。もう一つは、能動者と受動者との間の中間のものである。たとえば、制作者の道具は制作者と制作品との間の中間のものである。同様に、制作者がそれによって働くそのすべてのものは中間のものである。そして、この意味において御子は、創造する御父と御言葉によって造られた被造物との中間のものである。しかし、御子は創造する神と被造物との中間のものであるわけではない。なぜなら、御言葉そのものもまた創造する神であるからである。それゆえ、御子が被造物でないように、御子は御父ではないのである。しかしながら、以上のことを別にしても、異論の推論は帰結しないであろう。すなわち、神は本質的に語られる神自らの知恵によって創造する、とわれわれは言う。この意味では神の知恵は神と被造物との中間のものと言われる。とはいっても、知恵そのものは神である。ところで、アウグスティヌスは御言葉が被造物でないということを、御言葉は中間のものであるがゆえに、ということで証明しているのではなく、御言葉は被造物の普遍的原因であるがゆえに、ということから証明しているのである。というのも、いずれの動においても、その動によって動かされることのない或る第一のものへの還元がなされるからである。たとえば、性質的に変化しうるものはすべて、変化させられることなく変化させる第一のものに還元されるのである。したがって、創造されたすべてのものがそれへと還元されるそのものもまた、創造されざるものでなければならない。

(4) 第四に対しては次のように言わなければならない。動の両端の間に理解される中間のものとは、或るときには両端から等距離にあることによって理解されるが、或るときはそうでない。ところで能動者と受動者との中間のものは、もし道具として中間のものであるとすると、その道具は或る場合には第一能動者により近いものであり、或る場合には最終の受動者により近いものであり、また或る場合には両者に対して等距離によってあるものである。多くの道具によって受動者にその作用が到達してゆく能動者において明らかである。しかし、能動者がそれによって作用する形相という中間者は、常に能動者により近くにある。なぜなら、その形相は能動者の内に真に存在するが、受動者の内にはそのものの類似によってしか存在しないからである。そしてこの後者の意味では、御言葉は御父と被造物とから等しく隔たっている、と言う必要はないのである。

(5) 第五に対しては次のように言わなければならない。われわれにおいては、他者に対して何かを明示することとは、音声の言葉によってしかなされないが、しかし自己自身に明示することは心の言葉によってなされる。そして、この明示が他方の明示に先行しているのである。したがって、内なる言葉こそがより先に言葉と言われる。

同様に、御父は受肉した御言葉によって万物に明らかにされた。しかし、永遠から生まれた御言葉は御父を自分自身に明らかにしたのであり、したがって、御言葉という名称は受肉したかぎりでのみ御子に適合するわけではないのである。

(6) 第六に対しては次のように言わなければならない。受肉した御言葉は音声の言葉に類似した点と類似していない点とを有している。一方が他方に、そのことのゆえに関係づけられるそのもの、すなわち音声が内なる言葉を明らかにするように、永遠の御言葉は肉を通して明らかにされたということは両者において類似している。しかし、永遠の御言葉によって取られた肉そのものは言葉とは言われないが、他方、内なる言葉を明示するために取られる音声そのものが言葉と言われることに関しては、両者は類似していない。したがって、音声の言葉は心の言葉とは別のものであるが、受肉した後の言葉は永遠なる御言葉と同じものであって、それは音声によって表示される言葉も、心の言葉と同じであるのと同様である。

(7) 第七に対しては次のように言わなければならない。記号の性格が原因によりも結果の方により先に適合するのは、その原因が結果の表示することの原因ではなく、結果の存在することの原因である場合である。それは異論で指摘されている例にある通りである。しかし、結果が原因から存在することのみでなく、表示することをも所有している場合、そのときには存在することにおいて原因が結果よりもより先であるように、意味表示においてもより先である。したがって、内なる言葉は外なる言葉に比べて、意味表示と明示という性格をより先に持っているのである。なぜなら、外なる言葉は内なる言葉によってでなければ、意味表示するように制定されることはないからである。

(8) 第八に対しては次のように言わなければならない。名称は或るものによって二様の仕方で付与されると言われる。すなわち、名称を付与する者の側、あるいは名称がそれより付与されるその事物の側のいずれかから語られる。ところで事物の側からは、名称はその名称が意味表示している事物の概念（ratio rei）が、それによって完成されるそのものによって付与される、と言われる。そして、そのようなものはその事物にとっての種差である。また、それはその名称によって第一義的に意味表示されるものである。しかし、事物の本質的な種差はわれわれに知られていないから、或るときにはそれらの種差の代わりに、さまざまな附帯性とか結果とかを用いるのであって、それは『形而上学』第八巻[15]に語られている通りであり、こうした次第でわれわれは事物を名づけるのである。したがって、本質的な種差の代わりに取られるものとは、名称を付与する者の側から名称がそれから付与されるそのものである。たとえば、「石」（lapis）という名称は「足を傷つける」[16]（laedere pedem）という結果から付与されており、足を傷つけることは、石という名称によって第一義的に意味表示されているものではありえず、意味表示されているものの代わりに措定されるもののはずである。同様に、「言葉」という名称は名称を付与するものの側から、「打つこと」（verberatio）や「叫ぶこと」（boatus）から付与されているのであって事物の側からではない、と私は言う。

(9) 第九に対しては次のように言わなければならない。言葉の本質規定に関するかぎりでは、或るものがそのものの類似によって認識されるか、あるいは本質によって認識されるかには大差はない。外なる言葉は明らかに知性認識されうるものすべてを意味表示しており、それが本質によって認識されるか、類似によって認識されるかはいずれでもよい。したがって、本質によって認識されるにせよ類似によって認識されるにせよ、およそ知性認識されているものはすべて、内なる言葉と言われることができる。

(10) 第一〇に対しては次のように言わなければならない。神と被造物とに語られるもののうちの或るものは、それらによって意味表示される事物が被造物の内によりも神の内に、より先に見出されるものである。もっとも、名称は被造物の方に先に名づけられるけれども。そして、善性とか知恵とかこれに類するものは、固有の意味では神について語られるものである。他方、或るものはそれらによって意味表示される事物が神にはふさわしくなく、これら事物に類似した何かが神に適合し、そのようなものは比喩的に神について語られるのである。たとえば、われわれが、神は獅子であるとか〔ホセ一三：七-八〕、歩いているとか〔創三：八〕という場合である。それゆえ、神における言葉というものはわれわれの言葉との類似に従って語られるが、それは名づけるという理由によってであって、事物の秩序のゆえにではない。それゆえ、言葉は比喩的に語られるものであると言う必要はないのである。

(11) 第一一に対しては次のように言わなければならない。発声は名称を付与する者の側より、名称がそこから付与されたそのものとの関連でのみ言葉の本性に属するが、事物そのものとの関連で言葉の本性に属しているわけではない。したがって、神において発声は比喩的に語られるけれども、言葉が神に比喩的に語られるということが帰結するわけではない。それはちょうど、ダマスケヌスも[2]「神」という名称が「燃える」ということであるehinから語られ、「燃える」ことは神について比喩的に語られるが、しかし「神」という名称が比喩的に語られるわけではない、と語っているのと同様である。

(12) 第一二に対しては次のように言わなければならない。受肉した御言葉が音声の言葉に関係づけられるのは、既述のことより明らかな通り、ただ或る類似によってのみである。したがって、受肉した御言葉は比喩的にしか音声の言葉とは言われえないが、永遠なる御言葉は内なる言葉の真の特質によって心の言葉に関係づけられ、したがって、両者のいずれの場合にも言葉は固有の意味で語られるのである。

第二項

第二に、言葉は神において本質的に（essentialiter）語られるか、あるいはペルソナ的に（personaliter）のみ語られるかが問われる。そして、言葉は神において本質的な仕方によっても語られうる、と思われる。その理由、

(1) 言葉という名称は何かを明示することから付与されることは、既述の通りである。ところで、神の本質は自己を自己自身によって明示することができる。それゆえ、神の本質に言葉は自体的に適合する。したがって、言葉は神において本質的に語られるであろう。

(2)　さらに、名称によって表示されていることは定義そのものであって、それは『形而上学』第四巻[18]に語られている通りである。ところで言葉は、アウグスティヌスの『三位一体論』第九巻によれば、「愛を伴った知識である」。またアンセルムスの『モノロギオン』によれば、「語ることは、至高の霊にとって思惟することによって直知することにほかならない」のである[19]。ところで、これら両者の規定の内には本質的に語られたもの以外の何ものも措定されていない。それゆえ、言葉は神において本質的に語られるのである。

(3)　さらに、語られるものはいずれも言葉である。ところで、御父は自分自身を語るのみならず、御子と聖霊をも語るのであって、それはアンセルムス[20]が前述の書物において述べる通りである。それゆえ、言葉は三つのペルソナに共通なものである。それゆえ、言葉は神において本質的に語られるのである。

(4)　さらに、語る者は誰でも、自らが語る言葉を持っており、それはアウグスティヌスが『三位一体論』第七巻に述べている通りである。しかし、アンセルムスが『モノロギオン』において述べている通り、「御父は知性認識する者であり、御子は知性認識する者であり、聖霊は知性認識する者であるが、しかしそれでいて三人の知性認識者ではなく一人の知性認識者がいるように、御父は語る者であり、御子は語る者であり、聖霊は語る者であるが、三人の語る者がいるのではなく、一人の語る者がいるのである」。それゆえ、これらのいずれにも言葉が対応している[21]。ところで、三つのペルソナに共通なものは本質の外には何もない。それゆえ、言葉は神において本質的な仕方で語られるのである。

(5)　さらに、知性において語ることと知性認識することとは相違していない。ところで、神において言葉は知性における言葉との類似によって理解される。それゆえ、神において語ることは知性認識することにほかならない。それゆえ、言葉は知性認識されたものにほかならない。ところで、神において知性認識されるものは本質的に語られる。それゆえ、言葉も神において本質的に語られるのである。

(6)　さらに、神の言葉は、アウグスティヌス[22]が述べる通り、御父の御業を生ぜしめる能力である。ところで、業を生ぜしめる能力は神において本質的に語られる。それゆえ、言葉も神において本質的に語られるのである。

(7) さらに、愛は情動の流出を含意しているように、言葉は知性の流出を含意している。ところで、愛は神において本質的に語られる。それゆえ、言葉も本質的に語られるのである。

(8) さらに、神においてペルソナを区別することなく知性認識されたものとして理解されうるものは、ペルソナ的に語られているわけではない。ところで、言葉はこのようなもの、つまりペルソナ的に語られていないものである。というのも、ペルソナの区別を否定する者たちも、神は自己自身を語るということを措定するからである。それゆえ、言葉は神においてペルソナ的に語られることはないのである。

以上に反して、(1) アウグスティヌスは『三位一体論』第六巻[23]において、「御子だけが御言葉《みことば》と言われ、御父と御子が同時に言葉と言われることはない」と述べている。ところで、本質的に語られるものはそれら二つのペルソナに共通的に適合する。それゆえ、言葉は本質的に語られるのではない。

(2) さらに、「ヨハネによる福音書」には「御言葉は神とともにあった」〔ヨハ一：一〕と言われている。ところで「共に」(apud) という語は、他者への移行を表示する前置詞 (praepositio transitiva) であるから、区別を含意している。それゆえ、御言葉は神から区別される。しかし、本質的に語られるどんなものも神において区別されることはない。それゆえ、言葉は本質的に語られることはない。

(3) さらに、神において、ペルソナのペルソナへの関係を含意しているものはすべて、ペルソナ的に語られ、本質的に語られるものではない。ところで、御言葉はこのようなものである。それゆえ、云々。

(4) さらに、このことのためにこそサン＝ヴィクトルのリカルドゥスの典拠がある。彼は自らの『三位一体論』[24]において、御子だけが御言葉と言われうることを示しているからである。

答えて次のように言わなければならない。被造物そのものが神を明らかにする言葉であると言われるかぎりで、神において比喩的に語られる言葉は、明らかに三位一体全体に属している。しかし、今われわれは神において固有の意味で語られるかぎりでの言葉について探究しているのである。ところで、この問いは一見すると、大変単純なものに思われる。というのは、言葉は神においてペルソナがそれによって区別されるある起原を含意しているからである。しかし、より内面に立ち入って考察すると、この問題はより困難であることが判明する。というのも、神においては、実在的にではなく、ただ概念的にのみ起原を含意しているものが見出されるからである。たとえば、働きというこの名称、これは明らかに働く者から発出する或るものを含意しているが、しかしその発出はただ概念的なものでしかない。それゆえ、神における働きはペルソナ的にではなく、本質的に語られる。神において本質、力、働きには区別がないからである。それゆえ、言葉というこの名称が御子という名称と同様に、実在的な発出を含意しているのか、あるいは働きという名称のようにただ概念上の発出のみを含意しているのかどうか、したがって言葉がペルソナ的に語られるのか、本質的に語られるのかはただちに自明であるわけではないのである。

それゆえ、このことを明瞭にするためには、次のことを知らなければならない。われわれの知性の抱く言葉――これとの類似に従って、われわれは神の言葉について語ることができるのであるが――は、われわれの知性の働きがそこへと終極するそのものであり、また知性認識されているものそのものであり、それは知性の抱く懐念（conceptio intellectus）と言われるものである。そして、その懐念は知性が事物の何性を形成するときのように、複合されざる音声によって表示されうる懐念でもよいし、知性が複合し分割するときに形成されているような、複合された音声によって表示される懐念でもよい。ところで、われわれにおいて知性認識されているものはすべて、他者から実在的に発出してくる或るものである。たとえば、基本原理から結論の諸懐念が発出する場合でもよいし、より後なる事物の何性の懐念がより先なる事物の懐念から発出する場合でもよいし、あるいは少なくとも現実的な懐念が能力態的な認識（habitualis cognitio）から発出する場合でもよい。そして、こうしたことはわれわれによって認識されるすべてのものについて、それが本質によって認識されるにせよ、類似によって認識されるにせよ、一般的に真である。というのも、懐念そのものが知性認識の働きの結果であるからである。それゆえ、精神が自分自身を知性認識するときでも、精神についての懐念は精神そのものではなく、精神についての知標から表出された或るものである。したがって、われわれにおいて知性の抱く言葉はその懐念の内に二つのものを有している。すなわち、知性認識されたものであることと他者から表出されたものであることの二つである。それゆえ、もしこれら両者との類似によって言葉が神の内に語られるとすれば、その場合は言葉という名称によって理念の発出のみならず、事物の発出も含意されるであろう。しかし一方だけ、すなわち知性認識されたものであるという類似によって語られるとすれば、言葉というこの名称は神において実在的な発出を含意せず、知性認識されたものの場合と同様、ただ概念的な発出のみを含意することになろう。ところで、この後者の事態は、言葉の固有の意味によってであることになろう。なぜなら、或るものの概念に属しているものの内の何かが取り去られると、すでにそのものの固有の概念は存在しないことになろう。それゆえ、もし言葉が神において固有の意味で理解されると、ペルソナ的な仕方でしか語られないであろう。しかし、もし言葉が共通的な仕方で理解されると、本質に妥当する仕方によっても語られるであろう。しかしながら、哲学者[25]に従って、「言葉は多くの人々の用法と同じように用いられるべきである」から、名称の意味がさまざまである場合、その用法には最高度に注意が払われるべきである。そして、すべての聖なる人々は共通して言葉という名称をペルソナに語られるように用いているのであるから、この後者の理由によっていっそう言葉はペルソナ的に語られると言うべきである。

(1) したがって、第一に対しては次のように言わなければならない。言葉は自らの内に明示することを有しているのみならず、或るものの他のものからの実在的な発出をも有している。そして、本質は自己自身を明らかにしているけれども、自己自身から実在的に発出することはないから、本質が言葉と言われうるのは同一性という観点によってのみである。

(2) 第二に対しては次のように言わなければならない。言葉の定義の中に措定される知標（notitia）は、われわれの内においては現実的な知標であるところの他者から表出された知標と理解されるべきである。ところで、われ知恵とか知標とかは神において本質的に語られるけれども、しかし生まれた知恵はただペルソナ的にのみ語られる。同様に、アンセルムスが「語ることとは、思惟することによって直知することである」と語っていることも、もし語ることが固有の意味で思惟の直知について解されるとすれば、理解されうるものである。この意味において、語ることによって或るものが、すなわち知性認識された事柄そのものが発出するのである。

(3) 第三に対しては次のように言わなければならない。知性の抱く懐念は知性と知性認識される事物との中間のものである。その懐念が媒介となって、知性の働きは事物に到達するからである。したがって、知性の抱く懐念は知性認識されている事柄であるのみならず、事物がそれによって知性認識されるそのものでもある。したがって、知性認識されるものは事物とも言われうるし、また知性の抱く懐念とも言われうるのである。同様に、語られるものとは言葉によって語られている事物とも言われうるし、また言葉とも言われうる。それは外的な言葉においても明らかな通りである。というのも、名称そのものが語られているし、また名称によって表示される事物も名称そのものによって語られているのである。したがって、私は、御父は言葉のように語られるのではなく、語られた事物のように語られ、聖霊も同様であると言うのである。なぜなら、御子は三位一体の全体を明らかにしているからである。それゆえ、御父は自らの一なる御言葉によって、三つのペルソナのすべてを語っているのである。

(4) 第四に対しては次のように言わなければならない。この点で、アンセルムスは自分自身に矛盾していると思われる。なぜなら、言葉はペルソナ的にのみ語られ、御子にのみ適合するが、語ることは三つのペルソナに適合すると述べているからである。ところで、「語る」とは自己から言葉を発することにほかならない。同様に、アンセルムスの言葉にはアウグスティヌスの『三位一体論』第七巻[26]の言葉も矛盾する。そこでアウグスティヌスは三位一体におけるそれぞれのペルソナが語る者であるのではなく、御父が自らの御言葉によって語る者である、と言っているのである。それゆえ、固有の意味で語られた言葉は、神においてはペルソナ的にのみ語られ、御子のみに適合するように、語ることは御父のみに適合する。しかし、アンセルムスは、語ることを知性認識の意味として共通的に理解し、他方、言葉を固有の意味で理解したのである。したがって、もし彼が望んだとすれば、彼は逆のことを為すこともできたであろう。

(5) 第五に対しては次のように言わなければならない。われわれにおいて「語る」とは知性認識することのみならず、何らかの懐念を自己から表出することを伴った知性認識をも意味表示している。また、われわれはこのような懐念を表出することによらずに、それと別の仕方で知性認識することはできない。したがって、われわれにおいて固有の意味では知性認識はすべて語ることである。ところで、神は何かが自己から実在的に発出するといったことなしに知性認識することができる。なぜなら、神において、知性認識する者と知性認識されるものと知性認識する働きとは同じであるからである。しかしわれわれにおいては、そうしたことは起こっていない。したがって、神においては必ずしもすべての知性認識の働きが固有の意味で語ることである、とは言われないのである。

(6) 第六に対しては次のように言わなければならない。御言葉が御父の知標と言われるのは、御父から生まれた知標の場合のみであるように、御言葉が御父の業を生み出す力とも言われるのは、御言葉が御父から力によって発出している力であるからである。ところで、発出する力はペルソナ的に語られ、御父から発出する業を生み出す能力も同じようにペルソナ的に語られるのである。

(7) 第七に対しては次のように言わなければならない。或るものが別のものから発出するのは二様の仕方で可能である。一つは作用が作用者から、あるいは働きが働く者から発出するようにである。もう一つは働きの産出物が働く者から発出するようにである。それゆえ、働く者からの働きの発出は、それ自身で存在している事物をそれ自身で存在している別の事物から区別するのではなく、完全性を完成されたものから区別するのである。というのも、働きは働く者の完全性であるが、働きの結果の発出は、或る事物を他の事物から区別するからである。ところで、神において完全性の完成されうるものからの区別は実在的には存在しえないが、しかし神において相互から区別される実在、すなわち三つのペルソナが見出される。したがって、神において働く者からの働きの発出として表示される発出は、ただ概念的な発出としてのみ存在するが、根原からの事物の発出として表示される発出は、神において実在的に見出されるのである。ところで、知性と意志との間には次のような相違が存在する。すなわち、意志の働きは善と悪がその内にある事物に終極するが、知性の働きは真と偽がそこにある精神の内で終極し、そのことは『形而上学』第六巻[27]に語られている通りである。したがって、意志は自己自身から発出するものを働きの仕方によってのみ所有するが、知性は働きの仕方によってのみならず働きの結果である事物の仕方によっても、自己から発出する或るものを自分自身の内に持っているのである。したがって、言葉は発出している事物として表示されるが、愛は発出する働きとして表示される。それゆえ、愛は言葉のようにペルソナ的に語られるというあり方はしていないのである。

(8) 第八に対しては次のように言わなければならない。ペルソナの区別が認識されないときには、神は固有の意味で自己自身を語るということはないであろうし、また神の内にペルソナの区別を措定しない人々によって、こうしたことは固有の意味で理解されることもないのである。

反対異論で述べられている事柄に対しては、もし人が反対異論の立場を支持しようと欲すれば、容易に答えられるであろう。すなわち、

(1) 反対異論の第一に対しては次のように言わなければならない。アウグスティヌスの書から引き出されている異論に対しては、アウグスティヌスは言葉を実在的な起原を含意しているかぎりで理解している、と言うことができよう。

(2) 反対異論の第二に対しては次のように言わなければならない。「共に」というこの前置詞が、たとえ区別を含意しているとしても、しかしこの区別が「言葉」という名称の内に含まれているわけではない。というのも、御言葉は神からの神、神と共なる神とも言われるからである。

(3) 反対異論の第三に対しては次のように言わなければならない。反対異論の言う関係はただ概念的な関係に

すぎない、と。
（4） 反対異論の第四に対しては、反対異論の第一に対するのと同様に答えられる。

第三項

第三に、言葉は聖霊に適合するか、が問われる。そして、適合すると思われる。その理由、
（1） バシリウスが「聖霊についての説教」第三[28]において「御子が御父に対するのと同様に、聖霊は御子に対している。そして、このことのゆえに、神の言葉は御子であり、御子の言葉は聖霊である」と語っている。それゆえ、聖霊は言葉と言われる。
（2） さらに、「ヘブライ人への手紙」には御子について「御子は神の栄光の輝きであり、その力ある言葉によって万物を保っておられる」〔ヘブ一：三〕と言われている。それゆえ、御子は自己から発出する言葉を所有し、その言葉によって万物は保たれている。ところで、神において御子からは聖霊しか発出しない。それゆえ、聖霊は言葉と言われるのである。
（3） さらに、言葉はアウグスティヌスが『三位一体論』第九巻[29]に述べる通り、「愛を伴った知標である」。ところが、知標は御子に固有なものと見なされるように、愛は聖霊に固有なものと見なされる。それゆえ、言葉が御子に適合するように、言葉は聖霊にも適合するのである。
（4） さらに、「ヘブライ人への手紙」の「自らの力ある言葉によって万物を保っている」〔ヘブ一：三〕という聖句に対して、註釈[30]はその場合には言葉は命令として理解される、と述べている。ところで、命令は意志のしるしの内に措定される。それゆえ、聖霊は意志の流儀で発出するのであるから、聖霊は言葉と言われうると思われる。

(5) さらに、言葉は自らの概念の内に明示することを含意している。ところで、御子は御父を明示するように、聖霊は御父と御子を明示する。それゆえ、「ヨハネによる福音書」には聖霊は「すべての真理を教える」〔ヨハ一六：一三〕と語られている。それゆえ、聖霊は言葉と言われなければならない。

以上に反して、アウグスティヌスは『三位一体論』第六巻[31]において「御子は御子と言われるその同じ理由によって、言葉と言われる」と述べている。ところで、御子が御子と言われるのは、生まれたものであることによってである。それゆえ、御子は生まれたものであることによって、言葉とも言われるのである。ところで、聖霊は生まれたものではない。それゆえ、聖霊は言葉ではないのである。

答えて次のように言わなければならない。言葉や像というこのような名称の使用は、われわれやわれわれの聖なる人々とギリシアの昔の博士たちにおいてでは違っている。すなわち、ギリシアの博士たちは言葉と像という名称を、神の内に発出するものすべてのために用いた。それゆえ、聖霊と御子を区別せずに言葉とか像とかと呼んだのである。しかし、われわれとわれわれの聖なる人々は、これらの名称を使用するとき、言葉とか像とかをほとんど、あるいはまったく御子のためにしか措定しない正典聖書の慣例に従うのである。像については確かに現在の問題には属していないが、言葉についてのわれわれの使用法が十分に理にかなったものであることは明らかである。すなわち、言葉は何らかの明示を含意している。ところで、明示は自体的には知性においてのみ見出されるものである。というのも、知性の外にある何かを明示すると言われる場合には、こうしたことはそのもの自身の何かが知性の内に留まっているかぎりでのみ妥当するからである。それゆえ、最後的に最高度に明示するものは知性の内にあるが、それとあまり関係のないものは知性の外にも存在する。したがって、言葉という名称は固有の意味では知性から発出するものについて語られる。他方、知性から発出しないものは、そのものが何らかの仕方で明示するかぎりにおいて、比喩的にのみ言葉と言われうるにすぎない。それゆえ、私が神において御子だけが知性の道をとって発出するというのは、御子が一つのものから発出するからである。というのも、聖霊は二つのものから発出し、意志の道をとって発出するからである。したがって、聖霊が言葉と言われうるのは、明示するもののすべてが言葉と言われるかぎりで、比喩的な意味においてのみである。そして、バシリウスの典拠はこの意味で理解されるべきである。

(1) 以上の議論から第一異論に対する解答は明らかである。

(2) 第二に対しては次のように言わなければならない。バシリウスによれば、言葉はその箇所で聖霊の意味で理解されている。したがって、異論の第一に対するのと同様に言われるべきである。あるいは註釈[32]に従って、言葉は御子の命令として理解される、と言うことはできる。というのも、命令は比喩的には言葉と言われるのであって、それは言葉によって命令されるのが普通のことだからである。

(3) 第三に対しては次のように言わなければならない。知標は、言葉の本質を含意するものとして言葉の意味内容に属している。しかし、愛が言葉の意味内容に属するのは、引用された典拠が示すように、言葉の本質に関わるものとしてではなく、言葉に同伴するものとしてである。それゆえ、聖霊は言葉であるが、御言葉から発出するということは結論されないのである。

(4) 第四に対しては次のように言わなければならない。言葉は、ただ知性の内にあるものだけでなく、意志そのものが知性認識されたものであることに従って、意志の内にあるものをも明らかにする。それゆえ、命令は意志のしるしであるけれども、知性に属しているかぎりで命令は言葉と言われうるのである。

(5) 第五に対しては前述のことから解答は明らかである。

第四項

第四に、御父は自己を語るその同じ御言葉《みことば》によって被造物を語るか、が問われる。御父は御言葉によって被造物を語らない、と思われる。その理由、

(1)「御父は自己を語る」とわれわれが言うとき、語る者と語られるもののみが意味表示され、しかも両方の側から御父だけが意味表示されている。それゆえ、御父が自己から御言葉を産出するのは自己を語ることによってのみであるから、御父から発出する御言葉によって被造物が語られることはない、と思われる。

(2) さらに、それぞれの事物がそれによって語られる言葉とは、その事物の類似である。ところで、御言葉はアンセルムスが『モノロギオン』(33)において示している通り、被造物の類似と言われることはできない。なぜなら、もし被造物の類似であるとすれば、御言葉は被造物に完全に一致して、被造物のように可変的なものになり、御言葉における最高の不変性は滅びることになるか、あるいは御言葉は被造物にまったく一致しないものになり、かくして御言葉の内には最高の真理は存在しないことになろうからである。実際、類似は自らがそのものの類似であるそのものにより一致すればするほど、より真なるものだからである。それゆえ、御子は被造物がそれによって語られる言葉ではないのである。

(3) 神において諸々の被造物の言葉は、制作品の言葉が制作者によって語られるのと同じ仕方で語られる。ところで、諸々の制作品の言葉は、制作者において制作品の構想(dispositio)としてのみ存する。それゆえ、諸々の被造物の言葉も神においては被造物の構想としてのみ存する。ところで、被造物についての構想は神において本質的に語られるのであって、ペルソナ的に語られるのではない。それゆえ、被造物が語られる言葉は、ペルソナ的に語られる御言葉ではない。

(4) さらに、言葉を通して語られるものに対して、およそ言葉はすべて範型か像かいずれかの関係を有している。実際、範型の関係を持つのは言葉が事物の原因である場合であり、たとえば、実践知性における場合がそう

である。他方、像の関係を持つのは、言葉が事物によって原因される場合であり、われわれの思弁知性における場合である。ところで、被造物の像であるところの被造物の言葉が、神の内にあることはありえない。それゆえ、神における被造物の言葉は被造物の範型でなければならない。ところで、神の内なる被造物の範型はイデアである。それゆえ、被造物の言葉は神においてイデアにほかならない。ところで、イデアは神においてペルソナ的に語られるのではなく、本質的に語られるものである。それゆえ、御父が自己自身をそれによって語り、神の内にペルソナ的に語られる御言葉は、被造物がそれによって語られる言葉ではないのである。

(5) さらに、或る被造物は他の別の被造物からよりも、神からいっそう隔たっている。ところで、異なるさまざまの被造物には複数のイデアが神の内に存在する。それゆえ、御父が自己と被造物とをそれによって語る言葉は同じものではない。

(6) さらに、アウグスティヌス[34]によれば、御子が御言葉と言われるのは、像と言われるのと同じ理由によってである。ところで、御子は被造物の像ではなく、御父だけの像である。それゆえに、御子は被造物の言葉ではない。

(7) さらに、すべての言葉はそのものの言葉であるその当のものから発出する。ところで、御子は被造物から発出しない。それゆえ、御子は被造物が語られる言葉ではない。

以上に反して、(1) アンセルムス[35]は、御父は自己を語ることによって全被造物を語った、と述べている。ところで、御父が自己をそれによって語った御言葉は御子である。それゆえ、御子である御言葉はすべての被造物を語っているのである。

(2) さらに、アウグスティヌス[36]は「神は語った。そして、そのものは成った」〔創一〕を次のように解説している。すなわち、御父は事物が生成するために、事物がその内に存在した御言葉を生んだ、と。それゆえ、御子である御言葉によって御父はすべての被造物を語ったのである。

(3) さらに、制作者が制作術と制作品とに向かう働きは同じものである。ところで、神自身は被造物が一種の制作品としてそれによって産出される永遠なる制作術である。それゆえ、御父は自己自身と全被造物とに同じ働きによって向かうのである。したがって、御父は自己を語ることによってすべての被造物を語るのである。

(4) さらに、或る類におけるより後なるものはすべて、第一のものにそれを原因として還元される。ところで、被造物は神によって語られている。それゆえ、被造物は神によって語られている第一のものに還元される。ところで、神は第一に自己自身を語る。それゆえ、自己を語ることによってすべての被造物を語るのである。

答えて次のように言わなければならない。御子は御父から御子として発出するかぎりにおいては自然本性の仕方によって、また御言葉として発出するかぎりにおいては知性の仕方によって発出する。ところで、発出のこれら両方の仕方は、同じ関連においてではないけれども、われわれにおいても見出される。すなわち、知性と本性との仕方によって、他者から発出するようなものはわれわれの内には何も存在しないからである。なぜなら、知性認識することと存在することとは、われわれにおいては神におけるようには同じでないからである。しかし、発出の両方の仕方はわれわれの内と神の内とに見出される場合に、類似した相違を有している。すなわち、人間の父から自然本性の道によって発出してくる人間の息子は、父の全実体を自らの内に有することはなく、父の実体の部分を受け取る。しかし、神の御子は、御父から自然本性の道によって発出するかぎりにおいて、自らの内に御父の全本性を受け取り、かくして御子と御父は個的に一なる本性を持っているのである。同様の相違が、知性の道による発出においても見出される。すなわち、われわれにおいて現実的な思考によって表出され、諸原理の何らかの思考、あるいは少なくとも能力態的な認識からいわば生じてきた言葉は、自らの起原であるものの内に在るもののすべてを自らの内に受け取るわけではない。というのは、能力態的認識によってわれわれが保持しているもののすべてを、知性は一つの言葉を懐念することにおいて表出することはなく、そのうちの或る部分を表出しているにすぎないからである。同様に、一つの結論の思考において、諸原理の内に能力態によって存在したそのすべてが表出されるわけではない。しかし、神においてその言葉が完全であるためには、神の言葉は、言葉がそこに起原があるそのものに含まれているものすべてを表現するのでなければならない。神は万物を何度かに分けてではなく一つの直観によって見てとるのであるから、特にそうである。したがって、御父の知識の内に含まれるものは何であれ、そのすべては御父自身の一つの言葉によって表出され、また言葉がその根原に対応している真なるものであるために、御父の知識の内に万物が含まれるその仕方で表出されるのでなければならない。ところで、御父は自らの知識によって自己を知り、自己を認識することによって他のすべての事物を認識するのである。それゆえ、御父自身の言葉は根原的には御父自身を表出し、副次的な仕方によって御父が自己自身を認識することによって認識する他のすべてのものを表出するのである。したがって、御子は御父を完全に表出している言葉であるというそのこと自体から、全被造物を表出するのである。そして、この関係・秩序（ordo）は、御父は自己を語ることによって全被造物を語った、と述べるアンセルムスの表現の内に示されているのである。

(1) したがって、第一に対しては次のように言わなければならない。「御父が自己を語る」と言われるとき、この言表の内にすべての被造物が含まれている。すなわち、御父が自己についての知識によってすべての被造物を、全被造物の範型として含むことによって、すべての被造物がこの言表の内に含まれているのである。

(2) 第二に対しては次のように言わなければならない。アンセルムスは類似という名称を厳密に理解している。それはディオニュシウスも『神名論』第九章[37]において、相互に対等に秩序づけられたものどもにおいて、われわれは類似の相互性を受け取る、と言っている。つまり、一方が他方に似ていると言われ、またその逆も言われるのである。しかし、原因と原因によって生ぜしめられたものという仕方によって在るものどもにおいて、固有の意味では類似の相互性は見出されないのであって、たとえば、ヘラクレスの像はヘラクレスに似ているが、その逆ではない。それゆえ、神の御言葉は、われわれの言葉のように被造物の模倣によって作られたのではなく、むしろその逆であるがゆえに、アンセルムスは御言葉が被造物の類似であるのではなく、その逆であることを言おうとしているのである。ところで、もし広義に類似を理解するならば、御言葉は被造物の類似であると言うことができる。しかし、被造物の像としてではなく被造物の範型としてである。それはアウグスティヌス[38]もイデアは諸事物の類似であると言っているのと同様である。しかし、御言葉の内に最高の真理が存在しないといったことが帰結するわけではない。御言葉は不変的であるが被造物は可変的であるからである。というのは、言葉が真なるものであるために必要であるものは、言葉によって語られる事物への言葉の類似であるが、それは「神の知について」の問題〔第二問題第一三項第一異論解答〕において語られた通り、本性の合致によるものでなく、表現の合致によるからである。

(3) 第三に対しては次のように言わなければならない。諸々の被造物の構想が固有の意味で言葉と言われるのは、それが生まれた構想として他者から発出するものであり、生まれた知恵と同様ペルソナ的に語られることによってである。もっとも、無条件に理解された構想は本質的に語られるものである。

(4) 第四に対しては次のように言わなければならない。言葉はイデアとは相違している。すなわち、イデアは端的に範型的形相の名称であるが、神における被造物の言葉は他のものから引き出された範型的形相の名称である。したがって、神においてイデアは本質に属するが、言葉はペルソナに属するのである。

(5) 第五に対しては次のように言わなければならない。神は本性の固有性によって考察された被造物から最大度に隔たっているけれども、しかしそれにもかかわらず神は被造物の範型である。これに対して、或る被造物が他の被造物の範型であるわけではない。したがって、神がそれによって表現される御言葉によってすべての被造物が表出されるが、或る被造物がそれによって表出されるそのイデアによって、別の被造物が表出されるわけではない。以上から言葉とイデアとの別の相違も明らかになる。すなわち、イデアは直接的に被造物に関わり、それゆえ複数の被造物には複数のイデアが存在するが、御言葉は直接には御言葉によって最初に表出される神に関わり、結果的に被造物に関係する。そして、被造物は神の内にあるかぎりは一つであるから、すべての被造物には一なる言葉があるのである。

(6) 第六に対しては次のように言わなければならない。アウグスティヌスが御子は「御言葉と言われるのは、像と言われるのと同じ理由によってである」と語るとき、実在的には同じである御子のペルソナ的な固有性に関して理解しているのである。その固有性によれば御子とも、御言葉とも、像とも語られるのである。しかし、表示の仕方に関しては上述の三つの名前に同じ概念が属するわけではない。というのも、言葉は起原と模倣という意味を含意するだけではなく、明示という概念をも含意している。この後者の意味で御言葉は、御言葉を通して被造物が明示されるという点で、或る意味で被造物の言葉であるのである。

(7) 第七に対しては次のように言わなければならない。言葉が或るもののそれである仕方は多様である。一つは、言葉は語る者の言葉としてである。この場合には言葉は、そのものの言葉であるその当の者から発出する。もう一つには、言葉は言葉によって明示されるもののそれである。そしてこのような意味では、言葉は自らがそのものの言葉である当のそのものから発出しなければならないのは、言葉がそれより発出する知識が事物から原因されている場合だけである。しかし、こうしたことは神においては起こっていない。したがって、異論の推論は帰結しないのである。

第五項

第五には、御言葉《みことば》というこの名称は被造物への関係を含意しているか、が問われる。そして、その関係を含意していない、と思われる。その理由、

(1) 被造物への関係を含意している名称はすべて、神に時間的に述語される。たとえば、創造者とか主とかの名称のごときがそうである。しかし、御言葉は神について永遠から述語される。それゆえ、御言葉は被造物への関係を含意していない。

(2) さらに、関係的なものはすべて、存在の点で関係的であるか、述語づけの点で関係的であるかのいずれかである。ところで、御言葉は存在において被造物に関係づけられることはない。なぜなら、もし関係づけられるとすれば、御言葉は被造物に依存することになろう。さらにまた、述語づけによって関係づけられることもない。なぜなら、そのような場合には何らかの文法的な格において被造物に関係づけられなければならないが、しかしそうしたことは見出されないのである。というのも、御言葉は被造物のそれであると言われるように、属格によって最高度に関係づけられているように思われようが、しかしアンセルムスは『モノロギオン』[39]において、そのことを否定している。それゆえ、御言葉は被造物への関係を含意していない。

(3) さらに、被造物への関係を含意しているすべての名称の意味が理解されるのは、被造物が現実的にあるいは可能的に存在することが知性認識されるときのみである。すなわち、関係的なものの一方を認識する者は、残りの一方をも認識するのでなければならないからである。ところで、或る被造物は今存在するか、あるいは未来に存在するかが認識されていなくても、それでも御父が自分自身を語ることによって御言葉は神の内に理解されるのである。それゆえ、御言葉は被造物への何らかの関係を含意することはない。

(4) さらに、神の被造物への関係は原因の結果への関係としてのみありうる。ところで、ディオニシュウスの『神名論』第二章[40]の言葉にある通り、被造物の内の結果を含意している名称はすべて、三位一体の全体に共通なものである。ところで、御言葉はこのようなものではない。それゆえ、御言葉は被造物への何らかの関係を含意することはない。

(5) さらに、神は被造物に対して知恵、能力、善性によってのみ関係づけられることが理解される。ところで、これらはすべて御言葉には固有的なものと見なすことによって（per appropriationem）でなければ述語されることはない。それゆえ、御言葉は固有的なものと見なされたもの（appropriatum）ではなく固有なもの（proprium）であるから、御言葉は被造物への関係を含意していないと思われる。

(6) さらに、人間は諸事物を配置するものであるけれども、しかし人間という名称の内には配置される諸事物への関係は含意されていない。それゆえ、万物は御言葉を通じて配置されたものであるけれども、しかし御言葉という名称は配置された被造物への関係を含意しないであろう。

(7) さらに、言葉は子が関係的に語られるのと同様の仕方で語られる。ところで、子という関係の全体は父に終極する。というのも、子は父の子としてしか存在しないからである。言葉という関係も同様である。それゆえ、御言葉は被造物への関係を含意していないのである。

(8) さらに、アリストテレスの『形而上学』第五巻[41]によれば、およそ関係的なものは一つの他のものに対してのみ語られる。そうでないと、関係的なものの存在は他のものに対して関係することであるから、関係的なものは二つの存在を持つということになろう。ところで、御言葉は御父に対して関係的に語られる。それゆえ、御言葉は被造物に対して関係的に語られることはない。

(9) さらに、もし一つの名称が種において異なるものどもに付与される場合、その名称はそれらに同名異義的に(aequivoce)適合するであろう。たとえば、「イヌ」が「吠えるイヌ」と「イヌ鮫」とに適合するごとくである〔第二問題第一一項第七異論参照〕。ところで、「下位に立つこと」(suppositio)と「上位に立つこと」(superpositio)とは種的に異なっている。それゆえ、もし一つの名称が両方の関係を含意するとすれば、その名称は同名異義的なものでなければならない。ところで、御言葉の被造物への関係は「上位に立つこと」でしかありえないが、御言葉の御父への関係は「下位に立つこと」の関係であって、それは尊厳の不等性のゆえではなく、根原の有している権威のゆえである。それゆえ、御父への関係を含意している御言葉は、言葉という語が同名異義的に解せられるのでなければ、被造物への関係を含意することはない。

以上に反して、(1) アウグスティヌスは『八三問題集』[42]において次のように語っている。「初めに御言葉があった。御言葉はギリシア語ではロゴスと言われ、ラテン語ではそれは理念とか言葉を意味している。ところで、ここでは言葉という方がよりよく解釈されるのであって、御父への関係が意味表示されるばかりではなく、御言葉を通じて生ぜしめる能力によって作られたものどもへの関係も意味表示されることになるであろう」。以上から提示されていることは明らかである。

(2) さらに、「神は一度語り給うた」〔詩六二：一二〕という「詩編」の聖句に対して、註釈[43]は、「一度、すなわち神は万物をそれにおいて調えられた御言葉を永遠的に生んだ」と述べている。ところで、調えられることとは調えられるものへの関係を含意している。それゆえ、御言葉は被造物に対して関係的に語られる。

(3) さらに、言葉はすべて、言葉によって語られているものへの関係を含意している。しかし、アンセルムス[44]が語る通り、神は自己を語ることによって全被造物を語ったのである。それゆえ、御言葉は御父に対するのみならず被造物への関係をも含意している。

(4) さらに、御子は御子であるというまさにそのことから、御父に内的なものに即して御父を完全に表現している。しかし、御言葉はその名称からして明示するということを加えている。しかし御父が、いわば外に向かっての明示であるところの、被造物を通して明示されるということ以外に、別の何らかの明示があるわけではない。それゆえ、御言葉は被造物への関係を含意しているのである。

(5) さらに、デイオニュシウスは『神名論』第七章[45]において、「神は知恵とか理性とかの付与者である」がゆえに、「理念とか御言葉とかと讃えられている」と語っている。ところで、原因は結果に対して語られる。それゆえ、御言葉は被造物への関係を含意している。

(6) さらに、実践知性は自らによって生ぜしめられたものに関係づけられる。ところで、神の御言葉は実践知性の言葉である。というのも、ダマスケヌス[46]が語る通り、それはものを生ぜしめる言葉であるからである。それゆえ、御言葉は被造物への関係を含意している。

答えて次のように言わなければならない。或る二つのものがあって、その一方が他方に依存しているが、しかしその逆の仕方では依存していないような場合はいつでも、他方に依存しているものの内に実在的な関係が存在する。しかし、他のものが自らに依存していないそのものの内には、関係はただ概念上の関係としてあるだけである。すなわち、或るものが他のものに関係づけられていると認識されうるのは、他のものがそのものに関係づけられていると認識される場合だけだからである。たとえば、それは知識において明らかであって、知識は知識の対象であるものに依存しているが、逆に知識の対象であるものは知識に依存していないからである。それゆえ、すべての被造物は神に依存しているが、その逆は成立しないから、被造物の内には被造物がそれによって神に関係づけられる実在的な関係が存在するが、しかし神の内には被造物への関係はただ概念的に存在するだけである。そして、一般に名称は知性認識されたものの記号であるから、被造物への関係を含意する或る名称が神に語られることがある。とはいえ、その関係はただ概念上のものであることは既述の通りである。というのも、神の内の実在的な関係は神のペルソナが相互から区別されるそうした関係だけだからである。

　ところで関係的なものにおいて、或る名称は関係そのものを表示するために付与されているのをわれわれは見出す。たとえば、類似という名称がそうである。他方、或る名称は関係がそれより帰結してくるその或るものを表示するために付与されている。たとえば、知識というこの名称は、或る関係がそれより随伴してくる或る性質を表示するために付与されている。そして、このような相違をわれわれは、神について語られる関係的な名称の内に見出すのである。すなわち、或る名称は永遠から、或る名称は時間的に神に語られるものである。たとえば、神に永遠から語られる御父という名称、また神について時間的に語られる主というこの名称も、同様に関係そのものを表示するために付与されている。ところで、神について時間的に語られる創造主というこの名称は、或る関係が伴ってくる神の働きを表出するために付与されている。同じように、御言葉というこの名称も或る独立したものを、何らかの結合された関係を伴ったものとして表出するために付与されている。というのも、御言葉はアウグスティヌス[47]が語る通り、生まれた御知恵と同じものであるからである。しかし、このことによって御言葉がペルソナ的に述語されることが妨げられるわけではない。というのも、御父がペルソナ的に語られるように、生む神や生まれた神はペルソナ的に語られるからである。

ところで、独立した或る事物が多くのものに関係を持ちうるということが生じてくる。そのことから、或る関係がそれに伴ってくる或る独立したもの、それを意味表示するために付与されるその名前は、多くのものに関係的に語られることができる。そのような意味で、知識は知識であるかぎり、知識の対象であるものに対して、関係的に語られるが、一種の附帯性または形相であるかぎりにおいては知る者に関係づけられるのである。したがって、言葉という名称もまた語る者に対してと言葉によって語られているものとに関係を有している。そして、この後者に対して言葉は二様の仕方で語られうる。一つは名称の置換性によって。そして、この場合には言葉は語られているものへの関係において語られる。もう一つは語られているものの意味が適合する事物への関係において語られている。そして、御父は第一義的には自らの御言葉を生むことによって自己を語るのであって、被造物を語るのは第二義的にであるから、第一義的でいわば自体的には、御言葉は御父に関係づけられ、第二義的でいわば附帯的には被造物に関係づけられるのである。実際、御言葉にとって自己によって被造物が語られることは附帯することだからである。

(1) 第一に対しては次のように言わなければならない。異論の推論は、被造物への現実的な関係を含意するものには妥当するが、しかし能力態的な関係を含意するものには妥当しない。そして能力態的関係とは、被造物が現実態において同時に存在することを必要としない関係であり、魂の現実態に伴ってくるすべての関係はそうしたものである。というのも、意志と知性とは現実に存在しないものについても関係しうるからである。ところで、御言葉は知性の発出を含意している。したがって、異論の推論は帰結しないのである。

(2) 第二に対しては次のように言わなければならない。御言葉は被造物に対して関係的に語られるが、それは被造物への関係が神の内に実在的にあることによってではなく、述語づけによって語られるのである。またこの関係が或る文法的な格において語られてはならない、ということの理由は何もない。実際、御言葉は被造物の御言葉、すなわち被造物についての御言葉と言われうるが、被造物からの御言葉と言われることはできない。この意味で御言葉を理解することをアンセルムスは否定しているのである。さらに、もし御言葉が何らかの文法的な格によって被造物に関係づけられないとしても、何らかの仕方で関係づけられるならばそれで十分である。たとえば、斜格と結合される前置詞によって関係づけられる場合である。たとえば、御言葉は被造物の「ために」(ad) ある、すなわち、被造物を実現するためにある、と言われる場合である。

(3) 第三に対しては次のように言わなければならない。異論の推論は被造物への関係を自体的に含意しているそれら名称については妥当する。しかし、言葉というこの名称は前述のことから明らかな通り、このようなものではない。したがって、異論の推論は帰結しないのである。

(4) 第四に対しては次のように言わなければならない。御言葉というこの名称が或る独立したものを意味しているという側面からは、御言葉は被造物への原因性の関係を有している。しかし、この名称が含意している実在的な起原の関係からは、その名称はペルソナ的なものになり、その点からは御言葉は被造物への関係を持たないのである。

(5) このことによって異論の第五に対する解答は明らかである。

(6) 第六に対しては次のように言わなければならない。御言葉は配置を形成するものであるのみならず、創造されるべき事物についての御父の配置そのものである。したがって、御言葉は何らかの仕方で被造物に関係づけられるのである。

(7) 第七に対しては次のように言わなければならない。御子は自らの起原である根原に対する或るものの関係だけを含意しているが、御言葉は自らがそれによって語られる根原に対しても、またいわば終極であるもの、すなわち御言葉によって明示されるものに対しても関係を含意している。そしてこの後者、すなわち御言葉によって明示されるものは第一義的には御父であるが、しかし第二義的には被造物でもある。しかし被造物はいかなる意味でも神のペルソナの根原であることはありえない。したがって、御子は御言葉と同じように、被造物への関係を含意するといったことは決してないのである。

(8)　第八に対しては次のように言わなければならない。異論の推論は関係そのものを意味表示するために付与されるそうした名称については妥当する。というのも、一つの関係が多くのものに終極するとすれば、それら多くのものが何らかの仕方で一つのものになることによってでなければ、そのようなことはありえないからである。

(9)　異論の第九に対しても同様に語られるべきである。反対の立場を支持するさまざまな推論は、御言葉が何らかの仕方で被造物に関係していることを結論しているが、この関係を自体的にまた第一義的に含意していると結論しているわけではない。この意味においてはそれら推論は支持されるべきである。

第六項

第六に、事物がより真実に存在するのは御言葉《みことば》においてであるか、あるいはその事物そのものにおいてであるかが問われる。そして、事物は御言葉においてより真実に存在するといったことはない、と思われる。その理由、

(1)　或るものは自らの類似によってしか存在していないところによりも、自らの本質によって存在するところに、より真実に存在する。ところで、御言葉の内には、事物は自らの類似によってしか存在していないが、自らの内には事物は自らの本質によって存在している。それゆえ、事物は御言葉の内によりも、自分自身の内により真実に存在する。

(2)　しかし、事物は御言葉の内により優れた存在を有しているがゆえに、そのかぎりで御言葉の内により優れた仕方で存在していると、或る人は主張したのである。――しかし反対に、質料的事物はそのもの自身の内によりもわれわれの魂の内により優れた存在を有している。それはアウグスティヌスも『三位一体論』[48]に語る通りである。しかし、事物がより真実に存在するのは、われわれの魂の内よりはそれ自身の内においてである。それゆえ、同じ理由によって、事物は御言葉の内にあるよりもそれ自身の内により真実に存在する。

(3) さらに、現実態に在るものは可能態に在るものよりもより真実に存在する。ところで、事物はそのもの自身においては現実態に存在する。しかし、御言葉の内には、ちょうど制作品が制作者の精神の内に存在するように、ただ可能態の内にのみ存在する。それゆえ、事物は御言葉の内によりもそれ自身の内に、より真実に存在する。

(4) さらに、事物の最後的な完成はそのものの働きである。ところで、事物は自分自身の内に存在するとき、自らに固有な働きを有しているが、そうした働きを御言葉の内にあるかぎりで有することはない。それゆえ、事物は御言葉の内によりも自分自身の内により真実に存在するのである。

(5) さらに、一つの特質に含まれるものどもだけが比較可能なものである。ところで、事物がそのもの自身において有する存在は、事物が御言葉の内に有している存在と一つの特質に含まれているわけではない。それゆえ、少なくとも事物は自分自身の内によりも、御言葉の内により真実に在ると、言われることはできない。

以上に反して、(1) アンセルムス[49]の語る通り、「創造者の内における被造物は創造する力のある本質である」。ところで、創造されたのではない存在は、創造された存在よりもより真実に在る。それゆえ、事物は自分自身の内によりも御言葉の内に存在をより真実に有している。

(2) さらに、プラトン[50]が諸々のイデアが神の精神の外にあると主張したように、われわれはそれらイデアが神の精神の内にあると主張する。ところで、プラトン[51]によれば、離在する人間は質料を持った人間よりもより真実に人間であった。それゆえ、信仰の立場によっても事物はそれら自身においてよりも、御言葉の内により真実に存在する。

(3) さらに、それぞれの類において最も真なるものがその類全体の尺度である。ところで、御言葉の内に存在する諸事物の似姿は、すべての事物にとって真であることの尺度である。というのも、或る事物が真なるものと言われるのは、そのものが御言葉の内にある自らの範型を模倣しているかぎりにおいてであるからである。それゆえ、事物はそれ自身においてよりも、御言葉の内により真実に存在するのである。

答えて次のように言わなければならない。ディオニュシウスが『神名論』第二章[52]に語る通り、原因と原因されたものどもは上位にあるそれらの原因を模倣する点で欠けるところがある。そして、原因と原因されたものとのこの隔たりのゆえに、原因には述語されないところの或るものが原因されたものには真に述語されるのである。たとえば、さまざまの快適なものどもはわれわれにとって快適さを感ずることの原因ではあるけれども、それらが固有の意味で快適さを感じているとは言われないことは明らかである。実際、そうしたことは、原因のあり方がそれらの結果について述語されるものよりも、より優れたものであるがゆえでなければ起こらないのである。こうしたことをわれわれは、同名異義的な仕方でのすべての作用因の内に見出すのである。たとえば、太陽によって他のものどもは熱くされるけれども、太陽が熱いと言うことはできない。そして、そうしたことは熱いと言われるものどもに対する太陽そのものの超卓越性のゆえである。それゆえ、事物は御言葉の内によりも、事物そのものの内により真実に存在するか、と問われるとき、区別がなされなければならない。というのも、「より真実に」という語が事物の真であることを指示することも、述語づけの真であることを指示することもできるからである。もし「より真実に」が事物の真であることを指示するとすれば、その場合は疑問の余地なく、事物の真であることは事物それ自身においてよりも御言葉の内によりいっそう見られるのである。しかし、この語によって述語づけの真であることが指示されるとすれば、そのときには状況は逆である。たとえば、人間という語は、御言葉の内にあるかぎりでの事物についてよりも、固有の本性の内にある事物について、より真実に述語されるからである。そして、このことは御言葉の欠陥のゆえではなく、既述の通り、御言葉の超卓越性のゆえなのである。

(1) 第一に対しては次のように言わなければならない。もし述語づけの真であることが考えられているとすれば、或るものはそのものの類似によって存在するところにおいてよりも、そのものの本質によって存在するところにより真実に存在することは端的に真である。しかし、事物の真であることが理解されているとすれば、そのときには事物の原因である類似によって在るところに、事物はより真実に存在するが、事物によって原因された類似によって在るところには、事物は真実に存在する度合いはより少ないのである。

(2) 第二に対しては次のように言わなければならない。われわれの魂の内に存在する事物の類似は、御言葉の内の事物の類似のようには、事物の原因であるわけではない。したがって、事情は同じではない。

(3) 第三に対しては次のように言わなければならない。能動的能力はその能力の結果である現実活動より完全である。この意味で、被造物は御言葉において能力の内に存在していると言われる。

(4) 第四に対しては次のように言わなければならない。被造物は御言葉において自らに固有の働きを有しているわけではないけれども、しかし諸事物と諸事物の働きとを生ぜしめうるものたるかぎりにおいて、御言葉においてより優れた働きを有しているのである。

(5) 第五に対しては次のように言わなければならない。御言葉における被造物の存在とそれ自身における被造物の存在とは、同名同義的に（secundum univocationem）一つの特質を持つものではないけれども、しかしそれらはアナロギア的に（secundum analogiam）何らかの仕方で一つの特質を持つものである。

(1) 反対異論の最初に述べられていることに対して、その推論は事物の真であることには妥当するが、しかし述語づけの真であることには妥当しないと言うべきである。

(2) 反対異論の第二に対しては次のように言わなければならない。プラトンは自然的な諸形相がその固有の特質によって質料から離れて存在し、あたかも質料が自然的な形象に対して附帯的に関係している、と主張した点において批判される。こうした主張によれば、自然的な事物ということが質料なしに存在しているものに真に述語されうる、ということになろう。しかしこうしたことを、われわれは主張しない。したがって、事情は同じではないのである。

(3) 反対異論の第三に対しては反対異論の第一に対してと同様に言われるべきである。

第七項

第七に、御言葉《みことば》は現在存在せず、未来にも存在せず、過去にも存在しなかったものどもに関係づけられるか、が問われる。そして、関係づけられる、と思われる。その理由、

(1) 言葉は知性から発出する何か或るものを含意している。ところで、神の知性は現在存在せず、未来にも存在せず、過去にも存在しなかったものどもにも関わっている。そのことは、「神の知について」の問題のところで〔第二問題第八項〕語られた通りである。それゆえ、御言葉はこれらについても関係しうるのである。

(2) さらに、アウグスティヌスの『三位一体論』第六巻(53)によれば、「御子は生けるものどもの理念・構想に満ちた、御父の技である」。他方、アウグスティヌスが『八三問題集(54)』において語る通り、「理念は、たとえそれによって何ものも造られないとしても、まさしく理念と言われるのである」。それゆえ、御言葉は未来に存在しないであろうし、また過去に存在しなかったものどもにも関係づけられる。

(3) さらに、御言葉は語る者の知の内にあるものすべてを自らの内に含むのでなければ、完全なものではないであろう。ところで、語る御父の知の内には未来にまったく存在しないし、過去にも存在しなかったものが存在している。それゆえ、そうしたものどもも御言葉の内に存在するであろう。

以上に反して、(1) アンセルムスは『モノロギオン(55)』において、「現在存在せず、過去に存在しなかったし、未来にも存在しないであろうものにはいかなる言葉も存在しえない」と語っている。

(2) さらに、何を語るにせよ、そのものが形成されるということは、語る者の力に属することである。ところ

で、神は最も力ある者である。それゆえ、神の御言葉はいかなるときにも形成されることのないものには関係がないのである。

答えて次のように言わなければならない。或るものは、御言葉の内に二様の仕方でありうる。一つは、御言葉が認識するもの、あるいは御言葉において認識されうるものとしてである。そして、この意味では現在存在せず、未来に存在しないし、過去に存在しなかったものも御言葉の内に存在する。なぜなら、こうしたものを御言葉は御父と同様に認識し、これらは御父においてと同様に御言葉においても認識されうるからである。もう一つは、或るものは御言葉の内に、御言葉によって語られている事柄として、在ると言われる。ところで、何らかの言葉によって語られるものはすべて、何らかの仕方で実行へと秩序づけられている。というのも、われわれは言葉によって他の人々を行為へと促し、われわれが精神によって捉えたものを或る人々に実行するよう命令するからである。それゆえ、「神の語ること」は神の配置することであって、それは「詩編」の「神は一度語り給うた」云々〔詩六二：一二〕の聖句への註釈[56]によって明らかな通りである。それゆえ、神は現在存在するもの、未来に存在するもの、過去に存在したものだけを配置するように、そうしたものだけを語るのである。それゆえ、御言葉は御言葉によって語られたものとしてのこうしたものにのみ関係している。しかし、知と技とイデアあるいは理念は何らかの実行への秩序を含意しているわけではない。したがって、これらと御言葉とについて同じことが妥当するわけではない。以上によってさまざまな異論への解答も明らかである。

第八項

第八に、造られたものはすべて御言葉《みことば》の内では生命であるか、が問われる。そして、そうではないと思われる。

その理由、

(1) 御言葉が諸事物の原因であるのは、それら諸事物が御言葉の内にあることによってである。それゆえ、もし御言葉において諸事物が生命であるとすれば、御言葉はそれら事物を生命のあり方によって原因する。ところで、諸事物を善性のあり方で原因するということから、すべてのものは善きものであることが帰結している。それゆえ、事物を生命のあり方によって原因するということから、万物は生命であることが帰結するであろう。しかし、これは偽である。それゆえ、最初のことが偽である。

(2) さらに、事物は御言葉の内に、ちょうど制作品が制作者の内に存在するように存在する。ところで、制作品は制作者の内で生命であるわけではない。というのも、制作品は制作者自身の生命ではないからである。制作者は制作品が自らの内に存在する以前にも生きていたからである。また制作品はそれら自身いかなる生命も持っていない。それらは生命を持たないものだからである。それゆえ、御言葉の内の被造物も生命ではないのである。

(3) さらに、生命を作出する力は、聖書によれば御言葉によりも聖霊によりいっそう固有的なものと見なされる。たとえば、「ヨハネによる福音書」の「聖霊は生かす者である」〔ヨハ六：六三〕や他の多くの箇所において明らかである。ところで、言葉は聖霊にではなく御子にのみ述語されることは上述のことより明らかである。それゆえ、事物が御言葉において生命であると言われるのは適切ではない。

(4) 知性的な光は生命の根原ではない。ところで、事物は御言葉においては光である。それゆえ、御言葉において事物は生命ではない、と思われる。

以上に反して、(1) 「ヨハネによる福音書」には、「造られたものは御言葉においては生命であった」〔ヨハ一：三―四〕と言われている。

(2) さらに、哲学者の『自然学』第八巻[57]によれば、天球の動きは「自然によって存在しているすべてのものにとって一種の生命である」と語られている。ところで、天球の動きが自然の内に流入しているよりも、御言葉は被造物によりいっそう流入している。それゆえ、事物は御言葉の内にあることによって、生命と言われなければならない。

答えて次のように言わなければならない。御言葉の内にあるかぎりでの事物は、二様の仕方で考えられることができる。一つは、御言葉への関連によって。もう一つは、自らの固有の本性の内に存在している事物への関連によって。そして両方の仕方によって、御言葉における被造物の類似は生命である。すなわち、自己自身の内に何らかの動きや働きの根原を有しているものを、固有の意味で生きている、とわれわれは言うのである。実際、或るものどもが生きていると最初に語られたのは、それら自身の内に何らかの動きによってそれらを動かしている或るものを有していることが見られたからであり、そこから生命という名前が、自分自身の内に自らに固有の働きの根原を有しているすべてのものに、拡大されていったのである。したがって、或るものどもは知性認識しているとか、感覚認識しているとか、意志しているとかということからも、生きていると言われるのであって、場所的に動くとか増大によって動くということからのみ、生きていると言われるわけではない。それゆえ、何らかの働きへと自己自身を動かすものであることによって事物が有しているその存在が、固有の意味で事物の生命と言われるのである。すなわち『霊魂論』第二巻[58]に語られている通り、「生きることは生きているものにとって在ることである」。ところで、われわれにおいて、われわれがそこへとわれわれを動かすその働きのいかなるものも、われわれの存在ではない。それゆえ、われわれの知性認識は固有の意味で言えば、われわれの生命ではない。ただし、知性認識することが生きることのしるしである働きとして理解される場合は別である。同様に、われわれにおいて知性認識されている類似も、われわれの生命ではないのである。しかし、御言葉の知性認識の働きは御言葉の存在である。そして、御言葉の所有する事物の類似も同様である。それゆえ、御言葉の内の被造物の類似は御言葉の生命である。同様に、被造物の類似も「魂は或る意味で万物である[59]」と語られるその仕方によって、或る意味では被造物そのものである。それゆえ、御言葉における被造物の類似が、自らに固有の本性の内に存在する被造物を産出し、それを動かすことができるということから、被造物が御言葉の内にある自らの類似によって存在へと産出され、動かされるかぎりにおいて、被造物は自分自身を動かし、存在へと産出するということが或る意味で起こるのである。したがって、御言葉の内の被造物の類似は或る意味で被造物の生命である。

(1) それゆえ、第一に対しては次のように言わなければならない。御言葉の内に存在している被造物が生命と言われることは、被造物に固有な特質に属しているのではなく、被造物が御言葉の内に在るその仕方に属することである。それゆえ、被造物は自分自身においては、御言葉における と同じ仕方で在るのではないから、被造物は御言葉の内では生命であるけれども、そのもの自身において生きていることが帰結するわけではない。たとえば、被造物が御言葉においては非質料的であるけれども、それ自身においては非質料的であるわけでないごとくであろう。ところで、善いことや在ることやこれに類するものは、被造物の固有の特質に属している。したがって、諸々の被造物は御言葉の内に在ることによって、善きものであるように、そのもの固有の本性の内にあることによっても善きものである。

(2) 第二に対しては次のように言わなければならない。制作者の内の事物の類似は、固有の意味では生命とは言われない。というのも、それら事物は神においての場合のように、生きている制作者の存在そのものではないし、制作者の働きそのものでもないからである。しかし、アウグスティヌス[60]は制作者の精神において「箱」は生きていると述べているが、しかしそのことは制作者の精神において箱が可知的存在を有していることによってである。実際、可知的存在は生命の類に含まれるからである。

(3) 第三に対しては次のように言わなければならない。生命が聖霊に帰せられるのは、神が諸事物の生命と言われ、しかも神自身が万物の内にそれらを動かすものとして存在し、かくして何らかの仕方ですべての事物が内在的な根原によって動かされていると思われるかぎりにおいてである。これに対して、生命が御言葉に固有的なものと見なされるのは、諸事物が神の内に存在することに従ってであり、そのことは、既述のことより明らかな通りである。

(4) 第四に対しては次のように言わなければならない。御言葉の内の諸事物の類似は、それら事物にとって存在することの原因であるように、事物にとってそれらを認識することの原因でもある。すなわち、それら事物の類似が知性的な精神に刻印され、かくしてそれら事物を認識することができるというかぎりにおいてである。したがって、諸事物の類似がそれら事物の存在することの根原であることによって生命と言われるように、それらを認識することの根原であることによって、それら類似は光と言われるのである。

訳註

1——Johannes Damascenus, De fide orthodoxa II, cap. 21, PG 94, 940B; ed. E. M. Buytaert, 131.
2——Augustinus, De Trinitate XV, cap. 10, PL 42, 1070.
3——Ibid XV, cap. 11, PL 42, 1071.
4——Anselmus, Monologion, cap. 63, PL 158, 208D.
5——Augustinus, De Trinitate XV, cap. 11, PL 42, 1071.
6——この文章はバシレイオスの著作には見出されないが、スコラ学者たちは共通に言及している。
7——Augustinus, De Trinitate XV, cap. 11, PL 42, 1071.
8——Id., De Trinitate IX, cap. 10, PL 42, 969.
9——Ibid. XV, cap. 11, PL 42, 1071.
10——Richardus de Sancto Victore, De Trinitate VI, cap. 12, PL 196, 976B.(『三位一体論』小高毅訳、本集成第九巻『サン＝ヴィクトル学派』一九九六年、所収)

11 ——Augustinus, De Trinitate XV, cap. 10, PL 42, 1071.

12 ——Glossa ordinaria, ed. Venetiis 1603, super I Joh. 1:10; Augustinus, De Trinitate XV, cap. 10, PL 42, 1071.

13 ——Aristoteles, Physica III, 3, 201b31; id., De anima III, 7, 431a7. 次のダマスケヌスは、Johannes Damascenus, op. cit. II, cap. 21, PG 94, 940B; ed. E. M. Buytaert, 131.

14 ——Anselmus, Monologion, cap. 63, PL 158, 208D.

15 ——Aristoteles, Metaphysica VIII, 2, 1042b25.

16 ——Isidorus Hispalensis, Etymologiae XVI, cap. 3, PL 82, 562B.（『語源』兼利琢也訳、本集成第五巻所収）

17 ——Johannes Damascenus, op. cit. I, cap. 9, PG 94, 836B; ed. E. M. Buytaert, 49.

18 ——Aristoteles, Metaphysica IV, 7, 1012a23.

19 ——Augustinus, De Trinitate IX, cap. 10, PL 42, 969; Anselmus, Monologion, cap. 63, PL 158, 208D.

20 ——Ibid., cap. 62, PL 158, 207C.

21 ——Augustinus, De Trinitate VII, cap. 1, PL 42, 933; Anselmus, Monologion, cap. 63, PL 158, 209A.

22 ——Augustinus, De diversis quaestionibus LXXXIII, quaestio 63, PL 40, 54.

23 ——Id., De Trinitate VI, cap. 2, PL 42, 925.

24 ——Richardus de Sancto Victore, op. cit. VI, cap. 12, PL 196, 977B.

25 ——Aristoteles, Topica II, cap. 2, 110a16.

26 ——Augustinus, De Trinitate VII, cap. 1, PL 42, 933.

27 ——Aristoteles, Metaphysica VI, 4, 1027b25.

28 ——Basilius, Adversus Eunomium V, PG 29, 732A.

29 ——Augustinus, De Trinitate IX, cap. 10, PL 42, 969.

30 ——Glossa interlinearis, ed. Venetiis 1603 et Glossa Petri Lombardi, ibid., PL 192, 406B.

31 ——より正しくは、Augustinus, De Trinitate VII, cap. 2, PL 42, 936.

32 ——Glossa interlinearis et Glossa Petri Lombardi, ibid., PL 192, 406B.

33 ——Anselmus, Monologion, cap. 31, PL 158, 184B.

34——Augustinus, De Trinitate VI, cap. 2, PL 42, 925.

35——Anselmus, Monologion, cap. 33, PL 158, 188C.

36——Augustinus, De Genesi ad litteram II, cap. 6, PL 34, 268.

37——Dionysius Areopagita, De divinis nominibus, cap. 9, § 6, PG 3, 913C; Dionysiaca, 469.

38——Augustinus, De diversis quaestionibus LXXXIII, quaestio 46, PL 40, 30.

39——Anselmus, Monologion, cap. 33, PL 158, 188B.

40——Dionysius Areopagita, De divinis nominibus, cap. 2, § 3, PG 3, 640B; Dionysiaca, 71.

41——Aristoteles, Metaphysica V, 15, 1021a31.

42——Augustinus, De diversis quaestionibus LXXXIII, quaestio 63, PL 40, 54.

43——Glossa Petri Lombardi, ibid., PL 191, 568C.

44——Anselmus, Monologion, cap. 33, PL 158, 188C.

45——Dionysius Areopagita, De divinis nominibus, cap. 7, § 4, PG 3, 872C; Dionysiaca, 408.

46——Johannes Damascenus, op. cit. I, cap. 7, PG 94, 805A; ed. E. M. Buytaert, 26.

47——Augustinus, De Trinitate VII, cap. 2, PL 42, 936.

48——Ibid. IX, cap. 4, PL 42, 963.

49——Anselmus, Monologion, cap. 36, PL 158, 190D.

50——Cf. Petrus Lombardus, Sententiae II, d. 1, cap. 1.（『命題集』山内清海訳、本集成第七巻『前期スコラ学』一九九六年、所収）

51——Cf. Aristoteles, Metaphysica III, 2, 997b8.

52——Dionysius Areopagita, De divinis nominibus, cap. 2, § 8, PG 3, 645C; Dionysiaca, 99.

53——Augustinus, De Trinitate VI, cap. 10, PL 42, 931.

54——Id., De diversis quaestionibus LXXXIII, quaestio 63, PL 40, 54.

55——Anselmus, Monologion, cap. 32, PL 158, 186A.

56——Glossa Petri Lombardi, ibid., PL 191, 568C.

57 ——— Aristoteles, Physica VIII, 1, 250b14.

58 ——— Id., De anima II, 4, 415b13.

59 ——— Ibid. III, 8, 431b29.

60 ——— Augustinus, In Johannis Evangelium tractatus I, n. 17, PL 35, 1387.

真理論

第五問題　摂理について

一——摂理は神のいかなる属性に帰せられるか。
二——世界は摂理によって統治されているか。
三——神の摂理は可滅的なものどもにまで及ぶか。
四——この月下の諸物体のすべての動や働きは神の摂理に服しているか。
五——諸々の人間的行為は摂理によって支配されているか。
六——理性を持たない動物とそれらの行動は神の摂理に服しているか。
七——罪人たちは神の摂理によって統治されているか。
八——物体的被造物全体は天使的被造物が媒介となって神の摂理に統治されるのか。
九——神の摂理は諸天体を通して月下の諸物体を態勢づけるか。
一〇——人間の諸行為は諸天体が媒介となって、神の摂理によって統治されるのか。

第一項

問題は摂理（providentia）についてである。第一に、摂理は神のいかなる属性に帰せられるか、が問われる。

摂理は知（scientia）にのみ属している、と思われる。その理由、

(1) ボエティウスが『哲学の慰め』第四巻[1]に語る通り、「摂理は為されるべき事柄の不動で単純な形相であることはきわめて明らかである」。ところで、為されるべき事柄の形相は、神におけるイデアであり、それは知に属している。それゆえ、摂理も認識に属している。

(2) しかし、摂理は、諸事物の原因であるかぎりにおいて、意志にも属している、と言われてきた。――これに対しては次のように言われる。われわれにおいて実践的な知は知られる事物の原因である。ところで、実践的な知は認識の内にのみ存在する。それゆえ、摂理もまた同様である。

(3) さらに、ボエティウスは上述の書で[2]、「為されるべき事柄の構想は、神の知性の純粋さそのものにおいて観られるとき、摂理と呼ばれる」と語っている。ところで、知性の純粋性は思弁的認識に属している、と思われる。それゆえ、摂理は思弁的認識に属している。

(4) さらに、ボエティウスは『哲学の慰め』第五巻[3]において「摂理がそう呼ばれるのは、最下の事物から遠く隔たって立ちながら、すべての事物をそれらの最高の頂から見渡しているからである」と語っている。ところで、眺めることは認識すること、特に思弁的に認識することである。それゆえ、摂理は思弁的認識に属していると思われる。

(5) さらに、ボエティウスが『哲学の慰め』第四巻[4]において語っているように、「運命が摂理に関わる仕方は、推論が直知に関わる仕方と同様である」。ところで、直知も推論も共通して思弁的と実践的の認識に属している。それゆえ、摂理もまた認識の二つの類型に属している。

(6) さらに、アウグスティヌスは『八三問題集』[5]において「不変的な法則は可変的なすべてのものを最も美しい統宰によって規制している」と語っている。ところで、統宰する（gubernare）ことと規制する（moderari）こととは摂理に属している。それゆえ、不変的な法則は摂理そのものである。ところで、法則は認識に属している。それゆえ、摂理も認識に属しているのである。

(7) さらに、自然法はわれわれの内に神の摂理によって生ぜしめられる。ところで、原因は結果を自らに類似したものとして産出する。それゆえ、われわれは次のように言うのである。すなわち、神の善性は諸事物における善性の原因であり、神の存在性（essentia）は諸事物の存在の原因であり、神の生命は諸事物の生きることの原因である、と。それゆえ、神の摂理は法則であり、かくして上と同じ結論になる。

(8) さらに、ボエティウスは『哲学の慰め』第四巻[6]において、「摂理は万物の最高の統治者の内に設定された神の理念そのものである」と語っている。ところで、神の内の事物の理念は、アウグスティヌスが『八三問題集』[7]において語る通り、イデアである。ところで、イデアは認識に属している。それゆえ、摂理も認識に属している。

(9) さらに、実践理性は事物を存在へと産出するか、あるいはすでに産出された事物を秩序づけるかすることに向けられている。ところで、事物を産出することは摂理には属していない。というのは、摂理はあらかじめ配慮された事物を前提するからである。同様に産出された事物を秩序づけることも摂理には属してはいない。というのも、それは態勢づけることに属しているからである。それゆえ、摂理は実践的認識には属していないで、もっぱら思弁的認識のみに属しているのである。

以上に反して、(1) 摂理は意志に属すると思われる。というのも、ダマスケヌスが〔『正統信仰論』〕第二巻[8]に語る通り、「摂理は神の意志であり、この意志は存在するすべてのものをふさわしい目的へともたらすのである」。

(2) さらに、何が為されるべきかを知っているが、しかしそれを為すのを欲しない人々を、われわれは〔未来に対して〕配慮する人（providus）とは言わない。それゆえ、摂理も意志に属しているのである。

(3) さらに、ボエティウスが『哲学の慰め』第四巻[9]に語る通り、神は自らの善性によって世界を統治している。ところで、善性は意志に属している。それゆえ、摂理も意志に属している。なぜなら、摂理の役割は統治することだからである。

(4) さらに、態勢づけることは知ではなく、意志の役割である。ところで、ボエティウスの『哲学の慰め』第四巻[10]によれば、摂理は神がそれによって万物を態勢づける理念である。それゆえ、摂理は意志に属するのであって、知に属するものではない。

(5) さらに、配慮されているものは、それ自体で考察されると、知恵あるものでも知られたものでもなく、かえって善きものである。それゆえ、摂理する者は、摂理する者であるかぎり、知恵ある者ではなく善き者である。したがって、摂理も知恵に属するのではなく、善性や意志に属しているのである。

以上に反して（二）、(1) さらに、摂理は能力に属していると思われる。というのも、ボエティウスは『哲学の慰め』[11]において「摂理は自らの創造した事物にそれらが可能なかぎりで、自然本性的に持続することを欲するように、持続のための最大の根拠を与えている」と述べている。それゆえ、創造は能力に固有なものと見なされる。それゆえ、摂理は創造の根拠である。ところで、創造は神の能力に固有なものと見なされる。それゆえ、摂理は能力に属しているのである。

(2) さらに、統治は摂理の結果である。それは「知恵の書」に「ところで、父よ、あなたは万物を摂理によって統べておられる」〔知一四・三〕と言われている通りである。ところで、フーゴーが『秘跡論』[12]で語る通り、意志は命令するものとして、知識は導くものとして、能力は遂行するものとしてある。したがって、統治により近いのは知識や意志よりも能力である。それゆえ、摂理は知識や意志によりも能力により属しているのである。

答えて次のように言わなければならない。神について認識される事柄は、われわれの知性の弱さのゆえに、われわれの周りのものによってでなければ認識されえない。したがって、摂理が神の内においていかに語られるかを知るためには、摂理がわれわれの内でいかにあるかを見なければならない。それゆえ、次のことを考えなければならない。すなわち、キケロは『旧修辞学』第二巻[13]において、摂理を思慮（prudentia）の部分として措定している。摂理はいわば思慮を完成するのである。というのも、思慮の他の二つの部分、すなわち記憶と知解は思慮ある行為のための一種の準備でしかないからである。ところで、思慮は、アリストテレスの『倫理学』第六巻[14]によれば、「為されうる事柄の正しい理性である」。そして、為されうる事柄は制作されうる事柄とは相違している。制作されうるものは、たとえば、椅子や家のように、作用者によって外部の物へと発出するものであり、これらについての正しい理性は技である。他方、為されうるものとは行為者の外に発出せず、行為者を完成するところの現実態である行為である。たとえば、貞潔な生活をするとか忍耐強くあるとかなどである。ところで、それら為されるべき事柄において或る二つの事柄、すなわち目的とその目的への手立てとが考察されるべきものとして現れてくる。それゆえ、思慮は目的へと手立てを導くものである。というのも、或る人が思慮がある、と言われるのは、『倫理学』第六巻[15]に語られているように、よく思量しうることによってである。ところで、思量（consilium）は「目的についてではなく、目的への手立てについてである」ことは、『倫理学』第三巻[16]に語られる通りである。

ところで、為されうる事柄の目的は、われわれの内に二様の仕方で先在している。すなわち、一つは人間の目的についての自然本性的な認識によって。確かに、この自然本性的認識は、アリストテレスの『倫理学』第六巻[17]によれば、知性に属している。そして、知性は思弁的な事柄の原理と同様に、為されうる事柄の原理に関わる。ところで、為されうる事柄の原理が目的であることは、同所[18]において語られている通りである。もう一つは情動（affectio）に関してである。そしてこの場合には、為されうる事柄の目的は、われわれの内に倫理的な徳によって存在している。人間はそうした徳によって正しく、あるいは力強く、あるいは穏和に生きる——こうしたことが為されうる事柄のいわば近接目的である——ために働きを受けるのである。われわれは、目的への手立てに関しても同様に完成される。すなわち、われわれの認識は思量によって完成され、欲求は選択によって完成されるが、これら両者においてわれわれは思慮によって導かれるのである。それゆえ、或る事柄を目的へと秩序立って態勢づけることが、思慮に属していることは明らかである。そして、目的への手立てを思慮によって目的へと態勢づけることは、目的がそれの原理である何らかの推論という仕方によって為されるのであるから、——というのも、生ぜしめられるすべてのものにおける上述の秩序の根拠は、制作物において明らかなように、目的から取られるからである——それゆえ、或る人が思慮ある者であるためには、その人は目的そのものに対してふさわしい位置にいることが要請されるのである。というのも、正しい理性は理性の原理が保持されてのみ存在しうるからである。したがって、思慮のためには目的の知解と感情を目的の内に正しく置くところの倫理徳とが要請される。そのゆえに、思慮ある人はすべて、『倫理学』第六巻[19]に語られているように、有徳でなければならない。魂の秩序づけられたすべての力と働きとにおいて、最初のものの力は後続するすべてのものに保たれている。したがって、思慮の内には或る意味で、目的に関わる意志と目的の認識とが含まれているのである。

上述のことから、摂理が神の他の諸属性にいかに関わるかは今や明らかである。というのも、目的についても目的への手立てについても、神の知は共通的に関わっているからである。というのも、神は知によって自己と被造物を知るからである。ところで、摂理は目的へと秩序づけられているかぎり、目的への手立ての認識にのみ属している。したがって、神において摂理は知も意志も含んでいるのである。とはいえ、本質的には摂理は認識の内に、しかも思弁的認識ではなく実践的認識の内に留まっている。ところで、遂行する能力も摂理に属している。それゆえ、能力の現実態は摂理の現実態を、いわばそれを導くものとして、前提しているのである。それゆえ、摂理の内に能力は意志が含まれているように含まれているわけではないのである。

(1) それゆえ、第一に対しては次のように言わなければならない。被造の事物には二つの位相が考察されうる。

すなわち、第一は端的に考察されたその事物の形象であり、第二はその事物の目的への関係である。そして、それら両者の形相は神の内に先在している。それゆえ、端的にその形象に即して考察された事物の範型的形相はイデアである。他方、目的へと秩序づけられたかぎりの事物の形相は摂理である。ところで、神の摂理によって諸事物に授けられた秩序そのものは、ボエティウス[20]によれば、運命と言われる。それゆえ、イデアが事物の形象に対するように、摂理は運命に対しているのである。しかしながら、イデアは何らかの仕方で思弁的認識に属しているが、摂理は目的への関係を含意し、さらに目的に到達するのにそれが媒介となる働きへの関係を含意することによって、それはもっぱら実践的認識にのみ属しているのである。

(2) 第二に対しては次のように言わなければならない。摂理は、端的に考察された実践知と比べると、より多くの意志の性格を持っている。実際、端的に考察された実践知は目的と目的への手立てに対して共通的に関わっている。それゆえ、実践知は目的への意志を前提しないのである。もしそうだとすれば、摂理について語られた通り、意志が知の内に何らかの仕方で含まれることになるであろう。

(3) 第三に対しては次のように言わなければならない。知性の純粋さは、摂理から意志を排除するためにではなく、摂理から変化や可変性を排除するために語られるのである。

(4) 第四に対しては次のように言わなければならない。ボエティウスは異論の表現において、摂理の完全な概念を措定しているのではなく、その名称の根拠を指定している。それゆえ、見ることは思弁的認識に属しうるけれども、しかし摂理が思弁的認識に属することが帰結するわけではない。さらに、ボエティウスはそのことによって摂理を「遠くから見ること」と解説している。なぜなら、神自身は「すべての事物をそれらの最高の頂から見渡しているからである」。ところで、神は万物を生ぜしめ秩序づけることによって、事物の最高の頂点にいるのである。したがって、ボエティウスの言葉においても実践的認識に属する何かが認められるのである。

(5) 第五に対しては次のように言わなければならない。ボエティウスが異論において行っている比較は、単純なものの複合されたものへの、また静止したものの動きうるものへの比例の類似によって理解される。というのは、直知は単純で推論なしにあるが、推理はさまざまなものを推論によって詮索するように、摂理も単純で不動なものであるが、運命の方は多様で可変的である。それゆえ、同じ結論が帰結するわけではない。

(6) 第六に対しては次のように言わなければならない。固有の意味では神において摂理は永遠法の名称であるのではなく、永遠法に伴う或るものの名称である。実際、永遠法が神の内に考えられるべきであるのは、為されるべき事柄について自然本性的に知られた原理がわれわれの内に理解されるごとくである。それら原理にもとづいてわれわれは思量し選択してゆく。そして、そうしたことは思慮と摂理に属しているのである。それゆえ、われわれの知性の法則が思慮に対する仕方は、論証されざる原理が論証に対するように関わっているのである。同様に、神においても永遠法は摂理そのものではなく、いわば摂理の原理である。それゆえ、摂理の行為が適切に永遠法に帰せられうるのは、ちょうど論証のすべての結果が論証されざる原理に帰せられるのと同様である。

(7) 第七に対しては次のように言わなければならない。われわれは神の属性の内に、原因性の二つの性格を見出す。一つは範型性という仕方によってである。たとえば、われわれが、すべての生けるものは第一の生けるものから発出する、と語る場合である。原因することのこの性格はすべての属性に共通である。もう一つの性格は、能力は可能的なものの原因であり、知は知られるものの原因であるというかぎりで、属性の対象への秩序に即してである。原因することのこの仕方によって原因されたものは、原因への類似性を持つ必要はない。というのは、知によって為されたことは知ではなく、知られたものでなければならない。この仕方によって神の摂理は万物の原因として措定される。それゆえ、われわれの知性の自然法は摂理に由来するけれども、神の摂理が永遠法であることが帰結するわけではない。

(8) 第八に対しては次のように言わなければならない。「最高の統治者の内に設定されたかの理念」が摂理と言われるのは、その内に目的への方向づけが結びついている場合だけである。そして目的への方向づけのためには、目的を意志することが前提される。それゆえ、摂理は本質的には認識に属しているけれども、しかし何らかの仕方で意志を含んでいるのである。

(9) 第九に対しては次のように言わなければならない。諸事物の内に秩序は二様の仕方で考察される。一つの秩序は、事物が根原から発出しているかぎりにおいてである。もう一つは、事物が目的へと秩序づけられているかぎりにおいてである。それゆえ、態勢づけは事物がそれによって根原から発出するその秩序に属する。というのも、或るものどもが態勢づけられると言われるのは、種々異なる段階にそれらが神によって位置づけられることによるからである。ちょうど制作者が種々異なる仕方で、自らの制作品の部分を位置づけるようにである。これに対して、摂理は目的に向かっているそうした秩序を含意している。この意味で摂理は神の技や態勢づけとは相違している。なぜなら、神の技は事物を産出することに関して語られ、態勢づけは産出されたものどもの秩序に関して語られるが、これに対して摂理は目的への秩序を意味しているからである。ところで、制作品の内にあるものはすべて制作品の目的から集められ、目的への秩序は部分相互の秩序と比べても目的により近く、或る意味で部分相互の秩序づけの原因であるから、摂理は或る意味で態勢づけの原因であり、そのゆえに態勢づけという現実態はしばしば摂理に帰せられるのである。それゆえ、摂理は諸事物を産出することに関わる技ではなく、また諸事物の相互の秩序に関わる態勢でもないけれども、しかし摂理が実践的認識に属していないことが帰結するわけではないのである。

(1) 反対異論の第一に対しては次のように言わなければならない。意志について提出されている異議に対しては、既述の通り、ダマスケヌスは摂理が意志を含みそれを前提するかぎりで、摂理は意志であると語っているのである。

(2) 反対異論の第二に対しては次のように言わなければならない。アリストテレスの『倫理学』第六巻[21]によれば、何人《なんぴと》も目的に対して正しく態勢づけられる倫理徳を持つのでなければ、思慮ある者でありえない。ちょうど何人も論証の原理をよく認識しているのでなければ、よく論証できないごとくである。何人も正しい意志を持つのでなければ思慮ある者と言われないのは、こうした理由によるのであって、思慮が意志の内にあるがゆえではないのである。

(3) 反対異論の第三に対しては次のように言わなければならない。神は善性によって統宰すると言われるが、それは善性が摂理そのものであるかのようにではなく、善性は目的の性格を持つから、善性が摂理の根原であるからである。さらにまた、神がその善性によって統治すると言われるのは、倫理徳がわれわれに関わるように、神の善性が神に関わるからである。

(4) 反対異論の第四に対しては次のように言わなければならない。態勢づけることは、意志を前提しているけれども、しかし意志の行為ではない。なぜなら、態勢づけの内に理解される秩序づける働きは、アリストテレス[22]が語る通り、知者の行為だからである。したがって、態勢づけと摂理とは本質的に認識に属しているのである。

(5) 反対異論の第五に対しては次のように言わなければならない。摂理は摂理されるものに対して、知識が知られるものに対するように関わっており、知識が知る者に対するように関わっているのではない。それゆえ、摂理されるものはそのようなものであるかぎりで、知恵ある者である必要はなく、知られたものであることが必要である。

(6)-(7) 他の二つの反対異論に私は同意する。

第二項

第二に、世界は摂理によって統治されているか、が問われる。そして、統治されていない、と思われる。その理由、

(1) いかなる行為者も、摂理によって自然本性の必然性にもとづいて行為することはない。ところで、神は被造の事物に対して自然本性の必然性によって働きかける。なぜなら、ディオニュシウスが『神名論』第四章[23]に語

る通り、神の善性は自らを被造物に伝えるが、それは、ちょうどこの地上の太陽があらかじめ選択することもなく、あらかじめ認識することもなしに、自らの光線を物体に放射するように、であるからである。それゆえ、世界は神によって摂理によって統治されているのではない。

(2) さらに、多くの形相を持つ根原は、ただ一つの形相しか持たない根原よりも後なるものである。ところで、意志は、相対立するものどもに関わるがゆえに、多くの形相を持つ根原である。したがって、意志を前提する摂理も多くの形相を持つ根原である。他方、自然本性は一つの形相を持つ根原である。なぜなら、自然本性は一つのものに決定されているからである。それゆえ、自然本性は摂理に先行する。したがって、自然物は摂理によって支配されているのではない。

(3) しかし、一つの形相を持つ根原が多くの形相を持つ根原に先行するのは、一つの同じ類においてであって、種々異なるものにおいてではない、と言われてきた。――これに対しては次のように言われる。或る根原は、原因として働くことのより大きな力を持てば持つほど、より先なる根原である。ところで、根原はより一つの形相を持つものであればあるほど、原因として働くことにおいてより大きな力を持つ。なぜなら、『原因論』[24]に言われている通り、「一つに結ばれた力は、ばらばらに多様化された力よりもいっそう無限である」。それゆえ、同じものにおいてにせよ異なるものにおいてにせよ、一つの形相を持つ根原は多くの形相を持つ根原に先行するのである。

(4) さらに、ボエティウスの『算術教程』[25]によれば、不等性はすべて等しさに還元され、すべての多は一に還元される。それゆえ、多性を持っている意志のすべての活動は、単純で等しいところの本性の活動に還元されなければならない。したがって、第一の行為者は自らの本質と本性とによって行為するのでなければならず、摂理によって行為する必要はないのである。かくして結論は上と同じことになる。

(5) さらに、それ自身によって一つのものに決定されているものは、そのものを支配するようなものを必要としない。なぜなら、支配が或るものに適用されるのは、そのものが反対の方向に逸れていかないようにするためである。ところで、自然物は自らの本性によって一つのものに決定されている。それゆえ、自然物は自らを統治する摂理を必要としないのである。

(6) しかし、自然物がそれによって統治される摂理を必要とするのは、存在の内に保たれるためである、と言われてきた。――これに対しては次のように言われるべきである。滅びへの可能性がその内にないものは、外部からそのものを保つものを必要としない。ところで、或る事物はその内に生成への可能性がないがゆえに、消滅への可能性もないものである。たとえば、世界の重要な部分である諸々の天体や霊的な諸実体においてそのことは明らかである。それゆえ、これらのものは存在の内に保たれる摂理を必要としないのである。

(7) さらに、実在の内には神でさえ変更することのできない事柄がある。たとえば、「同じものについて肯定し、かつ否定することはできない」とか「存在したことが存在しなかったということはありえない」といった原理である。これはアウグスティヌスが『ファウストゥス駁論』[26]において語る通りである。それゆえ、少なくともこのようなものは統治し保存する摂理を必要としない。

(8) さらに、ダマスケヌスが〔『正統信仰論』〕第二巻[27]に語る通り、「諸事物の制作者とそれの摂理者とが別であることは適切ではない」。ところで、物体的なものは神によって造られたものではない。神は霊であるからである。実際、物体はいかなる霊をも産出しえないように、霊が何らかの物体を産出しうるとは思われないからである。それゆえ、このような物体的なものは神の摂理によって統治されることはない。

(9) さらに、諸事物の統治は諸事物の区別そのものに関わる。ところで、諸事物の区別は神による、とは思われない。というのも、神そのものは、『原因論』[28]に語られている通り、万物に対して一様に関わっているからである。それゆえ、事物は神の摂理によって統治されることはない。

(10) さらに、それ自身において秩序づけられているものは、他のものによって秩序づけられる必要はない。ところで、自然物はこのようなものである。というのは、『霊魂論』第二巻[29]に語られている通り、「自然的に形成されたものにはすべて、大きさと成長を限定する限りと比とが存在する」からである。それゆえ、自然物は神の摂理によって秩序づけられることはない。

(11) さらに、もし事物が神の摂理によって統治されるとすれば、われわれは諸事物の秩序から神の摂理を探究することができるであろう。ところで、ダマスケヌスが〔『正統信仰論』〕第二巻[30]に語る通り、「われわれはすべてに驚嘆し、すべてを賛美し、摂理に属しているものすべてを何の探究もなしに受け入れなければならない」。それゆえ、世界は摂理によって支配されているのではない。

以上に反して、(1) ボエティウス[31]は「おお、永遠の秩序によって世界を統治している方よ」と語っている。

(2) さらに、確かな秩序を有するものはすべて、何らかの摂理によって統治されなければならない。ところで、自然物は自らの動において確かな秩序を有している。それゆえ、それらは摂理によって支配されているのである。

(3) さらに、種々異なっているものが何らかの結合において保存されるのは、何らかの摂理によって統治される場合のみである。それゆえ、或る哲学者たちは、動物の体の内に相反するものが一緒に結合されて保存されるために、魂は調和であると主張することを余儀なくされたのである。ところで、世界の内にわれわれは相互に相反し異なるものが結集されて存続しているのを見出す。それゆえ、世界は摂理によって支配されているのである。

(4) さらに、ボエティウスが『哲学の慰め』第四巻[32]に語る通り、「運命は動の内にある個々の事物を場所、形相、時間に分配されたものとして分類し、この時間の秩序の展開が神の精神の眺望において一つにされたものが摂理である」。それゆえ、諸事物が形相、時間、場所によって区別されているのをわれわれは見るのであるから、運命を、したがって、また摂理を措定することも必然である。

(5) さらに、それ自体によって存在の内に保存されえないものはすべて、それによって保存される何らかの統治者を必要とする。ところで、被造の事物はそれ自体によって存在の内に保持されることはできない。なぜなら、無から造られたものは、自体的には無へと向かっているからである。それはダマスケヌスが言う[33]通りである。それゆえ、事物を統治する摂理が存在しなければならない。

答えて次のように言わなければならない。摂理は目的への秩序づけに関わる。したがって、目的因を否定する人がその帰結として摂理を否定せざるをえないことは、註釈者が『自然学』第二巻[34]に語る通りである。ところで、目的因を否定する人々のうちには、昔から二つの立場があった。すなわち、最も昔の或る哲学者たちは質料因のみを措定した。それゆえ、彼らは作用因を否定するから、目的を措定することはできなかったのである。実際、目的が原因であるのは、目的が作用者を動かすかぎりでのことだからである。他方、より後の他の哲学者は作用因を措定したが、目的因について何も語っていない。これら両方の哲学者たちによれば、質料であれ作用者であれ、先在する原因の必然性によって万物は発出したのである。

しかし、この立場は哲学者たちによって、次のような仕方で、非難された。すなわち、質料因と作用因とは、そのようなものであるかぎりにおいて、結果に対して存在の原因である。ところで、それら原因はその結果の内に善性を生ぜしめ、その善性によって結果がそのもの自身において存続することができ、また他のものに対して他のものを助けることができるように十分であった、と言わなければならない。たとえば、熱はそれ自身の性格から、またそれ自身に由来する点に関しては、他のものを分解することができる。ところで、分解は何らかの確かな限界と尺度によってでなければ、ふさわしく善きものであるということはない。それゆえ、もしわれわれが熱とかこのような作用者以外の別の原因を自然の内に措定するのでなければ、事物がなぜ適切かつ善く生成するか、その原因を指定することはできないであろう。ところで、特定の原因を持っていないものはすべて偶然に生じてくる。したがって、上述の立場によれば、諸事物の内に見出されるすべての適合性とか有用性とかは、偶然的であることになろう。このことはエンペドクレスが実際に主張したことである。彼は動物の諸部分が、動物が保持されるために、友愛を通じてこのような仕方で一緒になったのは偶然であった、そしてこうしたことはしばしば起こる、と主張した。しかし、このようなことはありえない。というのは、偶然に起こることは稀にしか発生してこないからである。ところで、このような適合的な事柄や有用な事柄が自然の業において、常にあるいは多くの場合に起こるのをわれわれは見ているのである。それゆえ、それらが偶然に起こっているということはありえない。したがって、それらは目的の意図から発出しているのでなければならない。

ところで、知性や認識の欠如しているものが目的に直接向かうことができるのは、そのものに何らかの認識によって目的があらかじめ定められ、ちょうど目的へと導かれるという場合だけである。それゆえ、自然物は認識が欠如しているから、射手が矢に決められた的に向かう確かな動を与えるような仕方によって、自然物を目的に秩序づける何らかの知性が先在していなければならない。それゆえ、矢によって為される打撃は矢の業のみならず、射る人の業とも言われるように、自然のすべての業も哲学者たちによって知性の業と言われているのである。かくして、上述の秩序を自然に導き入れたその知性の摂理によって、世界は統治されなければならない。神が世界をそれによって統治するその摂理は、或る人が家庭を、或る人が町や国を統治する摂理に似ている。人はその摂理によって他の人々の行為を目的に秩序づけるのである。しかし、神の内には自己自身に関して摂理はありえない。神の内にあるものはすべて目的であって、目的への手立てではないからである。

(1) したがって、第一に対しては次のように言わなければならない。ディオニュシウスの比喩は、太陽は自分自身の側においては、自らの光線の伝達においていかなる物体をも排除しないように、神の善性はいかなる被造物をも自らを分有することから排除していないことを指示している。しかし、その比喩は摂理が認識や選択なしに働くことを意味しているわけではない。

(2) 第二に対しては次のように言わなければならない。或る根原が多くの形相を持つものであることは、二様に言われうる。一つは根原の本質そのものに関して言われる。すなわち、その根原が複合されているかぎりにおいてである。この場合は、多くの形相を持つ根原は一なる形相の根原より後なるものである。もう一つの仕方では、結果への関係に従って言われる。すなわち、多くのものに及んでいく根原が多くの形相から成る根原と言われる。したがって、この意味で多くの形相から成る根原は一なる形相の根原よりもより先である。なぜなら、或る根原はより単純になればなるほど、より多くのものに及んでいくからである。そして、この仕方によれば意志は多くの形相から成る根原であるが、本性は一なる形相から成る根原である。

(3) 第三に対しては次のように言わなければならない。異論の論拠は、その本質によっての根原の形相の一性に妥当する。

(4) 第四に対しては次のように言わなければならない。神は自らの本質によって諸事物の原因である。したがって、諸事物のあらゆる多性は或る単純な根原に還元される。ところで、神の本質が諸事物の原因であるのは、神の本質が知られるかぎりにおいて、したがってまた神の本質が類似性において被造物に伝達されることが意志されることによってのみである。それゆえ、事物は神の本質から知と意志との秩序を通して発出してくる。したがって、摂理によって発出してくるのである。

(5) 第五に対しては次のように言わなければならない。自然物が一つのものに決定されるその決定は、自然物それ自身から由来しているのではなくて、他のものから由来している。したがって、既述の通り、ふさわしい結果への決定自体が摂理を示しているのである。

(6) 第六に対しては次のように言わなければならない。生成と消滅とは二様に解せられうる。一つは、生成と消滅が反対の在るものから起こり、反対の在るものへと終極する。そしてこの仕方において、生成と消滅への可能態は或るものに、そのものの質料が相反する形相への可能態にあることによって、内在する。この意味では、諸々の天体や霊的諸実体は生成に対しても消滅に対しても可能態を有していない。もう一つの仕方では、諸事物の存在へのどんな移行にも、また非存在へのどのような転移にも共通的に語られる。この意味では、何かが無から存在へと導出される創造もまた生成と言われ、また事物が無に帰せられることも消滅と言われる。ところで、この仕方で或るものが生成への可能態を持つと言われるのは、そのものを産出するための能力が能動者にあることによってである。同様に、或るものが消滅への可能態を持つと言われるのは、そのものを非存在へと導く能力が能動者にあるからである。そしてこの意味では、すべての被造物は消滅への可能態を有している。というのも、神は存在へと産出したすべてのものを、非存在に還元することができるからである。実際、被造物が自存するためには、神が常にそれらの内に存在を生ぜしめていなければならない。しかもアウグスティヌスが『創世記逐語註解』[35]において語る通り、家が制作者によって作られ、その働きが止まっても家は留まってあるが、そうした仕方ではなく、太陽によって空気が照明されるような仕方によって、神は存在を生ぜしめているのである。それゆえ、被造物の存在は神に依存しているのであるから、神が被造物に存在を授与しないとすれば、そのとき被造物は無に帰するであろう。

(7) 第七に対しては次のように言わなければならない。上述された諸原理の必然性は神の摂理と態勢づけに伴っている。というのは、諸事物は特定の本性の内に産出され、この本性の内に特定の存在を有するということが、それら事物をそれら事物の否定であるものから区別されたものにするのである。この区別にもとづいて肯定と否定とが同時に真ではありえないことが帰結する。そして、『形而上学』第四巻[36]に語られる通り、このことから他のすべての原理の必然性が由来するのである。

(8) 第八に対しては次のように言わなければならない。結果が原因より優れていることはありえない。かえって、結果は原因より劣って見出されうるのである。そして、物体は霊より自然本性的により下位のものであるから、物体は霊を産出することはできないで、その逆であるのである。

(9) 第九に対しては次のように言わなければならない。神は自己の内にいかなる相違もないことによって、事物に対して同じ仕方で関わっていると言われる。しかし、神自身は、自らの知によって種々異なる事物の可知的性格を自らのもとに含んでおり、そのことによって、諸事物の相違の原因であるのである。

(10) 第一〇に対しては次のように言わなければならない。自然の内にあるその秩序は、自然に自分自身からあるのではなく、他者によってである。したがって、自然はそのような秩序を自然の内に設定する摂理を必要とするのである。

(11) 第一一に対しては次のように言わなければならない。諸々の被造物は創造者を表現することから欠落している。したがって、被造物を通してわれわれはいかなる仕方によっても、完全には創造者の認識に至ることはできない。また、われわれの知性の弱さのゆえにも、そうした認識には至りえない。すなわち、われわれの知性は、神について被造物が明らかにしているすべてのことを、被造物から得ることができないからである。したがって、われわれは神の内にあるものを、探究の終極にまで到達することを欲するような仕方で探究することは禁じられているのである。実際、探究という名称はそのことを示している。実際、もしそうしたことを行えば、われわれは神について、われわれの知性が捉えうるものしか信じないであろうからである。しかし、われわれは完全な把握に至るには不十分であることを再認識するような節度をもって詮索することは禁じられているわけではない。したがって、ヒラリウス(37)は、「〔神の〕無限な事柄を敬虔な仕方で探究する人は、たとえ決して到達しないとしても、しかし常に彼の探究は彼に役立つであろう」と述べているのである。

第三項

第三に、神の摂理は可滅的なものどもにまで及ぶか、が問われる。そして、及ばない、と思われる。その理由、

(1) 原因と結果とは同じ秩序に属している。ところで、可滅的な被造物は過ちの原因である。たとえば、婦人の美しさが快楽への誘惑や原因であることは明らかである。また「知恵の書」に「神の被造物は愚かな者どもの足には鼠取り器になった」〔知一四:一一〕と語られている。それゆえ、過ちは神の摂理の秩序の外にあるから、可滅的なものどもは摂理の秩序に服していないと思われる。

(2) さらに、知者によって摂理されたものが、彼の造ったものを破壊することはありえない。なぜなら、もしそんなことがあれば、知者は同じものを制作しかつ破壊して自分自身に反することになろうからである。ところで、可滅的な諸事物において、或るものは他のものに反対のものであり、そのものを滅ぼすものである。それゆ

え、可滅的なものが神によって摂理されることはない。

(3) さらに、ダマスケヌスが〔『正統信仰論』〕第二巻[38]において語る通り、「摂理によって生ずるすべてのものは正しい理性によって、最善で神に最もふさわしいものとして生じ、しかももはやよりよく生ずることのありえない仕方で生ずるのでなければならない」。ところで、可滅的なものは不可滅的なものになりうるがゆえに、よりよくなりうるであろう。それゆえ、神の摂理は可滅的なものには及ばないのである。

(4) さらに、すべての可滅的なものはその本性からして可滅性を所有している。さもないと、すべての可滅的なものの滅ぶことが必然でないことになるからである。ところで、消滅ということは欠陥であるから、それはいかなる欠陥の原因でもありえない神によって摂理されたものではありえない。それゆえ、可滅的な自然物は神によって摂理されるものではない。

(5) さらに、ディオニュシウスが『神名論』第四章[39]において語る通り、摂理に属することは本性を滅ぼすことではなく、それを救うことである。それゆえ、全能なる神の摂理には事物を絶えず救うことが属している。ところで、可滅的なものは絶えず救われているわけではない。それゆえ、可滅的なものは神の摂理に服しているわけではない。

以上に反して、(1)「知恵の書」に、「ところで、父よ、あなたは万物を摂理によって統べておられる」〔知一四：三〕と言われている。

(2) さらに、「知恵の書」には「万物を配慮し給うのは」〔知一二：一三〕神ご自身である、と言われている。それゆえ、物体的なものも非物体的なものも神の摂理に服しているのである。

(3) さらに、ダマスケヌスが〔『正統信仰論』〕第二巻[40]に語る通り、「諸事物の制作者とそれの摂理者とが別であることは適切ではない」。ところで、神はあらゆる可滅的なものの作出因である。それゆえ、神は可滅的なものの摂理者でもある。

答えて次のように言わなければならない。事物を統治する神の摂理は、既述の通り〔第二項〕、家父長が家を統治しあるいは王が都市や王国を統治する摂理に似ている。これらの統治において共通善が個別善より優位にあることが共通している。たとえば、国の善が都市とか家庭とか個人とかの善よりもより神的であり、このことは『倫理学』[41]の初めに語られている通りである。それゆえ、摂理する者は誰でも、もし賢明に統治するならば、ただ一人のものにだけ善いものによりも共同体に善いものにより注意を払うのである。それゆえ、或る人々はこのことに注意を払わないで、それ自体で考えればより善くありうるであろう可滅的な或るものに注目して、それぞれの事物がそれによって自らの秩序の内に最善の仕方で配置される宇宙の秩序のことには関心を払わないで、そうした可滅的なものは神に統治されておらず、ただ不可滅的なものだけが神によって統治されている、と語ったのである。そうした人々のうちの或る人物が「ヨブ記」において次のように語られている。「雲は彼の」すなわち神の「覆いなれば、彼はわれらのことをみそなわし給わず、天の極みを歩み巡り給う」〔ヨブ二二：一四〕と。ところで、これら可滅的なものは統治者なしにまったく必然的に為されるか、あるいは対立している根原によって統治されるかのいずれかでありうる、と彼らは主張する。アリストテレスはこうした立場を、『形而上学』第一一巻[42]において、軍隊を例にとって反駁している。すなわち、軍隊においてわれわれは二つの秩序を見出す。一つは、軍隊の諸部分が相互に秩序づけられる秩序である。もう一つは諸部分が外的な善、すなわち指揮官の善へと秩序づけられる秩序である。そして、軍隊の諸部分が相互に秩序づけられるその秩序は、軍隊全体が指揮官に秩序づけられるその秩序のために存在している。それゆえ、もし指揮官への秩序が存在しないとすると、軍隊の諸部分の相互への秩序も存在しないことになろう。ところで、宇宙の可滅的ならびに不可滅的な諸部分は相互に、附帯的にではなく自体的に秩序づけられて存在している。というのも、諸々の天体から可滅的な諸物体に有益なことが発出するのをわれわれは見ており、しかも常にあるいはたいていの場合に同じ仕方によって発出しているのである。それゆえ、可滅的なものと不可滅的なもののすべてが、宇宙の外にある外的根原の摂理のもとで一つの秩序の内に在るのでなければならない。それゆえ、アリストテレス(43)は、宇宙にはただ一つの支配を措定すべきであって、多数の支配を措定すべきではない、と結論するのである。

しかし、或るものが摂理される、というのに二様の仕方があることを知らなければならない。一つは、それ自身のために摂理される。もう一つは、他者のために摂理されるのである。たとえば、家庭において家庭の善が本質的にその内にあるもの、たとえば子供たちや所有物などはそれ自体のために摂理される。他方、別のものはこれらの役に立つために摂理される。たとえば、容器とか家畜とかである。同じように、宇宙において宇宙の完全性が本質的にそれらにおいて成立するそのものは、それら自身のために摂理される。そしてこれらのものは、宇宙が恒常的であるように、恒常性を有しているのである。他方、恒常的でないものは他のもののためにのみ摂理される。したがって、種の観点によっても個物の観点によっても恒常的である霊的諸実体と諸天体とは、種においても個物においても自分自身のために摂理されている。ところで、可滅的なものは種においてしか恒常性を持つことはできない。それゆえ、種そのものは自らのために摂理されているが、種に属する個物は種の恒常的存在を保存するためにのみ摂理されている。この意味で、神の摂理がこうした可滅的なものどもにまで及ぶのは、それらが種の本性を分有することによってのみである、と語る人々の意見は斥けられる必要はないのである。というのも、この考えは或るものが自らのために摂理されるその摂理について理解されるならば、真であるからである。

(1) それゆえ、第一に対しては次のように言わなければならない。物体的被造物はそれ自体によって罪過の原因であるのではなく、単に罪過の機会であって附帯的な意味での原因である。ところで、附帯的な原因と結果とは一つの秩序に属する必要はないのである。

(2) 第二に対しては次のように言わなければならない。知恵をもって摂理する者は、自らの摂理に従属するものの一人にとって何が善であるかに注意を払うばかりではなく、万人に何が適合するかによりいっそう注意を払うものである。それゆえ、宇宙において或る事物の滅びはその事物にとってはふさわしいことではないけれども、しかし宇宙の完全性にとっては適合的である。たとえば、個物の絶えざる生成と消滅によって種における恒常的な存在が保存され、それら種において宇宙の完全性は自体的に成立するからである。

(3) 第三に対しては次のように言わなければならない。可滅的な事物は、もし不可滅性を有していればより善いであろうが、しかし、可滅的なものと不可滅的なものとから成り立つ宇宙の方が、ただ不可滅的なものだけから成り立つ宇宙よりもより善いのである。というのも、両方の本性、すなわち可滅的なものと不可滅的なものの本性は善いものである。ところで、ただ一つの善があるよりも二つの善があることの方がより善いからである。また、一つの本性における個体の多数化はさまざまな本性の多様性と等価であるわけではない。というのも、伝達可能な本性の善は、個物に見出される伝達されない個的な善よりも卓越しているからである。

(4) 第四に対しては次のように言わなければならない。闇は太陽に由来するが、それは太陽が何かを為すことによってではなく、光を放たないことによってであり、同じように、消滅は神に由来するが、何かを為す神ではなく恒常性を与えない神によるのである。

(5) 第五に対しては次のように言わなければならない。神によってそれら自身のために摂理されるものどもは恒常的に存続する。しかし、こうした恒常性はそれら自身のために摂理されるのではないものどもには必要ではない。それら自身のためには摂理されていないものは、自らがそれらのものために摂理されるそれらのものに必要である度合いにおいて、存続するのでなければならない。したがって、或る個別的なものは、それら自身のために摂理されていないがゆえに、消滅するのであって、それは既述のことから明らかである。

第四項

第四に、この月下の諸物体のすべての動や働きは神の摂理に服しているか、が問われる。そして、服していない、と思われる。

(1) 神は自分がそのものの作者でないようなものを摂理する者ではない。なぜなら、ダマスケヌスが〔『正統信仰論』〕第二巻[44]に語る通り、「摂理者と創造者とが別の者であると仮定するのは適切ではない」からである。ところで、神は悪の作者ではない。というのも、すべてのものは、神によって存在しているかぎり、善きものだからである。したがって、この月下の諸物体の動とか働きとかの内に多くの悪が生じているのであるから、月下の物体のすべての動が神の摂理のもとにあるわけではない、と思われる。

(2) さらに、相反する動は一つの秩序に属するとは思われない。ところで、この月下の諸物体の内には相反する動や相反する働きが見出される。それゆえ、すべての動が神の摂理の秩序に入ることは不可能である。

(3) さらに、いかなるものも目的へと秩序づけられることによらないと、摂理のもとに入ることはない。ところで、悪は目的へと秩序づけられていない。反対に、悪は秩序の欠如である。それゆえ、悪は摂理のもとには入らないのである。ところで、この月下のものには多くの悪が附帯する。それゆえ、同じ帰結となる。

(4) さらに、或る人が或る悪の生ずるのを妨げることができるとき、それらのものの働きが自分の摂理に従属しているようなものごとにおいて、その悪の出来するのを許す人は賢明な人ではない。ところで、神は最も賢明で最も力ある者である。それゆえ、多くの悪がこの月下の世界において出来するのであるから、この月下の事物の個別的な働きは神の摂理に従属していないと思われる。

(5) しかし、神が多くの悪の生ずるのを許すのは、それら悪から善を引き出しうるからだ、と言われてきた。――これに対しては次のように言われる。善は悪よりもより力あるものである。それゆえ、善は悪からよりもむしろ善からより引き出されうる。それゆえ、神は悪から善を引き出すために悪の生ずることを許す、といったことは必然的なことではない。

(6) さらに、神は万物を自らの善性によって創造したように、万物を自らの善性によって統治することは、ボエティウスが『哲学の慰め』第四巻(45)に語る通りである。ところで、神の善性は、何らかの悪が神から産出されるといったことを許さない。それゆえ、神の善性は何らかの悪が自らの摂理に服することも許さないのである。

(7) さらに、およそ摂理されたものが偶然的である、といったことはない。それゆえ、もしこれら月下のもののすべての動が摂理されているとすれば、何ものも偶然に生ずることはなく、したがって、すべては必然から生じていることになろう。しかし、それは不可能なことである。

(8) さらに、もし月下の世界において万物が質料の必然から生じているとすれば、これら月下のものは、註釈者が『自然学』第二巻(46)で語る通り、摂理によって統べられることはないであろう。ところで、月下の世界において多くのものは質料の必然性から生じている。それゆえ、少なくともそれら必然性から生じたものは神の摂理には従属していないのである。

(9) さらに、思慮ある人は誰でも、悪が生ずるために善を許すことはない。それゆえ、同じ理由によって、思慮ある人は誰も善が生ずるために、悪を許すことはない。ところで、神は思慮ある者である。それゆえ、神は善が出来するために悪が為されることを許すことはない。したがって、この月下の世界で生ずる諸々の悪が許しの摂理のもとに入ることもない、と思われる。

(10) さらに、人間において非難されるべき事柄は、いかなる仕方によっても神に帰せられるべきではない。ところで、「ローマの信徒への手紙」の「またわれらの罵られて善を生ぜしめんために悪を為そう、とわれわれが言っていると或る人々の言うごとく」〔ロマ三：八〕より明らかな通り、善を獲得するために悪を為すことは、人間において非難されることである。それゆえ、悪から善が引き出されるために、悪が赦しの摂理のもとに入ることは、神にふさわしいことではない。

(11) さらに、もし月下の物体の活動が神の摂理に従属しているならば、それらは神の正義に適うかぎりで活動をするであろう。ところで、月下の諸元素はこのような仕方で活動するようには見出されない。実際、火は義人の家も義でない人の家も等しく燃やすからである。それゆえ、月下の物体の活動は神の摂理には従属していないのである。

以上に反して、(1)「マタイによる福音書」に「二羽の雀が一アサリオンで売られているではないか。だがその一羽さえ、あなたがたの父の許しがなければ地に落ちることはない」〔マタ一〇:二九〕と言われ、その箇所への註解[47]は「神の摂理は偉大である。きわめて小さいものも摂理を免れているものはない」と述べている。それゆえ、月下のもののごく些細な動も摂理に従属しているのである。

(2) アウグスティヌスは『創世記逐語註解』第八巻[48]において、神の摂理によって「上層の天球も下層の地上的なものも秩序づけられ、光体も星辰も光を放ち、昼と夜の交代が促され、基礎づけられた地が水に浸かり、水に取り巻かれ、上から空気が地を覆い、またこの働きに従って、植物や動物が生殖し、誕生し、生育し、老い、死んでいくのであり、その他の事物の内で内的で自然な動きによって営まれることは何であれ、摂理によって生じる」のをわれわれは見る、と語っている。それゆえ、月下の物体のすべての動は神の摂理に従属しているのである。

答えて次のように言わなければならない。諸事物の第一の根原と諸事物の究極の目的とは同じものであるから、或るものが第一の根原から産み出されてくる仕方は、究極の目的へと秩序づけられる仕方と同じである。ところで、『生成消滅論』第二巻[49]に語られている通り、諸事物の根原からの産出において、根原に近いものは欠陥のない存在を有するが、根原から隔たっているものは可滅的な存在を有しているのをわれわれは見出すのである。それゆえ、諸事物の目的への秩序においても、究極目的に最も近くあるものは一貫して目的への秩序を保持しているが、究極目的から隔たっているものはときにその秩序から逸脱するのである。ところで、根原に関して近くあるその同じものは目的に関しても近くあり、根原から隔たっているものは目的からも隔たっているのである。それゆえ、不可滅的なるものは欠陥のない存在を持つように、自らの活動において目的への秩序から逸脱することは決してないのである。それはちょうど、天体の動が自然本性的な軌道から外れることがなく、他方、諸々の可滅的な物体においては自然本性の欠陥のゆえに正しい秩序から外れた多くの動が出来するのと同様である。それゆえ、アリストテレスは『形而上学』第一一巻[50]において、宇宙の秩序において不可滅的な実体は、家庭の善のために常に働いている家庭での子供たちに似ており、他方可滅的な物体は家庭を統治している者の秩序からそのものの働きがしばしば逸脱している家庭での下僕や家畜に喩えられる、と述べている。このことのゆえに、アヴィセンナ[51]も月の天球を越えたところには悪は存在せず、ただこの月下の世界においてのみ悪は存在すると言うのである。

とはいえ、月下の事物において正しい秩序から欠落しているそうした働きも、全面的に摂理の秩序の外にあるということはない。実際、或るものが摂理に服するのには二様の仕方がある。一つは、或るものがそれへと秩序づけられているそのものとして。もう一つは、別のものへと秩序づけられているものとして。ところで、『自然学』第二巻と『形而上学』第五巻[52]に語られている通り、目的への手立てであるものの秩序において中間的なものはすべて目的や目的への手立てである。したがって、摂理の正しい秩序の内にあるものがすべて、他者に秩序づけられたものとしてのみ摂理のもとに入るのではなく、他者が自らに秩序づけられているそうしたものとしても摂理のもとに入るのである。ところで、正しい秩序から逸脱しているものは、他者に秩序づけられているかぎりでのみ摂理のもとに入るのであって、自分自身に何かが秩序づけられるかぎりによってではない。たとえば、或る人が本性において完全な別の人を生むその産出の力の現実活動は、神によって或る特定のものへと、すなわち人間の形相へと秩序づけられている。そして或るもの、すなわち産出する力はその活動そのものに秩序づけられている。ところで、ときどき本性において奇形がそれによって生まれてくる欠陥のある活動は、確かに神によって何らかの有用性のために秩序づけられているが、この欠陥のある活動には他の何ものも秩序づけられることはまったくなかったのである。というのは、それは何らかの原因の欠陥から突然に起こるからである。第一の活動に関しては、摂理は是認のそれ（providentia approbationis）であり、第二の活動に関しては、摂理は赦しのそれ

（providentia concessionis）である。ダマスケヌスは摂理のこれら二つの仕方を〔『正統信仰論』〕第二巻において語っている。

しかし、次のことを知らなければならない。すなわち、或る人々は前述の摂理の仕方を自然物の種にのみ関係づけ、個々の事物に対してはそれらが共通の本性を分有しているかぎりにおいてのみ関係づけている。というのは、彼らは神は個々の事物を認識するとは措定しなかったからである。実際、彼らの主張によれば、神は種に伴って生じてくる力からこれこれの活動が生じなければならないような、そのような仕方で、或る種の本性を秩序づけたのであり、もし或るときにこうしたことがうまくゆかないとすれば、そのことは具体的な有用性に秩序づけられているのであって、ちょうど或るものの消滅が他のものの生成に秩序づけられるごときである、というのである。しかし個別的なこの能力を個別的なこの活動へと、また個別的なこの欠陥を個別的なこの有用性へと神が秩序づけたとは、彼らは言わない。これに対してわれわれは、神は個々の事物すべてを完全に認識していると主張する。したがって、個々の事物における摂理の前述されたような秩序を、われわれは個物であるかぎりにおいても措定するのである。

(1) それゆえ、第一に対しては次のように言わなければならない。異論の論拠は是認の摂理には妥当する。なぜなら、この意味では何ものも神から何らかの仕方によって生じているのでなければ、神によって摂理されることはないからである。それゆえ、神から生じていない悪は是認の摂理ではなく、ただ悪の赦しの摂理のもとにのみ入るのである。

(2) 第二に対しては次のように言わなければならない。相反する動が一つの種的な秩序に属することはないけれども、しかし一つの類的な秩序には属するのである。たとえば、異なるさまざまな制作品の異なるさまざまな秩序でさえ、一つの国の一つの秩序に秩序づけられているからである。

(3) 第三に対しては次のように言わなければならない。悪は固有の行為者から発しているかぎり無秩序なものであり、それゆえ秩序の欠如として定義されるけれども、しかし悪がより上位の行為者によって秩序づけられることは何らさしつかえのないことである。その意味では悪は摂理のもとに入るのである。

⑷　第四に対しては次のように言わなければならない。思慮ある人は誰も大きな善が妨げられないために、何らか小さな悪には忍耐するものである。ところで、どんな個別的な善も何らかの普遍的な本性の善との関連では小さなものである。ところで、諸事物から生じてくる悪は、それら諸事物の本性が除去されるのでなければ、妨げられえないであろう。その本性には欠落があったりなかったりすることが可能であり、またこの本性は或る個別的なものに害を与えることもあるが、それにもかかわらず宇宙において何らかの美しさを加えるものである。したがって、神は最も思慮深い者であるから、神の摂理は諸々の悪を妨げるのではなく、おのおののものがそのものの本性の要求するところに従って、働くことを許すのである。実際、ディオニュシウスが『神名論』第四章[54]に語る通り、本性を滅ぼすのではなく、それを救済することが摂理に属しているからである。

⑸　第五に対しては次のように言わなければならない。或る善は何らかの悪からのみ引き出されうるものである。たとえば、忍耐という善は、苦しめられるという悪からのみ引き出されるものであり、改悛という善は罪過の悪から引き出されるものである。このことは悪が善と比較して弱いことを否定することではない。実際、この種の善は悪から引き出されるが、自体的な原因としての悪からではなく、いわば附帯的質料的に悪から引き出されるのである。

⑹　第六に対しては次のように言わなければならない。産出されるものは、自らの存在に即しては、産出するものの形相を有するのでなければならない。なぜなら、事物の産出は事物の存在に終極するからである。それゆえ、善き作者によって産出されたものは悪ではありえない。ところで、摂理は事物を目的へと秩序づける。ところが、目的への秩序は事物の存在に終極してくるものである。したがって、何らかの悪が善によって善へと秩序づけられるのは不可能ではないが、或るものが善によって悪に秩序づけられることは不可能である。というのは、産出するものの善性は産出されるものに善性の形相を導入するように、摂理する者の善性は摂理されるものの内

に善への秩序を導入するからである。

(7) 第七に対しては次のように言わなければならない。この月下の世界に起こる諸結果は二様に考察されうる。一つは近接原因との関係において。この意味では多くのものは偶然に出来する。もう一つの仕方では、第一原因との関係において。この意味では、この世界において偶然に生ずるようなものは何もない。しかし、すべてのものが必然的に出来することが帰結するわけでもない。なぜなら、諸結果は第一原因の必然性から生じてくるのではなく、近接原因の必然性から生じてくるからである。

(8) 第八に対しては次のように言わなければならない。質料の必然性から出来するものは、目的へ秩序づけられた本性から生じてくる。そしてそのかぎりで、それらも摂理のもとに入りうるのである。しかし、もしすべてのものが質料の必然性から生じるのであるとすれば、こうしたことはないであろう。

(9) 第九に対しては次のように言わなければならない。悪は善に反対のものである。ところで、自体的に反対のものは自らと反対のものを生ぜしめることはなく、すべての反対のものは自己に反対のものを自己に類似したものへともたらすのである。たとえば、熱いものが何かを冷へともたらすのは、ただ附帯的にのみであって、むしろ冷たいものは熱いものによって熱さへともたらされるのである。同じように、いかなる善き者も何かを悪へと秩序づけることはなく、むしろ諸々の善きものへと秩序づけるのである。

(10) 第一〇に対しては次のように言わなければならない。既述のことから明らかなように、悪を為すことは善き者には決して適合しない。それゆえ、善のために悪を為すことは人間において非難されるべきことであり、また神に帰せられることもありえない。ところで、悪を善に秩序づけること、これは或るものの善性に反することではない。したがって、悪から何らかの善を引き出すために悪を許すことは、神に帰せられるのである。

第五項

第五には、諸々の人間的行為は摂理によって支配されているか、が問われる。そして、支配されていない、と思われる。その理由、

(1) ダマスケヌスが〔『正統信仰論』〕第二巻[55]において語る通り、「われわれの内にあるものは摂理に属するものではなく、われわれの自由決定力に属するものである」。ところで、人間的諸行為はわれわれの内にある行為と言われる。それゆえ、人間的諸行為は神の摂理のもとには入らない。

(2) さらに、摂理のもとに入るもののうち、或るものはより優れたものであればあるほど、優れた仕方で摂理される。ところで、人間は感覚を持たない被造物よりもより優れたものである。感覚を持たない被造物は自らの取るべき道筋を常に保持しており、ごく稀にしか正しい秩序から逸脱することはない。ところで、人間の諸行為はしばしば正しい秩序から逸脱する。それゆえ、人間的諸行為は摂理によって支配されていない。

(3) さらに、罪過の悪は神にとって最高度に憎むべきものである。ところで、摂理する者は誰も、自らに最高度に不愉快なことが何か別のものに起こるのを許すということはない。というのも、その場合にはその何か別のものの不在は、その者にとってより不愉快だろうからである。それゆえ、神は人間的な諸行為の内に罪過の悪の起こるのを許すのであるから、人間的諸行為は神の摂理によって支配されていない、と思われる。

(4) さらに、見捨てられるものが摂理によって、統治されるということはない。ところで、「シラ書」に語られている通り、神は人間を「人間自らの思量の手の中に」〔シラ一五：一四〕見捨てたのである。それゆえ、人間的行為は神の摂理によって支配されることはない。

(5) さらに、「コヘレトの言葉」に、「必ずしも競争は速い者に、戦争は強い者に帰するのではなく、すべて時と偶然とによるのを見た」〔コヘ九：一一〕と語られ、それは人間的行為について言われている。それゆえ、人間的諸行為は偶然的に実行され、摂理によって統治されるのではない、と思われる。

(6) さらに、摂理によって支配されるものにおいて、さまざま異なったものが異なったものに帰せられる。ところで、人間的な事柄においては、同じ事柄が善き者にも悪しき者にも出来する。「コヘレトの言葉」には「一切のことは義なる者にも不敬なる者にも、善き人にも悪しき人にも等しく出来するのである」〔コへ九：二〕と言われている。それゆえ、人間的な事柄が摂理によって支配されることはない。

以上に反して、(1)「マタイによる福音書」には、「汝らは髪の毛までも皆数えられたり」〔マタ一〇：三〇〕と言われている。それゆえ、人間的行為の最も小さいものでさえ神の摂理によって秩序づけられているのである。

(2) 罰すること、報いること、掟を与えることは摂理の行為である。なぜなら、このような行為によって摂理する者は、自らに従属するものを統治しているからである。ところで、神は人間的行為についてこれらすべてを行っている。それゆえ、すべての人間的行為は神の摂理に従属するのである。

答えて次のように言わなければならない。既述の通り〔第四項〕、或るものは第一の根原により近ければ近いほど、摂理の秩序のもとにより優れた仕方で位置づけられ、他方、他のすべてのもののうちで霊的な諸実体は、第一の根原により近づいている。それゆえ、それらの実体は第一根原の像によって刻印されていると言われる。したがって、それらの実体は神の摂理によって摂理されているということのみならず、摂理することをも獲得するのである。そしてこのことが、上述の諸実体は自らの諸行為を選択しうる者であり、他方ただ摂理されているだけで摂理しない他の被造物は自分の働きを選択することができない、ということの理由である。ところで、摂理は、目的への秩序づけに関わるのであるから、目的の規範に従って為されるのでなければならない。そして、第一の摂理する者は自身が自らの摂理の目的であるから、自らに結合した摂理の規範を有している。それゆえ、彼が摂理している諸事物においていかなる欠陥も彼の側から起こりうることは不可能である。したがって、それらの内に欠陥があるとすれば、それは摂理されるものの側のみに由来しているのである。ところで、摂理が伝達される被造物は自らがそれら自身の摂理の目的であることはなく、別の目的すなわち神へと秩序づけられている。それゆえ、それら被造物は自らの摂理の正しさを神の規範から得るのでなければならない。そうしたわけで、それら被造物の摂理には摂理されるものの側からのみならず、摂理する者の側からも欠陥は生じうるのである。しかし、或る被造物は第一の摂理する者の規範により固着することによって、そのものの摂理の秩序はより確固とした正しさを持っている。したがって、このような被造物はそのものの働きにおいて欠けるところがありうるし、また自らの働きの原因であるから、それらの欠陥は罪過という性格を持つことになる。しかしそうしたことは他の被造物の欠陥には含まれなかったことである。他方、このような霊的被造物は個的にも不滅であるから、それらはそれら自身のために個体としても摂理されているのである。したがって、霊的被造物の内に生じる欠陥は、それら個物そのものに属する罰か報償へと秩序づけられるのであって、他のものに秩序づけられることによってのみそれら罪とか報償へと秩序づけられるわけではない。

そして、これらの被造物のうちに人間は含まれている。というのも、人間の形相、すなわち人間の魂は霊的被造物であり、人間的諸行為の根幹（radix）はこの魂に由来するものであり、また人間の身体も不滅性への秩序を魂から有しているからである。したがって、人間的諸行為は神の摂理のもとに、人間自身が自らの諸行為の摂理者であるという仕方で入るのである。そして、それら諸行為の欠陥はそれら人間に属するかぎりで、秩序づけられるのであって、他のものに適合するかぎりでのみ秩序づけられるのではない。すなわち、人間の罪は神によって人間の善へと秩序づけられ、たとえば、原罪のあと人間は復活するとき、より謙遜な者にされるようにである。あるいは、人間の罪に対して人間が罰せられるときに、人間の罪は少なくとも神の正義によって人間の内に生ずる善へと秩序づけられるのである。しかし、感覚を有する被造物の内に生ずる欠陥は、他のものに適合するものにのみ秩序づけられる。ちょうど、これこれの火の消滅はこれこれの空気の生成であるごとくである。したがって、神が人間の諸行為をそれによって統治する摂理のこうした特別の仕方を指示するために、「知恵の書」に「汝は大きな畏敬をもってわれわれを調え給う」〔知一二・一八〕と言われているのである。

(1) それゆえ、第一に対しては次のように言わなければならない。ダマスケヌスの言葉は、われわれの内にあるもの、すなわちわれわれの選択する力の内にあるものは神の摂理から全面的に排除される、という意味に理解されるべきではなく、決定力の自由を持たないもののようには、神の摂理によって一つのものに決定されているわけではない、という意味に理解されるべきである。

(2) 第二に対しては次のように言わなければならない。感覚を持たない自然物は神によって摂理されるのみであり、したがって、その場合には欠陥は摂理する者の側からではなく、もっぱら摂理されるものの側から起こりうるのである。ところで、人間的行為は人間の摂理の側からは欠陥を持つことがありうる。したがって、多くの欠陥と無秩序が自然的な行為においてよりも人間的行為の内に見出されるのである。ところで、人間が自らの諸行為に対して摂理を持つということは、人間の高貴さに属する。それゆえ、欠陥の多いことは人間が摂理のもとでより優れた段階を保持していることを妨げるものではない。

(3) 第三に対しては次のように言わなければならない。神は或る事物をそれがより善いときに、よりいっそう愛する。したがって、神はより小さな悪のないことを意志する――というのも、悪のないことも一種の善であるから――よりも、より大きく善のあることを愛する。したがって、或るより大きな善が引き出されるために、神は或る人々が罪過の悪に陥ることさえも許すのである。もっとも、これらの罪過の悪は、たとえそれらの一つの悪が他の悪よりも神にとってより憎むべきものであるとしても、類として解されると、それら悪は最も憎むべきものである。したがって、神は一つの罪過から癒すために、別の罪過に陥ることを許すのである。

(4) 第四に対しては次のように言わなければならない。神は人間を自分自身の行為を摂理する者として造ったというかぎりでは、人間を自らの思量の手の内にあることを許したのである。しかしながら、人間の自分自身の行為についての摂理は、人間の行為に対する神の摂理を排除するものではない。それはちょうど、被造物の能動的な力が神の能動的な力を排除しないのと同様である。

(5) 第五に対しては次のように言わなければならない。人間的行為の多くは、もし地上の原因が考えられると、偶然に出来するけれども、しかし万物を卓越している神の摂理が考えられると、偶然に出来するものは何もないのである。人間的行為において、地上の諸原因が考察されるときに明らかなように、自らと反対のものが起こらざるをえないような多くのことが出来するという、まさにそのことが人間的行為が神の摂理によって統治されていることを示しているのである。実際、神の摂理によってより力あるものがしばしば負ける、といったことが起こっているのである。そのことによって、勝利が人間の力によってよりはむしろ神の摂理から生ずることが示されるからである。そして、他のことについても同様である。

(6) 第六に対しては次のように言わなければならない。すべてのことは善き人と悪しき人とに、等しい仕方で出来するとわれわれには思われる――われわれは神の摂理がどのような原因から個々のものを定めているかを知らないから――けれども、善き人にも悪しき人にも出来するすべての善きものと悪しきものの内には、神の摂理がそれに即して万物を秩序づける正しい理性が存在することには疑いはないのである。そして、神の摂理をわれわれは知らないがゆえに、万物は無秩序にまた非理性的に出来すると思われるのである。たとえば、或る人が職人の制作所に入っていったとき、もし個々の道具を用いる理由を知らないときには、それら道具がたくさんあるのはその者には無駄なことだと思われようが、しかしそれら道具が理に適った理由からたくさんあるのだということは、その技の能力を知っている者には、明らかであるということに似ているのである。

第六項

第六に、理性を持たない動物とそれらの行動は神の摂理に服しているか、が問われる。そして、服していない、と思われる。その理由、

⑴「コリントの信徒への手紙一」に、「神は牛のことを心にかけておられるのであろうか」〔一コリ九・九〕と言われている。それゆえ、他の非理性的動物についても同じ理由で、神はそれらを摂理していないと思われる。

⑵ さらに、「ハバクク書」に、「あなたは人間を海の魚のようにされたのではないのか」〔ハバ一・一四〕と言われている。そしてこの聖句には、人間的行為の内に生ずると思われる秩序の混乱について嘆く預言者の言葉がある。それゆえ、非理性的な被造物の行動は、神の摂理によって統治されていない、と思われる。

⑶ さらに、もし人間が罪過がないのに罰せられ、その罰がその人の善にならないとすれば、人間的な事柄は摂理によって統治されているとは思われない。ところで、非理性的動物には罪過は存在しない。また彼らは或るときに殺されるが、それが彼らの善へと秩序づけられることはない。なぜなら、彼らにはその死の後にいかなる報償もないからである。それゆえ、彼らの生が摂理によって支配されることはない。

⑷ さらに、いかなるものも神の摂理が意図し、神自身にほかならない目的へと秩序づけられているのでなければ、神の摂理によって支配されることはない。ところで、非理性的動物は至福を受容しうるものではないから、神の分有にまで到達することはできない。それゆえ、それらが神の摂理によって統治されているとは思われないのである。

以上に反して、⑴「マタイによる福音書」に、「天の父の許しがなければ、それら雀の一羽も地に落ちることはない」〔マタ一〇・二九〕と言われている。

⑵ さらに、非理性的動物は感覚を持たない他の被造物よりも優れている。ところで、他の被造物は神の摂理のもとに入る。また、それらの働きも摂理のもとに入る。それゆえ、非理性的な動物は、はるかに摂理のもとに入るのである。

答えて次のように言わなければならない。このことをめぐって二様の誤謬があった。すなわち、或る人々[56]は非理性的動物は種の本性を分有しているかぎりにおいてのみ、神の摂理によって統治されている、と主張した。実際、種の本性は神によって摂理され秩序づけられているからである。聖書に見出され、動物への神の摂理を含意していると思われるすべての言葉を、彼らは摂理のこの仕方に関連させている。たとえば、「主は獣と雛鳥に彼らの餌を与える」〔詩一四七：九〕とか、さらに「若いライオンは吠えて、神に餌を求める」〔詩一〇四：二一〕等々多くのこれに類する言葉がそうである。ところで、この誤謬は神に最大の不完全性を帰しているのである。というのも、神は非理性的動物の個々の行動を知っていて、それら行動を秩序づけないということは不可能である。神は最高度に善き方であり、そのことによって万物に自らの善性を注ぐ方だからである。それゆえ、上述の誤謬は個々の事物についての認識を神から取り去って神の知を制限するか、あるいは個的であるかぎりの個的なものの秩序づけを神から取り去って神の善性を制限するか、しているのである。それゆえ、別の人々は非理性的動物の行動も理性的なものの行動と同じ仕方によって摂理のもとに入る、と主張した。すなわち、非理性的な動物を善へと秩序づけないようないかなる悪もそれらの行動の内には起こりえないという仕方で、摂理のもとに入る、と主張した。しかし、こうした主張は理性の承認するところからも隔たっている。というのも、報償とか罰は自由決定力を持っているものにのみ帰せられるべきだからである。それゆえ、次のように言うべきである。すなわち、非理性的動物とその行動は個的にも神の摂理に入るが、人間とその行動が摂理に入るのと同じ仕方によってではない。実際、摂理は人間に対しては個的な人間においても、それら人間自身のために及んでゆくが、個々の動物は他のもののためにでなければ、摂理されることはなく、それは他の可滅的な被造物について語られたのと〔第三項〕同様である。したがって、動物において生ずる悪はその動物の善に秩序づけられているのではなく、他のものの善へと秩序づけられているのである。羊の死はライオンや狼の善へと秩序づけられているように。しかし、ライオンによって殺された人間の死はライオンの善のために秩序づけられているのみならず、人間の罰か功績の増大とかにも秩序づけられている。人間の功績は忍耐によって増してゆくからである。

(1) 第一に対しては次のように言わなければならない。使徒は動物を神の摂理から全面的に排除することを意図しているのではなく、神は動物のために法律を課するように、すなわち人間たちに動物を大切にするように、あるいは動物を殺すのを控えるように法律を課するような仕方で、動物を配慮することはないと言わんとしているのである。というのも、動物は人間の使用のために造られたからである。それゆえ、動物はそれ自身のためにではなく、人間のために摂理されているのである。

(2) 第二に対しては次のように言わなければならない。魚や獣において、神はより強いものがより弱いものを何らの功績や過失を考えることなく、もっぱら自然本性の善の保存のために従わせるように秩序づけたのである。したがって、預言者は、もし人間の事柄も同じ仕方で統治されるとすれば、そうしたことに疑問を抱いているのである。実際、そうしたことは不適切な事柄である。

(3) 第三に対しては次のように言わなければならない。人間の事柄においては、動物におけるのとは摂理の別の秩序が求められる。それゆえ、動物が秩序づけられるその秩序だけしか人間の事柄においてないとすれば、人間の事柄は摂理されていないと思われる。しかし、その秩序で獣の摂理のためには十分である。

(4) 第四に対しては次のように言わなければならない。すべての被造物にとって神自身が目的であるが、しかし異なった仕方によってである。すなわち、或る被造物にとって神が目的であるのは、その被造物が神の類似性の或るものを分有するかぎりにおいてである。そして、これはすべての被造物に共通なことである。他方、或る被造物にとって神が目的であるのは、それら被造物自身が自らの働きによって神自身に達するかぎりにおいてである。そして、このことが妥当するのは理性的被造物の場合だけである。理性的被造物は神を認識し愛し、神の内にそれらの至福が成立するからである。

第七項

第七に、罪人たちは神の摂理によって統治されているか、が問われる。そして統治されていない、と思われる。

(1) 自分自身の意志に委ねられているものは、支配されることはない。ところで、悪は自らの意志に委ねられている。「詩編」に「彼らを頑なな心のままにさせ、その望みのままに行かせた」〔詩八一：一三〕とある。それゆえ、悪人たちは摂理によって統治されていない。

(2) さらに、神が人間を統治するその摂理には、人間が天使たちによって守護されることが含まれている。ところで、守護している天使たちは或るときには人間を見放す。「エレミヤ書」には、彼ら自身の口から次のように言われている。「われわれはバビロンを直そうとしたが、直らなかった。われわれは彼女を打ち捨てよう」〔エレ五一：九〕。それゆえ、悪人たちは神の摂理によって摂理されていないのである。

(3) さらに、善人に報償として与えられるものは悪人にはふさわしくない。ところで、神によって統治されることは、善人に報償として約束されている。「詩編」には「主の目は義なる人に注がれている」〔詩三四：一六〕と語られている。

以上に反して、何人《なんぴと》も自分の統治権に属していないものを、正しく罰するということはない。ところで、神は悪人を彼らが罪を犯す事柄に対して正しく罰する。それゆえ、彼らは神の統治に従属しているのである。

答えて次のように言わなければならない。神の摂理は人間に二様の仕方で及んでゆく。一つは、人間自身が摂理されるかぎりで。もう一つは、人間が摂理する者になるかぎりで。ところで、人間は摂理することにおいて、欠けるところがあるか、あるいは正義の要請することを遵守しているかによって、善きものとか悪しきものと言われる。ところが、人間は摂理されるということによって、善きことあるいは悪しきことが人間に神から授けられる。そして、人間は異なった仕方で摂理することに応じて、異なった仕方で摂理されるのである。すなわち、人間が摂理するとき正しい秩序を遵守するならば、神の摂理は人間において人間の尊厳にふさわしい秩序、すなわち人間の善にならないいかなるものも人間には出来せず、また人間に出来するものすべては人間を善へと動かすという秩序を保持するのである。「ローマの信徒への手紙」に、「神を愛する者たちには、一切のものは益になるように協働する」〔ロマ八：二八〕と言われていることによってもそうである。しかし、人間は自らの摂理する働きにおいて理性的被造物にふさわしい秩序を保持せず、非理性的な動物の仕方で摂理するとすれば、神の人間に対する摂理も非理性的なものにふさわしい秩序によって秩序づけることになろう。すなわち、人間の内にある善きものや悪しきものは人間に固有の善に秩序づけられないで、他のものの善へと秩序づけられることになろう。「詩編」に「人は栄誉の内にありながら悟らなかった。彼は分別なき獣に比せられ、これに似た者となった」〔詩四九：一三〕と言われている通りである。以上から明らかなことは、神の摂理は悪人たちを統治するよりも善人たちをより優れた仕方で統治するということである。すなわち、悪人たちは摂理の一つの秩序、すなわち、神の意志を実践するという秩序から離れるとき、悪人は別の秩序、すなわち神の意志が彼らに為されるという別の秩序へと陥るのである。しかし、善人たちはこれら両方の関連で神の摂理の正しい秩序の内にいるのである。

(1) それゆえ、第一に対しては次のように言わなければならない。神が悪人たちを見捨てると言われるのは、彼らが神の摂理とまったく無縁であるからではなく、彼らの行為を神が彼らの益へと秩序づけないがゆえである。それは特に邪悪な者たちに妥当する。

(2) 第二に対しては次のように言わなければならない。人間を守護する任にある天使たちは人間を全面的に見放すことはなく、神の義なる裁きにもとづいて、人間が罪過や罰に堕ちることを天使たちが許すかぎりで、人間を見放すと言われるのである。

(3) 第三に対しては次のように言わなければならない。摂理の特別の仕方は善き人々に、報償として約束されているものである。したがって、それは、既述の通り、悪人たちには適合しない。

第八項

第八に、物体的被造物全体は天使的被造物が媒介となって神の摂理に統治されるのか、が問われる。そして、そのようには統治されない、と思われる。

(1) 「ヨブ記」には「神は他に誰をかの地に立てられたのか、誰を、造られた世に置き給いしか」〔ウルガタ訳、ヨブ三四：一三〕と言われている。この聖句にグレゴリウス[57]は「神は自分自身が造られた世界を自分自身で確かに支配しておられる」と註解している。それゆえ、神は霊的な者の媒介によって物体的な被造物を統治するわけではない。

(2) さらに、ダマスケヌスは〔『正統信仰論』〕第二巻[58]において、「〔諸事物の〕制作者とそれを統治する者とが別であることは適切ではない」と語っている。ところで、神はご自身だけで直接的に物体的な被造物を造る者である。それゆえ、神は物体的な被造物を媒介なしに統治もするのである。

(3) さらに、サン＝ヴィクトルのフーゴーは『秘跡論』[59]において、神の摂理は最高の知恵であり最高の善性である神の予定である、と語っている。ところで、最高の善あるいは最高の知恵は、いかなる被造物にも伝えられることはない。それゆえ、摂理も伝えられることはない。それゆえ、神は霊的被造物を媒介として、物体的事物を摂理することはないのである。

(4) さらに、物体的被造物が摂理によって支配されるのは、それらが目的へと秩序づけられることによってである。ところで、物体は自らの自然本性的な働きによって目的へと秩序づけられている。そして、それら働きはそれらの決まった本性に従っている。それゆえ、自然物体のそれぞれに決められた本性は霊的な被造物から出来するのではなく、直接神によってあるのであるから、自然物体は霊的被造物が媒介となって支配されることはない、と思われる。

(5) さらに、アウグスティヌスは『創世記逐語註解』第八巻[60]において、摂理の二つの働きを区別している。その一つは自然本性的で、もう一つは意志的なものである。そして「自然的な働きとは樹木や植物を成長させるものであり、他方、意志的な働きとは天使たちや人間どもの業を通してあるものである」と語っている。したがって、物体的なものすべてが、摂理の自然的な働きによって支配されているのは明らかである。したがって、物体的なものは天使が媒介となって統治されているのではない。なぜなら、もしそうだとすれば、それらは意志的働きによって統治されていることになるであろう。

(6) さらに、或る人にその人の尊厳性によって帰せられるものは、同じような尊厳性を持っていない別の人には適合しない。ところで、ヒエロニュムス[61]が語る通り、「魂の尊厳さは大きく、それぞれの魂は自らを守護するよう定められた天使を有している」。ところが、このような尊厳さは物体的な被造物には見出されない。それゆえ、物体的な被造物は天使たちの摂理や統治には委ねられていないのである。

(7) さらに、これら物体的なものの結果やしかるべき進路はしばしば妨げられる。ところで、こうしたことは、もし天使たちが媒介となって摂理されるのだとすれば、ありえないであろう。なぜなら、こうした障害は天使たちが意志するときに起こるか、――しかし、こうしたことは不可能である。というのも、天使たちは反対のこと、すなわち自然をそのしかるべき秩序において統治することへと造られているであろうから――、あるいは天使たちが意志しないときに起こるか――このこともありえない。というのは、天使たちが意志しないとき或ることが起こるとすれば、天使たちは至福でないことになろうからである――のいずれかであるからである。それゆえ、物体的被造物は霊的被造物が媒介となって統治されることはないのである。

(8) さらに、或る原因はより優れたものでより強力であればあるほど、より完全な結果を所有する。ところで、より劣った諸原因は、それらを産出する原因の働きが取り去られても、存在の内に保存されうるようなそれら結果を産出する。たとえば、工人の働きが取り去られたときの小刀のごときである。それゆえ、神の諸結果は何らかの産出する原因の統治なしに、それら自身でより強力に自存しうるであろう。したがって、それら結果は天使たちを通して統治される必要はないのである。

(9) さらに、神の善性は自らを顕現するために全宇宙を創造する。「箴言」の言葉によれば、「主は全宇宙を自分自身のために造った」〔ウルガタ訳、箴一六：四〕のである。ところで、アウグスティヌスも語る通り[62]、神の善性は同じ本性を持つものどもが多数あることにおいてよりも、本性が種々異なってあることの内により明らかになるのである。その理由から、神はすべての被造物を理性的なものとして造ったのではなく、或る被造物を非理性的なものとして、あるいは或る被造物を他者の内に存在するものとして、たとえば附帯性のごときものとして造ったのである。それゆえ、神は自己をより大きく顕現するために、自分と別の統治を必要とする被造物を造ったのみではなく、いかなる統治も必要としない或る被造物をも造ったのだと思われる。かくして上と同じ結果となる。

(10) さらに、被造物の現実態には、第一現実態と第二現実態の二つがある。第一現実態は形相と形相が与える存在である。そして、これらのうち形相が第一義的に第一現実態と言われ、存在は第二義的に第一現実態と言われる。他方、第二現実態は働きである。ところで、物体的被造物は第一現実態に即しては、無媒介的に神によって存在している。それゆえ、第二現実態も無媒介的に神によって原因されているのである。ところで、どんな人も或る人を統治するときには、何らかの仕方でその或る人の働きの原因であることによってそうするのである。それゆえ、このような物体的なものは霊的なものが媒介となって統治される、ということはないのである。

(11) さらに、アウグスティヌスの見解[63]によれば、神は世界の内に神の能力がよりよく示されるために、そのすべての部分において完全な世界を同時に創造したのである。ところで、もし神が万物を無媒介的に統治するとすれば、神の摂理も同様により称賛に値するものとして示されるであろう。それゆえ、神は物体的被造物を霊的被造物の媒介によって統治するわけではない。

(12) さらに、統治の仕方は二様にある。一つは、光や認識を授けることによってである。たとえば、教師が学校を統治し、支配者が国を統治するようにである。もう一つは、動を与えることによってである。たとえば、船長が船を統治するようにである。ところで、霊的被造物は物体的なものを、認識や光を授けることによって統治することはない。なぜなら、これら物体的なものは認識を受容するものでないからである。同様に、動を与えることによってでもない。なぜなら、動かすものは動かされうるものに結合していなければならないが（『自然学』第七巻[64]に証明されているように）、霊的実体は月下の諸物体に結合されていないからである。それゆえ、物体的実体はいかなる仕方によっても霊的物体が媒介となって統治されるということはないのである。

(13) さらに、ボエティウスは『哲学の慰め』第三巻[65]において、「神は自分だけですべてを態勢づける」と語っている。それゆえ、物体的なものが霊的なものによって態勢づけられることはないのである。

以上に反して、(1) グレゴリウスは『対話』第四巻[66]において、「この眼に見える世界において、眼に見えない被造物を通してでなければ、何ものも態勢づけられることはない」と述べている。

(2) さらに、アウグスティヌスは『三位一体論』第三巻[67]において、「すべての物体的なものは、生命の霊を通して何らかの秩序によって支配されている」と述べている。

(3) さらに、アウグスティヌスは『八三問題集』[68]において、神は「或るものを、魂を照らしそれを至福にする場合のように、神自身によって造った。また、他のものを自らに仕える被造物を通して造った。そして、後者の被造物はそれらの功績によって、また完全無欠の法によって、雀の世話や、野の草の装い、さらにはわれわれの髪の毛の数まで秩序づけられ、そしてこれらすべてに神の摂理は及んでいるのである」と述べている。ところで、神に仕え、完全無欠の法によって秩序づけられた被造物とは、天使的被造物である。それゆえ、神は天使を通して物体的なものを統治するのである。

(4) さらに、「民数記」の「朝になるとバラムは起き出した」云々〔民二二：二一〕への註解においてオリゲネス[69]は、「世界は獣たちを支配し、動物の誕生を管理し、灌木や植物その他の成長を管理する天使たちを必要とする」と述べている。

(5) さらに、サン＝ヴィクトルのフーゴー[70]は「人間の生のみならず、人間の生へと秩序づけられているものも、天使たちの管理によって支配されている」と語っている。ところで、すべての物体的なものは人間へと秩序づけられている。それゆえ、万物は天使たちが媒介となって統治されるのである。

(6) さらに、相互に秩序づけられているものにおいては、より先なるものがより後なるものに働きかけ、その逆ではない。ところで、霊的実体は物体的実体よりもより先なるもの、つまり第一のものにより近いものである。それゆえ、霊的実体の働きかけによって物体的実体は統治されるが、その逆はないのである。

(7) さらに、人間は、神が全宇宙を支配するのと同様の仕方で、人間の身体を支配するがゆえに、小宇宙と言われる[71]。その点で、魂は天使よりも先に神の像にかたどって、と言われる[72]。ところで、われわれの魂は或る種の霊が媒介となって身体を統治する。その霊は身体との関連では霊的であるが、魂との関連では物体的である。それゆえ、神も物体的被造物を霊的被造物を媒介として支配するであろう。

(8) さらに、われわれの魂は或る働きを直接的に行う。たとえば知性認識するとか意志するとかがそうである。他方、或る働きは身体的な道具を媒介として行う。たとえば、感覚的な魂や植物的な魂の働きのごときである。ところで、神は或る働きを直接的に行う。たとえば、魂を至福にするとか、最高の諸実体において自らが為す働きのごときである。それゆえ、神の或る働きは最下の諸実体においては最高の諸実体が媒介となっているであろう。

(9) さらに、第一原因は自らの働きを第二原因から取り去ることはなく、それを強化する。それは『原因論[73]』に言われていることから明らかである。ところで、もし神がすべてを直接的に統治するとすれば、第二原因はいかなる働きをも持つことはできないことになろう。それゆえ、神は下位のものを上位のものを通じて統治するのである。

(10) さらに、宇宙には物体の究極的なものとして、支配されるが支配することのない或るものが存在する。他方、支配するが支配されない或るものは、神として存在する。それゆえ、両者の中間として、支配し支配される或るものが存在するであろう。それゆえ、神は上位の被造物を媒介として、下位の被造物を支配するのである。

答えて次のように言わなければならない。ディオニュシウスとアウグスティヌス[74]が言う通り、事物を存在へと産出する原因は神の善性である。すなわち、神は自らの善性の完全性を他の被造物に、可能であったかぎりにおいて伝えることを欲したのである。ところで、神の善性は二重の完全性を有している。一つはそれ自体に即して考えられる完全性である。すなわち、あらゆる完全性を超卓越的な仕方で、自らの内に含んでいるかぎりでの完全性である。もう一つは、完全性が事物に流入するかぎりで、すなわち諸事物の原因であるかぎりでの完全性である。それゆえ、両者の完全性が被造物に伝えられること、すなわち被造の事物が神の善性から在ることと善く在ることを所有するのみならず、被造物が他の被造物に在ることと善く在ることを豊かに与えることもまた、神の摂理にふさわしいことであったのである。それはちょうど太陽が自らの光線を降り注ぐことによって物体を照らされたものにするのみならず、物体を照らすものにもするようにである。しかし、次の秩序が保たれてのことである。すなわち、太陽により似ているものは太陽の光をより多く受けており、自分自身に十分な光のみならず、他に降り注ぐために十分な光をも受けているのである。それゆえ、宇宙の秩序において上位の被造物は、神の善性の流入にもとづいてそれ自体において善くあるのみならず、神の善性を最も少なく分有している他のものの原因である。この最も少なく分有しているものは、神の善性を自らが存在するためにのみ分有していて、他のものを原因するためには分有していないものである。アウグスティヌスとアリストテレス[75]が語る通り、「働きかけるものは働きかけられるものよりも常に優れている」のもこうした理由による。ところで、上位の被造物のうちで神に最も近いのは理性的被造物であり、それらは神の似姿のごとくに存在し、生き、知性認識する。それゆえ、理性的被造物には他のものどもに注ぐということのみならず、神が本性の必然性によってではなく、その意志によって注ぐというその同じ注ぎ方を保持することをも、神の摂理によって授けられているのである。それゆえ、神は下位の被造物を霊的被造物とより優れた物体的被造物との両方によって統治するのである。ところで、物体的被造物によって摂理するとは、物体的被造物を摂理するものにすることではなく、それらをただ作用するものにするという仕方によってのことである。他方、霊的被造物によって摂理するのは、それらを摂理するものにするという仕方によってである。ところで、諸々の理性的な被造物の内にも、秩序が見出される。すなわち、理性的な魂は理性的な被造物の内で最下の段階を保持し、それらの光は天使の光との関連では暗く曇らされているのである。それゆえ、ディオニュシウス[76]が語る通り、理性的な魂はより個別的な認識を持つのである。したがって、それらの摂理は少数のものに、すなわち人間的な事柄と人間の生の実践の及びうるものに限定されている。これに対し、天使の摂理は普遍的で、物体的被造物全体に及んでゆく。それゆえ、聖なる人々によっても哲学者によっても、すべての物体的なものは天使が媒介となって神の摂理によって統治されている、と言われているのである。しかし、哲学者のうちの或る人々[77]は、天使たちの摂理によって物体的なものは管理されるのみならず、創造もされていると主張するが、これは信仰から外れていることであり、われわれはこの点で哲学者とは見解を異にするのでなければならない。それゆえ、聖なる人々の見解によって、これら物体的なものは天使が媒介となって動を通してのみ管理されている、と主張しなければならない。すなわち、天使たちは天上の物体を動かし、それら天上の物体の動にもとづいて月下の物体の動が生ぜしめられるかぎりで、物体的なものは天使たちによって管理されているのである。

(1) 第一に対しては次のように言わなければならない。作用者に関する排除的な言表は働きから道具を排除しているのではなく、別の主要的な作用者を排除しているのである。したがって、「ソクラテスだけが小刀を作る」と言われるとき、彼の槌の働きが排除されているのではなく、他の工人の槌の働きが排除されているのである。同様に、神は世界を彼自身で統治すると言われるとき、そのことは下位の諸原因の働きを排除しているわけではない。実際、神はそれらを道具としての媒介として用いているのである。排除されているのは、他の主要的な統治者の支配ということである。

(2) 第二に対しては次のように言わなければならない。事物を統治することは事物を目的へと秩序づけることに関わる。ところで、事物の目的への秩序は目的の存在を前提している。しかし目的の存在は何ものも前提していない。したがって、事物が存在へと導出される創造は、事物がそれによって存在に保たれるような他のいかなる原因をも前提しないそうした原因のみの働きである。しかし、統治は他の原因を前提するそれら原因の働きであることが可能である。したがって、神が何かを媒介して創造するといったことはあってはならないが、しかし何かを媒介して統治することは何らさしつかえないのである。

(3) 第三に対しては次のように言わなければならない。神から被造物の内に受け取られるものが、神の内にあるのと同様の仕方で被造物の内にあることは不可能である。したがって、神に述語づけられる名前の内に、次のような相違のあることは明らかである。すなわち、或る完全性を独立的に表現する名称は、諸々の被造物に共有されうるものであるが、他方完全性とともに神の内に見出される仕方をも表現している名称は、被造物と共有されうることはできない。たとえば、全能、最高の知恵、最高の善性という名称がそうである。したがって、最高善は被造物と共有されないけれども、しかし摂理が共有されうることは明らかである。

(4) 第四に対しては次のように言わなければならない。物体的事物がそれによって目的へと傾く自然の設定は神によって直接になされるが、しかし自然物体の動や作用は天使が媒介となることがありうる。ちょうど下位の自然の内に種子的根拠が神のみによって生じているが、しかしそれら種子は農夫の配慮によって現実態に移行するよう助けられるようにである。それゆえ、農夫は畑の作物の成長を統治するように、物体的被造物のすべての働きは天使たちを通して管理されているのである。

(5) 第五に対しては次のように言わなければならない。アウグスティヌスにおいて、自然本性的な摂理の働きは意志的な摂理の働きに対して、それら働きの近接的な根原を考えることによって区別されている。すなわち、自然本性は神の摂理の或る働きの近接的な根原であるが、他方、意志は別の働きの根原である。ところで、すべての摂理の働きの第一の根原は意志、少なくとも神の意志である。それゆえ、異論の論拠は妥当しないのである。

(6) 第六に対しては次のように言わなければならない。すべての物体的なものは神の摂理に従属しているが、神の配慮は人間に対してだけは摂理の特別の仕方のゆえにあると語られるが、それと同様にすべての物体的なものは天使たちの統治に従属しているが、しかし人間の魂の尊厳のために、天使たちは人間に対しては特別の仕方で守護する使命を帯びているのである。

(7) 第七に対しては次のように言わなければならない。統治者としての神の意志は事物の内に生ずる欠陥に反対せず、それを認容あるいは許容するように、神の意志に完全に一致している天使たちの意志についてもまったく同じことが妥当するのである。

(8) 第八に対しては次のように言わなければならない。アヴィセンナが自らの『形而上学』[78]において語る通り、いかなる結果もそのものの原因であるかぎりの原因であったものが除去される場合には、存続することはできない。ところで、下位の諸原因において或るものは生成の原因であり、或るものは存在の原因である。そして、生成の原因とは質料の可能態から動を通して形相を引き出すもののことである。たとえば、工人が小刀の作出因であるごときである。他方、事物の存在することの原因は、事物の存在が自体的にそれに依存しているそのもののことである。ちょうど、空気中の光の存在が太陽に依存しているようにである。それゆえ、工人が取り去られると、小刀の生成は終わるが、しかし小刀の存在はなくならないのである。他方、太陽が不在であると、空気中の光も存在しなくなる。同様に神の働きが止まると、被造物の存在は全面的に終わるであろう。というのも、神は事物にとって生成の原因であるのみならず、存在の原因でもあるからである。

(9) 第九に対しては次のように言わなければならない。被造物が自らを存在の内に保つものを持つことなしに、存在を所有するといった状況は被造物の内にはないのである。実際、そうしたことは被造物の特質に反する。被造物は被造物であるかぎり、原因された存在を持ち、そのことによって他者に依存しているのである。

(10) 第一〇に対しては次のように言わなければならない。第一現実態のためよりも第二現実態のためにより多くのものが必要とされる。したがって、或るものが他のものの存在の原因ではないけれども、他のものの動と働きに関して原因であることは不適切なことではない。

(11) 第一一に対しては次のように言わなければならない。神の摂理や善性の大きさは神がすべてのものを直接的に統治する場合よりも、下位のものを上位のものを通して統治する場合によりいっそう明らかになる。なぜなら、既述のことから明らかなように、統治の後者の仕方によって神の善性の完全性は、被造物により多くの関連で伝えられるからである。

(12) 第一二に対しては次のように言わなければならない。霊的被造物は物体的被造物に動を授けることによって統治する。またそのことのゆえに、霊的被造物はすべての物体に結合されるという必要はなく、自らが直接動かす物体だけに、すなわち第一の諸物体だけに結合されねばならないのである。また、或る人々が主張したように、霊的被造物はそれら物体に形相として結合するのではなく、ただ動者としてのみ結合するのである。

(13) 第一三に対しては次のように言わなければならない。或るものが他のものを通して生ずると言われるとき、「通して」(per) というこの前置詞は働きの原因を含意している。ところで、働きは働く者と働きの結果との中間のものであるから、「通して」が働きの原因を含意しうるのは、その原因が働く者に終極することによってである。この意味で或るものは道具を通して生じる、と言われる。あるいはまた、「通して」は、働きが働く者から発しているかぎりでは、働きの原因を表示する。この意味では、或るものは作用者の形相によって生ずる、と言われる。というのも、作用者の作用の原因であるものは道具ではなく、作用者の形相であるか、或るより上位の作用者である。しかし、道具は作用者の作用を受け取る結果の原因ではありうる。したがって、神はすべてのものを自分自身を通して態勢づけると言われるとき、「通して」は態勢づける神から発するかぎりで、神の態勢づけるという原因を指示しているのである。この意味では神は神だけで態勢づけると言われるのである。なぜなら、神は神を態勢づけるより上位のものによって動かされるわけではないし、また神は外的な形相によって態勢づけるのではなく、固有の善性によって態勢づけるからである。

第九項

第九に、神の摂理は諸天体を通して月下の諸物体を態勢づけるか、が問われる。そして、そのような仕方では態勢づけない、と思われる。その理由、

(1) ダマスケヌスが〔『正統信仰論』〕第二巻[79]に語る通り、「われわれは天上の物体が生成するものどもの原因であったり、消滅するものどもの消滅の原因であることはないと主張する」。それゆえ、この月下の物体は、生成・消滅しうるものであるから、天上の物体を通して態勢づけられることはない。

(2) しかし、天上の物体はこの月下の物体に必然性を導入することはないから、それら月下の物体の原因ではない、と言われてきた。――これに対しては次のように言われる。もし天体の結果がこの月下の物体において妨げられるとすれば、それはそれら物体に見出される何らかの態勢のゆえでしかありえない。ところで、もしこれら月下の物体がかの天体を通して統治されるとすれば、かの妨げる態勢も天体の何らかの力にまでさかのぼらなければならない。それゆえ、その妨げがこの月下の物体に起因しうるとすれば、それは諸天体の要請によってのみである。したがって、もし天体が自らの動の内に必然性を持っているとすれば、月下の物体が天上の物体によって統治される場合には、天体は月下の物体にも必然性を導入するであろう。

(3) さらに、或る作用の完成のためには、作用を与えるものと作用を受けるものとで十分である。ところで、この月下の世界において自然本性的な作用を与えるものも作用を受けるものも見出される。それゆえ、それらの作用のために天体の力は必要とされない。それゆえ、天体が媒介となって統治されることはないのである。

(4) さらに、アウグスティヌス[80]は諸事物のうちには、働きかけられるが働きかけることのない或るもの、たと

えば物体と、働きかけるが働きかけられない或るもの、たとえば神、そして働きかけかつ働きかけられる或るもの、たとえば霊的実体が見出される、と述べている。ところで、天体は純粋に物体的なものである。それゆえ、それらはこの月下の物体に働きかける力を持っていない。したがって、月下の物体は天体が媒介となって態勢づけられることはない。

(5) さらに、もし天体がこの月下の諸物体に何かを働きかけるとすれば、それは物体であるかぎりにおいて、すなわち物体的形相を通してか、あるいは他の何かを通してかのいずれかである。ところで、物体であるかぎりにおいてではない。なぜなら、もしそうだとすれば、働きかけることはいずれの物体にも適合することになろう。しかし、そうしたことはアウグスティヌスの考えによればありえないと思われる。それゆえ、もし働きかけるとすれば、他の何かを通して働きかけるのである。そしてその場合には、働きかけることは天体そのものにではなく、非物体的な力に帰せられねばならない。したがって、先の異論と同じことが帰結される。

(6) さらに、より先なるものに適合しないものは、より後なるものにも適合しない。ところで、註釈者が『天球の実体について』[81]において語る通り、物体的な形相は質料に限定されていない次元を前提している。ところが、次元が働くことはない。というのも、量はいかなる働きの根原でもないからである。それゆえ、物体的形相も働きの根原ではないのである。したがって、いかなる物体もそのものの内に存在している非物体的力によってでなければ、何かを働くことはない。したがって、先と同じことになる。

(7) さらに、『原因論』の命題、「あらゆる高貴な魂は三つの働きを有している」云々に対して、註解者は次のように述べている。[82]すなわち、魂は自らの内にある神の力によって自然に働きかける。しかし、魂は物体よりもはるかにより高貴である。それゆえ、物体は自らの内に存在している何らかの神の力によってでなければ、魂に何かを働きかけることはない。したがって、先と同じことになる。

(8) さらに、より単純なものはより単純でないものによって動かされることはない。しかし、月下の物体の質料の内にある種子的根拠は、天体そのものの力よりもより単純である。なぜなら、天体の力は質料の内に拡散しているが、そうしたことは種子的根拠については言われえないからである。それゆえ、月下の物体の種子的根拠は天体の力によって動かされえない。したがって、この月下の物体は自らの動において天体によって統治されることはないのである。

(9) さらに、アウグスティヌスは『神の国』第五巻[83]において、「身体の性別以上に身体に属しているものは何もない。しかし同じ星の位置の下で、性の異なる双子が母胎に宿ることができたのである」と述べている。それゆえ、天体は諸々の物体に対しても影響を持つことはなく、先と同じ結論となる。

(10) さらに、「第一原因は第二原因の生ぜしめるものに、第二原因よりも大きな力を及ぼす」と『原因論』の最初[84]に語られている。ところで、もし月下の物体が天上の物体を通して態勢づけられるとすれば、天上の物体の力は月下の物体の力との関連では第一原因のごとくにあるであろう。そして、月下の物体は第二原因のようにあるであろう。それゆえ、この月下の物体に生起する諸結果は、月下の物体の力によりも天体の態勢づけにより いっそう伴うのである。ところで、天体には必然性が見出される。というのも、それらは常に同じあり方をしているからである。それゆえ、月下の物体の結果も必然的であろう。しかしこのことは偽である。それゆえ、第一のこと、すなわち、月下の物体が天上の物体によって態勢づけられることも偽である。

(11) さらに、天球の動は、『天体論』第一巻[85]に語られている通り、自然本性的である。したがって、その動は意志的であったり選択の結果であったりはしない。それゆえ、その動によって生ぜしめられるものは、選択から生ずるものではない。したがって、摂理に従属することはない。ところで、月下の物体が摂理によって統治されないことは不適切なことではない。それゆえ、天上の物体の動が月下の物体の原因であることは不適切である。

(12) さらに、原因が措定されると、結果も措定される。それゆえ、原因の存在は結果の存在に先行している。ところで、もし先行するものが必然的なものであれば、後続するものも必然的である。それゆえ、もし原因が必然的であるとすれば、結果も必然的である。ところで、月下の物体に生ずる結果は必然的ではなく、偶有的なものである。それゆえ、それら結果は自然本性的であるがゆえに、必然的である天球の動によって生ぜしめられるということはない。したがって、先と同じ結果となる。

(13) さらに、他のものがそれのために生ずるそのものは、他のものよりもより優れたものである。ところで、すべてのものは人間のために造られたのである。「申命記」に「また、汝が目を上げて天を望み、空の日、月、諸々の星辰を見て謬見に迷わされ、主汝の神の天が下なるすべて国民の用にと造り給えるこれらの物を拝し、これらの物を祀ることなからん為なりしなり」〔申四:一九〕と言われている通り、天体も人間のために造られたのである。それゆえ、人間は天上の被造物よりもより優れたものである。ところで、より劣ったものがより優れたものに影響を与えることはない。それゆえ、天体は人間の体に影響を与えることはない。同じ理由によって、天体は人間の体より先なる他の物体、たとえば諸元素のごときに対しても影響を与えることはないのである。

(14) しかし、人間は魂に関しては天体より優れたものであるが、身体に関してはそうではない、と言われてきた。――しかし、これに対しては次のように言われる。より優れた完全性はより優れた完成されうるものに属する。ところで、人間の身体は天球の物体よりもより優れた形相を持っている。というのも、天球の形相は純粋に物体的であり、それよりは理性的魂ははるかに優れたものだからである。それゆえ、人間の身体も天体より優れたものである。

(15) さらに、反対のものがそれと反対のものの原因であることはない。ところで、天体の力は或るときには、月下の物体に或る結果を導入することに反対する。たとえば、医者が健康を回復させるために乾燥することによって物を態勢づけようとしているときに、天体はときどき湿気を生ぜしめようとする。そして、ときどき医者は天体が反対の態勢づけを行うときにも、健康を回復させるのである。それゆえ、天体は月下の物体的な結果の原因ではない。

(16) さらに、あらゆる作用は接触を通じて為される。接触しないものは作用することがない。しかし、天体は月下の物体に接触することはない。それゆえ、天体は月下の物体に作用することはない。かくして、先と同じ帰結となる。

(17)　しかし、天体は中間のものを通して月下のものに触れている、と言われてきた。——これに対しては次のように言われる。接触と中間のものによっての作用とがあるところでは、中間のものが最後のものよりも作用者の結果をより先に受け取るのでなければならない。たとえば、火はわれわれよりも先に空気を熱くするようにである。しかし、星辰や太陽の結果はより下位の天球に受け取られることはない。というのは、これら下位の天球は第五の本性を持っており、したがって、熱とか冷とかその他月下の物体に見出される状態を受容しうるものではない。それゆえ、それらが媒介となって、最高の物体によって作用がこの最下の物体に到達することはありえないのである。

(18)　さらに、摂理の媒介であるものに摂理は伝えられる。ところで、摂理は天体には、理性を欠如しているから、伝えられることはない。それゆえ、天体は事物を摂理する媒介ではありえない。

以上に反して、(1)　アウグスティヌスは『三位一体論』第三巻[86]において、「より粗野で弱い物体は、何らかの秩序によってより繊細で力ある物体を通して支配される」と述べている。ところで、天体は月下の物体よりもより繊細で力あるものである。それゆえ、これら月下の物体は天体を通して支配される。

(2)　さらに、ディオニュシウスは『神名論』第四章[87]において太陽光線は「可視的物体を生成せしめ、それらに生命を与え栄養摂取させ成長させる」と述べている。ところで、太陽光線はこの月下の世界においてより優れた結果である。それゆえ、他のすべての物体的な結果も天体が媒介となって神の摂理によって産出されるのである。

(3)　さらに、哲学者の『形而上学』第二巻[88]によれば、或る類の第一のものはその類の後なる他のものの原因である。ところで、天体は諸々の物体の類で第一のものである。また天体の動は他の物体的な動のうちで第一のものである。それゆえ、天体はこの地上で働きかけられる物体的なものの原因である。それゆえ、先と同じ結論となる。

(4)　さらに、哲学者は『生成消滅論』第二巻[89]において、傾いた円周に沿っての太陽の動がこの月下の世界の生成と消滅の原因である、と語っている。それゆえ、生成も消滅もこの動によって測られるのである。『動物発生論』[90]においても、動物の妊娠に見出されるあらゆる相違も天体に起因している、と述べている。それゆえ、天体が媒介となって、この月下の物体は態勢づけられるのである。

(5) さらに、マイモニデス[91]は、天球は世界において心臓が動物においてあるようにある、と述べている。ところで、他のすべての肢体は心臓が媒介となって魂によって統治されている。それゆえ、他のすべての物体は天球が媒介となって神によって統治されているのである。

答えて次のように言わなければならない。すべての人々の共通の意図は多を一に、多様性を一様性に可能なかぎりで還元することであった。したがって、古代の哲学者はこの月下の世界にも種々雑多な働きのあるのを考察して、それら物体を何かより少数でより単純な諸原理に、すなわち多とか一という原理、また元素的な諸性質に還元することを試みたのである。しかし、こうした立論は合理的なものではない。というのは、元素的性質は自然物のさまざまな働きにおいて道具的な原理として存在している。その証拠は、それら元素的な諸性質がすべてのものにおいて働きの同じ仕方を持っているわけではないし、それらの働きは同じ終極に到達するわけでもない、ということである。実際、それらは金とか木とか動物の肉において別々の結果を有しているのである。こうしたことは、それらが他のものによって統治されている場合にのみあることだからである。他方、主要な第一の作用者の働きは、道具の働きを始原としてそれに還元されるのではなく、むしろ逆であって、ちょうど技の結果が鋸にではなく、技術者に帰せられるべきであるように。それゆえ、自然的な諸結果も元素的な性質を、第一の諸原因としてそれらに帰せられることはできないのである。

それゆえ、他の人々、すなわちプラトン派の人々は、それら結果を第一根原としての単純で離在する形相に還元したのである。そしてそれら原理から、彼らの主張したように、存在とか生成とかあらゆる自然的な固有性が由来したのであった。しかしこうしたことも成立しえない。というのは、同じあり方をしている原因から由来する結果は、常に同じあり方をしている。ところが、それら形相は不動なものと措定された。それゆえ、月下の世界においてそれら形相からの生成は常に一様でなければならない。しかしその反対のことをわれわれは感覚によって見るからである。それゆえ、月下の世界の生成とか消滅の根原、あるいはこれらに伴ってくる他の動の原理は、常に同じ仕方によってあるわけではない或るものどもである、と主張しなければならない。しかし、それらは生成が恒常的でありうるためには、生成の第一の根原として常に留まらねばならない。したがって、それらは実体的には不変なもので、ただ場所的にのみ動き、近づいたり離れたりすることによって相反する種々異なる動をこの月下の世界に生ぜしめるのでなければならない。諸々の天体はこのようなものである。したがって、すべての物体的な結果はそれらを原因としてそれらに帰せられなければならない。

しかし、この還元には二様の誤りがあった。すなわち、或る人々はこの月下の物体を、あたかも天体が月下の物体の端的な第一原因であるごとく、天体に還元した。というのも、彼らはいかなる非物体的な実体をも認めなかったからである。それゆえ、諸々の存在者のうちで第一であるのは諸物体のうちのより先なるものである、と主張したのである。しかし、これは明らかに偽である。実際、動かされるものはすべて不動の始原に還元されなければならない。何ものも自分自身によって動かされることはなく、また動かされるという遡行が無限に進むこともありえないからである。ところが、天体は生成や消滅によって、あるいはその実体の内に内在している何かを変化させる何らかの動によって、変化するということはないけれども、しかし場所に即しては変化するのである。それゆえ、より先なる何らかの始原への還元がなされなければならず、かくして或る秩序によって変化するものどもは、変化させるが変化することのない、しかし場所的には動かされるものに還元され、さらにいかなる仕方でも動かされることのないものに還元されるのでなければならない。

他方、或る人々は天体は月下の物体の動に関してのみならず、それらの最初の設定に関しても原因であると主張した。たとえば、アヴィセンナは『形而上学』(92)において、すべての天体に共通なもの、すなわち円運動の本性から、月下の諸物体の内にそれらに共通なもの、すなわち第一質料が原因され、また諸天体を相互から相違させるものどもからこの月下の世界における諸々の形相の相違が原因され、かくして天体は創造という途においても、或る意味で神と月下の物体との中間のものであるとされるのである。しかし、これは信仰とは異質のものである。というのも、信仰はすべての自然が神によって最初の設定によって直接的に創造され、或る被造物は別の被造物によって神の業から、両方の被造物に帰せられた自然的な諸力が前提となって動かされると主張するのである。したがって、われわれは天体が動という途によってのみ月下の物体の原因であり、かくして天体は統治という業において中間のものであるが、創造の業においてはそうでないと主張するのである。

(1) したがって、第一に対しては次のように言わなければならない。ダマスケヌスはこの月下の物体に関して、諸々の天体から第一の原因性や必然性を導入する原因性をも排除することを意図した。というのは、たとえ諸天体が常に同じ仕方で働くとしても、それらの結果は月下の物体において、相反する状態でしばしば見出される月下の物体のあり方に従って、受け取られるからである。それゆえ、天上の諸々の力はこの月下の世界において自らの結果を、相反する状態の妨害のゆえに、必ずしも常に導入しているわけではない。このことについては哲学者は『睡眠と覚醒について』[93]の書において、嵐と風の兆候がしばしば生じるが、しかしそれらは相反するより強い態勢のゆえに出来しない、と述べているのである。

(2) 第二に対しては次のように言わなければならない。天体の力に対立するそれら態勢は最初の設定において生ぜしめられ、しかも天体によってではなく、神の働きによって生ぜしめられており、その働きによって火は熱いものにされ、水は冷たいものにされており、他のものについても同様であって、したがって、この種の妨げすべてを天体の原因に帰するべきではない。

(3) 第三に対しては次のように言わなければならない。月下における能動的な力はもっぱら道具的である。それゆえ、道具は第一の作用者によって動かされてのみ動かすように、月下の諸物体の能動的力も諸々の天体によって動かされてのみ作用しうるのである。

(4)　第四に対しては次のように言わなければならない。異論は『生命の泉』[94]の書に見られる或る見解に触れている。その見解は、いかなる物体も物体として有している力から働くことはなく、質料の内にある量がその形相の働くことを妨げており、物体に帰せられるすべての働きは物体そのものの内で働いている何らかの霊的な力の働きである、と主張している。そして、マイモニデス[95]は、この見解がムーア人の規定において語る人たちの見解である、と述べている。というのも、彼らは火が熱くするのではなく、火において神が熱くするのである、と主張するからである。しかし、この立論は愚かしい。というのも、この立論はすべての事物からそのものの自然本性的な働きを排除するからである。また、それは哲学者たちや聖人たちの言説に対立するものである。それゆえ、われわれは、物体は物体として有する力によって働くが、しかしそれにもかかわらず神はすべての事物において、ちょうど第一原因が第二原因において働くように、働くと主張するのである。それゆえ、物体はただ働きかけられるだけで、働くことはないと言われることは、自らの働きを支配しているものだけが働く、と言われることに即して理解されるべきである。そうした言い方によって、ダマスケヌス[96]は「非理性的動物は働くことなく、働きかけられる」と語っているのである。このことは、働くということが何らかの働きの実行であるという意味において、それら動物の働くことを排除するわけではない。

(5)　第五に対しては次のように言わなければならない。『生成消滅論』第一巻[97]に語られている通り、働きかけるものは働きかけられるものとは常に異なっているか、あるいはそれとは反対のものである。したがって、他の物体に働きかけることが物体に適合するのは、他の物体と共通するものを有することによってではなく、他の物体から区別されるものによってである。したがって、物体は物体たるかぎりにおいてではなく、これこれの物体であるかぎりにおいて働くのである。それはちょうど、動物も動物たるかぎりで理性的思考をするのではなく、人間であるかぎりにおいてそうするようにであり、同様に火は物体たるかぎりで熱するのではなく、熱いものたるかぎりで熱するのである。天体についても同様である。

(6)　第六に対しては次のように言わなければならない。次元は質料の内に自然本性的な形相の前にあらかじめ理解されるが、それは完全な現実態においてではなく、不完全な現実態においてである。したがって、次元は質料と生成の方向ではより先であるが、完全なものの方向では形相がより先である。ところで、或るものが働くのはそのものが完全なもので現実的にあるものであるかぎりにおいてであって、可能態にあるかぎりにおいてではない。実際、可能態にあるかぎりでは、働きかけられるのである。したがって、質料とか質料の内にあらかじめ存在している次元とかが働かないとしても、形相が働かないことは帰結しないで、その逆なのである。ところで、質料とか次元が働きかけられないとすれば、形相は働きかけられないことが帰結するであろう。しかし、天体の形相はこれら次元が媒介となって天体に内在するのでないことは、註釈者が同所で語る通りである。

⑺ 第七に対しては次のように言わなければならない。結果の秩序は原因の秩序に対応しなければならない。ところで、異論の書物の著者によれば、諸原因の内に次のような秩序が見出される。すなわち、第一は第一原因、すなわち神であり、第二は知性実体、第三は魂である。それゆえ、存在という第一の結果は固有には第一原因に帰せられ、認識するという第二の結果は知性実体に帰せられ、動かすという第三の結果は魂に帰せられる。しかしながら、第二原因は常に第一原因の力の内で働き、そのかぎりで第一原因の働きの或るものを有しているのである。それはちょうど、より下位の天球が第一の天球の動の或るものを有しているのと同様である。それゆえ、著者によれば、知性実体は知性認識するのみならず、存在を与えもするのである。また魂は著者によれば知性実体によって生ぜしめられたものであるが、動物の働きであるところの動かすことのみならず、知性的な働きであるところの知性認識をも行い、また神の働きであるところの、存在を与えることも行っているのである。そして、こうしたことを私は高貴な魂について言っているが、かの著者はその魂が天体の魂、あるいは他のいずれの理性的な魂でもあると理解している。それゆえ、神の力だけが直接動かす必要はなく、下位の諸原因もより上位の原因の力を分有するかぎりで、それら固有の力で動かすのである。

⑻ 第八に対しては次のように言わなければならない。アウグスティヌス[98]によれば、種子的根拠は神によって被造物に一つにまとめて与えられた能動的ならびに受動的なすべての力のことであり、それらを媒介として神は

自然的結果を存在へと産出する、とされている。それゆえ、彼は『三位一体論』第三巻[99]において「母はまだ生まれていない子供たちを身ごもっているように、世界そのものは現れてくるものの原因に満ちている」と述べ、先に種子的根拠について語ったことを解説して、それらを「事物に配せられた力と能力」とも呼んだのである。それゆえ、これら種子的根拠の内に諸天体の能動的力も合まれており、それら力は月下の物体の能動的な力よりもより優れたものであり、したがって、それらを動かすことができるのである。そして、それらが種子的根拠と言われるのは、すべての結果が一種の種子の内にあるように、能動的原因の内に原初的な仕方で存在しているかぎりにおいてである。しかし、或る人々が欲するように、もし種子的根拠がすべての形相への可能態にあるかぎりでの第一質料の内に在る諸形相の端緒と理解されるならば、アウグスティヌスの言葉とあまり一致しないとしても、これら根拠の単純性はちょうど第一質料が単純であるのと同様に、不完全性のゆえにそう言われうるのであって、したがって、第一質料が動かされないようにそれらも動かされないのである。

(9) 第九に対しては次のように言わなければならない。性の相違は何らかの天上の原因に帰されねばならない。すなわち、働きかけるものはすべて働きかけられるものを可能なかぎりで自らに似たものにしようとする。したがって、男性の精子の内にある能動的力は、妊娠したものを常により完全なものである男性に導こうとする。したがって、女性は個的な作用者の本性の意図から外れて附帯してくる。それゆえ、もし女性を意図しているような何らかの力が存在しなければ、女性の出生は他の諸々の怪物の生成と同様まったく偶然に生ずることになろう。したがって、女性の生成は個別的な本性の意図から外れていて、その理由から「女は偶然生じた男である」[100]と言われるのであるが、しかしアヴィセンナ[101]が語る通り、女性の生成は天体の力である普遍的本性の意図には属しているのである。しかし、天上の力も個別的な力も自らの結果、すなわち男性の産出を伴わないという妨げが質料の側から由来しうるのである。そこから、ときどき女性が質料の態勢が伴わないことのゆえに、天体の内にある反対の方向への態勢にもかかわらず、生まれてくるのである。あるいはまた逆に天体の態勢には反して、男性は個別的な力が質料に勝つことのゆえに生まれてくるであろう。それゆえ、双子の妊娠において質料は本性の働きから分離されることが起こり、質料の或る部分は、他の部分よりも他の部分の欠陥のゆえに能動的力により従順である。したがって、その或る部分において女性が生まれ、別の部分に男性が生まれることは、天体が一方を態勢づけるか他方を態勢づけるかには無関係に起こってくる。しかし天体が女性へと態勢づけるとき、女性の双子がより頻繁に生じてくるのである。

(10) 第一〇に対しては次のように言わなければならない。第一原因は、その結果が原因から生じたもののうちで第二原因の結果よりもより内的で、より恒常的であるかぎりにおいて、第二原因よりもより大きな影響を及ぼすと言われる。しかし、結果は第二原因により似ている。なぜなら、第一原因の働きは或る仕方で第二原因を通してこの個別的な結果へと決定されるからである。

(11) 第一一に対しては次のように言わなければならない。天上における動はそれが可動的な物体の活動であるかぎりでは、自発的・意志的動ではないけれども、しかし動かすものの活動であるかぎりにおいて意志的なもの、すなわち何らかの意志によって生ぜしめられた活動である。そして、そのかぎりでその動から生ぜしめられたものは摂理の内に入りうるのである。

(12) 第一二に対しては次のように言わなければならない。結果は第一原因からは第二原因が指定されてのみ帰結するものである。それゆえ、第一原因の必然性は第二原因の内に必然性が措定されて初めて、結果の内に必然性を導入するのである。

(13) 第一三に対しては次のように言わなければならない。天体は人間を主要目的としてそのために造られたのではなく、その主要目的は神の善性である。さらに、人間が天体よりもより優れたものであるのは、身体の本性からではなく理性的魂の本性からである。さらに、人間の身体も天体より端的により優れたものであるとしても、天体が或る観点において、すなわち天体は能動的力を有しているが、他方人間の身体は受動的力を有しているというかぎりで、人間の身体よりもより優れたものであることは何らさしつかえないのである。そしてこの観点において、天体は人間の身体に働きかけうる。したがって、火も現実的に熱いものたるかぎりで、可能的に熱いものであるかぎりの人間の身体に働きかけるのである。

(14) 第一四に対しては次のように言わなければならない。理性的魂は一種の実体でもあり身体にとっての現実態でもある。それゆえ、実体であるかぎり、理性的魂は天球の形相より優れたものであるが、身体にとっての現実態であるかぎりではそうではない。あるいは次のように言われうる。魂は形相としても動者としても人間の身体の完全性である。他方、天体はより完全であるから、形相としてそれを完成する何らかの霊的な実体を必要とすることはないが、単に動者としてそれを完成する何らかの霊的な実体は必要とする。また本性によるこの完全性は人間の魂よりもより優れたものである。或る人々は天球の動者たちがそれら天球の形相として結合していると主張したけれども、それはアウグスティヌスによって、『創世記逐語註解』第二巻[102]において疑問の内に残されている。ヒエロニュムスも[103]「コヘレトの言葉」の「霊は世界のあらゆる地に及んでいる」云々〔ウルガタ訳、コヘ一：六〕の聖句への註解で、肯定的立場を取っていると思われる。すなわち、彼は「霊を太陽と名づけた。というのも、それは動物のように息をし、生きているからである」と述べている。他方、ダマスケヌスは[104]「天球や星辰が生きていると考えてはならない。というのは、それらは魂を持たず、感覚しないものだからである」と述べている。

(15) 第一五に対しては次のように言わなければならない。或る天体の能動的な力に反抗する相反するものの働きも、天界に何らかの原因を持っている。すなわち、月下の諸事物は自らの諸々の働きの内に第一の動によって保たれている、と哲学者たちによって主張されている。したがって、或る天体の結果を阻止することによって働くそうした反対のものも、たとえば月による湿化を阻止する熱のように、何らかの原因を天上にも有している。そのように、随伴してくる健康も必ずしも全面的に天体の働きに反対しているのではなく、そこに何らかの根を有しているのである。

(16) 第一六に対しては次のように言わなければならない。諸々の天体は月下の物体に触れているが、逆にそれらによって触れられることはない。それは『生成消滅論』第一巻[105]に語られている通りである。また、いかなる天体も月下の物体のいかなるものにも直接触れることはなく、すでに語られたように、何らかの媒介を通して触れているのである。

(17) 第一七に対しては次のように言わなければならない。作用者の作用は媒介者の内に媒介者の仕方によって受け取られる。したがって、ときどきその作用は最後のものの内にとは別の仕方で媒介者の内に受け取られる。たとえば、鉄を引きつける磁石の力は、引きつけられない空気の媒介を通して鉄に伝わっていくようにである。また註釈者が『自然学』第八巻[106]で言うように、手に衝撃を与える魚の力は、衝撃を受けることのない網を媒介にして手に伝えられるようにである。さらに、諸天体は月下の物体に見出されるすべての性質を、自らの仕方で、すなわち原初的な仕方で、つまり月下の物体にあるかぎりにおいてではないけれども、確かに所有している。したがって、最上の物体の作用は中間的な天球の内に、月下の物体が変化するのと同様に変化するそのような仕方で、中間的な天球における物体の内に受け取られるわけではないのである。

(18) 第一八に対しては次のように言わなければならない。こうした月下の物体は天上の物体を通して神の摂理によって統治されるが、しかし神の摂理がそれら物体に伝えられるという仕方によってではなく、神の摂理の道具にされるがゆえである。ちょうど技が技の道具である槌に伝えられるのでないのと同様である。

第一〇項

第一〇に、人間の諸行為は諸天体が媒介となって、神の摂理によって統治されるのか、が問われる。そして、その通りであると思われる。その理由、

(1) ダマスケヌス[107]は諸々の天体は「われわれの諸々の体質や所有態や態勢を構成している」と述べている。ところで、所有態や態勢は、人間的諸行為の根原である知性や意志に属している。それゆえ、人間的諸行為は天体

が媒介となって神によって態勢づけられるのである。
(2) さらに、『六原理論』[108]において、「身体に結合している魂は身体の体質を模倣している」と言われている。ところで、諸天体は人間の体質に刻印を与えている。それゆえ、魂そのものにも刻印を与えている。したがって、諸天体は人間的諸行為の原因でありうる。
(3) さらに、より先なるものに働きかけるすべてのものは、より後なるものにも働きかける。ところで、魂の本質は魂の能力、すなわち意志と知性よりも先なるものである。というのも、それら能力は魂の本質を起原としているからである。したがって、諸天体は理性的魂の本質そのものに刻印を与えているのであるから、——魂にその本質によって適合するところの身体の現実態であるというかぎりで、理性的魂に刻印しているのである——諸々の天体は知性と意志に刻印を与え、そのかぎりで人間的行為の根原である、と思われる。
(4) さらに、道具は自らに固有な力において働くのみならず、第一の作用者の力においても働く。ところで、天界の物体は動かされて動かすものであるから、霊的な動かす実体の道具であり、その動は動かされる物体の活動であるのみならず、動かす霊の活動でもある。それゆえ、その動は動かされる物体の力において働くのみならず、動かす霊の力においても働くのである。ところで、天界のその物体は人間の身体よりも優れているように、その霊は人間の霊よりも優れている。それゆえ、かの動は人間の身体に刻印するように、人間の魂にも刻印をするのである。したがって、諸天体は人間的行為の根原であると思われる。
(5) さらに、或る人々は生まれたときから或る技を学び、それを実践する才能に恵まれ、したがって、或る人々は手細工人に、或る人々は医者になる、等々の素質があるのが経験的に見出される。そして、こうした素質をその原因として近接の根原に帰することはできない。というのは、子供たちはときどき両親がそれへの傾向性を持っていなかったものへの才能をもって生まれてくるのが見出されるからである。それゆえ、さまざまな才能のこうした相違は諸天体を原因としてそれらに帰せられるべきである。しかし、このような素質は身体が媒介となって人間の魂の内にあると言うことはできない。なぜなら、身体上の諸性質は怒りや喜び等の魂の情念に寄与するようには、これらの素質には寄与しないからである。それゆえ、諸天体は無媒介的かつ直接的に人間の魂に刻印する。したがって、人間的諸行為は諸天体そのものが媒介して態勢づけられるのである。

(6) さらに、人間的諸行為において、かの行為すなわち統治すること、戦争を行うこと、等々は他の諸行為より優れていると思われる。イサアクが『諸定義について』[109]において語る通り、「神は天球に諸々の王国や戦争を統治させた」のである。それゆえ、他の人間的諸行為はより強く天体が媒介となって態勢づけられるのである。

(7) さらに、全体よりも部分を移動させる方がより容易である。ところで、哲学者たちが語る通り、諸々の天体の力から或るときには、或る地方の全人口が戦争へと駆り立てられることがある。それゆえ、諸天体の力によって或る個的な人ははるかに強く動かされるのである。

以上に反して、(1) ダマスケヌスはその書の第二巻[110]において、天体は「決してわれわれの諸行為の」原因ではない、「というのも、われわれは創造者によって自由決定力を持つ者として造られ、われわれの諸行為の主人であるから」と述べている。

(2) さらに、アウグスティヌスが『神の国』第五巻[111]と『創世記逐語註解』第二巻の終わり[112]において、またグレゴリウスが「ご公現の説教」[113]において規定していることは、このことを支持しているのである。

答えて次のように言わなければならない。この問題を明らかにするためには、人間的行為とはどのようなものであるかを知らなければならない。すなわち、その行為の主人が人間そのものであるような行為が固有の意味で人間的行為と言われる。ところで、人間は意志によってあるいは自由決定力によって、自らの諸行為の主人である。それゆえ、目下の問題は、意志あるいは自由決定力の行為をめぐっているのである。すなわち、人間の内にあり、栄養摂取や成長の能力の行為と同様、意志の命令に従わない他の諸行為は他の身体的行為と同様の仕方で、天体の力に従う。

ところが、上述の人間的諸行為について多くの誤りがあった。すなわち、或る人々は人間的行為は神の摂理に属するのではなく、人間の摂理をもっぱらの原因として、それのみに還元される、と主張した。そして、アウグスティヌスが『神の国』第五巻[114]に語る通り、トゥリウス〔キケロ〕はこの立場を取ったと思われる。しかし、そうしたことは不可能である。というのも、『霊魂論』第三巻[115]に示されている通り、意志は動かされて動かすものである。それゆえ、意志の働きを不動の動者である何らかの第一の根原に還元すべきだからである。したがって、或る人々は意志のすべての行為を諸天体に還元し、われわれにおいて感覚と知性とは同じものであり、したがって、魂のすべての能力は身体的であり、そのゆえに諸天体の働きに従属している、と主張した。しかし、この立場を哲学者は『霊魂論』第三巻[116]において論破し、知性は非質料的な力であってその活動は身体的ではないことを明らかにしている。また『動物発生論』第一六巻[117]に語られている通り、それら根原の働きが質料なしにあるとすれば、根原も非物体的でなければならない。それゆえ、知性と意志の働きが自体的に言って何らかの身体的な根原に還元されるということはありえない。それゆえ、アヴィセンナは自らの『形而上学』[118]において、人間と同様に天体も魂と身体とから複合されており、人間の身体の働きや動が天体に還元されるように、魂の働きすべてが天体を根原としてそれに還元される、と主張した。したがって、われわれの内にあるすべての意志の働きは、天体の意志によって生ぜしめられていることになる。こうした考えは確かに人間の目的についての彼の見解によれば妥当なものでありうる。人間の目的は人間の魂が天体の魂、あるいは知性実体に結合することにあると主張されているからである。というのも、意志の完全性は目的や善――すなわち、可視的なものが視覚の対象であるように、目的や善は意志の対象である――であるから、意志に働きかけるものは目的の性格をも持っていなければならない。作出するものは自らの形相を受容するものに刻印するかぎりにおいてのみ、働くものだからである。ところで、信仰の立場によれば、神自身が直接的に人間の生の目的である――われわれは神の直視を十分に享受して至福な者にされるからである。したがって、神自身だけがわれわれの意志に働きかけうるのである。

ところで、動かされるものどもの秩序は動かすものどもの秩序に対応していなければならない。ところで、摂理が関わる目的との連関において、われわれにおいて第一のものとしては意志が見出される。意志にはまず第一に、善とか目的の性格が属するからである。また、われわれの内にあるすべてのものを意志は目的の獲得のための道具として用いる。とはいえ、或る別の関連では知性が意志に先行することがある。知性は意志により密接な関係の内にあり、天体の諸力からはより隔たっているのである。したがって、端的に第一の摂理者である神自身だけがわれわれの意志に刻印するのである。他方、天使は、諸原因の序列で神に続くが、われわれの知性に刻印するのは、ディオニュシウス[119]が語る通り、われわれが天使たちを通して照明され、浄化され、完成されるかぎりにおいてである。しかし、下位の作用者である天体はわれわれの感覚的な力や感覚器官に結びついた他の力に刻印することはできる。他方、魂の一つの能力の動が別の能力に溢れ出るというかぎりで、天体の刻印は知性にいわば附帯的に、さらに意志に溢れ出る、ということが起こる。同じように、われわれの知性への天使の刻印はわれわれの意志に附帯的に溢れ出てくるのである。しかし、知性と意志の感覚的な諸能力への態勢は次の点で異なっている。すなわち、われわれの知性は対象が能力を動かすその仕方で感覚的認識によって自然本性的に動かされる。というのは、『霊魂論』第三巻[120]に語られている通り、表象像は可能知性に対して、ちょうど色が視覚に対するように、関係しているからである。したがって、内的な感覚的能力が妨げられると、必然的に知性も妨げられるのである。たとえば、表象力の器官が傷つくと必然的に知性の作用が妨げられるのを見るのである。この仕方によって天体の働きかけとか刻印とかが知性にいわば必然的な仕方で、しかし附帯的に溢れ出ることは可能である。ちょうど物体には自体的に溢れ出るように。動かされるものの側に反対の態勢がない場合には、私は必然性ということを言うのである。しかし、感覚的欲求は自然本性的に意志を動かすものではなく、その逆である。『霊魂論』第三巻[121]に語られている通り、「上位の欲求は下位の欲求を、天球が天球を動かすように、動かすのである」。そして下位の欲求は怒りとか欲望とかの情念によっていかに強く妨害されようとも、意志は妨げられる必要はないのである。かえって意志は、「創世記」に「欲望は汝の下にあるであろう」〔創四：七〕と言われている通り、こうした妨げを斥ける力を有しているのである。したがって、天体からは何らかの必然性が、その力を受け取るものの側からも人間的行為の内で働いているものの側からも導入されることはなく、意志が獲得したか注入されたかした力によって追い払うことのできるそうした傾向性だけが導入されるにすぎない。

(1) それゆえ、第一に対しては次のように言わなければならない。ダマスケヌスは身体的な態勢とか所有態について理解しているのである。

(2) 第二に対しては次のように言わなければならない。既述のことから明らかな通り、魂は、意志の働きに関して身体の態勢に必然的に従うのではなく、身体の体質からは意志に関わる事柄への傾きだけが由来するのである。

(3) 第三に対しては次のように言わなければならない。もし天体が魂の本質に自体的に刻印しうるとすれば、異論の論理は正当に妥当するであろう。ところで、天体の刻印は附帯的に、すなわち魂がその現実態である身体の変化によってでなければ魂の本質に届くことはない。ところで、意志は身体に結合しているかぎりの魂の本質に由来するものではない。したがって、異論の論拠は帰結しないのである。

(4) 第四に対しては次のように言わなければならない。霊的作用者の道具が霊的力によって働くのは、物体的力によって働くことからのみである。ところで、物体的力によって天体は物体に対してのみ働くことができる。したがって、霊的力によるところの作用も附帯的に、すなわち身体が媒介となってしか魂に達することはできない。しかし、天体の働きは身体に両方の仕方で到達する。すなわち、物体的な力から元素的な性質、すなわち熱と冷等々を動かすのである。他方、霊的力からは種ならびに元素的な性質に還元されえない種全体に伴ってくる結果へと動かすのである。

(5) 第五に対しては次のように言わなければならない。熱や冷からは生じてこない或る結果が、月下の世界に天体によって存在している。たとえば、磁石が鉄を引きつけるという場合である。そして、この仕方によって天体から人間の身体の内に何らかの態勢が残される。そして、その態勢から身体に結合された魂がこのとか、あのとかの技に傾くことが起こってくるのである。

(6) 第六に対しては次のように言わなければならない。イサアクの言葉は、もし「救われる」べきだとすれば、前述の仕方で、ただ傾向性によってのみ理解されるべきである。

(7) 第七に対しては次のように言わなければならない。たいていの場合、多くのものは自らの自然本性的傾向に従う。たとえば、人々は多くの者の持つ情念を、自らも持つことによって安心するものである。しかし、知恵ある者たちは理性によって上述の情念や傾向性に打ち勝つ。したがって、天体がそれへと傾かせることを行うということは、上述の傾向性に理性によって打ち勝つ或る個人によりは、或る多くの人たちにより妥当するであろう。同様に、多くの短気な人々がいるといった場合、彼らが怒りへと動かされないことはありそうにないであろう。もっとも、或る人はそのように動かされないであろうけれども。

訳註

1——Boethius, De consolatione Philosophiae IV, prosa 6, PL 63, 816A.

2——Ibid. IV, prosa 6, PL 63, 814A.

3——Ibid. V, prosa 6, PL 63, 860B.

4——Ibid. IV, prosa 6, PL 63, 817A.

5——Augustinus, De diversis quaestionibus LXXXIII, quaestio 27, PL 40, 18.

6——Boethius, De consolatione Philosophiae IV, prosa 6, PL 63, 814B.

7——Augustinus, De diversis quaestionibus LXXXIII, quaestio 46, PL 40, 30.

8——Johannes Damascenus, De fide orthodoxa II, cap. 29, PG 94, 964A; ed. E. M. Buytaert, 155.

9 ——— Boethius, De consolatione Philosophiae IV, prosa 6, PL 63, 817A et 820B.

10 ——— Ibid. IV, prosa 6, PL 63, 814B.

11 ——— Ibid. III, prosa 11, PL 63, 774B.

12 ——— Hugo de Sancto Victore, De sacramentis christianae fidei I, p. 11, cap. 6 et 22, PL 176, 208B et 216C.

13 ——— Cicero, De inventione II, cap. 53, n. 160.

14 ——— Aristoteles, Ethica Nicomachea VI, 4, 1140b4 et 20.

15 ——— Ibid. VI, 4 et 6, 1140a26 et 1141b9.

16 ——— Ibid. III, 5, 1112b11.

17 ——— Ibid. VI, 9, 1143a35.

18 ——— Ibid. VI, 9, 1140b16

19 ——— Ibid. VI, 11, 1144b32.

20 ——— Boethius, De consolatione Philosophiae IV, prosa 6, PL 63, 815A et 816A.

21 ——— Aristoteles, Ethica Nicomachea VI, 11, 1144b32.

22 ——— Id., Metaphysica I, 2, 982a17.

23 ——— Dionysius Areopagita, De divinis nominibus, cap. 4, § 1, PG 3, 693B; Dionysiaca, 146.

24 ——— Liber de causis, prop. 17 (16).

25 ——— Boethius, De institutione arithmetica II, cap. 1, PL 63, 1113.

26 ——— Augustinus, Contra Faustum Manichaeum XXVI, cap. 5, PL 42, 481.

27 ——— Johannes Damascenus, op. cit. II, cap. 29, PG 94, 964A; ed. E. M. Buytaert, 155.

28 ——— Liber de causis, prop. 20 (19) et 24 (23).

29 ——— Aristoteles, De anima II, 4, 416a16.

30 ——— Johannes Damascenus, op. cit. II, cap. 29, PG 94, 964C; ed. E. M. Buytaert, 156.

31 ——— Boethius, De consolatione Philosophiae III, metrum 9, PL 63, 758.

32 ——— Ibid. IV, prosa 6, PL 63, 815A.

33 ——Johannes Damascenus, op. cit. II, cap. 27, PG 94, 960C; ed. E. M. Buytaert, 152.

34 ——Averroes, In Aristotelis Physicam II, comm. 75, IV, 75 M.

35 ——Augustinus, De Genesi ad litteram IV, cap. 12, PL 34, 304; et VIII, cap. 12, PL 34, 383.

36 ——Aristoteles, Metaphysica IV, 3, 1005b32.

37 ——Hilarius, De Trinitate II, 10, PL 10, 59A.

38 ——Johannes Damascenus, op. cit. II, cap. 29, PG 94, 964A; ed. E. M. Buytaert, 155.

39 ——Dionysius Areopagita, De divinis nominibus, cap. 4, § 33, PG 3, 733B; Dionysiaca, 312.

40 ——Johannes Damascenus, op. cit. II, cap. 29, PG 94, 964A; ed. E. M. Buytaert, 155.

41 ——Aristoteles, Ethica Nicomachea I, 2, 1094b10.

42 ——Id., Metaphysica XI (=XII), 10, 1075a11.

43 ——Ibid. XI (=XII), 10, 1076a4.

44 ——Johannes Damascenus, op. cit. II, cap. 29, PG 94, 964A; ed. E. M. Buytaert, 155.

45 ——Boethius, De consolatione Philosophiae IV, prosa 6, PL 63, 817B et 820.

46 ——Averroes, In Aristotelis Physicam II, comm. 75, IV, 75 M.

47 ——Glossa ordinaria, ibid., ed. Venetiis 1603.

48 ——Augustinus, De Genesi ad litteram VIII, cap. 9, PL 34, 379.

49 ——Aristoteles, De generatione et corruptione II, cap. 10, 336b30.

50 ——Id., Metaphysica XI (=XII), 10, 1075a19.

51 ——Avicenna, Metaphysica IX, cap. 6 , f. 106[ra].

52 ——Aristoteles, Physica II, 5, 194b35; id., Metaphysica V, 2, 1013a35.

53 ——Johannes Damascenus, op. cit. II, cap. 29, PG 94, 965A; ed. E. M. Buytaert, 157.

54 ——Dionysius Areopagita, De divinis nominibus, cap. 4, § 33, PG 3, 733B; Dionysiaca, 312.

55 ——Johannes Damascenus, op. cit. II, cap. 29, PG 94, 964C; ed. E. M. Buytaert, 157.

56 ——Moses Maimonides, Dux neutroum seu dubiorum III, cap. 18. 「別の人々」も同所。

57 ——Gregorius I, Moralia XXIV, cap. 20, PL 76, 314 .

58 ——Johannes Damascenus, op. cit. II, cap. 29, PG 94, 964A; ed. E. M. Buytaert, 155.

59 ——Hugo de Sancto Victore, op. cit. I, p. 11, cap. 9, PL 176, 210.

60 ——Augustinus, De Genesi ad litteram VIII, cap. 9, PL 34, 379.

61 ——Hieronymus, Commentarii in Evangelium Matthaei III, cap. 18, PL 26, 135 A.

62 ——Augustinus, Contra adversarium Legis et Prophetarum I, cap. 4, PL 42, 606.

63 ——Id., De Genesi ad litteram IV, cap. 33, PL 34, 317.

64 ——Aristoteles, Physica VII, 3, 243a3.

65 ——Boethius, De consolatione Philosophiae III, prosa 12, PL 63, 779A.

66 ——Gregorius I, Dialogi IV, cap. 6, PL 77, 329B.

67 ——Augustinus, De Trinitate III, cap. 4, PL 42, 873.

68 ——Id., De diversis quaestionibus LXXXIII, quaestio 53, PL 40, 36.

69 ——Origenes, In Numeros homiliae, 14, PG 12, 680B.（『民数記講話』小高毅訳、本集成第一巻『初期ギリシア教父』一九九五年、所収）

70 ——Hugo de Sancto Victore, op. cit. I, p. V, cap. 34, PL 176, 263A.

71 ——Aristoteles, Physica VIII, 4, 252b26

72 ——Thomas Aquinas, Scriptum super libros Sententiarum II, d. 16, q. 1, a. 3.

73 ——Liber de causis, comm. 1.

74 ——Dionysius Areopagita, De divinis nominibus, cap. 4, § 1-4, PG 3, 693-699C; Dionysiaca, 145 sqq.; Augustinus, De doctrina christiana I, cap. 32, PL 34, 32.（『キリスト教の教え』加藤武訳、教文館、一九八八年）

75 ——Id., De Genesi ad litteram XII, cap. 16, PL 34, 467; Aristoteles, De anima III, 5, 430a18.

76 ——Dionysius Areopagita, De coelesti hierarchia, cap. 12, § 2, PG 3, 292C; Dionysiaca, 936.

77 ——プラトン。Cf. Macrobius, Commentarii in Somnium Scipionis I, cap. 14; Liber de causis, comm. 3.

78 ——Avicenna, Metaphysica VI, cap. 2, f. 92ra C.

79 ——Johannes Damascenus, op. cit. II, cap. 7, PG 94, 893B; ed. E. M. Buytaert, 91.

80 ——Augustinus, De civitate Dei V, cap. 9, PL 41, 151.

81 ——Averroes, De substantia orbis, cap. 1, IX, 4 A, ed. Venetiis 1562.

82 ——Liber de causis, prop. 3 et comm. 3.

83 ——Augustinus, De civitate Dei V, cap. 6, PL 41, 146.

84 ——Liber de causis, prop. 1.

85 ——Aristoteles, De caelo I, 3, 268b14.（『天体論』村治能就訳、岩波書店、一九六八年）

86 ——Augustinus, De Trinitate III, cap. 4, PL 42, 873.

87 ——Dionysius Areopagita, De divinis nominibus, cap. 4, § 4, PG 3, 700A; Dionysiaca, 166.

88 ——Aristoteles, Metaphysica II, 1, 993b24.

89 ——Id., De generatione et corruptione II, 10, 336a31.

90 ——Id., De generatione animalium IV, 10, 777b20.

91 ——Moses Maimonides, op. cit. I, cap. 71.

92 ——Avicenna, Metaphysica IX, cap. 5, f. 105rb.

93 ——Aristoteles, De somno et vigilia, cap. 2, 463b23.（『睡眠と覚醒について』副島民雄訳、岩波書店、一九六八年）

94 ——Avicebron, Fons vitae, tr. II, n. 9-10, ed. C. Baeumker, Münster 1895.

95 ——Moses Maimonides, op. cit. I, cap. 72.

96 ——Johannes Damascenus, op. cit. II, cap. 27, PG 94, 960D; ed. E. M. Buytaert, 153.

97 ——Aristoteles, De generatione et corruptione I, 7, 324a11.

98 ——Cf. Augustinus, De Trinitate III, cap. 8, PL 42, 875; id., De Genesi ad litteram IX, cap. 17, PL 34, 406.

99 ——Id., De Trinitate III, cap. 9, PL 42, 878.

100 ——Aristoteles, De generatione animalium II, 3, 737a28.

101 ——Avicenna, Metaphysica VI, cap. 5, f. 72va A.

102 ——Augustinus, De Genesi ad litteram II, cap. 18, PL 34, 270.

103——Hieronymus, Commentarius in Ecclesiasten I^6, PL 23, 1068B-C.

104——Johannes Damascenus, op. cit. II, cap. 6, PG 94, 885A; ed. E. M. Buytaert, 83.

105——Aristoteles, De generatione et corruptione I, cap. 6, 323a28.

106——Averroes, In Aristotelis Physicam VIII, comm. 35 et 37, IV, 375 H et 376 H.

107——Johannes Damascenus, op. cit. II, cap. 7, PG 94, 893C; ed. E. M. Buytaert, 91.

108——Liber sex principiorum IV, ed. L. Minio-Paluello, pp. 44-45.

109——Isaac Israeli, Liber de definitionibus, ed. J. T. Muckle, 1933, pp. 317 et 336.

110——Johannes Damascenus, op. cit. II, cap. 7, PG 94, 893A; ed. E. M. Buytaert, 90.

111——Augustinus, De civitate Dei V, cap. 9, PL 41, 151.

112——Id., De Genesi ad litteram II, cap. 17, PL 34, 278.

113——Gregorius I, Homiliae XL in Evangelia I, hom. 10, n. 5, PL 76, 1112.（『福音書講話』熊谷賢二訳、創文社、一九九五年）

114——Augustinus, De civitate Dei V, cap. 9, PL 41, 148.

115——Aristoteles, De anima III, 10, 433b16.

116——Ibid. III, 4, 429a24.

117——Id., De generatione animalium II, cap. 3, 736b27.

118——Avicenna, Metaphysica X, cap. 1, f. 108^r.

119——Dionysius Areopagita, De coelesti hierarchia, cap. 4, §4, PG 3, 181B; Dionysiaca, 814.

120——Aristoteles, De anima III, 7, 431a14.

121——Ibid., III, cap. 11, 434a13.

真理論

第六問題　予定について

一――予定は知に属するか意志に属するか。
二――功績の予知は予定の原因あるいは根拠であるか。
三――予定は確定性を有しているか。
四――予定された人の数は確定されているか。
五――予定された人々には自らの確かな予定が含まれているか。
六――予定は聖なる人々の祈りによって助けられうるか。

第一項

問題は予定（praedestinatio）についてである。第一に、予定は知に属するか意志に属するか、が問われる。そ

して、予定は意志を類としてそれに属する、と思われる。その理由、

(1) アウグスティヌスが『聖徒の予定』[一]において語る通り、「予定は恵みを施そうとする意図である」。ところで、意図は意志に属する。それゆえ、予定も意志に属する。

(2) さらに、予定は、「エフェソの信徒への手紙」に「神は天地創造の前に私たちをキリストにおいてお選びになりました」〔エフェ一：四〕と語られている通り、永遠の選びと同じである、と思われる。なぜなら、選ばれたものと予定されたものとが同じであると言われているからである。ところで、哲学者の『倫理学』第六巻と第一〇巻[二]によれば、選択は知性によりも欲求により属している。それゆえ、予定も知によりも意志により属しているのである。

(3) しかし、選択は予定に先行し、それと同じものではない、と主張されてきた。――これに対しては次のように言われる。意志は知に随伴してくるのであって、それに先行しているわけではない。それゆえ、もし選択が予定に先行するとすれば、予定は知に属することはありえない。

(4) さらに、もし予定が知に属しているとすれば、予定は予知（praescientia）と同じものと思われる。したがって、或る者の救いを予知している者は誰でも、その救いを予定していたことになろう。しかし、これは偽である。というのも、預言者たちは民の救済を予知していたが、それを予定していたわけではなかったからである。それゆえ、予定は知に属することはありえない。

(5) さらに、予定は原因性を含意している。ところで、原因性は知の性格よりも意志の性絡をより多く持っている。それゆえ、予定は知によりも意志により属している。

(6) さらに、受動的能力はもっぱら未来に起こる結果にのみ関わるが、――というのも、受動的能力は現在あるか過去にあった事柄には関わらないから――、他方、意志は現在と未来との結果に等しく関わるという点で、受動的能力から相違している。ところで、予定はその結果を現在と未来に有している。それゆえ、アウグスティヌス[三]によっても「予定は現在における恩寵と未来における栄光の準備である」と言われているのである。それゆ

え、予定は意志に属している。
(7) さらに、知は造られるもの、あるいは造られるべきものとしての事物にではなく、むしろ知られるもの、あるいは知られるべきものとしての事物に関わっている。他方、予定は造られるべきものに関わる。それゆえ、予定は知には属さないのである。
(8) さらに、結果は遠い原因によってよりも近い原因によっていっそう名づけられる。たとえば、生まれた人間は、太陽によってよりも生む人間によって、よりいっそう名づけられるのである。ところで、準備は知と意志とによって為されるが、知の方が意志よりもより先でより遠い原因である。それゆえ、準備は知によりはむしろ意志によりいっそう属している。ところで、アウグスティヌス[4]の語る通り、「予定は或る人を栄光のために準備することである」。それゆえ、予定も知によりは意志により属しているであろう。
(9) さらに、多くの動が一つの終極に秩序づけられているとき、さまざまな動の相互秩序の全体は最後の動から名づけられる。たとえば、実体形相を質料の可能態から導出することには、最初に性質的変化が秩序づけられ、第二に生成が秩序づけられ、そしてその全体が生成と名づけられるようにである。ところで、或るものを準備することには最初に知の動が、次いで意志の動が秩序づけられる。それゆえ、全体は意志に帰せられねばならない。したがって、予知は特に意志の内にあると思われる。
(10) さらに、相反するものの一方が或るものに固有なものと見なされると、相反するものの他方はその或るものによって最高度に排除される。ところで、諸々の悪は神の予知に最高度に固有なものと見なされる。実際、われわれは断罪される人々はあらかじめ知られている、と言うからである。それゆえ、予知は善き者どもには関わらない。他方、予定は救いに通じる善き者どもだけに妥当する。それゆえ、予定は予知には属さないのである。
(11) さらに、言葉は固有の意味で語られるときには、それを註解する必要はない。ところで、聖書において善に関する認識が語られるとき、その認識は是認することを意味する、との註釈が附せられている。それは「コリントの信徒への手紙一」に、「神を愛する人がいれば、その人は神に知られている」(一コリ八：三)、すなわち

「神に善しとされている」[5]、また「テモテへの手紙二」の「主はご自分の者たちを知っておられる」[6]〔二テモ二：一九〕、すなわち「神は善しとされる」ということから明らかである。それゆえ、知標は固有の意味では善には妥当しない。しかし、予定は善き者どもに妥当する。それゆえ、云々。

(12) さらに、準備することは動かす力に属している。準備することは何らかの働きに属するからである。しかし、予定は、既述の通り、準備することである。それゆえ、予定は動かす力に属する。それゆえ、それは意志に属して、知に属するのではない。

(13) さらに、他の理性を範型とした理性は、範型となる理性を模倣している。しかし、神の理性を範型とした人間の理性において、準備は意志に属し知に属するわけではない。それゆえ、神の準備においても同様にあるであろう。したがって、先と同じ結論が帰結する。

(14) さらに、神のすべての属性は実在的には同じものであるが、それらの相違は諸々の結果から明らかにされる。したがって、神について語られる或るものは、神の結果がそれに固有なものと見なされるその属性に帰せられる。ところで、恩寵や栄光は予定の結果であり、意志あるいは善性に固有なものと見なされる。それゆえ、予定も意志に属するのであって、知に属するのではない。

以上に反して、(1)「ローマの信徒への手紙」の「神は前もって知っておられた者たちを、……あらかじめ定められました」〔ロマ八：二九〕という聖句への註釈[7]は、「予定は神の予知であり神の恵みの準備である」云々と語っている。

(2) さらに、予定されたものはすべて知られたものであるが、その逆ではない。それゆえ、予定されたものは知られたものの類に含まれる。それゆえ、予定も知の類に属する。

(3) さらに、おのおののものはそのものに常には固有でない類の内によりも、そのものが常に属している類の内に措定されるべきである。しかし、予定には知の側面から由来するものが常に適合する。というのも、予知には常に予定が随伴するが、しかし意志を通してなされる恩寵の附加は、必ずしも常に予定に随伴するわけではない。なぜなら、予定は永遠であるが、恩寵の附加は時間的であるからである。それゆえ、予定は意志の類によりも知の類により措定されるべきである。

(4) さらに、哲学者によれば、認識することと働くことの所有態は知的徳の内に数えられている。実際、知的徳は『倫理学』第六巻[8]の思慮や技について明らかなように、欲求よりはむしろ理性に属しているからである。ところで、予定は、導入されている定義から明らかな通り、予知でも準備でもあるのであるから、認識と働きとの根原の性格を有している。それゆえ、予定は意志によりも認識にいっそう属している。

(5) さらに、相反するものは同じ類に属する。ところで、予定には断罪が相反する。それゆえ、神は断罪される者たちの悪意をあらかじめ知っているが、その悪意を生ぜしめるわけではないから、断罪は知の類に属するゆえ、予定も知の類に属すると思われる。

答えて 次のように言わなければならない。予定（praedestinatio）という名称がそこから取られる決定（destinatio）という言葉は、或るものを目的へと方向づけることを含意している。それゆえ、或る人は使者を決定すると言われるが、それはその人が使者に何かを為すように導くからである。また、われわれは意図する事柄を実践することを目的としてそれへと導くがゆえに、われわれは意図する事柄を目的として指定すると言われるのである。それは「マカバイ記二」において、エレアザルについて「生命への愛着があるとはいえ、不法なことは認めない」ことを心の中で「決定した」（destinavit）〔二マカ六：二〇〕と言われている通りである。附加される「あらかじめ」（prae）というこの接頭語は未来への関係を付け加えている。それゆえ、目的を決定することは現在している事柄にのみ関わるけれども、予定するということは現在存在しない事柄に関わりうる。そして、これら二つに関しては、予定は摂理のもとにその一部分として位置づけられている。実際、先行する問題において、目的へと導くことは摂理に属すると、語られた通りである。摂理はトゥリウス[9]〔キケロ〕によっても、未来に関して措定されている。また、或る人々(10)によっては「摂理は未来の出来事に関係する現在の知標である」と定義されている。

しかし、予定は二つの点で摂理とは相違している。すなわち、摂理は目的への秩序づけを一般的に意味している。したがって、摂理は神によって何らかの目的へと秩序づけられているすべてのもの、理性的なものであれ非理性的なものであれ、善きものであれ悪しきものであれ、それらすべてのものに及んでゆく。他方、予定は理性的被造物に可能なそうした目的、すなわち栄光にのみ関わる。したがって、予定は人間にのみ関わり、また救済に属するものとの関連でのみ関わる。さらに他の仕方でも両者は相違する。すなわち、目的へのどのような秩序づけにおいても二つのことが考えられうる。すなわち、秩序そのものと秩序づけの結末あるいはその結果である。というのも、目的へと秩序づけられているもののすべてが必ずしも目的を獲得するわけではないからである。それゆえ、摂理は目的への秩序に関係しているだけである。したがって、神の摂理によってすべての人々は至福へと秩序づけられている。ところで、予定は秩序づけの結末あるいはその結果にも関わる。それゆえ、予定は栄光に到達するであろう人々にのみ関わる。それゆえ、摂理が秩序の賦与に関わるように、予定は秩序の結末あるいはその結果に関わる。というのも、或る人が栄光という目的を獲得することは、第一義的にはその人固有の力からではなく、神の側から与えられた恩寵の助けによるからである。

それゆえ、摂理は、先述のように〔第五問題第一項〕、理性の働きに属する思慮と同じように、理性の働きの内にあるが、――というのも、導きあるいは秩序づけるのは理性のみに属するからであるから――それと同様に予定も目的へと導きあるいは秩序づける理性の働きの内にあるのである。ところで、目的へと導くためには目的への意志が先行する。というのも、何人《なんぴと》も自ら欲していない目的へと何かを秩序づけることはないからである。それゆえ、哲学者の『倫理学』第六巻(11)によれば、思慮による完全な選択も倫理徳を所有している者の内にしかありえないのである。というのは、倫理徳によって或る人の情動は思慮が秩序づける目的へとしっかりと固定されるからである。他方、予定が人をそこへと導く目的は、普遍的に考察されたものではなく、目的そのものに到達する人へのその目的の関係によって、考察されているのである。そして、そのような人はその目的に到達しないであろう人々から、目的に導く者の判断によれば、相違しているのである。したがって、予定は神が或る人の救済を意志するという愛を前提しているのである。したがって、思慮ある人は、自らが節制があり、あるいは義なる者であるかぎりにおいてのみ目的へと秩序づけるように、神は愛する者であるかぎりにおいてのみ予定するのである。また、目的へと誤りえない仕方で導かれる人には、同じ仕方で目的へと秩序づけられない他の人々からそれによって分離される選択が、予定のためにはあらかじめ要請されるのである。ところで、この分離は予定された者として分離される人々の内に見出され、神への愛を喚起しうる何らかの相違のゆえにあるのではない。というのは、「ローマの信徒への手紙」に言われている通り、「まだ子供たちは生まれもせず善いことも悪いこともしていないのに、……私はヤコブを愛し、エサウを憎んだ、と言われている」〔ロマ九：一一－一三〕からである。それゆえ、予定は選びと愛を前提し、選びは愛を前提する。他方、予定には二つのことが伴ってくる。すなわち、栄光化という目的への到達と、この目的への到達のための援助の授与、すなわち予定された者への招命に属する恩寵の賦与である。それゆえ、予定には二つの結果、すなわち恩寵と栄光が指摘されるのである。

(1) それゆえ、第一に対しては次のように言わなければならない。魂の働きにおいて、先行する働きは後続する働きの内に力によって何らかの仕方で含まれている、というあり方が見られる。そして、予定は意志の働きである愛を前提しているから、予定という概念には意志に属する或るものが含まれている。それゆえ、意図と意志に属する他のものどもが或るときには予定の定義の内に措定されるのである。

(2) 第二に対しては次のように言わなければならない。予定は選びと同じではないが、しかし既述のように、予定は選びを前提している。予定されたものと選択されたものとが同じである理由はこの点にある。

(3) 第三に対しては次のように言わなければならない。選択は意志に属し、導きは理性に属するから、もし両者が同じものに関わるときは、導きが常に選択に先行する。しかし、異なるものに関わるときには、選択が導きの概念を含意している予定に先行するのは何ら不都合なことではない。というのは、選択は、ここで理解されているかぎり、目的へと導かれている人に属している。ところで、目的へと導かれる人を受容することがその人を目的へと導くことより先である。したがって、選択は意図において予定に先行するのである。

⑷　第四に対しては次のように言わなければならない。予定は知の類に指定されるけれども、予定は知と予知とに対して或るものを、すなわち目的へと導きあるいは秩序づけることを附加しており、それは思慮が認識の上に或るものを附加しているのに似ている。それゆえ、何がなされるべきかを認識しているすべての者が必ずしも思慮ある者でないように、予知する者のすべてが予定する者であるわけではないのである。

⑸　第五に対しては次のように言わなければならない。原因性は知であるかぎりの知の概念には属していないけれども、しかし目的へと導き秩序づけるものであるかぎりの知の概念には属しているのである。そして、目的への秩序づけは意志に属するのではなく、ただ理性にのみ属する。ちょうど、知性認識する働きが理性的動物の本質規定に属するが、しかし動物であるかぎりのそれにではなく、理性的であるかぎりのそれに属しているようにである。

⑹　第六に対しては次のように言わなければならない。意志が現在と未来の結果に関わるように、知も両方の結果に関わる。それゆえ、この点に関しては、予定がこれらの一つによりも他方により属する、ということは示されえない。しかし、予定は、固有に言えば、未来の結果にのみ関わるのであって、それは未来への関係を含意する接頭語から指摘される。また、結果を現在において持つというのと現在の結果を持つというのは同じではない。というのは、この世の生の状態に属するものはすべて、現在のものであれ、過去のものであれ、また未来のものであれ、それらすべては現在においてある、と言われるからである。

⑺　第七に対しては次のように言わなければならない。知は知たるかぎり、造られるべきものには関わらないけれども、しかし実践知は造られるべきものに関わる。そして、予定はそのような知に還元されるのである。

⑻　第八に対しては次のように言わなければならない。準備とは固有の意味では可能態の現実態への態勢づけを含意している。ところで、可能態には能動的と受動的の二つの可能態がある。したがって、準備も二様にある。

一つは受動するものの準備であって、その仕方によって質料は形相へと準備される、と言われる。もう一つは能動者の準備であって、それによって或る者は何かを為すことへと自らを準備する、と言われる。そして、予定が含意しているのはこのような準備である。実際、予定は或る人を目的へと秩序づけること以外の何ものも神の内に措定することはできないからである。ところで、既述のことから明らかなように、秩序づけの近接せる根原は理性であるが、遠い根原は意志である。したがって、異論が導入している論拠によれば、予定はより根原的には意志によりも理性に帰せられるのである。

(9) 異論の第九についても同様に言われるべきである。

(10) 第一〇に対しては次のように言わなければならない。悪しき事柄が予知に固有なものと見なされるのは、予知が善き事柄よりも悪しき事柄をより固有に対象とするからではなく、神において善き事柄は、単なる予知以上の何かを含意しているが、悪しき事柄はそうしたものを含意していないからである。同様に、本質を表示しないがそれと置換されうるものは、固有性という名称を自らに固有なものと見なすが、そのような置換されうるものは固有性として定義に等しく適合する。というのも、定義は公理性の或るものを附加しているからである。

(11) 第一一に対しては次のように言わなければならない。註釈は言葉の不適切を常に指摘するわけではなく、或る場合には一般的に語られていることを具体化するために、註釈は必要である。この意味で、知標は是認するという意味での知標として註釈されているのである。

(12) 第一二に対しては次のように言わなければならない。準備するとか秩序づけるとかは、ただ動かす能力だけに属するが、動かす能力はただ意志であるばかりではなく、実践理性の固有性でもあり、それは『霊魂論』第三巻[12]に明らかな通りである。

(13) 第一三に対しては次のように言わなければならない。人間の理性においても、準備することは、目的への秩序づけや方向づけを含意するかぎりにおいて、理性に固有な働きであって、意志に固有な働きではない。

(14) 第一四に対しては次のように言わなければならない。神の属性においては、その結果のみならず、属性の結果への関係も考察されるべきである。というのは、知と能力と意志との結果は同じであるが、しかしそれら三つの名称によってその結果に対する同じ関係が含意されているわけではない。ところで、予定が自らの結果に対して含意している関係は知や意志の関係によりも、導くものたるかぎりの知の関係により一致する。したがって、予定は知に還元されるのである。

(1)、(2)、(4) ここで提起されている他の推論にわれわれは同意する。しかし、第二に対しては、多くのものに見出されるすべてのものが必ずしも類ではない、とは言われうる。というのは、それはそれらに附帯性として述語づけられうるからである。

(3) 反対異論の第三に対しては次のように言わなければならない。恩寵を与えることは必ずしも常に予定に随伴するわけではないが、しかし恩寵を与えようと意志することは常に随伴するのである。

(5) 反対異論の第五に対しては次のように言わなければならない。排斥が直接に対立するのは予定ではなく、選択である。なぜなら、選択する者は一方を受け入れ、他方を斥けるが、これが排斥することと言われるからである。それゆえ、排斥も自らの名称の意味から意志にいっそう属するのである。というのは、排斥することはいわば拒否することだからである。ただし、排斥することが、是として認められていることをそれに値しないと判断することと同じである場合は別である。しかし、罪への何らの関係も持たない神の意志の側には積極的な何ものも存在しないという理由から――実際、神は恩寵を欲するように罪を欲するということはないからである――、排斥は神において予知に属すると言われる。しかし、排斥も罪に先行するのではなく罪に後続する意志によって、神が意志する罰に関して準備と言われるのである。

第二項

第二に、功績・報い（meritum）の予知は予定の原因あるいは根拠であるか、が問われる。そしてそうである、と思われる。その理由、

(1) 「ローマの信徒への手紙」の「私は自分が憐れもうと思う者を憐れむ」云々〔ロマ九：一五〕の聖句に対して、アンブロシウスの註釈[13]は「自らの誤りの後、全身全霊をもって私へと戻ろうとしていることを、私があらかじめ知っているその者に、私は憐れみを与えよう。そして、このことは憐れみが与えられるべき者に与えられ、それが与えられるべきでない者に与えられないということである。したがって、神は従順であることを知っている者を呼びよせ、従順でないことを知っている者を呼びよせないのである」と言っている。ところで、全身全霊をもって主に従順で主に戻ることは功績に属し、反対の行為は過失に属する。それゆえ、功績とか過失とかの予知は、神が或る者に憐れみを施し、或る者を憐れみから除外することを意図する原因であり、こうしたことが予定したり排斥したりすることである。

(2) さらに、予定は人間を救済しようとの神の意志を含んでいる。また、予定は先行する意志のみを含んでいると言うことはできない。なぜなら、「テモテへの手紙 一」に言われている通り、この意志によって「神はすべての人々が救われるようになることを欲する」〔一テモ二：四〕、したがってすべての人々が予定されていたということが帰結するであろうから。それゆえ、予定は、後続する意志を含んでいることが結論される。ところで、「神の後続する意志は」、ダマスケヌス[14]が語る通り、「原因としてのわれわれから生じている」、すなわちわれわれが救いに値したり、断罪に値したりするかぎりで生じているのである。したがって、神に予知されたわれわれの功績は予定の原因である。

(3) さらに、予定は根原的には人間の救いについての神の意図である。ところで、人間の救いの原因は人間の功績的行為である。さらに知は意志の行為の原因や理由である。というのも、知られた欲求されうるものが意志を動かすからである。それゆえ、功績の予知は予定の原因である。というのは、予知が含んでいるものの二つは、

予定に含まれているそれら二つのものの原因であるからである。

(4) さらに、排斥と予定は神の本質を表示するとともに或る結果を内含している。ところで、神の本質の内にはいかなる多様性も存在しない。それゆえ、予定と排斥の相違はすべて結果から生じている。ところで、結果はわれわれの側から考えられている。それゆえ、予定された人々が排斥された人々から分離されること、それは予定を通して生ずるが、その原因はわれわれの側にある。それゆえ、先と同じことが言われるのである。

(5) さらに、太陽はたとえすべての物体がその光を等しく分有することがありえないとしても、太陽それ自体に関しては、照らされうるすべての物体に一様に関わっている。それと同様に、聖なる人々や哲学者たちによって共通して主張されている通り、必ずしもすべてのものが神の善性の分有に対して等しく関わっているわけではないけれども、神は万物に対等に関わっているのである。ところで、すべての物体に対して太陽は同じ関係を有しているのであるから、なぜ或るものは暗く或るものは輝くものであるのか、そうした相違の原因は太陽ではなく、太陽の光を受け取ることへの諸物体の態勢の相違がその原因である。それゆえ、或る人々は救いに到達するが或る人々は断罪される、あるいは或る人々は予定され或る人々は排斥される、というこうした相違の原因も同様に神の側にあるのではなく、われわれの側にあり、かくして先と同じことが言われるのである。

(6) さらに、善は自分自身を他者に伝えてゆくものである。それゆえ、最高善には、おのおののものが受容可能なかぎりで、それらに自分自身を伝えることが最高度に属しているのである。それゆえ、善が自らを或るものに伝えないとすれば、それはその或るものが善を受容しえないからである。ところで、或る者は予定が秩序づけている救済を受容する者であるか、受容しない者かであり、その理由はその者の功績の性質によるのである。それゆえ、予知された功績は、なぜ或る人々が予定され或る人々は予定されないかの理由である。

(7) さらに、「民数記」の「私はレビ人たちを取った」云々〔民三：一二〕に対して、オリゲネスの註釈[15]は「ヤコブは後から生まれたけれども、初子と判断されている。そのことは彼らがこの世に生まれてくる前に、あるいは何か善いことや悪しきことを為す前に、心に意図していることから神には明らかであった。すなわち、彼らについて〈私はヤコブを愛し、エサウを憎んだ〉と言われている」。ところで、これは聖なる人々が共通して解説している通り、ヤコブの予定に属している。それゆえ、ヤコブが心に持ったであろう意図をあらかじめ認識することは、ヤコブの予定の根拠であったのである。したがって、先と同じことが語られるのである。

(8) さらに、「主の道は常に憐れみと真実である」〔詩二五：一〇〕から、予定が不正なものであることはありえない。また、そのとき神と人間との間に配分的正義とは別の正義が認められることはありえない。というのも、われわれの善のいかなるものも必要としなかった神は〔詩一六：二〕、われわれから何ものをも受け取ることはないのであるから、そこに交換的正義の入ってくる余地はないからである。ところで、配分的正義は不等なものどもを不等なものたちにのみ与える。ところで、不等性が人間の間で認められうるのは、功績の相違によってのみである。それゆえ、神が或る人を予定し、別の人を予定しないということは、功績が異なることを予知することから発しているのである。

(9) さらに、予定は、既述のように〔第一項〕、選択を前提としている。ところで、選択は或る人が別の人より好まれる何らかの理由がなければ合理的なものではありえない。また、われわれが語っている選択において、功績による以外に一方より他方を好む別の理由を指摘することはできない。それゆえ、神の選択は不合理でありえないのであるから、その選択は功績の予見から発しており、したがってまた予定もそれより発しているのである。

(10) さらに、アウグスティヌス[16]は「マラキ書」の「私はヤコブを愛し、エサウを憎んだ」〔マラ一：二―三〕という言葉を解説し、一方を愛し他方を排斥する「そうした神の意志は不正なものではありえない。というのも、そうした意志は最も隠された功績に由来しているからである」と述べている。ところで、こうした最も隠された功績は予見の内にあるかぎりにおいてでなければ、意図の内に入ることはできない。それゆえ、予定は功績の予見から由来するのである。

(11) さらに、恩寵の濫用が排斥の結果に関係するように、恩寵の善き使用は予定の究極の結果に関係する。ところで、ユダヤにおいては恩寵の濫用はその人を排斥する理由であった。というのは、人が排斥された者になったのは、彼が恩寵なしに死んだことによるからである。しかし、そのとき彼が恩寵を持っていなかった、ということの原因は神が彼に恩寵を与えることを望まなかったことではなく、アンセルムス[17]やディオニュシウス[18]が語る通り、その人自身が恩寵を得ることを望まなかった、ということである。それゆえ、ペトロや他の誰においてであれ、恩寵の善き使用はその人が選ばれ、あるいは予定されていることの原因である。

(12) さらに、或る人は別の人のために最初の恩寵に値することが可能である。同じ理由によって、或る人はその別の人のために最後に至るまでの恩寵の継続に値することが可能である。ところで、人の最後の恩寵にはその人が予定されていたということが伴う。それゆえ、予定は功績から発することが可能なのである。

(13) さらに、哲学者[19]が語る通り、「〔或る事物が他に対して〕より先であるとは、〔そこからそれらの存在の〕継起・随伴が逆になりえないことである」。ところで、予知は予定に対してこのような仕方で関わっている。なぜなら、神は自ら予定しているすべてのものを予知しているが、しかし諸々の悪は、予知してはいても予定しているわけではないからである。それゆえ、予知は予定より先なるものである。ところで、いずれの領域においてもより先なるものがより後なるものの原因である。それゆえ、予知は予定の原因である。

(14) 予定(praedestinatio)という名称は、目標とする(destinatio)とか派遣する(missio)とかから賦与されている。ところで、派遣するとか目標とするとかには認識が先行している。というのも、自分が知っていない人を誰も派遣しないからである。それゆえ、認識の方が予定よりも先であり、したがって認識が予定の原因であると思われる。かくして、先と同じ帰結となる。

以上に反して、(1)「ローマの信徒への手紙」の「業についてではなくお召しになる方について語られた」〔ローマ九:一二〕という言葉への註釈[20]は、「〈私はヤコブを愛し、エサウを憎んだ〉という言葉は先行する功績のゆえに語られたのでないように、未来の功績のゆえに語られたのでもない」ことを指摘している。さらに後の「では、どういうことになるのか。神に不義があるのか」〔ロマ九:一四〕に対して、「神は未来の業を予見していたがゆえに或る人を選び、他の人を排斥した、と何人《なんぴと》も語ってはならない」と述べている。したがって、功績の予知が予定の原因であるとは思われない。

(2) 恩寵は予定の結果である。他方、恩寵は功績の根原である。それゆえ、諸々の功績の予知が予定の原因であることはありえない。

(3) 「テトスへの手紙」で使徒は「神は、私たちが行った義の業によってではなく、御自分の憐れみによって、私たちを救って下さいました」〔テト三：五〕と述べている。それゆえ、人間を救済する予定は功績の予知から発しているのではない。

(4) さらに、もし功績の予知が予定の原因であるとすれば、功績を持つことがないであろう者は誰も予定されないことになろう。ところで、或る人々は、子供たちにおいて明らかなように、このようなものである。それゆえ、功績の予知は予定の原因ではない。

答えて次のように言わなければならない。原因と結果との間には次のような相違がある。すなわち、原因の原因であるものはすべて結果の原因でなければならないが、結果の原因であるものは原因の原因である必要はない。たとえば、第一原因は自らの結果を第二原因を通して産出し、かくして第二原因は第一原因の結果を何らかの仕方で原因しているが、しかし第一原因の原因であるわけではない、ということは明らかである。ところで、予定の内には二つのもの、すなわち永遠なる予定そのものとその時間的な二つの結果とを理解することができる。そして後者の二つの結果とは恩寵と栄光であり、それらの一方、すなわち栄光は人間的行為を功績的原因として有しているが、恩寵の原因は功績という仕方で人間的行為であることはありえない。人間的行為はそれら行為を通してわれわれが恩寵の受容へとあらかじめ準備されるかぎりで、恩寵への一種の質料的な態勢として働くことはできる。しかしこのことから、われわれの諸行為が、恩寵に先立つにせよそれから帰結するにせよ、予定そのものの原因であることが帰結するわけではない。

ところで、予定そのものの原因を見出すために、先に語られたこと、すなわち予定は目的への導きであり、この導きは意志によって動かされた理性の行うものであることを想起しなければならない。それゆえ、或るものが予定の原因でありうるのは、そのものが意志を動かしうるものであるかぎりにおいてである。このことについては次のことを知らなければならない。すなわち、或るものは意志を二様の仕方で動かす。一つはしかるべき仕方によって意志を動かす。もう一つはそれ相当な理由なく動かすのである。ところで、しかるべき仕方によって或るものは意志を二様に、すなわち一つには無条件的に、あるいは別の或るものを前提して動かすことができる。ところで、意志の対象である究極目的は意志を無条件的に動かす。すなわち、究極目的は意志を、意志をそれから逸脱することがありえないような仕方で動かす。たとえば、アウグスティヌスが『自由意思論』[21]に語る通り、何人《なんぴと》も至福であることを意志しないことがありえないようにである。他方、目的がそれなしには所有されえないような或るものは、他のものを前提するときしかるべき仕方で意志を動かす、と言われる。他方、それなしにも目的は所有されうるもので、ただ目的の善くあることのみに寄与する或るものは、意志をしかるべき仕方で動かすことはなく、そのものへの意志の傾きは自由である。しかし、意志がその或るものにすでに自由に傾いているときには、意志はその或るものがそれらなしには所有されえないそれらすべてのものに、しかるべき仕方で、しかし最初に意志されたものを前提するときに、傾くのである。たとえば、王が或る人を自らの寛大さから兵士にするとき、人は馬を所有するのでなければ兵士ではありえないのであるから、上述の寛大さを前提するとき、その人に馬を与えることがふさわしく必要となる、という場合のようにである。

ところで、神の意志の目的は神の善性そのものであり、それは他の何ものにも依存していないから、その善性が神によって所有されるためには他のいかなるものをも必要としない。したがって、神の意志は何かを最初にしかるべき仕方で造るように傾くのではなく、神の善性がその業の内に明らかにされるかぎりにおいて自由に造ることへと傾くのである。

ところで、神が或るものを造ることを仮定すると、彼が最初に意志したそのものがそれらなしには所有されえないそうしたものどもをも造るということは、神の偉大さを前提とすることから、ふさわしいこととして帰結してくる。たとえば、神が人間を造ることを意志するときには、人間に理性を与えなければならない、というようにである。ところが、神が意志するもののために必要でないものがあれば、そのときそのものは神から来ているが、それは何かふさわしい理由によってではなく端的な寛大さによってである。ところで、恩寵と栄光との完全性はこのような善であって、それらなしにも自然は存在しうる。というのは、それらは自然的な力の限界を超えているからである。それゆえ、神が或る者に恩寵と栄光を与えようと意志することは、端的な寛大さから発しているのである。ところで、寛大さからのみ発するものどもにおいて意志することの原因は、善性そのものの完全性がその内に認められる目的に対する神の意志の溢れる愛である。それゆえ、予定の原因は神の善性以外の何ものでもないのである。

こうした仕方によって、或る人々の間にあった或る論争が解決されうる。というのは、或る人々はすべてのことは神から端的な意志によって発出してくると主張し、他方或る人々はすべてのものは神から必然的に発出してくると主張する。これらの見解の両方とも間違っている。最初の見解は、神の結果相互の間にある必然的な秩序を排除してしまうからである。他方、第二の見解はすべてのものは神から自然本性の必然性によって発出している、と主張しているからである。したがって、その中間の途、すなわち神によって最初に意志されたものは神から端的な意志によって発出するが、それらのために要請されるものどもはしかるべき仕方によって、しかし前提のもとで発出してくる、と主張される中間の途が選択されるべきである。そのようなしかるべきあり方は神を諸事物に対して負債ある者にするのではなく、神の意志に対してそのようにするのである。というのは、神からしかるべき仕方で発出すると言われるものは、神の意志を完全にするために、端的にふさわしいものであるからである。

(1) したがって、第一に対しては次のように言わなければならない。神の摂理は、授けられた恩寵が用いられるべきように秩序づける。それゆえ、あらかじめ知られた恩寵の正しい使用は、恩寵を与えるよう神を動かす原因ではありえない。それゆえ、アンブロシウスが「全身全霊をもって私へと戻ろうとしていることを私が知っているその者に、私は恩寵を与えよう」と言っていることは、心の完全な還帰は恩寵を与えるように神の意志を傾かせることであると理解されるべきではなく、与えられた恩寵を、人がその獲得した恩寵によって完全に神へと回心するよう秩序づけることと理解されるべきである。

(2) 第二に対しては次のように言わなければならない。予定は、神の随伴する意志を含んでおり、その意志はわれわれの側に由来するものに何らかの仕方で関係しているが、神の意志を意欲するように傾かせることによってではなく、神の意志が恩寵をそれのために秩序づけたその結果を産出することによって、あるいは或る意味でわれわれを恩寵へと態勢づけ、栄光に値するものを生ぜしめることによってである。

(3) 第三に対しては次のように言わなければならない。知は意志を動かすものであるが、しかしいずれの知でもがそうであるというわけではなく、目的についての知がそうである。目的は意志を動かす対象であるからである。したがって、自らの善性を認識することから、神は自らの善性を愛するのである。そのことから神は自らの善性を他の者たちに伝えることを意志することが出てくる。しかし、そのことのゆえに諸々の功績の知が、予定の内に含まれているかぎりで意志の原因であることが帰結するわけではない。

(4) 第四に対しては次のように言わなければならない。諸々の結果の多様性によって、神の諸属性の諸々異なる特性が理解されるけれども、しかしそのゆえにそれら諸結果が神の諸属性の原因であることが帰結してくるわけではない。というのは、神の諸属性の特質はわれわれの内にある諸性質によって理解されるが、しかしそれら諸性質が諸性質の原因であるようにではなく、むしろそれら諸原因の徴表のようにあるのである。したがって、われわれの側から生じているものが、或る人が排斥され或る人が予定されることの原因である、といったことが帰結するわけではない。

(5) 第五に対しては次のように言わなければならない。諸事物に対する神の関係をわれわれは二様に考えることができる。一つは、諸事物の内に種々異なる段階を設定する神の知恵に由来している諸事物の最初の状態に関してである。この仕方では、神はすべてのものに同じ仕方で関わっているわけではない。もう一つの仕方では、すでに態勢づけられている事物を摂理するかぎりで、関係している。この場合には神は、すべての事物に対してそのものの受容能力に応じて等しい仕方で与えるかぎりで、すべてのものに同じように関わっているのである。ところで、事物の最初の態勢には神から端的な意志によって発出すると言われるその全体が含まれている。そして、それらの内に恩寵への準備も数えられるのである。

(6) 第六に対しては次のように言わなければならない。無限であるかぎりの神の善性には、おのおのの事物がその本性によって必要とする諸々の完全性を、おのおののものにそのものが受容可能なかぎりで施し与えることが属している。しかし、こうしたことは栄光や恩寵のような附加された完全性には必要とされない。それゆえ、異論の論拠は帰結しないのである。

(7) 第七に対しては次のように言わなければならない。神によって予知されていたヤコブの心の意図は、神が彼に恩寵を与えることを欲した理由ではなく、神が彼に与える恩寵をそれへと秩序づけた何らかの善である。したがって、「彼の心の意図が神には明らかであったがゆえに」神は彼を愛した、と言われるのはこの理由からである。すなわち、神は彼が心の意図を持つために彼を愛したからであり、あるいはまた彼の心の意図が恩寵を受容するための状態であったことを予見していたがゆえである。

(8) 第八に対しては次のように言わなければならない。債務に応じて人々の間で分配されるべきものどもにおいて、等しい権利を持つ人々に等しくないものが与えられるとすれば、それは配分的正義の特質に反するであろう。しかし、寛大さから賜物として与えられるものどもにおいては、そうしたことはいかなる正義にも矛盾しない。というのは、私は私の意志の好みのままに或る人に与え、或る人には与えないことができるからである。ところで、恩寵とはこのようなものである。したがって、もし神が人間の功績が等しくないことをまったく考慮しないで、或る人には恩寵を与え、或る人には与えないように意図するとしても、それは配分的正義の特質に反することではないであろう。

(9) 第九に対しては次のように言わなければならない。或る人を排斥し或る人を選ぶ神の選択は根拠のあるものである。ところで、選びの根拠は功績である必要はなく、選びそのものの根拠は神の善性である。他方、排斥の理由は、アウグスティヌス[22]が言う通り、人間の内の原罪であるか、あるいは未来においては恩寵が人間に授けられるといった要請がまったくないということ自体の内にある。私は、或るものが或る人に負うていないとき、そのものがその人に認められないことを意志することができ、そのことは理に合致している、と言うのである。

(10) 第一〇に対しては次のように言わなければならない。先師ペトルス・ロンバルドゥスは〔『命題集』〕第一巻第四一区分[23]において、アウグスティヌスがその典拠を同じ章句において撤回している、と述べている。あるいはもしそれが支持されるべきであるとすれば、それは排斥と予定の結果に関係づけられるべきである。実際、そうした結果は功績的であるか態勢を調えるかする何らかの原因を有しているのである。

(11) 第一一に対しては次のように言わなければならない。恩寵のこうした濫用の予知はユダの排斥の原因ではなかった。もっとも、結果の側からは別であるが。とはいえ、神は恩寵を受けることを意志する何人《なんぴと》にもそれを否定することはない。ところで、恩寵を受けることを意志すること自体は、われわれにとって神の予定から来ることである。それゆえ、われわれの意志することが予定の原因であることはありえない。

(12) 第一二に対しては次のように言わなければならない。功績は予定の結果であるものの原因でありうるが、しかし予定の原因であることはありえない。

(13) 第一三に対しては次のように言わなければならない。帰結するものがそれとは交換できないそのものは、或る意味でより先なるものであるが、しかしそのものは原因がより先と言われるその仕方で常により先と言われることが帰結するわけではない。たとえば、もしこのことが真であれば、色あることが人間の原因であることになろう。それゆえ、予知が予定の原因であることが帰結するわけではないのである。

(14) 以上から最後の異論への解答は明らかである。

第三項

第三に、予定の確定性について問われる。予定は確定性を有していない、と思われる。その理由、

(1) 自らの結果がいろいろに変化しうるようなどんな原因も、その結果との関連では確定性を持つことはできない。ところで、予定の結果は変化することがありうる。なぜなら、予定されている人が予定の結果を獲得しないことがありうるからである。このことは「ヨハネの黙示録」に、「あなたの栄冠を誰にも奪われないように、持っているものを固く守りなさい」〔黙三：一一〕と言われていることを、アウグスティヌス[24]が解説して次のようにいっていることから明らかである。すなわち、もし「或る人は他の人が栄光を失うときにのみ、栄光を得るとすれば、選ばれた人々の数は確定している」と。以上のことから或る人は予定の結果である冠を失い、或る人はそれを得ることができる、と思われる。

(2) 自然的な事柄が神の摂理に従属しているように、人間的な事柄も神の摂理に属している。ところで、神の摂理の秩序に従って自らの原因によって必然的に産出されるそれら自然本性的な結果のみが、自らの原因から確実な仕方で発出するのである。したがって、人間の救いという予定の結果は、必然的にではなく偶有的に近接的原因から出来するのであるから、予定の秩序は確定したものではない、と思われる。

(3) さらに、もし或る原因が或る結果への確定した秩序を有しているとすれば、その結果は、何らかのものが作用因の力に抵抗しうるのでなければ、必然的に発出してくるであろう。たとえば、月下の物体に見出される諸状態がときどき天体の働きかけに抵抗するのが見出される場合である。その結果として、これら天体は、妨げるものが何もなければ必然的に産出するであろう自らに固有な結果を、産出しないことがあるのである。ところで、神の予定に何ものも抵抗することはできない。「ローマの信徒への手紙」に、「誰が彼の意志に抵抗するのか」

〔ロマ九：一九〕と言われている通りである。それゆえ、神の予定は自らの結果への確かな秩序を有しているならば、その結果は必然的に発出するであろう。

(4) しかし、結果に対する予定の確定性は第二原因を前提している、と主張されてきた。——これに対しては次のように答えられる。或るものを前提する確定性はすべて、絶対的な確定性ではなく条件的な確定性である。たとえば、太陽が植物に実を生ぜしめるのは、「もし植物の生む力が善く態勢づけられているならば」という条件のもとでのみ確定したものであるように。このことのゆえに、太陽の上述の結果への確定性は、植物の力を第二原因として前提しているのである。したがって、もし神の予定の確定性が第二原因を前提しているとすれば、それは絶対的な確定性ではなく、ただ条件的な確定性にすぎない。たとえば、私はソクラテスがもし走るならば動いていることを、また彼が自分を準備しようとすれば救われるであろうことを確信するようにである。したがって、救われるべき人々についての確定性を、われわれ以上に神が持つということはないであろう。これは不合理なことである。

(5) さらに、「ヨブ記」に、「〔神は〕数知れない権力者を打ち倒し、彼らに代えて他の人々を立てられる」〔ヨブ三四：二四〕と言われているが、これに註解してグレゴリウス[25]は「或る人々が生命の場所から落ちるとき、他の人々はそれを獲得する」と述べている。ところで、生命の場所とは予定によって人々がそこへと秩序づけられているその場所である。それゆえ、予定されている人が予定の結果から欠落することはありうる。したがって、予定は確定したものではないのである。

(6) さらに、アンセルムス[26]によれば、予定の真理と未来についての命題の真理とは同じものである。ところで、未来についての命題は確定され決定された真理を有していないで、変化しうるものである。それは哲学者が『命題論』第一巻[27]と『生成消滅論』第二巻[28]において「歩くつもりにしていても、人は、実際には歩かないかもしれないからである」と語っている通りである。それゆえ、予定の真理も確定性を有しているわけではない。

(7) さらに、予定されている或る人がときどき死の罪・大罪の内にある。たとえば、教会を迫害していたときのパウロにおいて明らかである。ところで、その人は死まであるいはただちに殺されるまで、大罪の内に留まることがありうる。これらのいずれが措定されても、予定は自らの結果を伴わないであろう。それゆえ、予定は自らの結果を獲得しないことがありうるものである。

(8) しかし、「予定された人が大罪の内に死ぬことがありうる」と言われるとき、もし命題の主語が予定の決定のもとに立つかぎりで理解されるならば、そのとき命題は複合され、偽なるものである。しかし、命題の主語がもしそうした決定なしに考察されるならば、そのとき命題は分割され、真なるものである、と主張されてきた。——これに対しては次のように言われる。基体から取り去ることのできないそれら形相においては、何かが形相のもとに考察された総体に帰せられるか、あるいは形相なしに考察された基体に帰せられるかは重要なことではない。というのは、いずれの場合でも「黒い烏が白くありうる」という命題は偽なるものだからである。ところで、予定は予定された者から取り去ることのできないそうした形相である。それゆえ、目下の事柄において前述の区別は妥当しないのである。

(9) さらに、永遠的なものが時間的で非必然的なものに結合されるとき、その全体は時間的で非必然的なものとなろう。たとえば、創造はその特質の内に神の永遠なる本質と時間的な結果とを含んでいるけれども、創造が時間的であることは明らかである。永遠の発出と時間的な結果とを含意する派遣についても同様である。ところで、予定は何らかの永遠なるものを含んでいるけれども、しかしこれとともに時間的な結果をも含意している。それゆえ、予定というこの全体は時間的であるとともに偶有的である。したがって予定は確定性を持っているとは思われない。

(10) さらに、在ることも在らぬことも可能なものは、いかなる確定性も持っていない。ところで、或る人の救いについての神の予定は、在ることも在らぬことも可能なものである。というのは、永遠から予定することも予定しないことも可能であったように、現在においても予定したことも予定しなかったことも可能であるからである。というのも、永遠においては現在、過去、未来の相違がないからである。それゆえ、予定は確定性を持っていないのである。

以上に反して、(1)「ローマの信徒への手紙」に、「神は前もって知っておられた者たちを、御子の姿に似た者にしようとあらかじめ定められました」〔ロマ八：二九〕と言われていることへの註釈[29]は、「予定とは、自由にされる人は誰でもそれによって最も確定的に自由にされるその神の恵みの予知であり、それの準備である」と述べている。

(2)さらに、そのものに不動の真理が属しているようなものは、確定したものでなければならない。ところで、アウグスティヌスが『聖徒の予定』[30]で語る通り、予定の真理は不動のものである。それゆえ、予定は確定性を持っているのである。

(3)さらに、予定が適合する人には、それは永遠から適合している。ところで、永遠からあるものは不変的なものである。それゆえ、予定は不変的で、したがって確定的なものである。

(4)さらに、予定は、言及された註釈[31]から明らかな通り、予知を含んでいる。ところで、予知は、ボエティウスが『哲学の慰め』第五巻[32]に示す通り、確定性を有している。それゆえ、予定もそれを有しているのである。

答えて次のように言わなければならない。確定性には認識と秩序との二様のあり方がある。認識に確定性があるのは、或る人の認識が事物において見出されるものから逸脱しないで、事物についてそれがあるが通りに判断するときである。そして事物について確かな判断は、特にその事物の原因によって為されるのであるから、確定性という名称は原因の結果への関係のために用いられ、したがって原因の結果への秩序が確かと言われるのは、原因が結果を誤りなく産出するときである。それゆえ、神の予知は予知されているそれらすべてのものに関して、原因の関係を普遍的に含意しているわけではないから、予知の内には認識の確定性しか認められない。しかし、予定は、予知と予知されるものへの原因の関係を含んでいるがゆえに、それが一種の導きであり準備であるかぎりにおいて、別の要素を加えているのである。したがって、予定の内には認識の確定性のうえに、さらに秩序の確定性が認められうる。そして、今われわれは予定のこの確定性についてのみ探究している。というのは、予定の内に見出される認識の確定性については、神の知について探究されたときに〔第二問題第一三項〕語られた事柄から明らかでありうるからである。

ところで、次のことを知らなければならない。予定は摂理の特別な一部分であるから、予定がその本質規定によって摂理に或ることを加えているように、予定の確定性も摂理の確定性の上に或ることを加えているのである。すなわち、摂理の秩序は二様の仕方で確定したものとして見出される。一つは個別的な仕方によってであり、神の摂理によって或る目的へと秩序づけられている事物が、その個別的な目的に欠落することなく到達する場合である。たとえば、諸天体の動や自然において必然的に働くすべてのものにおいて明らかなようにである。もう一つは、摂理は事物に対して普遍的な仕方によって確定的であって、個別的な仕方によってそうではない。たとえば、生成消滅する諸事物において、それらの力は或るときには、自らの固有の目的としてそれらへと秩序づけられている自らの固有の結果から逸脱することがあるのを、われわれは見出すのである。物体を形成する力は、或るときにそれの諸部分を完全に形成するのに不十分である。しかし、その欠陥自体は神の側からは何らかの目的へと秩序づけられているのである。それは摂理について論じられたときに〔第五問題第四項、第五項および第七項〕、語られていることから明らかである。したがって、摂理は或るときに或る個別的な目的からは欠落するけれども、摂理の全般的な目的からは何ものも欠けることはないのである。

ところで、予定の秩序は普遍的な目的に関してのみ確定的であるのではなく、個別的で特定の目的に関しても確定的である。なぜなら、予定によって救いへと秩序づけられている人は、救いの獲得から逸脱することは決してないからである。しかし、予定の秩序は個別的な目的に関して、摂理の秩序がそうであったのと同様の仕方で確かであるわけではない。というのも、摂理において秩序は、近接原因が必然的に自らの結果を産出する場合でなければ、個別的な目的に関して確かではないが、予定においては個別的目的に関して確定性が見出され、しかも個別的原因、すなわち自由決定力が非必然的にしかその結果を産出しないとしても、そうであるからである。

それゆえ、予定の不可謬性は決定力の自由と合致するのは困難と思われる。というのも、われわれは、予定は摂理の確定性に対して予知の確定性だけしか加えていない、というようには言えないからである。実際、そのようなことは神が救いへと予定している人を秩序づけるのと他のどの人を秩序づけるのも——予定されている人の場合には、その人が救いそこなわれないことを神が知っているという違いはあるが——同じである、と主張していることになろう。このように考えると、予定されている人は予定されていない人から、秩序の側からは相違することはなく、出来することを神が予知しているという側からのみ相違していると言われるであろう。したがって、予知が予定の原因であることになろう。また、予定は予定する者の選択によって生ずるのではないことになろう。しかし、これは聖書の権威と聖人たちの言葉に反することになろう。それゆえ、予定の秩序そのものは、予知の確定性の外にも、誤りえない可能性を有しているのである。それにもかかわらず、救いの近接原因である選択は救いに対して、必然的にではなく非必然的に関わるのである。このことは次のように考えられる。すなわち、われわれは、秩序づけが或るもの対して誤りえないことが二様にあるのを見出すのである。一つは、個別的な一つの原因が神の摂理の秩序づけから自らの結果を必然的に導出するかぎりにおいてである。もう一つは、多くの非必然的で失敗のありうる原因が出会うことから一つの結果に至る場合で、それら原因のおのおのを神は失敗する原因の代わりに秩序づけたり、あるいは他の原因が失敗しないように秩序づけるのである。たとえば、われわれは一つの種に属するすべての個物は可滅的であるが、それでいて一つの個物に別の個物が継次することによって、本性によってはそれら個物の内に種の恒存性が保たれうるのを見るのである。一つの個物が滅びてもすべての個物が滅びることのないよう、神の摂理が統治しているからである。予定についても同様である。というのも、自由決定力は救いに関して欠落することがありうるとしても、神が予定する者に神はその人が倒れないために、また倒れるなら再び立ち上がるために、他のきわめて多くの助けを準備するのである。たとえば、励まし、祈りによる支援、恩寵の賜物、そして神がそれによって人間を救いのために助けるこれに類するすべての事柄である。それゆえ、もしわれわれが救いを近接原因、すなわち自由決定力との関連でのみ考察するならば、救いは確定されたものではなく、偶有的なものとなろう。しかし第一原因、すなわち予定との関連で考えると、救いは確定性を有しているのである。

(1) 第一に対しては次のように言わなければならない。異論に言われている「ヨハネの黙示録」の言葉は、現在における義の冠、あるいは未来の栄光における冠いずれかについて理解されうる。しかし、いずれの仕方で理解されようとも、或る人が他の人の冠を受け取ると言われるのは、他の人が〔罪で〕倒れるときに、他の人が功績をつかむのを支援することによって、あるいは他の人の栄光を増大させることによって、或る人の諸々の善が他の人を助けるというかぎりにおいてである。その理由は、教会を構成する人々のすべての善を共同のものにする愛徳の結びつける働きにある。したがって、或る人は別の人の冠を、その別の人が罪によって倒れて自らの功績の報償を獲得しないときに、受け取るというようなことが起ってくるのである。別の人は罪人の功績の成果を受け取るのであって、ちょうど罪人が罪に踏みとどまっているかぎり、他の人は罪人から益を得るであろうようにである。しかし、このことから予定が永遠に無駄であることが帰結するわけではない。

あるいは、次のように答えられる。或る人は別の人の冠を受け取ると言われるが、それは別の人がその人に予定されていた冠を失ったからではなく、別の人が現在の義によって自らにふさわしい冠を失うときにはいつでも、その人の場所に或る人が、選ばれたものの数を満たすために、置き換えられるからである。ちょうど、堕落した天使たちの場所に人間が置き換えられているようにである。

(2) 第二に対しては次のように言わなければならない。神の摂理から誤りえない仕方で出来する結果は、その結果へと必然的に秩序づけられている一つの近接原因から生じてくる。ところで、予定の秩序は、既述の通り、この仕方によって確定したものではなく、別の仕方によって確定したものなのである。

(3) 第三に対しては次のように言わなければならない。天体は、それ自体で解せられると、この月下の諸物体にその働きかけにおいて一種の必然性を課する。したがって、その結果は、何かが妨げるのでなければ、必然的に生じてくるのである。ところで、神は必然性を課する仕方で意志に働きかけることはない。実際、神は意志を強制することはなく、神は相対立するものに対して自由であることに成り立つ意志の固有のあり方を、意志から取り去ることなく意志を動かすのである。したがって、何ものも神の意志に抵抗できないけれども、われわれの意志は、他のいずれの事物とも同様に、自らに固有の仕方で神の意志を遂行するのである。なぜなら、神の意志は自らの意志が実現されるように諸事物にそれらの存在の仕方を与えたからである。それゆえ、或る事物は必然的に神の意志を満たすが、或る事物は非必然的な仕方で満たすのである。しかし、神が意志するものは常に生ずるのである。

(4) 第四に対しては次のように言わなければならない。予定の結果を獲得するために不可欠なものとして前提しなければならない第二原因は、予定の秩序にも従属しているのである。しかし、下位の諸能力と上位の作用者の力との関係は、予定の関係ではない。したがって、神の予定の秩序は、人間の意志が前提されることを含んでいるけれども、それにもかかわらず異論に指摘されている例において、反対のことが明らかになるとしても、その秩序は絶対的な確定性を有しているのである。

(5) 第五に対しては次のように言わなければならない。ヨブとグレゴリウスの異論の言葉は、現在の義の状態に関連づけられるべきである。その状態から或る人々は或るときに脱落すると別の人々がその代わりに選ばれるのである。それゆえ、このことから、われわれは予定に関していかなる不確定性をも結論することはできない。というのは、最終的に恩寵から脱落する人々は決して予定されていなかったからである。

(6) 第六に対しては次のように言わなければならない。アンセルムスの行う比較は、未来についての命題の真理が未来の出来事から偶有性を取り去るわけでないように、予定の真理が予定の偶有性を排除しないことに関しては、妥当する。しかし、未来のことについての命題は、それが未来であるかぎりの未来に関わり、その意味では確定性を有しえないが、他方、予知と予定の真理は、神の知の問題において語られた通り、未来のものにそれが現在のものであるかぎりにおいて関わり、したがって確定性を有しており、その点において両者は異なっているのである。

(7) 第七に対しては次のように言わなければならない。或るものが或ることをなしうるというのに二様の仕方がある。一つは、そのもの自身の内にある能力を考えることによってである。たとえば、石が下方に動くことができると言われる場合のごときである。もう一つは、他のものに由来する能力を考えることによってである。たとえば、石は上方へ動くことができるという場合、それは石の中にある能力によってではなく、投石する人の能力によってである。それゆえ、「予定された人が罪の内に死ぬことがありうる」と言われるとき、予定された人自身の能力が考えられるとき、その命題は真である。しかし、予定された者についてその者が他者、すなわち予定する者である神に対して有している関係によって語る場合には、その出来事はたとえその人自身の能力とは両立しうるとしても、神へのこの関係とは両立しえないのである。したがって、先に指摘された区別、すなわち基体は形相を伴ってか、あるいは形相なしに考察されるのである。

(8) 第八に対しては次のように言わなければならない。黒さと白さは、ある意味で白いものとか黒いものとかと言われる基体の内にある形相である。したがって、上述の形相が基体の内に留まっている間は、その形相に背反する何かが可能態にせよ現実態にせよ基体に帰せられることは不可能である。ところで、予定は予定された者ではなく、予定する者の内にある形相である。ちょうど、知られているものが知る者の内にある知から名づけられるようにである。したがって、いかに予定が知の秩序において不動の仕方で、存立しているとしても、しかし、予定の本性を考えることによって何かが予定に帰せられることは可能である。たとえその何かが予定の秩序に背反するとしてもである。実際、このような意味で予定は予定されている、と言われるその人そのものとは別の何かである。それはちょうど、黒さは烏の外にある何かではないけれども、しかし、それは烏の本質の外にある何かであるごとくである。しかし、烏の本質のみを考察することによって、烏の黒さに背反する何かが烏に帰せられるのである。そのような意味で、ポルフュリウス[33]は白い烏が考えられうる、と主張するのである。したがって目下の問題においても、予定のもとに立っていると理解されるかぎりでは、その人に帰せられない或るものが、人間であるかぎりにおいて考えられた場合の予定された人に帰せられるのである。

(9) 第九に対しては次のように言わなければならない。創造(creatio)と派遣(missio)は何らかの時間的な結果の産出を含意している。したがって、それらは時間的な結果の存在を肯定している。それゆえ、それらは永遠的な或るものを自らの内に含んでいるとしても、それら自身時間的なものでなければならない。ところで、予定はその名称自身が示す通り、時間的な何らかの結果の産出を含意することはなく、ただ時間的な或るもの、たとえば意志、能力、これに類するすべての属性のみを含意している。したがって、非必然的である時間的な結果が現実的に存在することは肯定されないがゆえに、予定は時間的で非必然的である必要はないのである。というのも、或るものは永遠から不動の仕方で、或る時間的で非必然的なものに、秩序づけられうるからである。

(10) 第一〇に対しては次のように言わなければならない。端的に言えば、神はおのおののいずれの人をも予定することも予定しないことも可能であり、あるいはまた予定したり予定しなかったりすることも可能である。なぜなら、予定という働きは、永遠性によって測られるから、未来のものでないように過去のものになることもない。それゆえ、予定は自由な仕方で意志から発出するものである、と常に考えられるのである。しかし、仮定からは、或ることとは不可能なこととなる。というのは、神が予定したことを仮定すると、予定しないことはありえないことであり、逆もまた不可能なことだからである。実際、神は変化するものでありえないからである。したがって、予定が変化しうる、ということは帰結しないのである。

第四項

第四に、予定された人の数は確定されているか、が問われる。そして、確定されていない、と思われる。その

理由、

(1) 附加が為されうるような数は決して確定されていない。ところで、予定された者の数には附加が為されうる。モーセは「申命記」において「あなたたちの先祖の神、主が約束された通り、さらに、あなたたちを千倍にも増やして祝福されるように」〔申一：一一〕と述べて、このことを求めている。そして註釈[34]は「自らに属するのが何人《なんぴと》たるかを知っている神においてこの数は決められる」と説明している。ところで、そうした附加が為されないとすれば、モーセは空しく求めたことになろう。それゆえ、予定された者の数は確定されていないのである。

(2) さらに、諸々の自然的な善の状態が恩寵への準備であるように、われわれは恩寵によって栄光へと準備される。ところで、自然的な善の側から十分な準備のあるいずれの者においても、恩寵を見出すことができる。それゆえ、恩寵を見出すことのできるいずれの人にも栄光を見出すことができる。ところで、予定されていない或る人が、或るときに恩寵を有する。それゆえ、その人は栄光を有するであろう。それゆえ、予定されることになろう。それゆえ、予定されていなかった或る人が予定された人になりうるのである。したがって、予定された人の数は増大し、かくしてその数は確定されていないことになろう。

(3) さらに、もし恩寵を有する或る人が栄光を将来持たないとすれば、それは恩寵の欠陥のゆえにであるか、あるいは栄光を与える者の欠陥であるかのいずれかであろう。ところで、それは恩寵の欠陥によることはない。恩寵はそれ自体で栄光のために十分に態勢づけるからである。また栄光を与える者の欠陥によることもない。なぜなら、その者はその者自身に関しては、恩寵をすべての者に与える用意のある者だからである。それゆえ、恩寵を持つ人は誰でも、栄光を必ず持つであろう。したがって、恩寵を失った者としてあらかじめ知られる者が栄光を持ち、予定された者になるであろう。かくして、先と同じ結論になろう。

(4) さらに、恩寵のために自らを十分に準備する者は誰でも恩寵を所有する。ところで、恩寵を失った者としてあらかじめ知られた人が、自分を恩寵へと準備することは可能である。それゆえ、その人は恩寵を所有することができる。ところで、恩寵を所有する人は誰でもその内に留まることができる。それゆえ、恩寵を失った者として予知された人が、死に至るまで恩寵に留まることができる。したがって、その人は予定された者になると思われる。かくして、先と同じ結論になる。

(5) 神に予知された人が恩寵なしに死ぬであろうことは、絶対的な必然性によってではないけれども、仮定的な必然性によっては必然的なことである、と主張された。——これに対して次のように言われる。始めも終わりも持たず、中間も連続しているような必然性はすべて、端的かつ絶対的であって条件的なものではない。予知の必然性は、永遠なものであるから、こうしたものである。それゆえ、その必然性は端的であって条件的ではないのである。

(6) さらに、いずれの有限な数よりももっと大きな何らかの数がありうる。ところで、予定された者の数は有限である。それゆえ、それよりももっと大きな何らかの数がありうる。それゆえ、予定された者の数は確定されていないのである。

(7) さらに、善は自らを分かち与えてゆくものであるから、無限の善性は自らを分かち与えてゆくことに終わりを措定すべきではない。ところで、予定という神の善性は自己を最高度に分け与えてゆく。それゆえ、予定された者の数を確定されたものとして確立することは、神の善性には属さないことである。

(8) さらに、諸事物の創造が神の意志から生じているように、人間たちを予定することも神の意志に由来することである。ところで、神は実際に創造したよりももっと多くのものを創造することができる。それは「知恵の書」に、「力を用いるのはいつでもお望みのまま」〔知一二・一八〕と言われている通りである。同様に、神はもはやそれより多くのものを予定できないほど多くの者を予定したわけではない。それゆえ、先と同じ結論となる。

(9) さらに、神が或るときに為すことのできたことはすべて、今もなお為すことができる。ところで、神は予定していなかった人を永遠から予定することができた。それゆえ、今もその人を予定することができる。したがって、予定された人々の数に附加は為されうるのである。

(10) さらに、一つのものに決定されていないような能力すべてにおいて、存在することのできるものは存在しないこともできるのである。ところで、予定する者の能力は予定することに関して、また予定される者の能力は予定の結果を獲得することに関して、上述されたような能力である。なぜなら、予定する者も意志によって予定し、予定される者も意志によって予定の結果を獲得するからである。それゆえ、予定される者が予定されない者でありうるし、予定されない者が予定される者でありうるのである。それゆえ、結論は先と同じになる。

(11) さらに、「ルカによる福音書」の「おびただしい魚がかかり、網が破れそうになった」〔ルカ五：六〕という聖句に対して、註釈[35]は「教会において、割礼の網は破れそうになる。なぜなら、生命へと神によってあらかじめ秩序づけられていたのと同じほど多くのユダヤ人が、割礼の網に入るわけではないからである」と述べている。それゆえ、予定された人々の数は減少することがありうる。したがって、その数は確定しているわけではない。

以上に反して、(1) アウグスティヌスは『譴責と恩恵』[36]において、「予定された人々の数は確定されていて増大することも減少することもありえない」と述べている。

(2) さらに、アウグスティヌスは『エンキリディオン』[37]において、「天のエルサレム、われわれの母、神の国は多くの市民たちの何人《なんぴと》も奪われることはなく、予定された人々の数よりもっと多くの人々を統治することもないであろう」と述べている。ところで、その国の市民たちは予定された人々である。それゆえ、予定された人々の数は増大したり減少したりすることはありえず、したがってその数は確定しているのである。

(3) さらに、予定されている人は誰でも永遠から予定されている。ところで、永遠からあるものは不変的である。また、永遠からなかったものは永遠なものであることは決してありえない。それゆえ、予定されていない者が予定されることはありえず、逆に予定されている者が予定されないこともありえないのである。

(4) さらに、復活の後、予定された人はすべて自らの肉体を持って光輝天にあるであろう。ところで、その場所は、すべての物体は有限であるから、有限である。そして一般に言われている通り、栄光化された二つの身体が同時に〔一つの場所に〕存在することはありえない。それゆえ、予定された人々の数は決まっていなければならない。

答えて次のように言わなければならない。この問題をめぐって、或る人々は予定された人々の数は、もし数える数についてあるいは数を形相的に語るならば、それは確定しているが、もし数えられた数あるいは質料的に理解された数について語るならば、それは確定していない、と言って区別した。たとえば、予定された人々が百人であることは確定しているが、しかしそれら百人が誰であるかは確定していない、と言われるようにである。こうしたことを語るきっかけは、先に言及されたアウグスティヌスの言葉[38]に見出される。そこでアウグスティヌスは予定された者の数がまったく変わることなく、或る人は予定の冠を失い別の人は予定の冠を獲得することができる、と示唆していると思われるからである。しかし、もしこの見解が第一原因、すなわち予定する神との関係によって確定したことを語っているとすれば、この見解のまったく不条理であることは明白である。というのは、神自身は形相的にせよ質料的にせよ、予定された者たちの数について明確な認識を有しているからである。すなわち、神は何人の人が、また誰が救われるべきかを正確に知っており、またそれら両者を誤りえない仕方で秩序づけ、したがって神の側からは、両者の数に関して認識のみならず、秩序に関しても確実さが見出されるのである。

他方、もし予定された人々の数の確定性について、予定がそれへと秩序づけられている人間の救いの近接原因への関係によって語るならば、形相的な数と質料的な数とについての判断は同じではないであろう。というのも、資料的な数は、おのおのの人の救いが決定力の自由を近接原因としてそのもとに構築されるかぎりで、或る意味で変化しうる人間の意志に従属している。したがって、質料的な数は確かさを欠いている。他方、形相的な数は人間の意志によってはいかなる仕方によっても決定されない。というのも、人間の意志は、いかなる原因性によっても、予定された者の数を全体として解すると、それに影響を与えることはないからである。したがって、形相的な数はあらゆる意味で確定したままに留まるのである。したがって、上述の区別は、神の側からは両方の数が確定されたものであることが端的に承認されるかぎりでは、支持されうるのである。

しかし、次のことを知らなければならない。予定された人々の数は附加とか減少とかを受容しないかぎりで、確定していると言われる。ところで、もし予知された或る人が予定された人になることがありうるとすれば、そのかぎりで予定されたものの数は増加することになろう。しかし、こうしたことは予知や排斥の確かさに反することになろう。他方、もし予定されている或る人が予定されていない者にされうるとすれば、予定された者の数は減少されうることになろう。これも予定の確かさに反することであろう。したがって、予定された人の数の確かさは二つの確かさ、すなわち予定の確かさと予知あるいは排斥の確かさとの二つから形成されることは明らかである。しかし、これら二つの確かさは次の点で相違している。すなわち、予定の確かさは、既述の通り〔第三項〕、認識と秩序との確かさであるが、予知の確かさはただ認識のみの確かさである。というのも、神は予定された人を功績を得るように秩序づけるようには、排斥さるべき人々を罪を犯すようにあらかじめ秩序づけるといったことはないからである。

(1) 第一に対しては次のように言わなければならない。異論の典拠は予定された人々の数についてではなく、現在の義なる状態にある人々の数について理解されるべきである。そのことはそこで「数と功績において」と述べている『行間註釈』[39]から明らかである。ところで、現在の義の状態にある人々の数は増大も減少もする。とはいえ、その数をあらかじめ決定する神の取り決めは決して誤ることはない。というのも、その人々が或るときにはより多く、或るときはより少なくあるよう決定するのは神だからである。あるいは、神は或る確定した数を、下位の理性に合致する判断の仕方によって、決定することもあるからである。そしてそのような決定は変化しうるのである。他方、神はより上位の理性に即して思量の仕方によって別の数をあらかじめ決定する。このあらかじめの取り決めは不変的なものである。なぜなら、グレゴリウス[40]が語る通り、「神は判決を変えるが、思量を変えることはない」からである。

⑵　第二に対しては次のように言わなければならない。いかなる準備も〔或るものを、それが〕何らかの完全性を所有するために態勢づけるのは、準備そのものの固有の時においてのみである。たとえば、生まれつきの体質は、子供を頑健な者とか知恵ある者にするよう態勢づけるが、それは子供の時にではなく、十分な年齢になった時である。ところで、人が恩寵を獲得する時は、自然本性が準備される時と同時的である。それゆえ、両者の間にいかなる障害物も介入する余地はない。したがって、自然本性の準備が見出される人なら誰でも、その内に恩寵も見出されるのである。他方、栄光を獲得する時は恩寵を獲得する時と同時的ではない。それゆえ、両者の間に中間の障害物が入りうる。それゆえ、恩寵を所有するよう予知されている人が、栄光を所有する人である必要はないのである。

⑶　第三に対しては次のように言わなければならない。恩寵を所有している人が栄光を奪われるのは、恩寵の欠陥のゆえではなく、また恩寵を与える人の欠陥のゆえでもなく、恩寵を受ける人の欠陥のゆえであって、その人の内には障害物が介入しているからである。

⑷　第四に対しては次のように言わなければならない。或る人が〔恩寵を失った者として〕予知されていると措定されること自体から、その人は最終的な恩寵を所有しないであろうことが措定される。なぜなら、別のところで語られた通り〔第二問題第一二項および第一三項〕、神の認識は現在しているものに対するのと同じように、未来のものに向けられるからである。したがって、最終的な恩寵を所有するであろうことは、同じ人が最終的な恩寵を所有しないであろうこと――このことがそれ自体では可能的であるとしても――と調和しないように、最終的な恩寵を所有しないことは、〔恩寵を失った者として〕それ自体では可能的であるとしても、予知されることとは調和しないのである。

⑸　第五に対しては次のように言わなければならない。神によって知られている事柄が端的に必然的ではない、といったことは神の知に由来する欠陥ではなく、近接原因に由来する欠陥である。他方、この必然性が始めも終わりもなく、いわば継起のない永遠性を持つ理由は、永遠である神の知から由来していることであって、時間的

で変化する近接原因から由来していることではない。

⑹　第六に対しては次のように言わなければならない。有限数という概念には、それより大きな数はありえないということは含まれないけれども、しかしそのことの不可能性は或る別のこと、すなわち目下の提示された問題において明らかなように、神の予知の不動性からはありうるのである。同様に、或る自然物の大きさを考えるとき、それよりもより大きい大きさのありえないことは、量の概念からではなく自然物の条件から考えられることである。

⑺　第七に対しては次のように言わなければならない。神の善性が自己自身を他者に伝えるのは、知恵の秩序によってのみである。実際、これが善の伝達の最善の方法だからである。ところで、神の知恵の秩序は、「知恵の書」に言われている通り、万物は「数、重さ、尺度の内に」造られた〔知一一・二〇〕ということである。したがって、予定された者の数が確定していることは、神の善性に適合するのである。

⑻　第八に対しては次のように言わなければならない。既述から明らかな通り〔第三項〕、神はいずれの人についても、その人を予定したりあるいは予定しなかったりすることは無条件に承認されうるけれども、しかし或る人を予定したということを前提するならば、その人を予定しないことはありえないし、またその逆のこともありえない。なぜなら、神は変化する者でありえないからである。したがって、「神は予定されていない者を予定したり、予定されている者を予定しなかったりすることができる」というこの命題は、複合された意味では偽であるが分離された意味では真である、と一般的に言われる[41]。それゆえ、複合された意味を含意しているそうした言表はすべて端的に偽である。それゆえ、予定された者の数に附加や縮小が為されうるということは承認されえない。というのも、附加は何かがそれに附加されるそのものを、また縮小はそれから何かが縮小されるそのものを前提しているからである。そして、同じ理由によって、神は予定しているよりもより多くの者を、あるいはより少ない者を予定することができる、ということも承認することはできない。さらに、ものを作るということから取られた例も適切ではない。というのも、ものを作ることは外的な結果に終極する或る個別的な働きである。し

たがって、神が最初に或るものを作り、後にはそのものを作らないということは、神の内の何らかの変化を示唆しているのではなく、結果の内の変化のみを示しているのである。ところで、予定や予知等々は神にとって内的な働きであり、それら働きにおいては、神の内に変化が起こらないかぎり、いかなる変化もありえないのである。したがって、このような働きにおいて、変化を含意するようなものは何も承認されてはならないのである。

(9)-(10) 異論の第九と第一〇に対する解答は上述のことから明らかである。すなわち、それら異論は神の絶対的能力から発している。したがって、予定が為されたか、あるいは、為されなかったか、という何らかの前提のもとでの能力からではないのである。

(11) 第一一に対しては次のように言わなければならない。異論の註釈は次の意味に理解されるべきである。入ってくるユダヤ人の数は、生命へとあらかじめ秩序づけられているすべての人々の数全体のように多くはない。というのも、予定されているのはユダヤ人だけではないからである。——あるいは次のように言われうる。すなわち、註釈は予定のあらかじめの秩序づけについて語っているのではなく、ユダヤ人が律法によって生命へと態勢づけられていた準備のあらかじめの秩序づけについて語っているのである、と。——あるいは次のように言われうる。ユダヤ人たちは予定されているのと同じ数の人が初代教会に入ったわけではない、と。実際、「ローマの信徒への手紙」に、「異邦人の全体が救いに達するとき、全イスラエルも」終末の教会において「救われるであろう」〔ロマ一一・二五―二六〕と言われている通りである。

第五項

第五に、予定された人々には自らの確かな予定が含まれているか、が問われる。そして、それは含まれている、と思われる。その理由、

(1)「ヨハネの手紙一」に、「この塗油が万事について教えるであろう」〔一ヨハ二：二七〕と語られている。そして、この言葉は救いに関係するすべてのことについて理解される。ところで、予定は最高度に救いに関係する。というのも、それは救いの原因であるからである。それゆえ、すべての人々は受け取った塗油によって、自らの予定について確かにされるのである。

(2) さらに、人々を最善の仕方で報償に導くことは、すべてのものに最善の仕方で働きかける神の善性に適合することである。ところで、最善の仕方とは、おのおのの人が自らの報償について確かであることと思われる。それゆえ、報償に到達するであろうおのおのの人は、報償に到達するであろうことを確かなものにされているのである。かくして、先と同じ結論になるのである。

(3) さらに、軍隊の指揮官は、戦いの功績にその名を帰するすべての人を報償にも帰するのである。したがって、彼らは功績について確かであるように、報償についても確かである。ところで、彼らは功績を受ける状態にあることに関して、確かである。それゆえ、報償に到達することに関しても確かである。したがって、先と同じ結論になる。

以上に反して、「コヘレトの言葉」に、「何人《なんぴと》も自分が憎しみに値するのか、愛に値するのかを知らないのである」〔コヘ九：一〕と言われている。

答えて次のように言わなければならない。或る人に自らの予定が啓示されることは何ら不適切なことではない。しかし、一般的な法則によってすべての人に啓示されることは、次の二つの理由によって適切なことではない。その第一の理由は、予定されていない人々の側から取られうる。すなわち、もし予定されているすべての人にその予定が知られているとすれば、予定されていないすべての人には、自分が予定された者であることを知らないということ自体から、自分が予定された者でないことが確かなこととなろう。そして、このことは或る意味で、その人々を絶望に導くであろう。第二の理由は、予定された人々自身の側から取られる。すなわち、安全は怠惰を生む。もし彼らが自分たちの予定について確信しているとすれば、自らの救いについて怠け者になるであろう。したがって、悪を避けるために注意を払わないことになろう。それゆえ、人々が自らの予定や排斥を知らないということは、神の摂理によって賢明に秩序づけられているのである。

(1) 第一に対しては次のように言わなければならない。塗油が救いに属するすべてについて教えると言われるとき、そのものの認識が救いに属するものについて理解されるべきであって、それ自体で救いに属するすべてのものについてではない。ところで、予定そのものは救いに必要であるけれども、予定の認識が必要であるわけではない。

(2) 第二に対しては次のように言わなければならない。報償を与えるとき、それを受ける人に絶対的な確かさを与えることは、報償を与える適切な仕方ではない。適切な方法は報償が準備されている人に条件的な確かさが与えられることである。すなわち、その人はその人自身の側に欠陥がなければ報償に到達するという確かさが与えられることである。このような確かさは、予定されたすべての人に希望の徳によって注ぎ込まれるのである。

(3) 第三に対しては次のように言わなければならない。或る人が功績を受けるに値する状態にあるかどうかも、その人に確実に知られることはありえない。もっとも、このことを何らかの推測によって蓋然的に判断することはできるであろう。実際、能力態はその現実態を通してでなければ認識されることはできず、他方無償で注がれた徳の現実態は獲得された徳の現実態ときわめてよく似ている。したがって、そのような現実態によって恩寵についての確定性に到達するのは、もし人が啓示によって、すなわち特別の権利によって確かなものにされるのでなければ、容易なことではないであろう。さらに、世俗の戦争において軍隊の指揮官によって戦争に参加させられている人は、何らかの条件のもとにおいてでなければ、報償について確かであるわけではない。なぜなら、「規則に従って競技をしないならば、栄冠を受けることはできない」〔二テモ二：五〕からである。

第六項

第六に、予定は聖なる人々の祈りによって助けられうるか、が問われる。そして、助けられえない、と思われる。その理由、

(1) 支援されることと妨害されることとは同じ者に属する。ところで、予定は妨害されえない。それゆえ、予定が何かによって支援されることはありえない。

(2) さらに、或るものは、他のものが存在しようと存在しなかろうと、自らの結果を所有するとき、その他のものが前者を助けるということはない。ところで、予定は祈りがなされようとなされなかろうと、欺かれえないのであるから、自らの結果を必然的に所有する。それゆえ、予定は祈りによって助けられることはない。

(3) いかなる永遠なるものも時間的な何かがそれに先行することはない。ところで、祈りは時間的なものであり、他方、予定は永遠的である。したがって、予定に祈りが先行することはありえず、祈りが予定を支援することはありえないのである。

(4) さらに、神秘体の肢体は自然的な身体の肢体に類似している。それは「コリントの信徒への手紙一」(一コリ一二・一二)に明らかな通りである。ところで、自然的な身体において、一つの肢体が自らの完全性を別の肢体によって獲得することはない。それゆえ、神秘的な体においてもそうしたことはありえない。ところで、神秘体の肢体は予定の諸結果によって完成される。それゆえ、或る人が予定の諸結果を獲得するために、他の人の祈りによって支援されることはないのである。

以上に反して、(1) 「創世記」に「イサクは、妻リベカに子供ができなかったので、妻のために神に祈った。神

はイサクの願いを聞き入れ、妻リベカは身ごもった」〔創二五：二一〕と言われている。そしてこの身ごもりから、永遠から予定されていたヤコブが生まれた。もしヤコブが生まれなかったならば、予定は決して実現されなかったであろう。ところで、このことはイサクの祈りによって成就されたのである。それゆえ、予定は祈りによって支援されるのである。

(2) さらに、聖パウロの回心についての或る説教[42]において、主はパウロに語りかける者として表現されているが、その説教において「私の僕《しもべ》ステファノがあなたのために祈らなかったとしたらば、私は心の内であなたを滅ぼすつもりでいた」ということを読むことができる。それゆえ、ステファノの祈りはパウロが排斥されることを救ったのである。それゆえ、彼はその祈りによってこそ予定されたのである。かくして先と同じ結論になるのである。

(3) 或る人は他の人に対して最初の恩寵のために尽力する。それゆえ、同じ理由によって最後の恩寵のためにも尽力する。ところで、最後の恩寵を所有する者は誰でも予定された者である。それゆえ、或る者は予定された者であるために、他の者の助けによって支援されうるのである。

(4) ダマスケヌスが死者についての或る説教[43]において語る通り、グレゴリウスはトラヤヌスのために祈り、彼を地獄から救った。したがって、トラヤヌスは断罪された者たちの仲間からグレゴリウスの祈りによって救出されたと思われる。かくして先と同じ結論となる。

(5) さらに、神秘体の肢体は自然的な身体の肢体に似ている。ところで、自然的な身体において一つの肢体は別の肢体によって支援される。それゆえ、神秘体においても或る肢体は別の肢体によって助けられるのである。かくして、先と同じ結論になる。

答えて次のように言わなければならない。予定が聖なる人々によって支援されることは、二様の仕方で理解されうる。一つは、聖なる人々の祈りが或る人が予定されるように支援するという仕方である。このことは、その固有の本性にあるかぎりの祈りについては真ではない。祈りは固有のあり方では時間的であるが、予定は永遠的であるからである。さらに、神の予知の内にあるかぎりの祈りについても真ではない。既述の通り〔第二項〕、自分自身のであれ、他人のであれ、諸々の功績の予知は予定の原因ではないからである。もう一つは、祈りが予定の結果を獲得するよう支援するという仕方であり、この意味では予定は聖なる人々の祈りによって支援される。たとえば、或る人が自らの働きをそれで完成する道具を支援されるようにである。このような意味で、人間の事柄について神の摂理を主張するすべての人々によって、この問題は探究されたのである。しかし、それは彼らによって種々異なった仕方で規定された。

すなわち、或る人々は神の秩序づけの不動性に注目して、祈りとか犠牲とかこれに類するものはいかなる仕方でも役に立ちえない、と主張した。この考えはエピクロス派の見解であると言われ、彼らは万物は神々と呼んだ諸天体の態勢づけから必然的に出来すると主張したのである。

他方、別の人々は犠牲とか祈りとかに力があるのは、これらによって人間の諸行為を態勢づける者たちのあらかじめの秩序づけが変更されるかぎりにおいてである、と主張した。これはストア派の見解であったと言われ、彼らが神々と呼んだ何らかの霊によって万物が統治されていると主張したのである。それら霊によって或ることがあらかじめ規定されていたとしても、そのようなあらかじめの規定が、祈りや犠牲を通してそれら神々の意志をなだめることによって、変更されると主張されたのである。アヴィセンナも彼の『形而上学』[44]の終わりのところで、この見解に陥ったと思われる。というのは、その根原が人間の意志であるところの人間的な事柄において為される一切のことは、天上の魂の意志に還元されると主張するからである。というのも、天体は魂を持っていると主張しているからである。したがって、天体が人間の身体に影響を及ぼすように、天上の魂は、彼によれば、人間の魂に影響を及ぼし、この地上で生起する事柄は天上の魂の思いに従うと見なされるのである。したがって、犠牲や祈りは、彼によれば、われわれが自らに生起するよう欲する事柄をそれら天上の魂が思い描くことに力があることになるのである。

しかし、このような諸見解は信仰の立場から外れている。すなわち、第一の見解は決定力の自由（libertas arbitrii）を廃棄するし、第二の見解は予定の確定性を廃棄するからである。したがって、神の予定が決して変更しないこと、しかし祈りや他の善き働きが予定の結果を獲得するのに力があることを、別の仕方で語らなければならない。すなわち、諸々の原因のいずれの秩序においても、第一原因の結果への秩序のみならず、第二原因の結果への秩序と第一原因の第二原因への秩序も考察されなければならない。なぜなら、第二原因は第一原因の秩序づけからのみその結果に秩序づけられるからである。実際、第一原因は第二原因にその結果に影響を及ぼす力を与えるからであって、それは『原因論』[45]に明らかな通りである。

それゆえ、私は次のように言う。予定の結果とは人間の救いであって、それは予定を第一原因としてそれより発出するものである。しかし、この結果には多くの他の原因が道具的原因として関わりうるのである。これら諸原因は人間の救いへと神の予定によって秩序づけられており、それはちょうど道具が制作者によって技の結果を実現するよう適用されるのと同様である。それゆえ、神の摂理の結果は或る人が救われることであるのみならず、その人が或る祈りあるいは或る功績によって救われることでもある。これはグレゴリウスが『対話』第一巻[46]において、「聖なる人々が祈ることによって作出する事柄は、祈りによって獲得されるようにあらかじめ規定されている」と語っていることである。それゆえ、ボエティウスが『哲学の慰め』第五巻[47]で語る通り、「祈りがよくなされるとき、それが無力であることはありえない」のである。

(1) したがって、第一に対しては次のように言わなければならない。予定の秩序を粉砕しうるようなものは何もない。したがって、予定が妨げられることはありえない。しかし、予定の秩序に媒介的な原因として従属しているものはたくさんある。そして、それらが予定を前述の仕方で助けると言われるのである。

(2) 第二に対しては次のように言わなければならない。或る人が或る祈りによって救われることが予定されているということから、その予定が取り除かれるのでなければ、それら祈りも取り除かれることはない。予定の結果である人間の救いも同じように取り除かれることはないのである。

(3) 第三に対しては次のように言わなければならない。異論の論拠は、祈りが予定をその原因として支援することはないことを明らかにしている。このことは承認しなければならない。

(4) 第四に対しては次のように言わなければならない。恩寵と栄光という予定の結果は第一の完全性の仕方によってあるのではなく、第二の完全性の仕方によってある。ところで、自然的な身体の肢体は、第一の完全性を獲得することにおいては相互に助け合うことはないけれども、しかし第二の完全性に関しては相互に助け合うのである。したがって、自然的な身体には、最初に形成されて、他の肢体の形成を助ける或る肢体、すなわち心臓というものもある。それゆえ、異論は誤ったことから出発しているのである。

(1) 反対異論の第一をわれわれは承認する。

(2) 反対異論の第二に対しては次のように言わなければならない。パウロは、不変である神の思量にもとづく態勢づけによって排斥されたのではなく、彼は下位の諸原因と調和する神の判断——それはときどき変化するが——にもとづく態勢づけによってのみ排斥された。それゆえ、祈りが予定の原因であることは帰結せず、祈りは予定の結果のためにのみ支援することが帰結するのである。

(3) 反対異論の第三に対しては次のように言わなければならない。予定と最終的な恩寵とは置換されるけれども、しかしどのような仕方であれ最終的な恩寵の原因であるものすべてが予定の原因でもあるという必要はまったくない。それは既述の通りである。

(4) 反対異論の第四に対しては次のように言わなければならない。トラヤヌスは断罪された人々の場所にいたけれども、彼は端的に断罪されていたわけではない。というのは、グレゴリウスの祈りによって救われることが予定されていたからである。

(5) 反対異論の第五をわれわれは承認する。

訳註

1 ―― Augustinus, De praedestinatione sanctorum, cap. 3, 6 et 17, PL 44, 965, 969 et 986.（『聖徒の予定』金子晴勇訳、教文館、一九八五年）

2 ―― Aristoteles, Ethica Nicomachea VI, 2, 1139b4; ibid., X, 16, 1181a17.

3 ―― Augustinus, De praedestinatione sanctorum, cap. 10, PL 44, 974.

4 ―― Pseudo-Augstinus, Hypognosticon [=Hypomnesticon contra Pelaginos et Caelestianos haereticos] VI, cap. 2, PL 45, 1657.

5 ―― Glossa interlinearis et Glossa Petri Lombardi, ibid., PL 191, 1602B.

6 ―― Glossa ordinaria, ed. Venetiis 1603 et Glossa Petri Lombardi, ibid., PL 192, 371C.

7 ―― Glossa ordinaria, ed. Venetiis 1603 et Glossa Petri Lombardi, ibid., PL 191, 1449C

8 ―― Aristoteles, Ethica Nicomachea VI, 4, 1140b4 et 20.

9 ―― Cicero, De inventione II, cap. 53, n. 160.

10 ―― Cf. Pseudo-Willelmus de Conchis, Moralium dogma philosophorum, q. 1, n. 7, PL 171, 1011C; ed. J. Holmberg, Uppsala 1929, p. 9.

11 ―― Aristoteles, Ethica Nicomachea VI, 2 et 11, 1139a33 et 1145a4.

12 ―― Id., De anima III, 10, 433a13.

13 ―― Glossa ordinaria et Glossa Petri Lombardi, ibid., PL 191, 1459D; cf. pseudo-Ambrosius, In Epistolam ad Romanos, ibid., PL 17, 143.

14 ―― Johannes Damascenus, De fide orthodoxa II, cap. 29, PG 94, 969A; ed. E. M. Buytaert, 160.

15 ―― Origenes, In Numeros homiliae, 3, PG 12, 594D-595A.

16 ―― Augustinus, De diversis quaestionibus LXXXIII, quaestio 68, PL 40, 72.

17 ―― Anselmus, De casu diaboli, cap. 4, PL 158, 333C.（『悪魔の堕落について』古田暁訳、聖文舎、一九八〇年）

18 ―― Dionysius Areopagita, De divinis nominibus, cap. 4, § 23, PG 3, 725C; Dionysiaca, 279.

19——Aristoteles, Categoriae, cap. 12, 14a34.

20——Glossa Petri Lombardi, ibid., PL 191, 1458A; 1459B.

21——Augustinus, De libero arbitrio I, cap. 14, PL 32, 1237.

22——Id., De correptione et gratia, cap. 13, PL 44, 942.（『譴責と恩恵』小池三郎訳、教文館、一九八五年）

23——Petrus Lombardus, Sententiae I, d. 41, cap. 2.

24——Augustinus, De correptione et gratia, cap. 13, PL 44, 940.

25——Gregorius I, Moralia XXV, cap. 8, PL 76, 331A.

26——Anselmus, De concordia praescientiae et praedestinationis et gratiae Dei cum libero arbitrio, q. 2, cap. 1, PL 158, 519C.（『自由選択と予知、予定および神の恩寵の調和について』古田暁訳、聖文舎、一九八〇年）

27——Aristoteles, De interpretatione I, 13, 18a28 sqq.

28——Id., De generatione et corruptione II, 11, 337b7.

29——Glossa ordinaria et Glossa Petri Lombardi, ibid., PL 191, 1449.

30——Augustinus, De praedestinatione sanctorum, cap. 17, PL 44, 985.

31——Glossa ordinaria et Glossa Petri Lombardi, ibid., PL 191, 1449.

32——Boethius, De consolatione Philosophiae V, prosa 6, PL 63, 861.

33——Porphyrius, Isagoge, De accidente, sec. transl. Boetii, ed. L. Minio-Paluello, p. 20.

34——Glossa ordinaria, ibid.

35——Glossa ordinaria, ibid.

36——Augustinus, De correptione et gratia, cap. 13, PL 44, 940.

37——Id., Enchiridion, cap. 29, PL 40, 246.

38——Id., De correptione et gratia, cap. 13, PL 44, 940. 本問題第三項第一異論を参照。

39——Glossa interlinearis, super Deut. 1:11.

40——Gregorius I, Moralia XVI, cap. 10, PL 75, 1127B.

41——Cf. Petrus Lombardus, Sententiae I, d. 40, cap. 1.

42 —— Cf. Augustinus, Sermo 382, cap. 4, PL 39, 1686; Pseudo-Augustinus, Sermo 204, n. 2 et 215, n. 4, PL 39, 2124 et 2146.

43 —— Johannes Damascenus, De his qui in fide dormierunt, n. 16, PG 95, 261D.

44 —— Avicenna, Metaphysica X, cap. 1, f. 108^r.

45 —— Liber de causis, comm. 1.

46 —— Gregorius I, Dialogi I, cap. 8, PL 77, 188B.

47 —— Boethius, De consolatione Philosophiae V, prosa 6, PL 63, 862C.

真理論

第七問題　生命《いのち》の書について

一――生命の書は被造の或るものであるか。
二――生命の書は神において本質的に語られるか、あるいはペルソナ的に語られるか。
三――生命の書は御子に固有なものと見なされるか。
四――生命の書は予定と同じものであるか。
五――生命の書は創造されざる生命に関して語られるか。
六――生命の書は被造物における自然的な生命との関連で語られるか。
七――生命の書は端的に恩寵の生命との関連において語られるか。
八――生命の書と同様、死の書が語られうるか。

第一項

問題は生命《いのち》の書（liber vitae）についてである。そして、第一に、生命の書は被造の或るものであるか、が問われる。そして、そうであると思われる。その理由、

(1)「ヨハネの黙示録」の「もう一つの書物も開かれた。それは生命の書である」〔黙二〇：一二〕を解説して、註釈(一)は「生命の書はキリストであり、そのとき彼は力ある者として現れ、彼自らのものに命を与えるであろう」と語っている。ところで、〔最後の〕審判ではキリストは人間の形・形相で現れるであろう。その形相は創造されざる何かではない。それゆえ、生命の書は創造されざるいかなるものをも意味していない。

(2) さらに、グレゴリウスは『道徳論』(2)において、「やがて到来する審判者自身が生命の書である。というのも、彼を見るであろう人は誰でも、彼の為したことすべてをすぐに思い起こすであろう」と述べている。ところで、キリストに審判の権限が与えられているのは、その人間性に即してである。それは「ヨハネによる福音書」に「裁きを行う権能を子にお与えになった。子は人の子だからである」〔ヨハ五：二七〕と言われていることから明らかである。それゆえ、キリストは人間性に即して生命の書である。かくして、上と同じことが帰結する。

(3) さらに、或るものが書物と言われるのは、そのものが書くことを受容しているからである。ところで、受容することは質料的な可能態から語られるが、そうしたものは神の内にはありえない。それゆえ、生命の書は創造されざる或るものを含意することはない。

(4) さらに、書物は、一種の集合を含意しているから、区別と相違を表示している。ところで、最も単純な創造されざる本性の内には、いかなる相違も見出されない。それゆえ、そうした本性において何ものも書物と言われることはありえない。

(5) さらに、いずれの書物においても、書物の文字は書物そのものから相違している。ところで、書物の文字は、書物の内で読まれるものごとがそれによって認識されるさまざまな記号である。ところで、神がそれによっ

て事物を認識するイデアは、神の本質以外の何ものでもない。それゆえ、神の創造されざる本性そのものが書物と言われることはありえない。

(6) しかし、神の本性の内にはいかなる実在的な相違も存しないけれども、そこには概念的な何らかの相違はある、と主張されてきた。――これに対しては次のように言われる。概念的にのみ在るものは、われわれの知性の内にのみ存在している。したがって、もし書物が要求する相違がただ概念的なもののみであるとすれば、生命の書はわれわれの知性の内にのみ存在しなければならないであろう。したがって、それは創造されざる或るものではないであろう。

(7) さらに、生命の書は救われるべき者たちについての神の認識であると思われる。ところで、救われるべき者たちについての認識は、直視の知の内に含まれる。したがって、キリストの魂は、神が直視の知によって認識するすべてのものを、御言葉《みことば》の内に見ているのであるから、選ばれた者たちの数と選ばれた者たちすべてを認識していると思われる。それゆえ、キリストの魂は生命の書と言われうる。それゆえ、生命の書は被造の或るものを意味している。

(8) さらに、「シラ書」の「これらすべてのことは生命の書」〔ウルガタ訳、シラ二四：三二〕という章句への註釈[3]は、「すなわち新約聖書と旧約聖書」と附言している。ところで、新約聖書と旧約聖書は被造の或るものである。それゆえ、生命の書は被造の或るものである。

(9) さらに、或るものが書と言われるのは、その内に何かが書かれていることからと思われる。ところで、書くことは何らかの不完全性を巻き込む。それゆえ、われわれの知性もその発端においてはその清さのゆえに、「何も書かれていない書字板[4]」に喩えられるのである。ところで、神の本性はわれわれの知性よりはるかに清く単純である。それゆえ、神の本性が書と言われることはできない。

(10) さらに、書はその内で何かが読まれるためにある。ところで、神の本性は、自分が自分自身の内に読むがゆえに、書であると言うことはできない。生命の書ということは、神がより先に知らなかった何かを自らの内に認識するために、自らの内に何かを読む、ということのゆえに語られるわけではない、と語るアウグスティヌスの言葉(5)からこのことは明らかである。同じように、神とは別の人がその内に読むがゆえに、書と言われることもない。というのも、何人《なんぴと》も、書かれた何らかの記号の相違が見出されるところでなければ、何かを読むことはできないからである。たとえば、紙に何も書かれていなければ、識別するものは何もなく、白紙の紙に何かを読むということもないのである。それゆえ、神の創造されざる本性が書と言われることはありえない。

(11) さらに、諸事物の認識は、書物からは諸事物の原因からのようにではなく諸事物のしるしからのように得られる。ところで、神の内に諸事物の知標はしるしからのようにではなく、原因からのように得られる。それゆえ、生命の書を神の認識と言うことはできない。

(12) さらに、何ものも自分自身のしるしではない。ところで、書物は真理のしるしである。それゆえ、神は真理そのものであるから、神自身が書物と言われることはできない。

(13) さらに、書物と教師は知の根原と言われうるが、別々の仕方によってである。ところで、すべての知恵は教師としての神から出ていると言われる。それゆえ、知恵は書物としての神から出ているのではない。

(14) さらに、事物は鏡の内と書物の内とでは別々に表現される。「知恵の書」〔知七：二六〕によれば、神は鏡と言われる。というのも、すべての事物は神の内に表現されるからである。それゆえ、神を書物と言うことはできないし、そのように言うべきではない。

(15) さらに、元の一つの書物から書き写されたものも書物と言われる。ところで、人間や天使の精神は、神の精神から諸事物の認識を受け取っているかぎりで、或る意味で神の精神から書き写されたものである。それゆえ、もし神の精神が生命の書と言われるとすれば、被造の精神も書物と言われなければならない。したがって、生命の書は常に創造されざる或るものを意味しているわけではない。

(16) さらに、生命の書は生命を表現することと生命への何らかの原因性とを含意している、と思われる。ところで、こうしたことのすべては、人間であるかぎりのキリストに適合する。というのも、範型としてのキリストの内に、恩寵と栄光の生命のすべてが表現されているからである。その理由から、「出エジプト記」に「行って、山であなたに示された範型に従ってすべてを造りなさい」〔出二五・四〇〕とモーセに言われているのである。同じように、キリストはその功績によってわれわれのために生命を得られた。それゆえ、キリスト自身人間として生命の書と言われうるのである。

以上に反して、(1) アウグスティヌスは『神の国』第二〇巻[6]において、「或る神的な力が理解されるべきであって、その力によって各人は善かれ悪しかれそのすべての行いを思い起こすことになる。この神的な力は確かに書という名称が与えられている」と述べている。ところで、この神的な力は創造されざる或るものである。それゆえ、生命の書も創造されざる或るものを意味している。

(2) さらに、アウグスティヌスは同書で「生命の書は誤りえない神の予知である」と述べている。ところで、予知は創造されざる或るものである。それゆえ、生命の書も創造されざる或るものである。

答えて次のように言わなければならない。神において書は比喩的にのみ語ることができる。そうした比喩的意味で、生命の一覧表自体が生命の書と言われるのである。このような関連では、生命は二様の仕方で表現されうることを知らなければならない。一つは、生命であるかぎりの生命自体、もう一つは、或る個別的なものどもによって分有されうるかぎりの生命である。ところで、それ自体に即しての生命は二様の仕方で表現されうる。一つは、教授という仕方によって。実際、こうした表現は、『感覚と感覚されるものについて』[7]の最初に語られている通り、教授に最もふさわしい聴覚に属している。この意味に解すると、生命の書は、いかに生きるかの教説を含んでいるものを表示している。その意味で新約聖書と旧約聖書は生命の書と言われる。もう一つは、範型という仕方によってである。そして、この一覧表は視覚に属している。この意味でキリスト自身が生命の書と言われる。というのも、キリストを範型としてその内に、われわれは永遠の生命に到達するために、いかに生きるべきかを理解することができるからである。

しかし、今われわれはこの意味で生命の書について論じているわけではなく、生命の書が、永遠の生命に到達し、その名が人間的な事柄からの比較によって、生命の書に書き留められているそれら人々の一覧表である、と言われるかぎりにおいて論じている。すなわち、或る統治者の摂理によって導かれているいずれの集合体においても、或る人がその集合体にその名が登録されるべきであるのは、その統治者の指令によってのみである。したがって、その共同体に入ることが許される人々は、その共同体のいわば一員として登録されるのである。そして、共同体の指導者は、自分の支配する集合体の一員として人々を認めるか、あるいはそれから排除するかにおいて、そのような名前を登録するように導かれるのである。ところで、最も卓越した仕方で神の摂理によって統治されているその集合体は、聖書で神の国とも呼ばれている勝利している教会の共同体である。したがって、その共同体に入ることが認められるべき人々の名を登録したもの、あるいはその一覧表が生命の書と言われるのである。そのことは聖書の言い方から明らかである。すなわち、「ルカによる福音書」には、「あなたがたの名が天の生命の書に書き記されていることを喜びなさい」〔ルカ一〇：二〇〕と、「イザヤ書」には「エルサレムで生命の書に書き記されている者はすべて聖なる者と呼ばれるであろう」〔イザ四：三〕、また「ヘブライ人への手紙」には「あなたがたが近づいたのは、生ける神の都、天のエルサレム、無数の天使たちの祝いの集まり、天に登録されている長子たちの集会である」〔ヘブ一二：二二―二三〕と言われている。したがって、比喩によれば、そのような集合体を指揮する者は、このような登録にもとづいて生命を授けるように導かれねばならない。そして、そうしたことはキリストにのみ適合する。しかし、神は創造された何かによって導かれることはない。神は外的な何ものによっても導かれることのない規範であるからである。それゆえ、今われわれが語っているかぎりの生命の書は、創造されざる或るものを意味しているのである。

(1)-(2) したがって、第一と第二に対しては次のように言わなければならない。註釈とグレゴリウスの典拠は生命の書について別の意味で語っているのである。その意味によれば、生命の書は生きることの模範を意味し、それを見れば誰でもどの模範に従い、どの範型に従わないかを知ることができるであろう。

(3) 第三に対しては次のように言わなければならない。神に転用して語られるものどもにおいて、一般的に看取されるべきことはいかなる不完全性も神に述語されるために取られることはない、ということである。したがって、質料性や欠如態や時間性とかに属するものは排除されるべきである。ところで、書物が外部からの何らかの刻印を受容しうるということは、時間的で新たに書き記されたものであるかぎりで書物に適合する。したがって、この意味では書物が神に述語されることはない。

(4) 第四に対しては次のように言わなければならない。書物という概念には、その書物によって認識されるものどもの相違を含意することが含まれている。というのも、一つの書物によってたくさんの事柄の認識が伝えられるからである。ところで、その書物自体においてたくさんの事柄の認識を伝えるために、その書物自体の内に相違がなければならないが、それは書物における欠焔である。というのは、たくさんの事柄で説明するであろうすべての事柄を、何か一つのものによって教えることができるならば、その書物はいっそう完全であろうからである。それゆえ、神の内には最高の完全性があるのであるから、神は最高度に一であるものによって多くのものを示す書物である。

(5) 第五に対しては次のように言わなければならない。書物に書かれている文字がそれらが書かれている頁から相違するのは、質料的な書物の欠陥に由来する。というのは、書物は複合されたものであるから、所有するものが所有されるものと同じでないからである。したがって、神において諸事物のこうした諸理念は、神の本質から実在的には相違せず、ただ概念的にのみ相違しているにすぎない。

(6) 第六に対しては次のように言わなければならない。書かれたものとその内に書かれるものとの間の相違はただ概念的であるけれども、書物の概念を完成するところの、何かを叙述するということは、われわれの精神の内にのみあるのではなく、神の内にもある。したがって、生命の書は神の内に実在的に存するのである。

(7) 第七に対しては次のように言わなければならない。既述の通り、生命の書は生命を与える神を生命を与えることへと導くのでなければならない。ところで、キリストの魂は自らの内に救われるべきすべての者の認識を有しているけれども、しかしこの認識から神は導かれるのではなく、神自身である創造されたのではない認識から導かれるのである。それゆえ、キリストの魂の知は、今われわれが語っているかぎりの生命の書と言うことはできないのである。

(8) 第八に対しては上述のことからその解答は明らかである。

(9) 第九に対しては次のように言わなければならない。神の内にはいかなる相違もなく、最高の純粋さがあるけれども、しかし神は書かれた書物に喩えられ、われわれの知性のように書かれていない書字板に喩えられることはない。というのは、われわれの知性はすべての可知的形相に対して可能態にあり、いかなる形相をも現実態に持っていないということに即して、何も書かれていない書字板に喩えられる。他方、神の知性の内には諸事物のすべての形相が現実的にあり、かつすべての形相は神の知性において一であるからである。それゆえ、神においては書かれたものという性格が一様性と同時に成立するのである。

(10) 第一〇に対しては次のように言わなければならない。生命の書を神も読むし、他の者たちも彼らに与えられているかぎりで読むことができる。アウグスティヌスも神が生命の書を読むのを否定しようとは意図していない。彼が否定するのは、神が以前に知らなかった事柄を認識するためにそれを読む、ということだけである。他のものたちもその書を、一つの同じものが多くのものの可知的根拠であるかぎりにおいて、その書がまったく単純なものであるとしても、読むことができるのである。

(11) 第一一に対しては次のように言わなければならない。事物の類似には二様のあり方がある。一つは、範型の有する類似である。これは事物の原因である。もう一つは、範型づけられた類似である。これは事物の結果であり、しるしである。ところで、書物はわれわれのもとでは、事物から生ぜしめられたわれわれの知識に合致する。したがって、事物についての認識は書物から原因からのように得られるのではなく、しるしからのように得られるのである。他方、神の知識は諸事物の原因であり、諸事物の範型としての類似を含むものである。したがって、生命の書から知識は原因からのように得られるのであって、しるしからのように得られるのではない。

(12) 第一二に対しては次のように言わなければならない。生命の書は創造されざる真理そのものであり、創造されたものにおける真理の類似である。ちょうど、創造された書物が真理のしるしであるように。

(13) 第一三に対しては次のように言わなければならない。神において範型因と作出因は同じものである。したがって、神は範型因であることから書物と言われ、知恵の作出因であることから、神は教師と言われうるのである。

(14) 第一四に対しては次のように言わなければならない。鏡に表現されることと書物に表現されることとは、鏡の表現が事物に直接的に関わるのに対し、書物の表現は間接的な認識による、という点で相違している。実際、書物には音声のしるしである文字が含まれ、音声は知性の認識内容のしるしであり、知性の認識内容は事物の類似であるが、鏡には事物の形相そのものが映っているからである。これに対し神においては、自らが事物を認識し、自らが事物を認識していることを認識するかぎりで、諸事物の形象は両方の仕方で映っているのである。したがって、神においては鏡の性格と書物の性格がともに見出される。

(15) 第一五に対しては次のように言わなければならない。聖人たちの精神も書物と言われうることは、「ヨハネの黙示録」に「もう一つの書物も開かれた」〔黙二〇：一二〕と言われ、それをアウグスティヌスは義人たちの心について解説していることから明らかである。しかし、既述のことから明らかなように、先に語られた仕方によって生命の書と言われうるわけではない。

(16) 第一六に対しては次のように言わなければならない。キリストは、人間であるかぎりにおいて、何らかの仕方で生命の範型であり原因であるが、しかし人間であるかぎりにおいて彼の権威によって栄光の生命の原因であることはなく、また、生命を与えるように神を導く範型であるわけでもない。それゆえ、人間であるかぎりにおいて、キリストは生命の書と言われることはできない。

第二項

第二に、生命の書は神において本質的に語られるか、あるいはペルソナ的に語られるか、が問われる。そして、ペルソナ的に語られる、と思われる。その理由、

(1) 「詩編」には、「書の巻頭にわがこと書き記されたり」〔詩四〇・八〕と言われているが、その註釈[8]は「私の頭である御父のもとに」と述べている。ところで、神の内で頭を持つものは、始めを持つもの以外の何ものでもない。ところで、神の内で始めを持つものはペルソナ的に語られる。それゆえ、生命の書はペルソナ的に語られる。

(2) さらに、言葉は他のものから発出する知標を意味しているが、書物も書物の文字は書く者から発出するがゆえに、書き手の知標を表している。ところで、言葉は前述の理由によって、神の内でペルソナ的に語られる。それゆえ、生命の書もペルソナ的に語られる。

(3) しかし、言葉は実在的な発出を意味しているが、生命の書はただ思考上の発出のみを含意している、と主張されてきた。――これに対しては次のように言われる。われわれが神を名づけうるのは、われわれのもとにあるものからだけである。ところで、われわれのもとでは言葉は、発声者から実在的に区別されたものとして発出するように、書物も書き手から実在的に区別されたものとして発出する。それゆえ、同じ理由によって両者は神の内で実在的な区別を含意するであろう。

(4) さらに、音声の言葉は心の言葉よりも語る者からいっそう隔たっている。さらに、音声の言葉を表示する文字の言葉ははるかに隔たっている。それゆえ、もし心の言葉との類似に従って取られる神の言葉が、アウグスティヌス[9]が語る通り、語る者から実在的に区別されるとするならば、文字を含意している書物は、はるかに隔

たっている。

(5) さらに、或るものの属性と見なされるものは、そのものの特質に属するすべてのものに即してそのものに適合する。ところで、書物の特質には或るものを表現していることのみならず、或る者によって書かれていることも属している。それゆえ、神において書物という名は他者に由来しているかぎりで取られる。したがって、書物という名はペルソナ的に語られる。

(6) さらに、書物という特質には、それが読まれることが含まれているように、それが書かれていることも含まれている。ところで、書物は、書かれているかぎりでは他者によるのであり、それが読まれるかぎりでは他者に向けられている。それゆえ、書物の特質には、他者に由来することと他者に向かうことが含まれている。それゆえ、生命の書はペルソナ的に語られる。

(7) さらに、生命の書は他者から表出された知標を含意している。ところで、他者から表出されるものは他者に起原がある。それゆえ、生命の書は起原の関係を含意している。したがって、それはペルソナ的に語られるのである。

以上に反して、生命の書は神の予定そのものであることは、アウグスティヌスが『神の国』[13]で語り、また「ヨハネの黙示録」〔黙二〇：一二〕に述べられている通りである。ところで、予定は本質的に語られ、決してペルソナ的に語られることはない。それゆえ、生命の書も本質的に語られるのである。

答えて次のように言わなければならない。或る人々は生命の書は或るときにはペルソナ的に、或るときには本質的に語られる、と主張した。すなわち、生命の書が文字の観点から神的な事柄に転用されるかぎりでは、ペルソナ的に語られる。書物は他者によって書かれるからである。他方、生命の書がその書において書かれている事柄の表現を含意しているかぎり、本質的に語られるからである、と。しかし、こうした区別は合理的であるとは思われない。というのは、神について語られる何らかの名称がペルソナ的に語られるのは、その名称の意味が神との関係において起原の関係を含意している場合だけだからである。ところで、転用して語られるものどもにおいて、比喩はどのような類似によってでも理解されるというものではなく、そのものの名称が転用されるその事物の固有の特質に属している特徴に、何らか一致するもののみを指摘するものとして理解される場合である。たとえば、ライオンという名称は神において感覚性において一致しているがゆえではなく、ライオンの何らかの固有性との一致のゆえに転用されるごとくである。それゆえ、生命の書もすべての制作品に共通である点によってではなく、書物であるかぎりの書物に固有である点に即して神的な事柄に転用される。ところで、書き手から発出することが書物に適合するのは、書物であるかぎりの書物にではなく制作品であるかぎりの書物にである。実際、家も建築家から、小刀も工人からこのように発出するからである。ところで、書物に記されている事柄の表現は書物であるかぎりの書物の固有の性格に属している。それゆえ、このような表現が留まっているかぎり、たとえ他者によって書かれたものでないとしても、それは確かに書物であって制作品ではないであろう。それゆえ、書物が神的な事柄に転用されるのは、それが他者によって書かれているからではなく、書物の内に書かれている事柄を表現していることからである。したがって、表現することは三位一体全体に共通であるから、神において書物はペルソナ的に語られるのではなく、ただ本質的にのみ語られるのである。

(1) したがって、第一に対しては次のように言わなければならない。神において本質的に語られるものどもは或るときにペルソナを代表する。それゆえ、神というこの名称は、ときに御父のペルソナを、或るときには御子のペルソナを代表する。生む神とか生まれた神とかと言われるときがそうである。したがって、書物も本質的に語られるけれども、御子のペルソナを代表することはできる。その意味で、生命の書は神的な事柄において頭とか始めとかを持っていると言われる。

(2) 第二に対しては次のように言わなければならない。言葉は、神の内に語られるその特質によれば、他者からの起原を含意しており、それは「御言葉《みことば》」の問題〔第四問題第二項〕で語られた通りである。ところで、書物は、神的な事柄に転用されるその特質からは起原を含意していない。したがって、同様ではない。

(3) 第三に対しては次のように言わなければならない。書物はわれわれのもとでは、ちょうど言葉が発声者から発出するように、書き手から実在的に発出する。しかし、その発出は、言葉の名称において含意されているようには、書物の名称の内には含意されていない。というのも、家の名称に建築家からの発出が含意されている以上に、書物の名称に書き手からの発出が含意されているわけではないからである。

(4) 第四に対しては次のように言わなければならない。異論の論拠は、もし書物の特質に書かれた言葉の特質が含まれているならば、妥当するであろう。しかし、これは真ではない。それゆえ、異論の論拠は帰結しない。

(5) 第五に対しては次のように言わなければならない。異論の論拠は文字通りに用いられる言葉には当てはまる。しかし、書物がここで用いられているように、言葉が比喩的に用いられるときには、述語される用語が文字通り取られた用語によって含意されているすべてを、その主語について表現する必要はない。さもないと、比喩的意味でライオンと呼ばれる神は、爪とかたてがみとかを持たねばならないことになろう。

(6) 第六に対しては上述から解答は明らかである。

(7) 第七に対しても同様である。

第三項

第三に、生命の書は御子に固有なものと見なされるか、が問われる。そして、固有なものとは見なされないと思われる。その理由、

(1) 生命の書は生命に属する。ところで、生命は聖書の「ヨハネによる福音書」に、「聖霊は生かすものであ

る」〔ヨハ六：六四〕とある通り、聖霊に帰せられる。それゆえ、生命の書も聖霊に固有なものと見なされるべきであって、御子に固有なものと見なされるべきではない。

⑵　さらに、すべてのものにおいて、始めは最も重要なものである。ところで、御父は書物の頭あるいは始めと言われる。その「書の巻頭にわがこと書き記されたり」〔詩四〇：八〕に明らかな通りである。それゆえ、書の名称は御父に固有なものと見なされるべきである。

⑶　さらに、何かがそこに書かれるそのものは、固有の意味で書物の性格を有している。ところで、記憶の内にあるものは書かれる、と言われる。それゆえ、記憶は書物の性格を有している。ところで、記憶は御父に、ちょうど知力が御子に意志が聖霊に固有なものと見なされるように、固有なものと見なされる。それゆえ、生命の書は御父に固有なものと見なされなければならない。

⑷　さらに、御父は書の巻頭である。ところで、書の巻頭には、詩編に言われている通り、御子について書き記されている。それゆえ、御父は御子の書物である。したがって、御父に書物は固有なものと見なされなければならない。

以上に反して、⑴　アウグスティヌス〔三〕は「生命の書は神の予知である」と語っている。ところで、知は御子に固有なものと見なされる。「コリントの信徒への手紙一」に、「神の力、神の知恵であるキリスト」〔一コリ一：二四〕と言われている。それゆえ、知恵の書も御子に固有なものと見なされる。

⑵　書物は鏡、像、絵画、しるしと同様、何かの表現を含意している。ところで、そうしたすべては御子に帰属する。それゆえ、生命の書も御子に固有なものと見なされねばならない。

答えて次のように言わなければならない。固有なものと見なす（appropriare）とは、共通的なものを特殊的なものに収縮することにほかならない。ところで、三位一体全体に共通なものが或るペルソナの固有性に収縮されるのは、そのものが或るペルソナに他のペルソナによりもより適合するからではなく、――そうしたことはペルソナの平等さに背くからである――共通であるものが或るペルソナの固有性に他のペルソナの固有性によりもより大きな類似性を有していることからである。たとえば、善性は愛として発出する聖霊の固有性に何らかの類似性を有している。善性は愛の対象だからである。それゆえ、善性は聖霊に固有なものと見なされるのである。同様に、能力は御父に固有なものと見なされる。というのも、能力であるかぎりの能力は一種の根原である。ところで、御父に固有なことは神性全体の根原であることだからである。同じ論拠によって、知恵は御子に固有なものと見なされる。というのも、知恵は御子の固有性と合致するところがあるからである。実際、御子は御父から言葉として発出するからである。これは知性の発出の名称だからである。それゆえ、生命の書は知標に属しているから、御子に固有なものと見なされるべきである。

(1) したがって、第一に対しては次のように言わなければならない。生命は聖霊に固有なものと見なされるけれども、生命の認識は御子に固有なものと見なされる。ところで、生命の書は後者を含意している。

(2) 第二に対しては次のように言わなければならない。御父が書物の頭と言われるのは、御父に書物の性格が御子よりいっそう適合するからではなく、生命の書が固有なものと見なされる御子が御父に起原を持つからである。

(3) 第三に対しては次のように言わなければならない。或るものが異なるペルソナに異なる観点によって固有なものと見なされることは、何ら不都合なことではない。たとえば、知恵の賜物は、賜物であるかぎりでは、聖霊に固有なものと見なされる。すべての賜物の根原は愛だからである。しかし、知恵の賜物は、知恵であるかぎり、御子に固有なものと見なされる。同様に、記憶も、知解の根原であるかぎり、御父に固有なものと見なされるが、それが認識能力であるかぎり、御子に固有なものと見なされるのである。そして、或るものが記憶の内に書かれると言われるのは、認識能力としての記憶力においてである。したがって、この意味で記憶は書物の性格を有しうるのである。それゆえ、書物も御父によりも御子により固有なものと見なされるのである。

(4) 第四に対しては次のように言わなければならない。生命の書物は御子に固有なものと見なされるけれども、しかしこれはすべてのペルソナに共通なものであって、いずれか一つのペルソナに固有なものではない。したがって、御父の内に何かが書き記される、と言われるとしても何ら不都合ではないのである。

第四項

第四に、生命の書は予定と同じものであるか、が問われる。そして、同じであると思われる。その理由、

(1) アウグスティヌス[12]は、生命の書は永遠の生命が帰せられる人々の予定である、と語っている。

(2) 神のさまざまな属性をそれらの結果を通してわれわれは認識する。ところで、予定と生命の書との結果は同じもの、すなわち終極の恩寵と栄光である。それゆえ、予定と生命の書とは同じものである。

(3) 神において比喩的に語られるものはすべて、固有に語られるものに還元されなければならない。ところで、生命の書は、既述のことより明らかなように、神において比喩的に語られる。それゆえ、生命の書は固有に語られるものに還元されなければならない。ところで、それは予定と別のものに還元されることは不可能である。それゆえ、生命の書は予定と同じものである。

以上に反して、(1) 書物というものはその内に何かが書き記されることから語られる。ところで、書き記すという性格は予定することには含まれていない。それゆえ、予定は生命の書と同じではない。

(2) さらに、書物は自らがそれに対して語られているものに関して、原因性を自らの本質規定に含意することはないが、予定はそれを含意している。それゆえ、予定は生命の書と同じものではない。

答えて次のように言わなければならない。既述のことから明らかなように、生命の書が神において語られるのは、国の元首が自らの国の市民権をそれによって認めたり排除したりする文書との類似性に従ってのことである。ところで、その文書は二つの働きの間の中間のものとして見出される。というのも、その文書は、排除する人々よりも承認することを欲する人々の方を選ぶ国の元首の決定に伴うからである。実際、前述の文書は国の元首のあらかじめの決定を何らか表現したものにほかならないからである。同様に、生命の書も神の精神の内の神の予定の一種の一覧表である。というのも、予定することによって神は、誰が栄光の生に認められるべきかをあらかじめ決定するからである。ところで、こうした予定の認識は神のもとに常に留まり、そして或る人々を自分があらかじめ決定したことを認識することは、自らの予定がいわば生命の書として神の内に書き記されていることである。それゆえ、生命の書と予定とは形相的にいえば同じものではないが、質料的には生命の書は予定そのものである。たとえば、或る書物は使徒〔パウロ〕の教説である、それは使徒の教説がその内に書き記されて含まれているがゆえに、とわれわれが質料的に語る場合のごとくである。アウグスティヌスが生命の書は予定である、と語るのはこの意味においてである。

⑴　以上より、異論の第一への解答は明らかである。

⑵　第二に対しては次のように言わなければならない。生命の書と予定とは同じ結果に関係するが、しかし同じ仕方によってではない。ところで、予定はその結果に直接的に関わるが、生命の書は予定が媒介となってその結果に関わる。ちょうど、魂の内にも事物の類似は間接的に存在するが、書物の内には魂におけるさまざまな情態のしるしである音声のしるしが書き記されているようにである。したがって、書物は間接的に事物のしるしである。

⑶　第三に対しては次のように言わなければならない。生命の書は神の内に固有に語られるものに還元される。

ところで、そのものは予定ではなく、神が或る人々を自分が予定したことをそれによって認識するところの予定の認識である。

反対異論に答えることは困難ではないであろう。

第五項

第五に、生命の書は創造されざる生命に関して語られるか、が問われる。そして、語られると思われる。その理由、

(1) アウグスティヌス[13]が語る通り、「生命の書は神の知標である」が、神は他の者の生命を認識しているように、自らの生命を認識している。それゆえ、生命の書は創造されたのではない生命にも関わる。

(2) さらに、生命の書は生命を表現しうるものである。しかし、被造の生命を表現するものではない。というのは、第一のものは第二のものを表現することはなく、その逆だからである。それゆえ、生命の書は創造されたのではない生命を表現する。

(3) さらに、多くのものに述語されるが、その一つにより先に、他のものにはより後に述語されるものは、端的にはより先に述語されるものについて理解される。ところで、生命は被造物によりも神により先に述語される。実際、神の生命はすべての生命の起原であることは、ディオニュシウスが『神名論』第六章[14]に語る通りである。それゆえ、生命の書に生命という名称が端的に用いられるとき、創造されたのではない生命が理解されるべきである。

(4) さらに、書物は表現を含意しているように、図形もそれを含意している。特に書物が何らかの図形によっ

て表現している場合はそうである。ところで、御子は御父の印章であることは、「ヘブライ人への手紙」〔ヘブ一・三〕に明らかである。それゆえ、御子も御父の生命との関連で書物と言われうるのである。

(5) さらに、書物は書物の中に書かれているものとの関連で語られる。ところで、書物の内には御子について記されている。「書の巻頭にわがこと書き記されたり」〔詩四〇・八〕とある通りである。ところで、御子の生命は創造されたものではない。それゆえ、生命の書は創造されたのではない生命に関わる。

(6) さらに、書物と書物の主題とは、同じものに関して同じであるわけではない。ところで、被造物は神との関連では書物である。それゆえ、神は被造の生命との関連では書物とは言われえない。それゆえ、生命の書は創造されたのではない書物との関連で語られることが帰結する。

(7) さらに、書物が認識に属しているように、言葉も認識に属している。ところで、御言葉《みことば》は被造物によりも神そのものの本質により先に関わっている。実際、御父は自己を語ることによってすべての被造物を語るからである。それゆえ、生命の書も被造の生命によりも創造されたのではない生命により先に関係する。

以上に反して、(1) アウグスティヌス[15]によれば、生命の書は予定である。ところで、予定は被造物にのみ関わる。それゆえ、生命の書も被造物にのみ関わる。

(2) さらに、書物が或るものを表現するのは、何らかの表象とか類似によってのみである。ところで、神は自分自身を何らかの類似によってではなく、自らの本質によって認識する。それゆえ、神は自己との関連では書物ではない。

答えて次のように言わなければならない。既述のことから〔第一項および第四項〕明らかな通り、生命の書とは、生命を授ける者が或る人についてあらかじめ秩序づけられていることに即して生命を授けるとき、その者がそれに即して導かれる一種の記載表のことである。したがって、生命の書がそれとの関連で語られるその生命には、二つあることになる。一つは或る者の授与によって獲得された生命である。もう一つは生命に導く上述の記載表に伴ってくるものである。これらのいずれも、創造されたのではない生命の内には見出されない。というのも、栄光の生命は神の内には獲得によってではなく、本性によって内在しているからである。また、何らかの知標が神の生命に先行することはなく、神の生命そのものは知性認識の仕方によっても神の知標に先行しているのである。それゆえ、生命の書は創造されたのではない生命との関連で語られることはない。

(1) したがって、第一に対しては次のように言わなければならない。神のいずれの知標もが生命の書と言われるのではなく、選ばれた者たちが所有するであろう生命についての知標がそう言われるのである。このことは、引用されている章句に続く言葉から明らかにされうる。

(2) 第二に対しては次のように言わなければならない。或るものを表現することはそのものの類似を生むことである。ところで、事物の類似は二様にある。一つは事物を作り出す類似である。たとえば、実践知性の内にある類似である。そして、この類似の仕方によって、第一のものは第二のものを表現することができる。他方、もう一つの類似は、自らがそのものの類似であるその事物から得られた類似である。この仕方によれば、より後なるものは始めのものを表現し、その逆ではない。ところで、生命の書はこの後者の意味ではなく、前者の意味で生命を表現しているのである。

(3) 第三に対しては次のように言わなければならない。端的に語られる或るものが、或るときには結合された或るものにもとづいてより後に語られるものについて理解される。たとえば、他のものにおける在るものが附帯性として語られるようにである。同様に、生命は結合されるもの、すなわち書物の観点から附帯的に生命と言われる被造の生命について理解されるのである。

(4) 第四に対しては次のように言わなければならない。印章はそれの根原としてそのものの原型を表現している。というのは、印章とか像は根原としての範型から取られているからである。ところで、生命の書は生命を自ら自身が生ぜしめた何ものかとして表現する。ところで、御父の像・印章である御子の根原であることは、〔父なる〕神に属する。しかし、御父の生命はその根原としての何かに属する、というようなことはない。それゆえ、生命と像・印章との間にはいかなる平行関係もないのである。

(5) 第五に対しては次のように言わなければならない。異論に引用されている「詩編」の言葉は、御子についてその人間本性に即して理解されるのである。

(6) 第六に対しては次のように言わなければならない。原因が結果を表現し、結果が原因を表現することは既述のことから明らかである。そのかぎりで、神は被造物の書と言われ、逆に被造物は神の書と言われうるのである。

(7) 第七に対しては次のように言わなければならない。言葉は、生命の書がここで理解されているようには、言葉によって語られているものの根原として表示されるわけではない。したがって、両者は同様ではないのである。

第六項

第六に、生命の書は被造物における自然的な生命との関連で語られるか、が問われる。そして、そのように語られる、と思われる。その理由、

(1) 自然的な生命は、栄光の生命と同様、神の知標の内に表現される。ところで、神の知標は栄光の生命との関係において生命の書と言われる。それゆえ、自然的な生命との関係においても生命の書と言われるべきである。

(2) さらに、神の知標は生命の仕方ですべてのものを含んでいる。それは「ヨハネによる福音書」に、「造られたものは神の内で生命であった」〔ヨハ一・三〕と語られている通りである。それゆえ、神の知標はすべてのも

の、特に生けるものとの関連で生命の書と言われるべきである。

(3) さらに、或る人は神の摂理から栄光の生命へとあらかじめ秩序づけられているように、自然的な生命にも秩序づけられている。ところで、栄光の生命へのあらかじめの秩序づけの知標は、先に語られた通り〔第四項〕、生命の書と言われる。それゆえ、自然的生命へのあらかじめの知標も生命の書と言われるのである。

(4) さらに、「ヨハネの黙示録」の「われその名を生命の名簿より消さず」〔黙三：五〕という言葉に、註釈[16]は「生命の名簿は、すべてのものがそこで明らかである神の知標である」と語っている。それゆえ、生命の書はすべてのものに関して語られる。したがって、自然的生命に関しても語られるのである。

(5) さらに、生命の書は栄光の生命についての一種の知標である。ところで、栄光の生命は、自然的生命が認識されるのでなければ、認識されることはない。それゆえ、生命の書は自然的生命に同じように関わっているのである。

(6) さらに、生命という名前は、自然的生命から栄光の生命へと転用されている。ところで、或るものは、固有に語られるものに、そのものから転用して取られるものについてよりも、より真に語られる。それゆえ、生命の書は栄光の生命よりも自然的生命により関わるのである。

(7) さらに、より恒常的でより共通的であるものがより優れたものである。ところで、自然的生命は栄光や恩寵の生命よりもより恒常的であり、同様により共通的でもある。というのは、自然的生命は恩寵や栄光の生命に伴っているが、しかし逆のことが言えるわけではないからである。それゆえ、自然的生命は恩寵や栄光の生命よりもより優れたものである。それゆえ、生命の書は恩寵や栄光の生命によりも自然的生命により関わっているのである。

以上に反して、(1) 生命の書は或る意味で、アウグスティヌス[17]によって明らかな通り、予定である。ところで、予定は自然的生命には属していない。それゆえ、生命の書も自然的生命には属していないのである。

(2) さらに、生命の書は神から直接に与えられるその生命に属している。ところで、自然的生命は自然的な諸原因が媒介となって神から与えられる。それゆえ、生命の書は自然的生命には属していない。

答えて次のように言わなければならない。生命の書は、既述の通り〔第四項〕、生命の賦与において生命の授与者を導く一種の知標である。ところで、何かを賦与するとき、われわれが導きを必要とするのは、賦与されるべき人々を賦与されるべきでない人々から識別するためにのみである。それゆえ、生命の書は選ばれて与えられるそうした生命にのみ関わっている。ところで、自然的生命は他の諸々の自然的な善と同様、おのおのの人が可能であるかぎりで、すべての人に共通的に与えられている。したがって、生命の書は自然的生命に関わっているのではなく、選択する神の意図に従って或る人々には与えられ、或る人々には与えられないそうした生命にのみ関わっているのである。

(1) したがって、第一に対しては次のように言わなければならない。自然的生命は、栄光の生命と同様、神の知標の内に表現されているけれども、しかし自然的生命の知標は、前述の理由によって、栄光の生命の知標と同じようには生命の書の性格を有していないのである。

(2) 第二に対しては次のように言わなければならない。生命の書がその名を得るのは、それが生命を有しているという事実からではなく、或る人々が神の選びによってあらかじめ秩序づけられているその生命についての書であり、また、それらの人々の名前がその書の内に書き留められているからである。

(3) 第三に対しては次のように言わなければならない。神は、その摂理において、生命を或る人々に彼らの本性にふさわしいものとして与えるが、しかし栄光の生命を授けるのは彼の意志の歓びに従ってのみである。したがって、神は自然的生命をそれを受け入れうるすべてのものに与えるが、しかし栄光の生命をそのように与えるわけではない。それゆえ、栄光の生命の書があるようには、何らかの自然的生命の書があるわけではないのである。

(4) 第四に対しては次のように言わなければならない。引用されている註釈は、すべてのものが生命の書において知られている、すなわち、含まれている、という意味に理解されるべきではなく、その書に書き留められているものはすべて明らかである、すなわち、確定されている、ということを意味しているのである。

(5) 第五に対しては次のように言わなければならない。生命の書は、既述の通り、栄光の生命の認識に関わるだけでなく神の選びにも関わる。しかし、単に自然的生命に関してではない。

(6) 第六に対しては次のように言わなければならない。栄光の生命は自然的生命ほどわれわれには知られていない。したがって、われわれは自然的生命から栄光の生命の認識へと至るのである。同様に、栄光の生命は生命の性格をより多く有しているけれども、自然的生命から栄光の生命を名づけるのである。ちょうど、われわれの周りのものから、神を名づけるようにである。それゆえ、生命という名称が無条件に発せられるとき、それは自然的生命に属するものとして理解される必要はないのである。

(7) 第七に対しては次のように言わなければならない。栄光の生命はそれ自体においては、自然的生命よりもより優れたものである。というのは、栄光の生命によって自然的生命は恒常的なものにされるからである。しかし、附帯的には自然的生命は恩寵の生命よりもより恒常的である。というのは、自然的生命はその本質によって帰せられる生き物により近いが、恩寵の生命は本質的に生き物に帰せられることはないからである。他方、自然的生命は或る意味でより共通的であり、或る意味ではより共通的ではない。というのも、或るものは二様の意味で共通的と言われるからである。一つは、結果あるいは述語づけによって共通的と言われる。すなわち、或る一つのものが多くのものに一つの特質によって見出されるときである。この場合には、より共通なものはより優れたものではなく、より不完全なものである。たとえば、動物は人間よりもより共通的である、という場合である。この意味で、自然的生命は栄光の生命よりもより共通的である。もう一つは原因の仕方によってである。たとえば、数的には一に留まりながら多くの結果に及んでゆく原因である。この場合には、より共通的なものはより優れたものである。たとえば、国家の保持は家庭の保持よりより優れたものであるようにである。しかし、この後者の仕方によれば、自然的生命は栄光の生命よりもより共通的である、ということはない。

第七項

第七に、生命の書は端的に恩寵の生命との関連において語られるか、が問われる。そして、そのように語られる、と思われる。その理由、

(1) ディオニュシウスの『神名論』(18)に明らかなごとく、結果の内にあるものは原因の内により優れた仕方で見出される。ところで、栄光は恩寵の結果である。それゆえ、恩寵の生命は栄光の生命よりも優れたものである。それゆえ、生命の書は栄光の生命によりも恩寵の生命により根原的に関わる。

(2) さらに、生命の書は、先述のように〔第四項〕、予定の一種の記載表である。ところで、予定は共通的に恩寵と栄光との準備である。それゆえ、生命の書も両方の生命に共通的に関わっているのである。

(3) さらに、生命の書によって或る人々は、生命がそこにあるその国の民として指定されている。ところで、或る人々は栄光の生命によって天上のエルサレムの民にされるように、恩寵の生命によって或る人は戦う教会の民にされる。それゆえ、生命の書は栄光の生命に関わるように恩寵の生命にも関わるのである。

(4) さらに、多くのものに述語されるものは、そのものが最初に述語されるものに端的に語られるものとして理解される。ところで、恩寵の生命は栄光の生命より先である。それゆえ、生命の書が語られるとき、それは恩寵の生命について理解されているのである。

以上に反して、(1) 現在、正義の状態にある者は端的に恩寵の生命を有している。しかし、その者は生命の書

に無条件に書き記されているとは言われず、ただ限定された意味で、すなわち今正義の状態にあるかぎりで、そう言われるにすぎない。それゆえ、生命の書は恩寵の生命に無条件に関わるわけではない。

(2) さらに、目的は目的への手立てよりも優れている。ところで、栄光の生命は恩寵の目的である。それゆえ、端的に語られた生命は栄光の生命について理解される。したがって、生命の書は端的には、栄光の生命のみに関わるのである。

答えて次のように言わなければならない。生命の書は、一種の報償とか所有物として生命を得ようとする或る人を、何らか記載したものである。このような人々は何かに記載されるのが普通だからである。ところで、或るものが、固有の意味で、所有物として所有されると言われるのは、そのものが意のままに所有されているときである。すなわち、その内にいかなる欠陥も被っていないものである。それゆえ、哲学者は『形而上学』[19]の初めで、神についての知は「人間の所有物ではなく」、神の所有物である、と語っている。実際、神のみが自己自身を完全に認識するが、人間は神を認識するのには欠陥ある者として見出されるからである。したがって、生命が所有物として所有されるのは、生命に対立するすべての欠陥が生命によって排除されるときである。ところで、こうしたことを為すのは、栄光の生命である。栄光の生命は身体的ならびに霊的なすべての死を排除するからである。したがって、死する可能性さえ残っていない。他方、恩寵の生命はこうしたことを行わない。したがって、生命の書は端的に恩寵の生命には関わらず、栄光の生命にのみ関わるのである。

(1) それゆえ、第一に対しては次のように言わなければならない。或る原因はその結果よりも優れたものである。たとえば、作出者、形相、目的といった原因がそうである。したがって、これらの原因の内にあるものは、それらの結果の内によりもより優れた仕方で存在している。ところで、質料はその結果よりもより不完全である。したがって、或るものは質料の結果の内によりも質料因の内により劣って存在する。というのは、質料の内にはものは不完全で可能態にあるが、質料因の結果の内には現実的に存在しているからである。ところで、何らかの完全性を受容するよう準備する基体の態勢づけはすべて質料因に還元される。そして、この意味で恩寵は栄光の原因であり、したがって生命は恩寵の内によりも栄光の内により優れて存在するのである。

(2) 第二に対しては次のように言わなければならない。予定が恩寵に関わるのは、恩寵が栄光に秩序づけられているかぎりにおいてのみである。したがって、予定されていることは、栄光がそれに伴ってくる究極的恩寵を有している者たちのみに適合するのである。

(3) 第三に対しては次のように言わなければならない。恩寵の生命を有している人々は戦う教会の民であるけれども、しかし、戦う教会の身分は生命がそこで十全に所有される身分ではない。というのも、そこではなお死への可能性が残っているからである。したがって、この関連では生命の書は語られないのである。

(4) 第四に対しては次のように言わなければならない。恩寵の生命は、生成の途において、栄光の生命よりもより先であるが、栄光の生命は完全性の途ではより先である。目的は目的の手立てよりもより先であるようにである。

第八項

第八に、生命の書と同様、死の書が語られるか、が問われる。そして、語られると思われる。その理由、

(1) 「ルカによる福音書」の「喜びなさい、あなたがたの名が〔天に書き記されていることを〕」〔ルカ一〇：二〇〕への註釈[20]は、「もし或る人が天上的あるいは地上的な業を為すならば、これら行為によってその人は神の記憶のもとにいわば文字によってのように書き留められて、永遠に同定される」と述べている。ところで、正義の業である天上的な業によって、或る人は生命へと秩序づけられるように、罪の業である地上的な業によって或る人は

死へと方向づけられる。それゆえ、神において生命へと秩序づけられた記載表があるように、そこには死へと方向づけられた記載表もあるのである。それゆえ、神において生命の書が語られるように、そこでは死の書が語られなければならない。

(2) さらに、生命の書が神の内に措定されるのは、神が永遠の生命へと準備した人々の記載表を自らのもとに持っているかぎりにおいてである。それは、地上の統治者が何らかの栄誉へと決定した人々の記載表を持っていることに似ている。ところで、国の統治者は書き留められた栄誉や報償の一覧表を有しているように、罰とか拷問とかの一覧表をも有している。それゆえ、死の書は神のもとに端的に措定されるべきである。

(3) さらに、神は或る人々を生命へと準備した自らの予定を認識しているように、或る人々を死へと準備する自らの永罰を認識しているのである。ところで、神が自らの予定について有している知標そのものが、既述の通り〔第四項〕、生命の書と言われる。それゆえ、永罰の知標も死の書と言われるべきである。

以上に反して、ディオニュシウスの『神名論』[21]の初めの言葉によれば、神について聖書の権威によって導入されている事柄以外の何かをあえて語るべきではない。ところで、死の書は、生命の書のように聖書に語られているのは見出されない。それゆえ、死の書を措定すべきではない。

答えて次のように言わなければならない。書物に書かれている事柄についての或る人の知標は、他の事柄についてのその人の知標より優れている。それゆえ、神によって知られている事柄に関して書物という言葉は、他の諸真理についての神の知標より、種においてより優れている知標に用いられる。ところで、神の内には二つの種類の知標が存在する。すなわち、単純な知標の知と是認の知とである。単純な知標の知は善きもの、悪しきものすべてに共通的である。しかし、是認の知は善きものにのみ関わる。したがって、善きものは他のものよりもより特別な仕方で神に知られている。そして、この理由から、善き人々は書物に書き留められていると言われるが、しかし悪しき人々はそうは言われないのである。したがって、生命の書が語られるようには死の書は語られないのである。

(1) したがって、第一に対しては次のように言わなければならない。或る人々は天上的な業を観想的生の業として、また地上的な業を活動的生の業として説明する。ところで、人は両方の生活によって生命へと登録され、死へと登録されるわけではない。したがって、両方の記載表は生命の書に属するのであって、いかなる記載表も死の書に属することはない。他方、或る人々は地上的な業を罪の業として理解する。罪の業は、端的に言えば、死へと方向づけられているけれども、しかし人は罪の後、より注意深くより謙遜に立ち直るかぎりにおいて、附帯的に生命へと秩序づけられているのである。――あるいは次のようによりよく言うこともできる。すなわち、或るものが他のものによって認識されると言うとき、この命題は二様に理解されうる。一つは、「によって」という前置詞が認識する者の側からの認識の原因を指示する場合である。異論に引用されている註釈は、この意味に理解することはできない。というのは、人の為す業が、善きものであれ悪しきものであれ、それが神の予知とか予定の原因ではないし、また永遠の排斥の原因であることもないからである。もう一つは、認識されるものの側からの原因を指示する場合である。この意味において異論は理解される。すなわち、人は自ら為した業によって神の記憶のもとに知られている、と言われるからである。ただし、それら業は神がなぜ認識するかの原因であるからではなく、神がこれらの業によって人は死か生命かを所有するであろうことを認識しているからである。それゆえ、引用されている異論の註釈は、神の側から由来する生命の書に属する記載表については語っていないのである。

(2) 第二に対しては次のように言わなければならない。或る事柄が書物に書き留められるのは、それらがいつも知標の内に留まっているためである。ところで、罰せられる人々は罪過そのものによって人々の知標から守られているのである。したがって、彼らの名前は、彼らへの罰が彼らに加えられるときまで、ただ時間的にのみ書き留められるのである。しかし、栄誉や報償へと断定されている人々は、いわば恒久的な記憶の内に保持されるために、端的に書き留められているのである。

⑶ 第三に対しては次のように言わなければならない。神は、予定された人について持っているように、排斥された人について特別の知標を持っているわけではない。

訳註

1——Glossa ordinaria, ibid.

2——Gregorius I, Moralia XXIV, cap. 8, PL 76, 295B.

3——Glossa interlinearis, ibid.

4——Aristoteles, De anima III, 4, 429b31.

5——Augustinus, De civitate Dei XX, cap. 15, PL 41, 681.

6——Ibid. XX, cap. 14, PL 41, 680. 次項は ibid., XX, cap. 15, PL 41, 681.

7——Aristoteles, De sensu et sensato, 2, 437a12.（『感覚と感覚されるものについて』副島民雄訳、岩波書店、一九六八年）

8——Glossa ordinaria et Glossa Petri Lombardi, ibid., PL 191, 403B.

9——Augustinus, De Trinitate XV, cap. 11, PL 42, 1071.

10——Id., De civitate Dei XX, cap. 15, PL 41, 681.

11——Ibid. XX, cap. 15, PL 41, 681.

12——Ibid. XX, cap. 15, PL 41, 681.

13——より正しくは、Petrus Lombardus, Glossa in Psalmos, Ps. 68:29, PL 191, 639.

14 ———— Dionysius Areopagita, De divinis nominibus, cap. 6, § 1, PG 3, 856A; Dionysiaca, 368.

15 ———— Augustinus, De civitate Dei XX, cap. 15, PL 41, 681.

16 ———— Glossa ordinaria, ibid.

17 ———— Augustinus, De civitate Dei XX, cap. 15, PL 41, 681.

18 ———— Dionysius Areopagita, De divinis nominibus, cap. 2, § 8, PG 3, 645C; Dionysiaca, 99.

19 ———— Aristoteles, Metaphysica I, 2, 982b28.

20 ———— Glossa ordinaria, ibid.

21 ———— Dionysius Areopagita, De divinis nominibus, cap. 1, § 1, PG 3, 588A; Dionysiaca, 7.

真理論

第八問題　天使の認識について

一――天使は神を本質によって見ているか。
二――至福なる天使や人間の知性は神の本質を把握するか。
三――天使は自分自身の本性的な能力によって、神をその本質によって見ることができるか。
四――神を本質によって見ている天使は万物を認識しているか。
五――御言葉の内に諸事物を直視することは、天使の知性の内にある諸事物の何らかの類似によって為されるのか。
六――天使は自分自身を認識するか。
七――或る天使は別の天使を認識するか。
八――天使は質料的事物を何らかの諸形相によって認識するのか、あるいは認識している自らの本質によって認識するのか。
九――天使が質料的事物をそれによって認識する形相は生得的なものか、あるいは事物から得られたものか。

一〇――上位の天使は下位の天使と比べて、より普遍的な形相によって認識を所有するか。

一一――天使は個々の事物を認識するか。

一二――天使は未来の事柄を認識するか。

一三――天使は心の隠された思いを知ることができるか。

一四――天使は多くのものを同時に認識するか。

一五――天使は諸事物を或るものから他のものへと推論することによって認識するか。

一六――天使の内に朝の認識と夕の認識が区別されなければならないか。

一七――天使の認識は朝の認識と夕の認識とによって十分に区別されているか。

第一項

問題は天使の認識についてである。そして、第一に天使は神を本質によって見ているか、が問われる。そして、見ていない、と思われる。その理由、

(1)　「ヨハネによる福音書」の「誰もかつて神を見奉りし人はあらず」〔ヨハ一：一八〕に対してクリュソストムス[一]が「しかし、天上の本質そのものさえ、――私はケルビムとセラフィムを意味しているが――神をあるがままに見ることはできなかった」と述べている。ところで、神を本質によって見ている者はすべて、神をあるがままに見ている。それゆえ、天使は神を本質によって見ていないのである。

(2)　さらに、「出エジプト記」の「主はモーセに顔と顔とを合わせて語られた」〔出三三：一一〕という言葉に、註釈[二]は「いかなる人間もいかなる天使も、神の本質をあるがままに見ることはできなかった」と述べている。そ

れゆえ、結論は上と同じことになる。

(3) さらに、アウグスティヌス[3]によれば、「人が或るものを欲望するのは、その人がそのものを持っていない場合だけである」。ところで、「ペトロの手紙一」に言われている通り、「天使たちも神を見て神と関わることを欲する」〔一ペト一：一二〕のである。それゆえ、天使たちは神を本質によって見ていないのである。

(4) さらに、クリュソストムス[4]は、「ヨハネによる福音書」を註解して「神であるものを預言者のみならず、天使あるいは大天使も見ることはできなかった」と述べている。したがって、結論は先と同じである。実際、神であるものは神の本質であるからである。

(5) さらに、知性によって見られているものはすべて、何らかの形相を通して見られている。それゆえ、もし天使の知性が神の本質を見ているとすれば、何らかの形相によってそれを見ているのでなければならない。ところで、神の本質を神の本質そのものによって見ることはできない。というのも、知性がそれによって知性認識するその形相は、知性を現実態にし、かくして形相は知性の現実態である。かくして、神の本質と知性とから一つのものが生ぜしめられなければならない。しかし、こうしたことは神の本質については語られえないからである。というのも、神の本質は何かを構成するためにそのものの部分になることはありえないからである。それゆえ、神を知性認識している天使は、他の何らかの形相が媒介となって神を見ているのでなければならない。したがって、神を本質によって見ているのではない。

(6) さらに、何人《なんぴと》も自らの内に受け取られた或る人の類似物によってのみ、その或る人に似るのである。ところで、すべての認識は類似化によって生ずるのであるから、神を認識している天使の知性は、神に類似化している。それゆえ、天使は神を類似によって認識すべきであって、本質によって認識すべきではない。

(7) さらに、知性は可知的対象に比例していなければならない。というのも、可知的対象が知性認識する者の完全性であるからである。ところで、神の本質と天使の知性との間にいかなる類似もありえない。

(8) さらに、或るものをその本質によって認識する者は誰でも、そのものの何であるかを認識しているのである。ところで、ディオニュシウス[5]とダマスケヌス[6]によって明らかな通り、神については何であるかは知られず、何でないかが知られるにすぎない。それゆえ、被造のいかなる知性も神を本質によって見ることはできない。

(9) さらに、ディオニュシウスがガイウスへの書簡[7]で語っている通り、神の内には闇がその超絶するほどの明るさのゆえにある、と述べられている。そして、このことのゆえに、神は「あらゆる光から」暗くされ、「あらゆる認識から隠されている」のである。ところで、神の明るさはわれわれの知性を超えているのみならず、天使の知性をも超えている。それゆえ、神の本質の明るさは天使の認識からも隠されているのである。

(10) さらに、ディオニュシウスは『神名論』第一章[8]において次のように証明している。すべての認識は存在しているものに関わる。ところで、神は存在しているものではなく、存在を超えているものである。それゆえ、神は神の認識であるところの、超本質的な認識によってのみ認識されうるのである、と。

(11) さらに、ディオニュシウスはガイウスへの書簡[9]において「もし神を見ている人が見たことを知性認識したとしても、その人は神を見たのではなく、神に属する事柄の何かを見たにすぎない」と述べている。それゆえ、神はいかなる被造の知性によっても見られることはできない。

(12) さらに、視覚は強ければ強いほど、遠くのものをより多く見ることができる。それゆえ、無限に遠くのものは無限の力を持った視覚によってしか見られえない。ところで、神の本質は被造のいずれの知性からも無限に隔たっている。それゆえ、いかなる被造の知性も無限の力を持っていないのであるから、被造のいずれの知性も神を本質によって見ることはできないであろう。

(13) さらに、どのような認識にも判断が要請される。ところで、判断は下位のものについては上位のものによってのみなされる。それゆえ、いかなる知性も神の本質よりも上位にあることはないから、いかなる被造の知性も神を本質によって見ることはできないであろう。

(14) さらに、ボエティウス[10]が語る通り、「判断は判断する者の働きである」。それゆえ、判断された事柄は判断に対して、働きかけられたものとして関係している。ところで、神の本質はいかなる被造の知性との関連でも働きかけられるものとして関係することはない。それゆえ、被造の知性は神を本質によって見ることはできない。

(15) さらに、本質によって見られるものはすべて、知性によって到達されている。ところで、いかなる知性も知性から無限に隔たっているものに到達することはできない。それゆえ、天使の知性は自らから無限に隔たっている神の本質を見ることはできない。

以上に反して、(1)「マタイによる福音書」には「彼らの天使たちは天にありて、天にましますわが父の御顔を常に見るなり」〔マタ一八：一〇〕と言われている。ところで御父の顔を見ることとは御父の本質を見ることである。それゆえ、天使たちは神を本質によって見ているのである。

(2) さらに、至福なる天使たちは、われわれに至福の状態において約束されているようなその仕方で、神を見ている。ところで、「ヨハネの手紙一」の「われらはその現れんとき、われらが神に奉るべきを知れり、そはこれをありのままに見奉るべければなり」〔一ヨハ三：二〕の言葉から明らかな通り、われわれは神を本質によって見るであろう。それゆえ、天使たちも神を本質によって見ているのである。

(3) さらに、天使たちは自分たちを造った者を認識している。ところで、神の本質そのものが天使たちの原因である。それゆえ、天使たちは神の本質を見ているのである。

(4) さらに、見られているものはすべて、そのものの類似によって、あるいは本質によって見られている。ところで、神において神の類似物と神の本質とは別の何かではない。というのも、神の内にあるものはすべて、神であるからである。それゆえ、天使たちは神を本質によって見ているのである。

(5) さらに、知性は認識するとき、感情が愛するときよりも強力である。それゆえ、アウグスティヌス[一二]も「知性が先行し、感情は遅れて伴うかあるいはまったく伴わないかである」と述べているのである。ところで、天使たちは神の本質を愛している。それゆえ、彼らは神の本質をよりいっそう見ているのである。

答えて次のように言わなければならない。この問題をめぐって、或る人々は神の本質と被造の知性との隔たりに注目し、神の本質はいかなる知性によっても見られえない、と主張して誤りに陥った。この立場は異端的であるから、支持することはできない。というのは、いかなる知性的被造物の至福も自らの最も完全な働きの内にあることは確かである。ところで、どの理性的被造物においても最高のものは知性である。それゆえ、いずれの理性的被造物の至福も知性の最も優れた直視の内にあるのでなければならない。ところで、知的直視の優秀さは知性認識されるものの優秀さに由来している。それは、哲学者も『倫理学』第一〇巻[12]において「視覚の最も完全な働きは、視覚に入ってくるものどもの最も美しいものによく態勢づけられた視覚の働きである」と述べている通りである。それゆえ、もし理性的被造物が自らの最も完全な直視において、神の本質を見ることに到達しないとすれば、彼の至福は神そのものではなく、神の下にある何ものかであることになろう。しかし、こうしたことはありえない。というのも、どんな事物でもそれが究極的に完成するのは、そのものが自らの根原に到達するときだからである。ところで、真の信仰は、神自身が直接的にすべての理性的被造物を創造したということを、われわれに告げている。それゆえ、信仰によれば、至福に到達しているすべての理性的被造物は、神の本質を見ているのでなければならない。

しかし、今や神を本質によって見る仕方がどのようであるかを考察あるいは理解しなければならない。すべての直視において、見るものが見られるものをそれによって見る或るものを措定しなければならない。そして、この或るものは見られるもの自身の本質であるか、たとえば、神が自己自身を認識する場合のように、あるいは見られるものの何らかの類似であるか、たとえば、人が石を見る場合のようにである。こうしたことの理由は、知性認識する者と可知的対象とから知性認識の働きにおいて何らかの仕方で一なるものが生じなければならないからである。ところで、神の本質は被造の知性によって何らかの類似を通して見られることはできない。というのも、類似によるすべての認識においてその認識の仕方は、類似と類似の元のものとの合致によるからである。そして、私が言うのは表現による合致である。たとえば、魂の内の形象は魂の外にある事物と合致するごとくであって、自然的存在に即しての合致ではない。したがって、もし類似が種の表現を欠いているが類の表現を欠いているのでなければ、そのものは種の特質によってではなく、類の特質によって認識されるのである。他方、類似が類の表現をも欠いており、ただアナロギアの合致によって表現しているとすれば、類の特質によっても認識されないであろう。たとえば、実体を附帯性の類似によって認識する場合のようにである。ところで、被造の知性の内に受け取られた神の本質の類似は、アナロギアのみの合致でなければ、神の本質とのいかなる合致をも持つことはありえない。したがって、そのような類似によっての認識は本質によっての神自身の認識ではなく、実体が附帯性の類似によって認識されるであろう場合よりもはるかに不完全な認識である。したがって、神は本質によっては見られないと主張した人々は、神の本質の一種の輝きが見られるであろうと主張し、その輝きということによって非被造の光の類似物を理解したのである。そして、その光を通して神は見られると主張したが、しかしその光は神の本質の表現を欠いているのである。ちょうど瞳の内に受け取られた光が太陽にある明るさを欠いているように。それゆえ、見る者のまなざしは太陽の明るさそのものを凝視することはできないが、或る種の輝きを見ているのである。それゆえ、被造の知性が神を本質においてそれによって見るそのものは神の本質そのものであることが結論されるのである。

ところで、神の本質そのものは知性そのものの形相になる必要はないが、知性に対して形相として関わるのでなければならない。ちょうど、事物の部分である形相と質料とから一つの現実的な在るものが生ぜしめられるように、違った仕方ではあるが神の本質と被造の知性とから、知性は認識し本質はそれ自体によって知性認識されることによって、知性認識の働きにおいて一つのものが生ずるのである。ところで、離存する本質が形相として知性にいかに結合されうるかを、註釈者は『霊魂論』第三巻[13]において次のように明らかにしている。すなわち、二つのものがそれらを受容しうる或るものの内に受容され、またそれら二つのうちの一方が他方よりもより完全であるとき、より完全であるもののより完全でないものへの比例は、形相が完成するところのものに対する形相の比例に似ているのである。それはちょうど光と色の両者が透明な媒体に受容されるとき、光が色の完成であるようにである。したがって、被造の実体に内在している被造の知性は、自らの内に存在している神の本質よりもより不完全であるから、神の本質はそうした知性に対して何らかの仕方で形相として関係するであろう。われわれはこの種の例を自然物の内に見出すことができる。すなわち、それ自身で自存する事物は、もしその事物の内に質料の何ものも見出されないならば、何らかの質料の形相であることはありえない。しかし、質料を持っていないそれ自体で自存している事物が量の形相であることは可能である。それは魂について明らかな通りである。同様に、純粋現実態である神の本質は、或る意味で知性からまったく区別された存在を持っているけれども、知性認識の働きにおいて知性に対して形相として関係することになる。したがって、先師ペトルス・ロンバルドゥスは『命題集』第二巻第二区分[14]において、身体の理性的魂への合一は理性的な霊の神への至福なる合一の一例である、と述べているのである。

(1) それゆえ、第一に対しては次のように言わなければならない。このものはあるがままに見られる、と言われるとき、この命題は二様に解せられる。一つは、見られている事物がそれによって存在しているその仕方が、直視の内に入る場合、すなわち、見られている事物においてそれによって存在するその仕方そのものが、見られる場合である。そして、この仕方で神はあるがままに天使たちに見られ、また至福なる人たちによって見られるであろう。というのは、彼らは神の本質が持っているその存在の仕方を持っているのを見るであろうからである。したがって、「ヨハネの手紙一」に「そは神をありのままに見奉るべければなり」〔一ヨハ三・二〕と言われていることが理解されるのである。もう一つは、このものはあるがままに見られる、と言われるときその語り方が、見る者の直視を規定するように、すなわち、直視そのものの仕方が見られる事物の本質のあり方と同じである、というように理解される。この意味では、被造のいかなる知性も神をあるがままに見ることはできない。というのは、被造の知性の直視の仕方が神がそれによって存在している仕方と同様に卓越している、といったことは不可能だからである。

(2)―(4)　異論の第二、第三、第四に対しても同様に言われるべきである。

(5)　第五に対しては次のように言わなければならない。知性が神を神の本質によって見るとき、知性がそれによって神を見ているその形相は神の本質そのものである。しかし、このことから神の本質が、事物の存在するときに事物の部分となるその形相である、といったことが帰結するわけではない。事物は、認識の働きにおいて、存在するときに事物の部分となる形相と似たあり方をしている、ということが帰結するだけである。

(6)　第六に対しては次のように言わなければならない。認識のために類似化が必要とされるのは、認識者が何らかの仕方で認識されるものに合一されるためだけである。ところで、事物そのものが自らの本質を通して知性にそれによって合一されるその合一は、何らかの類似を通して合一されるその合一よりもより完全である。したがって、神の本質は天使の知性に形相として合一するのであるから、天使の知性は神の本質を認識するために、手段として役立つ何らかの類似性によって形相化されるという必要はない。

(7)　第七に対しては次のように言わなければならない。比例（proportio）は、固有に言えば、或る量の別の量への関係にほかならない。たとえば、或る量は別の量に等しい、とか三倍であるとか、というようにである。そこから、比例という名称が、或る実在の他の実在への関係が比例と呼ばれるよう転用されたのである。たとえば、質料は形相の質料として形相に関わっているかぎり、量の持つ関係性が何ら考えられなくても、質料は形相に比例している、と言われるのである。同様に、被造の知性は、神の本質に対して何らかの仕方で可知的形相に対するように関わっているかぎりにおいて、神の本質を見ることに比例しているのである。もっとも、力の大きさによれば無限の隔たりのゆえにいかなる比例もありえないけれども。

(8)　第八に対しては次のように言わなければならない。ディオニュシウスとダマスケヌスの異論の典拠は、この地上の旅人の知性は何らかの形相を通じて神を見るという、この世での見ることについて理解されるべきである。というのは、その形相は神の本質を表現するのに不十分であり、神の本質はその形相によっては見られることはできないで、神はこの知性から表現されるものを超えているということが認識されるだけだからである。それゆえ、神であるものは隠されたものに留まるのである。そして、このことがこの地上でわれわれが到達しうる最高の認識の仕方である。したがって、神についてわれわれは何であるかではなく、何でないかだけを認識するのである。ところで、神の本質そのものは自分自身を十分に表現する。したがって、神の本質がいわば知性の形相になるとき、知性は神が何でないかのみならず、何であるかをも認識するのである。

(9) 第九に対しては次のように言わなければならない。神の明るさは地上の旅人の知性を二つの理由から超えている。すなわち、第一に神の明るさは、人間の知性的能力そのものを超えている。そして、そのことから、われわれの直視の完全性は、神の本質の完全性に等しくないことが帰結する。というのは、作用の効力は作用者の力によって測られるからである。第二に、神の本質はわれわれの知性が今それによって知性認識している形相を超えている。したがって、神は今その本質によって見られないことは既述から明らかである。ところで、至福な状態の直視においても、神は被造の知性の能力をなお超えており、したがって、神が完全に存在している通りに、神が完全に認識されるということはないであろう。ところで、神はそれによって見られるであろう形相を超えていない。それゆえ、神であるものそのものは見られるであろう。

(10) 第一〇に対しては次のように言わなければならない。ディオニュシウスの推論は、被造物として存在しているものの形相によるこの世の認識については妥当する。したがって、その推論は超越的なものには到達しない。ところで、こうしたことは天国での直視には当てはまらない。したがって、彼の推論は目下のことには妥当しない。

(11) 第一一に対しては次のように言わなければならない。異論のディオニュシウスの典拠は、神が何らかの被造の形相を通して認識される、この世で所有される直視に関わるものとして理解されるべきである。このように言うわれわれの論拠は、先に語られたところである。

(12) 第一二に対しては次のように言わなければならない。視覚は、もし視覚からより隔たっているものを見るときは、より効力あるものでなければならない。というのは、視力は受動的であるからである。ところで、受動的能力はより完全であればあるほど、より弱いものによっても動かされることが可能である。ちょうど、逆に、能動的能力はより完全であればあるほど、より強く動かすことができるようにである。たとえば、或るものが熱をより受容しうるものであればあるほど、より弱い熱によって熱くなるようにである。ところで、或るものがより遠くから見られれば見られるほど、それの視角はより小さくなる。したがって、視覚に到達するところの見られる事物はより少ないであろう。しかし、同じ形相がより近くのものからとより遠くのものから到来するとすれば、遠くのものと近くのものとは同じ程度に見られるであろう。ところで、神自身は天使の知性から無限に隔たっているが、しかし神の全本質は天使の知性に結合されている。したがって、事情は同じではないのである。

(13) 第一三に対しては次のように言わなければならない。判断には二つの種類がある。一つは、事物はいかに存在すべきかをわれわれがそれによって判断するそれである。この判断は下位のものについて上位のものによってのみなされうるものである。もう一つは、事物がどのように存在しているかを判断するそれである。この判断は上位のものについても、対等なものについても為されうる。たとえば、立っているか座っているか、われわれは王についても農夫についても同じように判断することができるからである。そして、このような判断が認識の内にあるのである。

(14) 第一四に対しては次のように言わなければならない。判断は作用者から外的な事物（その作用によって変化させられるもの）へと出て行くような作用ではなく、判断者を完成するものとして判断者の内に踏みとどまっている或る働きである。したがって、知性や感覚がそれについて判断するそのものは、働きかけられたものの仕方で表示されるけれども、働きかけられたものとしてあってはならない。かえってむしろ、判断がそれについてある可感的なものや可知的なものは、知性や感覚に対して、感覚することや知性認識することが一種の受動であるかぎりにおいて、作用者として関わっているのである。

(15) 第一五に対しては次のように言わなければならない。被造の知性は神の本性に、それと同じ本性を持つものであるように到達することはないが、しかし可知的形相としての神の本質には到達するのである。

第二項

第二に、至福なる天使や人間の知性は神の本質を把握する（comprehendat）か、が問われる。そして、把握する、と思われる。その理由、

(1) もし単純なものが見られるならば、その全体が見られる。ところで、神の本質は単純である。それゆえ、至福なる天使は神の本質を見るのであるから、その全体を見、したがって、それを把握するのである。

(2) しかし、全体が見られるけれども、しかし全面的に（totaliter）見られるわけではない、と主張された。――これに対しては、次のように言われる。「全面的に」ということは一種の様態（modus）を表示している。ところで、神の本質のすべての様態は神の本質そのものである。それゆえ、もし本質そのものの全体が見られるならば、全体的に見られるであろう。

(3) さらに、作用の効力は作用者そのものの側から、作用の根原である形相によって測られる。たとえば、熱と熱くすることにおいて明らかである。ところで、知性がそれによって認識する形相は知性的な直視の根原である。それゆえ、神を見ている者の知性の効力は神の本質の完全性と同じ大きさであろう。それゆえ、知性は神の本質を把握するであろう。

(4) さらに、複合された可知的対象を認識する最も完全な仕方は、論証によってそれらを認識することであるように、複合されざるものを認識する最も完全な仕方は、それらが何であるかを認識することである。ところで、論証によって知られる複合されたものはすべて把握される。ところで、神を本質によって見る者たちは神が何であるかを認識する。というのも、事物の何であるかを知ることは事物の本質を知ることだからである。それゆえ、天使たちは神の本質を把握するのである。

(5) さらに、「フィリピの信徒への手紙」では、「私は〔自分がキリスト・イエスに〕捉えられているように、何とかして捉えようと努めているのです」〔フィリ三：一二〕と言われている。ところで、神は使徒〔パウロ〕を完全に把握している。それゆえ、使徒は神を完全に把握することに向かったのである。

(6) さらに、同所で註釈は[15]「私は把握しよう、すわなち、あらゆる知性を超えている神の巨大さがいかなるものかを理解しよう」と述べている。ところで、神が把握されえないものであるのは、その巨大さのゆえのみである。それゆえ、至福なるものたちは神の本質を完全に把握するのである。

以上に反して、(1) アンブロシウスは[16]『ルカ福音書註解』において、「神の内に生きている善性の充満を何人《なんぴと》も見たことはない。精神も眼もそれを把握したことはないのである」と語っている。

(2) アウグスティヌスは『神を見ることについて[17]』において、「神の充満を肉眼によっても精神によっても、何人もいかなるときにも把握したことはない」と述べている。

(3) さらに、同書で[18]アウグスティヌスは「そのものの境界がぐるりと見られうるもの」は把握される、と述べている。ところで、こうしたことは神について不可能である。神は無限だからである。それゆえ、神は把握されることは不可能である。

答えて次のように言わなければならない。固有の意味で或るものが他のものによって把握されるのは、或るものが他のものの内に含められる場合である。というのは、把握することは、或るものをそのすべての部分において同時に把捉することだからである。このことは、いわばそのものをあらゆる相・側面から含むことである。ところで、何かによって含まれるものは、含む者を超えることはなく、含むものよりもより小さいか、あるいは、少なくとも等しいものかのいずれかである。ところで、こうしたことは量に属する。それゆえ、二様の量に従って把握には二様の仕方がある。すなわち、次元的量と力による量とに即して、二種類の把握がある。実際、次元的量に即して、たとえば、樽は葡萄酒を把握しているのである。他方、力の量によれば、たとえば、質料の何ものも形相によって完成されていないようにあることはないと言うとき、質料は形相を把握していると言われる。そして、この後者の仕方によって或る認識力は自らの認識したものを把握していると、すなわち、認識されるものがその認識力の認識のもとに完全に従属しているかぎり、把握していると言われるのである。しかし、そのとき認識されるものが認識作用を超えている場合は、認識力は把握することに達しているとは言えない。

ところで、この超越は種々異なる能力においては違った仕方で考察されねばならない。すなわち、感覚的諸能力において、対象は能力に対して力の量に即してのみならず、次元的量に即しても関わる。というのは、感覚は空間の内にあるかぎり、可感的対象は感覚を動かし、しかも固有の可感的対象の量の力においてのみならず、次元的量によっても動かすからである。このことは共通な可感的対象において明らかである。したがって、感覚の把握は二様の仕方で妨げられる。一つは、力の量による可感的対象の超過によって感覚は妨げられる。たとえば、眼は太陽を把握することから妨げられている。眼の中にある視力の比例を、可視的である太陽の明るさの力が超出しているからである。もう一つは、次元的量の超出によって妨げられる。たとえば、眼は地球の大きさ全体を把握するのを妨げられていて、地球の或る部分を見ているが、他の或る部分は見ていないのである。しかし、こうしたことは最初に示された例には妥当しない。というのは、われわれは太陽のすべての部分を同じように見ているが、それらのいずれの部分をも見られうる通りに完全に見ているわけではないからである。

ところで、可知的対象は知性に対して、知性が感覚から何かを獲得するかぎりにおいて、次元的量あるいは数的量に即して間接的にのみ関わっている。したがって、われわれの知性も、次元的量に即して無限であるものを把握するのを妨げられているのである。したがって、無限なものの或るものは知性の内に入ってくるが、或るものは知性の外に留まっているのである。他方、可知的対象は知性に対して次元的量に即して直接的に関わることはない。というのは、知性は身体器官を用いない能力だからである。ところで、可知的対象は知性に対して力の量によってのみ、直接的に関わっている。したがって、感覚に依存せずそれ自身で知性認識される諸事物の知性的な把握は、力の量による超出によってのみ妨げられるのである。こうしたことが起こるのは、たとえば、認識されるものが、知性がそれを認識するよりもより完全な仕方で認識される場合である。たとえば、或る人は次の結論「三角形は二直角に等しい三つの角を持っている」を蓋然的な推論によって、すなわち権威によって、あるいはそのように一般に語られているからということから、この結論を認識することができる。しかし、そのような人はその命題を把握しているわけではない。それは、その人が命題の一部を知らないが一部は知っている、ということのゆえではなく、その命題が自分のいまだ知らない論証によって認識されうるからである。したがって、彼はその命題を完全に把捉していなかったがゆえに、端的にその命題を把握していないのである。

ところで、天使の知性の内には、特に神を見ることとの関係において、次元的量の余地はまったくない。したがって、ここで起こってくる等しさとか超出とかは、力の量に即してのみ考察されるべきである。ところで、神の本質がそれによって可知的であるその力は、それが認識力を持つかぎりにおいて、天使の知性やあらゆる被造の知性を超えている。というのは、神の本質がそれによって可認識的である神の本質の真理・真性は、いかなる被造の知性がそれによって認識する光をも超えているからである。したがって、何らかの被造の知性が神の本質を把握することは不可能である。それは、本質の何らかの部分も認識しないからではなく、神の本質を認識する完全な仕方に達しえないがゆえである。

(1) それゆえ、第一に対しては次のように言わなければならない。神の本質は天使によってその全体が見られている。というのは、神の本質の何ものも天使によって見られていないものはないからである。したがって、「全体」という語は欠如的な意味で説明されるが、諸部分を仮定する意味によって説明されるわけではない。しかし、天使は神の本質を完全に見ているわけではない。それゆえ、天使は神の本質を完全に把握していることが帰結するわけではない。

(2) 第二に対しては次のように言わなければならない。どのような直視にも三通りの様相が考察されうる。第一の様相は、見る人の様相をそれ自体で考察した場合のそれである。それは見る人の受容力の大きさである。この意味では天使の知性は神を完全に見ている。というのは、この陳述は、天使が神を見るとき、自らの知性のすべての力を用いることを意味しているからである。第二の様相は、見られるものそのものの様相である。この様相はその事物の性質以外の何ものでもない。ところで、神において性質は神の実体にほかならないから、神の様相は神の本質そのものである。したがって、天使たちはこの意味においても神を全体的に見ている。というのは、天使たちは神の様相全体を、神の本質全体を見るのと同じ仕方で見るからである。第三の様相は、見る者と見られるものとの中間にある直視そのものの様相である。それゆえ、それは見られているものへの関係によって、見る人の様相を表示するものである。この意味で或る人はその直視が全体的であるときは、他の人を全体的に見ていると言われる。それは直視の様相が事物の可視性の様相と同じように完全であるときに起こっている。上述されたことから明らかなように、人はこの意味で神の本質を全体的に見ることはできない。ちょうど、或る人は、或る命題が論証しうることを知っているが、その論証を知らないとき、その人は確かに命題の認識の様相全体を知っているが、命題がそれによって認識されうる様相全体に即して命題を知っているわけでないのと同様である。

(3)　第三に対しては次のように言わなければならない。異論の推論は作用の根原である形相が、完全な様相に従って作用者に合一しているときには妥当する。そのような合一は、それらの存在が他者に内在することであるような、非自存的なすべての形相に必然的に妥当する。ところで、神の本質は、或る仕方で知性にとって形相として存在するが、しかしそれはそれを捉えている知性の仕方によってのみ知性によって捉えられるがゆえに、またその作用は形相の作用であるばかりではなく、作用者の作用でもあるがゆえに、その作用は、作用者の側の欠陥のゆえに、作用の根原である形相と同じように完全ではありえないのである。

(4)　第四に対しては次のように言わなければならない。そのものの定義が認識されるその事物が把握されるというのは、その定義自身が把握される場合のみである。しかし、事物とその定義をそれらいずれをも把握することなしに認識することは可能である。したがって、その事物そのものは把握されていない。ところで、天使は何らかの仕方で神の何であるかを認識するとしても、それを把握しているわけではないのである。

(5) 第五に対しては次のように言わなければならない。本質によって神を見ることは、本質には到達しないこの世での直視と比較して把握と言われうるが、既述の論拠によって、端的な仕方での把握であるわけではない。したがって、「私は捉えられているように、捉えたい」〔フィリ三：一二〕とか「認識されているように認識したい」〔一コリ一三：一二〕とかと言われるとき、「ように」という言葉は類似性の関係を指示するが、等しさの関係を指示しているわけではない。

(6) 第六に対しては次のように言わなければならない。神の巨大さそのものは見られるであろうが、その巨大な仕方においては見られないであろう。というのも、先に語られた通り、様相の全体は見られるが全体的に見られるわけではないからである。

第三項

第三に、天使は自分自身の本性的な能力によって、神をその本質によって見ることができるか、が問われる。そして、見ることができる、と思われる。その理由、

(1) アウグスティヌスの『創世記逐語註解』[19]によれば、天使たちは自らが創造されたその最初に、多くの人々の言う通り、その状態において本性的な諸能力のみを持っており、作られうる諸々の被造物を御言葉《みことば》の内に見ていたのである。ところで、こうしたことは彼らが御言葉を見ていたのでなければありえないであろう。それゆえ、天使の知性はまったく本性的な能力によって神をその本質によって見ていたのである。

(2) さらに、可知性の小さいものを知性認識できるものは、可知性の大きなものをも知性認識することができる。ところで、神の本質は最高度に可知的である。というのは、神の本質は質料を最高度に免れており、そして

質料を免れることから、ものは現実的に可知的であることが可能だからである。それゆえ、天使の知性は自然的な認識によって、他の諸々の可知的なものを認識することができるから、神の本質をまったく本性的な能力によってはるかに強力に認識できるであろう。

(3) しかし、神の本質はそれ自体においては最高度に可知的であるが、天使の知性にとっては最高度に可知的であるわけではない、との主張がなされてきた。——これに対しては次のように言われる。それ自体においてより可視的なものが、われわれにはより可視的でないという事実は、われわれの視覚における欠陥のせいである。しかし、天使の知性にはいかなる欠陥も存在しない。というのは、ディオニュシウスが『神名論』第四章[20]に語る通り、天使は「純粋で明晰で染みのない鏡」だからである。したがって、それ自体でより可知的なものは天使にとってもより可知的である。

(4) さらに、註釈者の『霊魂論』第三巻[21]によれば、テミスティウスによって措定された原理「これはより可知的である。それゆえ、それはより知性認識される」は質料から完全に分離されている知性に適用されうる。ところで、天使の知性はこのような本性のものである。それゆえ、この原理は天使の知性に適用されうる。

(5) さらに、卓越した可視的輝きはその輝きそのものが視覚を損なうがゆえに、われわれの視覚にとっては可視性の弱いものである。しかし、卓越した可知的な輝きはわれわれの知性を害さない。実際、それは知性を強めるからである。したがって、それ自体でより可知的なものは、知性によってより認識されるのである。

(6) さらに、神をその本質によって見ることは、知性の働きである。ところで、恩寵は情動の内にある。それゆえ、恩寵は神を本質によって見ることのためには要請されない。したがって、自然的な能力だけによって天使たちは神を見ることに到達できたのである。

(7) さらに、アウグスティヌス[22]によれば、信仰は魂の内にその本質によって現在するがゆえに、魂によってその本質を通して見られるのである。ところで、神は自らの本質によって魂の内に現在的に存する。同様に、天使の内にもいずれの被造物の内にも存する。それゆえ、天使は神を本質によってまったく自然的な能力によって見ることができたのである。

(8) さらに、アウグスティヌスの『告白』第一〇巻[23]によれば、或るものが魂の内に現在するのに、三通りの仕方がある。すなわち、像を通して、知標を通して、そして自らの本質の現存によって。それゆえ、もしこの区分が適切であるならば、それは対立するものによって為されたのでなければならない。したがって、神は天使の知性にその本質によって現在するのであるから、類似によって天使の知性に現在することはないであろう。したがって、神は類似によって天使に見られることはありえない。それゆえ、もしまったく自然的な能力によって神を何らかの仕方で認識することができるとすれば、天使は神をその本質によって自然的に認識すると思われる。

(9) さらに、或るものが物体的な鏡の内に見られるとすれば、鏡そのものが見られねばならない。ところで、天使たちは自らの創造された状態において、諸事物を御言葉を鏡としてその内に見ていた。それゆえ、御言葉を見ていたのである。

(10) しかし、天使たちは純粋に自然的な状態に創造されたのではなく、成聖の恩寵（gratia gratum faciens）か無償の恩寵（gratia gratis data）を伴って創造されたのである、という主張があった。――これに対しては次のように言われる。自然の光は栄光の光を欠如しているように、無償の恩寵あるいは成聖の恩寵の光も栄光の光を欠如している。それゆえ、もし無償の恩寵あるいは成聖の恩寵の内にいる者たちが神を本質によって見ることができたとすれば、同じ理由によって自然的な状態にいる者たちも見ることができたのである。

(11) さらに、事物はそれが存在するところでのみ見られる。ところで、事物の創造の前には、事物は御言葉の内に存在した。それゆえ、天使たちは作られる事物を認識するようになるとき、それらを御言葉の内に認識していた。したがって、天使たちは御言葉を認識したのである。

(12) さらに、自然物は必要なものどもを欠落することはない。ところで、自らの目的に達することは、自然物にとって最も必要な事柄である。それゆえ、おのおのの自然物にとって自らの目的に到達しうることは、あらかじめ配慮されたことである。ところで、理性的被造物がそれのために存在しているその目的とは、神をその本質によって見ることである。それゆえ、理性的被造物は純粋に自然的な能力によって、この直視に到達することができるのである。

(13) さらに、上位の諸能力は下位の諸能力よりもより完全である。ところで、下位の諸能力は自らの本性によって自らの対象に達することができる。たとえば、感覚が可感的なものに達しうるように、また想像力が想像の対象に達しうるように。それゆえ、『霊と魂について』[24]に言われている通り、知性実体の対象は神であるから、天使の知性によって神は自然的な能力によって見られうると思われる。

(14) しかし、他の諸能力の対象は諸能力そのものを超えていないが、神はすべての被造の知性を超えているから、そのような比較は為されえない、という主張があった。——これに対しては次のように言われる。被造の知性実体がいかに栄光の光によって完成されようとも、神は常にそれを無限に凌駕している。したがって、もしその「超出」ということが神をその本質によって見ることを妨げているとすれば、いかなる被造の知性も、神をその本質によって見る栄光の状態には達することはできないであろう。しかし、これは不条理である。

(15) さらに、『霊と魂について』[25]において、「魂は知恵全体の類似である」と言われている。同じ理由によって天使もそうである。ところで、事物は本性的に自らの類似を通して認識される。それゆえ、天使は知恵がそれらについてあるものどもを自然本性的に認識する。ところで、アウグスティヌス[26]が語る通り、知恵は神についてある。それゆえ、天使は自然本性的に神をその本質によって見ることに到達しているのである。

(16) さらに、被造の知性が神をその本質によって見るために要請されることは、知性が神に似たものにされることだけである。ところで、天使の知性は自らの本性によって神に似たものである。それゆえ、天使は自らの固有の自然的能力によって神をその本質によって見ることができる。

(17) さらに、神についての認識はすべて鏡を通してか、あるいはその本質によってかのいずれかである。このことは「コリントの信徒への手紙一」に、「今われらの見るは鏡をもってしておぼろなれども、かの時には顔と顔とを合わせて見る」〔一コリ一三：一二〕と言われていることから明らかである。ところで、天使たちは自らの自然的な状態にいるときには、神を鏡においてのように認識していたのではなかった。というのは、アウグスティヌス[27]が言う通り、「天使たちは創造されたときから、御言葉を永遠に見ることを完全に享受している。したがって、〈神の見えざる事柄を造られたるものを通して観て〉〔ロマ一：二〇〕いたわけではなかった」のである。これは鏡を通して見ることである。それゆえ、天使たちは自然的に神をその本質によって見ているのである。

(18) さらに、われわれが他のものについて思考することなしに、或るものを思考しうるとすれば、われわれは媒介なしにそのものを見ているのである。ところで、天使は何らの被造物について思考することなしに、自らの自然的な認識によって神について思考することができる。したがって、天使は神を媒介なしに見ることができるのである。これは神をその本質によって見ることである。

(19) さらに、アウグスティヌス[28]は、魂の内にその本質において存在するものは、魂によってその本質によって認識される、と述べている。ところで、神の本質は魂の内にこのような仕方で存在する。それゆえ、云々。

(20) さらに、そのものの本質によって見られないものは、それが見られる場合には、形象によって見られるのである。ところで、神の本質は形象によっては見られえない。というのは、形象はそれがそのものの形象であるそのものよりも、より単純であるからである。したがって、神の本質は天使によって自然的に認識されるのであるから、それは天使によってその本質において認識されるのである。

以上に反して、(1) 神を本質によって見ることは永遠の生命であるが、そのことは「ヨハネによる福音書」に、「そもそも永遠の生命は、唯一の誠の神にてまします汝と、その遣わし給えるイエス・キリストとを知るにあり」〔ヨハ一七：三〕とあることから明らかである。ところで、永遠の生命に純粋に自然的な能力によっては到達することはできない。「ローマの信徒への手紙」に、「神の賜物は永遠の生命なり」〔ロマ六：二三〕とある。それゆえ、神をその本質によって見ることに、人は純粋に自然的能力によって到達することはできない。

(2) さらに、アウグスティヌス[29]は、魂は、神を認識するよう生まれついているが、認識の現実態へと導かれるのは神の光の注入によってのみである、と語っている。したがって、人は自然的な諸能力によって神の本質を見ることにまで到達することはできない。

(3) さらに、自然は自らの諸限界を超えることはない。ところで、神の本質は被造のすべての本性を超えている。それゆえ、自然的な認識によって神の本質は見られえない。

答えて次のように言わなければならない。神がその本質によって見られるためには、神の本質は可知的形象として何らかの仕方で知性に合一されなければならない。ところで、完成されうるものが形相に合一するのは、完成されうるものをそのような形相を受容できるものにする態勢が、そのもの自身の内に存在するようになった後においてのみである。というのは、特定の活動はそれにふさわしい能力の内にのみ生ずるからである。たとえば、身体が形相としての魂に合一するのは、身体が有機体化され態勢づけられた後においてのみであるごとくである。それゆえ、知性の内にも、知性がそれによって神の本質であるようなそうした形相によって完成されうるものにされる何らかの態勢が、存在しなければならない。というのも、神の本質は或る可知的な光であるからである。実際、この光が自然的のものであるとすれば、知性はその純粋に自然的な能力によって、神をその本質によって見ることができるであろう。しかし、それが自然的であることは不可能である。形相への究極的な態勢と形相とは常に同じ秩序に属しているからである。というのは、一方が自然本性的であれば、他方もそうであるからである。ところで、神の本質は被造の知性の自然的な可知的形相ではない。これは以下のように明らかである。すなわち、現実態と可能態とは常に一つの類に属する。それゆえ、量の類の可能態が質の類にある現実態に関わる、といったことはない。それゆえ、被造の知性の自然的な形相は、被造の知性の可能態がそこにある、その類の内にしか存在しない。それゆえ、知性の形相は、他の類に属しているがゆえに、可感的形相ではありえず、知性と同じ類に属している非質料的な形相でありうるのみである。ところで、可感的形相は被造の知性的諸能力の下位にあるように、神の本質はそれの上位にある。したがって、神の本質は知性の自然的な能力の限界内の形相ではない。それゆえ、被造の知性が神の本質を可知的形相として、それと合一するために究極的な態勢をそれによって受容する知性的な光は、自然的な光ではなく超自然的光である。これは詩編作者が「あなたの光にわれわれは光を見るであろう」〔詩三六：一〇〕と語る栄光の光である。

それゆえ、いずれの知性もその自然的な権能は、何らかの被造の可知的形相への特定の関係を有している。しかし、この関係は人間と天使とで違っている。というのは、人間においては、その関係は感覚から抽象された可知的形相へのそれである（すべての人間の認識はその起原を感覚の内に有しているからである）。他方、天使において、それは感覚から受け取られたのではない可知的形相への関係である。特に、それら自身の本質であるその形相への関係である。したがって、天使が自然的に到達する神についての認識は、端的に天使が自ら自身の実体によって神を見るときに得るそれである。それゆえ、『原因論』[30]には「知性実体は自らの実体の様相によって、自らの上位にあるものを認識するのである」と語られている。というのも、それが神によって生ぜしめられているかぎり、その実体は神の本質の何らかの類似であるからである。しかし、人間が自然的に到達できる神の認識は、能動知性の光によって、可感的な諸条件から抽象される可知的な形相によって神を認識することから得られる。したがって、「ローマの信徒への手紙」の「神の見えざる事柄は、造られたるものを通して知解され、観られるのである」〔ロマ一：二〇〕への註釈[31]は、人間どもは可感的な被造物と理性の自然的な光とによって、神を認識することへの助けが与えられている、と述べている。ところで、被造の形相によって得られる神についての認識は、神をその本質によって見ることではない。したがって、人間も天使も彼ら自身の純粋に自然的な諸能力によって神をその本質によって見ることにまでは到達しえないのである。

(1) したがって、第一に対しては次のように言わなければならない。天使たちが御言葉の内に諸事物を見ていたというアウグスティヌスのこの叙述は、彼らが創造された直後の状態からではなく、彼らが至福になったときから、と理解されうるものである。あるいは次のように答えられる。天使たちは自然的な状態においては御言葉をその本質によって見ていなかったけれども、自らの内にある類似によっては何らかの仕方で見ているのである。このような認識から被造物を認識することができたのである。しかし御言葉を本質によって見るとき、御言葉の内に被造物をはるかに十全に認識したのである。というのは、原因が認識されることによって、原因を通してその結果が認識されるからである。

(2) 第二に対しては次のように言わなければならない。神の本質はそれ自体において最高度に認識されうるものであるけれども、しかし被造の知性にとって最高度に認識されうるものであるわけではない。というのは、神の本質は被造の知性の秩序の外にあるからである。

(3) 第三に対しては次のように言わなければならない。天使の知性は純粋で汚れなく、欠陥のない鏡であると言われている。なぜなら、その類の本性を考察するとき、可知的光の欠陥を被っていないからである。これに対して、人間の知性の可知的光は空間と時間の限定のもとで表象に対して受動的であり、一つのものから他のものへと推論して進んでいくように、暗くされている。こうした理由から、イサアク[32]は「理性は知性実体の闇の内に起こってくる」と語っているのである。したがって、人間の可能知性は自らの類に属しているすべての被造の可知的な形相を認識することができる。しかし、天使の知性は、自らの類の秩序の外にある神の本質に関係づけられると、欠陥があり闇のあるものとして見出される。したがって、天使の知性は神の本質を見ることはできない。神の本質はそれ自体では最高度に可知的であるけれども。

(4) 第四に対しては次のように言わなければならない。註釈者の言葉は被造の可知的なものの認識に関連して理解されるが、非被造の本質の認識に関連しては理解されない。というのは、被造の可知的実体はそれ自身において最も可知的であるが、それがわれわれの自然的な認識の手段である感覚によって抽象された形相を超えている、という理由からわれわれにとっては可知性はより小さいのである。同様に、はるかにより大きな程度において、神の本質は天使の知性がそれによって認識する被造の可知的形相を超えているのである。したがって、天使の知性は、神の本質をそれがそれ自身においてはより可知的であるとしても、被造の事物を認識する場合よりも劣った仕方でしか認識しないのである。ちょうど、われわれの知性が天使の本質を可感的諸事物を認識する場合より劣った仕方でしか認識しないのと同様である。天使の本質がたとえそれ自身ではより可知的であるとしてもである。

(5) 第五に対しては次のように言わなければならない。可知的卓越性は知性を破壊することなくこれを強化するが、しかし或るときには知性がそれによって認識する形相の表現を超えることがある。この理由から可知的卓越性は知性を妨げるのである。この意味で、『形而上学』第二巻[33]に、知性は本性の最も明白なものどもに対して「梟の眼が太陽の光に対してあるようにある」と言われているのは真理である。

(6) 第六に対しては次のように言わなければならない。恩寵は、神をその本質によって見るために、見るための直接的な態勢として要請されるわけではない。しかし、恩寵によって人間は栄光の光が自分に与えられ、そのことによって人間が神をその恩寵において見ることを得るのである。

(7) 第七に対しては次のように言わなければならない。信仰がその本質によって認識されるのは、その本質が可知的形相として知性に結合されるかぎりにおいてであって、他のいかなる理由によってでもない。ところで、神の本質は、被造の知性にこのような仕方で、生きている間に結合されることはない。かえって、神の本質は知性を存在の内に支えるものとして結合されるにすぎない。

(8) 第八に対しては次のように言わなければならない。異論の区分は対立する事物によってではなく、対立する概念によって為されている。したがって、或るものが魂の内に、一つの仕方では本質によって、別の仕方では類似によってあるいは像を通して存在するのは何らさしつかえない。というのは、神は魂の内に本質によって存在するけれども、魂そのものの内に神の像や類似も存在するからである。

(9) 第九に対しては異論の第一に対すると同様に答えられる。

(10) 第一〇に対しては次のように言わなければならない。成聖の恩寵も無償の恩寵も神をその本質において見るのに十分であるのは、恩寵が完成されてある場合、すなわち、栄光の光がある場合のみである。

(11) 第一一に対しては次のように言わなければならない。事物は、自らの固有の本性の内に存在する前には、御言葉の内にあったのみならず、天使の精神の内にもあった。したがって、御言葉はその本質によっては見られなかったけれども、諸事物は見られえたのである。

(12) 第一二に対しては次のように言わなければならない。哲学者が『天体論』第二巻[34]に語る通り、諸事物には多くの完全性の段階が見出される。第一の最も完全な段階は、事物が自分自身の完全性を動や他者の助けなしに所有している、というものである。ちょうど、最も完全な健康は医薬の助けなしに自分自身で健康な人の内にあるようにである。これは神の完全性に固有なものである。第二の段階は、人が完全な善性にわずかの助け、ないし少しの動によって到達できることである。少しの治療を受けただけで健康を保つ人のごとくである。第三の段階は、人が完全な善性を多くの動を通してのみ獲得できるというものである。多くの治療を受けて初めて完全な健康を獲得する人のようにである。第四の段階は、完全な善性は獲得できないが、多くの動によって何らかの善性のみは獲得できる人に属しているものである。第五の段階は、いかなる善性も獲得できず、善性へのいかなる動も持っていない人に属するものである。彼は癒されえない病気にかかり、したがって、どんな医薬も取らない人に似ている。ところで、非理性的な自然物は至福という完全性にはいかなる仕方によっても達するということはない。彼らは自らの本性的な目的である或る不完全な善性にしか達することはできない。その目的に彼らは彼ら自身の自然本性の力によって到達する。他方、理性的被造物は、至福という完全な善性に達することができる。しかし、これに達するためには、彼らはより下位の自然物が自らの目的を獲得するために必要とするものよりも、もっと多くの事物を必要とする。したがって、理性的被造物はより優れたものであるとしても、彼らはより下位の自然物がするように、自ら自身の本性的な能力によって自らの目的に達することができる、ということが帰結するわけではない。というのも、自分自身の能力によって至福に達することは、もっぱら神にのみ属することだからである。

(13) 諸能力の秩序について、異論の第一三についても同様に答えられるべきである。

(14) 第一四に対しては次のように言わなければならない。被造の知性は栄光の光によって、その知性と神の本質の隔たりがもはや無限ではないというほどに高められることはないけれども、この光の成果として、知性は神の本質を可知的形相としてそれに合一するのである。そして、この合一は他の仕方では起こりえないのである。

(15) 第一五に対しては次のように言わなければならない。天使はその自然的な能力によって神を類似を通して認識することができる。しかし、この認識は神をその本質によって見ることと同じものではない。

(16) 第一六に対しては次のように言わなければならない。天使の知性が有している神との自然本性的な合致は、天使の知性が神の本質を可知的形相としてそれに比例していることではなく、われわれがするように可感的事物の認識を感覚から得るのではない、ということにある。また、他の関連でも天使の知性は人間の知性に似ているというよりも、神により似ているのである。

(17) 第一七に対しては次のように言わなければならない。或る事物は三通りの仕方で見られる。第一に、その本質によって見られる。可視的対象の本質そのものが視覚に結合される場合のごとくである。たとえば、眼が光を見るように。第二に、そのものが形象を通して見られる場合である。すなわち、そのもの自体の類似がものそのものによって視覚に刻印されるときである。たとえば、私が石を見るという場合である。第三には、鏡を通して見られる。このことは事物がそれを通して認識されるその事物の類似が、その事物そのものによって直接視覚に生ぜしめられるのではなく、事物の類似がそこに表現されるそのものによって生ぜしめられるのである。可感的事物の形象が鏡の内に生ぜしめられるようにである。したがって、第一の仕方で神を見ることは神のみに本性的であり、人間や天使の本性を超えていることである。しかし、第二の仕方で神を見ることは天使にとって本性的である。他方、第三の仕方で神を見ることは、神を何らかの仕方で表現している被造物によって、神の認識に至る人間自身に本性的である。それゆえ、すべての認識は本質によるか鏡によるかである、と語られていることは、人間の認識について理解されるべきである。しかし、天使が神について本性的に有している天使の認識は目下の二つの認識の中間のものである。

(18) 第一八に対しては次のように言わなければならない。事物の像は二様に解せられる。第一に、それが何らかの事物であるかぎりにおいて考察されうる。そして、事物としては像はそのものの像であるそのものとは区別されるものであるから、この観点では認識能力のその像への動は、それがそのものの像であるそのものへの認識能力の動とは別のものであろう。第二に、事物の像は像であるかぎりで考察されうる。この観点ではその像への動は、それがそのものの像であるそのものへの動と同じものである。したがって、或る事物はそれの結果の内に存在している類似によって認識されるとき、他の何かを思考することなしにその原因へ直接移行する。この仕方でこの世の人間の知性は、被造物を何ら思考することなしに神について思考することができるのである。

(19) 第一九に対しては次のように言わなければならない。魂の内に本質的に存在し魂に可知的形相として結合しているものどもは、魂によってその本質を通じて認識される。しかし、神の本質は地上の人間の魂の内に、このような仕方で存在しているわけではない。したがって、異論の推論は帰結しない。

(20) 第二〇に対しては次のように言わなければならない。異論は事物から抽象された形象について語っている。そして、これらは事物そのものよりもより単純でなければならない。しかし、被造の〔天使の〕知性は神をそのような類似を通して自然的に認識することはなく、神によって刻印された類似によってのみ認識する。したがって、異論の推論は帰結しない。

第四項

第四に、神を本質によって見ている天使は万物を認識しているか、が問われる。そして、認識している、と思われる。その理由、

(1) イシドルス(35)が語る通り、「天使たちは万物を、それらが造られる前に、神の御言葉《みことば》の内に見ている」。

(2) さらに、視覚のすべての能力は、自らの内にそのものの類似が存在しているそのものを見る。ところで、万物の類似である神の本質は、天使の知性に可知的形相として結合している。それゆえ、神をその本質によって見ている天使は、万物を見るのである。

(3) さらに、もし天使が万物を認識していないとすれば、これは天使の知性の欠陥によるか、認識されうる諸事物の欠陥によるか、あるいは媒介物の欠陥によるかでなければならない。ところで、天使の知性の欠陥によることはない。というのも、ディオニュシウス[36]が語る通り、天使の知性は「純粋で染みのない鏡」であるからである。また可知的対象の欠陥によるわけでもない。というのも、万物は神の本質において可知的であるからである。さらにまた、万物がそれによって認識される媒介の欠陥によるわけでもない。というのも、神の本質は万物を完全に表現しているからである。それゆえ、神を見ている天使は万物を見ているのである。

(4) さらに、天使の知性は人間の魂の知性よりもより完全である。ところで、魂は万物を認識する可能性を有している。実際、『霊魂論』第三巻[37]に語られている通り、魂は、万物を認識する本性にあることによって、「或る意味で万物である」。それゆえ、天使の知性も万物を認識することができる。ところで、天使の知性を認識の現実態へと引き出すために、神の本質以上に効力のあるものはない。それゆえ、神の本質を見ている天使は万物を認識しているのである。

(5) さらに、グレゴリウス[38]が語る通り、天国においては愛は認識に対等している。というのは、そこでは誰も認識する度合いに応じて愛するからである。ところで、神を愛する者は神において愛されうるすべてのものを愛するであろう。それゆえ、神を見る者は可知的なすべてのものを見るであろう。

(6) さらに、もし天使が神を見ながら万物を見ないとすれば、こうしたことはすべての可知的なものが無限であるがゆえのみである。ところで、天使は彼の知性の対象の無限性のゆえに、認識を妨げられることはない。というのは、神の本質は天使から、無限なものが有限なものから隔たっているように、隔たっているからである。それゆえ、神を見ている天使は万物を見ることができるのである。

(7)　さらに、〔至福直観における〕把握者の認識は、地上の人間の認識がいかに高められても、それを超えている。ところで、地上の或る人に万物が啓示されることは可能である。実際、現在しているものについて、至福なるベネディクトゥスに全世界が同時に示されたことは、グレゴリウスの『対話』第二巻[39]から、明らかである。また、すべての未来の事柄が啓示されうることも明らかである。というのは、神は或る未来の出来事を預言者に啓示し、同じ仕方で神は未来のすべてを預言者に啓示できたからである。同じ論拠が過去の事柄にも妥当する。それゆえ、神を見ている天使は、天国の直視によって万物をはるかに強力に認識するのである。

(8)　さらに、グレゴリウスは『対話』第四巻[40]において「万物を見ている者を見る者たちに、そのとき彼らの見ていないよう何かがあるであろうか」と述べている。ところで、天使たちは万物を知っている神を本質によって見ている。それゆえ、天使たちは万物を認識しているのである。

(9)　認識に関して、天使の能力は魂のそれと同じである。ところで、グレゴリウスは『対話』第二巻において「創造主を見ている魂にとって全被造物はちっぽけなものだ」と述べている。それゆえ、天使にとっても同様である。それゆえ、先と同じ結論となる。

(10)　さらに、霊的な光は精神に、物体的光が眼に対するよりもより大きな力で注ぎ入る。ところで、もし物体的な光がすべての色の十全な根拠であるとすれば、その光は眼に注ぎ入って、すべての色を明らかにするであろう。それゆえ、霊的光でありすべての事物の完全な根拠である神自身は、神を見ている天使の精神に注ぎ入るとき、天使は神を認識することによって万物を認識するであろう。

(11)　さらに、認識は認識者と認識されるものとの一種の接触である。ところで、単純なものが触れられるときには、その内にあるものはすべて触れられる。ところで、神は単純である。それゆえ、もし神が認識されるならば、神の内にある諸事物のすべての理念は認識されるのである。

(12)　さらに、いかなる被造物の認識も至福の実体には属してはいない。それゆえ、被造物は至福の状態において持たれる認識には対等に関係していると思われる。それゆえ、至福な者はすべての被造物を認識するか、あるいはいかなる被造物をも認識しないかのいずれかである。ところで、いかなる被造物も認識しないということはない。それゆえ、すべての被造物を認識しているのである。

(13) さらに、現実態に帰せられていない可能態はすべて不完全である。ところで、天使の知性はすべてのものを認識することへの可能態の内にある。さもなければ天使の知性は「すべてになりうる」[41]という人間の知性より下位にあることになろう。それゆえ、もし至福の状態において万物を認識しないとすれば、彼の認識は不完全なままに留まるであろう。これはすべての不完全性を排除している至福の完全性に矛盾すると思われる。

(14) さらに、至福なる天使が万物を認識していないとすれば、万物を認識するための可能態を有しているのであるから、以前には知らなかった或るものを後に認識することが可能であろう。ところで、こうしたことは不可能である。というのは、アウグスティヌスが『三位一体論』第一五巻[42]で語る通り、以前に知らなかった事柄を知ったなら思考には変転があることとなるが、至福なる天使においては「諸々の思考は変転することはない」からである。それゆえ、神を見ている至福な天使たちは万物を見ているのである。

(15) さらに、至福な直視は永遠性によって測られる。それゆえ、それは永遠の生命とも呼ばれる。ところで、永遠性にはより先・より後はまったくない。それゆえ、至福な直視の内にもそれはない。それゆえ、以前に知られていなかった或ることが知られるようになる、といったことはありえない。したがって、先と同じ結論になる。

(16) さらに、「ヨハネによる福音書」には「人もし、われによりて入らば救われ、出入りして牧場を得べし」〔ヨハ一〇：九〕と言われている。これは『霊と魂について』[43]において次のように説明されている。「救い主の神性を観想するために入り、彼の人間性を観るために出る。その両方において彼は栄光の回復を見出すであろう」と。ところで、われわれの外的な視覚は、救世主の身体の内にある何ものも視覚に隠されることがないほどに、救世主の人間性において完全に成長する。それゆえ、精神の眼も救世主の神性において成長し、神性の内にある何ものも精神の眼に知られないということはないのである。かくして、万物を認識するであろう。

(17) さらに、『霊魂論』第三巻[44]に語られている通り、最高度に可知的なものを認識する知性は、可知性の劣るものをより劣る仕方で認識するわけではなく、それらをよりすぐれて認識する。ところで、最高度に可知的なものは神である。それゆえ、神を見ている知性は万物を見るのである。

(18) さらに、結果はその原因の認識によって最高度に認識される。ところで、神は万物の原因である。それゆえ、神を見ている者の知性は万物を認識している。

(19) さらに、書字板に描かれたさまざまな色は、視覚によって認識されるためには、それらを照らし、それらを現実的に可視的なものにする光だけは必要とするであろう。ところで、すべての事物の理念は神の本質において神の光に照らされて、現実的に可知的なものとして存住する。それゆえ、神の本質を見ている知性は、万物の理念によって万物を見ているのである。

以上に反して、(1) 「エフェソの信徒への手紙」に、「神の多方面なる知恵が、教会を通して天における支配や権威に知られんため」〔エフェ三：一〇〕と言われている。この章句に註解してヒエロニュムス[45]は、天使たちは受肉の神秘を教会の宣教によって教えられた、と述べている。それゆえ、宣教の前にはそれを彼らは知らなかったのである。とはいえ、神を本質によって見ていたのである。それゆえ、神をその本質によって見ているとき、必ずしもすべてを認識していたわけではなかったのである。

(2) さらに、ディオニュシウスは『教会位階論』の終わり[46]で、「秘跡の多くの相は天上の本質から隠されている」と語っている。したがって、先と同じ結論となる。

(3) さらに、何ものも次元的な量によって他のものの広がりに等しいのは、そのものが次元的量の同じ大きさを持っている場合だけである。したがって、何ものも他のものと力の量において同じ大きさを持つのは、そのものが同じ強さの効力を持つ場合だけである。ところで、天使の知性は完全性において神の知性と等しくはない。したがって、天使の知性は、神の知性が及んでゆくすべてのものに及ぶことは不可能である。

(4) さらに、天使たちは神を賛美するために造られたのであるから、彼らは神を認識するかぎりで賛美している。しかし、クリュソストムスの『ヨハネ福音書講話』[47]によって明らかな通り、すべての天使が必ずしも神を等しく賛美しているわけではない。それゆえ、或る天使たちは他の天使たちよりもより多くのものを神の内に認識する。しかしながら、神をより劣って認識する者たちも、神をその本質によって見ているのである。したがって、彼らは神を本質によって見るとき、万物を見ているわけではない。

(5) さらに、認識と喜びは天使の至福の実体に属している。ところで、天使たちはより先にそれについて喜んでいなかったものを、よく喜ぶことがありうる。たとえば、回心した罪人を喜ぶ場合がそうである。「ルカによる福音書」に「かくのごとく回心する一人の罪人のためには神の使いたちの前に喜びあるべし」〔ルカ一五：一〇〕とある。それゆえ、より先に認識していなかったことを認識することができる。それゆえ、天使たちは神を本質によって見ながら、何かを知らないことがあるのである。

(6) さらに、いかなる被造物もまったき善き者であるとか、まったき力ある者であるということは不可能である。それゆえ、いかなる被造物も全知であることは不可能である。

(7) さらに、神の認識は被造物の認識を無限に超越している。したがって、被造物は神が認識するすべてを認識することは不可能である。

(8) さらに、「エレミヤ書」に「人の心は何にもまして、とらえ難く病んでいる。誰がそれを知りえようか。〔心を探り、そのはらわたを究めるのは〕主なる私である」〔エレ一七：九－一〇〕と言われている。このことから明らかなことは、神を本質によって見ている天使は心の秘密を認識していない、したがって、万物を認識していないということである。

答えて次のように言わなければならない。神は自己の本質を見るとき、或る事柄を、すなわち過去、現在、未来の事柄を直視の知によって認識している。他方、或るものども、すなわち、現在存在せず、過去にも存在しなかったし、未来にも存在しないであろうけれども、神の造ることのできるすべてのものを、単純な直知の認識

（scientia simplicis intelligentiae）によって知っている。ところで、或る被造物が神の本質を見るとき、神が単純な直知の認識で知るすべてのことを知る、といったことは不可能である。というのは、或る人は或る原因をより完全に認識すればするほど、原因の認識からより多くの結果の知識に達しうることは明らかだからである。たとえば、もし論証の或る原因をより完全に認識する者は、より多くの結論をその原理から導出しうるように。それゆえ、もし或る知性が或る原因を認識することから、その原因のすべての結果を認識するとすれば、その知性はその原因の認識の完全な仕方に到達し、したがって、その原因を把握していなければならない。しかし、既述のことから〔第二項〕、被造の知性が神の本質を完全に把握することは不可能である。それゆえ、或る被造の知性が神の本質を見ることによって、その本質から生ぜしめられうるすべてのものを認識することは不可能である。

しかし、或る被造の知性が神の本質を見るとき、神が直視の知によって認識するすべての事柄を認識することは可能である。キリストの魂についてすべての人によって支持されている通りである。しかし、神を本質によって見る他の人々については、見解は二様にある。すなわち、或る人々はすべての天使と至福なる者どもの魂は、神の本質を見ることによって万物を認識するのは必然であると主張する。たとえば、鏡を見る人は鏡に映るすべてのものを見るごとくである、と。しかし、このことは聖人たちの言うことに、特にディオニュシウスの言葉に矛盾すると思われる。ディオニュシウスは、『教会位階論』第六章[48]において、下位の天使たちは上位の天使たちによって無知を浄められると明白に語っている。したがって、すべての天使は神を共通して観想しているけれども、上位の天使は下位の天使が知らない事柄を認識していると措定しなければならない。したがって、次のように答えるべきである。諸事物は神の本質において現実的に区別されたものとして存在せず、ディオニュシウスが[49]語る通り、神においてすべての事物は、多くの結果が一つの原因の内に合一しているその仕方において一つである。ところで、鏡に映っている像は現実的に区別されている。したがって、すべての事物が神の本質の内にあるその仕方は、像が鏡の内にあるその仕方よりも、結果が原因の内にあるその仕方により似ているのである。さらに、原因を認識する者はその原因を完全に把握しさえすれば、その原因が産出しうるすべての結果を認識するであろう。しかし、そのような把握は神の本質との関連では被造の知性には不可能である。したがって、神だけは自らの本質を見るとき、神の造りうるすべてのものを必然的に認識するのである。同じことが神の本質によって産出されうる諸結果に妥当する。人は神の本質をより十全に見れば見るほど、より多くのこれらを認識するのである。したがって、キリストの魂は他のすべての被造物よりも神をより完全に見るから、現在、過去、未来のすべての事物を認識すると言われる。しかし、他の被造物はこうした認識を持っていない。それらのそれぞれは神について有している認識に比例して、神の結果を多少の程度をもって見ているのである。

(1) したがって、第一に対しては次のように言わなければならない。先師ペトルス・ロンバルドゥスは『命題集』第二巻(50)において語る通り、「天使たちは万物を、それらが造られる前に、御言葉の内に見ている」と言われるとき、このことはすべての天使たちについてではなく、上位の天使たちに理解される、と述べている。また上位の天使たちもすべてのものを完全に見ているのではなく、おそらくただ一般的に、またいわば含蓄的にのみ或るものを知っているにすぎないのである。——あるいは次のように言うことができる。すなわち、認識されうる一つの事物について多くの推論を理解することができる。たとえば、三角形について論証がなされる場合のように。また、或る人は三角形の定義を認識するが、三角形について認識されうるすべてのことを必ずしも認識しているわけではない、ということがありうる。それゆえ、すべての事物を認識することと事物について認識されうるすべてを認識することとは別のことである。しかし神をその本質によって見るすべての者は、すべての被造物を少なくともそれらの形象によって認識することは十分に可能的である。そして、イシドルスが、天使は「万物をそれらが造られる前に、御言葉の内に認識している」と語るとき、彼の言わんとするのはこのことである。というのは、存在するようになることは事物に属するのであって、可知的理念に属するのではないからである。ところで、或る事物を知っている天使はその事物についてすべての可知的特質を知る必要はない。たとえそのものの本質を把握することによって認識されうるすべての自然的固有性を認識しうるとしても、彼は神の摂理の秩序づけのもとにそれによってそのものが入るすべての特質によってそのものを知っているわけではない。神の摂理は一つの事物をさまざまな出来事に秩序づける。そして、下位の天使たちは上位の天使たちによってこれらの特質について照明されているのである。そして、ディオニュシウスが『神名論』第四章[51]で語っていること、すなわち、上位の天使たちは下位の天使たちに諸事物の知られうる理念を教えている、と語っているのはこのことである。

(2) 第二に対しては次のように言わなければならない。異論の論拠は、視覚が類似に類似そのものの可能性全体に即して結合しているときには妥当する。というのは、そのとき視覚は視覚の類似が及んでゆくそのすべてのものを認識するのは当然だからである。ところで、被造の知性は神の本質にこのようには結合していない。それゆえ、異論の推論は成立しない。

(3) 第三に対しては次のように言わなければならない。天使は神を見ているとき、万物を見ているわけではないということは、知性の可能性全体に即して神の本質に結合していない知性そのものの欠陥から生ずるのである。ところで、この欠陥は知性の純粋性に背くわけでないことは、先に述べられた通りである〔第三項第三異論〕。

(4) 第四に対しては次のように言わなければならない。魂は自然的能力によって、能動知性の光によって明らかにされうるものども以上に、多くの可知的対象に及んでゆくということはない。これら可知的対象は可感的対象から抽象された形相である。同様に、天使の自然的知性の能力は、自らの自然的な光によって明らかにされるそれらすべてのものを認識するために存在するが、自然的な光は神の知の中に隠れているすべてのものを明らかにするには十分ではない。さらに、魂は、自然本性的に認識しうるものどもの認識も、自らに比例した媒介によってでなければ得ることはできない。それゆえ、同一の媒介が認識されるときに、或る人は、才能のより劣る別の人の到達できない或る結論の認識に至るのである。同様に、神の本質が見られることから、上位の天使は下位の天使の認識できない多くの事柄を認識する。ところで、それらの認識に自らにより比例した媒介によって導かれる。たとえば、上位の天使の光によってのように。それゆえ、或る天使が別の天使を照らすというのは必然的なことである。

(5) 第五に対しては次のように言わなければならない。情動は事物そのものに終極するが、知性は諸事物に向かうのみならず、事物を多くの概念（intentiones）へと分割する。それゆえ、それら概念は知性認識されているが、愛されているわけではなく、愛の根原あるいは根拠でありうる。ところで、固有の意味で愛されるものは事物そのものである。そして、神をその本質によって見ている天使は、すべての被造物を認識しているがゆえに、すべての被造物を愛することができるのである。しかし、被造物におけるすべての可知的特性を認識するわけではないから、事物がそれらによって愛されうるすべての側面から被造物を愛するわけではない。

(6) 第六に対しては次のように言わなければならない。神は天使の知性から、無限なものが有限なものから隔たっているように、隔たっているけれども、天使たちは神を神の無限性の様相によって認識するわけではない。というのは、神を無限には認識しないからである。したがって、天使は神が認識する無限なものすべてを認識する必要はないのである。

(7) 第七に対しては次のように言わなければならない。神はこの地上の或る人に、天国の或る人の知性が被造物について認識するよりも、もっと多くの事柄を認識するであろうほどの多くの事柄を啓示することができた。同様に、神は天国のより下位の場所にいる人に、天国の上位の場所にいる人が認識するのと同じ数だけのものを啓示することができたであろう。あるいはもっと多くの事柄をも下位の場所にいる人に啓示できたであろう。しかし、これは目下のわれわれの探究の要点ではない。要点は次のことである。被造の知性は、それが神の本質を見るという事実から、万物を認識するということが帰結するかどうかということである。

(8) 第八に対しては次のように言わなければならない。グレゴリウスの言葉は、至福の実体に属する事柄について理解することはできる。——あるいは、グレゴリウスは手段の十分さについて語っている、と言うことができる。というのは、神の本質そのものは万物を論証する十分な手段だからである。したがって、グレゴリウスは、神の本質を見る者は未来の諸事物を認識するとしても何ら不思議はない、と主張しようとしている。ところで、万物が認識されないことは、神の本質を完全に把握していない知性の欠陥に由来しているのである。

(9) 第九に対しては次のように言わなければならない。異論の典拠から言われうることは、神の本質を見ている魂にとって、被造物のすべてがちっぽけなものであるということである。すなわち、いかなる被造物もそのような魂からその魂の高貴さのゆえに隠されることはない、ということである。しかし、被造物が隠される別の理由がありうる。というのは、魂がそれによって被造物を認識する比例した手段によって、被造物が魂に結合されていないからである。

(10) 第一〇に対しては次のように言わなければならない。異論の論拠は、もし身体の眼が物体的な光をその可能性の全体に即して受け入れるならば、妥当するであろう。しかし、このことは目下の問題でないことは明らかである。

(11) 第一一に対しては次のように言わなければならない。自らの認識によって神に触れる知性は神の全体を認識するが、しかし神を全面的に認識するわけではない。したがって、その知性は神の内に現実的に存在するものすべてを認識するが、神のすべての結果への関係を認識する必要はない。これは、神が自らのすべての結果の根拠であるかぎりにおいて、神を認識することである。

(12) 第一二に対しては次のように言わなければならない。被造物についてのいかなる認識も、至福にするものとして、至福の実体に属することはないけれども、被造物についての或る認識は至福な者の或る行為のために必要なものとして至福に属しているのである。たとえば、天使の守護のもとに置かれているすべての人々を認識することは、天使の至福に属しているようにである。同様に、聖なる人々の至福には、彼らの助けを嘆願する人々を認識し、また人々が神をそれらから賛美するべきそれら他の被造物をも認識することが属しているのである。あるいは、次のように言われうる。たとえ被造物を認識することが至福にいかなる仕方でも属していないとしても、被造物のあらゆる認識が至福な直視に対等な仕方で関係するということが帰結するわけではない。というのは、原因が認識されると、或る結果はその原因の内にただちに認識されるが、他方、他の結果はむしろ隠されたままに留まるのである。たとえば、或る結論は論証の諸原理からただちに導かれうるが、他方、他の結論は多くの手段によってでなければ導かれえないようにである。そして、人は後者の場合の結論には自分自身ではその認識に至りえず、他の誰かに導かれなければならない。同じことが神の本質との関係において諸結果の可知的根拠の認識に妥当する。すなわち、或るものは隠れているが他のものは明らかである。したがって、人が神の本質を見るとき、彼は或る結果を見るが、他の結果は見ないのである。

(13) 第一三に対しては次のように言わなければならない。事物は他の事物に対して二様の仕方で可能態にありうる。一つは、それは自然的な可能態の内にありうる。被造の知性はそれ自身の自然的な光によって自らに明らかにされうるそれらすべてのものを、認識する可能態にあるが、それはこの仕方によってである。そして、至福な天使はこれらの事物のいずれをも知っているのである。というのも、もしこれらを知らないとすれば、天使の知性は不完全であることになろう。第二には、事物はただ従順の能力の内にありうる。たとえば、或るものは、神がそのものの内にそのものの本性を超えて作ることのできるものに対して、可能態の内にある、と言われる場合である。そして、もしそのような諸事物は可能態から現実態へと還元されないとしても、その可能態は不完全ではないであろう。したがって、至福な天使の知性は神がそれに啓示しうるすべてのものを認識しないとしても、不完全であるわけではない。あるいは次のように言うことができる。すなわち、或る可能態が、一方が他方のためにあるような二つの完全性へと秩序づけられているとき、その可能態は、もし一方の完全性がなくても他方の完全性を有しているとすれば、不完全なものではないであろう。たとえば、或る人が健康を生み出す薬の助けなしに健康を所有することができるという場合である。ところで、被造物についてのすべての認識は神の認識へと秩序づけられている。したがって、被造の知性は、被造物を認識していないが、神を認識している、という可能的なことを認めるとしても、不完全なものではないであろう。さらに、神を見、より多くの被造物を認識する知性は、これら被造物の認識のゆえにより完全であるわけではなく、むしろ知性は神をより完全に認識するという事実によってより完全なのである。この理由からアウグスティヌスは『告白』[52]において、「万物、すなわち、被造物を知っているが、あなたを知らない人は不幸である。あなたを知る人は、たとえ被造物を知らなくても幸福である。さらに、あなたと被造物を知っているなら、被造物のゆえにより幸福であるわけではなく、その人の幸福はあなただけから来るのである」と述べている。

(14) 第一四に対しては次のように言わなければならない。至福なる天使からは遠ざけられている思考における変化については、二つの違った意味で理解することができる。一つは、思考が変化すると言われるのは、結果から原因へ、あるいはその逆への推論のゆえである。確かに、この推論は理性に固有なことで、天使の知性の明澄性はこれを超えている。もう一つは、思考の変化は思考されるものどもの継次に関係づけられる。したがって、天使たちが諸事物を御言葉の内に認識するその認識に関しては、継次はありえないことを知らなければならない。というのも、一つのものによって種々のものを認識するからである。他方、生得的な形象によって、あるいは上位のものの照明によって認識するものどもに関しては、継次が存在する。それゆえ、アウグスティヌスは『創世記逐語註解』第八巻[53]において「神は霊的被造物を時間を通して動かす」と言っている。すなわち、彼らは情動において変化するのである。

(15) 第一五に対しては次のように言わなければならない。至福の直視とは、神がその本質によって見られ、また諸事物が神の内に見られるその直視である。そして、この直視にはいかなる継次も存在せず、また至福としてのその直視において天使たちは前進してゆくことはない。ところで、諸事物を生得形象によって、あるいは上位の者の照明によって直視することは前進してゆく。そして、この点に関しては、この直視は永遠性ではなく時間によって測られる。しかし、哲学者[54]が語っている第一の可動体の動の尺度である時間によってではなく、事物の創造が測られるそうした非連続な時間によって測られるのである。これは諸事物の創造、あるいは天使たちの知性の継次におけるより先とより後の枚挙にほかならない。

(16) 第一六に対しては次のように言わなければならない。キリストの体は有限で身体の眼によって把握されうるものである。ところで、神の本質は無限であるから、霊的な眼によっても把握されない。それゆえ、状況は同じではないのである。

(17) 第一七に対しては次のように言わなければならない。異論の論拠は、もし知性が最高度に可知的なもの、すなわち神を完全に認識するならば妥当するであろう。しかし、そうしたことはないのであるから、異論は帰結しない。

(18) 第一八に対しては次のように言わなければならない。上述された通り、原因と結果について同様に語られるべきである。

(19) 第一九に対しては次のように言わなければならない。事物の可知的な諸理念は神の内に、色が机や壁にあるような仕方であるわけではない。このことはわれわれが先に語ったことから明らかである。したがって、異論の推論は何も証明していない。

他の反対異論に対してわれわれは、それらはふさわしい仕方によって推論されていないけれども、その結論の内容は真であるから承認する。

第五項

第五に、御言葉《みことば》の内に諸事物を直視することは、天使の知性の内にある諸事物の何らかの類似によって為されるのか、が問われる。そして、その通りである、と思われる。その理由、

(1) すべての認識は、認識者の認識対象への類似化によって成立する。したがって、もし天使の知性が御言葉の内に或るものどもを認識するとすれば、それらを自らのもとにある何らかの類似によって認識しなければならない。

(2) さらに、霊的な事物は霊的視覚に関わるように、物体的な事物は身体的な視覚に関わる。ところで、物体的な事物が身体的な視覚によって認識されるのは、その視覚の内に事物の何らかの刻印があることによってのみである。それゆえ、霊的な視覚についても同様である。

(3) さらに、栄光は自然を破壊せず、かえってこれを完成する。ところで、天使の自然的な認識は何らかの形象によって為される。それゆえ、御言葉における直視である栄光の認識も諸事物の類似によって成立する。

(4) さらに、すべての認識は何らかの形相によって成立する。ところで、御言葉は範型的形相の場合は別として知性の形相ではありえない。というのは、御言葉はいかなる事物の内在的形相でもないからである。それゆえ、天使の知性は別の何らかの形相によって御言葉の内に認識するものどもを認識するのでなければならない。

(5) さらに、パウロは脱魂のとき（in raptu）、神をその本質によって見たことは、「コリントの信徒への手紙二」第一三〔一二〕章への註解[55]から明らかである。そこで彼は「得もいわず人の語るべからざる言葉を聞きしなり」〔二コリ一二：四〕を見たのである。ところで、彼はこれらの言葉をもはや神を本質によって見なくなったときにも忘れなかった。それゆえ、彼は彼の知性の中に残っていた何らかの類似によって、それらを認識したのにちがいない。それゆえ、同じ理由によって、天使たちは御言葉の内に認識する類似を通して諸事物を認識している、と思われる。

(6) ところで、御言葉がパウロから去っていったとき、彼の直視の何らかの残像がパウロの魂の内に留まっていた、すなわち、御言葉の内に彼が見た諸事物を彼がそれによって想起することのできた或る刻印とか類似が留まっていた、と主張されてきた。――これに対しては次のように言われる。或る事物は他のものに自らが不在のときよりも自らが現在するときにより刻印する。それゆえ、御言葉は自らの不在のときにパウロの知性に刻印を残したとすれば、御言葉が現在するときも刻印を残したのである。

以上に反して、 (1) 神の内にあるものはすべて神である。それゆえ、もし天使が神の本質を見るとき、神の本質を何らかの類似によって見ていないとすれば、神の内にある諸事物のイデアをいかなる類似によっても見ないのである。

(2) さらに、諸事物の理念は御言葉の内に、像が鏡の内に映っているように、映っている。ところで、鏡に映っているすべてのものは鏡の一つの類似によって見られる。それゆえ、御言葉の形相そのものによって、御言葉の内に認識されるすべてのものは、見られるのである。

(3) さらに、天使の知性は、『原因論』(56)に言われている通り、「すべての知性実体は諸形相で満ちている」のであるから、描かれた書字板のようなものである。ところで、描かれた書字板はその他の絵をさらに描き加えることはできない。それゆえ、『霊魂論』第三巻(57)に語られている通り、可能知性はすべてのものを受け入れることができる。というのも、それは「何も描かれていない書字板のごとき」であるからである。それゆえ、天使は御言葉の内に認識するそれら事物のいかなる類似も持つことはありえないのである。

答えて次のように言わなければならない。認識はすべて知る者が知られるものに類似化することによって成立する。ところで、或るものが第二のものに、第二のものが第三のものに似ているかぎりで、似ているときはいつでも、第一のものも第三のものに似ているのである。たとえば、もし息子が父親に、父親が祖父に似ているかぎりで、似ているとき、息子は祖父に似ているのである。ところで、或るものが他のものに似るのには、二様の仕方がある。或るものはこの類似性を他のものから直接的に得るか、あるいはそれを第二のものに似ている第三のものに類似化することによって得るか、のいずれかである。認識も二つの仕方で成立する。すなわち、われわれはソクラテスを見ることによって認識しうるが、それはわれわれの視覚がソクラテス自身に似たものになるか、あるいはソクラテスの絵に似たものになるか、のいずれかである。いずれにしても、その類似化はわれわれがソクラテスを認識するのに十分である。

それゆえ、私は次のように言う。或る事物が第二の事物の類似によって認識されるとき、その認識は認識される事物から直接引き出される何らかの他の類似によって生ずるのではない。そして、もし認識者が同一の事物をそれ自身の類似によって、またそのものとは別のものへの類似によっても認識するとすれば、これらの認識は違ったものである。このことは以下のように説明される。或る認識能力は受容することによってのみ、つまり受容したものから何かを形成することなく認識する。たとえば、感覚は自らがそれらの形象を受け取るそれら事物のみを認識するごとくである。他方、別の諸能力は受容するものを認識するのみならず、そのものから他の何らかの形象を形成することもできる。これは想像力において明らかである。想像力は黄金と山との形相を受け取るとき、黄金の山の表象像を形成する。同じことが知性に妥当する。たとえば、知性は類と種差の形相を把握すると、種の定義を形成する。したがって、これらの能力が或る事物を他の事物の類似によって認識するとき、その類似とは別の形象が形成される。――その形象はその事物に直接的に属している形象である。たとえば、私がヘラクレスの像を見たとき、私はヘラクレスに直接的に属している別の像を形成することができる。ところで、この第二の認識の働きは私がヘラクレスを彼の像によって認識したそれとは別のものであろう。もしそれが同じものであるとすれば、その同じものは、他のすべての能力の内に起こることになろう。これは明らかに不合理である。というのも、私の視覚の外部感覚が像の内にヘラクレスを見るとき、その認識はその像の類似とは別の他の類似によって起こる、といったことはないからである。

したがって、私は次のように言う。神の本質はそれ自身万物の類似である。それゆえ、天使の知性はそれら事物の類似によってと神の本質によっての両方で諸事物を認識することができる。しかし、天使の知性が諸事物をそれらの類似によって認識するその認識の働きは、諸事物を御言葉によって認識するその働きとは、たとえ、それら類似が天使の知性の御言葉との結合によって、――それが想像力の働きに似た天使の知性の働きによるか、あるいは大いにありそうに思われるが、御言葉からの注入によるか、いずれであれ――生ぜしめられているとしても、別のものであろう。

(1) したがって、第一に対しては次のように言わなければならない。神の本質は御言葉によって認識される事物の類似であるから、神の本質に合一した天使の知性は、それら事物を認識するのに十分なそれら事物の類似したものである。

(2) 第二に対しては次のように言わなければならない。御言葉は天使の知性に何かを刻印することができる。しかし、すでに語られた通り、この刻印から結果するであろう認識は御言葉による認識とは別のものである。

(3) 第三に対しては次のように言わなければならない。栄光は自然を破壊しないけれども、自然を自然自身では到達できない水準に、すなわち、諸事物をその直視において手段として働く何らの類似もなしに、神の本質そのものによって見ることのできる水準にまで高めるのである。

(4) 第四に対しては次のように言わなければならない。御言葉はそれが事物の本質の一部であるという意味で、事物の内在的な形相であるのではない。しかし、それは知性の内の形相である。というのは、それはそれ自身の本性によって可知的であるからである。

(5) 第五に対しては次のように言わなければならない。パウロはもはや神の本質を見ていないとき、彼のもとに留まっている類似物によって御言葉の内に認識していた諸事物を記憶していたのである。

(6) 第六に対しては次のように言わなければならない。御言葉が現存しなくなった後も留まっていたそうした類似物は、御言葉を本質によって見ていたときに刻印されたものである。しかし、御言葉によって見ていたその直視は、既述のことから明らかなように、そうした刻印によるものではなかった。

第六項

第六に、天使は自分自身を認識するか、が問われる。そして、認識しない、と思われる。その理由、

(1) ディオニュシウスが『天上位階論』第六章[58]で語る通り、天使たちは自分の力を知らない。ところで、天使たちが自己を認識していれば、自分の力をも認識しているであろう。それゆえ、天使たちは自らの本質を認識していないのである。

(2) さらに、もし天使が自分自身を認識しているならば、それは何らかの類似によってではなく、自らの本質によってである。というのも、『霊魂論』第三巻[59]に語られている通り、「質料なしにあるものにおいては、知性と知性認識されるものとは同じものである」からである。ところで、天使は自己の本質によって自己を認識することはできない。というのは、事物がそれによって認識されるそのものは知性の形相であるが、天使の本質は天使の知性の形相ではありえないからである。というのも、知性そのものが本質に、その何らかの固有性ないし形相として内在しているからである。それゆえ、天使はいかなる仕方によっても自己を認識することはないのである。

(3) さらに、同じものが能動的なものと受動的なもの、動かすものあるいは動かされるものであるのは、そのものの或る部分が動かすものあるいは能動的なものであり、他の部分が動かされるものあるいは受動的なものである、という仕方によるのでなければありえない。これは『自然学』第八巻[60]において証明されている通り、諸々の動物において明らかである。ところで、知性認識するものとされるものとは、能動的なものと受動的なものとして関わっている。それゆえ、天使が自己の全体を知性認識することはありえない。

(4) さらに、天使が自己を自己の本質によって知性認識するとすれば、天使の本質は天使の知性の現実態でなければならない。ところで、それ自身で自存している本質は純粋現実態であるのでなければ、何ものかの現実態であることはありえない。というのは、質料的な事物は何ものかの形相ではありえないからである。他方、存在の純粋現実態であることは、神の本質以外のいかなる本質にも適合しない。それゆえ、天使は自己を自己の本質によって認識することはできない。

(5) さらに、何ものも質料と質料的条件を取り去られることによってでなければ認識されることはない。ところで、可能態の内にあることは、一種の質料的な条件であり、この条件から天使は脱却することはできない。それゆえ、天使は自分自身を知性認識することはできない。

(6) さらに、もし天使が自分を自らの本質によって知性認識するとすれば、その本質はその知性の内に存在しなければならない。しかしこうしたことはありえない。むしろ、知性が本質の内にあるからである。実際、或るものは他のものの内にあり、またその逆でもあるということはありえない。それゆえ、天使は自分を自らの本質によって認識することはない。

(7) さらに、天使の知性は可能態を混合して有している。ところで、何ものも自分自身によって可能態から現実態へと導かれることはない。それゆえ、知性は認識対象そのものによって認識の現実態へと導かれるのであるから、天使が自分自身を知性認識することは不可能であろう。

(8) さらに、いかなる能力も働きかける効力を持つのは、その能力がその根拠をそこに置いている本質によってのみである。それゆえ、天使の知性は自らの本質の力によって知性認識することへの効力を有している。ところで、同じものが働きかけることと働きかけられることとの根原であることは不可能である。したがって、知性認識されるものは何らかの仕方で働きかけられたものとしてあるから、天使は自らの本質を認識することはできないと思われる。

(9) さらに、論証は知性の働きに属している。ところで、同じものが同じものによって論証されることはありえない。それゆえ、天使は自らの本質を通して自らによって認識されることはありえない。

(10) さらに、知性が自分自身に立ち帰るのと同じ理由によって、情動も自分自身に立ち帰る。ところで、天使の情動は、一種の自然的な所有態である自然的な愛によってでなければ、自分に立ち帰ることはない。それゆえ、天使は自分を認識するのも、何らかの所有態が媒介となってのみ可能である。したがって、天使は自分を自らの本質によって認識するわけではない。

(11) さらに、働きは働きかけるものと働きかけられるものとの中間のものである。ところで、知性認識するものと知性認識されるものは、働きかけるものと働きかけられるものとして関わっている。したがって、或る事物と自分自身との間に中間のものは何も入ってこないのであるから、天使が自分自身を知性認識することは不可能と思われる。

以上に反して、(1) ボエティウスが語る通り[61]、下位の力の為しうることは、上位の力も為しうる。ところで、われわれの魂は自分自身を認識する。それゆえ、天使はもっと強力に自分自身を認識する。

(2) さらに、アヴィセンナが語る通り[62]、われわれの知性は自己自身を認識するが、感覚は自己を認識しない。その理由は、感覚は身体器官を用いるが、知性はそれを用いないということである。ところで天使の知性は、われわれの知性よりもはるかに身体器官から分離されている。それゆえ、天使も自分自身を認識するのである。

(3) さらに、天使の知性は神に似ているものであるから、神の知性に最も類似化している。ところで、神は自己を自己の本質によって認識する。それゆえ、天使もそのように認識するのである。

(4) さらに、可知的対象が知性により比例したものであればあるほど、知性はその対象をいっそうよく認識することができる。ところで、天使の本質に、自らの本質以上により比例したものは何もない。それゆえ、天使は自らの本質を最高度に認識しているのである。

(5) さらに、『原因論』[63]において「知る者はすべて自分の本質を知り、完全な立ち帰りによって自らの本質に帰る」と言われている。それゆえ、天使もまた知る者であるから、自らの本質に立ち帰るのである。

答えて次のように言わなければならない。作用には二様のあり方がある。一つは作用者から発出し外的な事物に向かい、その事物を変化させるものである。この作用は照明するという場合のごときである。というのも、照明も固有の意味で作用と言われるからである。他方、もう一つの作用は外的事物へと発出しないで、作用者そのものの内にそのものの完成として留まるものである。この作用は固有の意味で働きと言われ、発光するごときがそれである。ところで、これら二つの作用は、両者が現実的に存在している事物からのみ、またそれが現実態にあるかぎりでのみ発出するという点で一致する。したがって、物体はそれが現実的に光を持っていなければ、発光することはない。照明する作用についても同じことが妥当する。ところで、感覚、知性、欲求の作用は外部のものに発出してゆく作用のごときではなく、作用者そのものの内にそのものの完成として留まる作用に似ている。したがって、認識者は、認識するかぎり、現実態にいなければならない。しかし、認識者は認識するとき作出原因になり、認識されるものは受動的な何かになるという必要はない。認識者と認識されるものから、一つのもの、すなわち現実態における知性が生ずるかぎり、これら三つは知性認識するというこの働きのただ一つの根原である。したがって、私はそれらから一つの或るものが生ずるのは、知性認識されたものが知性認識するものに、その本質によってにせよ類似によってにせよ、結合されるかぎりにおいてである、と言うのである。それゆえ、知性認識する者が能動者あるいは受動者として関わるのは、附帯的に、すなわち、可知的対象が知性に合一するために何らかの能動とか受動が必要とされる場合のみである。能動が必要とされるのは、能動知性が形象を現実的に可知的なものにするかぎりにおいてである。他方、受動が必要とされるのは可能知性が可知的形象を受容し、感覚が可感的な形象を受容するかぎりにおいてである。ところで、知性認識する、ということはこの受動とか能動とかに伴ってくるのであって、それは結果が原因に伴ってくるようにである。それゆえ、光り輝いている物体はその内に現実的に光が存するときに、発光するように、知性も自らの内で現実的に可知的であるものすべてを認識するのである。

したがって、次のことを知らなければならない。事物は現実的には或るものであり、可能的には別のものであることは何らさしつかえない。たとえば、透明な物体は現実的には確かに物体であるが、ただ可能的にはそれは色のあるものである。また同様に、或る事物は存在の秩序では現実態にあるが、ただ可能態においては可知性の秩序にある。実際、諸々の在るものにおいて現実態と可能態との段階がある。或る在るもの、たとえば第一質料はただ可能態の内にのみ存在する。他の在るもの、たとえば神は現実的にのみ存在する。他のすべての中間的な在るものは現実態と可能態の両方の仕方で存在する。同様に、可知的なものの類において或る在るもの、たとえば神の本質はただ現実態の内にのみ存在する。他の在るもの、たとえば可能知性はただ可能態の内にのみ存在する。それゆえ、註釈者は『霊魂論』第三巻[64]において、可知的事物の秩序において可能知性は、可感的事物の秩序における第一質料に似ていると述べているのである。ところで、すべての天使的実体は中間に位置している。というのは、それらは、存在の類においてのみならず、可知性の類においても、可能態と現実態との或るものを有しているからである。したがって、第一質料は形相によって完成されるのでなければ何らの働きも為しえないが、――そのときその働きは質料からというよりむしろ形相からの一種の流出である――他方、現実態に存在する事物は現実態にあるかぎりで諸々の働きを為すように、われわれの可能知性は現実態にある可知的形相によって完成される前には、何ものも知性認識することはできない。完成されるときにのみ、可能知性はこの形相が属しているそのものを認識することができる。さらに、可能知性は自分自身の内に現実的に存在している可知的形相によってのみ自分自身を認識することができる。ところで、天使の本質は可知性の類において現実態にあり、自己に現前しているから、天使の知性は自己自身の内にこの可知的実在を、すなわち、自己自身の本質を認識することができる。しかも、自己の何らかの類似によってではなく、本質そのものによって認識することができるのである。

(1) したがって、第一に対しては次のように言わなければならない。天使たちは自らの力を、それを把握することによって、自らの内で考察されるかぎりで認識している。しかし、永遠的な範型から導出されるかぎりでそれを把握しているのではない。実際、こうしたことは範型そのものを把握することになろう。

(2) 第二に対しては次のように言わなければならない。天使の本質は、その知性に対して、存在において現実態が可能態に対するように関係することはありえないけれども、しかし知性認識において現実態が可能態に対するように知性に関係するのである。

(3) 第三に対しては次のように言わなければならない。知性認識されるものと知性認識するものとは能動者と受動者として関係するのではなく、両者は、既述のことから明らかなように、一つの能動者として関わる。もっとも、語り方に関しては能動者と受動者として表示されると思われる。

(4) 第四に対しては次のように言わなければならない。天使の本質は純粋現実態ではないけれども、しかし質料を自分の部分として持っていない。しかし、自分自身から存在を有していないということによって、天使の本質は可能態の内にある。したがって、天使の本質が知性に対して知性認識することにおいて現実態として関わることは何らさしつかえない。

(5) 第五に対しては次のように言わなければならない。知性認識されるものはいずれの質料も取り去られる、という必要はない。すなわち、自然的な形相は質料なしには認識されないことは明らかである。質料がそれらの定義に入るからである。しかし、個的な質料、すなわち特定の次元の基体である質料は取り去られねばならない。それゆえ、天使たちは自らの内にある可能態から分離される必要はまったくないのである。

(6) 第六に対しては次のように言わなければならない。或るものが第二のものに、第二のものが第一のものにそれぞれ異なった仕方で存在するのは何らさしつかえない。たとえば、全体は諸部分の内にあり、またその逆もあるというように。目下の場合も同様である。すなわち、天使の本質は天使の知性の内に可知的なものが知性認識者の内にあるようにあり、他方、知性は本質の内に能力が実体の内にあるようにあるからである。

(7) 第七に対しては次のように言わなければならない。天使の知性は天使の本質との関連では可能態の内にはない。この関連では天使の知性は常に現実態にある。しかし、他の可知的対象との関連では、天使の知性は可能態の内にありうる。しかし、天使の知性は可能態にあるとき、それは常に他の何らかの能動者によって現実態に導かれるということが帰結するわけではない。これはそれが本質的な可能態の内にある場合のみ真である。ちょうど或る人が何かを学ぶ前にあるときのように。それが附帯的な可能態の内にあるとき——所有態的な知識を持っているがそれを使用していない人が可能態にあるとき——そのときは、その知性は自分自身で現実態に移行することができるのである。もっとも、天使の知性は知性を現実的な思考に動かすその意志によって現実態に導かれる、と言われる場合は別である。

(8) 第八に対しては次のように言わなければならない。先に語ったことから明白なように、知性認識されるものは働きかけられたものとしてではなく、働きかけの根原としてである。したがって、異論の論拠は妥当しない。

(9) 第九に対しては次のように言わなければならない。或るものは二様の仕方で認識の原因でありうる。一つは認識されるものの側から。この仕方では、より認識されているものはより認識されていないものを認識することの原因である。そして、この仕方で、論証の媒概念は知性認識することの原因である。もう一つの仕方は、認識者の側から。この意味では、認識の原因は可知的対象を認識者において現実的にあらしめるものである。この意味で或るものが自己自身によって認識されるのは何らさしつかえない。

(10) 第一〇に対しては次のように言わなければならない。自然本性的な愛は所有態ではなく現実態である。

(11) 第一一に対しては次のように言わなければならない。知性的な働きは実在的に認識者と認識されるものとの中間ではなく、その働きは両者からそれら両者が合一されているかぎりで発出するのである。

第七項

第七に、或る天使は別の天使を認識するか、が問われる。そして、認識しない、と思われる。その理由、

(1) ディオニュシウスが『天上位階論』第六章[65]で語る通り、天使自身でさえ彼ら相互の関係を知らない。ところで、或る天使が別の天使を認識しているとすれば、彼らは相互の関係を知っているであろう。それゆえ、或る天使が別の天使を認識するということはない。

(2) さらに、『原因論』[66]に言われている通り、「すべての知性実体は自らの上位にあるものを自らの原因として、また自らの下位にあるものを自らの結果であるかぎりにおいて知っている」。ところで、信仰によれば、或る天

使が別の天使の原因であるとは主張されていない。それゆえ、或る天使が別の天使を認識することはない。

(3) さらに、ボエティウス(67)が言う通り、「普遍は知性認識され、個別は感覚される」。ところで、天使はペルソナであるから、一種の個別的なものである。それゆえ、天使は知性によってのみ認識するのであるから、天使が天使を認識することはない、と思われる。

(4) 同様に、或る天使は別の天使を、認識される天使の本質によって認識することはない。というのも、知性がそれによって認識するそのものは知性そのものに内在的でなければならない。ところで、或る天使の本質が他の天使の知性の内にあることは不可能である。というのも、神のみが天使の精神の内に実体的に現前することができるからである〔第二八問題第二項第八異論参照〕。したがって、天使は別の天使をその別の天使の本質によって認識することはできない。

(5) さらに、或る天使は他のすべての天使によって認識されることはできる。ところで、或るものがそれによって認識されるそのものは、認識者そのものに結合している。それゆえ、もし天使が別の天使を、認識される天使の本質によって認識するとすれば、認識される天使は多くの場所に存在しなければならないことになる。実際、認識する天使たちは多くの場所に存在するからである。

(6) 天使の本質は一種の実体であるが、その知性は附帯性である。知性は一種の能力だからである。ところで、実体は附帯性の形相ではない。それゆえ、或る天使の本質は別の天使の知性にとって、その天使がそれによって認識する形相ではありえない。

(7) さらに、知性から分離されているいかなるものも、そのものの現前によって知性に認識されることはない。ところで、或る天使の本質は別の天使の知性から分離されている。すなわち、或る天使は別の天使によって、別の天使の本質の現前によって認識されることはない。

(8) 同様に、或る天使は認識している自分自身の本質によって、他の天使を認識することはできない。実際、下位の天使たちは上位の天使たちの下に立っており、ちょうど可感的な被造物が可知的な被造物の下に立っているようにである。それゆえ、もし上位の天使が自己の本質を認識することによって他の天使たちを認識するならば、同じ理由によって自己の本質によってすべての可感的な事物を認識するであろう。『原因論』[68]に言われている通り、何らの形相にもよらずに認識するであろう。

(9) さらに、他のものの認識に導くものは、他のものとの類似性を持つものだけである。ところで、或る天使の本質は他の天使と類においてでなければ合致していない。したがって、もし或る天使が他の天使を認識するのが、認識している自己の本質によってのみであるとすれば、他の天使を類においてのみ認識することになろう。これは不完全に認識することである。

(10) さらに、或るものがそれによって認識されるそのものは或るものの理念である。それゆえ、或る天使が自らの本質によって他のすべての天使を認識するなら、自らの本質は他のすべての天使の固有の理念であることになろう。しかし、こうしたことは神の本質にのみ適合すると思われる。

(11) 同様に、或る天使は別の天使を類似や自らの内にある何らかの形象によって認識するとは思われない。というのも、ディオニュシウス[69]が語る通り、天使たちは神的な光であるから。ところで、光は何らかの形象によって認識されるのではなく、自己自身によって認識される。それゆえ、天使も形象によって認識されることはない。

(12) さらに、「ヨハネによる福音書」の「闇これ〔光〕を悟らざりき」〔ヨハ一・五〕へのオリゲネスの註釈[70]によって明らかな通り、すべての被造物は闇である。ところで、闇の類似は闇でなければならない。ところで、闇は明るくすることの根原ではなく、暗くすることの根原である。したがって、天使は被造物で、それゆえ闇であるから、自らの類似によって認識されえない。しかし、もし認識されるとすれば、自らの内にある神的光によって認識されなければならない。

(13) さらに、神により近いのは理性的魂よりも天使である。ところで、アウグスティヌス[71]によれば、魂はすべてのものを認識し、すべてのものについて判断するが、それは魂が永遠の諸理念に対して有している結びつきによってであって、魂が自らとともに身体にもたらした何らかの技によってではない。それゆえ、天使は他の天使をその類似によってではなく、永遠の諸理念によってはるかに強力に認識するのである。

(14) 同様に、或る天使は別の天使を生得的な類似によって認識することもない。というのも、生得的な類似は現前するものと隔たっているものとに対して等しく関わっている。したがって、もし或る天使が別の天使を生得的な類似によって認識するとすれば、他の天使が現前しているときと隔たっているときにはその天使を認識しないであろう。

(15) さらに、神は新たに或る天使を造ることができる。ところで、或る天使はいまだ存在していない天使の形相を自分自身の内に所有していることはない。それゆえ、もし天使が自然的な認識によって他の天使を認識するとき、それが生得的形相によってのみなされるとすれば、今存在している天使たちは新たに造られる天使を自然的認識によって認識することはないであろう。

(16) 同様に、或る天使が別の天使を、可知的対象によって刻印された形相によって認識する、といったことはありえないと思われる。感覚は可感的事物から受け取られた形相から認識するが、それと同様ではないのである。というのは、このことによれば、下位の天使は上位の天使によって認識されないことになろう。というのも、下位の天使は上位の天使に刻印することはできないからである。

(17) 同様に、能動知性が表象像から抽象するように、或る天使が抽象された形相によって別の天使を認識することもありえない、と思われる。というのは、そのような場合には下位の天使は上位の天使を認識しないことになろうからである。

以上すべてのことから、或る天使が別の天使を認識することはない、と思われる。

以上に反して、(1)『原因論』[72]において、「すべての知性実体は消滅することもなく、時間で測られることもない事物を知っている」と述べている。ところで、天使たちは不可滅で時間を超えている。それゆえ、或る天使は別の天使によって認識されるのである。

(2) さらに、類似は認識の原因である。ところで、或る天使の知性には、質料的事物よりも別の天使の方が合致する。それゆえ、天使たちは質料的事物を認識するのであるから、はるかにすぐれて或る天使は別の天使を認識する。

(3) さらに、或る天使の知性により比例しているのは、神の本質よりも他の天使の本質である。それゆえ、天使たちは神を本質によって見るのであるから、或る天使は別の天使の本質をよりすぐれて認識することができる。

(4) さらに、『知性実体について』[73]に言われている通り、「すべての非質料的で混合されていない実体は、すべてのものを認識することができる」。このことは『霊魂論』第三巻[74]に「知性は複合を免れているから、すべてのものを認識する」と言われていることから証明される。ところで、非質料的で、複合から解放されていることは天使たちに最高度に適合する。それゆえ、天使たちはすべてのものを認識する。したがって、或る天使は別の天使を認識する。

(5) 同様に、或る天使は別の天使を、認識される天使の本質によって認識する、と思われる。実際、アウグスティヌスは『創世記逐語註解』第一二巻[75]において、天使は自ら見た事柄を「他の霊に混合している或る霊によって」明らかにしている、と語っている。しかし、そのような混合は或る霊が別の霊に、その別の霊の本質によって合一される場合のみに可能的である。したがって、或る天使は別の天使に本質によって合一される。したがって、自らの本質を通してその他の天使によって認識されうるのである。

(6) さらに、認識は一種の現実活動である。ところで、現実活動のためには接触で十分である。それゆえ、或る天使と別の天使との間には霊的な接触があるのであるから、或る天使は別の天使を自らの本質によって認識することは可能であろう。

(7) さらに、或る天使の知性は質料的事物の類似によりも、他の天使の知性により一致する。ところで、天使の知性は質料的事物を認識するために、その事物の類似によって形相化されうる。それゆえ、或る天使の本質も他の天使の知性が或る天使をそれによって認識する形相でありうるのである。

(8) さらに、アウグスティヌスの『創世記逐語註解』第一二巻[76]によれば、知的な直視は、そのものの類似がそのものの本質と同じであるものについて存在する。ところで、或る天使は別の天使を知的な直視でのみ認識する。それゆえ、他の天使をそのものの本質とは別のものである類似によって認識するといったことはない。したがって、先と同じ帰結となる。

答えて次のように言わなければならない。或る天使は間違いなく他の天使を認識する。というのも、いずれの天使も質料を免れていることによって、現実態にある可知的実体であるからである。ところで、天使の知性は可感的対象から何かを受け取ることはない。したがって、その知性は可知的で非質料的な形相そのものに、それらを知性認識することによって向かってゆく。ところで、さまざまな著作家が語ったことを考えると、天使の認識の仕方について異なった意見があったと思われる。

実際、註釈者は『形而上学』第一一巻[77]において、質料から離在している実体において、知性の内にある形相は知性の外にある形相と違っていない、と語っている。ところで、われわれの場合、制作者の精神の内にある家の形相は、精神の外にある家の形相とは別であるということは、外的な形相は質料の内にあり、他方、技の形相は質料を伴わないであることに由来している。ところで、天使たちは、ディオニュシウス[78]が語る通り、非質料的な実体、すなわち形相であるから、或る天使が別の天使にそれによって知性認識される形相は、或る天使がそれによって実体的に存在しているその本質と同じであることが帰結すると思われる。しかし、認識のこの仕方はあらゆる場合に可能的であるとは思われない。というのも、知性がそれによって認識する形相は、その知性よりはるかに優れたものだからである。というのも、形相は知性の完成であるからである。その理由から、哲学者は『形而上学』第一一巻[79]において、神は自己の外の何かを知性認識することはないことを証明している。というのも、もしそうであればその何かが神の知性を完成し、神よりもより優れたものであることになろう。したがって、上位の天使たちは、下位の天使たちを下位の天使たちの本質によって知性認識するとすれば、下位の天使たちの本質は上位の天使たちの知性よりもより完全でより優れたものであることになろう。しかし、これは不可能である。

ところで、この仕方は下位の天使たちが上位の天使たちをそれによって認識するその知性認識の仕方に関して、すなわち下位の天使が上位の天使を上位の天使の本質によって認識することに関しては、ふさわしいことである、と言ってもよいであろう。このことにディオニュシウスの『神名論』第四章[80]の言葉は一致する。そこで、彼は天使たちを「可知的実体と知性的実体」に区別していると思われる。実際、上位の実体を可知的と呼び、下位の実体を知性的と呼んでいる。そこでまた下位の天使にとって上位の天使は、「食物として」あるとも語っている。そして、この陳述は、より上位の天使の本質は、より下位の天使がそれによって認識する形相であることを意味していると理解されうる。ところで、この見解は、上位の知性実体が下位の知性実体を創造すると主張した哲学者たちによっては支持されえたであろう。というのは、その場合には、上位の天使は、いわば下位の天使を存在の内に保つ原因として、下位の天使に親密に存在するであろうと、何らかの仕方で主張することができたであろう。しかし、われわれはそのような働きを神にのみ帰することができる。実際、神は人間と天使との精神の内に実在的に現在するからである。ところで、知性がそれによって知性認識する形相は、認識している知性の内において現実的に存在しなければならない。それゆえ、何らかの霊的実体について、自らの本質によって他の天使によって見られる、と言うことはできない。そうしたことは神にのみ言われうることである。

或る天使が自らの本質によって他の天使によって見られるということは、他の哲学者たちの見解でもなかったのである。このことは、彼らの語っていることをよく観察すればきわめて明らかである。たとえば、註釈者は『形而上学』第一一巻[81]において、土星球の動者が第一の天球の動者について認識していることは、木星球の動者がそれについて知っていることとは違っている、と語っている。ところで、このことが真であるのは、それら両者がそれによって知性認識するそのものに関してのみである。そして、このことは、もしそれらのそれぞれが上位の天球の動者をその本質によって認識するとしても、可能ではないであろう。『原因論』[82]の註解においても「下位の知性実体」は自分よりも上位のものを自らの実体の様相によって知るのであって、上位の実体の様相によって知るわけではない、と言われている。アヴィセンナもその『形而上学』[83]において「知性実体がわれわれの内に現存すること」とは、それら知性実体がわれわれの内に生ぜしめた諸結果のみを意味していると語っているのであって、それらがそれら自身の本質によって知性の内にある、といったことを語っているのではない。ところで、上で註釈者の『形而上学』第一一巻の言葉から引用された事柄は、質料から離在した何らかの実体が自己自身を知性認識するときに、理解されるべきである。というのは、その場合には、知性の内にある形相と事物がそれによって自己の内に自存する形相とは別である必要はないからである。というのは、そのような事物がそれによって自己の内に自存する形相そのものは、質料から完全に自由であるために現実的に可知的であるからである。ディオニュシウスの言葉も先にそれらに帰せられた意味で解せられるべきではない。彼は同じ天使たちを可知的と知性的と呼んでいるのである。あるいは上位の天使を可知的天使と呼び、上位の天使の光の中で下位の天使が認識するかぎりで、上位の天使を下位の天使の食物と呼んでいるのである。

他方、他の人々の語った事柄から、天使は自己の本質によって、すなわち、見ている者の本質によって他の天使を見ている、と思われる。これはアウグスティヌスが『三位一体論』第一〇巻[84]で次のように語るときに、意図していたことと思われる。すなわち、「精神そのものは物体的な事物の知標を身体の諸感覚によって集めるように、非物体的な事物の知標を自分自身によって集める」と。このことは天使の精神についても同様に真実である。天使は自分自身を認識することによって他の天使たちを認識するからである。『原因論』[85]において「知性実体は自己の上にあるものと自己の下にあるものを」自己の実体の仕方によって「認識する」と語られていることも、このことを支持する。しかし、以上の説明は十分とは思われない。というのは、すべての認識は類似化によって成立するのであるから、天使は自分の本質によって他の天使について、自分の本質に他の天使がそれによって似ているそのもの以上には認識することはできない。ところで、或る天使が他の天使に類似化するのは、共通の本性においてのみである。したがって、或る天使が他の天使を完全な認識によって認識することはできないことが帰結するであろう。とりわけ、多くの天使が一つの種に属している、と主張する人々においてはそのことが帰結するであろう。しかし、このような見方はそれぞれの天使は相互に種的に相違していると主張する人々によって何らかの仕方によって支持されうるであろう。というのは、いずれの天使も自らの本質を認識することによって知性的本性を完全に認識し、知性的本性が完全に認識されるとき、知性的本性のあらゆる段階が認識されるからである。ところで、諸天使の内に異なる種が区別されるのは、知性的本性の完全性の段階によってのみである。このことによって、或る天使は自らの本質を見ながら、知性的本性の個々の段階の概念を捉え、このような諸々の概念によって他のすべての天使たちについて完全な認識を有するのである。

このようにして、他の人々が或る天使は他の天使を獲得された形相によって認識する——前述の概念が獲得された形相と言われるとすれば——と主張することが救われうるのである。たとえば、もし白さが自分自身を知性認識すると仮定すると、色の本性を完全に認識するであろう。したがって、色のすべての種を色の段階によって明白に認識するであろう。さらに、もし一つの種にただ一つの個しかないとすれば、すべての個的な色をも認識するであろう。

ところで、この説明の仕方も十分であるとは思われない。というのは、たとえあらゆる種の内にただ一つの天使しかいないとしても、いずれの個的な天使の内にも、その種的本性の可知的な構成に従ってその天使に属する事柄と、個としてのその天使に属する事柄との間には相違があるからである。たとえば、その天使自身の個的なさまざまな働きのごときである。そして、この説明の仕方によれば、これら個的な働きは他の天使によって決して認識されえないであろう。ところで、アウグスティヌスの典拠は、精神は自己自身を認識の手段としてそれによって他の諸事物を認識することを意味しているのではなく、認識能力としての自己によって認識することを意味しているのである。実際、このようにして物体的諸事物は感覚によって認識されるのである。

それゆえ、別の説明の仕方が選ばれるべきである。すなわち、或る天使は別の天使たちを自らの知性の内に存在する他の天使たちの類似によって認識する、と言われるべきである。ただし、その類似は抽象されたり、他の天使から刻印されたり、あるいは何らかの仕方で獲得された類似ではなく、創造によって神から刻印された類似である。ちょうど、天使が質料的事物をこのような類似によって認識するごとくである。このことは以下の異論解答によってより明らかになるであろう。

(1) したがって、第一に対しては次のように言わなければならない。天使たちは或る者の別の者への、それ自身で考察された秩序を認識している。しかし、天使たちはその秩序が神の摂理に服しているかぎりでそれを把握しているわけではない。というのは、そうしたことは彼らが摂理そのものを把握しうることを意味することになろうからである。

(2) 第二に対しては次のように言わなければならない。原因と結果との関係は、結果がその原因への何らかの類似を、またその逆の類似を帯びているかぎりでのみ、認識の根拠である。したがって、もしわれわれが或る天使の類似が他の天使の内に存在することを、或る天使が他の天使の原因あるいは結果であることを認めることなしに、認めるならば、われわれはなお認識のための十分な基礎を有するであろう。というのも、認識は類似化によって生ずるからである。

(3) 第三に対しては次のように言わなければならない。ボエティウスの典拠は諸感覚のもとに入ってくる個別的な質料的事物に関わるものとして理解されるべきである。しかし、天使はこの種の個別的なものではない。したがって、異論の推論は帰結しない。

(4)–(10) 或る天使が別の天使を、見られる天使あるいは見ている天使の本質いずれよっても認識しないことを説明している異論〔第四異論—第一〇異論〕の諸論拠をわれわれは承認する。もっとも、それら論拠に何らかの仕方によって答えることは可能であるけれども。

しかるに、或る天使が別の天使を類似によって認識しないことを説明している異論の諸論拠に対しては次のように答えなければならない。

(11) それらの異論の第一〔第一一異論〕に対しては次のように言わなければならない。光の何らかの類似、あるいは光よりもより弱いものが存在することは可能的である。たとえば、照明している実体の光源のごときである。同様に、天使たちは、現実的に可知的な形相であるかぎりにおいて、光と言われるのであるから、彼らが他の天使たちについて有しているその類似性がより上位の天使の内にはより卓越した仕方で存在し、より下位の天使の内にはより劣った仕方で存在するのは、何ら不都合なことではない。

(12) 第一二に対しては次のように言わなければならない。すべての被造物はそれ自体で考察すると、闇であるか虚偽であるか無であると言われる場合、このことは自らの本質が闇とか虚偽とかであるゆえと理解されるべきではなく、存在も光も真理も他者からしか所有していないからと理解されるべきである。それゆえ、他者から所有しているこれらのものを別にして考察すれば、それは無であり闇であり虚偽である。

(13) 第一三に対しては次のように言わなければならない。魂が永遠の諸理念に結合されるのは、永遠の諸理念の何らかの刻印がわれわれの精神の内にあるかぎりにおいてである。たとえば、すべてのものについて、それによって判断する自然本性的に認識される原理命題がそれである。そして、このような刻印は天使たちの内にもそれによって認識する類似として存在している。

(14)―(17) 第一四に対しては次のように言わなければならない。天使は他の天使を認識するが、それは抽象された類似でもなく、刻印された類似でもなく、生得的な類似によって認識するのである。この類似によって天使は他の天使の認識へと、しかもその実体に関してのみならず、そのすべての附帯性に関しても、導かれるのである。したがって、これら類似によって、他の天使が隔たっているときも現前しているときも認識するのである。

(1)―(4) 或る天使が別の天使を認識することを証明する推論をわれわれは承認する。

他方、天使が自らの本質によって他の天使に認識されることを証明する推論に対しては次のように答えられるべきである。

(5) 反対異論の第五に対しては次のように言わなければならない。アウグスティヌスが語っているかの認識は、本質に関してではなく、上位の霊が下位の霊を照明するかぎりでその働きに関して理解されるべきである。

(6) 反対異論の第六に対しては次のように言わなければならない。認識するものと認識されるものとは、既述のこと〔第六項〕から明らかなように、能動者と受動者のように関係しているのではない。かえって、それらから認識の一つの根原が生じる二つのものとして関係している。したがって、認識するものと認識されうるものとの間の接触は認識に十分ではなく、認識されうるものは認識するものに、自らの本質によってにせよ自らの類似によってにせよ、形相として合一するのでなければならない。

(7) 反対異論の第七に対しては次のように言わなければならない。天使の本質は、一つの本性の分有によっては別の天使の知性に、質料的事物の類似が天使の知性に一致するよりもいっそう一致している。しかし、完成と完成されうるものとの間に要請される関係の一致によってではない。たとえば、或る魂は身体によりも別の魂により合致するように。それでいて、魂は身体の形相であるが、或る魂が別の魂の形相であるわけではないのである。

(8) 反対異論の第八に対しては次のように言わなければならない。アウグスティヌスの典拠は二様に解説されうる。一つは、彼は霊的な直視を語っていると解せられる。この直視によって被造の霊は自己自身を、あるいは神を、あるいは自らの内に存在する他の諸事物を自らの本質によって見るのである。というのは、石は魂によって認識されるとしても、石が魂の内にその本質によって現存していないことは明らかだからである。もう一つの仕方は、ものがそれによって認識されるその形相にではなく、認識の対象に関係づけられるように解説される。というのは、感覚と想像力の対象は外的な附帯性であって、それは事物の類似であって事物そのものではない。他方、知性の対象は事物の何であるか、すなわち事物の本質そのものである。それは『霊魂論』第三巻[86]に語られている通りである。したがって、知性の内にある事物の類似は事物の本質の直接の類似である。ところで、感覚や想像力の内にある類似は事物の諸々の附帯性の類似である。

第八項

第八に、天使は質料的事物を何らかの諸形相によって認識するのか、あるいは認識している自らの本質によって認識するのか、が問われる。そして、自らの本質によって認識する、と思われる。その理由、

(1) それぞれの事物は自らの範型において十分に認識される。ところで、『神名論』第五章[87]において、存在者において上位のものは下位のものの範型である、と語った哲学者クレメンスの見解が引用されている。したがって、天使の本質は質料的な諸事物の範型である。それゆえ、天使たちは質料的なものどもを自らの本質によって認識するのである。

(2) さらに、質料的事物は自らの固有の本質においてよりも、神の本質においてよりよく認識される。というのも、それらは神の本質の内により明瞭に反映しているからである。ところで、神の本質により近いのは質料的事物より天使の本質である。それゆえ、それら事物は自らの固有の本性においてよりも、天使の本質においてよりよく認識されうる。それゆえ、われわれはそれら事物をそれらの固有の本性において認識するのであるから、自らの本質を直視している天使たちはすべての質料的なものを認識するのである。

(3) さらに、天使の知性の光はわれわれの魂の一部分である能動知性の光よりもより完全である。ところで、能動知性の光においてわれわれはすべての質料的なものを認識する。というのは、その光はすべての可知的なものどもの現実態だからである。それゆえ、天使は自らの光を認識することによって、すべての質料的なものどもをより強く認識するのである。

(4) さらに、天使は質料的諸事物を認識するのであるから、それらを形象によって認識するか、自らの本質によって認識するかのいずれかでなければならない。ところで、形象によって認識することはない。というのは、天使は質料から解放されているから、個別的な形象によっても普遍的な形象によっても認識することはない。と

いうのは、もしそうだとすれば、それらについて完全で固有な認識を持つであろう。それゆえ、天使は自らの本質によって質料的事物を認識するのである。

(5) さらに、もし物体的光が自分自身を認識するとすれば、それはすべての色を認識することになろう。というのは、それはすべての色の現実態だからである。それゆえ、天使は霊的な光であるから、自己自身を認識することによってすべての質料的なものどもを認識するであろう。

(6) さらに、天使の知性は神の知性と人間の知性との中間のものである。ところで、神の知性は万物を自らの本質によって認識するが、人間の知性は万物を形象によって認識する。それゆえ、天使の知性は少なくとも或るものは自己の本質を認識することによって、認識するであろう。

(7) さらに、ディオニュシウスは『神名論』第七章[88]において「聖書は、天使たちが地上にあるものどもの認識をそれらを見ることによって有している、ただし、感覚によってではなく、彼らの神に似た精神の力と本性によって見ている、と述べている」と語っている。それゆえ、自らの力や本性を認識することによって質料的なものどもを認識するのである。

(8) さらに、質料的な鏡が認識しうるとすれば、質料的な事物の形象がその鏡に反映していないときには、質料的事物を自らの本質によって認識することになろう。ところで、天使の知性には質料的事物からの形象は反映していない。それはディオニュシウスの『神名論』第七章[89]に明らかな通りである。それゆえ、もし質料的なものを認識するとすれば、天使はディオニュシウスの『神名論』第四章[90]に明らかなように、一種の鏡であるから、それらを自らの本質によって認識するのでなければならない。

(9) さらに、天使における認識能力は質料的事物の自然的な能力よりもより完全である。ところで、質料的なものどもの多くの能力は自己そのものによって自らの対象に何かがそれらに附加されることなしに達することができる。それゆえ、天使の知性は質料的な事物を何らの形象もなしに自らの本質によって認識することができるであろう。

(10) さらに、火の燃やす能力よりも天使の認識する能力の方がより強力である。ところで、火は燃やされうる質料をその質料が火の中に入ることなしに燃やすことができる。それゆえ、天使も自分自身の内に認識されうる何らかの形象が存在することなしに、自分自身によって認識するのである。

以上に反して、(1)『原因論』[91] において、「すべての知性実体は諸形相で満ちている」と語られている。また同じ書において「形相は知性実体において可知的な仕方で存在している」と言われている。それゆえ、このような形相によって認識するのであって、自己の本質によって認識するわけではない。

(2) さらに、天使の本質は質料的な事物によりも他の天使により合致する。ところで、天使は自己の本質を認識することによって、他の天使たちを認識することはできない。それゆえ、自己の本質を認識することによって質料的なものを認識することはないであろう。

(3) さらに、一性の根原であるものは、区別の根原であることはできない。ところで、天使の本質は一性そのものの根原である。というのも、本質によって天使は一なるものだからである。それゆえ、天使の本質は諸事物についての区別された認識の根原であることはできない。

(4) さらに、神以外の何ものも自らが所有しているものそのものではない。ところで、天使は知性的能力を所有している。それゆえ、天使は知性的能力そのものではない。それゆえ、天使はそれによって自らが認識するそのものであることは、はるかに少ない。それゆえ、天使は諸事物を自らの本質によって認識することはない。

答えて次のように言わなければならない。すべての認識は類似化によって成立する。ところで、或る二つのものの間の類似は形相の合致に即してある。ところで、結果の一性は原因の一性を示し、したがって、いずれの形相の類においてもその形相の一つの第一の根原へと戻らなければならないから、二つの事物が相互に類似するのはただ二つの理由によってのみである。すなわち、一方が他方の原因であるか、あるいは両者が、同じ形相を両者に刻印している一つの原因によって生ぜしめられているか、のいずれかである。この原理を用いてわれわれは、天使たちは質料的事物を、哲学者たちが天使たちは知っていると語るその仕方とは違った仕方で認識する、と主張するのである。

実際、われわれは天使たちが質料的事物の原因であるとは主張しないで、神が可視的なものや不可視なもの、すべてのものの創造者であると主張する。したがって、天使の内にある質料的な事物の類似は、それら質料的な事物の原因である者から由来しているのでなければ、存在することはできない。ところで、或るものが自分自身からではなく、他者から持っているすべてのものは自らの本質の外に内在している。この理由によって、アヴィセンナ(92)は第一の在る者を除いていずれの事物の存在も、そのものの本質とは別のものである、というのも、すべてのものは存在を他者から所有しているから、と証明している。したがって、天使の内に存在している質料的な事物の類似は、天使の本質とは別のもので、神によって刻印されたものでなければならない。ところで、神の精神の内にある質料的な事物の諸理念は生命と光である。それらが生命であるのは、それらが諸事物を構成するために存在へと発出するかぎりにおいてである。ちょうど技の形相が制作品に発出するごとくである。他方、それらが光であるのは、自分に類似した何らかの刻印像を天使たちの精神に作出するかぎりにおいてである。

ところで、哲学者たちは天使たちが質料的事物の創造者である、と主張した。しかし彼らの見解によればさらに、質料的事物を自らの本質によってではなく、附加された諸形相によって認識するのでなければならない。というのは、諸結果の類似はその原因の内に、その結果を産出する力がそこにあるその仕方によってのみ存在するからである。ところで、『原因論』(93)に言われている通り、「可知的実体が下位の諸事物に存在を与えるのは、自らの内に存在する神の力によってのみ可能なことである」。それゆえ、この著作者は知性実体のこの働きを神的と呼んでいる。したがって、この力は自らの本質の原理から発するものではなく、他者から獲得されたものである。したがって、このような能力はそのものの本質の外にあって内在しているのである。それゆえ、たとえ質料的事物が天使によって生ぜしめられるとしても、それら質料的事物の類似は天使の本質の外に内在するであろう。

したがって、どのような立場が採用されても、天使は質料的事物を自らの本質によって認識することはなく、天使の内に存在する質料的事物の形相によって認識することは明白である。

(1) 第一に対しては次のように言わなければならない。範型は、固有の意味においては、範型づけられたものとの関連において、原因の性格を含意している。というのは、範型はそれを模倣することによって他のものが生ずるそのものであるからである。それゆえ、ディオニュシウスも同所で、諸事物の範型とは、神の内に存在する諸理念と言われることを望んで、クレメンスの命題を非難しているのである。しかし、もし範型が広義に何らかの仕方で他者によって表現されるすべてのものの意味で語られるならば、その意味では天使たちの本質も質料的事物の範型と言われうるのである。ところで、神の本質は、自らのもとに有しているそれぞれの事物の範型的イデアによって、それぞれの事物のその事物の個別性における範型である。同様に、天使の本質も、自らのもとに所有している形相によって、質料的事物のそれら事物の個別性における類似である。もっとも、この形相は、神におけるイデアについて妥当するようには、天使の本質と同じというわけではない。

(2) 第二に対しては次のように言わなければならない。神の本質は無限である。それゆえ、何らかの類に限定されているのではなく、すべての類の諸々の完全性を自らの内に結集しているのである。それはディオニュシウスが『神名論』の最後の章[94]で、また哲学者と註釈者が『形而上学』第五巻[95]に語っている通りである。したがって、神の本質はすべての事物の、それらの個別性においての類似である。したがって、すべての事物は神の本質によって完全に認識されるのである。ところで、天使の本質は或る特殊の類に限定されている。それゆえ、それはそれ自身においてすべての質料的な事物の類似ではありえない。すべての個別的な特性を備えた事物を認識するためには、天使はその類似を与えられていなければならない。しかしこれは天使の本質を超えることである。

(3) 第三に対しては次のように言わなければならない。万物は能動知性によって認識されるが、万物を認識するに十分な類似によってのように、認識されるわけではない。というのは、能動知性はこの形相とかあの形相とかであるかぎりのすべての可知的形相の現実態であるのではなく、これらの形相が可知的なものであるかぎりにおいてのみ、それらの現実態であるからである。ところで、能動知性によって万物が認識されると言われるのは、認識の能動的な根原によってのように認識されるからである。

(4) 第四に対しては次のように言わなければならない。天使は個別的な形象によっても、感覚から抽象された普遍的形相である普遍的形象によっても事物を認識することはない。かえって、天使は諸事物を普遍的なものと個別的なものとの両者を表現している普遍的形象によって認識する。このことは後の議論からより明らかになろう〔第九項および第一一項〕。

(5) 第五に対しては次のように言わなければならない。物体的光が、もし自分自身を認識するとすれば、そのことのゆえにすべての色を特定して認識しているわけではないであろう。それは色がただ可視的であるというかぎりで、それらを認識するだけであろう。さもなければ眼も光を見ることによってすべての色を見ることになろう。しかし、これは明らかに偽である。

(6) 第六に対しては次のように言わなければならない。天使の知性は人間の知性と神の知性の中間に位置しているから、天使の知性は自己自身とは別のものを、自らの本質に附加された諸形相によって認識する。この関連では、それは神の知性に及ばない。しかし、天使の知性は自己自身を自己自身の本質によって認識する。この関連では、天使の知性は人間の知性を凌いでいる。

(7) 第七に対しては次のように言わなければならない。ディオニュシウスの典拠は、天使の能力や本性は天使が他の諸事物をそれによって認識する手段であることを意味するように理解されるべきではなく、天使の認識の仕方は彼の本性や力の諸特徴に従うのであって、彼が認識する諸事物の本性の諸特徴に従うのでないことを意味するように理解されるべきである。このことは、天使は質料的な事物を非質料的な仕方で認識し、感覚の対象をいかなる感覚の支援もなしに認識するという事実から明らかである。

(8) 第八に対しては次のように言わなければならない。物体的な鏡は、もし自己自身を認識するとしても、自己の本質を認識することによって他の事物を認識することは決してないであろう。それは自分自身の中に反映している形相を認識することによってのみ諸事物を認識するであろう。さらに、これら形相が事物から受け取られたものであれ、鏡に生得的なものであれ、違いは何らない。

(9) 第九に対しては次のように言わなければならない。天使の認識能力は質料的事物の自然的な能力よりもより優れた働きへと秩序づけられている。それゆえ、より多くの助けを必要とするとしても、より完全でより優れたままに留まっているのである。

(10) 第一〇に対しては次のように言わなければならない。認識する者は認識されるものに対して、その一方が能動的で他方が受動的であるところの燃やすものが燃やされるものに対するようには、関係していない。かえって、認識する者と認識されるものとは、認識されるものと認識する者とから何らかの仕方で一つのものが生ずるかぎりにおいて、認識の一つの根原として関わっている。それは既述のこと〔第六項〕から明らかである。したがって、異論の推論は帰結しないのである。

第九項

第九に、天使が質料的事物をそれによって認識する形相は生得的なものか、あるいは事物から得られたものか、が問われる。そして、生得的なものではない、と思われる。その理由、

(1) 思弁的知は実践的知から、実践的知は事物に向かうのに対し、思弁的知は事物に由来するという点において相違している。ところで、天使たちは質料的事物について実践的な知を持っていない。ダマスケヌス[96]が語る通り、天使たちはそれら事物の制作者ではないからである。天使たちは思弁的知のみを有しているのである。それゆえ、天使たちの知は諸事物から得られたものであって、生得的形象によってあるものではない。

(2) さらに、「エフェソの信徒への手紙」に、「神の多方面なる知恵が、教会を通して天における支配や権威に知られんため」〔エフェ三：一〇〕と言われている。そこからヒエロニュムス[97]は天使たちが受肉の神秘を使徒たちから学んだのだ、と理解した。ところで、生得的な形象によってある知は他者から獲得したものではない。それゆえ、天使たちの知は生得的な形象によるものではない。

(3) さらに、天使の生得的な形象は現在の事柄と未来の事柄に対等に関わっている。しかし、天使たちの知は両者に対等に関わっているのではない。実際、現在している事柄は知っているが、未来の事柄は知らないからである。それゆえ、天使たちの知は生得的な形象によってあるのではない。

(4) さらに、天使たちは質料的な諸事物の判明な認識を有している。ところで、事物についての判明な認識は、区別の根原であるものによってのみ所有されうる。というのは、存在の根原と認識の根原とは同じだからである。ところで、質料的事物における区別の根原はそれらの形相である。したがって、天使たちが質料的事物について有する認識は事物から受け取られた形相によるのでなければならない。

(5) さらに、生得的、あるいは本性的に内在しているものは常に同じ仕方である。ところで、天使たちの知は常に同じ仕方であるわけではない。というのは、先には知らなかった或ることを今は知っているからである。それゆえ、ディオニュシウス[98]によれば、彼らの或る者たちは無知から浄められるのである。それゆえ、彼らの知は生得的な形相によるものではない。

(6) さらに、天使たちの内にある形相は普遍的である。ところで、『霊魂論』第一巻[99]に言われている通り、「普遍は何ものでもないか、より後なるものかである」。それゆえ、それら形相は何ものでもないか、事物から獲得されたものとして事物よりも後なるものかである。

(7) さらに、何ものも、それが認識者の内にあることによってでなければ、認識されない。それゆえ、もし天使が質料的な事物を認識する場合、質料的事物そのものはそれら事物によって刻印された形相によって、天使の知性の内に存在しなければならない。

(8) さらに、天使たちにおける知性的光は、人間の魂の光よりもより効力のあるものである。ところで、われわれにおいて能動知性の光によって諸形象は、表象像から抽象される。それゆえ、天使の知性は可感的事物から何らかの形相をはるかに強く抽象しうるのである。

(9) さらに、「下位の力の為しうることは、上位の力も為しうる」〔第二問題第六項第四異論〕。ところで、天使たちより下位にあるわれわれの魂は、生得的でもなく事物から受け取ったのでもない形相を自分自身の内に産出することによって、自己を諸事物に合致させることができる。たとえば、われわれの想像力は黄金の山の表象を形成することができる。しかし、その山は見られたことがない。それゆえ、天使は自らに現前している諸事物に自己を合致させることができ、それらをこの仕方で認識することができる。したがって、天使は質料的事物を生得的形象によって認識する必要はなく、自らの内に自らが造る形象によって認識することができるのである。

以上に反して、(1) ディオニュシウスは『神名論』第七章[100]において、天使たちは認識を感覚や分割されうる事物から集めることはない、と語っている。それゆえ、天使たちは事物から得られた形相によって認識するのではない。

(2) さらに、すべての物体を超える天使の上位性は、下位の物体を越える上位の物体の上位性よりはるかに大きい。ところで上位の物体はその高貴さのゆえに、下位の物体からの影響を何ら受けない。したがって、天使の知性は物体的事物を認識するために、物体的事物から形相を受け取ることははるかに少ない。

答えて次のように言わなければならない。天使たちは質料的事物を自らの本質によってではなく、何らかの形相によって認識することを前提するとき、それら形相について三通りの意見がある。或る人々は、天使たちがそれによって認識するそれら形相は、質料的事物から得られたものである、と主張する。ところで、こうしたことはありえない。というのは、諸事物から何らかの形相を受け取る知性は、それら事物に対して二様の仕方で関わる。すなわち、能動とか受動を広義に解するとき、知性は能動者と受動者として関わるのである。というのは、質料的事物あるいは感覚ないし表象の内にある形相は、質料を完全に脱却していないから、現実的に可知的ではなく、ただ可能的にのみ可知的であるにすぎない。したがって、それらは知性の働きかけによって現実的に可知的なものにされることが帰結する。そして、このことがわれわれの内に能動知性を指定する必要性である。ところで、さらに、これら形相が可知的にされたときでも、われわれが諸事物をそれら形相によって認識するのは、それら形相がわれわれの知性に、認識者と認識されるものとが一つになるように、合一される場合だけである。したがって、知性はこのような形相を受け取らねばならない。したがって、諸事物から何らかの仕方で働きかけられるのである。すなわち、受け取ることがすべて一種の受動であるかぎり、働きかけられるのである。ところで、形相は質料に対して現実態が可能態に対するように関わっているが、能動者は受動者に対して、それぞれの事物は現実的であるかぎりで働きかけ、可能的にあるかぎり働きかけられるのであるから、現実態が可能態に対するように関わっているのである。さらに、特定の現実態は特定の可能態への特定の関係を有しているのであるから、特定の受動性は特定の能動者に呼応し、またその逆でもある。ちょうど、質料と形相が相瓦に関係しているように。それゆえ、能動者と受動者は一つの類に属していなければならない。というのも、可能態と現実態は在るもののすべての類を分割するからである。たとえば、白は黒からのみ働きを受けるのであって、甘さからは附帯的にしか働きかけられない。ところで、質料的事物と可知的事物とはまったく異なった類に属している。というのも、質料において一致しないものは類において一致しないことは、哲学者の『形而上学』第五巻と第一〇巻[101]から明らかである。それゆえ、質料的事物は知性に直接に働きかけられたり、あるいは知性に直接働きかけたりすることはありえない。したがって、自然の創造者はわれわれの内に可知的な仕方と質料的な仕方との中間的な仕方で、形相がそこに存在する感覚的な諸能力を与えたのである。実際、感覚的諸能力は、質料を持たない形相であるかぎりで、可知的形相と一致するが、質料の諸条件からいまだ脱却していないというかぎりでは、質料的形相と一致するからである。それゆえ、能動と受動は質料的事物と感覚的諸能力との間で、それらの仕方で存在しうるのである。同様に、これら感覚的能力と知性の間にも存在しうるのである。それゆえ、もし天使の知性が質料的事物から何らかの形相を得るのだとすれば、天使は感覚的能力と、したがって天使に自然的に合一した身体を有していなければならなかったであろう。したがって、プラトン派の或る人々がそう主張したように、この見解は天使を動物と見なし、天使たちは質料的諸事物から形相を得ると見なすと思われる。しかし、こうしたことは聖なる人々の典拠と正しい理性に背くものである。

したがって、他の人々によれば、天使たちは事物から獲得した形相によって認識するのではなく、生得的な形相によって認識するのでもなく、天使たちに現前しているどんな事物にも自らの本質を合致させることができると主張される。これらの人々は事物の認識はこの種の合致から帰結すると主張する。しかし、彼らの意見は意味をなさないと思われる。なぜなら、或る事物が別の事物に合致しうるのは、後者の事物の形相が前者の事物の内に現前するようになる場合だけである。また、天使の本質そのものがそれ自身の働きによって質料的事物の形相になる、といったことはありえない。なぜなら天使の本質はいつもただ一つの特質を持つだけだからである。それゆえ、天使が自らをそれによって事物に合致させる形相は、天使の本質に附加された何ものかであり、より先には天使において可能的に存在したものである。というのも、天使はより先にそのような合致への可能態にあったのでなければ、自らを事物に合致させたということはありえないだろうからである。実際、何ものも現実態にあるものによってでなければ、可能態から現実態へと引き出されることはないからである。したがって、天使の内に、天使が自らをそれによって事物に可能的に合致されうるものから現実的に合致されうるものに導く何らかの諸形相が、先在していなければならないであろう。たとえば、われわれの想像力は以前にわれわれの内に存在していた形象、たとえば金と山の形象から金の山といった新しい形象を形成する。同様に、知性も類と種差の形相から種の定義を形成するのである。それゆえ、天使の内に或る諸形相が先在しているという立場に戻らなければならない。そして、これら形相は事物から獲得された形相か、あるいは生得的な形相かでなければならない。

したがって、より広く流布しより真なる第三の見解は、天使たちは質料的事物を生得的な形相によって認識するという主張に即して語られるべきだと思われる。というのは、神の精神の内に存在する永遠な諸理念から質料的形相が諸事物の自存のために発出するように、すべての事物の形相が神から天使たちの知性にそれらを認識するために、発出するのである。したがって、天使の知性はわれわれの知性を、ちょうど形相化された事物が無形相の質料を超えているように、超えているのである。したがって、われわれの知性は「何ものもそこに書かれていない書字板[102]」に喩えられるが、天使の知性は書かれた書字板、あるいは諸事物の理念がそこに反映している鏡に喩えられるのである。

(1) したがって、第一に対しては次のように言わなければならない。思弁的知と実践的知という異論の相違は自体的なものではなく、それら知が人間のものであるかぎりでの附帯的な相違である。というのは、人間は自分が作ったものでない事物については、事物から得られた形相によってでなければ、そのものの認識を持つことはないからである。他方、自らが創造されたときから自らに賦与された諸事物の形相を持っている天使については事情は別である。

(2) 第二に対しては次のように言わなければならない。受肉の神秘は最初人間どもによりも天使たちに知られている。それゆえ、人間どももその神秘について天使たちを通じて教えられた、とディオニュシウスは『天上位階論』第四章[103]で語っている。というのも、天使たちは永遠に神の内に隠されていた受肉の神秘を認識していたからである。そして、天上にある天使たちの教会を通して、この世の主だった人々や権能ある人々に前述の神秘が知られることになったのである。そして、そこで教会について語られていることは、アウグスティヌスが『創世記逐語註解』第五巻[104]で説明している通り、天使たちの教会に関係づけられるべきである。もっとも、ヒエロニュムスは反対のことを言っているように思われるけれども。しかし、ヒエロニュムスの言葉は天使たちが人間どもから知を獲得した、という意味に理解すべきではない。かえって、彼の意味したことは、使徒たちが先に預言者たちによって予言されていて、すでに実現した事柄を公に語っているとき、天使たちはそれらをより十分に認識していた、ということである。ちょうど、後に明らかにされる通り〔第一二項〕、未来の事柄よりも現在の事柄をより十全に知っているようにである。

(3) 第三に対しては次のように言わなければならない。天使は未来のいかなる出来事をも認識していないとしても、それらが起こるときにはその出来事を認識する。しかし、このことから、彼らは認識している諸事物から形象を獲得することが、帰結するわけではない。というのも、認識は認識者が認識されるものに類似化することによって生ずるのであるから、人が或る事物について新しい認識を得ることが起こってくるのは、彼がその事物に新たな仕方で類似化することが起こってくるかぎりにおいてである。そして、このことは二様の仕方で起こる。一つは、自分の動によって。もう一つは、自らがすでに持っている形相への他のものの動によって。同様に、或る人が新しい或るものを認識し始めるのは、一つの仕方では彼が今認識している対象から初めて形相を得ることによってである。このことはわれわれにおいて起こっていることである。

もう一つは、認識される対象が初めて、認識者の内にある形相に到達することによってである。この仕方で天使たちは新たに、以前には未来の事柄であったところの現在の事柄を認識するのである。たとえば、或る人がいまだ存在していないときには、天使の知性は自らの内に持っている人間の形相によって、その人にいまだ類似化することはないであろう。しかし、その人が存在するようになるとき、天使の知性はその人にこの形相によって類似化し始める。その際、その対象との関連で自らの内に何らの変化もなしにこれを行うのである。

(4) 第四に対しては次のように言わなければならない。知性の内には、事物がそれによって存在している形相そのものではなくそれの類似が存在するように、或る諸事物の判明な認識は認識者のもとに区別の根原そのものの存在を必要としないで、自らのもとにそれらの類似が存在することで十分である。判明な認識に関してこれら類似がどこから得られるかは何ら相違をもたらさないのである。

(5) 第五に対しては次のように言わなければならない。天使の知性は新しい可知的な形相を獲得することなく、或ることを新たに、二様の仕方で認識することができる。一つは、すでに語られた通り、或るものが新たにそれら形相に類似化することによってである。もう一つは、知性が或るより強い光によって同じ形相からより多くの認識を引き出すよう強められることによってである。ちょうど、表象の内に存在する同じ形相から、予言の光が加わってくるとき、能動知性の自然的光によっては得られることのできなかった何らかの認識が得られるのと同様にである。

(6) 第六に対しては次のように言わなければならない。哲学者の言葉はわれわれの把捉の内にあるかぎりでの普遍について理解されるべきである。この普遍によってわれわれは自然物を把捉するのである。というのも、この普遍は自然的事物から得られたものだからである。ところで、われわれの把捉の内にある普遍も、制作物との関連ではより後なるものではなく、より先なるものである。というのは、われわれのもとにある技の普遍的な形相によって、われわれは制作物を産出するからである。同様に、永遠の諸理念によって神は被造物を産出し、それら理念から天使の知性の諸々の形相は流出するのである。それゆえ、天使の知性の諸形相は事物より後なるものであることが帰結するのではなく、それら形相は永遠の諸理念よりは後なるものであることが帰結するのである。

(7) 第七に対しては次のように言わなければならない。認識者の内にある認識されるものの形相は、認識されるものから得られたものであれ、そうでないものであれ、認識されるものは認識者の内に同じ仕方で存在する。したがって、異論の推論は目下のことには妥当しない。

(8) 第八に対しては次のように言わなければならない。天使の知性の光と可感的事物との間に、この光によって可感的事物が現実的に可知的なものにされるような、類比があるわけではない。それは既述のことから明らかである。したがって、異論の推論は帰結しない。

(9) 第九に対しては次のように言わなければならない。魂は、自らの内に何らかの諸形相が先在しているのでなければ、自らの内にいかなる形相も形成することはない。したがって、既述のことから明らかなように、異論の論拠は妥当しない。

第一〇項

第一〇に、上位の天使は下位の天使と比べて、より普遍的な形相によって認識を所有するか、が問われる。そして、そのようには認識しない、と思われる。その理由、

(1) 上位の天使たちの認識は下位の天使たちの認識よりもより完全である。ところで、普遍的に認識されることは、個別的に認識されるよりもより不完全に認識されることである。それゆえ、上位の天使たちはより普遍的な形相によって認識することはない。

(2) さらに、もし上位の天使たちの認識が下位の天使たちの認識よりもより普遍的であるとすれば、それは認識に関してであるか、働きに関してであるかである。ところで、働きに関してではない。というのは、ダマスケヌス[105]が語る通り、天使たちは事物を作る者ではないからである。同様に、認識に関してでもない。というのは、すべての天使は、上位のものも下位のものも等しくすべての自然物を認識するからである。それゆえ、上位の天使の認識がいっそう普遍的であるということはない。

(3) さらに、もし下位の天使たちが認識する事柄すべてを、上位の天使も認識し、しかしより普遍的な形相によって認識するとすれば、上位の天使の知性にある形相はより多くのものに及んでゆかねばならない。ところで、同じものが多くのものの固有の理念であることは不可能である。それゆえ、上位の天使たちは諸事物をそれらの固有の本性において認識することはないであろう。したがって、下位の天使たちよりも不完全に認識することになろう。しかし、これは不条理なことである。

(4) さらに、天使たちの認識は認識者の力と本性に即してあることは、ディオニュシウスが『神名論』第七章[106]に語る通りである。ところで、上位の天使の本性は下位の天使の本性よりいっそう現実的である。それゆえ、認

識も同様である。ところで普遍的認識は可能態にあるが、個別的な認識は現実態にある。それゆえ、上位の天使たちは諸事物を普遍性の劣った形相によって認識するのである。

以上に反して、(1) ディオニュシウスが『天上位階論』第一二章[107]で語っている通り、上位の天使は、たとえばケルビムは、より高次でより普遍的な知を有しているが、下位の天使たちは個別的で下位の知を有しているのである。

(2) さらに、『原因論』[108]には「上位の知性実体はより普遍的な諸形相を含んでいる」と言われている。

(3) さらに、上位の天使たちは下位の天使たちよりもより単純である。それゆえ、上位の天使たちにおける形相もより単純であり、それゆえ、より普遍的である。というのは、より普遍的なものはより単純であるからである。

答えて次のように言わなければならない。多くのものに対して可能態にあるものは、現実態によって一つのものに決定される。それゆえ、形相と現実態は合一の根原として見出されるが、可能態は分割と多数化の根原として見出される。そして、事物の働きにおける効力は、それが現実態にあることによるから、すべての力はより合一されていればいるほど、働くのにより効力あるものである。したがって、或る力がより高等であればあるほど、その力はより少ない事物で働くのが見出される。しかし、そのより少ないものはより多くのものに及んでゆくのである。このことをわれわれは何かを作り出す力や認識力に一般的に見出すのである。たとえば、建築術、すなわち棟梁の技はその技の一つの形相によって、その技に関係しているすべてのものに導かれるのである。しかし、これらの働きに下位の制作者は、たとえば左官屋とか製材者とかはさまざまな技によって導かれるのである。認識的能力においても同様に、より高等な知性を持つ人は、自らの内に持っているより少ない根原から、より劣った才能しか持っていない人がさまざまな導きによって、また個別的に結論に結びつけられた諸原理に依拠してでなければ、到達することのできないさまざまな諸結論へと、進んでゆく用意がすでにできているのである。

それゆえ、神の内には最も完全な力と現実態の純粋さがあるのであるから、神は自らの本質である一つのものによって万物を造り出し、万物を最も完全に認識するのである。ところで、神の本質から、既述のこと〔第九項〕から明らかなごとく、可知的諸事物の理念が天使に流入する。しかし、それら事物を生ぜしめるためではなく、それらを認識するためである。それゆえ、天使の内により多くの現実態があり、可能態はより少なければそれだけいっそう、そうした諸理念の流入は天使において多数化されることは少なく、天使の認識力はより強力になるであろう。このかぎりで、上位の天使たちは下位の天使たちよりも諸事物をより普遍的な形相によって認識するのである。

(1) したがって、第一に対しては次のように言わなければならない。或ることを普遍的に認識することは、二様に理解されうる。一つは、認識されるものの側から認識に関係づけられる。この意味では、或るものを普遍的に認識するとは、認識されるものの普遍的な本性を認識することである。この意味では、異論の推論は真である。というのは、或るものについてそのものの普遍的本性だけが認識されるときは、この認識とともにそのものの固有の本性が認識される場合よりも、そのものは不完全に認識されるのである。もう一つは、それによって認識されるそのものの側から認識に関係づけられる。この意味では或るものを普遍的に認識することは、認識が固有のものにまで及ぶかぎりで、より完全な認識である。

(2) 第二に対しては次のように言わなければならない。これら形相は認識に関してより普遍的である、と言われる。しかし、それらがより多くの事物の認識を生ぜしめるからではなく、より上位の知性はより少ない形相によって、同じ数の事物を、より完全に認識するように完成されるからである。たとえば、上位の天使は動物のすべての種を動物という一つの種によって認識するが、下位の天使はそれらを多くの形相によるのでなければ認識しないであろう。このことのほかに、上位の天使は同じ事物からより多くの可知的理念を認識するであろう。

(3) 第三に対しては次のように言わなければならない。一つであるものが多くのものに対等しているとしても、それら多くのものの固有の理念であることはありえない。しかし、もしその一つのものがそれらを超越しているものであれば、それは多くのものの固有の理念でありうる。なぜなら、それはそれら多くのものの内に分割されて見出されるそれぞれのものに固有なものを、一つの形相の様相において有しているからである。同様の仕方で、神の本質は万物の固有の理念である。というのは、神の本質の内にすべての被造物の内に分割されて見出されるすべてのものが、一つの形相の様相において先在しているからである。それはディオニュシウスが語る通りである。同様に、天使の知性にある諸形相は事物そのものよりもより卓越したものであるから、つまり、神の本質により近いものであるから、もし天使の知性の一つの形相がさまざまな事物へのさまざまな関係によって多数のものの固有の理念であるとしても、何ら不都合ではない。ちょうど、神の本質が諸事物に対してさまざまな関係によって多数のものの固有の理念であるのと同様である。そのような諸々の関係からイデアの多数性が生じてくる。ところで、われわれの知性にある諸形相は諸事物から得られる。それゆえ、それら形相は事物を凌ぐことはない。かえって表象に関しては、いわば対等しているのである。もっとも、非質料的存在を有するかぎりで、存在の仕方に関しては凌いでいるけれども。それゆえ、われわれの知性の一つの形相は、多くのものの固有の理念ではありえない。

(4) 第四に対しては異論の第一に対すると同様に言わなければならない。

第一一項

第一一に、天使は個々の事物を認識するか、が問われる。そして、認識しない、と思われる。その理由、

(1) ボエティウスが[109]語る通り、「普遍は知性認識され、個別は感覚される」。ところで、天使は知性によってし

か認識しない。それゆえ、天使は個別を認識しない。

(2) 上の典拠はわれわれの知性について理解されるのであって、天使の知性について理解されるのではない、と主張された。――これに対しては次のように言われる。われわれの知性にはその非質料性によって、個別を認識することは適合しない。それゆえ、われわれの内にある質料的な認識能力は、諸々の個別を認識する感覚や想像力がそれである。ところで、天使の知性は人間の知性よりもより非質料的である。それゆえ、天使の知性は個別的なものどもを認識しないのである。

(3) さらに、認識はすべて認識者の認識されるものへの類似化による。ところで、天使の知性は個別であるかぎりの個別に類似化することはありえない。というのは、個別は質料によって個別であるが、天使の知性は質料と質料の諸条件から全面的に分離されているからである。それゆえ、天使の知性は諸々の個別をその個別性において認識することはない。

(4) さらに、哲学者[110]によれば、存在の根原と認識の根原は同一のものである。ところで、個体化された形相は個物にとって存在することの根原である。それゆえ、その形相は個物を認識することの根原である。ところで、天使の知性は質料と質料の諸条件――これらによって形相は個体化される――なしに形相を獲得する。それゆえ、天使の知性は普遍だけを獲得し、個別を獲得しないのである。

(5) さらに、他のものの内にあるものは、受容するものの様相によってそのものの内に存在する。ところで、天使の知性は単純で非質料的である。それゆえ、天使の知性の内に存在する個別的なものの類似は、その知性の内に非質料的で端的に、したがって、普遍的に存在している。したがって、それら類似によって個別を認識することはない。

(6) さらに、異なった種類のものは、異なった種類のものであるかぎりにおいて、同じ手段によって固有に認識されることはない。それらは別のものによって認識されるのである。というのは、共通の手段による或るものどもの認識は、それらが一つのものであるかぎりにおいての認識だからである。ところで、質料から抽象されたいずれの形相も多くの個別的な事物に共通である。したがって、そのような形相によって区別された個別的なものどもが、それらの個別性において区別されて認識されることはありえない。したがって、天使はいかなる仕方でも個物を認識することはありえない。

(7) さらに、普遍は個別に対して、普遍は知性の内にあり個別は知性の外にあることによって区別される。ところで、普遍は知性の外には決して存在しない。それゆえ、個別は知性の内には決して存在しない。したがって、個別が知性によって認識されることはありえない。

(8) さらに、いかなる能力も自らの対象を超えて及んでゆくことはない。ところで、質料から純化された何性は知性の対象であって、それは『霊魂論』第三巻[111]に言われている通りである。それゆえ、個的な本質は可感的な質料に結合しているから、それは知性によって認識されることはできない。

(9) さらに、確実性をもって認識される事柄は、変化することがありえない。というのは、知性的認識はその対象が不在のものでも、現在しているものでも同じである。しかし、『形而上学』第七巻[112]に言われている通り、変化しうる事物には確実性はありえない。ところで、個別的なものどもは変化しうる。というのは、それらは動とか変化に服しているからである。それゆえ、個物は知性によって認識されえない。したがって、先と同じ結論となる。

(10) さらに、知性の形相は知性よりも単純である。ちょうど、完成が完成されるものよりも単純であるように。ところで、天使の知性は非質料的である。それゆえ、その知性の形相も非質料的である。ところで、形相が個別的であるのは、それが質料的である場合だけである。それゆえ、天使の諸形相は普遍的である。したがって、それら形相は個別を認識する根原ではない。

(11) さらに、尺度は、測られるものを認識する原理であるから、測られるものと同類でなければならないことは、『形而上学』第一〇巻[113]に言われている通りである。それゆえ、認識の根原である形象も、その形象によって認識される事物にとって同類でなければならない。ところで、天使の知性の形相は個別的なものと同類ではない。

というのも、その形相は非質料的であるからである。それゆえ、天使はその形相によって個別的なものを認識することはできない。

(12) さらに、栄光の権能は自然の権能を超えている。それゆえ、栄光化された人間知性の認識は、天使の自然的な認識を超えている。ところで、栄光化された人間の知性は、ここにある個的なものを認識しない。それはアウグスティヌスが『死者に対する心遣い』[114]において語る通り、「死者たちは、たとえ聖なる人々であっても、生きている者たちが、たとえそれが彼らの子供たちでも、何をしているか知らない」からである。それゆえ、天使たちは自然的な認識によって個別的な事柄を認識することはできない。

(13) さらに、もし天使が個別的なものを認識するとすれば、それは個別的な形象によってか、普遍的な形象によってかである。ところで、個別的な形象によって認識することはない。というのは、そのときには個別的事物と同じ数の形象を自分のもとに有していなければならないであろう。ところで、個別的なものは可能的には無限である。このことは、もし世界が将来にずっと存続すると主張されれば、――こうしたことは明らかに神の能力の内にある――きわめて明白である。その場合、天使の知性には無数の形相があることになろう。しかし、これは不可能である。同様に、天使は普遍的な形象によって個物を認識することはない。というのは、その場合には天使は個物について判明な認識を持たないことになろう。これは個別的なものを不完全に認識することになろう。しかし、こうしたことは天使たちに帰せられるべきことではない。それゆえ、天使たちはいかなる仕方でも個物を認識することはない。

以上に反して、(1) いかなる者も自分の知らないものを守護するということはない。ところで、天使たちは個々の人間を守護する。それは「詩編」に、「主はあなたのために、天使に命じてあなたの道のどこにおいても守らせてくださる」〔詩九一：一一〕と言われていることから明らかである。それゆえ、天使たちは個物を認識するのである。

(2) さらに、愛は認識されたものに対してのみある。それはアウグスティヌスの『三位一体論』[115]から明らかな通りである。ところで、天使たちは、愛を持っているから、個々の人間を、愛から愛されるべき可感的な身体に関してさえ愛する。それゆえ、天使たちは人間を認識するのである。

(3) さらに、哲学者は『分析論後書』[116]において、普遍を認識している者は個々のものを認識しているが、その逆のことは言えない、と述べている。ところで、天使たちは諸事物の普遍的な原因を認識している。それゆえ、個別的なものどもをも認識している。

(4) さらに、「下位の力の為しうることはすべて、上位の力も為しうる」とボエティウスは『哲学の慰め』[117]において語っている。ところで、人間の感覚的能力と想像力は個別的なものを認識する。それゆえ、天使の知性的能力がそれらを認識するということは、はるかに真実である。

答えて次のように言わなければならない。或る人々は天使は個別的なものを認識しないと主張して、誤りに陥った。ところで、この立論は信仰にも反している。というのは、その立場は人間に対する天使たちの守護を取り去ってしまうからである。またその立場は正しい理性にも反する。というのは、もし天使たちがわれわれの認識する事柄を知らないとすれば、少なくともこの点に関して天使たちの認識はより不完全であるからである。哲学者が『霊魂論』第一巻[118]において、他の人々が知っている「不調和をもし神が知らないとすれば、神は最も愚かであることが帰結することになろう」と語っている通りである。

それゆえ、この誤謬が取り除かれると、天使たちが個々の事物をいかに認識するかを説明するために提出された仕方は、四通りあることになる。或る人々は、天使たちは個々の事物を、事物から個々の事物の形象を抽象することによって認識する、ちょうどわれわれもそれらを感覚によって認識するように、と主張する。しかし、この立場はまったく非合理的である。まず第一に、ディオニュシウスやアウグスティヌスの『創世記逐語註解』[119]第二巻[120]、ならびに既述〔第九項〕から明らかなように、天使たちは事物から得られた認識を持っていないからである。第二に、事物から認識を得ることを認めるとしても、得られた諸形相は天使の知性においては、受け取る知性のあり方によって非質料的に存在しているであろう。したがって、質料によって個体化されている個々の事物はこれら形相によっていかにして認識されうるのか、という同じ困難が残ることになろう。

別の仕方はアヴィセンナが自らの『形而上学』[121]で主張しているもので、彼は神と天使たちは個別的なものを普遍的に認識するのであって、個別的に認識するのではない、と述べている。そして、その意味していることは、或るものが個別的に認識されるのは、そのものがここに今あるかぎりにおいて、また個体化しているすべての条件に即して認識されるときであり、他方、普遍的に認識されるのは普遍的な根原と原因によって認識されるときである、ということである。たとえば、或る人が或るときの蝕を個別的に認識するのは、それを感覚によって知覚するときであり、他方、普遍的に認識するのは天体のさまざまの動からそれをあらかじめ告げる場合である。したがって、天使たちによって個別的なものが普遍的に認識されるのは、すべての普遍的な原因が認識されて、個別的な諸結果の内に知られていないものは何も残っていないというかぎりにおいてである。しかし、認識のこのような仕方は十分とは思われない。というのも、われわれは天使たちが個別的なものどもを、それらの個別性に属するものに即しても認識すると主張するからである。たとえば、天使たちは人間の個別的な行為とか守護の任務に関わる他のこのようなものとかを認識するのである。

それゆえ、第三の仕方が他の人々、すなわち、天使たちは自らの内に宇宙の全秩序の普遍的形相を有している、と主張する人々によって提案された。これら形相は天使たちに創造の瞬間に与えられ、彼らはそれら形相をこの個物とか、あの個物とかに適用するのである。したがって、こうした仕方で天使たちは普遍的な諸形相から個々の事物を認識するのである。しかし、この仕方も適切であるとは思われない。というのは、或る事物が別の事物に適用されうるのは、その他のものが何らかの仕方でより先にすでに認識されている場合だけである。たとえば、われわれはわれわれの普遍的な認識を、われわれの感覚的な認識に先在している個的な事物に適用することができる。しかし、天使たちの内には知性的な認識以外にいかなる認識も存在しない。この認識において個々の事物の認識が先在し、したがって、天使たちの知性の普遍的な形相が個的事物に適用されることを可能にしえたのである。以上から明らかなことは、普遍の個物への適用は、天使たちの内に個物の知性的な認識を必須のものとして要求することである。そして、そのような適用がそのような認識を生ぜしめるわけではないのである。

それゆえ、第四の仕方で、天使の知性の内の諸形相は、普遍のみならず個別的なものの認識をいかなる適用といったことの必要性もなしに生ぜしめる、ということの方がより可能的である。もっとも、こうしたことはわれわれの知性的な形相には妥当しない。われわれの形相は諸事物に二つの仕方で関係している。第一は、実践知性の形相のように、諸事物の原因として関係する。第二に、諸事物に生ぜしめられたものとして関係する、思弁知性の形相のごときで、それら形相によってわれわれは自然物について思弁するのである。他方、実践知性の形相によって制作者は形相だけを作り出す。したがって、実践知性の形相は形相のみの類似である。そして、すべての形相は形相であるかぎり、普遍的であるから、制作者は技の形相によって制作品についての普遍的認識のみを所有している。制作品の認識を個別的に獲得するのは感覚によってである。他のどの人も同様である。しかし、技の形相によって質料と形相を作るのだとすれば、その形相は形相と質料との範型であるであろう。その場合には、その形相によって制作物は普遍的のみならず、個別的にも認識されるであろう。というのも、個別性の根原は質料であるからである。他方、思弁知性の内にある諸形相は、われわれの内に、諸事物そのものの働きかけから何らかの仕方で生じてくる。ところで、すべての働きかけは形相に由来する。したがって、作用者の能力に関するかぎり、諸事物からわれわれに到来する形相は形相の類似だけである。実際、それは質料的な諸条件の類似でもある。しかし、こうしたことはそれが質料的器官に受け取られるからである。質料的器官はそれを質料的な仕方で受け取る。したがって、それは質料の何らかの諸条件を保持している。このことが感覚や想像力が個物を認識する理由である。しかし、知性は完全に非質料的である仕方で受け取るがゆえに、思弁知性の内にある諸形相は事物の形相との関係においてのみ事物の類似である。

しかしながら、神の内にあるイデアとしての諸理念は、諸事物を形相に関してのみならず、質料に関しても生ぜしめるものである。したがって、そうした諸理念は形相と質料の両方に関して諸事物の類似である。このゆえに、事物はこれら諸理念を通して神によって、形相の側から普遍的本性においてのみならず、質料の側からその個別性においても認識されるのである。ところで、自然物は神の知性からそれらの形相と質料に即して、両者から存在することへと流出するように、天使の知性における形相はそれら両者を認識するために流出してくる。したがって、天使たちは生得的な形相によって諸事物を、それら形相が創造的な形相、すなわち神の精神の内にあるイデアに似ているかぎり、その個別性と普遍性において認識するのである。しかし、それら形相は事物を創造しうるわけではない。

(1) したがって、第一に対しては次のように言わなければならない。ボエティウスの言葉は、諸事物から形相を得るところのわれわれの知性については理解されるが、形相を神から直接に得る天使の知性については理解されない。このことの理由はすでに示された通りである。

(2) 第二に対しては次のように言わなければならない。天使の知性にはわれわれの知性におけるよりも形相はより非質料的に受容されるのであるから、天使の知性における形相はより効力あるものである。したがって、形相的な諸根原に関してのみならず、その質料的根原によっても、事物を表現することに及んでゆくのである。

(3) 第三に対しては次のように言わなければならない。認識する者と認識されるものとの間には本性の一致における類似性が要求されるのではなく、ただ表現における類似性が求められるだけである。たとえば、魂における石の形相は、質料における石の形相からはるかに違った本性を持っていることは明らかである。しかし、それは石を表現しているかぎりで、石の認識に導く根原である。それゆえ、天使の知性の内にある形相はその本性に即しては非質料的であるけれども、それら形相によって天使の知性は諸事物に形相によってのみならず、質料によっても類似化することがあっても何らさしつかえないのである。

(4) 第四に対しては次のように言わなければならない。事物の存在することの根原である形相は、事物をその本質によって認識することの根原である必要はなく、自らの類似によってのみ認識することの根原である。たとえば、石がそれによって存在する形相は魂の内にあるのではなく、魂の内には石の類似が存在するのである。それゆえ、個物をそれによって認識する天使の知性の形相は個体化されている必要はなく、個体化された形相の類似であることだけが必要とされるのである。

(5) 第五に対しては次のように言わなければならない。天使の知性における形相は非質料的に存在しているが、質料的事物の類似である。たとえば、はるかに非質料的である神の内に存在しているイデアがそうである。したがって、それら形相によって天使たちは個的事物を認識しうるのである。

(6) 第六に対しては次のように言わなければならない。一つの形象が種々異なるものどもの固有の理念でありうるのは、その形象がそれら事物を凌ぐものであるかぎりにおいてである。それは先に語られたこと〔第一〇項第三異論解答〕から明らかである。しかし、対等している一つの媒介によって種々異なるものが違った仕方で認識されることはありえない。

(7) 第七に対しては次のように言わなければならない。普遍は知性の内に存在を有しているが、知性の内に在るものは普遍よりももっと多くのものの内に在る。それゆえ、この推論には帰結の誤謬がある。

(8) 第八に対しては次のように言わなければならない。天使の知性は自らのもとに有している、質料をまったく含まない形象によって、事物の質料的条件をも知性認識するのであって、それは既述のことから明らかである。

(9) 第九に対しては次のように言わなければならない。天使の知性は自らのもとに有している形象によって個物を、その実体においてのみならず、そのすべての附帯性によっても認識する。それゆえ、天使の知性は個物を、それがいかに多くの附帯的な変化のもとにあっても、認識しうるのである。したがって、個物が変化するという事実は、天使の認識から確実性を取り去るものではない。

(10) 上述のことから異論の第一〇への解答は明らかである。

(11) 第一一に対しては次のように言わなければならない。尺度は、測られるものを認識する根原であるかぎりにおいて、測られるものと同じ類に属しているが、無条件にではない。たとえば、腕の長さは布を測る尺度である。そして、腕が布と共通しているのは量においてのみである。というのは、腕が布の尺度であるのは、それで十分だからである。同様に、天使の知性における形相は、魂の外にある個別的なものと存在の仕方によって一致する必要はない。というのも、個物は質料的にあるが、前述の形相は非質料的であるからである。

(12) 第一二に対しては次のように言わなければならない。栄光の内にある聖なる人々は、この地上で為されている事柄を御言葉《みことば》の内に認識している。それはグレゴリウスが『道徳論』[122] において明白に語っている通りである。ところで、アウグスティヌスの言葉は自然的な状態に関して理解されるべきである。また、天使と魂とについて類似があるわけではない。というのは、天使は創造のときに賦与された形相を自然本性的に所有し、その形相によって個別的なものを認識するからである。

(13) 第一三に対しては次のように言わなければならない。天使の知性の形相は、想像力や感覚の形相のように個別的なものではない。というのは、天使の知性の形相は質料から完全に分離されているからである。また、われわれの知性の形相のような仕方で普遍的であるわけではない。われわれの知性の形相によっては普遍的本性が表現されるのみである。しかし、天使の知性の形相はそれら自体において非質料的に存在しているが、それにもかかわらずそれらは普遍的本性と個別的な諸条件を表出し指示するのである。

第一二項

第一二に、天使は未来の事柄を認識するか、が問われる。そして、認識する、と思われる。その理由、

(1) 天使たちは事物を生得的な形相によって認識する。ところで、そうした形相は現在の事柄と未来の事柄とに平等に関係する。それゆえ、天使たちは現在の事柄を認識するのであるから、未来の事柄をも同様に認識する

のである。

(2) さらに、ボエティウスは『哲学の慰め』第五巻[123]において、神が未来の非必然的な事柄を誤ることなく予知しうる理由として、次のことを帰している。すなわち、神の直視は永遠性によって測られるのであるから、同時的に全体である、と。他方、至福なる者の直視は分有された永遠性によって測られるのであるから、同時的に全体である。それゆえ、至福なる天使たちは未来の非必然的な事柄を認識するのである。

(3) さらに、グレゴリウスは『対話』第四巻[124]において、魂は身体との自らの結びつきを切断するとき、自分自身の繊細な本性によって未来の事柄を認識する、と言っている。ところで、天使たちは身体とのいかなる結びつきからも完全に自由であり、その本性は最も繊細である。それゆえ、彼らは未来の事柄を認識できるのである。

(4) さらに、われわれの魂における可能知性は、万物を認識することへの可能態にある。したがって、未来の事柄の認識への可能態にある。ところで、先に語られた通り、天使の知性のさまざまな可能性は生得的な形相によって完全に現実化されている。それゆえ、天使たちは未来の出来事についての認識を有しているのである。

(5) さらに、或る人に対して配慮を有する人々は、その人に影響を及ぼす事柄についてあらかじめの認識を持っているべきである。ところで、天使たちはわれわれの守護者としてわれわれについての配慮と摂理を持っている。それゆえ、彼らはわれわれにとって未来の事柄を認識しているのである。

(6) さらに、天使の知性は人間の知性を凌いでいる。ところで、人間の知性は自然の内に特定された原因を持っている未来の事柄を認識する。それゆえ、天使の知性は何らの特定された原因を持っていないところの二つのものに対して、非必然的である未来の事柄を認識するのである。

(7) さらに、われわれは現在の事柄と未来の事柄を認識することに違った仕方で関わる。というのは、われわれは事物から認識を得るからである。それゆえ、認識される事物はわれわれの知に先在するのでなければならない。これに対し、天使たちは認識を事物から得るのではない。それゆえ、現在の事柄と未来の事柄を認識するのに等しい仕方で関わっている。したがって、結論は先と同じである。

(8) さらに、知性的認識は或る時に関わることはない。というのは、その認識はここと今から抽象されているからである。したがって、その認識は全時間に等しく関わっている。ところで、天使は知性的認識しか所有していない。それゆえ、天使は現在の事柄と未来の事柄の認識に対して等しく関わっている。それゆえ、結論は先と同じである。

(9) さらに、天使は人間よりもより多くのものを認識することができる。ところで、無垢の状態での人間は未来の事柄を認識していた。すなわち「創世記」において、アダムは「こういうわけで、男は父母を離れるであろう」云々〔創二・二四〕と語っている。したがって、結論は先と同じである。

以上に反して、(1)「イザヤ書」に、「未来に関わるしるしは何か、告げてみよ。さすればお前たちが神々であることを認めるとしよう」〔イザ四一・二三〕と言われている。したがって、未来の事柄を知ることは神性のしるしである。ところで、天使たちは神々ではない。それゆえ、彼らは未来の事柄を知らないのである。

(2) さらに、確実性をもった認識は特定の真理を有する事柄についてのみ持つことができる。ところで、『命題論』第一巻[125]に明らかな通り、未来の非必然的な事柄はこのようなものではない。したがって、天使たちは未来の非必然的な事柄を認識しないのである。

(3) さらに、未来の出来事は、制作者が自分の作ろうとしているものを認識する場合のように、技の形象によって認識されるか、あるいは未来の寒さの期間が星辰の合図や位置の内に認識されるように、それらの原因の内に認識されるか、いずれかによるほかはない。ところで、天使たちは未来の事柄を技の形象によって認識することはない。というのも、彼らは何ものをも作らないからである。また、彼らは未来の諸事物をそれらの原因の内に認識することもない。というのも、未来の非必然的な出来事はそれらの原因の内に特定されないからである。もしそれら原因が特定されるならば、それらは必然的なものになるであろう。それゆえ、天使たちが未来の非必然的な事柄を、それによって認識するいかなる手段もないのである。

(4) さらに、サン＝ヴィクトルのフーゴーは『秘跡論』[126]の書において、「天使たちは何を為すべきかを示されたが、未来に彼らに何が起こるであろうかといったことは示されなかった」と語っている。それゆえ、他の未来の出来事を認識することは、はるかに少なかった。

答えて次のように言わなければならない。他のものの内で認識されるものはすべて、それが他のそのものの内にあるその仕方によって認識される。それゆえ、或る未来の出来事はそれらの近接原因の内に、それらから必然的に生じてくるそうした仕方で限定されている。たとえば、明日太陽が昇る、というように。この種の未来の諸結果は、それらの原因の内に認識されることができる。しかし、他の未来の諸結果は他の何かが生じえないほどそれらの原因の内に特定されて存在しているわけではない。それらの原因は他の結果によりも或る結果の方に、ただ少しだけ態勢づけられているにすぎない。このような結果は非必然的な出来事である。このような結果はそれらの原因の内に誤りえない仕方で認識されるということはありえず、何らかの確実性をもった推測によって認識されうるにすぎない。他方、或る未来の結果はそれらの原因が相対立する二つの結果に、まったく平等に関わっているようなそうしたものどもである。ところで、自由選択に依存しているものどもは特にそうであって、これらは対立するいずれに対しても非必然的であると言われる。ところで、註釈者が『自然学』第二巻[127]で証明しているように、或る結果は対立するものに対して平等な原因からは、いわば可能態にあるから生じてこないから、──或る別の原因によって一方より他方により限定づけられるのでなければ──これら結果は対立するものに平等である原因によっては、それら原因がそれら自体において理解されるとき、決して認識されえない。しかし、もし対立するものに平等であるこれら原因を、或る結果によりも他の結果にそれらをより傾ける事物と一緒に考察するならば、われわれはそれら結果について何らかの推測による確かさを得ることができる。たとえば、われわれは自由選択に依存している未来の結果について、人々の習慣とか気質とか──これらは行為を一方に傾かせるものである──を考察することによって推測することができる。ところで、これらすべて未来の結果は、それらの近接原因が何であろうとも、第一原因の内には特定された仕方で存在している。そして、第一原因は自らの予知によってすべてを直視し、自らの摂理によってすべてのものに特定の性格を与えているのである。

ところで、天使たちは神の本質を見、そして生得的な形相によって万物とすべての自然的原因を認識している。それゆえ、生得的形相によってすべての事物とすべての自然的原因とを認識している。したがって、生得的形相による彼らの自然的認識によって、自然的な諸原因の内に、――ただ一つの原因であれ、多くの原因の集合においてであれ――特定されているそれら未来の事柄のみを予知することできるのである。というのは、或る結果は一つの原因との関連では非必然的であるが、多くの原因の協働との関連では必然的であるからである。そして、天使たちはすべての自然的な原因を認識しているから、ごくわずかの原因しか考察しないわれわれには非必然的なものに思われる或る諸結果は、それらのすべての原因を考察する天使たちよっては必然的なものとして認識されるのである。実際、天使たちが神の摂理を把握しうるとすれば、彼らはすべての未来の出来事を確実性をもって認識するであろう。しかし、彼らの誰も神の摂理を完全には把握していない。しかし、彼らの或る者はそれを他の者よりもより完全に見るがゆえに、彼らの或る者は未来のより多くの出来事を御言葉《みことば》の内に、また二つのものに対して非必然的であるものについても、より多くの未来の出来事を認識しているのである。

(1) したがって、第一に対しては次のように言わなければならない。天使の精神の内にある形象は現在の事柄と未来の事柄に対して平等に関わっているわけではない。というのは、現在しているものどもは天使たちの外にある形相に現実的に似ているからである。したがって、それら手段によって認識されうる。他方、未来にある事物はこれらの形相にいまだ似ていない。したがって、先に説明されたように、それら形相によっては認識されないのである。

(2) 第二に対しては次のように言わなければならない。天使たちは、諸事物を御言葉の内に見る直視に関しては、現在の事柄と未来の事柄を認識することに対して平等に関わっている。しかし、御言葉の内に未来のすべての事柄を認識するということが帰結するわけではない。というのも、彼らは御言葉を把握していないからである。

(3) 第三に対しては次のように言わなければならない。アウグスティヌスが『創世記逐語註解』第一二巻[128]において語っている通り、或る人々は「魂はそれ自体において予言の力を有している」と主張した。ところで、このことをアウグスティヌスは同所で批判している。すなわち、もし魂が未来の事柄をそれ自身によって予言することができるとすれば、魂は常に未来の出来事を知っているであろう。ところで、われわれは、たとえ魂が或るときに予知を有しているとしても、魂が欲するときはいつでもその未来のことを認識できるわけではない、ということを知っている。したがって、魂は未来のことを認識するためには何らかの助けを必要とする。魂は、創造されたものであれ、創造されざるものであれ、善きものであれ悪しきものであれ、上位の霊によって助けられうるのである。また、魂は身体の重荷を負わされており、可感的なものに注意が向かうとき、可知的なものを受け入れることはより少ないのであるから、魂は可感的なものから、睡眠によってか病気によってかあるいは他のこのようなものによって引き離されているとき、魂はそのことによってより上位の霊の影響を受け入れやすくなっている。したがって、このようにして身体との結びつきから解き放たれるとき、未来の事柄を開示することのできる上位の霊の開示の助けによって、未来の事柄を予知するのである。というのは、すでに語られた通り〔第一一項〕、彼はそれらを自らの自然本性的な認識によって、あるいは御言葉の内に認識するからである。

(4) 第四に対しては次のように言わなければならない。可能態には二つの種類がある、と言わなければならない。一つは自然的なもので自然的作用者によって現実態へと導かれうる。天使たちにおけるこの可能態は生得的な形相によって完全に現実化されている。しかし、われわれの可能知性がすべての未来の事柄を認識することへの可能態にあるのは、この種の可能態によってではない。しかし、もう一つ別の可能態、すなわち従順的な能力態があり、この能力態によって創造主は彼が被造物の内に生ずることを欲する何でもそれを作ることができる。可能知性は、すべての未来の事柄の認識に対してこの種の可能態にある。すなわち、すべての事物は神の側から可能知性に啓示されうるのである。しかし、天使の知性の従順的能力は、生得的形相によって全面的に現実化されているわけではない。

(5) 第五に対しては次のように言わなければならない。或る人々への配慮を有している人は、未来の出来事をあらかじめ知っている必要はなく、何が起こりうるかを予見し、そのことに即して救助策を提供することで十分である。

(6) 第六に対しては次のように言わなければならない。天使の知性が人間の知性を凌いでいるのは、天使の知性が自らの原因の内に特定されている非必然的な結果を、より多くかつより正確に知っているということにある。ところで、異論が言及していることに関して凌いでいる必要はない。

(7) 第七に対しては第一異論に対すると同様に答えられる。

(8) 第八に対しては次のように言わなければならない。天使は自らの知性的認識によって、ここに今あるものどもを認識する。しかし、その知性そのものは、ここと今から引き離されている。それは既述から明らかな通りである。したがって、天使が、未来の事柄を認識するのとは異なった仕方で現在の事柄を認識するとしても、何ら不思議なことではない。というのは、天使がそれらを異なった仕方で認識するのは、それらに対して異なった関係を有しているからではなく、先に説明されたように、それらが天使に異なった仕方で関係しているからである。

(9) 第九に対しては次のように言わなければならない。無垢の状態において、人間は未来の非必然的な出来事を、それらの原因の内にあるいは御言葉の内にでなければ認識することはなかった。ちょうど天使がそれらを認識するごとくである。このことは既述のことから明らかである。

反対異論に対しては、それらが真理に反しているかぎり、解答は既述のことから明らかである。

第一三項

第一三に、天使は心の隠された思い（occulta cordium）を知ることができるか、が問われる。そして、知ることができる、と思われる。その理由、

(1) 天使たちの任務は浄めることである。ところで、われわれがそれより浄められる不純さは良心の内にある。それゆえ、天使たちはわれわれの良心を認識しているのである。

(2) さらに、物体は形によって形相づけられるように、知性は、現実的に思考しているものの形象によって形相づけられる。ところで、物体を見ている眼は物体の形を同時に見ている。それゆえ、他の天使の知性を見ている天使は、他の天使の思いを見ているのである。

(3) さらに、知性の内にある形象は、現実的に可知的であるから、ただ可能態においてのみ可知的である質料的事物の内にある形相よりもいっそう可知的である。ところで、天使たちは自らのもとに有している形相によって、質料的な事物の形相を知性認識する。それゆえ、われわれの知性の内にある形相をより強力に認識する。したがって、天使たちはわれわれの思いを認識するのである。

(4) さらに、人間の思いは必ず表象像を伴っている。ところで、天使たちはわれわれの想像力の内にある表象像を認識している。それゆえ、アウグスティヌスは『創世記逐語註解』第一二巻[129]において、「われわれの魂の内の物体的なものの霊的な類似は、霊に知られている、また不浄の霊にも知られている」と語っている。それゆえ、天使たちはわれわれの思いを認識している。

(5) さらに、天使は自己のもとに有している形相によって、それら形相によって作ることのできるすべてのものを認識している。ところで、天使はわれわれを照明し浄化することによってわれわれの知性に刻印することができる。それゆえ、われわれの思いをより強力に認識することができる。

(6) さらに、アウグスティヌスは『悪霊の予言について』[130]において、悪霊たちは「ときどき人間たちの討論を

いともたやすく知る。それらが音声で発せられた場合のみならず、思考で懐念され、また魂から身体に何らかのしるしで表出される場合でもそうである」と語っている。ところで、身体に何らの動も残さない思考というものはない。それゆえ、悪霊たちはわれわれのすべての思いを認識するが、天使たちはもっと多くの思いを認識するのである。

(7) さらに、オリゲネスは[131]「ローマの信徒への手紙」の「その思い、相たがいに、あるいはとがめ、あるいは弁解することあればなり」〔ロマ二：一五〕という言葉に、「この言葉はそれら思いが現在している間、それら思いを有している人々にしるしを残す思いに関連するものとして、理解されるべきである」と語っている。したがって、すべての思いは魂に何らかのしるしを残すのである。ところで、このしるしは天使に知られていないことはありえない。というのは、天使は魂全体を見ているからである。したがって、天使たちはわれわれの思いを知っているのである。

(8) さらに、天使たちは原因の内に結果を認識している。ところで、アウグスティヌスが『三位一体論』第九巻[132]において語る通り、知標は精神から発出し、所有態としての知標から現実的な知解が発出する。それゆえ、天使たちはわれわれの精神を認識するのであるから、われわれの知標と現実的な思考を認識するであろう。

以上に反して、(1)「エレミヤ書」に「人の心は何にもまして、とらえ難く病んでいる。誰がそれを知りえようか。それは主なる私である」〔エレ一七：九―一〇〕とある。それゆえ、心の秘密を知ることは神にのみ属する。

(2) さらに、「詩編」に「心とはらわたを調べる方、神」〔詩七：一〇〕と言われている。したがって、このことは神にのみ固有なことであると思われる。

答えて次のように言わなければならない。天使たちは〔人間の〕心の思い（cogitationes cordium）それ自体を、直接的に直視することはできない。というのは、精神が何かを現実的に思考するためには、自らが所有している形象に精神が現実的にそれによって向かう意志の意向が必要である。それはアウグスティヌスの『三位一体論』[133]に明らかな通りである。ところで、別の人の意志の動きは天使に自然本性的な認識によって知られている、ということはありえない。というのも、天使は自然の内に存在している諸事物の類似であるところの、自らに生得的な形相によって自然本性的に認識する。ところで、意志の動きは、いかなる自然的な原因との結びつきに依存することもない。意志に影響しうるのは神の原因のみだからである。したがって、意志の動きや心の思いは自然物のいかなる類似の内にも認識されることはなく、もっぱら意志に影響を与える神の本質においてのみ認識されうるものである。したがって、天使たちは心の思いを直接に認識しうるのは、御言葉《みことば》においてそれが彼らに啓示されるかぎりにおいてである。

しかし、或るときには附帯的に心の思いを認識することがありうる。それは二様の仕方で可能である。或る仕方では、人が思考する事柄から喜びや悲しみによって影響を受け、したがって心が何らかの仕方で動かされるとき、現実的な思考から何らかの動が身体の内に生起するというかぎりにおいてである。たとえば、この仕方によって医者も或るとき心の情態を認識することができるのである。別の仕方では、或る人が現実に思考している事柄から、功績を得るか失うかするかぎりにおいて、天使は思いを認識する。このようにして、行為する人あるいは思考する人の状態は何らかの仕方で善とか悪とかへと変化する。そして、このような態勢の変化を天使たちは認識する。しかし、このことから思考は一般的にしか認識されない。というのは、種々異なる多くの思いから或る人は同じ仕方で功績を得たり、失ったり、また喜んだり悲しんだりするからである。

(1) したがって、第一に対しては次のように言わなければならない。ディオニュシウスが語っているかの浄めは、罪の不純さからの浄めではなく、無知からの不純さが理解されるべきである。

(2) 第二に対しては次のように言わなければならない。知性が自分自身のもとに有している一つの形象から、多くの違った思いが生じてくる。ちょうど、われわれが人間について有している一つの形象から、人間について多くの違ったものを認識することができるように。したがって、たとえ天使がわれわれの知性が人間の形象によって形相づけられるのを見るとしても、心の思いを天使が特定の仕方で認識するということが帰結するわけではない。

(3) 第三に対しては次のように言わなければならない。われわれはそれらの形象を自分のもとに有しているそれらすべての事物を、現実的に思考するわけではない。というのも、形象はときどきわれわれの内にただ所有態においてのみ存在するからである。したがって、われわれの知性の内の形象が天使たちによって見られているということから、彼らがわれわれの思いを認識していることが帰結するわけではない。

(4) 第四に対しては次のように言わなければならない。同じ表象像からわれわれの理性はその思考を違った諸対象に導くことができる。したがって、魂がそれによって志向する表象像が認識されているとしても、思いが認識されることが帰結するわけではない。それゆえ、アウグスティヌスは同所で「もし悪霊たちが徳から生じてくる人の内的な思いを明瞭に認識することができるとすれば、人を誘惑することはないであろう」と述べている。

(5) 第五に対しては次のように言わなければならない。天使の働きかけから、われわれは何かを思考することのできるものにされる。ところで、思考の現実態へと出て行くためには、天使に決して依存していない意志の志向が求められる。それゆえ、天使たちはわれわれの知性の能力を、すなわち、われわれが可知的なものを思弁する能力を認識することができるけれども、しかし、われわれの現実的な思いを認識する、ということが帰結するわけではない。

(6) 第六に対しては次のように言わなければならない。魂の情態の内にある身体の動は、すべての認識に伴うのではなく、ただ実践的な認識にのみ伴う。というのは、『霊魂論』第二巻[134]に言われている通り、或るものをわれわれが思弁的に考察するとき、われわれは考察しているその事物に対して「あたかもそれらを絵の中に見ているように」関係している。さらに、身体的な動が生ずるときでも、それは、すでに語られた通り、一般的な仕方でのみ思考を指示するにすぎない。

(7) 第七に対しては次のように言わなければならない。これらしるしは、それらを通して思考が一般的な仕方でのみ認識されうる得失にほかならない。

(8) 第八に対しては次のように言わなければならない。精神と所有態としての知標が天使によって認識されるとしても、われわれの現実的な認識が天使に認識されることが帰結するわけではない。なぜなら、一つの所有態としての知標から、多くの現実的な考察が発出してくるからである。

第一四項

第一四に、天使は多くのものを同時に認識するか、が問われる。そして、認識すると思われる。その理由、

(1) アウグスティヌスが『三位一体論』第一五巻に語る通り[135]、天国では「われわれは、われわれのすべての知を一つの直視によって同時に見るであろう」。ところで、天使たちは、われわれが天国で見るであろうその仕方で今見ている。それゆえ、天使たちは今も多くのものを現実的に同時に知性認識しているのである。

(2) さらに、天使は、人間は石ではないことを知性認識している。ところで、このことを知性認識する者は誰でも人間と石を知性認識している。それゆえ、天使は多くのものを同時に知性認識するのである。

(3) さらに、天使の知性は共通感覚より強力である。ところで、共通感覚は多くのものを同時に把握する。というのは、数は共通感覚の対象であるが、その諸部分は多くの一の集まりだからである。それゆえ、天使はより強力に多くのものを同時に認識することができる。

(4) さらに、天使にその本性の力から適合するものは、いかなる手段で認識しようとも、天使に適合する。ところで、多くのものを同時に知性認識することは、天使たちにその本性の力から適合する。それゆえ、アウグスティヌスは『創世記逐語註解』第四巻において[136]「天使の精神の霊的能力は自分の欲するすべてのものを、同時に

きわめて容易に知性的に把握する」と述べている。それゆえ、天使は事物を御言葉《みことば》の内に認識するにせよ、固有の形象によって認識するにせよ、多くのものを同時に認識することができるのである。

(5) さらに、知性と可知的対象とは相互に関係している。ところで、一つの可知的対象はさまざまな知性によって同時に直視されうる。それゆえ、一つの知性は同時に種々異なる可知的対象を知性認識することができるのである。

(6) さらに、アウグスティヌスは『三位一体論』第一〇巻[137]において、「われわれの精神は常に、自己を記憶し、自己を知性認識し、自己を意志している」と語っている。同じ論拠は天使の精神にも妥当する。ところで、天使はときに他の諸事物を知性認識する。それゆえ、そのとき天使は同時に多くのものを認識しているのである。

(7) さらに、知性が可知的なものに関係するように、知は知られうるものに関係している。ところで、知る者は多くのものを同時に知ることができる。それゆえ、知性は多くのものを認識することができるのである。

(8) さらに、天使の精神は空気よりもはるかに超物体的（spiritualis）である。ところで空気の超物体性のゆえに、多くの違った形相、たとえば黒と白のような形相が空気の内に同時に存在することができる。たとえば、黒いものと白いものとは、これらの事物に違った人々の眼から引かれた直線が一点で交わるように位置づけられることができる。そして、その一点を黒と白の形象が同時に一度通過しなければならないであろう。それゆえ、よリ強力に天使の知性は違った形相によって同時に現実化されることができ、したがって、多くのものを同時に認識することができるのである。

(9) さらに、知性は自らのもとに有している形象によって知性認識の現実態へ導かれる。ところで、天使の知性には多くの形象が同時に存在する。『原因論』[138]に言われている通り、「知性実体は諸形相で満ちている」からである。それゆえ、天使は多くのものを同時に知性認識するのである。

(10) さらに、多くのものは一つのものであるかぎりで、同時に認識されうる。ところで、すべての可知的なものは可知的なものであるかぎりにおいて、一つのものである。それゆえ、すべての可知的なものは天使によって同時に認識されうるのである。

(11) さらに、或る被造の形相が別の被造の形相から隔たっているよりも、神の本質は被造の諸形相からより隔たっている。ところで、天使は神の本質によってと被造の形相によって同時に認識する。というのは、天使は諸事物を常に御言葉の内に見ているのであるから、もし事物を同時に生得的形象によって認識しえないとすれば、天使は事物を生得的形象によって知性認識しないことになろう。それゆえ、天使は自らが創造されるときに一緒に造られたさまざまな形相によって同時により強力に知性認識することができる。したがって、多くのものを同時に知性認識することができるのである。

(12) さらに、もし天使が多くのものを同時に知性認識しないとすれば、このもの、とかあのもの、とかをそれによって認識する働きにおいて、「先」と「後」が見出されるであろう。ところで、前と後がその内に見出される働きはすべて時間を含んでいる。それゆえ、天使の特徴的な働きは時間によって規定されることになろう。このことは、『原因論』[139]に反する。そこでは、知性実体はその実体と働きが時間を超えているものである、と言われている。

(13) さらに、われわれの知性が多くのものを同時に認識できない理由は、知性が時間と空間に依存しながら事物を認識していることとである、と思われる。しかし、これらのいずれも天使の知性には属していない。というのも、天使は感覚から何かを受け取ることがないからである。したがって、それは多くのものを同時に認識できるのである。

(14) さらに、知性の形相は第二の完全性であるから、それらは附帯的な形相である。ところで、多くの附帯的形相は同じ基体の内に、もしそれらが白と黒のように対立するものでなければ、存在することができる。それゆえ、天使の知性は多くの形相によって同時に、それらが対立するものでないかぎり形相化される。したがって、それは多くのものを同時に認識することができるのである。

(15) さらに、音楽と文法は一つの類に属する形相である。そして、それらは両方の所有態を有している人の魂を、同時に形相化することができる。それゆえ、知性は異なる諸形相によって同時に形相化されることが可能である。したがって、結論は先と同様である。

(16) さらに、天使の知性は自己が知性認識することを認識する。そのことによって自己が自己の外にある他のものを認識していることを認識する。それゆえ、自己とその他のものを同時に認識している。したがって、多くのものを同時に知性認識するのである。

(17) さらに、天使の知性はそれ自身に関しては、自己の内にあるすべての形相に対して平等に関わっている。それゆえ、すべての形相によって同時に認識するか、それらのいかなる形相によっても認識しないかのいずれかである。ところで、いかなる形相によっても何も認識しないということはない。それゆえ、同時に多くのものを認識するのである。

以上に反して、 (1) 哲学者[140]は、知性認識 (intelligere) はただ一つのものを認識することであるが、知ること (scire) は多くのものを知ることである、と述べている。

(2) さらに、或るものが現実的に思考されるためには、アウグスティヌス[141]が言う通り、志向が必要である。ところで、志向は一種の動であるから、種々異なるものに同時に移行することはできない。というのは、一つの動には一つの終極しかないからである。それゆえ、天使は多くのものを同時に知性認識することはできない。

(3) さらに、物体は形によって形相づけられるように、知性は自らが現実に知性認識しているものの形象によって形相づけられる、とアルガゼル[142]は言っている。ところで一つの物体は種々異なる形によって同時に形づけられることはできない。それゆえ、一つの知性は種々異なる形象によって、同時に形相づけられることはできない。したがって、多くのものを同時に知性認識することはできない。

(4) さらに、〔天使は〕諸事物をその固有の本性において認識することによって、それら諸事物を異なった形相によって認識するが、それと同様に、諸事物を御言葉の内に知性認識することによって、それら事物を異なる諸理念によって知性認識するのである。それゆえ、天使は多くのものをそれらの固有の本性においても御言葉においても、同時に知性認識することはできない。

(5) さらに、事物の力は事物の実体を超えることはできない。ところで、天使の実体は多くの場所に同時に存在することはできない。それゆえ、知性的能力によっても天使は同時に多くのものを認識することはできない。

(6) さらに、多くのものに及んでゆくものは何らかの複合を有している。ところで、天使の知性は単純である。それゆえ、多くのものを同時に知性認識することに及んでゆくことはできない。

答えて次のように言わなければならない。知性は認識するものをすべて何らかの形相によって認識する。したがって、天使がそれらによって知性認識するところの知性の内の形相そのものから、天使が多くのものを同時に知性認識することができるかどうか、が考察されなければならない。

それゆえ、次のことを知らなければならない。すなわち、諸形相の或るものは一つの類に属し、他方、或るものは異なる類に属する。実際、異なる類に属する形相は異なる可能態に関係しているからである。哲学者[143]が語る通り、類の一性は質料とか可能態の一性から発出してくる。それゆえ、同じ基体が種々異なる類の異なる諸形相によって同時に完成されることが可能である。というのは、そのとき一つの可能態はさまざまの異なった現実態に終極しようとしているのではなく、異なった仕方で終極しようとしているからである。たとえば、もし或る物体が同時に白くて甘いとすれば、白さはその物体に、その物体がディアファヌム〔透明な媒体〕の本性を分有するかぎりで内在しており、他方、甘さはその物体に湿り気の本性によって内在しているようにである。他方、一つの類に属している諸形相は一つの可能態に関わっている。それら形相は、白と黒のように対立しているにせよ、三角形と四角形のように対立していないにせよ、一つの可能態に関わっている。それで、これら形相は三通りの仕方で、基体の内にあると言われる。一つは、可能態の内にのみ存在する。したがって、それらは同時に存在する。というのは、一つの可能態はその対象として、一つの類の異なった諸形相とそれらに対立するものどもを有しているからである。第二には、それらは不完全な現実態の内にあり、したがって、それらは存在しつつあるのである。この仕方で、それらは同時に存在することもできる。それは白くなりつつある人において明らかである。というのは、変化の全期間の間、白さはその人の内に存在するようになっているものとして、そして黒さは存在しなくなっているものとして内在しているからである。第三には、それらは完全な現実態の内にある。たとえば、白さがすでに白くなることの終極にあるという場合である。この場合には、一つの類に属する二つの形相が同時に同じ基体の内にあることは不可能である。というのは、そのときには同じ一つの能力が異なる現実態に終極しなければならないであろう。しかし、こうしたことは不可能である。たとえば、一点から始まる一つの線分が異なった点で終わる、といったことは不可能だからである。

それで、次のことを理解しなければならない。すなわち、すべての可知的形相は一つの類に属していて、たとえ諸事物がそれらの形相が事物そのものである場合に、種々異なる類に属するとしても、そうである。というのは、すべての可知的形相は知性的な可能態に関わっているからである。したがって、知性の内にそれらすべての形相は可能態の内に同時に存在している。そして、同様に可能態と完全な現実態との中間のものである不完全な現実態の内にも、それら形相は存在するのである。そして、この後者の状態は可能態と現実態との中間の所有態の内に形象があることである。ところで、多くの形象は知性の内に完全な現実態において同時に存在することはできない。というのも、現実的に認識するためには、知性はそれによって自らが認識するその形象に関しては、完全な現実態の内にあるのでなければならない。それゆえ、知性が一度に同時に種々異なる多数の形相によって認識することは不可能だからである。したがって、知性は種々異なる多数の形相によって認識する種々異なるすべてのものを、同時に認識することはできない。他方、同じ形相によって知性認識する事柄は同時に認識するであろう。それゆえ、御言葉の一つの本質によって知性認識するすべてのものを、同時に知性認識するのである。他方、多くの生得的な形相によって知性認識する事柄は、種々異なった形相によって認識するとすれば、同時に認識するということはない。というのは、いずれの天使も同じ形相によって多くのものを認識することができるからである。少なくとも一つの種に属するすべての個物を、その種の一つの形相によって認識することができる。実際、上位の天使は下位の天使よりも一つの形象によってより多くのものを認識することができるからである。したがって、上位の天使たちは同時に多くのものをよりいっそう知性認識することができる。

しかし、次のことを理解しなければならない。すなわち、或るものは或る意味では一つであるが、別の意味では多である。たとえば、連続体は現実態において一であるが、可能態においては多である。ところで、もし知性あるいは感覚がこの種のものに、そのものが一つであるかぎりにおいて、向けられると、それは同時に見られる。しかし、もしそれら同じ能力がそのものに、そのものが多であるかぎりにおいて向けられると（そして、このことはそれぞれの部分をそれ自体で考察することになろう）、その全体は同時に見られることはできないであろう。同様に、われわれの知性も命題を考察するとき、多くのものを一つのものとして考察する。したがって、多くのものから成り立っている一つの命題が理解されるとき、諸事物は一つのものであるかぎりにおいて、多くのものは同時に理解されるのである。しかし、それらが多であるかぎりにおいては、それらは同時に認識されることはできない。すなわち、知性はそれ自体で取られた個々の事物の可知的特徴を、直視することへ自己を同時に向けることはできないのである。それゆえ、哲学者は『形而上学』第六巻[144]において、「私は肯定とか否定とかにおいて事物を一緒にあるいは切り離して認識することによって、それらは継次的にではなく、一つのものとして認識される、と言っているのである」と述べている。というのは、それらの間に区別の関係が存在するかぎりにおいては、同時には認識されえないで、それらが一つの命題の内に合一されているかぎりで、同時に認識されうるからである。

(1) したがって、第一に対しては次のように言わなければならない。アウグスティヌスは、われわれが御言葉の内にすべてを認識するであろう至福なる認識について語っているのである。

(2) 第二に対しては次のように言わなければならない。天使は、人間は石ではないと認識することによって、多を一として知っているのである。それは既述のことから明らかである。

(3) 異論の第三に対しても同様に言われるべきである。

(4) 第四に対しては次のように言わなければならない。天使の精神の本性から、天使は一つの形相によって多くのものを知性認識することができる。したがって、欲するときに自己をその形象に向けることによって、その形象によって認識するすべてを同時に認識することができる。

(5) 第五に対しては次のように言わなければならない。知性のいかなる部分も可知的なものの内にはなく、知性認識されるものの或るものが知性の内にあるのである。したがって、多くのものが一つの知性によって同時に認識される論拠は、一つのものが多くの知性によって認識される論拠と同じではない。

(6) 第六に対しては次のように言わなければならない。アウグスティヌスが『三位一体論』第一五巻で[145]自分自身を説明している通り、第一〇巻で「われわれの精神は常に自己を記憶し、常に自己を知性認識し、常に自己を意志している」と語ったことは、内的記憶に関連づけられるべきである。それゆえ、われわれの魂は常に自己を現実態的に認識しているわけではない。しかし、天使の精神は常に現実的に自己を認識している。こうしたことが起こるのは、天使の精神は、それによって常に形相化されている自らの本質によって自己を認識しているが、他方、われわれの精神は或る意味で意志の志向によって知性認識するからであろう。しかし、それにもかかわらず、天使の精神が自己と他の何かを認識するとしても、多を一つのものとしてでなければ同時に知性認識することはない。それは以下に明らかである。すなわち、もし或る二つのものが、その一方が他方を知性認識する根拠であるように関係しているとすれば、それらの一方はいわば形相的であり、他方はいわば質料的であるであろう。したがって、形相と質料とから一つのものが構成されるのであるから、それら二つは一つの可知的なものである。それゆえ、知性が或るものを他のものによって認識するとき、ただ一つの可知的なものを認識しているだけである。たとえば、そのことは視覚において明らかである。すなわち、光は色がそれによって見られるそのものであり、それゆえ、光は色に対して形相的なものとして関わる。したがって、色と光はただ一つの可視的なものであって、両者は視覚によって同時に見られているのである。ところで、天使の本質は天使が認識するすべてのものを完全にではないが、それゆえ、附加される諸形相を必要とするけれども、認識することの根拠である。というのは、天使は万物を、『原因論』[146]に言われている通り、自らの実体の仕方によって認識し、またディオニュシウスが『神名論』第七章[147]に語る通り、自らの固有の力と本性とによって認識するからである。それゆえ、自己と他のものを認識するとき、多くのものを一つのものとしてでなければ、同時に認識することはないのである。

(7) 第七に対しては次のように言わなければならない。知は所有態の名称であるが、知性認識は働きの名称である。ところで、多くの形相は知性の内に所有態的に同時に存在することができる。しかし、すでに語られたことより明らかな通り、完全な現実態において存在できるわけではない。したがって、人は多くのものを知ることはできるが、同時に多くのものを認識することができるわけではない。

(8) 第八に対しては次のように言わなければならない。これらの形相は存在するようになる段階においてでなければ、空気の内にあることはない。というのは、それらは空気の内を通過する媒介としてのみ存在するからである。

(9) 第九に対しては次のように言わなければならない。多くの形象は天使の知性の内に同時に存在するが、しかしそれらは完全な現実態の内に存在しているわけではない。

(10) 第一〇に対しては次のように言わなければならない。すべてのものは可知的なものであるかぎりにおいて、一つのものであるように、すべてのものは可知的なものであるかぎりにおいて、同時に認識される。これはそれらの可知性そのものが認識されるときに起こっている。

(11) 第一一に対しては次のように言わなければならない。神の本質は天使のすべての生得的な諸形相の根拠である。というのも、神の本質を範型として、それら形相はそれより発出しているからである。しかし、或る形相が別の形相の根拠であるわけではない。したがって、同様ではないのである。

(12) 第一二に対しては次のように言わなければならない。どんな働きも、その形象を完成するために未来に何らかのものを必要とするならば、それは本質的に時間を含んでいる。たとえば、終極にまで導かれる間、完全な形象を持っていない動について明らかである。というのは、中間点に向かう動と終極点に向かう動の形象は同じではないからである。他方、自らの完全な形象をただちに所有している働きは、附帯的にしか時間によって測られることはない。たとえば、知性認識、感覚認識などの働きである。それゆえ、哲学者は『倫理学』第一〇巻に(148)おいて、快楽は時間の内にない、と述べている。しかし、例外的にこれらの働きは、それらが時間に従属している自然本性、すなわち生成したり消滅したりする物体的本性の内にある動に結合しているかぎりにおいて、時間の内に存在することがありうる。われわれの感覚的諸能力はこの種の本性を持った身体器官を用いている。そして、われわれの知性はそれら身体器官から受け取るのである。それゆえ、明らかなことは、天使の知性認識の働きそのものは自体的にも附帯的にも時間を含んでいないことである。したがって、それによって天使が一つの可知的なものを認識するその一つの働きの内には、より先とより後は存在しない。それにもかかわらず、このことは多くの働きがより先とより後に従って、秩序づけられるのを妨げるわけではない。

(13) 第一三に対しては次のように言わなければならない。異論に示されている理由は、われわれの可能知性が多くのものを同時に認識できないことの全理由ではない。全理由は上に示された。

(14) 第一四に対しては次のように言わなければならない。附帯的諸形相は、もし相反するものでなければ、それらが違った能力に関係づけられていれば、同じ基体の内に同時に存在することができる。しかし、もしそれらが一つの類に属し同じ能力に関係づけられている場合は同時に存在することはできない。これは三角形と四角形を考えると明らかである。

(15) 第一五に対しては次のように言わなければならない。音楽と文法は所有態であるから、それらは完全な現実態ではなく、いわば可能態と現実態との中間にある形相である。

(16) 第一六に対しては次のように言わなければならない。認識する者と現実に認識されるものは或る意味で一つである。したがって、或る人が、自分が何かを認識していることを認識するとき、彼は多くのものを一つのものとして認識しているのである。

(17) 第一七に対しては次のように言わなければならない。天使の知性は自らのもとに有しているすべての形相に、同じ仕方で関係しているわけではない。というのは、それはときどき或る形相に関しては完全現実態にあるが、他の諸形相に関してはそうではないからである。こうしたことは意志によって起こる。意志は知性をこの可能態から現実態へと帰するからである。したがって、アウグスティヌスも先に引用された典拠において〔第四異論〕、天使は意志するときに知性認識すると述べているのである。

(1) 第一に対しては次のように言わなければならない。ただ一つのものは一つのものとして同時に一つの形相によって認識されることが可能である。しかし、このことは多くのものが一つのものとして同時に、あるいは一つの形相によって認識されることを妨げるものではない。

(2) 第二に対しては次のように言わなければならない。力の量は対象への力の関係によって認められる。したがって、物体はその種々違った部分によって違った諸事物に、次元的な量に即して触れることができるように、能力は違った諸事物に、力が現実態に完成されているかぎりで適用されうる。たとえば、火は異なる諸物体を同時にあらゆる側面から熱くするように。同様に、一つの形相によって完成された知性は、その形相の表現する能力の及んでゆくそれら異なった事物に、同時に導かれうるのである。知性がそれへと導かれるその事物には多くの可知的性格があるであろう。しかし、知性の内には知性の形相との合一のゆえにただ一つの形相があるだけであろう。

(3) 第三に対しては次のように言わなければならない。知性は、多くのものを認識するためには、多くの違った形相によって形相化されなければならないとすれば、多くのものを同時に認識するといったことはない。

(4) 第四に対しては次のように言わなければならない。神のイデアにおける可知的特徴が相違するのは、諸事物がイデアに対して違った関係を持つかぎりにおいてのみである。したがって、それらは神の本質によって一つのものである。こうしたことは、天使たちによって所有された生得的な形相には妥当しない。

(5) 第五に対しては次のように言わなければならない。事物の能力はその実体より大きくはありえない、と言われるとすれば、このことはその実体に属していないような何ものもその能力には属していないことを意味するように理解されるべきではなく、むしろ能力の強さは実体のあり方によって決まることを意味していると理解されるべきである。たとえば、実体が質料的であれば、その能力は質料的な仕方で働くであろうように。

(6) 第六に対しては次のように言わなければならない。或るものはより単純であればあるほど、その力によってはより多くのものに及んでゆくが、次元的な量によってはより少ないものにしか及んでゆかない。したがって、次元的な量の多くのものへの広がりは、複合のしるしであるが、力の広がりは単純性のしるしである。

第一五項

第一五に、天使たちは諸事物を或るものから他のものへと推論することによって認識するか、が問われる。そして、そのように認識する、と思われる。その理由、

(1) 或るものを別のものを通して認識するものはすべて、推論によって認識している。ところで、天使たちは、諸々の被造物を御言葉《みことば》において直視するとき、或るものを別のものを通して認識している。それゆえ、天使は諸事物を推論によって認識するのである。

(2) さらに、われわれは或るものを知っているが、或るものを知らないように、天使たちも、既述のこと〔第一二項および第一三項〕から明らかなように、或るものを知っているが、或るものを知らないのである。ところで、われわれは知られた事柄から知られていない事柄に移行することができる。したがって、天使たちはわれわれよりもより優れた知性を有しているから、彼らは知っている事柄から、知らない事柄の認識へと移行することがで

きる。ところで、これはまさに推論することである。それゆえ、彼らは一つのものから他のものへと推論するのである。

(3) さらに、知性の働きの内では或るものから別のものへと推論することによってでなければ、別の動を認めることはできない。ところで、天使たちは知性認識するときに動いている。それゆえ、ディオニュシウスは『神名論』第四章[149]において、天使たちは善と美をめぐって円的、傾斜的、そして直線的に動くわれわれの魂の動と同様に、と語っている。したがって、天使たちはわれわれの魂と同様に推論的に認識するのである。

(4) さらに、アウグスティヌスが『悪霊の予言について』[150]において語る通り、悪霊たちは身体に現れるさまざまな動から、心の思いを認識する。ところで、これは原因を結果を通して認識することであり、或るものから他のものへと推論することでもある。それゆえ、悪霊たちは諸事物を、或るものから他のものへと推論することによって認識する。同じ論拠によって天使たちもこの仕方で認識する。というのは、同じ種類の自然的認識が天使と悪霊に見出されるからである。

(5) さらに、マクシムスは『神名論』第七章への解説[151]において、われわれの魂は天使たちの流儀で多くのものを一つに巻き込んでいる、と述べている。ところで、多くのものを一つに巻き込むことは、比較考量することである。それゆえ、天使たちは比較考量することによって認識するのである。

(6) さらに、天使たちは自然的な原因と結果をわれわれと同じように完全に認識する。ところで、われわれは結果を原因の内に、また原因を結果の内に見る。それゆえ、天使たちも同じことをする。したがって、天使たちもわれわれと同様に比較考量するのである。

(7) さらに、経験を通して得られる認識はすべて比較考量による認識である。なぜなら、それは経験に基礎を置いているからである。『形而上学』第一巻[152]に言われている通り、「多くの個的な記憶から一つの一般的な認識が生じてくるからである」。ところで、アウグスティヌスが『悪霊の予言について』[153]と『創世記逐語註解』第一二巻[154]において語っている通り、悪霊たちは長い時間にわたる経験によって自然的な諸結果について多くのことを認識している。それゆえ、悪霊たちの内には比較考量による認識があるのである。

以上に反して、(1) すべての推論は普遍から個別へとなされるか、個別から普遍へとなされるかのいずれかである。というのは、すべての推理は演繹的推理か帰納的推理かに帰せられるからである。ところで、ディオニュシウスが『神名論』第七章[155]において語る通り、天使たちは「分割されうるものや感覚から、神の認識を得ることはないし、また彼らはこれら個別的なものから共通的な何かに導かれることもない」。それゆえ、天使の内には推論的認識は存在しない。

(2) さらに、人間が理性的であると言われるのは、探究することによって推論するかぎりにおいてである。ところで、ディオニュシウスの『天上位階論』第四章[156]によって明らかなように、天使は理性的ではなく知性的であると言われる。それゆえ、天使は推論によって認識するのではない。

(3) さらに、『霊と魂について』[157]に言われている通り、「推理は理性の探究である」。ところで、天使の内には理性は存在しない。理性は魂の固有性として魂の定義の内に措定されるからである。それは同書に明らかである。それゆえ、天使は推理しない。したがって、推論しないのである。

(4) さらに、同書において「可視的なものどもの根拠を認識することと、不可視なものどもを探究することは同じものに属している」と言われている。第一のこと〔可視的なものどもの根拠の認識〕は感覚を持つかぎりでの人間に属する。したがって、第二のこと〔不可視なものどもの探究〕もまた同様である。それゆえ、諸感覚を欠いている天使に適合するとは思われない。

(5) さらに、註釈者マクシムス[158]は『神名論』第七章に対して、「天使たちは、われわれの魂のように存在しているものの真理の周りを巡る、ということはない」と言っている。ところで、魂は存在している事物の真理の周りを巡ると言われるのは、魂が或るものから他のものへと推論することによってである。それゆえ、天使たちは知性認識することによって推論するわけではない。

答えて次のように言わなければならない。固有の意味で推論することは、或るものから他のものの認識に至ることである。ところで、或るものを他のものの内に認識することと或るものを他のものから認識することは、違っている。というのは、或るものが他のものの内に認識されるとき、認識するものは一つの動によって両者に導かれる。たとえば、或るものが他のものを可知的形相としてその内で認識される場合に明らかである。そして、そのような認識は推論的ではない。或るものが固有の形象の内に見られるか、あるいは他のものの形象の内に見られるかは、目下のことに関しては相違はない。たとえば、視覚は石から得られた形象によって、石を見ることにおいても、鏡に映る石の形象によって見ることにおいても、推論しているとは言われない。他方、或るものが或るものから認識すると言われるのは、両者に向かう動は同じものではなく、最初に知性が或るものに動き、それから他のものに動く、という場合である。それゆえ、これは一種の推論である。さまざまな論証において明らかな通りである。というのは、最初、知性は基本原理にのみ向けられ、第二に基本原理を通して結論へと導かれるからである。

ところで、天使の知性は、それらの創造の発端から、それらの自然的な能力が及んでゆくすべての自然的認識に関して、生得的形相によって完成されている。ちょうど、諸天体の質料がその形相によって完全に規定されていて、質料はもはや別の形相への可能態には留まっていないごとくである。その理由から、『原因論』[159]は「知性実体は諸形相で満ちている」と述べている。ところで、知性実体が諸形相に満たされるのは、それの全可能性が形相によって現実化される場合だけであろう。それゆえ、知性実体は自らが自然的に認識することのできるものの何ものをも知らないということはない。ところが、われわれの知性は、知性的光を欠陥のある仕方で分有しているので、自然的に認識できる可認識的なもののすべてに関して完成されているわけではなく、完成されうるものである。また、或るものに関して、われわれの知性の認識が自然本性によって現実化されていないとすれば、知性は可能態から現実態へと自らを帰することはできないであろう。したがって、知性が自然本性的に認識している何か、すなわち第一の基本原理がわれわれの知性の内に必ず存在しているのである。われわれは、感覚を通して何かを受け取るのでなければ、この認識はわれわれの内に生ぜしめられないとしても。それゆえ、われわれの知性のこれら原理に対する関係は、天使が自然本性的に認識するすべてのものに対して有している関係に似ている。そして、われわれが諸原理について有している認識は、われわれの認識の内で最高の形態であるから、われわれの本性のこの頂点において、われわれは天使の最下の点に或る意味で到達していることは明白である。というのは、ディオニュシウスが『神名論』第七章[160]で言っている通り、「神の知恵は第一のものどもの終端を第二のものどもの先端に結びつける」のである。それゆえ、われわれが推論なしに単純な直知によって認識するように、天使も認識するすべてのものを同じ仕方で認識するのである。このゆえに、天使たちは知性的と言われるのである。また、われわれにおける諸原理の所有態が知性と言われる理由でもある。

(1) したがって、第一に対しては次のように言わなければならない。天使たちは諸々の被造物を認識するが、それはちょうど事物が自らの類似において何らの推論もなしに認識されるごとくである。

(2) 第二に対しては次のように言わなければならない。天使たちはそのものの認識に自然的に到達できるそれら事物を知らないでいる、ということはない。しかし、自らの自然本性的認識を凌いでいるものについては知らないでいる。彼らは、自分自身によってこれらの認識に推論によって到達することはできないで、そのためには神の啓示を必要とする。他方、われわれの知性は、自然的本性的に認識できるすべてを認識しているわけではない。それゆえ、われわれの知性は認識しているものから認識していないものに到達することができる。しかし、認識されない事柄、たとえば、われわれの認識の自然的な能力を超えている信仰に属する事柄に到達することはできない。

(3) 第三に対しては次のように言わなければならない。ディオニュシウスが語っている動は、或る事物から別の事物への移行としてではなく、すべての働きが動と言われるその仕方で理解されている。たとえば、知性認識は一種の動であり、感覚もそうである。したがって、ディオニュシウスは神についての認識に関して三通りの動を魂と天使の内に区別している。すなわち、円、傾斜、直線の動、これらを比喩として用いている。ところで、円の動は完全に一様である。というのは、円周のすべての部分はその中心から等距離だからである。また、円周の或る部分は他の部分よりも円周のより始めであるとか、終わりであるとかと言うことはできないからである。しかし、直線動は一様ではない。というのは、線の固有性としてその諸部分は指定された点から等距離にあるわけではないからである。また動として、それは指定された始めと終わりを持っている。傾斜の動は、それが円の動と一致するかぎりで、一様性を所有しているが、直線の動と一致するかぎりで、一様性を欠如している。ところで、天使と魂とにおいて一様性と非一様性は同じ仕方であるわけではない。したがって、ディオニュシウスはそれぞれに見出されるかぎりのこれらの動を区別している。神を認識する働きにおいて、天使は自らの認識を多くの違った事物に向けるのではなく、一なる神だけにそれを固着させる。この関連で、天使は神の周りを、いわば円の動によって動くと言われる。というのは、彼は認識の何らかの始まりから認識の終極としての神に到達するわけではないからである、ちょうど、円が始めも終わりも持たないように。したがって、ディオニュシウスは、[161]天使たちは「円のように、単純に、始めもなく、美と善の限りのない諸々の光によって」動いている、と語っている。天使の精神に到達するこれら神の諸々の光は、あたかも円の中心からその円周に到達し、何らかの仕方で円の実体を構成している線分であるかのように理解されうる。したがって、神が自分自身について有する認識は円の中心に比較される。そして、天使が神について持っている認識は円そのものに比較される。それは円の中心の一性を模倣しているが、その一性に到達してはいない。他方、天使の神の認識における非一様性は認識そのものに見出されるのではなく、その伝達においてのみ、すなわち、神の認識を他のものに伝えるかぎりにおいて見出されるのである。この働きをディオニュシウスは[162]天使の直線の動に帰属させ、次のように述べている。「彼らの動が直線的であるのは、彼らに委ねられているものたちへの配慮のために、すべてのものを真直ぐ通り抜けて行くときである」。さらに、彼は、先に言及された動の両方から、いわば、成り立っているその動、すなわち、認識において神と合一したままに留まり、他のものたちを神の方に連れ戻す働きに進むときに生ずる動を、傾斜の動と呼んでいる。したがって、彼は「天使たちが傾斜的に動くのは、少ししか持っていないものたちを支援し、一性の原因との絶え間ない一致の内に動かないで留まっているときである」[163]と語っている。

ところで、一様性と非一様性は、魂の神についての認識の内にも見出される。というのは、魂は神の方に三つの仕方で動いて行く。第一には、「造られた」見られるものを観ることによって、魂は「神の見えざる事柄」〔ロマ一：二〇〕を見る。これは直線的な動である。それゆえ、「魂が直線的に動くのは、自らの周りにあるものどもへ前進して行くとき、また多様で多数のしるしとしての外的な事物から単純で一なる観想へと高められるときである」[164]と語っている。第二の仕方では、魂は神から受け取ったさまざまな照明から神へと動かされる。ところで、これら照明は可感的な覆いで覆われているが、それらを魂は自らのあり方に従って、受け取るのである。たとえば、イザヤは「高く天にある御座に座している主」〔イザ六：一〕を見たのである。この動は傾斜的であり、神の照明から一様性の何かを所有し、可感的な形から非一様性の何かを所有している。したがって、ディオニュシウス[165]は「魂は自らの固有性に従って、実際、知性的にでも直観的にでもなく、理性的かつ推論的に、神を種々認識することによって照明されるかぎりで、傾斜的に動かされる」と語っている。第三の仕方は、魂が自己からすべての可感的なものを取り去り、すべてと自己自身をも超えて神を思考するときである。このようにして、魂はすべての非一様性から分離される。それゆえ、その動は円の動である。したがって、ディオニュシウス[166]は「魂の円の動は外的の事物から退いて、自己自身へと入っていき、自らの知性的な能力によって内省するときに生ずる。そして、最後に、それは一様にされ、一様にされた諸能力との合一に入る」と語っている。このようにして、魂はすべてを超えているものに導かれるのである。

(4) 第四に対しては次のように言わなければならない。天使たちは心の隠されたものを身体の動の内に直視する。ちょうど、諸原因がその結果の類似の内に、いかなる推論もなしに見られるように。しかし、このことは、天使たちはこれらの動を最初に認識するとき、推論的に推理する必要がある、ということを意味しているわけではない。というのも、可感的な事物が生成するやいなや、それらは天使の内の形相に似たものになり、したがって、天使たちによって認識されるのである。したがって、天使たちは推論なしに新しい可感的な事物を認識するのである。

(5) 第五に対しては次のように言わなければならない。異論の「巻き込む」は比較考量を表示しているのではなく、むしろ魂の自己自身との、また天使の自己自身との一種の循環的な合一を表示しているのである。

(6) 第六に対しては次のように言わなければならない。天使たちは原因を結果の内に、また結果を原因の内に見るが、それはあたかも或るものから別のものへ推論することによってではなく、事物が自らの像の内に推論なしに見られるごとくにである。

(7) 第七に対しては次のように言わなければならない。悪霊たちにおける経験的な認識は比較考量によって生ずるのではなく、前述した仕方で結果を原因の内に、原因を結果の内に見ることによって生ずる。彼らがより長く存在すればするほど、或る原因の結果をより多く認識するであろう。したがって、彼らは原因について、より多くの結果の内に原因の力を見ることによって内包的にではなく外延的により大きな認識を有するのである。

第一六項

第一六に、天使の内に朝の認識(cognitio matutina)と夕の認識(cognitio vespertina)が区別されなければならないか、が問われる。そして、区別されない、と思われる。その理由、

(1) 夕(vespere)と朝(mane)には闇(tenebrae)が混じっている。ところで、天使の知性にはいかなる闇も存在しない。というのは、ディオニュシウスが語る通り[167]、天使は大いに輝いている鏡だからである。それゆえ、天使たちの内に朝の認識と夕の認識が区別される必要はない。

(2) さらに、アウグスティヌスの『創世記逐語註解』第四巻[168]によれば、朝の認識は、天使たちが創造される事物を御言葉《みことば》の内に認識するその認識であり、他方、夕の認識とは事物をそれらの固有の本性において認識するその認識である。ところで、天使は事物をそれらが存在する前に認識し、またそれらが存在する後に認識するが、それらを違った仕方で認識するわけではない。というのは、天使の知性は神の知性に似ており、事物から認識を得るわけではないからである。それゆえ、天使たちにおいて朝と夕の認識を区別する必要はない。

(3) さらに、夕の認識とは、事物がその固有の本性において認識されるその認識である。ところで、事物は御言葉においてそれら固有の本性において認識される。というのは、御言葉は事物の固有の本性を形相そのものが表現するよりもっとはっきりと表現するからである。それゆえ、朝の認識は御言葉における認識であるから、天使において夕の認識が朝の認識から区別されることはない、と思われる。

(4) さらに、「創世記」に「夕があり、朝があった。第一の日である」〔創一：五〕と言われている。ところで、アウグスティヌスが『創世記逐語註解』[169]で語る通り、日はここでは天使の認識そのものとして理解される。それゆえ、天使における朝と夕の認識は同じものである。

(5) さらに、朝の光は正午に向かって増大してゆく。ところで、御言葉における諸事物の認識は他のより豊かな認識に増大することはありえない。それゆえ、御言葉における諸事物の認識は固有には朝の認識とは言われえない。したがって、天使の内に朝の認識と夕の認識が、事物を御言葉において認識することと固有の本性において認識することによって区別されることはない。

(6) さらに、創造される事物の認識は創造された事物の認識より先にある。ところで、夕の認識が朝の認識に先行していることは、「創世記」の「夕があり、朝があった。第一の日である」〔創一：五〕から明らかである。それゆえ、夕の認識がすでに創造された事物の認識であり、朝の認識は創造される事物の認識であるというように、朝の認識が夕の認識から区別されるのは適切ではない。したがって、朝の認識と夕の認識は区別されない。

(7) さらに、アウグスティヌス[170]は御言葉における諸事物の認識と固有の本性における諸事物の認識を、技による認識と技の作品の認識とに喩え、また知性によって認識される線分と埃の内に描かれた線分に喩えている。しかし、それらの区別は認識の異なった類を伴うわけではない。それゆえ、諸事物の御言葉と諸事物の固有の本性とにおける認識は二つの認識ではない。したがって、朝と夕の認識が区別されるわけではない。

(8) さらに、天使は自らが創造された発端において、朝の認識によって認識していた。しかし、そのときに御言葉を認識してはいなかった。というのも、天使は至福なものとして創造されていなかったからである。ところで、御言葉を見ることは至福な働きである。それゆえ、諸事物を御言葉の内に認識することは朝の認識ではない。したがって、先と同じ結論となる。

(9) しかし、天使は御言葉を本質によって認識していなかったけれども、被造物の何らかの類似によって認識していた、と主張されてきた。したがって、諸事物を御言葉の内に認識していたのである。——これに対しては次のように言われる。被造の形相による認識はすべて闇に曇った認識である。というのは、それ自体において考察された被造物はすべて闇であるからである。ところで、闇で曇らされた認識は夕の認識である。それゆえ、事物を御言葉の内に、あるいは御言葉を前述の仕方で認識することは、朝の認識ではなく夕の認識である。

(10) さらに、アウグスティヌスは『マニ教徒駁論』[171]において「有能で強力な精神は、かの第一の真理を観るときには、他のものは忘れてしまう」と述べている。それゆえ、御言葉を見るとき、御言葉の中には他の何ものをも見ていない。したがって、天使における朝の認識は御言葉における諸事物の認識であると言うことはできない。

(11) さらに朝の認識は夕の認識よりもより明晰である。ところで、御言葉における諸事物の認識は、そのものの固有の本性における諸事物の認識ほどには明晰ではない。というのは、御言葉における諸事物は、或る限られた意味で存在するが、そのものの固有の本性の内には無条件に存在しているからである。ところで、ものは限られた仕方で存在しているときより、無条件に存在しているときの方がよりすぐれて認識される。それゆえ、御言葉における諸事物の認識は朝の認識と言われ、固有の類における認識は夕の認識と言われる、というような仕方で区別されることはできない。

(12) さらに、事物の固有の直接的な原因から得られる認識は、一般的な原因から得られる認識よりもより完全である。それゆえ、事物が御言葉において認識されるその認識は、事物が固有の本性において認識されるその認識よりもより不完全である。

(13) さらに、事物は一種の鏡の内に認識されるように、御言葉において認識される。ところで、事物は鏡の内によりも自分自身においてより完全に認識される。それゆえ、御言葉においてよりもそのものの固有の本性の内により完全に認識される。したがって、結論は先と同じである。

以上に反して、アウグスティヌスは『創世記逐語註解』第四巻[172]において、この種の認識を前述の仕方によって区別している。

答えて次のように言わなければならない。天使たちに関して朝の認識と夕の認識について語られていることは、アウグスティヌスによって導入されたのであるが、それは最初の六日間に創造されたものとして読まれるものどもは、時間のいかなる継次もなく成就されていると主張することができる、という必要性によってである。それゆえ、これらの日々によって彼の欲することは、時間の区別ではなく天使たちの認識の区別が理解されることである。というのは、物体的な光がこの月下の物体の上に現在することが、時間的な一日を作るように、天使の知性の光が被造の事物の上に現在しあるいは働くことは、霊的な一日を作るからである。そして、多くの日が区別されるのは、天使の知性から認識される事物の違う類へのさまざまな関係があることによってである。この意味に解すると、日の秩序は時間の秩序ではなく、本性の秩序であるであろう。そして、これは天使の認識において、認識される諸事物が相互に対して有している秩序によって、すなわち、或る事物が他の事物に対して本性的に先であるというかぎりで見出されるであろう。ところで、時間的な一日において朝は一日の始めであり、夕は一日の終わりであるように、同じものについての天使の認識の始めと終わりは、認識される事物の秩序によって規定されるであろう。ところで、どんな事物の始めも、その事物がそれより発出するその原因の内にある。他方、事物の終端はその事物そのものの内にある。というのも、産出する原因の作用がそれに終極するのはこの事物そのものだからである。それゆえ、或る事物についての最初の認識は、その事物が永遠の御言葉である自らの原因の内に考察されるかぎりで存在する。それゆえ、御言葉における諸事物の認識が朝の認識と言われる。他方、事物の究極的な認識はそれ自体において認識されるかぎりで存在する。したがって、このような認識が夕の認識と言われるのである。

しかし、次のことを知らねばならない。目下の区別は二様に理解されうる。一つは、認識されるものの側から。もう一つは認識する媒介の側から。第一の仕方で区別を理解すると、事物が御言葉の内に認識されると言われるのは、事物が御言葉の内に有している存在が認識される場合である。他方、事物がそのもの自身の本性において認識されると言われるのは、その事物が自分自身の内に有している存在が認識されるかぎりにおいてである。しかし、理解のこの仕方は諸困難を生ぜしめる。というのは、事物が御言葉の内に有している存在は、御言葉自身の存在と別のものではないからである。というのも、アンセルムスが語る通り[173]、創造主における被造物は無条件に創造する本質だからである。したがって、被造物を御言葉の内にこの仕方で認識することは、被造物を認識することではなく、むしろ創造主を認識することである。したがって、朝の認識と夕の認識の区別は、認識の媒介に関連づけられるべきである。それゆえ、事物はそれ自身の本性において御言葉を通して認識されるとき、その事物は御言葉の内に認識されると言われるであろう。他方、事物が固有の本性において認識されると言われるのは、被造の諸事物に比例した何らかの被造の形相によって認識される場合である。ちょうど、天使が自らに賦与された形相によって認識する、あるいは獲得された形相によって認識するというように。実際、天使が獲得された形相によって認識するとしても、目下の問題に関するかぎり相違はまったくないであろう。

(1) したがって、第一に対しては次のように言わなければならない。天使の認識における夕と朝という類似性は、時間的な一日の夕と朝に闇があるという事実にもとづいているのではなく、すでに語られた通り、これら二つが始めと終わりの性格を有しているという事実にもとづいているのである。あるいは、すべての知性は無から造られているのであるから、それらは神の知性の輝きと比較すると闇を帯びていると言うことはできる。しかし、それらは神の知性を模倣しているかぎり、何らかの輝きを有しているのである。

(2) 第二に対しては次のように言わなければならない。天使たちは御言葉の内に創造されうる事物とすでに創造された事物とを同じ仕方で認識するけれども、しかし創造されうる事物を御言葉を通して認識するのと、すでに創造された事物をそれらの内のそれら事物の類似性に即して、固有の本性を通じて認識するのとは別々の認識である。この意味において朝の認識と夕の認識とは区別されるのである。

(3) 第三に対しては次のように言わなければならない。諸事物は天使の知性の形相の内によりも、御言葉の内により明瞭に表現されるけれども、天使の知性の諸形相の方が諸事物により比例し、いわばそれらにより対等している。したがって、この認識が諸事物の固有の本性における認識であって、御言葉における認識がそうであるわけではない。

(4) 第四に対しては次のように言わなければならない。一つの全体としての知は自らのもとにさまざまな個別的な知を包括し、それら知によってさまざまな帰結が認識されるように、いわば一種の全体である天使の一なる認識そのものが、自らのもとに朝の認識と夕の認識をいわば部分として包括しているのである。ちょうど、朝と夕が時間的一日の部分であるように。

(5) 第五に対しては次のように言わなければならない。霊的なものは物体的なものにあらゆる関連において、似ている必要はない。したがって、御言葉における諸事物の認識は、それがより大きな認識に増大するがゆえに、朝の認識と言われるのではなく、既述のように、何らかのより下位の認識に終極するがゆえに、そう言われるのである。

(6) 第六に対しては次のように言わなければならない。同一の事物に見出される自然的秩序によれば、朝の認識は夕の認識に先行している。しかし、種々異なる事物に関してはより先のものについての夕の認識は、より後なるものの朝の認識に先行している。すなわち、認識が認識されるものにおけるより先とより後であるものの観点から考察されるかぎり、夕の認識が朝の認識に先行している。したがって、「創世記」には夕が朝の前に置かれているのである。第一の日の作品は光であった。そして、アウグスティヌス[174]はその光を、御言葉を認識することによって照明される霊的な光と理解している。ところで、天使は自己自身を最初に自己自身の内に自然的な認識によって認識した。そして、自己を認識するとき、いわば自己自身を享受し自己を目的にして自己自身の内に留まったのではなく——というのも、もしそうなら、罪を犯した天使たちとして夜になったであろう——、自己の認識を神を賛美することへと向け戻したのである。したがって、自己を観想することから御言葉を観想することへと向き直ったのである。そして、御言葉の内に、天使たちが御言葉の内に続く被造物、すなわち天空の認識を受け取ったかぎりで、続く日の朝があったのである。ところで、われわれは連続する時間の内に同じ今が二つの時間に属するのを、すなわち、過ぎ去る時間の終わりと未来の時間の始まりであるのを見るように、第二日の朝の認識は第一日の終わりと第二日の始まりである。そして、第七日が来るまで、次々とこうしたことが続くのである。

(7) 第七に対しては次のように言わなければならない。技の形相から認識されるかぎりでの制作品の認識と、すでに作られた事物そのものから認識されるかぎりの制作品の認識とは同じものではない。というのは、最初の方の認識はただ普遍的であるのみであるが、第二の認識は個別的でもありうるからである。たとえば、私が作られた或る家を直視するとき、のごときである。さらに、両者の間にいかなる類似性も存在しない。というのは、被造物の技は、非被造の技が被造物に対等するよりも、制作された諸事物によりいっそう比例し対等しているからである。

(8) 第八に対しては次のように言わなければならない。天使は自らが創造された発端においては至福ではなかったし、御言葉をその本質において見ていたわけでもなかった。それゆえ、朝の認識を持っていたわけではなく、最初は夕の認識を持っていた。そして、夕の認識から朝の認識へと進んでいったのである。それゆえ、第一日は朝を持っておらず、夕として始まり、夕から朝へと移っていったことがはっきりと語られている。というのは、最初の日に作られたと言われているかの霊的光、すなわち、天使の実体は自らが作られると、直ちに自身を認識したが、これは夕の認識に属するものであった。そして、この認識を御言葉の賛美へと向け、そして御言葉において天使の認識は朝の認識になった。このゆえに、「創世記」において、「夕があり、朝があった。第一の日である」〔創一:五〕と言われているのである。

(9) 第九に対しては次のように言わなければならない。夕の認識が朝の認識から区別されるのは、認識の媒介の側からであって、認識される物の側からではないから、被造物を通して創造主を認識することは夕の認識である。反対に、創造主を通して被造物を認識することは朝の認識である。それゆえ、この点に関しては異論の推論は正しい。

(10) 第一〇に対しては次のように言わなければならない。神的な事柄に集中した強い精神は、他の諸事物を忘れる、と言われるのは、それらを認識していないという意味においてではなく、それらをもはや重要視していないという意味においてである。というのは、われわれは神の偉大さを見るとき、以前に大きな価値を持っていると思われた被造物を、価値のないものと考えるからである。

(11) 第一一に対しては次のように言わなければならない。御言葉における諸事物の認識が、諸事物のそれら固有の本性における認識よりもより完全であるのは、御言葉が被造の形象よりもそれぞれの事物をより明瞭に表現するかぎりにおいてである。ところで、事物が御言葉においてよりも自分自身においてより真実に存在することは、二様に解せられうる。一つは、それら事物が御言葉において有している存在よりも、自分自身の内により優れた存在を有しているという意味においてである。しかし、これは偽である。というのは、自分自身の内には被造の存在を有しているが、御言葉の内には非被造の存在を有している。したがって、自分自身の内に有している存在は、御言葉の内に有している存在との関連では、或る限られたものだからである。もう一つは、事物は御言葉においてよりも自分自身においてより完全にそのものの個的自己である、という意味においてである。これは或る意味で真である。というのは、事物はそれ自身においては質料的である。質料的であることは或る事物の本性に属している。他方、御言葉においては事物は質料的ではなく、そこには事物の形相と質料の類似性があるだけである。しかし、事物がこれこれのものであるかぎりにおいて、御言葉の内に或る限られた仕方で存在するとしても、事物はこれこれのものであるかぎりにおいても、自己自身によってよりも御言葉によってより完全に認識されるのである。というのは、存在することの固有の性格によって、より真実に自己自身の内に存在するとしても、事物の固有の性格は自己自身においてよりも御言葉の内に、より完全に表現されるからである。ところで、認識は形相の表現に伴うものである。それゆえ、事物は魂の内には或る限られた仕方で、自らの類似によってのみ存在するけれども、しかし事物は無条件に認識されるのである。

(12) 第一二に対しては次のように言わなければならない。神そのものはそれぞれの事物の固有の直接的な原因であり、アウグスティヌス(175)が語る通り、それぞれの事物が自分自身に密接に合一している以上に、神は或る意味でそれら事物により密接に合一しているのである。

(13) 第一三に対しては次のように言わなければならない。形相は鏡から事物に流入するのではなく、その逆である。ところで、形相は御言葉から事物に流入するのである。それゆえ、事物を鏡において認識することと御言葉において認識することは同様ではないのである。

第一七項

第一七に、天使の認識は朝の認識と夕の認識とによって十分に区別されているか、が問われる。そして、十分ではない、と思われる。その理由、

(1) アウグスティヌスが『創世記逐語註解』第四巻[176]に語る通り、夕の認識とは事物がそれ自体において認識されるその認識であり、朝の認識は事物が創造主の賛美へと関連づけられる認識である。したがって、朝の認識は夕の認識から、関係づけられたものと関係づけられていないものとによって区別される、と思われる。ところで、被造物それ自体の認識を、御言葉《みことば》に関係づけられた認識と関係づけられていない認識とに区分することのほかに、被造物の別の認識、——或る被造物が他の被造物から相違するよりも、諸々の被造物からより相違している認識——すなわち、御言葉における諸々の被造物の認識がある。それゆえ、天使の認識を朝の認識と夕の認識に区分することは適切ではない。

(2) さらに、アウグスティヌスは『創世記逐語註解』第二巻[177]において、被造物は三通りの存在を有している、と語っている。一つは御言葉の内に有している存在である。第二は、自らの固有の本性の内に有している存在である。第三は、天使の精神の内に有している存在である。ところで、第一と第二の存在は朝の認識と夕の認識に含まれている。それゆえ、第三の存在は天使の第三の認識に含まれるべきである。

(3) さらに、朝の認識と夕の認識は、事物を御言葉の内に認識することと自らの固有の本性の内に認識することによって、またすでに作られた事物と作られる事物を認識することによって区別される。ところで、これらは四通りに多様化されうる。一つは、作られる事物を御言葉の内に認識すると言われる意味で語られる。第二に、すでに作られた事物を御言葉の内に認識するという意味において。第三に、すでに作られた事物をその固有の本性において認識するという意味において。第四に、創造されるであろう事物をそれらの固有の本性において認識するという意味において。ところで、この最後の区分は無用な附加であると思われる。というのは、或るものはそれが存在する前に、そのものに固有の本性において認識されることはないからである。それゆえ、少なくとも天使の認識は三つでなければならない。したがって、二つの認識によって区別されるのは適切ではない。

(4) さらに、天使の認識において朝と夕は、時間的な一日との類似に従って語られている。ところで、時間的な一日において朝と夕の間に昼がある。それゆえ、天使の認識においても、朝の認識と夕の認識の間に昼の認識が措定されるべきである。

(5) さらに、天使は被造物を認識するのみならず、創造主をも認識する。ところで、天使において朝の認識と夕の認識とは、被造物の認識に関して区別される。それゆえ、朝の認識と夕の認識のほかに、天使の内に第三の認識を措定するべきである。

(6) さらに、朝の認識あるいは夕の認識は恩寵による認識にのみ属している。さもなければ、悪しき天使も朝の認識か夕の認識を持つことになろう。しかし、これは真であるとは思われない。というのは、悪霊たちの内には日がないからである。ところで、夕と朝とは日の部分である。それゆえ、天使たちの自然的な認識は、彼らが恩寵の結果として有している認識とは別のものであるから、天使たちに第三の認識を帰するべきだと思われる。

以上に反して、朝の認識と夕の認識は、創造されたものと創造されざるものとによって区別される。ところで、これらの間には中間のものはない。それゆえ、朝と夕の認識の間には中間のものはないのである。

答えて次のように言わなければならない。朝と夕の認識について二様に語ることができる。一つは、それらが認識であるかぎりにおいて。そして、この意味においては、二つの認識の間に中間の何ものも入ってこない。すなわち、夕の認識は朝の認識から、既述の通り〔第一六項〕、認識の手段によって区別されるからである。実際、その手段がもし創造されたものであれば、その手段はどのような仕方であれ、夕の認識を生ぜしめる。他方、もしその手段が非被造のものであるとすれば、その手段は朝の認識を生ぜしめる。ところで、被造のものと非被造のものとの間に中間のものは何もありえない。他方、朝と夕の特質のみを考察すれば、その場合は両者の間に或る中間のものが二つの理由から入ってくる。第一に、朝と夕は日の部分である。ところで、アウグスティヌス[178]によれば、日は天使たちの内に恩寵の諸結果を照明することによって存在する。それゆえ、日は善き天使たちの恩寵による認識を越えていくことはない。したがって、自然的認識はこれら二つの認識のほかに存在している。第二に、夕は夕であるかぎり朝に終極し、朝は夕に終極する。それゆえ、諸事物の固有の本性における認識のいずれもが、夕の認識と言われることはできないで、創造主を賛美することに関連づけられている認識のみがそう言われうるのである。というのは、この意味で夕は朝に戻るからである。したがって、悪霊たちが諸事物について有している認識は朝の認識でも夕の認識でもなく、至福なる天使たちの内にある恩寵による認識のみがそう言われるのである。

(1) したがって、第一に対しては次のように言わなければならない。事物のそれら自身の本性における認識は、常に夕の認識である。また、その認識の御言葉における認識への関係は、それを朝の認識にするのではなく、それを朝の認識に終極させるだけである。それゆえ、天使が朝の認識を所有すると言われるのは、諸事物のその固有の本性における認識を御言葉に関係づけることから、あたかも関係づけられた認識自体が朝の認識であるかのようだからではなく、関係づけられることから朝の認識を獲得するに値するからである。

(2) 第二に対しては次のように言わなければならない。異論の推論は、もし朝の認識と夕の認識が認識されるものの側から区別されているとすれば、妥当するであろう。というのは、その場合には諸事物が有する三種の可知的な存在に基礎づけられた三種の認識があるであろうからである。ところで、朝の認識は夕の認識から区別されるのはまったく認識の手段からである。その手段は被造のものか非被造のものかである。そして、諸事物のどんな存在もこれら手段のいずれかによって認識される。したがって、第三の認識を措定する必要はないのである。

(3) 第三に対しては次のように言わなければならない。御言葉の内にあるすべての認識は、認識される事物がすでに作られたものであれ作られていないものであれ、朝の認識と言われる。というのも、そのような認識は、作られる前と作られた後において万物を同じ仕方で認識する神の認識に似ているからである。しかし、御言葉における事物の認識は、事物がすでに創造されているにせよいまだ創造されていないにせよ、創造されうるものとしての事物の認識である。したがって、「創造されうるもの」という語は時間を表示しているのではなく、被造物の創造主からの発出を表示しているのである。たとえば、技における制作品の認識は、制作品そのものがすでに作られているとしても、自らの作られることに即しての、その事物の認識であるのと同様である。

(4) 第四に対しては次のように言わなければならない。アウグスティヌス[179]は光に満ちている認識を朝の認識と呼んでいる。それゆえ、この認識の内に昼の認識を含めているのである。それゆえ、彼は或るときにはそれを昼の(diurna)認識とか、或るときには朝の認識とかと呼んでいるのである。――あるいは次のように言われるべきである。すなわち、天使の知性のすべての認識は認識する者の側からは闇を混合して有している。それゆえ、被造のいかなる知性の認識も昼の認識とは言われえない。神が万物を自分自身の内に認識するその認識だけがそう言われうるのである。

(5) 第五に対しては次のように言わなければならない。御言葉と諸事物とは御言葉の内に同じ認識によって認識される。それゆえ、御言葉の認識も朝の認識と言われる。そして、このことは、神の自分自身での休息を表示している第七日は朝を有しているがゆえに明らかである。それゆえ、朝の認識は天使が神を認識することに即してもあるのである。

(6) 異論の第六に対しては、既述のことから明らかである。

訳註

1――Johannes Chrysostomus, In Johannem homiliae, 15, n. 1, PG 59, 98.

2――Glossa ordinaria, ibid.

3――Augustinus, De Trinitate IX, cap. 12, PL 42, 971.

4――Johannes Chrysostomus, op. cit., 15, n. 1, PG 59, 98B.

5――Dionysius Areopagita, De coelesti hierarchia, cap. 2, § 3, PG 3, 140D; Dionysiaca, 757.

6――Johannes Damascenus, De fide orthodoxa I, cap. 4, PG 94, 800B; ed. E. M. Buytaert, 20.

7――Dionysius Areopagita, Epistula I ad Gaium monachum, PG 3, 1065A; Dionysiaca, 606.（『書簡集』月川和雄訳、本集成第三巻『後期ギリシア教父・ビザンティン思想』所収）

8――Id., De divinis nominibus, cap. 1, § 4, PG 3, 593A; Dionysiaca, 34.

9――Id., Epistula I ad Gaium monachum, PG 3, 1065A; Dionysiaca, 606.

10――Boethius, De consolatione Philosophiae V, prosa 4, PL 63, 850B.

11――Augustinus, Enarrationes in Psalmos, Ps. 118:20, PL 37, 1522; cf. Petrus Lombardus, Glossa in Psalmos, Ps. 118:20, PL 191, 1055B.

12――Aristoteles, Ethica Nicomachea X, 6, 1174b14.

13――Averroes, In Aristotelis De anima III, comm. 36, VI^1, 185 C.

14――より正しくは、Petrus Lombardus, Sententiae II, d. 1, cap. 6.

15――Glossa scil. Petri Lombardi, super Eph. 3:18, PL 192, 195A.

16――Ambrosius, Expositio Evangelii secundum Lucam I, n. 25, PL 15, 1624A.

17――Augustinus, Epistula 147, cap. 8, PL 33, 606.（『神を見ることについて、あるいは手紙一四七』菊地伸二訳、教文館、二〇〇二年）

18――Ibid., cap. 9, PL 33, 606.

19――Id., De Genesi ad litteram II, cap. 8, PL 34, 269.

20――Dionysius Areopagita, De divinis nominibus, cap. 4, § 22, PG 3, 724B; Dionysiaca, 269.

21――Averroes, In Aristotelis De anima III, comm. 36, VI^1, 179 C.

22――Augustinus, De Trinitate XIII, cap. 1, PL 42, 1014.

23――Id., Confessiones X, cap. 17, PL 32, 790.

24――Pseudo-Augustinus, De spiritu et anima, cap. 11, PL 40, 787.

25 ——Ibid., cap. 6, PL 40, 783.

26 ——Augustinus, De Trinitate XIV, cap. 1, PL 42, 1037.

27 ——Id., De Genesi ad litteram II, cap. 8, PL 34, 270.

28 ——Id., De Trinitate XIII, cap. 1, PL 42, 1014.

29 ——Pseudo-Augustinus, De spiritu et anima, cap. 12, PL 40, 787.

30 ——Liber de causis, comm. 8 (7).

31 ——Glossa Petri Lombardi, ibid., PL 191, 1327A-B.

32 ——Isaac Israeli, op. cit., ed. I. T. Muckle, p. 313.

33 ——Aristoteles, Metaphysica II, 1, 993b9.

34 ——Id., De caelo II, 18, 292a22.

35 ——Isidorus Hispalensis, Sententiae I, cap. 10, n. 17, PL 83, 556C.

36 ——Dionysius Areopagita, De divinis nominibus, cap. 4, § 22, PG 3, 724B; Dionysiaca, 269.

37 ——Aristoteles, De anima III, 8, 431b21.

38 ——Gregorius I, Homiliae in Hiezechielem II, hom. 9, PL 76, 1048C.

39 ——Id., Dialogi II, cap. 35, PL 66, 198B.

40 ——Ibid. IV, cap. 33, PL 77, 376B. 次項は ibid. II, cap. 35, PL 66, 200A.

41 ——Aristoteles, De anima III, 5, 430a14.

42 ——Augustinus, De Trinitate XV, cap. 16, PL 42, 1079.

43 ——Pseudo-Augustinus, De spiritu et anima, cap. 9, PL 40, 785.

44 ——Aristoteles, De anima III, 4, 429b3.

45 ——Glossa Petri Lombardi, ibid., PL 192, 189B; cf. Hieronymus, Commentarii in Epistulam ad Ephesios II, ibid., PL 26, 514C-D.

46 ——Dionysius Areopagita, De ecclesiastica hierarchia, cap. 7, pars 3, § 11, PG 3, 568A; Dionysiaca, 1468.

47 ——Johannes Chrysostomus, op. cit., 15, n. 1, PG 59, 98.

48――Dionysius Areopagita, De ecclesiastica hierarchia, cap. 6, pars 3, §6, PG 3, 537B; Dionysiaca, 1404.

49――Id., De divinis nominibus, cap. 5, §8, PG 3, 824C; Dionysiaca, 359.

50――Petrus Lombardus, Sententiae II, d. 11, cap. 2.

51――Dionysius Areopagita, De divinis nominibus, cap. 4, §1, PG 3, 693C; Dionysiaca, 149.

52――Augustinus, Confessiones V, cap. 4, PL 32, 708.

53――Id., De Genesi ad litteram VIII, cap. 20, PL 34, 388.

54――Aristoteles, Physica IV, 23, 223b22.

55――Glossa Petri Lombardi, ibid., PL 192, 83A.

56――Liber de causis, prop. 10 (9).

57――Aristoteles, De anima III, 4, 429b31.

58――Dionysius Areopagita, De coelesti hierarchia, cap. 6, §1, PG 3, 199C; Dionysiaca, 829.

59――Aristoteles, De anima III, 4, 430a3.

60――Id., Physica VIII, 7, 254b27.

61――Boethius, De consolatione Philosophiae V, prosa 4, PL 63, 849B.

62――Avicenna, Liber de anima V, cap. 2, f. 23va, ed. Venetiis 1513.（『魂について――治癒の書 自然学第六篇』木下雄介訳、知泉書館、二〇一二年）

63――Liber de causis, prop. 15 (14).

64――Averroes, In Aristotelis De anima III, comm. 5 et 17, VI^{1}, 139 B et 160 F.

65――Dionysius Areopagita, De coelesti hierarchia, cap. 6, §1, PG 3, 199C; Dionysiaca, 829.

66――Liber de causis, prop. 8 (7) et comm.

67――Boethius, In Isagogen Porphyrii commenta editio secunda I, PL 64, 85D.

68――Liber de causis, prop. 8 (7) et comm.

69――Dionysius Areopagita, De divinis nominibus, cap. 4, §2, PG 3, 696B; Dionysiaca, 153.

70――スコラ学者たちは誤ってこの引用文をオリゲネスに帰している。たとえば、Thomas Aquinas, Catena aurea super Iohannem, lect. 3, Ioh. 1:5; Bonaventura, Quaestiones disputatae de scientia Christi, q. 4, n. 13.（『討論問題集——キリストの知について』長倉久子訳、本集成第一二巻『フランシスコ会学派』二〇〇一年、所収）Cf. Johannes Eriugena, Homilia in prologum evangelii Ioannis, PL 122, 290C.

71——Augustinus, Retractationes I, cap. 8, PL 32, 594.

72——Liber de causis, prop. 11 (10).

73——Adam Pulchrae Mulieris, Liber de intelligentiis XVII, ed. C. Baeumker, p. 22.

74——Aristoteles, De anima III, 4, 429a18.

75——Augustinus, De Genesi ad litteram XII, cap. 12, PL 34, 464.（『創世記逐語註解(2)』片柳栄一訳、教文館、一九九九年）

76——Ibid. XII, cap. 6, PL 34, 458-459.

77——Averroes, In Aristotelis Metaphysicam XI (=XII), comm. 51, VIII, 336 D-E.

78——Dionysius Areopagita, De divinis nominibus, cap. 4, § 1, PG 3, 693C; Dionysiaca, 148.

79——Aristoteles, Metaphysica XI (=XII), 9, 1074b29.

80——Dionysius Areopagita, De divinis nominibus, cap. 4, § 1, PG 3, 693B; Dionysiaca, 147.

81——Averroes, In Aristotelis Metaphysicam XI (=XII), comm. 44, VIII, 327 K.

82——Liber de causis, comm. 8 (7).

83——Avicenna, Metaphysica III, cap. 8, f. 82va C.

84——より正しくは、Augustinus, De Trinitate IX, cap. 3, PL 42, 963.

85——Liber de causis, comm. 8 (7).

86——Aristoteles, De anima III, 6, 430b28.

87——Dionysius Areopagita, De divinis nominibus, cap. 5, § 9, PG 3, 824D; Dionysiaca, 361.

88——Ibid., cap. 7, § 2, PG 3, 869C; Dionysiaca, 401.

89——Ibid., cap. 7, § 2, PG 3, 868B; Dionysiaca, 388.

90——Ibid., cap. 4, § 22, PG 3, 724 B; Dionysiaca, 269.

91 —— Liber de causis, prop. 10 (9); Ibid., comm. 13 (12).

92 —— Avicenna, Metaphysica VIII, cap. 4, f. 99rb B.

93 —— Liber de causis, comm. 9 (8).

94 —— Dionysius Areopagita, De divinis nominibus, cap. 13, § 1, PG 3, 977B; Dionysiaca, 537.

95 —— Aristoteles, Metaphysica V, 16, 1021b30; Averroes, In Aristotelis Metaphysicam V, comm. 21, VIII, 131 B.

96 —— Johannes Damascenus, De fide orthodoxa II, cap. 3, PG 94, 873B; ed. E. M. Buytaert, 74.

97 —— Glossa Petri Lombardi, ibid., PL 192, 189B; cf. Hieronymus, Commentarii in Epistulam ad Ephesios II, ibid., PL 26, 514C-D.

98 —— Dionysius Areopagita, De ecclesiastica hierarchia, cap. 6, pars 3, § 6, PG 3, 537B; Dionysiaca, 1404.

99 —— Aristoteles, De anima I, 1, 402b7.

100 —— Dionysius Areopagita, De divinis nominibus, cap. 7, § 2, PG 3, 868B; Dionysiaca, 388.

101 —— Aristoteles, Metaphysica V, 6, 1016a24; ibid. X, 3, 1054b27.

102 —— Id., De anima III, 4, 429b31.

103 —— Dionysius Areopagita, De coelesti hierarchia, cap. 4, § 4, PG 3, 181B; Dionysiaca, 814.

104 —— Augustinus, De Genesi ad litteram V, cap. 19, PL 34, 334.

105 —— Johannes Damascenus, De fide orthodoxa II, cap. 3, PG 94, 873B; ed. E. M. Buytaert, 74.

106 —— Dionysius Areopagita, De divinis nominibus, cap. 7, § 2, PG 3, 869C; Dionysiaca, 401.

107 —— Id., De coelesti hierarchia, cap. 12, § 2, PG 3, 292C; Dionysiaca, 936.

108 —— Liber de causis, prop. 10 (9).

109 —— Boethius, In Isagogen Porphyrii commenta editio secunda I, PL 64, 85D.

110 —— Aristoteles, Metaphysica II, 1, 993b30.

111 —— Id., De anima III, 6, 430b28.

112 —— Id., Metaphysica VII, 15, 1040a2.

113 —— Ibid. X, 1, 1053a24.

114 —— Augustinus, De cura pro mortuis gerenda, cap. 16, PL 40, 606（第九問題第六項第五異論参照）; cf. Glossa interlinearis, super Is. 63:16.

115 —— Id., De Trinitate X, cap. 1, PL 42, 971.

116 —— Aristoteles, Analytica posterior I, 38, 86a11.

117 —— Boethius, De consolatione Philosophiae V, prosa 6, PL 63, 849B.

118 —— Aristoteles, De anima I, 5, 410b4.

119 —— Dionysius Areopagita, De divinis nominibus, cap. 7, § 2, PG 3, 868B; Dionysiaca, 388.

120 —— Augustinus, De Genesi ad litteram II, cap. 8, PL 34, 270.

121 —— Avicenna, Metaphysica VIII, cap. 6, f. 100rb C.

122 —— Gregorius I, Moralia XII, cap. 21, PL 75, 999B.

123 —— Boethius, De consolatione Philosophiae V, prosa 6, PL 63, 859A.

124 —— Gregorius I, Dialogi IV, cap. 26, PL 77, 357C.

125 —— Aristoteles, De interpretatione I, 13, 18a28 sqq.

126 —— Hugo de Sancto Victore, De sacramentis christianae fidei I, p. 5, cap. 18, PL 176, 254A.

127 —— Averroes, In Aristotelis Physicam II, comm. 48, IV, 66 I.

128 —— Augustinus, De Genesi ad litteram XII, cap. 13, PL 34, 464.

129 —— Ibid. XII, cap. 17, PL 34, 467.

130 —— Id., De divinatione daemonum, cap. 5, PL 40, 586.

131 —— Origenes, Commentarii in Epistulam ad Romanos II, n. 10, PG 14, 894 A-B.

132 —— Augustinus, De Trinitate IX, cap. 12, PL 42, 970.

133 —— Ibid. XI, cap. 3 et 4, PL 42, 988-990.

134 —— Aristoteles, De anima II (=III), 3, 427b23.

135 —— Augustinus, De Trinitate XV, cap. 16, PL 42, 1079.

136 —— Id., De Genesi ad litteram IV, cap. 32, PL 34, 316.

137 ——Id., De Trinitate X, cap. 12, PL 42, 984.

138 ——Liber de causis, prop. 10 (9).

139 ——Ibid., comm. 7 (6).

140 ——Aristoteles, Topica II, cap. 10, 114b34.

141 ——Augustinus, De Trinitate XI, cap. 3 et 4, PL 42, 988-990.

142 ——Algazel, Metaphysica, p. I, tr. 3, sent. 4, ed. J. T. Muckle, p. 68.

143 ——Aristoteles, Metaphysica V, 6, 1016a24.

144 ——Ibid. VI, 4, 1027b24.

145 ——より正しくは、Augustinus, De Trinitate XIV, cap. 6, PL 42, 1042.

146 ——Liber de causis, comm. 8 (7).

147 ——Dionysius Areopagita, De divinis nominibus, cap. 7, § 2, PG 3, 869C; Dionysiaca, 401.

148 ——Aristoteles, Ethica Nicomachea X, 5, 1174b8.

149 ——Dionysius Areopagita, De divinis nominibus, cap. 4, § 8, PG 3, 704D; Dionysiaca, 189.

150 ——Augustinus, De divinatione daemonum, cap. 5, PL 40, 586.

151 ——Maximus, Scholia in De divinis nominibus, cap. 7, § 2, PG 4, 345D.

152 ——Aristoteles, Metaphysica I, 1, 981a5.

153 ——Augustinus, De divinatione daemonum, cap. 3, PL 40, 584.

154 ——より正しくは、id., De Genesi ad litteram II, cap. 17, PL 34, 278.

155 ——Dionysius Areopagita, De divinis nominibus, cap. 7, § 2, PG 3, 868B; Dionysiaca, 388.

156 ——Id., De coelesti hierarchia, cap. 4, § 1, PG 3, 177D; Dionysiaca, 803.

157 ——Pseudo-Augustinus, De spiritu et anima, cap. 1, PL 40, 781.

158 ——Maximus, op. cit., cap. 7, § 2, PG 4, 345C.

159 ——Liber de causis, prop. 10 (9).

160 ——Dionysius Areopagita, De divinis nominibus, cap. 7, § 3, PG 3, 872B; Dionysiaca, 407.

161 ——— Dionysius Areopagita, De divinis nominibus, cap. 4, §8, PG 3, 704D; Dionysiaca, 189.

162 ——— Ibid.

163 ——— Ibid.; Dionysiaca, 190.

164 ——— Ibid., cap. 4, §9, PG 3, 705B; Dionysiaca, 192.

165 ——— Ibid., cap. 4, §9, PG 3, 705A-B; Dionysiaca, 192.

166 ——— Ibid., cap. 4, §9, PG 3, 705A; Dionysiaca, 190.

167 ——— Ibid., cap. 4, § 22, PG 3, 724B; Dionysiaca, 269.

168 ——— Augustinus, De Genesi ad litteram IV, cap. 22, PL 34, 312.

169 ——— Ibid.

170 ——— Id., De civitate Dei, cap. 29, PL 41, 343.

171 ——— Id., De libero arbitrio II, cap. 13, PL 32, 1260.

172 ——— Id., De Genesi ad litteram IV, cap. 22, PL 34, 311; ibid. V, cap. 18, PL 34, 334.

173 ——— Anselmus, Monologion, cap. 36, PL 158, 190D.

174 ——— Cf. Augustinus, De Genesi ad litteram I, cap. 3, PL 34, 248; ibid. IV, cap. 22 et 24, PL 34, 311 et 313.

175 ——— Cf. Id., Confessiones III, cap. 6, PL 32, 688; id., Enarrationes in Psalmos, Ps. 74:6-8, n. 9, PL 36, 952-953.

176 ——— Id., De Genesi ad litteram IV, cap. 22, PL 34, 311.

177 ——— Ibid. II, cap. 8, PL 34, 270.

178 ——— Cf. Ibid. IV, cap. 24, PL 34, 313.

179 ——— Cf. Ibid. V, cap. 18, PL 34, 334; id., De civitate Dei XI, cap. 29, PL 41, 343.

真理論

第九問題　天使の知の伝達について

一――或る天使は別の天使を照明するか。
二――下位の天使は常に上位の天使によって照明されるか。
三――或る天使は別の天使を照明することによって、その天使を浄化するか。
四――或る天使は別の天使に語りかけるか。
五――下位の天使たちは上位の天使たちに語りかけるか。
六――或る天使が他の天使に語りかけるために、一定の場所的な隔たりが必要とされるか。
七――或る天使は他の天使に、彼の語っていることを、別の天使たちが知覚しないような仕方で語ることができるか。

第一項

問題は照明（illuminatio）と語り（locutio）による天使の知の伝達についてである。第一に、或る天使は別の天使を照明するか、が問われる、そして、照明しない、と思われる。その理由、

(1) アウグスティヌス(一)が語る通り、神のみが精神を形相化・完成することができる。ところで、天使の照明は或る意味で照明された者の精神の形相化・完成である。それゆえ、神だけが天使を照明することができる。

(2) さらに、天使の内には恩寵の光と自然の光のほかに、別の光は存在しない。ところで、或る天使が自然の光によって別の天使を照明することはない。というのは、それぞれの天使は自らの自然的な能力を、神から直接的に所有しているからである。また、同様に、或る天使が別の天使を恩寵の光によって照明することもない。恩寵の光は直接神から来ているからである。それゆえ、或る天使が別の天使を照明することはありえない。

(3) さらに、物体は物体的光に関係するように、霊は霊的光に関係する。ところで、きわめて卓越した光に照明された物体は、より弱い光によって同時に照明されるということはない。たとえば、空気は太陽の光によって照明され、同時に月の光によって照明されるということはない。それゆえ、神の霊的な光は、太陽の光が蠟燭や星辰の光を凌ぐ以上に、いかなる被造の光をもはるかに超越しているのであるから、そしてすべての天使たちは神によって照明されているのであるから、或る天使が別の天使によって照明されることはないと思われる。

(4) さらに、もし或る天使が別の天使を照明するとすれば、それは媒介によってなされるか、媒介なしになされるかのいずれかである。ところで、媒介なしには為されない。というのも、もし媒介なしに為されるとすれば、或る天使は別の照明された天使に結合されていなければならないであろう。しかし、そうしたことはありえない。というのも、神だけがこうした仕方で精神に結合されうるからである〔第二八問題第二項第八異論参照〕。同様に、媒介によって為されるわけでもない。というのは、物体的媒介によることはない。そうした媒介は霊的光を受容しうるものでないからである。また、霊的媒介によることもない。というのは、この霊的媒介として天使以外の

別のものが措定されることはありえないからである。したがって、或る場合には媒介において無限に背進することになろう。そして、もしそうだとすれば、いかなる照明も帰結しえないであろう。無限に進んでゆくことはできないからである。[2]あるいは、或る天使が別の天使を直接的に照明することに至ることになろう。しかし、このことの不可能であることはすでに示された通りである。それゆえ、或る天使が別の天使を照明することは不可能である。

(5) さらに、或る天使が別に天使を照明するとすれば、このことは、或る天使は自らに固有の光を別の天使に伝えることによるか、あるいは何か別の光を別の天使に与えることによるかによって為される。ところで、第一の仕方で為されることはない。というのは、その場合には同一の光が異なる照明されるものどもに存在することになろう。さらに、第二の仕方によって為されることもない。というのは、その場合にはその光は上位の天使によって作られたものでなければならないであろう。そこから、天使はその光の創造主であることが帰結することになろう。その光は質料から作られることはないからである。それゆえ、或る天使が別の天使を照明することはない、と思われる。

(6) さらに、もし或る天使が別の天使によって照明されるとすれば、照明された天使は可能態から現実態へと移行されなければならない。というのは、照明されることは、一種の生成だからである。ところで、或るものが可能態から現実態へと移行されるときはいつでも、そのものの内の何かが消滅するのでなければならない。それゆえ、天使たちにおいては何ものも消滅しないのであるから、或る天使が別の天使によって照明されることはない、と思われる。

(7) さらに、もし或る天使が別の天使によって照明されるとすれば、或る天使が別の天使に伝える光は実体であるか、附帯性であるかのいずれかである。ところで、それは実体ではありえない。というのは、附加された実体的形相は種を変えることになるからである。それは『形而上学』第八巻[3]に言われている通り、一が種を変えるようにである。したがって、天使は照明されることによって種において変化することが帰結することになるであろう。同様に、その光は附帯性ではありえない。というのは、附帯性は基体を超えて及んでゆくことはないからである。それゆえ、或る天使が別の天使を照明することはないのである。

(8) さらに、われわれの視覚は身体的であれ知性的であれ、光を必要とする。というのは、視覚の対象は可能態における可知的なもの、可感的なものであり、それは光によって現実的に可知的なもの、可感的なものになるからである。ところで、天使の認識の対象は現実態における可知的なものである。というのも、それは神の本質そのもの、あるいは天使自らと同時に創造された形象であるからである。それゆえ、認識するために天使たちは可知的光を必要としないのである。

(9) さらに、もし或る天使が別の天使を照明するとすれば、それは自然的な認識に関してか、恩寵の認識に関してかである。ところで、自然的な認識に関して照明することはない。というのは、上位の天使たちにおいても下位の天使たちにおいても、自然的な認識は生得的な形相によって完成されているからである。同様に、事物を御言葉《みことば》の内に認識する恩寵の認識に関しても照明することはない。というのは、すべての天使は御言葉を直接に見ているからである。それゆえ、或る天使が別の天使を照明することはないのである。

(10) さらに、知性の認識のために要請されるものは、可知的形相と可知的光だけである。ところで、或る天使は別の天使に、自らと一緒に創造された可知的形相を伝えることもなく、またそれぞれの天使は神に照明されているから可知的光を伝えることもない。「ヨブ記」に、「まことにその軍勢は数限りなく、その光はすべての人の上に昇る」〔ヨブ二五：三〕と言われている。それゆえ、或る天使が別の天使を照明することはない。

(11) さらに、照明することの目的は闇を一掃することである。ところで、天使たちの認識においていかなる闇や暗さも存在しない。それゆえ、「コリントの信徒への手紙二」一二章〔二節〕への註釈(4)は「可知的実体の領域では」――これは天使たちが住んでいる領域へのはっきりとした言及である――「精神は、いかなる身体的な像もなしに、誤った臆見の霧によって暗くされていない明瞭なる真理を見ている」とある。それゆえ、天使が天使によって照明されることはないのである。

(12) さらに、天使の知性はわれわれの魂の能動知性よりもより優れたものである。ところで、われわれの魂の能動知性は照明されることはまったくなく、もっぱら照明するだけである。それゆえ、天使たちは照明されない。

(13) さらに、「ヨハネの黙示録」に「至福なる者たちの国は太陽も月も必要としない。神の明るさがそれを照明するであろう」〔黙二一:二三〕と言われている。そして、その註釈は太陽と月を「教会のより大いなる、またより小さな博士たち」と解説している。それゆえ、天使はすでにその国の市民であるから、神のみによってしか照明されない。

(14) さらに、天使が天使を照明するとすれば、それは自然的な光の充満によるか、あるいは、恩寵の光の充満によるかのいずれかである。ところで、自然的な光の充満によることはない。というのは、堕落した天使は最高の天使たちの部類に属していたのであるから、ディオニュシウスが『神名論』第四章[5]に語る通り、自らの内に完全なままに留まっている最も卓越した自然的な賜物を所有していたのであり、したがって、悪霊が天使を照明するといったことになろう。しかし、これは不条理である。同様に、恩寵の光の充満によって為される、ということもない。というのも、この世の途上の或る人は、下位の天使たちよりもより大きな恩寵を持っている。というのも、或る人々は恩寵の力によって、上位の天使たちの位階にもたらされるからである[6]。したがって、途上にある人間が天使を照明することになろう。しかし、これは不条理である。それゆえ、或る天使が別の天使を照明することはないのである。

(15) さらに、ディオニュシウスは『天上位階論』第七章[7]において「照明〔されること〕は神の知を受け取ることである」と述べている。ところで、神の知は神についての知、あるいは神の事柄についての知としてのみありうるものである。そして、いずれの仕方によっても天使は神の知を神からのみ受け取る。それゆえ、或る天使が別の天使を照明することはないのである。

(16) さらに、天使の知性の能力は生得的形相によってその全体が決定されているから、天使は認識しうるそのすべてを認識するために生得的諸形相で十分である。それゆえ、何かを認識するために上位の天使によって照明される必要はない。

(17) さらに、すべての天使は相互に種において相違している。あるいは少なくとも異なる位階に属する天使たちは種的に相違している。ところで、何ものも別の種の光によって照明されることはない。たとえば、物体的事物が霊的光によって照明されることはないのである。それゆえ、或る天使が別の天使によって照明されることはない。

(18) さらに、天使の知性の光はわれわれの能動知性の光よりもより完全である。ところで、われわれの能動知性の光はわれわれが感覚から獲得するすべての形象を認識するために十分である。それゆえ、天使の知性の光もすべての生得的な形象を認識するために十分である。したがって、別の光が附加される必要はないのである。

以上に反して、(1) ディオニュシウスは『天上位階論』第三章[8]において、位階の秩序とは「一方で〔或る天使たちは〕照明され、他方で〔或る天使たちは〕照明する、ということである」と述べている。それゆえ、云々。

(2) さらに、ディオニュシウスによって明らかなように、人間たちの内に秩序があるように、天使たちの内にも秩序がある。ところで、人間たちにおいて上位の者は下位の者を照明する。それは「エフェソの信徒への手紙」に、「この恵みは、聖なる者たちすべてのなかで最もつまらない者である私に与えられました。すべての人を照らすために」〔エフェ三：八-九〕とある。それゆえ、上位の天使たちは下位の天使たちを照明するのである。

(3) 霊的光は物体的光よりも効力が大きい。ところで、上位の物体は下位の物体を照明している。それゆえ、上位の天使たちは下位の天使たちを照明しているのである。

答えて次のように言わなければならない。われわれは知性的な光について、物体的な光との類似に従って語らなければならない。ところで、物体的な光はわれわれがそれによって見るものであり、その光は二つの仕方で、われわれの視覚のために働く。一つは、可能態によって可視的であったものが、この光によってわれわれに現実的に可視的なものになる、という点において。もう一つは、視覚そのものが光の本性から見るために強められる、という点において。それゆえ、光は器官の複合そのものの内になければならない。それゆえ、知性的光も知性が所有している認識する力、あるいは別のものが、それによってわれわれに知られたものになるそのものであると言われうる。それゆえ、或る人が別の人によって照明されうる仕方は二様にある。第一は、彼の知性が認識の働きのために強められるのである。第二には、知性が他の或るものの認識へと或るものによって導かれうるのである。これら働きの両方が知性の内に一緒に見出される。たとえば、或る人が精神によって懐念（concipere）する手段が彼の知性を強めて、以前には見ることのできなかった或るものを見るようにするというときに、そのことは明らかである。したがって、或る知性が別の知性によって照明される、と言われるのは、別の知性が或る知性に認識の手段を与え、その手段が或る知性を強め、その知性が以前に認識できなかった或るものどもを認識できるようにする、というかぎりにおいてである。ところで、人々の間でこのことは二様の仕方で起こる。第一に、それは言論を通して起こる。たとえば、教師は、自らの語る事柄によって、彼の生徒に生徒の知性を強める何らかの手段を与え、生徒が以前に認識することのできなかった事柄を認識できるようにするのである。この意味で教師は生徒を照明すると言われる。第二に、或る人は何らかの可感的なしるしを与えられうる。そして、このしるしは、彼を何らかの真理の認識に導くことができるのである。この意味で、ディオニュシウス(9)によれば、司祭は、神の真理に人々を導く神秘を示したり授けたりするかぎりで、人々を照明していると言われるのである。

　ところで、天使たちは可感的なしるしによって神の真理の認識に到達することはないし、またわれわれの場合のように、継次的ならびに推論的な仕方での知性的な手段を受け取ることもなく、非質料的な仕方で神の真理の認識に到達するのである。これはディオニュシウスが『天上位階論』第七章(10)で主張することである。すなわち、上位の天使たちがいかに照明されるかを明らかにして、「天使たちの最高の本質は、可感的あるいは知性的なしるしによって観想するといったことはないし、聖書に見出される綿密な仕上げによって神に導かれるのでもなく、霊的な知のより高次の光に満たされることによって観想するのである」と言っている。したがって、或る天使が他の天使によって照明されるということは、端的に次のこと、すなわち、より上位の天使の内に見られる何かを通して、下位の天使の知性が他の事物を認識するように強められる、ということを意味している。こうしたことは二様の仕方で起こりうる。というのは、諸物体において上位の物体は下位の物体のいわば現実態であるように、――たとえば、火は空気との関係で現実態である――上位の霊も下位の霊との関連ではいわば現実態である。ところで、すべての能力は自らの現実態と結合することから強められ、完成される。それゆえ、下位の諸物体はそれらの場所である上位の物体の内に保存されているのである。したがって、下位の天使たちも上位の天使たちと結合することによって強められる。実際、この結合は知性の直観によってなされる。この意味で下位の天使は上位の天使によって照明されると言われるのである。

(1) したがって、第一に対しては次のように言わなければならない。アウグスティヌスは、神から直接来る恩寵によって精神が完成されるかの究極的な完成の働きについて、語っているのである。

(2) 第二に対しては次のように言わなければならない。照明する天使は、恩寵あるいは自然の新しい光を生ぜしめることはなく、ただ単に自らの光を分かち与えるにすぎない。というのは、知性認識されるものはすべて知性的光によって認識されるのであるから、認識されるものは認識されるものであるかぎりにおいて、自らの内に分有されるものとしての知性的光を含んでいる。そして、この知性的光は知性を強化する力を有している。たとえば、教師が生徒に、能動知性の光がその内に道具として分有されている論証の手段を与える場合を考えると明らかである。というのは、第一の基本原理は、註釈者が『霊魂論』第三巻[三]において語る通り、能動知性のいわば道具である。論証の固有の手段を含んでいる第二のすべての原理についても同様なことが妥当する。それゆえ、上位の天使が自らの認識内容を他の天使に伝えることによって、下位の天使の知性は、以前に認識していなかった或ることを認識するよう強められるのである。したがって、照明された天使の内に、本性にせよ恩寵にせよ、それらの新しい光が生ずるのではなく、先に内在していた光が上位の天使によって、知覚された認識内容の内に含まれている光によって強化されるのである。

⑶　第三に対しては次のように言わなければならない。物体的光と霊的光について事情は同様ではない。というのは、すべての物体がどのような物体的な光によっても差別なく照明されうる。というのは、すべての物体的な光はすべての可視的な形相に対して等しく関わっているからである。これに対し、すべての霊がどのような光によっても等しく照明されるということはありえない。というのは、いずれの光も、可知的諸形相を等しく含んでいるわけではないからである。というのも、最高の光はより普遍的な可知的形相を含んでいるからである。したがって、下位の知性がより上位の光によって照明されるのは十分ではない。というのは、そのような知性はより個別的である諸形相による認識を受容するのに比例しているからである。他方、この知性は諸事物の認識に導かれるためには、下位の光によって照明されなければならない。それはわれわれの場合に明らかである。たとえば、形而上学者・第一哲学者は普遍的な諸原理の内に、万物の認識を有しているが、他方、医者は諸事物を最も個別的に考察する。したがって、医者は形而上学者から自らの基本原理を直接受け取るのではなく、自然哲学者からそれを直接受け取るのである。自然哲学者は形而上学者の原理よりも普遍性の低い原理を有しているからである。ところで、医者よりもより普遍的に事物を考察する自然哲学者は、自らの考察の基本原理を形而上学者から直接受け取ることができる。したがって、すべての事物の可知的諸特徴は、いわば唯一の最も普遍的な原理としての神の知性の光の内に、最高度に合一されているのであるから、下位の天使たちがそのような光で認識を得ることに比例するのは、可知的形相の普遍性がより低い上位の天使たちの光が彼らに結合している場合だけである。

⑷　第四に対しては次のように言わなければならない。天使は別の天使を或るときには媒介によって、或るときは媒介なしに照明する。ところで、媒介による場合は、霊的媒介である。たとえば、上位の天使が中間の天使を照明し、中間の天使は最下の天使を上位の天使の光の力によって照明する。他方、媒介なしにも照明する。たとえば、上位の天使が自己の下位に位置する天使を直接的に照明するときのように。また、照明する天使が照明

される天使の精神に直接結合される必要はない。その三つは、一方が他方を直接に直視するということによって端的に結合されているのである。

(5) 第五に対しては次のように言わなければならない。下位の天使によって認識される手段は、上位の天使によって認識される手段と個的に同じものである。ところで、上位の天使のその手段についての認識は、下位の天使のその手段についての認識とは別のものである。したがって、それは或る意味で同じ光であり、或る意味で別の光である。ところで、それが別の光であるという意味でも、その光が上位の天使によって創造されたものであることは帰結してこない。というのも、それ自体で自存していない事物は、実体的に存在していないように、固有に言えば生成することがないからである。たとえば、色が生成するのではなく、色のあるものが生成するのであり、そのことは『形而上学』第七巻[12]に言われている通りである。それゆえ、天使の光そのものが生成するのではなく、照明される天使は、可能的に照明されるものから現実的に照明されたものになるのである。

(6) 第六に対しては次のように言わなければならない。物体的な照明において何らかの形相が除去されるのではなく、闇である光の欠如だけが除去されるように、霊的な照明においても同様である。それゆえ、霊的照明において何らかの消滅がある必要はなく、ただ否定の除去だけがあるのである。

(7) 第七に対しては次のように言わなければならない。それによって照明されると言われる天使のかの光は、天使自身の本質的な完全性ではなく、附帯的な類に還元される第二の完全性である。また、附帯性が基体を超えて及んでゆくことは帰結しない。というのは、上位の天使がそれによって照明されるその認識は、下位の天使の内にある認識と個的に同じでないからである。彼らの認識は同じ本性を持ち、同じ種に属するかぎりでのみ同じである。ちょうど、照明された空気の中にある光と照明している太陽の内にある光は、個的に同じであるわけではなく、種において同じであるようにである。

(8) 第八に対しては次のように言わなければならない。可能的に可知的であるものは、光を通して現実的に可知的なものになる。しかし、このことは二様の仕方で起こりうる。第一に、われわれにおいて起こっているごとく、それ自体において可能的に可知的であるものが、現実的に可知的なものになる場合である。この関連では天使の知性は光を必要としない。というのは、天使の知性は形象を表象像から抽象するわけではないからである。第二には、或る知性認識するものにとって、可能的に可知的であるものが現実的に可知的になる場合である。たとえば、われわれにとって上位の実体が現実的に可知的なものになるのは、それらの認識にわれわれがそれによって到達するその手段によってである。この仕方によって天使の知性は、それらを認識するためには、可能態にあるものどもが現実態的な認識に導かれるために、光を必要とするのである。

(9) 第九に対しては次のように言わなければならない。或る天使が別の天使を照明するその照明は、天使たちの自然的な認識に属しているものには含まれていない。というのは、その場合には、すべての天使は自らが創造されたその最初から、完全な自然的認識を持っているであろうからである。ただし、上位の天使が下位の天使の原因であると、われわれが主張する場合は別であるが、こうしたことは信仰に反するのである。[13] ところで、そうした認識は天使たちに啓示される事柄、すなわち、天使たちの自然的な認識を超えている事柄に関わっている。たとえば、天上あるいは地上の教会に属する神の神秘についてのように。それゆえ、ディオニュシウスによって天使たちの間の位階的な働きが措定されているのである。また、すべての天使は御言葉を見ているけれども、御言葉の内に上位の天使たちが見ているものすべてを、下位の天使も見ていることが帰結するわけではない。

(10) 第一〇に対しては次のように言わなければならない。或る天使が別の天使によって照明されるとき、その天使に新しい諸形象が注入されるわけではなく、以前に所有していたその同じ形象そのものから、その知性は上位の光によって強められ、上述された仕方でより多くのものを認識することができるようにされるのである。ちょうど、われわれの知性が神あるいは天使の光によって、同じ表象像から、他からの援助なしにそれ自体で可能であるところよりももっと多くのものの認識に至ることができるようにである。

(11) 第一一に対しては次のように言わなければならない。天使たちの内にはいかなる誤謬の暗さも存在しないけれども、彼らの内に彼らの自然的な認識能力を超えている事柄についての無知は存在する。[14] このことのゆえに、天使たちは照明を必要とするのである。

(12) 第一二に対しては次のように言わなければならない。或る事物がいかに質料的であっても、そのものはそのもの自身の内の形相的なものによって何かを受け取ることはなく、そのものの内の質料的なものによってのみ何かを受け取るのである。ちょうど、われわれの魂は能動知性を根拠にして照明を受け取るのではなく、受動知性を根拠にしてのようにである。同様に、物体的事物は形相の側から何らかの刻印を受け取ることはなく、質料の側からのようにである。ところで、われわれの可能知性は何らかの質料的形相よりもより単純である。したがって、天使の知性も何らかの可能態的なものを有していることによって照明される。もっとも、天使は照明されることのないわれわれの能動知性よりもより優れたものであるけれども。

(13) 第一三に対しては次のように言わなければならない。異論の典拠は、すべての天使たちが神によって直接照明される至福の認識に属する事柄について、理解されるべきである。

(14) 第一四に対しては次のように言わなければならない。われわれが語っているかの照明は、自然的な光を完成する恩寵の光によって為される。しかし、途上の生にある人間が、天使を照明することができることが帰結するわけではない。というのは、人間はより大きな恩寵を現実態においてではなく、ただ能力態において有しているにすぎないからである。というのは、彼はより完全な状態をそれによって獲得することのできる恩寵を有しているだけだからである。たとえば、子馬は、同じ意味で、生まれるとただちに驢馬よりもより大きな強さを持っている、と言われるごとく。もっとも、その強さは現実的にはより弱いものであるけれども。

(15) 第一五に対しては次のように言わなければならない。照明されることは神の知を受け取ることだと言われるとき、この知は神の知のことが言われている。というのも、その知は神の照明から起原を有しているからである。

(16) 第一六に対しては次のように言わなければならない。生得的形相は天使が自然本性的認識によって認識するすべてのことを認識するために十分である。しかし自然的認識を超えているものどものためには、より高次の光を必要とする。

(17) 第一七に対しては次のように言わなければならない。種的に違っている天使たちの内に存在している可知的光は、種的に違っている必要はない。たとえば、種的に違っている諸物体の内に、種的に同じ色があるごとくである。このことはとりわけ人間たちと天使たちにおいて種的に同じである恩寵の光について真である。

(18) 第一八に対しては次のように言わなければならない。われわれの内の能動知性の光は本性的な認識に関わる事柄に関しては十分である。しかし、その他の事柄のためにはより高次の光、たとえば、信仰や予言の光が必要とされるのである。

第二項

第二に、下位の天使は常に上位の天使によって、あるいは或るときには神によって直接的に照明されるか、が問われる。そして、神によって直接的に証明される、と思われる。その理由、

(1) 下位の天使は意志の内に恩寵を、知性に内に照明を受ける可能態にある。ところで、彼は受容可能なかぎりにおいてのみではあるが、神から恩寵を受ける。それゆえ、受容可能なかぎりにおいて、神から照明をも受ける。したがって、神から直接照明されるのであって、天使を媒介して照明されるわけではない。

(2) さらに、神と下位の諸天使との間には中間に上位の諸天使が存在するように、上位の諸天使とわれわれとの間には中間に下位の諸天使が存在する。ところで、上位の天使はときにわれわれを直接に照明する。たとえば、「イザヤ書」〔イザ六：六〕に明らかなように、セラフィムはイザヤを照明したのである。それゆえ、下位の天使たちもときに神に直接的に照明されるのである。

(3) さらに、霊的な諸実体の内に或る特定の秩序が在るように、質料的な諸実体の内にも特定の秩序が存在す

る。ところで、神の力は或るとき中間的な諸原因を無視して、質料的諸事物に直接的に働きかける。たとえば、神は死者のなかから或る人を、天体の協働なくして蘇らせる、といった場合である。それゆえ、或るときに神は下位の天使たちを上位の天使たちが仕えることなしに、照明するのである。

(4) さらに、「下位の力の為しうることはすべて、上位の力も為しうる」[15]。それゆえ、上位の天使が下位の天使を照明することができるとすれば、神は下位の天使を直接的に、はるかに強く照明することができる。したがって、神の諸々の照明は常に上位の天使たちによって下位の天使たちに与えられる、といった必要はないのである。

以上に反して、(1) ディオニュシウス[16]は、下位のものは上位のものが媒介して神へと連れ戻されるという不動の法則を神は確立した、と述べている。それゆえ、下位の天使たちは直接神によって照明されるわけではない。

(2) さらに、天使たちは本性的に諸物体より上位のものであるように、上位の天使たちは下位の天使たちよりも卓越している。ところで、アウグスティヌスの『三位一体論』第三巻[17]に明らかなように、物体的諸事物を統治することに関して天使たちの奉仕なしには、何ものも神によって物体的諸事物の内に生ずることはないのである。それゆえ、上位の天使たちの媒介によってでなければ、神によって下位の天使の内に何ものも生じないのである。

(3) さらに、下位の物体は媒介によってでなければ、上位の物体によって動かされることはない。たとえば、大地は空気が媒介して天球によって動かされるようにである。ところで、霊における秩序は物体における秩序に似ている。それゆえ、最高の霊は媒介を通してでなければ、下位の霊を照明することはないのである。

答えて次のように言わなければならない。神は自らの善性のゆえに自らの諸々の完全性を、被造物に被造物の受容能力に従って伝達する。したがって、神は自らの善性を被造物に分かち与えるが、それは被造物自身が善で完全なものであるためのみならず、被造物が神の助けによって完全性を他者に与えることができるためでもある。そして、完全性を他の被造物に与えることは、神を模倣することの最も優れた方法である。それゆえ、ディオニュシウスは『天上位階論』第三章[18]において、「神の協働者になることはすべての行為のうちでより神的なことである」と語っている。この原理から、或る天使たちは他の天使たちを照明するという、天使たちの内にある秩序が発出してくるのである。

ところで、この秩序について人々は種々異なった仕方で見解を述べている。或る人々はこの秩序は確固として確立されているので、何ものもこの秩序の外に起こることはなく、すべての内にこの秩序は常に保たれている、と考える。他方、別の人々はこの秩序は確固としているが、その程度は多くの場合、出来事はこの秩序に従って起こるが、ときにはこの秩序は必然的な諸原因によっては無視される、といった具合であると考える。たとえば、奇跡において明らかなように、諸々の自然物の運行でさえ神の管理によって何らかの新しい原因が生ずることによって変化する、というようにである。

ところで、第一の見解は三つの理由からより合理的であると思われる。第一に、下位の天使が上位の天使によって照明されることは、上位の天使の尊厳に属する。もし下位の天使がときに上位の天使の奉仕なしに照明されるとすれば、そのことは上位の天使の尊厳を減ずることになろう。第二に、事物は最高度に不動な神に近づけば近づくほど、事物そのものはいっそう不動でなければならない。それゆえ、神から最も隔たっている月下の物体はときには自然的な運行から逸脱するのである。他方、諸々の天体は常に自然的な動を遵守する。神に最も近い天上の霊たちに秩序があるときに、変化するといったことは論理的であるとは思われない。第三に、自然本性の状態に属している諸事物において、神の力によって何らかの変化が生ずるのは、何かより善いもののため、すなわち恩寵か栄光に属するもののためでしかありえない。ところで、天使たちの秩序がそれによって相互から区別される栄光の諸状態はあるが、それ以上に高次な状態といったものはまったくない。それゆえ、天使たちの秩序に関わるものどもが、或るときに変化するといったことは、合理的なこととは思われない。

(1) したがって、第一に対しては次のように言わなければならない。神は天使たちに彼らの受容能力に従って、恩寵と照明を授ける。しかし、恩寵と照明の授与には次の相違がある。すなわち、意志に属する恩寵は、神によって直接的にすべての天使に与えられる。というのは、天使たちの意志の内には、或る天使が別の天使に刻印しうるという秩序は存在しないからである。他方、照明は神から最下の天使たちに、最高の天使たちと中間の天使たちを通して降下してくるのである。

(2) 第二に対しては次のように言わなければならない。ディオニュシウスは『天上位階論』第一三章において、この異論に二つの解答を与えている。一つは、預言者の唇を浄化するために派遣された天使は、下位の天使に属する。しかし、彼は同名異義的に、セラフィムと呼ばれる。というのは、彼は預言者の唇を祭壇から火箸で運ばれた灼熱した石で、唇を焼くことによって浄化するからである。実際、彼は燃える者か焼く者であるがゆえにのみ、セラフィムと言われるからである。第二に、ディオニュシウスは次のように言っている[19]。すなわち、預言者の唇を浄化する下位の秩序に属するかの天使は、預言者を自分自身へと呼び出すのではなく、神と上位の天使へと呼び出すことを意図していたのである。というのは、彼は両者の力によって働いたからである。それゆえ、彼は預言者に神と上位の天使を示すのである。ちょうど、司祭が司教の権威によって或る人を赦すとき、司教が赦している、と言われるように。この意味では、この天使は同名異義的にセラフィムと言われるという必要はないし、セラフィムは預言者を直接的に照明するという必要もない。

(3) 第三に対しては次のように言わなければならない。自然の運行は何らかのより高貴な状態を持つことができる。そのためには或るときに自然の運行が変化するのは当然である。しかし、栄光の状態よりも高貴なものは何もない。それゆえ、同様の平行関係があるわけではない。

(4) 第四に対しては次のように言わなければならない。神と上位の天使たちが下位の天使たちを、上位と下位の天使との中間の天使たちを媒介にして照明するのは、神の能力と上位の天使たちの能力に何らかの欠陥があるからではない。こうした秩序はすべてのものの尊厳と完全性を保持するためにのみ保たれている。そして、このことは同じ働きにおいて多くの天使たちが神に協働することを要請するのである。

第三項

第三に、或る天使は別の天使を照明することによって、その天使を浄化するか、が問われる。そして、そうではない、と思われる。その理由、

(1) 浄化は不純さからのそれである。ところで、天使たちの内にはいかなる不純さも存在しない。それゆえ、或る天使が別の天使を浄化するといったことはありえない。

(2) しかし、問題にしている浄化は罪からではなく、無知とか知の欠如からの浄化の意味に理解される、と主張された。――これに対しては次のように言われる。このような無知は至福なる天使において、いかなる罪の結果でもありえない。というのも、彼らはいかなる罪も有していないからである。それゆえ、それは天使の本性の結果でなければならない。ところで、本性的な事柄は、本性が留まってある間は取り去られることはありえない。それゆえ、天使は無知から浄化されるといったことはありえない。

(3) さらに、照明は闇を追い出す。ところで、天使たちの内には無知とか知の欠如以外に他の闇は認められえない。それゆえ、知の欠如が浄化によって除去されるとすれば、浄化と照明とは同じものになり、両者が区別される必要はない。

(4) しかし、照明は終端に関わり、浄化は発端に関わると主張された。――これに対しては次のように言われる。発端と終端以外に第三の端はいかなる仕方でも見出すことはできない。それゆえ、もしそれら位階を為す二つの働き、浄化と照明は、一方は発端に、他方は終端に関わることによって区別されるとすれば、第三の位階的な働きは措定されえない。しかし、第三の働きを否定することは、第三の位置に完成するという働きを措定するディオニュシウスの見解[20]に反する。

(5) さらに、或るものは前進している間は、いまだ完成していない。ところで、天使たちの認識は、或る意味で審判の日まで増加してゆく。それは『命題集』第二巻第一一区分[21]に言われている通りである。それゆえ、今は、或る天使が別の天使を完成するということはできない。

(6) さらに、照明は浄化の原因であるように完成の原因でもある。ところで、原因は原因によって生じたものより先である。それゆえ、照明は完成に先行するように、もし浄化が知の欠如からのそれであるとすれば、照明は浄化に先行する。

以上に反して、ディオニュシウスはこれらの働きを『天上位階論』第三章[22]で次のように区別し秩序づけている。すなわち、「位階の秩序とは、一方で〔或る天使たちは〕浄化され、他方で〔或る天使たちは〕浄化し、また一方で〔或る天使たちは〕照明され、他方で〔或る天使たちは〕照明し、一方で〔或る天使たちは〕完成され、他方で〔或る天使たちは〕完成するということである」と言っている。

答えて次のように言わなければならない。天使たちにおいて、これら三つの働きは認識の受容にのみ関わっている。それゆえ、ディオニュシウスは『天上位階論』第七章[23]において「浄化、照明、完成は神の知を受け取ることである」と述べている。他方、これらの働きの区別は次のように理解されるべきである。すなわち、いずれの生成とか変化においても二つの端、すなわち発端と終端を見出すことができる。ところで両端は異なったものどもにおいて異なった仕方で見出される。すなわち、或るものどもにおいて発端は獲得すべき完全性に反対のものである。たとえば、黒さは、事物が白くなるとき獲得される白さに反対のものである。他方、或るときには獲得すべき完全性には直接的に反対のものがあるわけではなく、変化の前に基体に存在するさまざまな状態が、導入されるべき完全性へと秩序づけられた状態に反対のものである。たとえば、魂が体に注入される場合に明らかである。他方、或るときには、欠如や否定以外には形相の導入のために何ものも前提されることがない。たとえば、照明されるべき空気の内には光が現在することによって除去される闇しか先在していないように。同様に終端も或るときにはただ一つである。たとえば、白くなる過程においてその終端は白である。他方、あるときには二つの終端があり、それらの一つはもう一方に秩序づけられている。たとえば、諸元素が変化するとき明らかである。一つの終端は形相を必要とする状態である。もう一つは実体形相そのものである。

それゆえ、知識の受容において、われわれは知識の発端に関して先に言及した相違を見出すのである。すなわち、或るときには人は知識を受容する前に、その人の内に知識の反対の誤謬が先在する。他方、或るときには反対の状態だけが先在する。たとえば、魂の不純さ、あるいは感覚的事物ないしこれに類するものに度を超して耽るごときである。他方、あるときには認識の欠如、あるいは否定が先在するだけである。たとえば、われわれが日々認識において前進する場合のように。われわれが天使たちの内に照明の発端を見出すのは、この最後の意味においてのみである。ところで、終端の側からは認識の受容において二つの端を見出すことができる。第一の端は、知性がそれによって或るものを認識するために完成されるものである。それは可知的形相あるいは可知的な光、あるいは認識のいずれの手段であってもよい。他方、第二の端は、それから帰結する認識そのものである。これは認識の受容における最後の端である。

したがって、天使において浄化は認識の欠如を除去することによって生ずる。それゆえ、ディオニュシウスは『天上位階論』第七章[24]において「神の知を受け取ることは無知を浄化することである」と語っている。他方、照明は第一の終端に即して起こる。それで、彼は同所で、天使たちは「より高次の照明によって」或ることが彼らに明らかにされるかぎりで照明される、と語っている。他方、完成は最後の端そのものに関して起こる。それゆえ、ディオニュシウスは「天使たちはきらきら輝く知識の光によって完成される」と言っている。換言すれば、照明と完成とは、ちょうど見られるものの形象による視覚の形相化は見られる事物の認識から相違しているのと同様に、相違していると理解される。このことにしたがって、ディオニュシウスは『教会位階論』第五章[25]において、助祭の任務は新しい改宗者の信仰を浄化するためにあり、司祭の任務は彼らを照明するために、また司教のそれは彼らを完成するためにある、と語っている。なぜなら、助祭たちは洗礼志願者たちや悪霊にとりつかれた者たちへの任務を果たすのである。後者の人々には、助祭たちの奉仕によって除去される照明に反する状態が存在しているからである。他方、司祭たちの任務は人々に信仰の奥義を教授し伝えることである。実際、こうした事柄はわれわれを神へと導くいわば手段だからである。最後に、司教の任務は神秘的なしるしの内に隠されている霊的な富を露《あらわ》にすることだからである。

(1) したがって、第一に対しては次のように言わなければならない。ディオニュシウスが『教会位階論』第六章[26]で語る通り、天使を浄めることは、不純さからの浄めではなく、ただ認識の欠如からの浄めと理解されるべきである。

(2) 第二に対しては次のように言わなければならない。否定とか欠如は二様の意味で本性的と言われる。一つは、そのような否定を有することが本性に適っているかぎりで、そう言われる。たとえば、理性を持たないことは驢馬にとって本性的であるように。そして、このような本性的な欠陥は、そうした本性が留まっているときには取り去られることはない。もう一つは、そのような完全性を持つことは本性に適っていないがゆえに、本性に由来する否定である、と言われる。特に本性の権能がこのような完全性を獲得するのに十分でないとき、そう言われる。そして、そのような本性的な欠陥は廃せられる。たとえば、子供たちが持っている無知において明らかである。また、われわれが栄光を持たないことは、栄光を授けられることによってわれわれから除去されることから明らかである。同様に、天使たちからも無知は取り去られるのである。

(3) 第三に対しては次のように言わなければならない。天使の知の獲得において照明と浄化の関わりは、自然的な形相の獲得における生成と消滅との関わりに似ている。実際、これらは基体においては一であるが、概念的に違っているのである。

(4) 第四に対しては上述されたことから解答は明らかである。

(5) 第五に対しては次のように言わなければならない。目下の命題において、完成は天使が有する全認識に関連するものとして理解されるべきではなく、認識の一つの働きにのみ関連するものとして理解されるべきである。この認識は天使が或る個的事物の認識に導かれるとき、完成されるのである。

(6) 第六に対しては次のように言わなければならない。形相は質料に現実的存在を与えるかぎりで、或る意味で質料の原因であり、他方、質料は形相を受容するかぎりで、或る意味で形相の原因であるように、形相に起因するものどもは質料に起因するものどもよりも、或る意味ではより先であり、他方、或る意味ではその逆である。そして、欠如は質料に関係づけられるのであるから、欠如の除去は、質料がそれによっては形相よりも先である秩序——これは生成の秩序と言われる——によれば、本性的に形相の導入より先である。ところで、形相の導入は形相が質料よりもより先である秩序、すなわち完全性の秩序によればより先である。同様な推論が照明と完全性との秩序にも妥当する。

第四項

第四に、或る天使は別の天使に語りかける(loquatur)か、が問われる。そして、語りかけない、と思われる。その理由、

(1) グレゴリウスは『道徳論』第一八巻で[27]、「ヨブ記」の言葉「金も宝玉もそれ〔知恵〕に比べられず」〔ヨブ二八・一七〕に対して、「今は人は自分自身さえ見ることができないが、天国では誰もが他の者たちによって見られるであろう」と解説している。ところで、地上では人は自分の考えを知るために、自分自身に語りかける必要はない。それゆえ、天国において自らの考えを他の者に示すために、彼に語りかける必要はない。それゆえ、至福なる者である天使たちにおいて語ることの必要性はない。

(2) さらに、グレゴリウスは同所で[28]、「誰でもその顔が見られるとき、同時にその良心も見抜かれる」と述べている。それゆえ、天国では或る人が別の人の考えを知るために、語ることは必要ではないのである。

(3) さらに、マクシムスは『天上位階論』第二章への註解[29]において、天使たちについて語り、「非身体性のうちにある者たち〔霊的被造物たち〕は、いかなる言説による以上に明瞭に他の者たちの考えを見通し、それに近づきまた遠ざかる〔賛同しあるいは異を唱える〕のだが、彼らは何らかの仕方で、言葉の沈黙を通して〔考えを〕伝達し合い、互いに論じ合うのである」と述べている。ところで、沈黙は語ることに対立するから、天使たちは、他の天使たちが表示したい事柄を、語る必要なしに認識するのである。

(4) さらに、語ることはすべて何らかのしるしによって為される。ところで、しるしは感覚されうるものでなければならない。というのは、「しるしは感覚の上に形象を刻印することのほかに、別の何かを認識させるものである」ことは、『命題集』第四巻第一区分[30]に語られている通りである。それゆえ、天使たちは感覚的事物から認識を受け取るのではないから、彼らは認識をしるしによって受け取るわけではない。したがって、語ることによって受け取るわけではない。

(5) さらに、しるしはわれわれにはより知られたものであるが、本性的には知られる度合いの小さいものであると思われる。したがって、註釈者は『自然学』の初め[31]で、しるしによる論証を原因による論証である完全な論証に対して区別している。ところで、天使たちは本性においてより後なるものから、すなわち、しるしから認識を受け取ることはない。それゆえ、語ることによって認識を受け取ることはないのである。

(6) さらに、およそ語るという行為においては、語る者は聞く者に自分の言葉に注意を向けるよう喚起するものである。われわれにおいては、それは語る者の音声そのものによって為される。ところで、こうしたことは天使には措定されえない。それゆえ、語ることも天使にはありえないことである。

(7) さらに、プラトン[32]が語る通り、言葉は他人の意志のしるしを認識するために、われわれに与えられたものである。ところで、或る天使は別の天使の意志のしるしを、自己自身を認識することによって認識する。というのは、それらしるしは霊的なものであり、霊的なものはすべて天使によって同じ認識によって認識されるからである。それゆえ、天使は自己自身を認識することによって、他の天使の霊的本性を認識するのであるから、同じ仕方で自分自身の意志を認識する。それゆえ、天使たちは何らの言葉も必要としないのである。

(8) さらに、天使の知性の形相は諸事物の認識に秩序づけられているが、それは神の内にある諸事物の理念が諸事物に似ているがゆえに、諸事物を産出することへと秩序づけられていることに似ている。ところで、事物と事物の内にあるすべてのものとは、――事物に内的なものであれ、外的なものであれ――イデア的な理念によって産出される。それゆえ、天使も自らの知性の形相によって、他の天使とその天使に内的であるものすべてを認識する。したがって、その天使の考えをも認識するのである。したがって、天使には言葉は必要ないのである。

(9) さらに、われわれにおいて語ることは、内的なそれと外的なそれとの二様のあり方がある。ところで、天使には外的なあり方は措定されない。もし措定されるとすれば、或る天使が別の天使に語りかける間、音声が形成されなければならないであろう。他方、内的に語りかけることは、アンセルムスとアウグスティヌス[33]によって明らかなように、思考することにほかならない。それゆえ、天使たちの内には、思考すること以外にいかなる語るといったこともないのである。

(10) さらに、アヴィセンナは、われわれにおいて語ることの原因は欲望が多数あることである、と述べている。というのは、アウグスティヌスが語る通り、欲望は所有していないものへのそれだから、欲望の多は多くの欠如から発していることは明らかである[34]。それゆえ、天使たちの内には欠如の多を措定することはできないのであるから、彼らの内に語ることを措定することはできないであろう。

(11) さらに、或る天使が別の天使の思考をその本質によって認識することはできない。思考はその本質によって他の天使の知性に、現在しているわけではないからである。それゆえ、彼は他の天使の思考を形象によって認識しなければならない。ところで、天使は、自己自身によって、他の天使の内に本性的に存在しているすべてのものを、生得的形象によって認識することができる。それゆえ、同じ理由から、これらの同じ形象によって彼は他の天使の意志によって生ずるすべてのことを認識するのである。したがって、天使たちの内に、或る天使の考えが別の天使に知られるために、語ることを措定すべきだとは思われない。

(12) さらに、頷きとかさまざまのしるしは聴覚に対してではなく、視覚に対してなされる。他方、語りは聴覚に対してなされる。ところで、天使たちは自らの考えを互いに「頷きやしるし」によって知らせる。それは「コリントの信徒への手紙一」の言葉「われ、たとい人間と天使との言葉を語るとも、愛なければ」云々〔一コリ一三・一〕に対する註釈[35]に語られている通りである。それゆえ、天使たちは語りによって考えを伝えることはしないのである。

(13) さらに、語りは認識能力の一種の動である。ところで、認識能力の動は魂に終極し、魂の外のものに終極するわけではない。それゆえ、語りによって、或る天使は別の天使に、彼に自らの考えを示すために秩序づけられる、といったことはないのである。

(14) さらに、すべての語りにおいて、何らかの知られていないものが知られているものによって明らかにされなければならない。たとえば、われわれはわれわれの考えを、感覚される音によって明らかにするように。しかるに、こうしたことは天使たちには措定されえない。というのは、ディオニュシウス[36]が語る通り、天使の本性は、別の天使に本性的に知られており、形を持っておらず、したがって、その本性の内に知られていない何かがあって、その何かがそれによって示される或るものが本性の内に生ずるということはありえない。それゆえ、語りが天使たちの内に存在することはありえない。

(15) さらに、天使たちは一種の霊的な光である[37]。ところで、光源は、見られるということ自体から、まったき仕方で自己自身を明らかにする。天使の内にあるものすべてが、天使が見られるということ自体から、まったき仕方で認識される。したがって、天使たちの内には、語りの余地はないのである。

以上に反して、(1) 「コリントの信徒への手紙一」に「われ、たとい人間と天使との言葉を語るとも」云々〔一コリ一三・一〕と言われている。ところで、もし語りがないとすれば、言葉は無駄であろう。それゆえ、天使たちは語るのである。

(2) さらに、ボエティウス[38]によれば、「下位の力の為しうることは、上位の力も為しうる」。ところで、人間は自分の考えを他の人に開示することができる。それゆえ、天使も同様に可能である。

(3) さらに、ダマスケヌス[39]は、天使たちは「音声なしに発せられた言葉によって、相互に意志、思量、思想を伝える」と述べている。それゆえ、天使たちの内に語りはあるのである。

答えて次のように言わなければならない。天使たちの内に語りの何らかの仕方を措定すべきである。というのは、天使たちの認識の問題において先に論じられた通り〔第八問題第一三項〕、天使は他の天使の心に隠れている個的な思いを個別的、直接的には認識しないのであるから、或る天使は別の天使に自らの考えを伝えなければならない。これは天使たちの語りである。実際、われわれにおいて語りは、われわれが精神によって心に抱く内的な言葉を明らかにすること自体のことを言うからである。

ところで、天使たちは自分の考えを他の者たちにいかにして明らかにするかということは、ボエティウス[40]が語る通り、自然的形相はいわば非質料的事物の似像であるから、自然物との類似性から理解しなければならない。ところで、或る形相は質料の内に三通りの仕方であるのが見出される。一つは不完全な仕方で、すなわち可能態と現実態との中間の仕方で存在する。たとえば、生成中の形相がそうである。他の仕方では、それは完全な現実態の内にある。完全に、というのは形相を所有しているものが完全なものであるという意味においてである。第三の仕方では、形相を所有しているものは、他のものにも完全性を伝えることができることに即して、形相は完全な現実態の内にある。というのは、或るものはそれ自体においては光っているが、他のものを照明することはできないからである。同様に、可知的形相も知性の内に三通りの仕方で存在する。第一に、それらは可能態と現実態との中ほどに存在している。すなわち、所有態的に所有された形相として存在している。第二には、認識者その者に関して完全な現実態に存在している。これは認識者が自分自身の内に所有している形相によって、現実的に思考する場合に妥当する。第三には、それらは他の事物との関係において存在しうる。そして、或る仕方から別の仕方へのそれらの移行は意志によってなされ、いわば、可能態から現実態への移行である。というのは、天使の意志は、彼を自らがいわば所有態的に所有している形相に現実的に向けるからである。そして、同様に、意志は彼の知性を自分自身の内の形相との関連で、現実的により完全なものにし、したがって、天使はこの知性的形相そのものによってのみならず、それが他の天使に対して持っている関係によっても、完成されるのである。こうしたことが起こるとき、他の天使は彼の思考内容を理解するのである。この意味において天使は別の天使に語ると言われるのである。

もしわれわれの知性が可知的な事物に直接導かれうるとすれば、われわれも同じ仕方の語りを持つことになろう。しかし、われわれの知性は本性的には可感的諸事物から受け取るのであるから、内的な考えを表出するためには、可感的なしるし・記号を用いなければならない。これらしるし・記号によってわれわれはわれわれの考えを明らかにしなければならない。

(1) したがって、第一に対しては次のように言わなければならない。グレゴリウスの言葉は、身体的に見ることにも霊的に見ることにも理解されうる。すなわち、天国において聖人たちの身体は栄光化された後には、或る聖人は身体の眼によって他の聖人の身体の内面の事柄——それらは今は自分自身においても透察することはできない——を、見ることができるであろう。というのも、栄光化された身体は或る意味で透明だからである。そうしたわけで、グレゴリウスは同所で、それら身体をガラスに喩えているのである。同様に、霊的な眼でも人は他の人が愛を持っているか、持っていればどれほどの愛を持っているか、を見るであろう——こうしたことは、今は自分自身についても知ることはできない——。しかし、意志に依存しているさまざまの現実的な心の思いを、或る者が他の者の内に認識する必要はない。というのも、それらは意志に依存しているからである。

(2)　第二に対しては次のように言わなければならない。他の人の良心は所有態に関しては見抜かれる、と言われるが、現実的なさまざまな思考に関しては見抜かれるとは言われない。

(3)　第三に対しては次のように言わなければならない。異論に語られる沈黙は、われわれの内にあるような音声の語りを欠如しているが、天使にあるような霊的な語りを欠如しているわけではない。

(4)　第四に対しては次のように言わなければならない。或る事物が、固有の意味でしるしと言われうるのは、あたかもそれからの推論によって、他の何かが認識される場合だけである。この意味では、しるしは天使の内には存在しない。というのは、先の問題において論じられた通り〔第八問題第一五項〕、天使たちの知は推論的ではないからである。このことのゆえに、われわれにおいてはしるしは可感的である。推論的なわれわれの認識は可感的な事物に起因しているからである。ところで、われわれは、一般的にそれ自身知られているものであって、他の何かの認識に導くものをしるしと呼ぶ。このゆえに、可知的形相はそれによって認識される事物のしるしと言われる。したがって、天使たちは諸事物をしるしによって認識するのである。したがって、或る天使は別の天使にしるしによって、すなわち彼の知性を現実化し、その知性を他の天使との関係において完全にするその形象によって話しかけるのである。

(5)　第五に対しては次のように言わなければならない。それらの結果がそれらの原因よりもわれわれにより知られている自然物において、しるしは本性においてはより後なるものであるけれども、固有に解されたしるしの特質には、本性においてより先とかより後とかということは含まれておらず、それがわれわれにあらかじめ知られているということだけが含まれているのである。それゆえ、われわれはときどき結果を原因のしるしとして採用する。たとえば、脈拍から健康を判断するのである。また別のときには、原因を結果のしるしと解する。たとえば、われわれは天体の状況を嵐や雨のしるしと解するのである。

(6)　第六に対しては次のように言わなければならない。天使たちは他の天使たちに向かうとき、彼らの可知的形相の或るものを他の天使への現実的な関係の内に置くかぎり、天使たちは他の天使たちの注意を自らへと喚起しているのである。

(7) 第七に対しては次のように言わなければならない。天使はすべての霊的な事柄を同じ認識の仕方で、すなわち知性的に認識する。ところで、自己によって認識するか、他者を通じて認識するかは認識の種類には属さず、かえってこの認識がそれによって受け取られているその仕方にのみ関わっている。したがって、或る天使が他の天使の本性を自己自身によって認識するとしても、彼が他の天使の語りを同じ仕方で認識することも帰結するわけではない。というのは、或る天使の考えは、彼の本性の場合と同様に他のものに可知的であるわけではないからである。

(8) 第八に対しては次のように言わなければならない。異論の推論は、もし天使の知性の形相が、神の内にある諸事物の理念がそれら事物を産出する効力があるように、それらを認識する効力があるとすれば、妥当するであろう。しかし、被造物は創造主にいかなる対等性も持たないのであるから、こうしたことは真ではない。

(9) 第九に対しては次のように言わなければならない。天使たちには、われわれにおけるような外的な語り、すなわち可感的なしるしによる語りは存在しないけれども、思考を他の天使に秩序づけること自体が天使においては外的な語りと言われるかぎりで、別の仕方による語りは存在するのである。

(10) 第一〇に対しては次のように言わなければならない。多数の欲望は語りの原因と言われるが、それは多数の欲望が多数の考えを生ぜしめ、これら考えが大いに異なった種々のしるしによって表現されうるがゆえである。ところで、非理性的な動物は、わずかの自然的なしるしによって考えを表現する。それゆえ、天使たちの内にはたくさんの考えが存在するのであるから、彼らの内にも語りが必要とされる。しかし、彼らがたくさんの考えを持つことは、或る天使が自分の精神の考えを他の天使に伝えることを欲するという欲望のしるし以外の何ものでもない。そして、この欲望は天使たちの内に不完全性を措定するものではない。

(11) 第一一に対しては次のように言わなければならない。或る天使は他の天使をそれによって認識する生得的形象によって、他の天使の考えを認識する。というのは、天使は他の天使について認識するすべてのことを、この同じ形象によって認識するからである。したがって、或る天使が自分自身を何らかの形相の現実態によって他の天使に関係づけるやいなや、他の天使は彼の考えを認識するのである。このことは最初の天使の意志に依存しているのである。しかし、天使の本性の可認識性は天使の意志には依存していない。それゆえ、天使たちは他の天使の本性を認識するために、語りを必要としないが、彼らの考えを知るためだけには語りを必要とするのである。

(12) 第一二に対しては次のように言わなければならない。アウグスティヌス[41]によれば、視覚と聴覚とはただ外的には違っているが、精神において内面的には両者は同じものである。というのは、精神において聞くことと見ることとは別ではなく、外部感覚においてのみ別だからである。それゆえ、精神のみを用いる天使において、聞くことと見ることとは違っていない。しかし、天使たちにおける語りは、われわれの内に生ずる語りとの類似に即して語られる。というのは、われわれは聴覚によって他人から知を獲得するからである。ところで、天使の頷きとしるしは、形象はしるしと言われ、頷きは他者へ形象を関係づけることである、という仕方で区別される。しかし、こうしたことを為す権能そのものが語りと言われるのである。

(13) 第一三に対しては次のように言わなければならない。語りは認識的な能力の動きであり、それは認識そのものではなく、認識による明示である。したがって、この動は他者への秩序を有していなければならない、それゆえ、哲学者は『霊魂論』第三巻[42]において、「語りは他者に何かを表示しうるためにある」と語っている。

(14) 第一四に対しては次のように言わなければならない。天使の本質は質料的な形を持っていない。しかし、彼の知性はいわばその可知的な形相によって形づけられているのである。

(15) 第一五に対しては次のように言わなければならない。物体的な光源は本性の必然性から自分自身を明らかにする。それゆえ、自らの内に含まれているすべてのものに関して自己を同じ仕方で明らかにする。しかし、天使は意志を所有している。そして彼の諸々の考えは、彼の意志がそれらが明らかにされることを命じなければ、明らかにされることはできない。それゆえ、天使は語りを必要とするのである。

第五項

第五に、下位の天使たちは上位の天使たちに語りかけるか、が問われる。そして、語りかけない、と思われる。

(1)「コリントの信徒への手紙一」の言葉「われ、たとい人間と天使との言葉を語るとも」〔一コリ一三：一〕に対して、註釈[43]は「これらの舌は上位の天使が、神の意志について最初に気づく事柄を下位の天使に表示する手段である」と語っている。それゆえ、舌の働きである語りは上位の天使にのみ属する。

(2) 誰かが語るとき、それを聞く人の内に何かが起こる。ところで、上位の天使の内に、下位の天使によって生ぜしめられる何かが起こる、ということはありえない。というのも、上位の天使は下位の天使との関係で可能態にあることはないからである。むしろその反対である。上位の天使はより多くの現実態とより少ない可能態を有しているからである。したがって、下位の天使は上位の天使に語りかけることはできない。

(3) さらに、語りは思考の概念の上に知の注入の概念を加えている。ところで、下位の天使は上位の天使に何かを注入することはできない。というのも、もしそうしたことがあれば、下位の天使が上位の天使に働きかけることになろう。それは不可能である。それゆえ、下位の天使が上位の天使に語ることはないのである。

(4) さらに、照明は知られていない何かを明らかにすることにほかならない。ところで、天使において語りは、知られていない何かを明らかにするためにある。それゆえ、語りは天使において一種の照明である。それゆえ、下位の天使は上位の天使を照明することはないのであるから、下位の天使が上位の天使に語りかけることはない、と思われる。

(5) 別の天使が語りかけるその天使は、その語りにおいて表出される事柄を認識する可能態にある。そして、この語りによってそれを現実的に認識する。したがって、話しかけている天使は、話しかけられている天使を可能態から現実態に導くのである。しかし、このことは上位の天使との関係で、下位の天使には可能的ではない。というのは、もしそれが可能だとすれば、下位の天使のほうが上位の天使よりもより優れたものであることになろう。それゆえ、下位の天使は上位の天使に語りかけることはないのである。

(6) 誰でも他の人にその人の知らないことを語るとき、彼は他の人を教えているのである。それゆえ、もし下位の天使が、上位の天使に彼らの知らない自分自身の考えを語るとすれば、彼らを教えていると思われる。したがって、ディオニュシウス[44]によれば、教えることは完成することであるから、彼らを完成しているのである。これは、下位の天使が上位の天使に完成されるという位階の秩序に反することである。

以上に反して、グレゴリウスは『道徳論』第二巻[45]において、「神は天使たちに語り、天使たちは神に語る」と述べている。それゆえ、同じ理由によって上位の天使は下位の天使に語り、またその逆もあるのである。

答えて次のように言わなければならない。この問題を明証にするためには、照明と語りが天使たちにおいて、いかに相違しているかを知らなければならない。実際、このことは次のようにして理解されうる。或る知性は二つの理由から、或る認識対象の認識に達しない。一つは、認識対象が不在であるがゆえに。たとえば、過去の時代に、あるいは遠くの場所に起こった事柄をわれわれは認識しない。それらはわれわれの注意するところに至らなかったからである。第二に、知性の内の欠陥のゆえである。すなわち、知性はすでに所有して持っている認識されうるものに、現実的に到達するほどには十分強くないことがありうる。たとえば、知性はすべての結論命題を、自然本性的に知られる第一の原理命題の内に所有して持っているが、しかし知性は訓練や教授によって強められなければ、それらを認識することはない。したがって、語りは固有の意味で人が知らないものの認識に導かれるそのものである。というのは、語りを通して、他の仕方では不在であろう或るものが、その人に現在するからである。たとえば、われわれにおいて或る人が別の人にその他の人が見たことのないものを示し、或る意味でこのものを語りによって彼に現在させるときに、明らかなようにである。ところで、照明は、知性がすでに知っていたものに加えて、何かを認識するよう強められるときに生ずる。このことは、われわれはすでに先に説明した〔第一項および第三項〕。

しかし、次のことを知らなければならない。すなわち、語りは天使たちとわれわれにおいて照明なしに生ずることが可能である。というのは、ときどき或るものはわれわれの語りによってのみ明らかにされ、知性はそれら或るものを認識することにおいて、より認識するために強められるといったことがないからである。たとえば、或る歴史の物語が私に朗読されたり、また或る天使が別の天使に自らの考えを明らかにする、という場合である。このような事柄は弱い知性を持つ天使と強い知性を持つ天使にとって等しく認識されたり、認識されなかったりすることがあるのである。しかし、照明は天使においてもわれわれにおいても常に語りを自らに結合して有している。というのは、われわれは他の者を照明するとき、他の者の知性が或ることを認識するために、それによって強められる何らかの手段を彼にわれわれが伝えるのであるが、このことが語りによって為されるからである。同様に、こうしたことは天使においても、語りによって為されなければならない。というのは、上位の天使は事物についての認識をより普遍的な形相によって有しているからである。[46] それゆえ、下位の天使が上位の天使から認識を得るのに比例したものになるのは、上位の天使が下位の天使に把握されうるような仕方で照明することを欲しているものを上位の天使自身の内で思考することによって、自らの認識を何らかの仕方で分割し区別するというときである。そして、上位の天使はそのような自分の考えを、他の天使に明らかにすることによって、彼を照明するのである。それゆえ、ディオニュシウスは『天上位階論』第一五章[47]において、「すべての知性的な本質は、神に似たものから自らに授けられた一様な知性認識を、自ら摂理の力によって下位のものを導く推論のために、分割し多様化する」と述べている。そして、生徒が教師の認識する事柄を、教師が認識するその仕方で捉えることができないのを見ている教師についても同じことが言えるのである。したがって、教師は努力して、それらを具体例によって区別し多数化して、それらが生徒によって把握されうるものにするのである。

したがって、次のように言わなければならない。照明に結合しているその語りによっては、上位の天使のみが下位の天使に語りかける。しかし、他の語りによれば、上位の天使は下位の天使に、また下位の天使は上位の天使に、何らの相違もなく語りかける、と。

(1) したがって、第一に対しては次のように言わなければならない。異論の註解は照明に結合された語りについて述べているのである。

(2) 第二に対しては次のように言わなければならない。語る天使は、語りかけている相手の天使の内に、何かを生ぜしめているのではなく、語っている天使自身の内に何らかの変化が生ずるのである。この変化によって、語る天使は先に語られた仕方によって〔第四項〕、他者から認識されるのである。それゆえ、語っている天使は語りかけている相手の天使に何かを注入する必要はないのである。

(3) 第三に対する解答はすでに与えられている。

(4) 第四に対しては既述のことから解答は明らかである。

(5) 第五に対しては次のように言わなければならない。別の天使によって話しかけられている天使は、可能的に認識する者から現実的に認識する者になる。しかし、このことが起こるのは、彼が可能態から現実態に導かれるがゆえではなく、話しかけている天使が、他の天使との関連で、或る形相の完全な現実態になることによってである。

(6) 第六に対しては次のように言わなければならない。教授（doctrina）は、固有には知性を完成するものについてのみ適合する。しかし、或る天使が別の天使の考えを知るということは、その天使の完全性に属するのではない。ちょうど、私に現在せず、まったく私に関係のないものごとを私が学ぶとしても、そのことは私の知性の完全性に属するわけではないのと同様である。

第六項

第六に、或る天使が他の天使に語りかけるために、一定の場所的な隔たりが必要とされるか、が問われている。そして、必要である、と思われる。

(1) 近づいたり遠ざかったりすることが必要とされるところではいつも、一定の隔たりが必要である。ところで、マクシムスが『天上位階論』第二章への註解[48]で語っている通り、天使たちは、彼らが互いに近づいたり、遠ざかったりするとき、互いの考えを見通しているのである。それゆえ、云々。

(2) さらに、ダマスケヌス[49]によれば、天使は働いているところに存在する。それゆえ、もし天使が他の天使に語りかけるとすれば、話しかけている相手の天使がいるところにいるのでなければならない。したがって、一定の隔たりが必要とされる。

(3) 「イザヤ書」には「或る天使は別の天使に叫んだ」〔イザ六:三〕と言われている。ところで、叫びのような語りが必要であるのは、語りかけている者との隔たりのゆえのみである。それゆえ、隔たりは天使の語りを妨げていると思われる。

(4) さらに、語りは語る者から聞く者へ届けられなければならない。ところで、このことは、話す天使と聞く天使との間に場所的な隔たりがなければ、起こりえない。というのは、霊的な語りは物体的な媒介によっては届けられないからである。それゆえ、場所的な隔たりは天使の語りを妨げるのである。

(5) さらに、ペトロの魂はもし地上にあるとすれば、地上で為されることを認識するであろう。しかし、その魂は天国にあるから、それらを認識することはない。それゆえ、「イザヤ書」の「アブラハムはわれわれを知らなかった」〔イザ六三:一六〕に対するアウグスティヌスの註釈[50]は「死者たちは、たとえ聖なる人々であっても、生きている者たちが、たとえそれが彼らの子供たちでも、何をしているか知らない」と述べている。それゆえ、場所的な隔たりは至福なる魂の認識を妨げるのである。同じ理由で、天使の認識を妨げるのである。したがって、場所的な隔たりは彼らの語りをも妨げるのである。

以上に反して、 楽園と地獄との間には最大の隔たりがある。ところで、至福なる者と断罪された者は互いを見ることができる。特に最後の審判の前には互いを見ている。これは「ルカによる福音書」〔ルカ一六：一九―三一〕のラザロと富める人についての説明から明らかである。したがって、場所的な隔たりは分離した魂の認識や天使の認識を妨げるわけではない。同じ理由によって、場所的隔たりは天使の語りを妨げるわけではない。

答えて 次のように言わなければならない。働きは働くもののあり方に随う。したがって、質料的で場所に囲まれているものは、質料的で場所に囲まれている働きを有している。他方、霊的なものは霊的な仕方でのみ働く。それゆえ、天使は知性認識する者であるかぎり、場所に囲まれたものではないのであるから、天使の知性の働きは場所への何らの関係も有していない。したがって、語りは天使の知性の働きであるから、場所の近さや隔たりはその働きに対して何らの作用も及ぼすことはない。したがって、或る天使は他の天使の語りを、他の天使が近くの場所にいようと隔たった場所にいようと、天使たちが場所にいるとわれわれが言うその意味において、知覚するのである。

(1) したがって、第一に対しては次のように言わなければならない。異論の言う近づいたり遠ざかったりすることは、場所に即して理解されるべきではなく、相互に天使が向き合うことに即して理解されるべきである。

(2) 第二に対しては次のように言わなければならない。「天使は働くところに存在する」と言われるとき、それは何らかの物体について行う働きについて理解されるべきである。実際、この働きはそれが終極するものから自らの場所を得るからである。しかし、天使の語りはこの種の働きではない。それゆえ異論の推論は帰結しない。

(3) 第三に対しては次のように言わなければならない。セラフィムが叫んだ、と言われるその叫びは、彼らが語っていた事柄の偉大さ、すなわち、本質の一性とペルソナの三性を指示している。実際、彼らは「聖なる、聖なる、聖なる万軍の主」〔イザ六：三〕と言ったのである。

(4) 第四に対しては次のように言わなければならない。すでに語られた通り〔第四項および第五項〕、語りが自らに向けて為される天使は、語りかける天使から何も受け取らない。かえって、自らの内の形象を通じて、彼は他の天使と彼の語ることを認識するのである。それゆえ、何かが或る天使から他の天使にそれによって届けられうる手段を措定する必要はまったくない。

(5) 第五に対しては次のように言わなければならない。アウグスティヌスは魂が有する自然本性的認識について語っている。この認識によっては、聖人たちでさえこの地上で起こることを認識することはできない。しかし、彼らはこれら出来事を彼らが受けた栄光の力によって認識することができる。グレゴリウスが『道徳論』(51)において、「ヨブ記」の「その子らが名誉を得ても、彼は知ることなく、彼らが不幸になっても、もう悟らない」〔ヨブ一四：二一〕を解説して明白に語っている通りである。ところで、天使は魂よりもはるかに高められた本性的認識を有している。それゆえ、天使と魂とについて、同様のことがあるわけではない。

第七項

第七に、或る天使は他の天使に、彼の語っていることを、別の天使たちが知覚しないような仕方で語ることができるか、が問われる。そして、知覚しないように語ることはできない、と思われる。

(1) 天使の語りに必要な一切のものは、可知的形象と他の天使に向かうことのみである。ところで、その形象と向かうことが、或る天使に認識されるならば、それらは他の天使によっても認識される。それゆえ、或る天使の語りはすべての天使たちによって等しく知覚されるのである。

(2) さらに、同じ頷きによって、一人の天使はすべての天使に語りかける。したがって、もし或る天使が、それによって別の天使が彼に語りかける語りを認識するとすれば、彼も彼がそれによって他の者に語りかける語りを、同じ理由によって認識するであろう。

(3) さらに、或る天使を直視する者はみな、或る天使がそれによって知性認識し、語りかける彼の形象を知覚する。ところで、天使たちは相互を常に直視している。それゆえ、或る天使は別の天使が語っていることを、その天使が自分自身に語っているにせよ、或る別の天使に語っているにせよ、常に認識するのである。

(4) さらに、もし或る人間が語るならば、その語りは聞き手の側に欠陥――すなわち聴覚における欠陥――があるのでないかぎり、彼に対して等しく近くにいるすべての者たちによって等しく聞かれるであろう。ところで、或るときには他の天使が、語っている天使が語りかけている天使よりも、その語っている天使のより近くにいることがある。それゆえ、語りかけている天使によってのみ聞かれるのではない。

以上に反して、天使たちが為しえないことを、われわれが為しうるということは、つじつまがあわない。ところで、或る人は他の人々から隠された仕方で自分の心に抱いている考えを、他の人を信じて打ち明けることがありうる。それゆえ、天使たちも、別の或る天使によって知覚されることなしに、他の天使に語ることができるのである。

答えて次のように言わなければならない。既述のこと〔第四項〕から明らかなように、或る天使の思考が何らかの霊的な仕方によって、他の天使の認識するところとなるのは、他の天使が自分自身に即してのみではなく、前者の天使との関連においても、何らかの形象によって現実化されることからである。そして、このことは話しかける天使の固有の意志によって起こる。ところで、意志に従属する事柄はすべての天使に同じ仕方で関わる必要はなく、意志があらかじめ決定した仕方によってのみ関わる。したがって、霊的な語りはすべての天使に等しく関係するのではなく、語りかけている天使の意志が決定することに即してのみ関係する。それゆえ、天使が自らの意志で、他の一人の天使のみに向けた何らかの知的形象との関連において現実化されるとすれば、彼の語りはその天使によってのみ認識されるであろう。他方、彼の形象が多くの天使に秩序を有するとすれば、多くの天使がそれを認識するであろう。

(1) したがって、第一に対しては次のように言わなければならない。天使の語りにおいて、振り向きとか方向づけは認識されたそれではなく、認識を生ぜしめるものとして必要とされる。それゆえ、或る天使が別の天使に向かうこと自体から、その転向は天使に別の天使の思考を認識させるのである。

(2) 第二に対しては次のように言わなければならない。一般的には、或る天使がすべての天使にそれによって語りかける頷きは一であるが、個別的には異なった天使たちへの振り向きがあるのと同じ数の振り向きがあるのである。それゆえ、すべての天使は自分に為された頷きによって認識するのである。

(3) 第三に対しては次のように言わなければならない。或る天使は他の天使を直視するけれども、彼は、他の天使がそれによって現実的に思考している形象を、他の天使がそれを彼に向けるのでなければ、必ずしも直視しないのである。

(4) 第四に対しては次のように言わなければならない。人間の語りは、本性の必然による行為によって聴覚を動かす。すなわち、聞く人の耳に空気を振り向けることによって、聴覚を動かすのである。しかし、すでに語られた通り〔第四項〕、このことは天使の語りにおいては起こらない。すべては語る天使の意志に依存しているからである。

訳註

1——Augustinus, De Genesi ad litteram III, cap. 20, PL 34, 292.

2——Aristoteles, Physica VI, 9, 237b23.

3——Id., Metaphysica VIII, 3, 1043b36.

4——Glossa Petri Lombardi, super II Cor. 12:2, PL 192, 81D; cf. Augustinus, De Genesi ad litteram XII, cap. 26, PL 34, 476. 第11異論の「註釈」は、Glossa ordinaria et Glossa interlinearis, ibid.

5——Dionysius Areopagita, De divinis nominibus, cap. 4, § 23, PG 3, 725C; Dionysiaca, 282.

6——Gregorius I, Homiliae XL in Evangelia II, hom. 34, PL 76, 1252B-C.

7——Dionysius Areopagita, De coelesti hierarchia, cap. 7, § 3, PG 3, 209C; Dionysiaca, 858.

8——Ibid., cap. 3, § 2, PG 3, 165B; Dionysiaca, 792. 次項は、id., De ecclesiastica hierarchia, cap. 5, pars 1, § 2, PG 3, 501D; Dionysiaca, 1322.

9——Ibid., cap. 5, pars 1, § 6, PG 3, 505D; Dionysiaca, 1339.

10——Id., De coelesti hierarchia, cap. 7, § 2, PG 3, 208B; Dionysiaca, 847.

11——Averroes, In Aristotelis De anima, comm. 36, VI^1, 184 C.

12——Aristoteles, Metaphysica VII, 9, 1034b7; cf. Ibid. VIII, 5, 1044b21.

13——Johannes Damascenus, De fide orthodoxa II, cap. 3, PG 94, 873B; ed. E. M. Buytaert, 74. 次のディオニュシウスは、Dionysius Areopagita, De coelesti hierarchia, cap. 3, § 1, PG 3, 164D; Dionysiaca, 785.

14——Dionysius Areopagita, De ecclesiastica hierarchia, cap. 6, pars 3, § 6, PG 3, 537B; Dionysiaca, 1404.

15——Cf. Boethius, De consolatione Philosophiae V, prosa 4, PL 63, 849B.

16——Dionysius Areopagita, De ecclesiastica hierarchia, cap. 5, pars 1, § 4, PG 3, 504C; Dionysiaca, 1330.

17——Augustinus, De Trinitate III, cap. 4, PL 42, 873.

18——Dionysius Areopagita, De coelesti hierarchia, cap. 3, § 2, PG 3, 165B; Dionysiaca, 791.

19 ——Ibid., cap. 13, § 1, PG 3, 300B; Dionysiaca, 942; ibid., cap. 13, § 4, PG 3, 305C-D; Dionysiaca, 972 sqq. セラフィムの名称については、cf. Isidorus Hispalensis, Etymologiae VII, cap. 24, PL 82, 273D.

20 ——Cf. ibid., cap. 3, § 2, PG 3, 165B; Dionysiaca, 792.

21 ——Petrus Lombardus, Sententiae II, d. 11, cap. 2.

22 ——Dionysius Areopagita, De coelesti hierarchia, cap. 3, § 2, PG 3, 165B; Dionysiaca, 792.

23 ——Ibid., cap. 7, § 3, PG 3, 209C; Dionysiaca, 858.

24 ——Ibid., cap. 7, § 3, PG 3, 209C; Dionysiaca, 859.

25 ——Id., De ecclesiastica hierarchia, cap. 5, pars 1, § 7, PG 3, 508C; Dionysiaca, 1345.

26 ——Ibid., cap. 6, pars 3, § 6, PG 3, 537B; Dionysiaca, 1404.

27 ——Gregorius I, Moralia XVIII, cap. 48, PL 76, 84B.

28 ——Ibid.

29 ——Maximus, Scholia in De coelesti hierarchia, cap. 2, § 4, PG 4, 44C.

30 ——Petrus Lombardus, Sententiae IV, d. 1, cap. 3.

31 ——Averroes, In Aristotelis Physicam I, comm. 2, IV, 6 L.

32 ——Platon, Timaeus, Chalcidio interprete, p. 11, ed. J. H. Waszink, Leiden 1975, p. 44, 25.

33 ——Anselmus, Monologion, cap. 63, PL 158, 208D; Augustinus, De Trinitate XV, cap. 10, PL 42, 1071.

34 ——Avicenna, Liber de anima V, cap. 1, f. 22[rb] A; Augustinus, De Trinitate IX, cap. 12, PL 42, 971.

35 ——Glossa ordinaria et Glossa Petri Lombardi, ibid., PL 191, 1658C.

36 ——Dionysius Areopagita, De divinis nominibus, cap. 1, § 1, PG 3, 588B; Dionysiaca, 10.

37 ——Ibid., cap. 4, § 2, PG 3, 696B; Dionysiaca, 153.

38 ——Cf. Boethius, De consolatione Philosophiae V, prosa 4, PL 63, 849B.

39 ——Johannes Damascenus, De fide orthodoxa II, cap. 3, PG 94, 868B; E. M. Buytaert, 70.

40 ——Boethius, De Trinitate, cap. 2, PL 64, 1250D.

41 ——Augustinus, De Trinitate XV, cap. 10, PL 42, 1071.

42 —— Aristoteles, De anima III, 13, 435b24.

43 —— Glossa ordinaria et Glossa Petri Lombardi, ibid., PL 191, 1658C.

44 —— Dionysius Areopagita, De coelesti hierarchia, cap. 3, § 3, PG 3, 168A; Dionysiaca, 797.

45 —— Gregorius I, Moralia II, cap. 7, PL 75, 559B.

46 —— Dionysius Areopagita, De coelesti hierarchia, cap. 12, § 2, PG 3, 292C; Dionysiaca, 936.

47 —— Ibid., cap. 15, § 3, PG 3, 332B; Dionysiaca, 1006.

48 —— Maximus, Scholia in De coelesti hierarchia, cap. 2, § 4, PG 4, 44C.

49 —— Johannes Damascenus, De fide orthodoxa I, cap. 13, PG 94, 853A; ed. E. M. Buytaert, 56.

50 —— Glossa interlinearis, ibid.; cf. Augustinus, De cura pro mortuis gerenda, cap. 16, PL 40, 606.

51 —— Gregorius I, Moralia XII, cap. 21, PL 75, 999B.

真理論

第一〇問題　精神について

一——三位一体の像が自らの内に措定されるかぎりの精神は魂の本質であるか。
二——精神の内に記憶は存在するか。
三——記憶が知性から区別されるのは、或る能力が別の能力から区別されるようにであるか。
四——精神は質料的事物を認識するか。
五——われわれの精神は質料的なものをその個別性において認識しうるか。
六——人間精神は可感的事物から認識を得るのであるか。
七——精神の内に三位一体の似像は、精神が質料的なものを認識することによって存在するか。
八——精神は自己自身を本質によって認識するのか、あるいは何らかの形象によって認識するのか。
九——われわれの精神は魂の内に存在する能力態をそれらの本質によって認識するのか。
一〇——人は自らが恵みの愛を有していることを知ることができるか。
一一——この世において精神は神をその本質によって見ることができるか。

一二――神の存在することは人間精神にとって自明なものか。
一三――神のペルソナの三一性は自然理性によって認識されうるか。

第一項

問題は、三位一体の像（imago Trinitatis）がその内に存在している精神（mens）についてである。第一に、三位一体の像が自らの内に措定されるかぎりの精神は魂の本質（essentia animae）であるか、あるいは魂の何らかの能力（potentia animae）であるのかが問われる。そして、そうした精神は、魂の本質そのものである、と思われる。その理由、

(1) アウグスティヌスは『三位一体論』第九巻[1]において「精神と霊とは関係的に語られるのではなく、本質を指示している」と述べている。すなわち、〔精神によって〕もっぱら魂の本質だけが指示されているのである。それゆえ、精神は魂の本質そのものである。

(2) さらに、魂の種々異なった能力は魂の本質においてのみ統一されている。ところで、欲求的能力と認識的能力とは、魂の異なる能力である。実際、『霊魂論』第一巻の終わり[2]のところで、魂の能力の最も一般的な五つの種類、すなわち植物的能力、感覚的能力、欲求的能力、場所的に動く能力、知性的能力が措定されている。それゆえ、精神は自己の内に知性的能力と欲求的能力を含んでいるから、――というのも、アウグスティヌスによって精神の内に知性と意志が措定されているからである〔第五異論〕――精神は何らかの能力であるのではなくて、魂の本質そのものであると思われる。

(3) さらに、アウグスティヌスは『神の国』第一一巻[3]において、「われわれは、われわれが存在し、われわれが存在することを知り、そしてその二つのことを愛することによって神の像のごとくに存在している」と述べて

いる。他方、『三位一体論』第九巻[4]においては、アウグスティヌスは神の像をわれわれの内に精神、知識、愛によって配分している。それゆえ、愛することは愛の現実態であり、知ることは知識の現実態であるから、存在することは精神の現実態である、と思われる。ところで、存在することは本質の現実態である。それゆえ、精神は魂の本質そのものである。

(4) さらに、精神は天使とわれわれとの内に同じ理由によって見出される。ところで、天使の本質そのものは天使の精神である。その理由から、ディオニュシウス[5]はしばしば天使たちを、神的あるいは知性的な精神と呼んでいる。それゆえ、われわれの精神もまた魂の本質そのものである。

(5) さらに、アウグスティヌスは『三位一体論』第一〇巻[6]において「記憶、知性、意志は一なる精神、一なる本質、一なる生命である」と述べている。それゆえ、生命が魂の本質に属しているように、精神も魂の本質に属しているのである。

(6) さらに、附帯性は実体的な根原ではありえない。ところで、人間は精神を持っていることによって、非理性的動物から実体的に区別される。それゆえ、精神は何らかの附帯性といったものではない。ところで、魂の能力はアヴィセンナ[7]によれば、魂の固有性であり、したがって附帯性の類に含まれるものである。それゆえ、精神は魂の能力ではなく、魂の本質そのものである。

(7) さらに、一つの能力から種において異なるさまざまの現実活動が出てくることはない。ところで、アウグスティヌス[8]によって明らかな通り、精神から種において異なるさまざまの現実活動、すなわち記憶すること、知性認識すること、意志することが出ている。それゆえ、精神は魂の何らかの能力であるのではなく、魂の本質そのものである。

(8) さらに、一つの能力が別の能力の基体であることはない。ところで、精神は三つの能力の内に成立する像の基体である。それゆえ、精神は魂の能力であるのではなく、魂の本質そのものである。

(9) さらに、いかなる能力も自己の内に複数の能力を含むことはない。ところで、精神は知性と意志という能力を含んでいる。それゆえ、精神は能力ではなく本質である。

以上に反して、（1） 魂は自らの諸能力以外に別の部分を持つことはない。ところで、精神が魂のより上位の或る部分であることは、アウグスティヌスが『三位一体論』[9]に述べる通りである。それゆえ、精神は魂の能力である。

（2） さらに、魂の本質は魂のすべての能力に共通なものである。というのも、それらすべての能力は魂の本質に根ざすものだからである。ところで、精神は感覚に対立するものとして区分されるのであるから、すべての能力に共通的なものではない。それゆえ、精神は魂の本質そのものではない。

（3） さらに、魂の本質の内には最上のものと最下のものを認めることはできないが、精神の内には最上のものと最下のものとが存在する。実際、アウグスティヌス[10]は精神を上位の理性と下位の理性とに区分しているのである。それゆえ、精神は魂の能力であってその本質であるわけではない。

（4） さらに、魂の本質は生きることの根原であるが、精神は生きることの根原ではなく、知性認識することの根原である。それゆえ、精神は魂の本質ではなく魂の能力である。

（5） さらに、基体は附帯性に述語されることはない。ところで、精神は魂の本質を基体としてその内にある記憶、知性、意志に述語づけられる。それゆえ、精神は魂の本質ではない。

（6） さらに、アウグスティヌスの『三位一体論』[11]によれば、魂が神の像のごとくにあるのは魂の全体によってではなく、魂の或る部分によってである。ところで、魂が神の像のごとくにあるのは精神によってである。それゆえ、精神は魂全体の名称ではなく、魂の内の或る部分の名称である。

（7） さらに、「精神」（mens）という名称は「想起する」（memini）ことから取られていると思われる。ところで、記憶は魂の何らかの能力を指示している。それゆえ、精神も能力を指示しているのであって、魂の本質を指示しているわけではない。

答えて 次のように言わなければならない。「精神」（mens）という名称は、「測ること」（mensurare）から取られている。ところで、それぞれの類に属している諸事物は、『形而上学』第一〇巻[12]に明らかな通り、その類の最小で第一の原理によって測られる。したがって、精神という名称は知性という名称が魂の内で語られるのと同様の仕方で語られるのである。というのも、知性は諸事物についての認識を、それら事物をいわば知性自らの原理によって測ることによってのみ得ているからである。ところで、知性は現実態・活動への関係に即して語られるのであるから、魂の能力を指示している。というのも、ディオニュシウスの『天上位階論』第一一章[13]に明らかな通り、力とか能力は本質と働きとの中間にあるからである。他方、事物の本質はわれわれに知られていないが、それら事物のさまざまな力はそれらの現実の活動を通してわれわれに知られるのであるから、われわれはしばしば事物の本質を指示するのに事物の力とか能力とかを用いるのである。ところで、何ものもそのものに固有なものによってでなければ知られないのであるから、或る本質がその能力によって指示されるとき、その本質に固有な能力によって指示されなければならない。ところで、諸能力に一般的に見出されることは、多くのものに及んでゆけるものはより少しのものにも及んでゆくことができるが、しかしその逆は成立しない、ということである。たとえば、『天体論』第一巻[14]に語られている通り、「一〇〇〇リブラ〔ポンド〕の荷物を運べる人は一〇〇リブラの荷物を運べる」ごとくである。したがって、或る事物が自らの能力によって指示されなければならない場合、自らの能力の最上のものによって指示されなければならない。植物の魂は魂の諸能力のうちで最下の段階のものしか持っていない。それゆえ、この魂が植物的とか栄養摂取的とかと呼ばれるとき、この最下の能力によって名づけられているのである。これに対して、非理性的動物の魂は感覚というより高い段階に到達している。それゆえ、この魂は感覚しうるものとか、或るときには感覚とさえ呼ばれる。ところで、人間の魂は魂の諸能力のうちで最上の段階にまで到達し、それより名づけられている。それゆえ、この魂は知性認識しうるものとか、或るときには知性とも言われるのである。同じように、この魂は精神とも言われるが、それはこの魂からそうした能力

〔すなわち、精神〕が本性的に流出するかぎりにおいてのことであり、そのような流出は他の諸々の魂より上位にある人間の魂に固有なことである。

それゆえ、以上から明らかなことは、われわれの魂において精神は魂の力のうちで最上のものを意味しているということである。それゆえ、われわれにおいて最上であるものによって、われわれの内に神の像が見出されるのであるから、神の像は魂の最上の能力の名称であるかぎりの精神によってのみ、魂の本質に含まれることになるであろう。したがって、精神はその内に神の像があるかぎりで魂の能力の名称であって、〔魂の〕本質の名称ではない。あるいは、もし本質の名称であるとすれば、それは本質からそうした能力が流出するかぎりにおいてのことである。

(1) それゆえ、第一に対しては次のように言わなければならない。精神が魂の本質を表示すると言われるのは、本質が能力に対立的に区別されるからではなく、本質それ自体が関係的に語られるものに対立的に区分されることによる。したがって、認識によって精神が自己自身に関係づけられるかぎりにおいて、精神は自己についての認識に対立的に区分されることはあるが、精神それ自体は独立的に語られるのである。――あるいは精神は、アウグスティヌスによって、魂の本質をそのような能力と同時に表示するかぎりで理解されていると言うことができる言うことができる。

(2) 第二に対しては次のように言わなければならない。魂の諸能力の種類は二様の仕方で区別される。一つは対象の側から区別され、もう一つは基体の側から、あるいは同じことに帰するのであるが、働きの仕方の側から区別される。したがって、もし対象の側から区別される場合には、魂の能力の種類は先に枚挙された五つが見出される。他方、基体あるいは働きの仕方の側から区別されると、魂の能力には三つの種類がある。すなわち、植物的、感覚的、知性的の三つの種類である。実際、魂の働きは質料に対して三通りの仕方で関わることができる。一つは質料的な作用の仕方によって遂行されるという意味で。そして、このような諸作用の根原は栄養摂取的能力であり、この能力の現実態・活動は能動的あるいは受動的な諸性質によって遂行され、それは他の質料的な作用の場合と同様である。第二の仕方では、魂の働きは質料そのものには到達せず、ただ質料の諸条件にのみ到達するという意味においてである。それは感覚的能力の諸々の現実態においての場合である。実際、感覚の内に形象は質料なしに受け取られるが、しかし質料の諸条件を伴って受け取られるからである。第三の仕方では、魂の働きは質料も質料の諸条件も超えているという意味においてである。そして、魂の知性的部分はこのような仕方によってある。それゆえ、魂の能力のこうした異なった区分に即して、魂の或る二つの能力が相互に関係づけられるとき、それらは同じ種類か異なる種類かに還元されうる。たとえば、感覚的欲求と意志である知性的欲求とは対象への関わりによって考察されると、それらは同じ種類に還元される。というのも、両者の対象は善きものだからである。他方、それらは、働きの仕方によって考察されると、異なる種類に還元される。なぜなら、下位の欲求は感覚的能力の類に還元されるが、上位の欲求は知性的能力の類に還元されるからである。たとえば、感覚は自らの対象をここに今あるという意味で、質料的諸条件のもとに捉える。したがって、感覚的欲求も自らの対象、すなわち個別的な善きものへと向かうが、上位の欲求は自らの対象に知性が捉える仕方によって向かってゆく。そしてこの意味で、意志は働きの仕方に関しては知性的なものの類へ還元される。ところで、作用の仕方は作用者の態勢から生じてくる。作用者がより完全であればあるほど、作用者の作用はより完全であるからである。したがって、このような諸能力がいわばそれら能力の基体である魂の本質から生じているかぎりで考えられると、意志は知性と同じ秩序の内に見出されるが、しかし怒情的欲求と欲情的欲求とに区分される下位の欲求はそうではない。したがって、精神は魂の本質であることはないが、精神が魂の諸能力のうちの或る類の名称であり、したがって精神のもとに、その活動において質料と質料の諸条件とから全面的に離れているそれらすべての能力が含まれていると理解されるかぎりにおいて、知性と意志とを含みうるのである。

(3) 第三に対しては次のように言わなければならない。アウグスティヌスや他の聖人たちによれば、三位一体の像は人間の内に多様な仕方で配分されている。そして、そうしたさまざまに配分されたものの或るものが、別のそれに対応していると言う必要はないのである。それは次のことから明らかである。すなわち、アウグスティヌスは三位一体の像を精神、知識、愛によって配分し、さらにまた記憶、知性、意志によっても配分している[15]。そして意志と愛とは相互に対応し、また知識と知性とは相互に対応しているが、しかし精神はもう一方の配当において語られている三つのすべてを含んでいるのであるから、精神が記憶に対応すると言う必要はないのである。同様に、異論が触れているアウグスティヌスのその配当も前述の二つの配当とは別のものである。それゆえ、もし愛することが愛に、知ることが知識に対応するとしても、存在が精神に、精神であるかぎりの精神の固有の現実態として対応する必要はないのである。

(4) 第四に対しては次のように言わなければならない。天使は精神と言われるが、それは天使の精神そのものや知性が、精神と知性が能力の名称であるかぎりにおいて、天使の本質であるからではなく、天使は精神のもとに含まれるものを除いて魂の能力に属する何ものをも、持っていないがゆえである。それゆえ、天使は全面的に精神である。他方、われわれの魂は身体の現実態であるから、魂は精神の内に含まれていない他の能力、すなわち感覚能力や栄養摂取能力にも結びついている。それゆえ、天使と同じ意味で魂は精神と言われることはできない。

(5) 第五に対しては次のように言わなければならない。生きることは在ることに何かを附加し、知性認識することは生きることに何かを附加している[16]。しかし、或るものの内に神の像が見出されるためには、その或るものは自らの向かうことのできる最高の完全性の類に到達していなければならない。それゆえ、もし被造物が石のごとくただ在ることだけを、あるいは植物や動物のごとく、在ることと生きることだけしか持っていない場合には、そのかぎりでは像の特質は保持されていないのであって、像の完全な特質のためには被造物は存在し、生き、知性認識するのでなければならない。この点において被造物は類において最も完全に神の本質的な属性に一致するからである。それゆえ、像の配当において精神は神の本質の位置を占め、他方、記憶、知性、意志というこれら三つは三つのペルソナの位置を占めることから、アウグスティヌスは「記憶、知性、意志は一なる生命、一なる精神、一なる本質である」と語るとき、被造物における三位一体の像のために必要とされるものどもを精神に帰しているのである。しかしだからといって、このこと自体から魂において精神と生命が本質と同じであると言う必要はない。というのも、われわれにおいて在ること、生きること、知性認識することは神におけるがごとく、同じことではないからである。しかしこれら三つは精神の一つの本質から発出しているという点では一つの本質と言われ、生命の一つの類に属している点で一つの生命と言われ、一つの精神のもとに、ちょうど部分が全体のもとに含まれるように含まれている点で、一つの精神と言われるのである。ちょうど視覚と聴覚が感覚的魂の部分に含まれるようにである。

(6) 第六に対しては次のように言わなければならない。哲学者の『形而上学』第八巻[17]によれば、事物の実体的な差異はわれわれには知られないから、それらの代わりに定義しようとする人はときどき附帯的な差異を、ちょうど固有の結果が原因を知らせるように、附帯性自体が本質を指し示し、知らせるというかぎりで、用いるのである。それゆえ、感覚しうるものであることは、動物を構成する差異であることによって感覚から取られるが、それは能力の名称であるという点においてではなく、そうした能力が流出してくる魂の本質そのものの名称であることにおいてである。理性的なものあるいは精神を持つものについても、同様のことが妥当するのである。

(7) 第七に対しては次のように言わなければならない。魂の感覚的な部分はその部分の内に含まれるすべての個別的な能力とは別の或る一つの能力と考えられるのではなく、それらすべての能力をいわば部分として包括しているいわば或る能力的な全体として、一つの可能的な或る全体として理解されるように、精神も記憶、知性、意志とは別なる或る一つの能力なのではなく、これら三つを包括している能力的な或る全体である。それは、家を作る能力の内に、石を切り壁を立てる能力等が含まれるのをわれわれが見るのと同様である。

(8) 第八に対しては次のように言わなければならない。精神は精神が能力そのものの名称であるかぎりにおいて、知性と意志に対して、それらの基体として関係しているのではなく、むしろ全体が諸部分に対するように、それら知性と意志とに関係しているのである。しかし、もし精神が魂の本質からそうした能力が本性的に発出するものであるというかぎりで、魂の本質の代わりに用いられるとすれば、その意味では精神は諸能力の基体の名称であることになろう。

(9) 第九に対しては次のように言わなければならない。一つの個別的な能力が自らの内に複数の能力を含むことはない。しかし一つの普遍的な能力の内にその部分として、多くの能力が含まれるのは何らさしつかえのないことである。ちょうど身体の一つの部分の内に多くの有機的な部分が含まれるのがさしつかえないのと同様である。たとえば、手の内に多くの指が含まれるようにである。

第二項

第二に、精神の内に記憶（memoria）は存在するか、が問われる。そして、存在しない、と思われる。その理由、

(1) アウグスティヌスの『三位一体論』第一三巻[18]によれば、われわれと獣たちとに共通なものは精神には含まれていない。ところで、記憶はわれわれと獣たちとに共通なものであることは、アウグスティヌスの『告白』第一〇巻[19]に明らかな通りである。それゆえ、記憶は精神の内には存在しない。

(2) さらに、哲学者は『記憶と想起について』[20]において、記憶は知性的能力にではなく第一の感覚的能力に属すると述べている。それゆえ、既述のこと〔第一項〕より明らかな通り、精神は知性と同じものであるから、記憶は精神の内には存在しないと思われる。

(3) さらに、知性と知性に属するすべてのものは、ここと今から抽象されている。他方、記憶はそれらから抽象されていない。というのも、記憶は特定の時間、すなわち過去に関係しているからである。実際、トゥリウス[21]〔キケロ〕が語る通り、記憶は過ぎ去ったものどもの記憶だからである。それゆえ、記憶は精神とか知性とかに

は属していない。

(4) さらに、記憶の内には現実的に把捉されていない或ることが保持されているのであるから、記憶が措定されるところはどこにおいても、把捉と保持とは相違していなければならない。ところで、知性においてそれらは相違せず、感覚においてのみ相違している。感覚においてこれらに相違がありうるのは、感覚は身体器官を用いるが、身体の内に保持されているものすべてが把捉されるわけではないからである。これに対して、知性は身体器官を用いない。それゆえ、知性においてはどんなものも可知的な仕方でのみ保持されるのである。したがって、知性の内に保持されるものは、現実的に知性認識されていなければならない。それゆえ、記憶は知性や精神の内には存在しない。

(5) さらに、魂は自己のもとに何かを保持する以前に、そのものを記憶しているということはない。ところで、魂はわれわれのすべての認識の起原である感覚知覚から、魂自らが保持することのできる何らかの形象を受け取るが、それ以前に魂は〔三位一体の〕像のごとくに存在している。それゆえ、記憶は像の部分であるから、記憶が精神の内に存在しうるとは思われない。

(6) さらに、精神は神の像のごとくにあることによって、神へと向けられている。ところで、記憶は神へと向けられることはない。というのも、記憶は時間のもとに入ってくるものどもの記憶であり、他方神はあらゆる意味で時間を超えたものだからである。それゆえ、記憶は精神の内には存在しない。

(7) さらに、もしも記憶が精神の部分であるとすれば、可知的形象は天使の精神の内に保存されるように、精神そのものの内に保存されるであろう。ところで、天使は自己のもとに所有している形象へと自己を向けることによって知性認識することができる。それゆえ、精神も自ら保持している形象へと自己を向けることによって、したがって表象像に向かうことなしに知性認識することができるであろう。しかし、これが偽であることはきわめて明らかである。というのも、或る人が知識を所有態においていかに多く所有しているとしても、想像力や記憶力の器官が傷つくと、その知識は現実化されることはできないからである。そうしたことは、精神が諸器官を用いる諸能力へ自己を向けることによらないで、現実的に知性認識ができる場合には生じてこないであろう。それゆえ、記憶は精神の内には存在しない。

以上に反して、(1) 哲学者は『霊魂論』第三巻[22]において、魂は「その全体ではなく、知性的な魂が形象の場所である」と述べている。ところで、場所に含まれたものを保存することは場所の固有性である。したがって、形象を保存することは記憶に属しているのであるから、知性の内に記憶は存在していると思われる。

(2) さらに、全時間に対等なあり方をしているものは、或る特定の時間に関わることはない。ところで、固有の意味で理解された記憶も、アウグスティヌスが『三位一体論』第一四巻[23]で語り、また記憶と忘却の名称を固有の意味で用いたウィルギリウスの言葉によって明らかにしている通り、全時間に対等なあり方をしているのである。それゆえ、記憶は或る特定の時間にではなく全時間に関わっている。それゆえ、記憶は知性に属しているのである。

(3) さらに、記憶は固有の意味に解すれば過ぎ去ったもののそれである。ところで、知性は現在するものだけではなく過ぎ去ったものにも関わる。というのは、知性は「人間が在った」「人間が在るであろう」「人間は在る」ということを認識し、いずれの時間に従っても複合命題を形成するのであって、それは『霊魂論』第三巻[24]に明らかな通りである。それゆえ、記憶は固有の意味で知性に属しうるのである。

(4) さらに、記憶は過ぎ去ったものに関わるように、予見はトゥリウス[25]〔キケロ〕によれば未来の事柄に関わる。ところで、予見は固有の意味に解すれば、知性的部分の内に存する。それゆえ、記憶も同じ理由によって知性的部分に存する。

答えて次のように言わなければならない。記憶は人々に共通な用語法によれば、過去の事柄の知識として理解される。ところで、過ぎ去った事柄を過ぎ去った事柄であるかぎりで認識することは、今を今であるかぎりで認識することのできるものに属している。ところで、こうしたことは感覚に属することである。実際、知性は個別的なものを個別的なものとして認識するのではなく、個別的なものを何らかの一般的な観点によって認識するからである。たとえば、知性は個別的なものが人間とか白いものとか、あるいは個別的なものでさえあるかぎりにおいて認識するが、しかしこの人間とかこの個別的なものというかぎりにおいて認識するのでないのと同様に、知性は現在するものや過ぎ去ったものをも認識するが、しかしこの今とかこの過ぎ去ったものとかであるかぎりにおいて認識するわけではない。それゆえ、記憶はその固有の語義によれば、この今との関連で過去のものに関わるのであるから、記憶は固有の意味で言えば、知性的部分にではなくただ感覚的部分にのみあることは確かで、それは哲学者[26]が証明している通りである。

ところで、知性は可知的なものを認識するのみならず、自らがそのような可知的なものを認識していることをも認識するがゆえに、記憶という名称は、対象が上述されたような仕方で過去にあったものとしては認識されないとしても、しかし或る人が自分がその対象の知を以前に所有していたことを知っているかぎりで、一般にそのものの知がより先にも所有されていたその対象がそれによって認識されるその知識にまで拡大されるのである。この意味では、新たに得られたのではない知識はすべて記憶と言われうるのである。ところで、こうしたことは二様の仕方で起こる。一つには、すでに所有している知識による思考が中断されず連続して為される場合である。他方もう一つの仕方では、その思考が中断される場合である。そして後者の場合の思考は過ぎ去ったものの性格をより多く持っていて、その理由からより固有の意味で記憶という性格に達している。すなわち、われわれが以前に能力態的に認識していたが、現実的には認識していなかったものの記憶を持っていると言われるかぎりにおいてである。この意味では記憶はわれわれの魂の知性的部分に存在する。そして、アウグスティヌス[27]は記憶を三位一体の像の部分として措定するとき、記憶をこの意味で理解していると思われる。すなわち、精神の内にあって能力態的に保持されていて、現実的に出てゆくことのないすべてのものは、記憶に属していると考えようとしているのである。

しかし、このことがいかにして起こりうるかは、さまざまに異なった仕方で異なった人々によって措定されている。すなわち、アヴィセンナは『自然学』第六巻(28)において、こうしたことは起こらない、と主張している。すなわち、魂が現実的に思考しない或る事物の知識を魂が能力態的に保持するといったことは、或る形象が現実的に知性的部分において保存されているということからは生じないと主張する。現実的に思考されていない形象は、感覚によって得られた諸形相の貯蔵庫である想像力に関してにせよ、感覚から得られたのではない個別的な観念に関してにせよ、それら形象は感覚的部分にしか保存されえないと主張しようとする。他方、知性の内には形象は現実的に思考される場合にのみ存続し、思考をやめた後にはそれらは知性の内に在在することをやめるのである。それゆえ、何かをもう一度現実的に思考することを意志するときには、可知的形象が新たに能動的な知性実体から可能知性へと流出しなければならない。しかし、アヴィセンナによれば、或る人が以前に知っていた事柄を新たに思考しなければならないときはいつでも、その人は最初からのように再び学習したり発見したりしなければならないことが帰結するわけでもないのである。なぜなら、能動知性から流出してくる形象を受け取るように、それによって以前よりもより容易に能動知性に向かう或る適性がその人の内に残されているからである。そしてこうした適性はわれわれにおける知識の所有態である。したがって、この見解によれば記憶が精神の内にあるのは何らかの形象の保持によってではなく、新たに形象を獲得するための適性によってであることになろう。

しかし、こうした見解は理にかなっているとは思われない。第一に、可能知性は感覚よりもより安定した本性を持っているのであるから、可能知性に受け取られた形象はより安定した仕方で受け取られるのでなければならない。それゆえ、形象は感覚的部分においてよりも、可能知性の内によりよく保存されるのである。第二には、能動的な知性実体は、すべての知識に適合している形象を流入させることに対等な仕方で関わっている。したがって、可能知性の内に何らの形象も保存されず、能動知性に向かう適性だけが保存されているとすれば、人間はいかなる可知的なものにも対等な仕方での適性のままに留まっているであろう。したがって、人が或る知識を学習したということから、その人は他のさまざまの知識よりもその知識をよりいっそう知っているということにはならないであろう。さらに、こうしたことは哲学者の『霊魂論』第三巻[29]の見解、すなわち知性的部分に関して魂は形象の場所である、と主張したことについて、古代の人々を称賛している哲学者の見解にも明白に反すると思われる。

したがって、別の人々[30]は可知的形象は現実的な思考の後にも可能知性の内に留まっており、それら形象の整えられてあることが知識の所有態であると主張する。そして、この意味ではわれわれの精神がこうした可知的形象を現実的に思考した後も、それら形象を保持しうるその力は記憶力と言われてよいであろう。そして、このことは記憶の固有の意味により近づいているのである。

(1) それゆえ、第一に対しては次のように言わなければならない。われわれと獣たちとに共通な記憶は、個別的な諸観念が保存されているそうした記憶である。そして、精神の内に存在しているのはこのような記憶ではなく、可知的形象が保存されている記憶だけが精神の内に存在するのである。

(2) 第二に対しては次のように言わなければならない。哲学者は、この今であるかぎりのこの今に関わりのあるものとしての過ぎ去ったものの記憶について、言及している。この意味での記憶は精神の内には存在しない。

(3) 以上から異論の第三への解答は明らかである。

(4) 第四に対しては次のように言わなければならない。可能知性においても現実的に把捉することと保持することとは相違しており、しかもそれは形象が知性の内に何らかの仕方で物体的にあるからではなく、もっぱら知性的にあることによってである。しかし、その形象によって常に知性認識されていることが帰結するわけではなく、そのことが帰結するのは可能知性がその形象との関連で完全に現実態になるときだけである。他方、或るときには可能知性はその形象との関連で不完全な仕方で存在している。すなわち、純粋な可能態と純粋な現実態との中間の仕方で存在している。このことが能力態的に認識することである。そして認識のこの仕方から完全な現実態へと還元されるのは、アンセルムス[31]によれば、すべての力の動者であるところの意志によるのである。

(5) 第五に対しては次のように言わなければならない。精神が神の像のごとくにあるのは、特に神と自己自身へと向けられることによってである。ところで、精神は自らに現在しているものであり、同様に何らかの形象が可感的事物から得られる前に、神は精神そのものに現在するものである。さらに、精神は或るものを現実的に保持することからではなく、保持しうるものであることから記憶力を持っていると言われるのである。

(6) 異論の第六への解答は上述のことから明らかである。

(7) 第七に対しては次のように言わなければならない。どんな能力も何かを認識しうるのは、自らを自らの対象に向けることによってである。たとえば、視覚は自らを色に向けることによってのみ、何かを認識しうるのである。それゆえ、哲学者の『霊魂論』第三巻[32]に明らかな通り、表象像は可能知性に対して、ちょうど可感的事物が感覚に対するように関係するのであるから、知性が自らのもとに何らかの可知的形象をどれほど多く所有するとしても、しかし自己を表象像に向けることによってでなければ、その形象によって何かを現実的に思考することはないのである。したがって、われわれの知性は来世への途上の状態においては、能力態・所有態を得る前に現実的に思考するために表象像を必要とするように、能力態を得た後でも同様にそれを必要とするのである。しかし天使の場合は事情が違っている。というのも、天使の知性の対象は表象像ではないからである。

(1) 反対異論の第一に対しては次のように言わなければならない。異論の典拠から明らかになることは、精神の内に記憶があるのは前述の仕方によってのみであって、記憶が固有の仕方で精神の内に存在するということではない。

(2) 反対異論の第二に対しては次のように言わなければならない。アウグスティヌスの言葉は、記憶は現在している対象についてもありうると理解されるべきである。しかし、或ることが少なくとも認識作用そのものの側から過ぎ去ったものと考えられるのでなければ、そもそも記憶といったことは語られないであろう。したがって、自或る人が自らに現在している自己自身についての過去の認識を保存していないか、保存しているかによって、自己を忘れているとか、記憶しているとかと言われるのもこの意味においてである。

(3)　反対異論の第三に対しては次のように言わなければならない。知性が時間のさまざまな相違を共通な性格によって認識するかぎりで、時間のいずれの相違による複合をも形成することができるのである。

(4)　反対異論の第四に対しては次のように言わなければならない。予見が知性の内にあるのは、未来のことの一般的な側面によってのみであるが、しかしその予見が個別的なものごとに適用されるのは、個別的な理由が媒介となってである。というのは、その個別的な理由が、動の起原である普遍的な理由と個別的なものごとにおいてその後に生じてくる動との間に媒介として入ってくるのでなければならないからである。それは哲学者の『霊魂論』第三巻[33]に明らかな通りである。

第三項

第三に、記憶が知性から区別されるのは、或る能力が別の能力から区別されるようにであるか、が問われる。そして、そのようには区別されない、と思われる。その理由、

(1)　異なった能力には異なった活動が属している。ところで、精神に措定されるかぎりの可能知性と記憶には形象を保持するという同じ活動が属している。というのは、この活動をアウグスティヌス[34]は記憶に、他方哲学者[35]は可能知性に帰しているからである。それゆえ、記憶は知性から或る能力が別の能力から区別されるように区別されるわけではない。

(2)　さらに、或るものを時間の何らの違いをも識別しないで理解することは、ここと今から抽象する知性に固有なことである。ところで、記憶は時間のいかなる相違をも識別しない。というのも、アウグスティヌスの『三位一体論』第一四巻[36]によれば、記憶は過去、現在、未来の事柄に共通的に関わっているからである。それゆえ、

記憶は知性から区別されない。

(3) さらに、知性はアウグスティヌスの『三位一体論』第一四巻[37]によれば、二つの仕方で理解されることができる。一つは、われわれが現実的に思考しているものを知性認識している、と言う意味で。もう一つは、われわれは現実的に思考していないものをも知性認識している、と言われる意味で。ところで、われわれが現実的に思考しているものだけを知性認識している、と言われるかぎりのその知性認識は現実態において知性認識することであり、それは能力ではなく或る能力の働きである。この意味では能力が能力から区別されるように、知性は記憶から区別されるわけではない。他方、われわれが現実に思考していないものどもをわれわれが知性認識しているという意味では、知性は記憶から区別されることはまったくなく、記憶に属しているのである。それはアウグスティヌスの『三位一体論』第一四巻[38]に明らかな通りであり、そこで「もしわれわれがそれによって自己を記憶している精神の内なる記憶へと、それによって自己を認識している内なる知性認識へと、またそれによって自己を愛している内なる意志へと向かうならば、――そこにこれら三つは思考されているにせよ思考されていないにせよ、同時に常に存在するのであるが――確かに三位一体の像は、記憶にのみ属すると思われるであろう」。それゆえ、能力が能力から区別されるように、知性が記憶から区別されることは、いかなる仕方によってもないのである。

(4) もし知性が魂がそれによって現実的に思考しうる或る能力である、と言われるとすれば、したがってまた思考しているときでなければ知性認識しているとは言われない、そうした知性もまた能力と言われるとすれば、知性は記憶から、能力が能力から区別されるように区別されるのである。――これに対しては次のように言われる。能力態を所有することと能力態を用いることとは同じ能力に属する。ところで、思考しないで知性認識することは能力態において知性認識することであるが、思考することによって知性認識することは能力態を用いることである。それゆえ、思考しないで知性認識することと思考しながら知性認識することとは同じ能力に属している。したがって、このことによって知性は記憶から、能力が能力から異なるように、異なっているわけではないのである。
(5) さらに、魂の知性的部分には認識的と動因的または情動的な能力以外にはいかなる別の能力も見出されることはない。ところで、意志は情動的または動因的能力であるが、知性は認識的能力である。それゆえ、記憶は知性と別の能力ではない。

以上に反して、(1) アウグスティヌスは『三位一体論』第一四巻(39)において、「魂が神の像のごとくにあるのは、神を知性認識し観想(conspicere)するために、理性と知性とを用いることができることによってである」と語っている。ところで、魂は能力によって観想することができる。それゆえ、魂において像は記憶、知性、意志というこれら三つが魂の内に見出されることによって認められる。それゆえ、これら三つは区別された三つの能力である。

(2) さらに、もしそれら三つが三つの能力でないとすれば、それらの或るものは現実活動ないし働きでなければならない。ところで、現実活動は常に魂の内に在るわけではない。というのは、魂は常に知性認識しているわけでもなく、意志しているわけでもないからである。それゆえ、これら三つが常に魂の内にあることはないであろう。したがって、魂は常に神の像のごとくにあることはないことになろう。しかし、これはアウグスティヌス(40)の考えに反している。

(3) さらに、これら三つの間には、神のペルソナの同等性が表現される同等性が見出される。ところで、現実態と能力態あるいは能力の間には、同等性は見出されない。というのも、可能態は能力態よりもより多くのものに及んでゆき、能力態は現実態よりもより多くのものに及んでゆくからである。というのも、一つの能力に多くの能力態が属し、また一つの能力態から多くの現実態が引き出されるからである。それゆえ、それら三つのうちの或るものは能力態で別のものは現実態である、といったことはありえないのである。

答えて次のように言わなければならない。三位一体の像は魂の内に二様の仕方で指摘されうる。一つは、三位一体の完全な模倣によって。もう一つは、不完全な模倣によって。魂は確かに想起し、現実に知性認識し、現実に意志することによって完全に三位一体を模倣する。そうしたことは被造的でないかの三一性において、三位一体における中間のペルソナは御言葉《みことば》であり、他方御言葉は現実的な思考なしにはありえないからである。それゆえ、完全な模倣のこの仕方によって、アウグスティヌスはこれら三つ、すなわち記憶、知性、意志の内に像を認めており、それは記憶が能力態的な知識を、知性はその知識から発出してくる現実的な思考を、また意志は思考から発出してくる意志の現実的な動を含意することによってである。このことはアウグスティヌスが『三位一体論』第一四巻[41]において語っていることから明らかである。すなわち、「言葉はそこでは」すなわち精神の内では「思考なしにはありえない。というのも、いかなる民族の言語にも属していない、かの内なる言葉によってわれわれが語るものすべてをわれわれは思考しているのであるから、むしろこれら三つの内に、すなわち記憶、知性、意志の内にかの像は認識されるのである。ところで、思考しているとき、それによって知性認識するものを、私は今知性と呼び、またかの生まれたものと生むものとを結びつけるものを意志と呼ぶのである」。

他方、不完全な模倣によっての像は能力態や能力によっての模倣が認められる場合である。したがって、アウグスティヌスは三位一体の像を魂の内に、『三位一体論』第九巻[42]において、次の三つに関して認めている。すなわち、それは精神、知識、愛であり、精神は能力の名称であり、知識と愛は魂の内にある能力態の名称である。また知識を措定したのと同様に、能力態的な知性認識を措定することもできたであろう。というのは、両者とも能力態的に理解されうるからである。それはアウグスティヌスが『三位一体論』第一四巻[43]に語ることから明らかである。すなわち、「いったいわれわれが次のように語るとしたら、それは正しく語ることであろうか。すなわち、あの音楽家は確かに音楽を知っているが、しかし今音楽を思考していないから、それを知性認識していない。他方、今幾何学を思考しているから、それを知性認識している、と。しかしこうした見解は明らかに不条理である」。したがって、このような配当によれば、能力態的に理解された知識と愛とのこれら二つは記憶にのみ属しており、それは異論において導入されたアウグスティヌスの典拠によって明らかである。ところで、現実態は根原的な仕方では、ちょうど結果が原因の内にあるように、諸々の可能的能力の内にあるのであるから、記憶、現実的な知性認識、現実的な意志に即してある完全な模倣も起原の観点からは、魂がそれによって想起し、現実的に知性認識し意志することができる諸能力の内に見出されうるのであり、それは引用されているアウグスティヌスの言葉によって明らかな通りである。

したがって、像はさまざまな能力に従って認められるのである。しかし、記憶が知性とは別の何らかの能力として精神の内にある、という仕方によってではない。それは以下において明らかである。すなわち、能力が対象の相違から異なったものになるのは、対象の相違がそのような能力の対象であるかぎりの対象に自体的に生じるものから由来する場合だけである。たとえば、熱と冷は色あるものに附帯するが、熱と冷はこのようなものであるかぎりで視力を異なったものにするわけではないのである。実際、色あるもので熱かったり冷たかったりするものや、甘かったり苦かったりするものを見ることは同じ視力に属するからである。ところで、精神や知性は何らかの仕方で過ぎ去ったものを認識しうるけれども、しかし現在するもの、過ぎ去ったもの、未来のものを認識することに対して差異のない仕方で関わっているのであるから、現在のものと過去のものとの相違は知性認識されうるものたるかぎりの認識されうるものにとって附帯的である。それゆえ、精神の内に何らかの仕方で記憶は存在しうるけれども、しかし記憶は、哲学者たちが諸能力の区別を語るその仕方によって、他の能力から自体的に区別された或る能力としてある、ということはありえない。この仕方では記憶は、現在するものであるかぎりの現在するものに向かう魂の感覚的部分の内にのみ、見出されうるにすぎない。それゆえ、もし記憶が過去にまで向かわなければならないとすれば、感覚そのものよりもより高次の或る能力が必要とされる。しかしそれにもかかわらず、たとえ記憶が、能力として理解されるかぎりの知性から区別された能力でないとしても、しかし魂の内に三一性は能力そのものを考察することによっても見出されるのである。つまり知性という一つの能力が異なること、すなわち或るものの知識を能力態的に保持することとその知識を現実的に思考することへの関係を持っていることによってである。それはアウグスティヌス[44]も下位の理性を上位の理性から異なるものへの関係によって区別しているのと同様である。

(1) それゆえ、第一に対しては次のように言わなければならない。精神の内に在るかぎりの記憶は、可能知性から区別された別の能力ではないけれども、しかし可能知性と記憶との間には異なるものへの関係による区別は見出されるのである。

(2)-(5) 続く四つの異論に対しても同様に言われるべきである。

(1) 反対異論の第一に対しては次のように言わなければならない。アウグスティヌスは、そこで魂の内に見出される像について、完全な模倣によって語っているのではない。そのような模倣は魂が三位一体を知性認識することによって、それを現実的に模倣するときにあるからである。

(2) 反対異論の第二に対しては次のように言わなければならない。魂の内に三位一体の像は或る意味で常にあるが、しかし完全な模倣によってあるわけではない。

(3) 反対異論の第三に対しては次のように言わなければならない。可能態、現実態、能力態の間にはそれらが一つの対象に関係づけられるかぎりで同等性がありうる。この意味で、三位一体の像は魂の内に魂が神へと向けられるかぎりで見出される。しかし能力、能力態、現実態について共通的に語る場合にも、それらの内に同等性が見出される。もっとも、それは本性の固有性によってではない。というのも、働き、能力態、能力は違った仕方で存在を持っているからである。そうではなくてそれら三つのものの量・大きさがそれによって考えられる現実態への関係によってである。また数的にただ一つの現実態とか一つの能力態が理解される必要はなく、現実態と能力態とが類の内に理解されればよいのである。

第四項

第四に、精神は質料的事物を認識するか、が問われる。そして、認識しない、と思われる。その理由、

(1) 精神は知性的認識によってのみ何かを認識する。ところで、「コリントの信徒への手紙二」〔二コリ一二・二〕への註釈[45]に言われているように、「知性的直観とは、事物そのものではないところの、事物に類似した像といったものをまったく有していない、そうした事物を内容とする直観である」。したがって、質料的事物は魂の内にその事物そのものによってあるのではなく、「その事物そのものではなく、その事物に類似した像」によってのみ存在しうるのであるから、精神は質料的なものを認識しないと思われる。

(2) さらに、アウグスティヌスは『創世記逐語註解』第一二巻[46]において「精神によって知性認識されるものは、物体でもなく物体の類似でもないものである」と語っている。ところで、質料的事物は物体であり、物体の類似を有している。それゆえ、精神によって質料的事物は認識されない。

(3) さらに、精神ないし知性は諸事物の何性を認識するものである。というのも、知性の対象は『霊魂論』第三巻[47]に語られている通り、事物の「何であるか」だからである。ところで、質料的事物の何性は物体性そのものではない。さもないと何性を有しているものはすべて物体的でなければならないことになろう。それゆえ、質料的なものを精神は認識しないのである。

(4) さらに、精神の認識作用は認識の根原である形相に伴ってくる。ところで、精神の内にある可知的形相はまったく非質料的なものである。それゆえ、それら形相によって精神は質料的事物を認識することができない。

(5) さらに、認識はすべて類似化によって成立する。ところで、精神と質料的なものとの間には類似化はありえない。というのも、類似性を生ぜしめるのは性質の同一性であるが、質料的事物の性質は精神の内にはありえない物体的な附帯性であるからである。それゆえ、精神は質料的なものを認識することはできない。

(6) さらに、精神は質料と質料的諸条件とから抽象することによってでなければ、何ものをも認識することはない。ところで、自然物である質料的事物は知性によっても質料から分離されることはできない。なぜなら、それらの定義の内に質料が入っているからである。それゆえ、質料的なものは精神によって認識されることはできない。

以上に反して、(1) 自然学的な知に属するものどもは、精神によって認識される。ところで、自然学的な知は質料的事物を対象としている。それゆえ、精神は質料的事物を認識するのである。

(2) 「それぞれの者は自分の認識している事柄をよく判断し、それらについての最善の判断者である」とアリストテレスの『倫理学』第一巻[48]に語られている。ところで、アウグスティヌスが『創世記逐語註解』第一二巻[49]に語る通り、精神によって「これら下位のものどもは判断される」のである。それゆえ、これら質料的な下位のものは精神によって知性認識されるのである。

(3) 感覚によってはわれわれは質料的なものしか認識しない。ところで、精神の認識は感覚に起原がある。それゆえ、精神も質料的事物を認識するのである。

答えて次のように言わなければならない。すべての認識は認識するものの内にあって、認識の起原である何らかの形相によって成立する。ところで、このような形相は二様に考えられうる。一つは認識するものの内に有している存在によって考えられる。もう一つは、形相が或るものの類似であるその或るものに対して有している関係によって考えられる。実際、第一の関係によって形相は認識するものを現実的に認識させるが、第二の関係によっては、形相は認識を或る特定の認識されるものへと限定する。したがって、或る事物を認識する仕方は認識するものの仕方によって、形相がその内に受け取られる認識するものの条件によって決まってくる。しかし、認識される事物は認識するものの仕方によって存在したり、あるいは認識することの根原である形相が認識するものの内に存在を有している、その仕方によって存在したりすると言う必要はないのである。それゆえ、精神の内に非質料的に存在する諸形相によって、質料的諸事物が認識されるのは何らさしつかえないのである。

しかし、こうしたことは事物から形相を獲得する人間精神と事物から認識を獲得するのではない神や天使の精神においてでは違った仕方で起こってくる。すなわち、事物から知識を獲得する精神において、形相は魂への諸事物の何らかの働きかけによって存在している。ところで、働きかけはすべて形相によって在る。それゆえ、われわれの精神の内にある諸形相は、第一に根原的には魂の外に存在している諸事物にそれらの形相の点で関係している。そして、それら形相には二様の仕方がある。すなわち、或る形相は自らにいかなる質料をも特定していないものである。たとえば、線とか面とかこれに類するものである。他方、或る形相は自らに特殊的な質料を限定している。すべての自然的形相はそうしたものである。それゆえ、自らにいかなる質料も特定していない形相を認識することからは、質料についてのいかなる認識も帰結せず、自らに質料を特定する形相から、質料そのものも何らかの仕方で、すなわち、質料が形相に対して有している関係によって認識されるのである。そしてこのことのゆえに、哲学者は『自然学』第一巻[50]において、第一質料は「アナロギアによって知られうるもの」であり、したがって形相の類似によって質料的事物そのものが認識されるのである、と語っている。それは或る人が獅子鼻性（simitas）を認識することから、獅子鼻（nasus simus）を認識するごときである。

ところで、神の精神の内に存在する諸事物の形相は、形相と質料とに共通的である諸事物の存在がそれより流出するものどもである。それゆえ、これらの形相も質料と形相とに直接的に、つまり一方が他方によって媒介されるということなしに関係するのである。同様に、天使の知性も神の精神の内の諸形相に類似した形相を有している。もっとも、天使における諸形相は事物の原因であるわけではない。したがって、われわれの精神は質料的事物について非質料的な認識を有しているのである。しかし、神と天使の精神は質料的なものをより非質料的に、しかもより完全に認識するのである。

(1) それゆえ、第一に対しては次のように言わなければならない。異論の典拠は二様に解釈されうる。一つは、知性的な直観に、その直観のもとに含まれるすべてのものとの関連で関係づけられるように解釈される。この意味では知性的直観は「事物そのものではないところの、事物に類似した像といったものをまったく有していない」そうした事物にのみ関わると言われる。このことは事物が知性的に直観されるとき、それらによって直観され、いわば認識することのそれら媒介であるところの類似について理解されてはならず、かえって知性的直観によって認識されるものとは事物そのものであって、事物を表現している類似ではないのである。そしてこうしたことは物体的、すなわち感覚的直観と霊的、すなわち想像による直観においては起こっていないのである。実際、想像力や感覚の対象は事物の何らかの形態とか像とかが、それらから構成される何らかの附帯性であるが、知性の対象は事物の本質そのものだからである。もっとも、知性は事物の本質を、認識の媒介としての事物の類似によって認識するのであって、知性の直観が最初にそれへと向かうその対象のように、事物の類似によって認識するわけではない。

あるいは次のように言われるべきである。典拠に語られていることは、想像力と感覚との直観を超えることによって知性的直観に属している、ということである。すなわち、この意味によってアウグスティヌス(51)——彼の言葉から註釈は取られているが——は、三つの直観の相違を、上位の直観がその点で下位の直観を超えるそのものを上位の直観に帰することによって規定しようとしている。たとえば、霊的な直観は、われわれが不在のものどもを何らか類似したものによって思考するときに存在する、と語っている。それにもかかわらず、霊的または想像力の直観は現在的に見られているものについても存在するのである。ところが、不在のものどもをも見るという点において、想像力は感覚を超越している。だからこのことはいわば想像力の固有性として措定されるのである。同様に、知性的な直観も自らの本質によって可知的なものに及んでゆくという点において、想像力と感覚を超越している。したがって、アウグスティヌスはこのことを知性的直観にいわばその固有性として帰しているのである。もっとも、そのものの類似によって認識されうるものである質料的なものどもをも、精神は認識することはできる。それゆえ、アウグスティヌスは『創世記逐語註解』第一二巻[52]において、精神によって「かの下位のものどもも識別されるし、また物体でもなく物体に類似したいかなる形相も持っていないものどもも見分けられるのである」と語っているのである。

(2) 以上によって異論の第二への解答は明らかである。

(3) 第三に対しては次のように言わなければならない。もし物体性が量の類に属するかぎりでの物体から取られるならば、その意味での物体性は自然物の何性ではなくそれの附帯性、すなわち三次元である。しかし、もし物体性が実体の類に属するかぎりでの物体から取られるならば、その意味での物体性は自然物の本質の名称である。しかしながら、何性であるかぎりの何性に物体性が適合するのでなければ、すべての何性が物体性であるといったことは帰結しないであろう。

(4) 第四に対しては次のように言わなければならない。精神の内には形相は非質料的なものしか存在しないけれども、しかし質料的事物の類似は存在することができる。というのは、類似と類似がそのものであるその当のものとが同じ存在を持っている必要はなく、可知的性格においてそれらは一致していればよいのである。たとえば、金製の彫像における人間の形は、肉と骨の内にある人間の形相が有しているのと同様な存在を持つ必要がないのと同様である。

(5) 第五に対しては次のように言わなければならない。物体的な性質は精神の内に存在しえないが、精神の内に物体的性質の類似は存在しうる。そして、そうした類似によって精神は物体的事物に類似化するのである。

(6) 第六に対しては次のように言わなければならない。知性は個的な質料とその諸条件とから、たとえばこの骨とかこの肉とかから抽象して認識する。しかし普遍的質料から抽象する必要はない。それゆえ、肉と骨の内に自然的形相というものを考察することができる。もっとも、この肉、この骨の内にではないけれども。

第五に、われわれの精神は質料的なものをその個別性において認識しうるか、が問われる。そして、それは可能である、と思われる。その理由、

(1) 個別的なものは質料によって存在を所有するように、自らの定義の内に質料を持っている事物は自然的なものと言われる。ところで、精神は、非質料的であるけれども、自然物を認識することができる。それゆえ、同じ理由によって精神は個別的事物を認識することができるのである。

(2) さらに、何人《なんぴと》も或るものについてそれらを認識していなければ正しく判断したり、配置したりすることはない。ところで、知恵ある者は精神によって個々の事物、たとえば自らの家庭や自分の持ち物について、正しく判断したり配置したりする。それゆえ、われわれは精神によって個別的なものを認識する。

(3) さらに、何人も複合の構成要素を認識するのでなければ、複合物を認識することはない。ところで、「ソクラテスは人間である」というこの複合を形成するのは精神である。というのも、人間一般を把捉しない感覚的能力はそれらのどの能力をとっても、そうした複合を形成することはできないであろうからである。それゆえ、個別的な事物を認識するのは精神である。

(4) さらに、何人も或る行為を命令しうるためには、その行為の対象を認識していなければならない。ところが、『倫理学』第一巻[53]に明らかな通り、精神あるいは理性は欲情とか怒情とかの行為を命令する。それゆえ、欲情や怒情の対象は個別的なものであるから、精神は個別的なものどもを認識するのである。

(5) さらに、ボエティウスによれば「下位の力の為しうることはすべて、上位の力も為しうる[54]」。ところで、精神よりも下位のものである感覚の諸能力は個別的なものを認識する。それゆえ、精神は個別的なものをはるかに十全に認識しうるのである。

(6) さらに、精神はより高次であればあるほど、より普遍的な認識を有することはディオニュシウスの『天上

位階論』第一二章[55]に明らかな通りである。ところで、天使の精神は人間の精神よりもより高次のものであるが、それでいて天使は個々の個別的なものを認識する。それゆえ、人間の精神ははるかに十分に個々のものを認識するのである。

以上に反して、ボエティウス[56]が語る通り、「普通は知性認識され、個別は感覚される」のである。

答えて次のように言わなければならない。既述のこと〔第四項〕より明らかな通り、人間と天使との精神は質料的なものを違った仕方で認識する。すなわち、人間精神の認識はまず第一に質料的事物にそれらの形相によって向かい、第二義的に質料に、それが形相への関係を有するかぎりで向かう。ところで、形相はすべてそれ自身に関しては普遍的であるように、形相への関係が質料を認識させるのは普遍的認識のみである。ところが、このように考察された場合の質料は個体化の根原ではない。個体化の根原としての質料は個体性において考えられたかぎりの質料であり、そのような質料は特定の次元のもとに在る指定された質料（materia signata）である。実際、このような質料から形相は個体化されるのである。それゆえ、哲学者は『形而上学』第七巻[57]において、「人間の部分は普遍的に解された形相と質料であるが、他方ソクラテスの部分はこの形相とこの質料である」と述べている。それゆえ、われわれの精神が直接的に個別的なものを認識することのできないことは明らかである。直接的にわれわれによって個別的なものが認識されるのは、身体器官の内に諸事物から形相を受け取る感覚の能力によってである。このようにして感覚能力はそれら形相を特定の次元のもとに、また個別的な質料の認識に導くことに即して受け取るのである。というのも、普遍的な形相が普遍的な質料の認識に導くように、個別的な形相は個体化の根原である指定された質料の認識に導くからである。しかしながら精神は、個別的なものに関わる感覚の諸能力に自らが接続するかぎりで、附帯的に個別的な事物に接触するのである。実際、このような接続は二様にある。一つは感覚的部分の動が精神に終極するかぎりにおいてである。たとえば、事物から精神への動において起こっているごとくである。そして、この意味では精神は個別的なものを、何らかの立ち帰りによって、すなわち精神が何らかの普遍的な本性である自らの対象を認識するとき、その自己の働きの認識に立ち帰り、さらに自らの働きの根原である形象へと立ち帰り、さらに形象がそれより抽象された表象像へと立ち帰ることによって、個別的なものを認識するのである。精神はこのような仕方で個別的なものについて何らかの認識を得るのである。もう一つの仕方での接続は、魂から事物へと向かう動は精神から始まり精神が下位の諸能力を支配するかぎりで感覚的部分へと発出し、そのかぎりで個的な観念を複合したり分割したりする感覚的部分の或る能力たる個別的理性（ratio particularis）が媒介となって、個々の事物に接触するのである。そして、この個別的理性は別の名前では思考能力（potentia cogitativa）と言われ、身体に特定の器官を、すなわち頭の中心の細胞を器官として有しているのである。実際、精神がなされるべき事柄について有している普遍的な判断は個別的なものを把捉する何らかの中間的な能力によってでなければ、個別的な働きへと適用されることは可能的ではないのである。したがって、一種の三段論法がなされ、その大前提は精神の判断である普遍的なものであり、他方その小前提は個別的理性の把捉するものとしての個別的なものであり、結論は個別的な行為の選択であって、それは『霊魂論』第三巻[58]に言われていることより明らかな通りである。

　これに対して、天使の精神は質料的事物を形相に対してと同様、質料に直接的に関わる形相によって認識するのであるから、直接的な直観によって質料を普遍的な仕方で認識するのみならず、個別的な仕方でも認識するのである。神の精神もまた同様である。

(1)　第一に対しては次のように言わなければならない。質料が形相に対して持っているアナロギアによって認識されるその認識は、既述のことより明らかな通り、自然物の認識のためには十分であるが、個物の認識のためには十分ではないのである。

(2)　第二に対しては次のように言わなければならない。知恵ある者の個々の事物の配置は、個別的な観念の認識が属している思考能力が媒介となるのでなければ、精神によってなされることはない。それは既述のことから明らかである。

(3) 第三に対しては次のように言わなければならない。知性が普遍的なものと個別的なものとから命題を複合するのは、既述のごとく、一種の立ち帰りによって個物を認識することによってである。

(4) 第四に対しては次のように言わなければならない。知性あるいは理性は目的を普遍的に認識していて、欲情と怒情の働きに命令を下すとき、それらの働きをその目的へと秩序づけているのである。ところで、知性とか理性はこの普遍的な認識を思考能力を媒介として個々の事物に適用しているのであって、それは既述の通りである。

(5) 第五に対しては次のように言わなければならない。下位の力の為しうることは、上位の力も為しうる。しかし、必ずしも常に同じ仕方によってではなく、或るときにはより高次の仕方によってである。この仕方で知性は感覚が認識する事柄を認識することができるが、しかし感覚よりもより高次の仕方によってである。というのは、感覚はそれらをそれらの質料的な配置と外的な附帯性に関して認識するが、知性はこれら諸々の個物そのものの内にある、種の内奥の本性を洞察するからである。

(6) 第六に対しては次のように言わなければならない。天使の精神の認識は人間の精神の認識よりもより普遍的である。というのも、より少ない媒介を用いてより多くのものに及んでゆくからである。しかし天使の認識は人間精神に比べて個々の事物を認識するのにより効力がある。それは既述のことより明らかな通りである。

第六項

第六に、人間精神は可感的事物から認識を得るのであるか、が問われる。そして可感的事物から得るのではな

い、と思われる。その理由、

(1) 質料を所有しているという点で一致しないものどもの間には、能動と受動とはありえないのであって、それはボエティウスの『二つの本性について』[59]と哲学者の『生成消滅論』第一巻[60]によって明らかである。ところで、われわれの精神は可感的事物と質料を所有するという点で一致しているわけではない。それゆえ、可感的なものがわれわれの精神に働きかけ、それら可感的なものからわれわれの精神に何らかの認識が刻印されるということはありえないのである。

(2) さらに、知性の対象が「何であるか」であることは、『霊魂論』第三巻[61]に語られている通りである。ところで、事物の何性はいかなる感覚によっても知覚されない。それゆえ、精神の認識は感覚から得られるのではない。

(3) さらに、可知的なものどもの認識について、それらがわれわれによっていかにして獲得されるかを述べるときに、アウグスティヌスは『告白』第一〇巻[62]において、「それらはそこに在った」と言う。つまり可知的なものどもがわれわれの精神の内に在った、「だが私がそれらを学ぶ以前には、それらは記憶の内に在ったわけではない」と。それゆえ、可知的形象は精神の内に感覚から獲得されて存在するのではない、と思われる。

(4) さらに、アウグスティヌスは『三位一体論』第一〇巻[63]において、魂は認識されたもののみを愛することができることを明らかにしている。ところで、或る人は或る知識を学ぶ前にそれを愛している。そのことは彼がこの知識を大変熱心に探究するということから、明らかである。それゆえ、その者はその知識を学習する前に、それを自らの知標の内に所有しているのである。それゆえ、精神は認識を可感的諸事物から得るのではない、と思われる。

(5) さらに、アウグスティヌスは『創世記逐語註解』第一二巻[64]において、「身体の像は身体が精神の内に作るのではなく、精神そのものが自己自身の内に身体の緩慢さからは言葉に言い表せないほど隔たった驚くべき速さで生ぜしめるのである」と語っている。それゆえ、精神は可知的形象を可感的なものから得るのではなく、精神自らがそれらを自らの内に形成するのだと思われる。

(6) さらに、アウグスティヌスは『三位一体論』第一二巻[65]において、われわれの精神は「物体的諸事物を非物体的で恒常的な理念によって判断する」と語っている。ところで、感覚から得られた理念はこのようなものではない。それゆえ、人間精神は認識を可感的なものから得るのではない、と思われる。

(7) さらに、もし精神が認識を可感的事物から得るとすれば、それは可感的なものから得られる形象が可能知性を動かすことによってでなければありえない。ところで、そのような形象は可能知性を動かすことはできない。すなわち、いまだ表象力の内にある形象が可能知性を動かすことはないからである。実際、そこにあるときには現実的に可知的であるのではなく、ただ可能的に可知的であるにすぎないからである。他方、知性は現実的に可知的なものによってでなければ動かされることはない。ちょうど視覚が現実的に可視的なものによってでなければ動かされないようにである。同様に、能動知性の内にある何かが可能知性を動かすということもない。能動知性はいかなる形象を受容するものでもないからである。そうでないと能動知性は可能知性から相違しないことになろう。同様に、可能知性そのものの内にある何かが可能知性を動かすということもない。なぜなら、すでに基体に内属している形相は基体を動かすことはなく、その内で何らかの仕方で憩うのである。というのも、アヴィセンナが『形而上学』[66]で語る通り、可知的形象は実体ではなく附帯性の類に属しているのであるから、それ自身で存在しているものが可能知性を動かすこともないのである。それゆえ、われわれの精神が可感的なものから知識を得ることはいかなる仕方によってもありえないのである。

(8) さらに、能動者は受動者よりもより優れたものであることは、アウグスティヌスの『創世記逐語註解』第一二巻[67]と哲学者の『霊魂論』第三巻[68]によって明らかである。ところで、受容するものは自らが何かを受容するそのものに対して、受動者が能動者に対するように関係している。それゆえ、精神は可感的なものや感覚そのものよりもはるかに優れたものであるから、精神がそれらから認識を得ることはありえないであろう。

(9) さらに、哲学者は『自然学』第七巻[69]において「魂は憩うことによって知る者や思慮ある者になる」と語っている。ところで、魂は可感的なものによって何らかの仕方で動かされるのでなければ、可感的なものによって知識を得ることはできないであろう。それゆえ、魂は知識を可感的事物から得ることはできない。

以上に反して、(1) 哲学者[70]が語る通り、経験によって証明されているように、一つの感覚を欠いている者には一つの知識が存在しないのであって、たとえば、盲目の人々に色についての知識が欠如するごとくである。ところでこうしたことは、もし魂が感覚によるのとは別のところから知識を得るとすれば、ありえないであろう。それゆえ、精神は可感的なものから感覚によって認識を得るのである。

(2) さらに、われわれのすべての認識は最初は論証されざる第一の基本原理を知ることにある。ところで、これら原理の認識はわれわれにおいて感覚に起原のあることは『分析論後書』の終わりのところ[71]に明らかな通りである。それゆえ、われわれの知識はすべて感覚に起原があるのである。

(3) さらに、自然は何ものをも無益に行うことはなく、また必要なものを欠くこともない。ところで、もし感覚によって諸事物についての認識を得るのでなければ、感覚は魂に無益に与えられていることになろう。それゆえ、われわれの精神は可感的なものから認識を得るのである。

答えて次のように言わなければならない。この問題をめぐって昔の人々には多様な見解が存在した。すなわち、或る人々はわれわれの知識の起原は、質料から離在している外的な原因に全面的に依存していると主張した。この見解は二つの教説に分かたれる。すなわち、或る人々、たとえばプラトン派の人々は可感的諸事物の形相は質料から離在しており、したがってそれらは現実的に可知的なものであること、またそれら離在的形相の可感的な質料による分有によって自然界に個物が生ぜしめられ、他方、人間精神はそれらの形相の分有によって知識を所有すると主張した。こうした意味で彼らは上述の形相が生成と知識との根原であると主張したのであり、それは哲学者が『形而上学』第一巻[72]に説明している通りである。しかし、この立場は哲学者によって徹底的に批判された。[73]というのも、可感的諸事物の形相は可感的質料の内にしか措定されえないのであって、その理由は獅子鼻が鼻なしには理解されえないのと同様に、可感的な質料一般なしには自然的形相は理解されることもできないことを、彼は指摘しているのである。

それで、他の人々は可感的事物の形相は離在しているのではなく、われわれが天使と呼ぶ知性実体のみが離在していると主張し、われわれの知識の起原は全面的にこのような離在的な諸実体に依存している、と主張した。その理由から、アヴィセンナ[74]は可感的な形相が可感的質料の内に獲得されるのは能動的な知性実体の影響によってのみであるように、可知的形相が人間精神に刻印されるのは、魂の部分ではなく離在している実体である能動的な知性実体の影響によってのみであると主張したのである。しかし、魂は諸々の感覚をいわば知識へと駆り立て態勢づけるものとして必要とする。それは下位の能動者が能動的な知性実体から形相を受容する形相を準備するごとくである、とされる。ところが、こうした見解も合理的だとは思われない。というのは、この考えによれば人間精神の認識と感覚的諸能力との間には依存関係は必要ないことになろう。事実はこれと明らかに反対であって、一つは感覚に欠陥があると、その感覚に対応する可感的なものについての知識が欠落するのであり、さらにまたわれわれの精神は何らかの表象像を形成することによってでなければ、われわれは能力態的に知っている事柄でさえ現実的に思考することができないという事実である。そこから表象力の器官が破損すると思考が妨げられることになるのである。さらに、上述の立論は、もし下位のものすべてが離在実体から直接的に可知的形相のみならず、可感的な形相をも獲得するのであるとすれば、諸事物の直接の根原を排除することになろう。

他方、別の見解は、われわれの知識の起原は全面的に内的な原因に依存している、と主張する人々のものであった。この見解も二つの立論に区分される。すなわち、或る人々〔プラトン派〕は人間の魂はそれ自身の内にあらゆる事物の知識を含んでいるが、身体との結合によって上述の知識が暗くされている、と主張した。したがって、この人々は知識の障害物を排除するために、われわれは感覚を熱心に使用することが必要であると述べ、学習することは想起することにほかならないと語ったのであり、たとえば、われわれが見たり聞いたりしている事柄から、以前に知っていた事柄を想起するという事実から明らかなごとくである、と言う。しかし、この立場も合理的だとは思われない。すなわち、もし魂の身体への結合が自然本性的であるとすれば、その結合によって自然本性的な知識が全面的に妨げられるといったことはありえない。したがって、もしこの見解が真であるとすれば、それらについての感覚能力をわれわれが有していないそれら対象について、われわれがまったくの無知の状態にいることは明らかでないことになろう。ところでこの見解は、魂が身体の前に創造され、その後で身体に合一されたと主張する立場[75]に一致することになろう。なぜなら、その場合には身体と魂との複合は自然本性的ではなく、魂そのものにとっては附帯的な出来事であることになろう。実際、この見解は信仰によっても哲学者の見解によっても排斥されるものと判断されている。

他方、或る人々は魂は自分自身にとって知識の原因であると主張した。すなわち、魂は可感的なものから知識を、可感的なものからの働きかけによって、何らかの仕方で諸事物の類似が魂に到達することによって得るというのではなく、魂そのものが可感的なものの現存に従って自分自身の内に可感的諸事物の類似を形成するのだ、と主張した。ところが、この立場も全面的に合理的であるとは思われない。すなわち、いかなる能動者も現実的に存在することによってでなければ働きかけることはない。それゆえ、もし魂が自らの内にすべての事物の類似を形成するとすると、魂は自らの内に諸事物のそうしたすべての類似を現実的に所有していなければならない。かくして、すべての事物の知識は人間の魂に自然本性的に挿入されている、と主張する前述の意見に帰するであろう。

したがって、上述のすべての立論との対比において、哲学者[76]の見解はより合理的である。すなわち、彼はわれわれの精神の知識の起原を一部は内部に、一部は外部にあるとし、また質料から分離された事物からのみならず、可感的な事物からでもあると主張している。実際、われわれの精神は魂の外にある可感的事物に関係づけられるとき、それら事物に対して二様の仕方で関わっているのが見出される。すなわち、一つは魂の外にある事物は可能態における可知的なものであり、他方精神そのものは現実態において可知的なものであるかぎりにおいて、精神はそれら諸事物に対して現実態が可能態に対するように関係づけられている。そしてこのことによって、可能的に可知的なものを現実的に可知的なものにする能動知性が魂の内に措定されるのである。そしてこのことによって、諸事物の特定の形相がわれわれの精神の内にただ可能態の内にのみ存在するということによっては、可能態が現実態に対するように関係しているのである。そしてこのことによって、われわれの魂の内に可能知性が措定され、可能知性は可感的な諸事物から抽象され、能動知性の光によって現実的に可知的なものにされた形相を受け取るのである。実際、魂の内の能動知性のこの光は離在的な諸実体、とりわけ神を第一の起原としてそれより発出しているのである。

以上の議論によれば、われわれの精神は知識を可感的なものから得るというのが真である。しかしそれにもかかわらず、魂そのものは自らの内に諸事物の類似を形成するのであって、それは能動知性の光によって可感的な事物から抽象された形相が現実的に可知的なものにされ、その結果それら形相が可能知性の内に受容されるということによるのである。したがって、能動知性の光においてわれわれに、或る意味ですべての知識が起原的には、普遍的な概念（universales conceptiones）が媒介となって賦与されているのである。ところで、この普遍的概念とは能動知性の光によってただちに認識されるものであり、それら概念によって、ちょうど普遍的な基本原理によってのように、われわれは他のものどもについて判断し、それらの内に他のものをあらかじめ認識しているのであって、そのかぎりにおいてわれわれが学ぶ事柄をわれわれは以前にわれわれの知識の内に所有していた、と主張するかの見解も真性をしっかり有しているのである。

(1) それゆえ、第一に対しては次のように言わなければならない。可感的な形相あるいは可感的事物から抽象される形相は、能動知性の光によって非質料的なものにされることによってのみ、われわれの精神に働きかけるものとなる。したがって、それら形相はそれらが働きかける可能知性に或る意味で同質的なものにされるのである。

⑵　第二に対しては次のように言わなければならない。上位の能力と下位の能力とは同じものに働きかけるが、同じ仕方によってではなく上位の能力はより卓越的な仕方によって働きかけるのである。それゆえ、諸事物から受け取られる形相によっても感覚は、知性と同様の効力をもって事物を認識することはなく、かえって感覚はその形相によって外的な附帯性の認識へと導かれる。これに対して知性はその形相をすべての質料的な状態から分離することによって、事物の何性だけを認識するに至る。それゆえ、精神の認識が感覚から起原を持つと言われるのは、精神が認識するすべてを感覚が把捉していることによってではなく、感覚が把捉するものから精神がそれ以上の何ものかへと導かれるからである。たとえば、可感的なものもそれらが知性認識されるときには、神的なものの可知的なものに導くごとくである。

⑶　第三に対しては次のように言わなければならない。アウグスティヌスの言葉は、個別的なものが普遍的な原理の内にあらかじめ認識される、そのあらかじめの認識に関係づけられるべきである。実際、われわれが学習している事柄がより先にわれわれの魂の内に存在したというのは、この意味においては真である。

⑷　第四に対しては次のように言わなければならない。或る人が或る知識を獲得する前にその知識を愛することができるのは、その知識の有用性を視覚によるか他のいずれかの仕方によって認識することによって、何らかの普遍的な認識によってその知識を認識するかぎりにおいてである。

⑸　第五に対しては次のように言わなければならない。魂が自分自身を形相化するのは、既述の通り、能動知性の働きによって可知的なものにされた形相が可能知性を形相化すること、と想像力が種々異なる可知的なものの形相を形成することから理解されるべきである。そして、そのことはわれわれが感覚によって決して知覚したことのないものどもを想像するときに特に明らかとなる。

⑹　第六に対しては次のように言わなければならない。その認識がわれわれに生得的である第一の基本原理は、創造されざる真理の或る種の類似である。それゆえ、それら原理によって他のものについてわれわれが判断することによって、われわれは諸事物について不変的な理念によって、あるいは創造されざる真理によって判断して

いると言われるのである。ところで、アウグスティヌスがそこで語っていることは、永遠的なものの観想に固着する上位の理性に関係づけられるべきである。実際、より上位の理性は高貴さにおいてより先であるけれども、しかしそれの働きは時間的にはより後なるものである。実際、「神の見えざる事柄は、造られたるものを通して知解され、観られる」〔ロマ一：二〇〕からである。

(7) 第七に対しては次のように言わなければならない。可能知性が可知的形象を表象像から得るその受容において、表象像は道具的あるいは二次的な作用者であり、他方能動知性は主要的で第一の作用者としてである。したがって、作用の結果は可能知性の内に両者の条件に従って残されるのであって、一方だけの条件によるのではない。したがって、可能知性は、現実的に可知的なものとして形相を受け取るのは、能動知性の力によってであるが、特定の事物の類似としての形相を受容するのは表象像を認識することによってである。したがって、現実態にある可知的形相がそれ自身によって存在しているのは、表象力の内でも能動知性の内でもなく、もっぱら可能知性の内に存在しているのである。

(8) 第八に対しては次のように言わなければならない。可能知性は端的には表象像よりも優れたものであるけれども、しかし表象像が可能知性にはただ可能態においてのみ適合するように、そうした事物の類似で現実的にあるかぎりにおいて表象像の方が、或る意味でより優れていることを何も妨げないのである。したがって、表象像は或る意味で可能知性に対して能動知性の光の力によって働きかけることができる。ちょうど色もまた視覚に対して物体的な光の力によって働きかけることができるごとくである。

(9) 第九に対しては次のように言わなければならない。知識がそこで完成する憩いはさまざまな質料的な受動的動きを排除するが、しかしすべての受容はそれが受動とか動とかと言われるかぎりで動とか受動とかを排除するわけではない。すなわち、この意味で哲学者は『霊魂論』第三巻[77]において、「知性認識することは一種の受動である」と語っているのである。

第七に、精神の内に三位一体の似像は、精神が質料的なものを認識することによって存在するか、あるいは永遠的なものを認識することによってのみ存在するのか、が問われる。そして、永遠的なものを認識することによってのみではない、と思われる。その理由、

(1) アウグスティヌスが『三位一体論』第一二巻[78]に語る通り、「われわれがわれわれの魂の内に三位一体を探求するとき、われわれはそれを時間的なものに関する理性的な働きを永遠的なものの観想から分離することなく、魂全体の内に探求しているのである」。ところで、精神が〔三位一体の〕似像のごとくにあるのは、精神の内に三一性が見出されることによってのみである。それゆえ、精神は観想している永遠的なものに固着することによってのみではなく、時間的な事柄に関わる行為に固着することによっても神の似像のごとくにあるのである。

(2) さらに、三位一体の似像が魂の内に考察されるのは、魂の内にペルソナの対等性とそれの起原が表出されているかぎりにおいてである。ところで、ペルソナの対等性は永遠的なものを認識することによってよりも、時間的なものを認識することによってよりいっそう魂の内に表現される。なぜなら、永遠的なものは精神を無限に超越しているが、精神は時間的なものを無限に超越することはないからである。またペルソナの起原も永遠的なものの認識の内においてと同様、時間的な事物の認識においても表出されているのである。なぜなら、いずれの場合も精神から知識が発出し、知識から愛が発出するからである。それゆえ、三位一体の像は永遠的なものを認識することによってのみ精神の内にあるのではなく、時間的なものを認識することによっても存在するのである。

(3) さらに、類似(similitudo)は愛する能力の内にあるが、似像(imago)は認識する能力の内にあることは、『命題集』第二巻第一六区分[79]に言われている通りである。ところで、われわれの精神は永遠的なものよりも質料的なものをより先に認識する。なぜなら、われわれの精神は質料的なものから永遠的なものに至るからである。

さらにまた、質料的なものをより完全に把握する。というのも、時間的なものをより完全に把握するのであって、永遠的なものをより完全に把握することはないからである。それゆえ、似像は精神が永遠的なものに関わるよりも時間的なものに関わることによって、よりいっそう精神の内に存在するのである。

(4) さらに、三位一体の似像は、既述の通り〔第一項および第三項〕、或る意味で諸能力によって魂の内に見出される。ところで、それら諸能力はそれらがそこへと限定されている対象すべてに対して差別のない仕方で関わっている。それゆえ、神の似像は精神の内にいかなる対象に関しても見出されるのである。

(5) さらに、自らの類似において見られるものよりも、そのもの自身において見られるものの方がより完全に見られる。ところで、魂は自分自身を自分自身の内に見るが、しかしこの世において神を見るのはもっぱら神の類似の内においてである。それゆえ、魂は神よりも自分自身の方をより完全に認識するのである。したがって、三位一体の似像は魂が神を認識することによってよりも、魂の内によりいっそう看取されるべきである。というのも、われわれにおいては、アウグスティヌス[80]も語る通り、三位一体の似像はわれわれの本性の内に最も完全なものによって見出されるからである。

(6) さらに、ペルソナの対等性がわれわれの精神の内に表現されるのは、記憶、知性、意志の全体が相互に把捉し合うことによってであり、それはアウグスティヌスの『三位一体論』第一〇巻[81]によって明らかな通りである。ところで、そうした相互の把捉がペルソナの対等性を示すのは、すべての対象に関して相互に把捉することによってのみである。それゆえ、すべての対象によって、三位一体の似像は精神の諸能力の内に見出されるのである。

(7) さらに、似像が認識する能力の内にあるように、恵みの愛（caritas）は愛する能力の内にある。ところで、恵みの愛は神に関わるだけでなく隣人にも関わる。それゆえ、恵みの愛の行為は二様に措定される。すなわち、神への愛と隣人への愛。それゆえ、似像も神を認識することによってのみならず、被造物を認識することによっても精神の内に存在するのである。

(8)　さらに、似像がそこに成立する精神の諸能力は、ゆがめられた似像がそれによって修正され完成されると言われる何らかの能力態によって完成される。ところで、精神の諸能力が能力態を必要とするのは、それら能力が永遠的なものに関係づけられることによってではなく、もっぱら時間的なものに関係づけられることによってである。なぜなら、能力態はそれらによって能力が規制されることのためにある。ところが、永遠的なものどもにおいて誤りは起こりえず、したがって、そのときには規制は必要でないからである。それゆえ、似像は永遠的なものを認識することによってよりも、時間的なものを認識することによって精神の内によりいっそう成り立つのである。

(9)　さらに、創造されざる三位一体がわれわれの精神の似像の内に表現されるのは、特に等実体性と等永遠性に関してである。ところで、これら二つは感覚的能力においても見出される。なぜなら、可感的なものと感覚とは現実態において一つのものにされ、また可感的形象は感覚の内にその受容性に従ってのみ受け取られるからである。それゆえ、感覚的能力においても三位一体の似像は見出され、したがって、精神においてはそれが時間的なものを認識することによってはるかに強く見出されるのである。

(10)　さらに、比喩的な言葉は何らかの類似に即して認められる。すなわち、哲学者[82]によれば、「比喩的に用いられるすべての言葉は、何らかの類似によって適用される」からである。ところで、比喩的な言葉による神的なものへの転用は、精神そのものからよりもむしろ何らかの可感的な被造物からなされる。たとえば、ディオニュシウスが『神名論』第四章[83]で語る通り、太陽の光線について明らかである。それゆえ、或る可感的被造物が精神そのものよりも似像のごとくに語られるのであり、したがって、精神が時間的なものを認識することによって似像のごとくにあるのを、何かが妨げるとは思われないのである。

(11)　さらに、ボエティウスは『三位一体論』[84]において、質料の内にある形相は、質料なしにあるそうした事物の似像であると語っている。ところで、質料の内にある形相は可感的形相である。それゆえ、可感的形相は神そのものの似像であり、したがって、精神はそれらを認識することによって神の似像のごとくにあると思われるのである。

以上に反して、(1) アウグスティヌスは『三位一体論』第一五巻(85)において、「下位の知識の内に見出される三一性は内なる人間にすでに属しているが、しかし、いまだ神の似像と呼ばれたり見なされたりすべきではない」と語っている。ところで、下位の知識とは精神が時間的なものどもをそれによって観想するそのものである。したがって、その知識は永遠的なものどもの知恵から区別される。それゆえ、三位一体の似像は精神の内に時間的なものを認識することによっては認められないのである。

(2) さらに、似像の諸部分は秩序に従って三つのペルソナに対応していなければならない。ところで、ペルソナの間の秩序は時間的なものを認識することによっては、精神の内には見出されない。というのも、時間的なものの認識において、知性認識は御言葉《みことば》が御父から発出するように、記憶から発出することはなく、かえってむしろ記憶が知性認識から発出する。なぜなら、われわれがより先に知性認識した事柄をわれわれは記憶しているからである。それゆえ、似像は精神の内に時間的なものを認識することによって成立するわけではない。

(3) さらに、アウグスティヌスは『三位一体論』第一二巻(86)において、「永遠的なものの観想と時間的なものについての実践とに区分される精神のかの配分を行って、永遠的なものの観想に属しているその方にのみ、三位一体のみならず神の似像もまた存在するが、時間的なものについての実践から発出するものにおいては、神の似像は見出されえない」と語っている。したがって、事情は上述のことと同じことになる。

(4) 三位一体の似像は魂の内に常にあるが、しかし時間的なものの認識はそれが獲得されるものであるから、常にあるわけではない。それゆえ、三位一体の似像は魂の内に時間的なものを認識することによっては見出されないのである。

答えて次のように言わなければならない。類似は似像という性格を完成する。しかし、どんな類似でも似像の性格に十分なものとして見出されるわけではなく、或るものが自らの種の性格に従って表現される最も表出的な類似が、そのようなものとして見出されるのである。したがって、物体的な事物において諸事物の似像は、色とかその他の附帯性によってよりも種に固有なしるしである形態によって、よりいっそう看取されるのである。ところで、われわれの魂の内には創造されざる三位一体の何らかの類似がいずれの自己認識によっても、すなわち精神の認識のみならず感覚的認識によっても見出されるのであって、それはアウグスティヌスの『三位一体論』第一一巻[87]に明らかな通りである。ところが、神の類似が見出されるのは、神の類似がそれに従ってより表明的に見出されるかの精神の認識においてのみである。

したがって、精神の認識を対象によって区別するとすれば、われわれの精神の内には三通りの認識が見出される。すなわち、精神が神を認識するその認識、精神が自己自身を認識するその認識、精神が時間的なものを認識するその認識の三つである。したがって、精神が時間的なものを認識するその認識において、創造されざる三位一体の類似が表出されて見出されることはない。すなわち、それは合致に従って見出されることはない。なぜなら、質料的な事物は精神そのものよりも神により不類似なものであり、したがって精神がそうした事物の知識によって形相化されることによって、神に最高度に合致したものになるといったことはないからである。同様に、アナロギアによって三位一体の類似が見出されるわけでもない。すなわち、自らの知や自己自身の現実的な知性認識を魂の内に生み出す時間的な事物は、精神そのものと同じ実体であるのではなく、精神の本性とは異質のものである。したがって、このことによって創造されざる三位一体との等実体性が表現されることはありえない。ところで、われわれの精神が自己自身を認識するその認識において、創造されざる三位一体の表現は御父が自己自身を語ることによって自らの御言葉を永遠から生み、両者から聖霊が発出するように、そうした仕方で精神は自己自身を認識することによって自己の言葉を生み、両者から愛が発出するというかぎりにおいて存在するのである。ところが、精神は神自身を認識するその認識においては、精神そのものは神と同じ形のものとなり、それはすべての認識者がそのものたるかぎりにおいて認識されるものに類似化するごとくである。

ところで、視覚が色に対するような同じ形になる類似性は、視覚が知性に対するような――知性はその対象に対して視覚がその対象に関係するのと同様に関係している――アナロギアによる類似性よりもより大きい。それゆえ、精神における三位一体の類似は、精神が自己自身を認識することによってよりも、神を認識することによってより表明的にあるのである。したがって、固有の意味では精神の内における三位一体の似像は、第一にまた主要的には神を認識することによってある。しかし或る意味で第二義的には自己自身を認識することによってもあるのである。特に自己自身を神の似像として考察することによって。したがって、自己自身の考察は自己に立ち止まっているのではなく、神にまで進んでゆくという意味においてそうなのである。他方、時間的な諸事物を考察することにおいては、似像は見出されず、むしろ痕跡に属しうるような三位一体の似像が、アウグスティヌス(88)が感覚的諸能力に措定した類似のように、見出されるのである。

(1) それゆえ、第一に対しては次のように言わなければならない。何らかの三一性は精神が時間的なものの実践に及んでゆくことによって、確かに精神の内に見出されるが、しかしそうした三一性は創造されざる三一性の似像とは言われないのであって、それはアウグスティヌスが同所ですぐ附言していることから明らかである。

(2) 第二に対しては次のように言わなければならない。神のペルソナの対等性は時間的なものよりも永遠的なものを認識することによって、よりよく表現される。実際、対等性は対象と能力との間にではなく、或る能力と別の能力との間に看取されるべきである。ところで、われわれの精神と時間的な事物との間によりも、われわれの精神と神との間にはより大きな不等性があるけれども、しかしわれわれの精神が神について有する記憶と神の現実的な知性認識と神への愛との間には、われわれの精神が時間的な事物について有する記憶とそれら事物の知性認識とそれらへの愛との間によりも、より大きな対等性が見出されるのである。というのも、神そのものは自己自身によって認識されうるものであり愛されうるものであり、したがって、神が精神に現存しているかぎりでその度合いにおいて、それぞれの人の精神によって神は知性認識され愛されるのであり、精神における神の現存は精神における神の記憶であり、かくして神について持たれる記憶には知性認識が、そしてこの知性認識には意志または愛が対等するのである。ところで、質料的な事物はそれ自体によって可知的でも愛されうるものでもない。したがって、それらの事物に関しては精神の内にそのような対等性は見出されず、また起原の同じ秩序があるわけでもない。というのも、それら質料的な事物がわれわれの記憶に現存するのは、それらがわれわれによって知性認識されたものになることからであり、記憶は知性認識から起原するのであってその逆ではないからである。以上のことと反対のことが、創造された精神の内に神そのものとの関連で起こっており、神の現存から精神は知性的な光を分有して、知性認識することができるようになるのである。

(3) 第三に対しては次のように言わなければならない。質料的事物についてわれわれが有する認識は、神についてわれわれの有する知識よりも時間的により先であるけれども、しかし後者の知識の方が高貴さにおいてはより先である。また質料的なものがわれわれによっては、神よりもより完全に認識されることは何らさしつかえない。なぜなら、神について所有されうる最小の知識でも、被造物について持たれるすべての知識を凌駕しているからである。というのは、知識の高貴さは知の対象の高貴さに依存しているからであり、それは『霊魂論』第一巻の初め[89]のところに明らかな通りである。それゆえ、哲学者は『動物論』[90]において、われわれが月下の事物について有するすべての知識よりも上位に、われわれが諸天体について有するわずかの知識を位置づけている。

(4) 第四に対しては次のように言わなければならない。能力は自らの対象のすべてに及んでゆくけれども、しかしそれら能力の受容力はそれらが到達しうる最高のものによって測られることは、『天体論』第一巻[91]に明らかなごとくである。したがって、精神の諸能力の最大の完全性に属している事柄、すなわち神の似像のごとくにあるということは、神である最も高貴な対象との関連でそれら諸能力に帰せられるのである。

(5) 第五に対しては次のように言わなければならない。精神は神よりも自己自身をより完全に認識するけれども、しかし神について有する認識は、既述の通り、より高貴でありその認識によっていっそう神の似像のごとくにあるのである。

(6) 第六に対しては次のように言わなければならない。われわれの精神の内に見出される似像には対等性は属しているけれども、しかしすべてのものとの関連で似像が見てとられる必要はない。それらとの関連では何らかの対等性が精神の内に見出されるのである。というのも、他の多くのものは似像のために必要とされるものだからである。それゆえ、異論の論拠は帰結しない。

(7) 第七に対しては次のように言わなければならない。似像を完成する恵みの愛は隣人に関係するけれども、しかし恵みの愛の第一の対象は神だけである。したがって、恵みの愛の第一の対象として隣人があるわけではない。恵みの愛は隣人の内に神以外の何ものをも愛さないからである。

(8) 第八に対しては次のように言わなければならない。似像の諸能力は何らかの能力態、たとえば信仰、希望、愛、知恵とその他のこのようなものによって神に関係づけられることによって完成される。というのは、永遠的なものそのものにおいては、それらの側からは誤謬は見出されないが、しかしそれらの認識においてわれわれの知性には誤謬が起こりうるからである。実際、永遠的なものを認識するときの困難は、われわれにそれら自身からではなく、われわれの側から起こることは、『形而上学』第二巻[92]に語られている通りである。

(9) 第九に対しては次のように言わなければならない。可感的なものと感覚との間には実体の等しさがあるわけではない。というのも、可感的なものは感覚の本性の外にあるからである。また両者の間に対等性が見出されるわけでもない。というのは、或るときには可視的なものは、可視性の完全な程度において常に見られているわけではないからである。

(10) 第一〇に対しては次のように言わなければならない。或る非理性的被造物は理性的被造物よりも原因性の効力に関して、或る類似によってよりいっそう神に類似化することが可能である。それは月下のすべてのものがそれによって生ぜしめられ新たにされる太陽光線において明らかである。そしてこのことによって、太陽光線は万物を生ぜしめる神の善性に似ていることは、ディオニュシウス[93]が語る通りである。しかし理性的被造物はそのものに内属している固有性によって、いかなる非理性的被造物よりも神によりいっそう似ているのである。しかし、比喩的な言葉が非理性的被造物から神によりしばしば転用されるのは、その不類似性を根拠として生じているのである。なぜなら、ディオニュシウスが『天上位階論』第二章[94]に語る通り、より価値の低い被造物の内にあるものが神的なものにより頻繁に転用されるのは、誤謬に陥るすべての機会を排除するためである。というのは、より高貴な被造物からなされた転用は、比喩的に語られるものどもが本来的な意味で理解されるべきだ、という誤謬を導入しうるが、しかしそうしたことを何人《なんぴと》も価値の低い被造物から考えることはないからである。

(11) 第一一に対しては次のように言わなければならない。ボエティウスは、質料的形相は神の似像ではなく、非質料的な形相すなわち神の内にあるイデア的な理念の似像であって、それら理念から質料的形相は完全な類似によって生じている、と措定しているのである。

第八項

第八に、精神は自己自身を本質によって認識するのか、あるいは何らかの形象によって認識するのか、が問われる。そして、何らかの形象によって認識する、と思われる。その理由、

(1) 哲学者は『霊魂論』第三巻[95]において、「われわれの知性は表象像なしには何ものも認識しない」と語っている。ところで、魂の本質そのもののいかなる表象像も得られない。それゆえ、われわれの精神は自己自身を諸々の表象像から抽象された或る別の形象によって認識するのでなければならない。

(2) さらに、自己の本質によって見られるものは、誤りなしに最も確実に認識される。ところで、人間の精神について多くの人々は誤った。というのは、或る人々は人間の精神は空気であると、また或る人々は火であると主張した。また精神についてはその他の多くの不適切なことが主張された。それゆえ、精神は自己を自己の本質によって見ることはないのである。

(3) しかし、精神は自己の本質によって自己が存在することは見ているが、しかし精神が何であるかの探究においては誤りうる、と主張された。——これに対しては、次のように言われる。或るものをその本質によって知ることは、事物の本質は事物の何性と同じことであるから、そのものについてそれが何であるかを知ることである。したがって、もし魂が自己自身を本質によって見るとすれば、誰でも誤りなく自分の魂について何であるかを知ることになろう。しかし、これは明らかに偽である。

(4) われわれの魂は質料に結合した形相である。ところで、すべてのこのような形相は質料と質料的諸条件とから形象を抽象することによって認識される。それゆえ、魂は抽象された何らかの形象によって認識されるのである。

(5) さらに、知性認識することは魂だけの現実態ではなく、結合物の現実態であり、それは『霊魂論』第一巻[96]に語られている通りである。ところで、そのような現実態はすべて魂と身体とに共通なものである。それゆえ、知性認識するときには常に身体の側から何かが在るのでなければならない。しかし、もし精神が自己自身を身体の感覚によって抽象された何らの形象もなしに、自らの本質によって見るのであるとすれば、こうしたことはないであろう。それゆえ、精神は自己自身を本質によって見ることはない。

(6) さらに、哲学者は『霊魂論』第三巻[97]において、知性は他のものを認識するのと同様に自己を認識する、と語っている。ところで、知性は他のものを自己の本質によってではなく、何らかの形象によって認識する。それゆえ、精神は自己自身をも自らの本質によって認識することはない。

(7) さらに、能力はその現実活動によって、また現実活動はその対象によって認識される。ところで、魂の本質は魂の能力が認識されるときにのみ認識される。というのも、事物は何を為しうるかということが、その事物そのものを明らかにするからである。それゆえ、魂は自らの本質を自らの現実活動と自らの対象の形象とによって認識するのでなければならない。

(8) さらに、感覚が感覚されうるものに関係しているように、知性は知性認識されうるものに関係している。

ところで、感覚と感覚されうるものとの間には或る種の隔たりが必要とされ、そのことから眼は自己自身を見ることはできないのである。それゆえ、知性認識においても或る種の隔たりが必要とされ、その結果自己を自己の本質によって知性認識することは決してできないのである。

(9) さらに、哲学者の『分析論後書』[98]によれば、循環によっては論証することはできない。なぜなら、或るものは自己自身によって知られたものになることが帰結し、したがって或るものは自己自身よりもより先に存在し、自己自身よりもよりよく知られることが帰結することになろう。しかしこうしたことは不可能である。ところで、もし精神が自己自身を自己の本質によって見るとすれば、認識されるものとそれによって認識されるものとは同じものであることになろう。それゆえ、或るものは自己自身よりもより先に存在し、自己自身よりもよりよく知られているという同じ不都合なことが帰結するのである。

(10) さらに、ディオニュシウスは『神名論』第七章[99]において、魂は一種の循環によって存在しているものどもの真理性を認識する、と語っている。ところで、循環的な動は同じものから同じものへの動である。それゆえ、魂は自己自身から出て外的な事物を認識することによって自己自身の認識へと戻る、と思われる。したがって、魂は自己を自己の本質によって認識することはないであろう。

(11) さらに、原因が存続しているとき、その結果も存続する。したがって、もし精神が自己を、自らの本質が自己に現在していることによって自らの本質によって見るとすれば、自らの本質は自らに常に現在しているのであるから、精神は自己自身を常に見ていることになろう。それゆえ、多くのものを同時に知性認識することは不可能なことであるから、精神は自己以外の他のものを決して知性認識しないということになろう。

(12) さらに、より後なるものはより先なるものよりも、よりいっそう複合されたものである。ところで、知性認識することは存在することよりも、より後なるものである。それゆえ、魂の知性認識の内には、魂の存在することよりもより大きな複合が見出される。ところで、魂において存在しているものとそれによって存在するものとは同じものではない。それゆえ、魂において知性認識されるものと魂がそれによって認識されるものとは同じものではない。したがって、精神は自己を自らの本質によって見るわけではない。

(13) さらに、同じものが同一のものとの関連で、形相でありかつ形相づけられたものであることは不可能である。ところで、知性は魂の一種の能力であるから、それは魂の本質のいわば一種の形相である。それゆえ、魂の本質が知性の形相であることは不可能である。ところで、或るものがそれによって認識されるそのものは、知性の形相である。それゆえ、精神は自己自身を自己の本質によって見ることはないのである。

(14) さらに、魂はそれ自身で自存している或る実体である。ところで、可知的な形相はそれ自身で自存しているものではない。さもないと、このような可知的形相から成り立つ知標は附帯性の類に属するものでないことになろう。それゆえ、魂の本質は精神が自己を直観する可知的形相として存在することはありえない。

(15) さらに、現実態と動とはそれらの終極によって区別されるのであるから、一つの種に属している可知的なものは、種という点では同じ仕方で知性認識される。ところで、ペトロの魂はパウロの魂と同一の種に属している。それゆえ、ペトロの魂はパウロの魂を認識するのと同じ仕方によって、自己自身を知性認識する。しかし、パウロの魂をペトロの魂の本質によって知性認識するわけではない。というのも、パウロの魂の本質はペトロの魂に現在しているわけではないからである。それゆえ、ペトロの魂は自己自身をも自己の本質によって知性認識するわけではない。

(16) さらに、形相は形相によって形相化されるものよりも、より単純である。ところで、精神は自己自身よりもより単純であるわけではない。それゆえ、精神は自己自身によって形相化されることはない。それゆえ、精神はそれによって認識するそのものによって形相化されるのであるから、自己自身を自己自身によって認識することはない。

以上に反して、(1) アウグスティヌスは『三位一体論』第九巻[100]において、「精神は非物体的であるがゆえに、自己自身を自己自身によって知っている。というのも、もし自己自身を知らないとすれば、自己自身を愛さないからである」と語っている。

(2) さらに、「コリントの信徒への手紙二」〔二コリ一二・二〕への註釈は[101]「知性的と言われるこの直観によって、物体ではなくまた物体に類似したいかなる形相をも持っていないそうしたものども、たとえば精神そのものや魂のすべての情動のごときが識別される」と述べている。ところで、同じ註釈に語られている通り、「知性的直観は、事物そのものではないところの、事物に類似した像といったものをまったく有していない、そうした事物を内容とする」。それゆえ、精神は自己自身を自己と別のものによって認識することはないのである。

(3) さらに、『霊魂論』第三巻に[102]語られている通り、「質料から分離されて在るものにおいては、知性認識されるものと、それによって知性認識されるものとは同じものである」。ところで、精神は或る非質料的な事物である。それゆえ、精神は自己の本質によって知性認識されるのである。

(4) さらに、可知的なものとして知性に現在しているすべてのものは、知性によって認識される。ところで、魂の本質そのものは知性に可知的なものの仕方によって現在している。というのも、魂は自らが真なるものであることによって知性に現在しているが、真であることはちょうど善きものであることが愛することの根拠であるように、知性認識することの根拠である。それゆえ、精神は自己の本質によって自己を知性認識するのである。

(5) さらに、或るものがそれによって知性認識される形象は、その形象によって認識されるそのものよりもより単純である。ところで、魂は自己よりもより単純で魂から抽象されうるような何らかの形象を持っているわけではない。それゆえ、魂は自己を知性認識するのに何らかの形象によってではなく、自己の本質によって行うのである。

(6) さらに、すべての知識は知る者が知られるものに類似化することによって存在する。ところで、魂にとって自らの本質以上に類似しているものは何もない。それゆえ、魂は自己を自己の本質以外の別の何ものかによって知性認識するということはまったくないのである。

(7) さらに、他のものどもにとってそれらの認識されることの原因であるものは、自己自身以外の別の何かによって認識されることはない。ところで、魂は他の質料的事物にとって認識されることの原因である。というのは、それらが可知的なものであるのは、われわれがそれらを可知的なものにすることによってであって、それは註釈者が『形而上学』第二巻[103]に語る通りである。それゆえ、魂は自己自身によってのみ知性認識されるのである。

(8) さらに、魂についての知識は、哲学者の『霊魂論』第一巻[104]によれば、最も確かなものである。ところで、より確かなものが確かさの劣るものによって認識されることはない。それゆえ、魂についての知識が自己自身と別のものによって持たれることはない。

(9) さらに、われわれの魂がそれによって知性認識するすべての形象は、可感的な事物から抽象されたものである。ところで、魂が自らの何性をそれより抽象することのできるようないかなる可感的なものも存在していない。それゆえ、魂は自己自身を何らかの類似によって認識することはない。

(10) さらに、物体的な光が万物を現実態における可知的なものにするように、魂は自己の光によってすべての質料的なものを現実態における可知的なものにするのであって、それは『霊魂論』第三巻[105]に明らかなごとくである。ところで、物体的な光は自己自身によって見られ、自己の何らかの類似によって見られるわけではない。それゆえ、魂も自己の本質によって知性認識されるのであって、何らかの類似によって知性認識されるわけではない。

(11) さらに、哲学者が『霊魂論』第三巻[106]に語る通り、能動知性は「或るときは知性認識し、或るときは知性認識しないといったことはなく」、常に認識している。ところで、自己自身以外に常に認識しているものは何もない。またこうしたことも、もし感覚によって抽象された形象によって自己を認識しているとすれば、ありえないことである。なぜなら、その場合には抽象する働きの前には自分を認識していないことになろうからである。それゆえ、われわれの精神は自己を自己の本質によって知性認識しているのである。

答えて次のように言わなければならない。或るものが自らの本質によって認識されるかどうかが問われるとき、この問題は二様に理解されることができる。一つは「本質によって」と言われていることが、認識される事物そのものに関係づけられ、そのものの本質が認識されるその当のものは本質によって認識される、と理解されるが、これに対してはそのものの本質は認識されず、そのものの或る附帯性が認識されるときは本質によって認識されるとは理解されないのである。もう一つは「本質によって」が或るものがそれによって認識されるそのものに関係づけられるように理解される。この場合には、或るものは自らの本質によって認識されることが理解されている。なぜなら、或るものはそれによって認識されるそのものがそのものの本質そのものであるからである。そして、魂は自らの本質によって自己を知性認識するか、ということは今この後者の意味で問われているのである。

この問題を明証にするためには次のことを知らなければならない。すなわち、魂について二様の認識がそれぞれの人によって所有されうるのであって、それはアウグスティヌスが『三位一体論』第九巻[107]に語る通りである。一つは、それぞれの人の魂は自己をその魂に固有であるものに関してのみ認識するような場合である。もう一つは、魂がすべての魂に共通的であるものに関して認識される場合である。したがって、すべての魂に共通的に所有されるそうした認識とは、魂の本性が認識されるその認識である。他方、或る人が魂について自らに固有であるものに関して所有する認識とは、これこれの個物の内に存在を有するかぎりでの魂についての認識である。それゆえ、この認識によっては魂が存在するかどうかが認識される。或る人が自らが魂を所有している、と知覚する場合のごときである。もう一方の認識によっては魂が何であるか、また魂の自体的な附帯性は何であるかが知られるのである。

それで第一の認識に関しては、或るものを能力態的に認識することと現実態的に認識することとが区別されるべきである。したがって、或る人が自分が魂を所有していると現実態において考察するその現実的認識に関して、魂は自らのさまざまの現実活動を通して認識される、と私は主張する。というのも、或る人が自分が魂を所有し、生き、存在していることを知覚するのは、自分が感覚し知性認識し、他のこれに類する生命の働きを遂行することを知覚することにおいてだからである。それゆえ、哲学者は『倫理学』第九巻[108]において「われわれは感覚することを感覚するし、知性認識することを知性認識する。そしてこれを感覚するがゆえに、われわれは存在することを知性認識するのである」と述べている。ところで、何人《なんぴと》も自分が知性認識するのを知覚するのは、何かを知性認識するということからである。なぜなら、自分が知性認識していることを知性認識するよりもより先に、何かを知性認識しているからである。したがって、魂が自分が存在することを現実的に知覚することに到達するのは、魂が知性認識したり感覚したりするものを通してである。しかし能力態的認識に関しては、魂は自己の本質によって自己を見ている、すなわち自己の本質が自己に現在するものであるということ自体から、魂は自己を認識するという現実態へと移行することのできるものである、と私は主張する。それはちょうど或る人が、或る知識の所有態を有していることにより、所有態の現在すること自体からその所有態のもとに含まれるものを、知覚することができるのと同様である。これに対して、魂が自らが存在することを知覚し、自分自身の内において何がなされるかを見てとるためには、何らかの所有態が必要とされることはなく、そのことのためには精神に現在している魂の本質だけで十分である。というのは、魂の本質から魂そのものがそれにおいて現実的に知覚される現実態が発出するからである。

ところで、魂の認識について語る場合、人間精神は個別的認識か一般的認識かによって規定されるのであるから、さらに区別されるべきであると思われる。すなわち、認識作用のためには二つのことが協働しなければならない。すなわち、把捉と把捉される事物についての判断とである。したがって、魂の本性がそれによって認識されるその認識は、把捉に関しても判断に関しても考察されることができる。したがって、もし把捉に関して考察されるとすれば、魂の本性は感覚によってわれわれが抽象する形象を通してわれわれによって認識される、と私は主張する。実際、われわれの魂は知性的なものどもの類において、ちょうど可感的なものどもの類における第一質料と同様、最下の位置を占めることは註釈者の『霊魂論』第三巻[109]によって明らかな通りである。すなわち、第一質料はすべての可感的形相に対して可能態にあるように、われわれの可能知性もすべての可知的形相に対して可能態にある。それゆえ、可知的なものの秩序において可能知性は純粋な可能態としてあり、それは質料が可感的なものの秩序において純粋な可能態であるのと同様である。したがって、質料は附加してくる形相を通してでなければ感覚されうるものでないように、可能知性は外から導入される形象を通してでなければ可知的なものではないのである。それゆえ、われわれの精神は自己自身を直接的に把捉するようには自己を知性認識することはできないのであって、他のものどもを把捉することから自己の認識へと至るのであり、それは第一質料の本性もこれこれの形相を受容しうるものである、ということから認識されるのと同様である。

　このことは哲学者たちが魂の本性を探究したその仕方を観ることによって明らかである。すなわち、人間の魂が事物の普遍的な本性を認識することから、哲学者はわれわれがそれによって知性認識する形象は非質料的であると知覚したのであった。さもないと、その形象は個体化されたものになり、それは普遍の認識へと導かないことになるであろう。ところで、可知的形象が非質料的であることから、彼らは知性が質料に依存していない或る実在であることを知覚し、そのことから知性的魂の他の固有性を認識することへと進んでいったのである。哲学者が『霊魂論』第三巻(110)において、知性は「他の諸々の可知的なものと同様に可知的である」と語っているのはそのことである。このことを説明して註釈者(111)は「知性は他の諸々の可知的なものと同様、知性の内の観念によって知性認識される」と語っている。実際、この観念とは可知的形象にほかならない。ところで、この観念は知性の内では現実的に可知的なものとして在るが、しかし他の諸事物においては現実的にではなく可能態における可知的なものとして在るにとどまるのである。

　他方、魂の本性についてわれわれの有する認識が、上述の演繹によって把握していた通りに在る、とわれわれがそれによって判定する判断に関して考察される場合には、アウグスティヌスが『三位一体論』第九巻(112)に語る通り、「不可侵の真理はわれわれが直観する」かぎりにおいて所有される。「そしてこの真理から、われわれに可能なかぎり完全にそれぞれの人の精神がいかにあるかではなく、精神が永遠的な理念によってどのようにあるべきかをわれわれは規定するのである」。ところで、不可侵の真理をわれわれはそれの類似の内に直観するのである。この真理の類似とは、われわれが或るものどもを自体的に知られたものとして自然本性的に認識するかぎりで、われわれの精神に刻印されており、そして、それらは自体的に知られるもので、したがって他のすべてのものを吟味し、それに従ってすべてのものについてわれわれは判断するのである。

それゆえ、以上の理由から明らかなことは、われわれの精神は自己自身をアウグスティヌスが語る通り或る意味で自らの本質によって認識し、他方哲学者と註釈者が語る通り或る意味では観念または形象によって認識し、さらにアウグスティヌスが語る通り、或る意味では不可侵な真理を直観することによって認識するのである。それゆえ、以上のように両者の推論に答えなければならない。

(1) それゆえ、第一に対しては次のように言わなければならない。われわれの知性は表象像から抽象する以前には、何ものも現実的に知性認識することはできないし、また自己と別なるものどもについての能力態的知識を持つこともできない。実際、それら自己と別のものどもは、上述の抽象の働きの前には、知性の内には存在しないのである。というのも、自己と別の可知的なものの形象は知性に生得的ではないからである。これに対して、知性の本質は自らに生得的であって、形象を表象像から獲得する必要はまったくないのである。それはちょうど自然的な作用者によって獲得されるものが、質料の本質ではなく質料にとっての形相であり、この形相は自然的な質料に対して可知的形相が可感的質料に対するように関係しているのであって、それは註釈者が『霊魂論』第三巻[113]に語る通りである。したがって、精神は表象像から抽象する以前に自己についての能力態的な知識を所有していて、その知識によって自らの存在することを精神は知覚することができるのである。

(2) 第二に対しては次のように言わなければならない。何人《なんぴと》も自らが生きていることを知覚する点で誤ることはなかった。そしてこのことは、人が自らの魂の内で何が起こっているかを個別的な仕方で認識するその認識に属している。魂は自己の本質によって能力態において認識されていると言われたのは、その認識によってであった。しかし、魂そのものの本性を種の次元で認識することに関して、多くの人々に誤謬が生じた。この点に関して異論のこの部分は真なる判断を下しているのである。

(3) 以上によって異論の第三への解答は明らかである。

(4) 第四に対しては次のように言わなければならない。魂は質料に質料の形相として結合しているけれども、しかし魂は自らが質料的なものにされるほど、質料に従属しているわけではない。またそのことによって魂は現実態において可知的であるのではなく、質料からの抽象によってのみ可能的に可知的であるにすぎない。

(5) 第五に対しては次のように言わなければならない。異論の論理は、既述の通り、自らの働きと対象とを知覚することによってのみ、魂が自己の存在することを知覚するところの現実的な認識には妥当する。

(6) 第六に対しては次のように言わなければならない。哲学者の言葉は、知性が自己について何であるかを認識することに関連して理解されるべきであって、自己について存在するかどうかの知識を、能力態的に有していることに関連して理解されるべきではない。

(7) 異論の第七に対しても同様に答えられるべきである。

(8) 第八に対しては次のように言わなければならない。感覚的な働きは感覚への可感的な事物の作用――これは位置を伴った作用であり、したがって或る特定の隔たりを必要とする作用である――によって完成される。しかし、知性の働きは何らかの位置に限定されているわけではない。したがって、同様ではないのである。

(9) 第九に対しては次のように言わなければならない。或るものが別のものによって認識されるのは二様の仕方で語られる。一つは別のものの認識から当の或るものの認識に至る場合である。このような意味で、結論は原理によって認識されると言われる。この仕方では或るものが自分自身によって認識されるということはありえない。もう一つの仕方で或るものは別のものによって認識されると言われるが、それは或るものがその別のものにおいて認識される場合である。この場合、或る事物がそれによって認識されるその認識とは別の認識が、その事物がそれによって認識されるその手段そのものが認識されるために必要とされることはないのである。それゆえ、この場合には或るものが自己自身によって認識されて何らさしつかえない。たとえば、神は自己自身によって自己自身を認識するごとくである。この意味で魂も或る意味で自己自身を自己の本質によって認識するのである。

(10) 第一〇に対しては次のように言わなければならない。魂の認識において、一種の循環は、魂が存在しているものどもの真理性を推論によって探究することによって認められる。それゆえ、このことをディオニュシウスが語るのは、魂の認識が天使の認識にいかなる点で劣っているかを示すためである。ところで、この循環は理性原理から発見の途によって結論へと至り、発見された結論を原理へと分析し、判断の途によって吟味することによって認められる。それゆえ、異論は適切ではないのである。

(11) 第一一に対しては次のように言わなければならない。そのものの知識が知性の内に存在している何らかの形象によって能力態的に所有されているそのものは、常に現実態において知性認識されている必要はないのであり、それと同じように精神の本質そのものがわれわれの知性に現在するものであるということから、精神の認識は能力態的にわれわれに内在しているが、精神そのものが常に現実的に認識されている必要はないのである。

(12) 第一二に対しては次のように言わなければならない。それによって認識されるそのものと認識されている当のものとは、それによって存在するそのものと存在しているものとの関係と同じ仕方で相互に関係しているわけではない。なぜなら、存在することは存在するものの現実態であるが、知性認識することは知性認識されるものの現実態ではなく、知性認識するものの現実態だからである。それゆえ、それによって認識されるそのものが知性認識するものに関わる仕方が、それによって存在するそのものが存在しているものに関わる仕方と同様なのである。したがって、魂においてそれによって存在するものと存在しているものとが別のものであるように、それによって知性認識するそのもの、すなわち知性認識の根原である知性的能力は魂の本質とは別のものである。しかしこのことから、それによってものが知性認識される形象は知性認識されるものとは別のものであることが帰結する必要性はない。

(13) 第一三に対しては次のように言わなければならない。固有性が基体の内に存在するように、知性的能力は魂の内に存在を持つことによって、存在することの現実態に関しては魂そのものの形相である。しかし知性認識の働きに関しては、事情は逆であって何らさしつかえないのである。

(14) 第一四に対しては次のように言わなければならない。魂が自己自身をそれによって知る知識は、魂がそれによって能力態的に認識されるそのものに関して附帯性の類にあるのではなく、もっぱら一種の附帯性である認識という現実活動に関してのみ、その認識は附帯性の類にある。それゆえ、アウグスティヌスも『三位一体論』第九巻[114]において、精神が自己自身を知ることに即して知識は精神に実体的に内在している、と語っている。

(15) 第一五に対しては次のように言わなければならない。異論の論拠は、すべての魂がその点で一致している種の本性に関して認識される場合の魂の知識については妥当する。

(16) 第一六に対しては次のように言わなければならない。精神は自己自身を知性認識するとき、何ものも自己自身の形相ではないのであるから、精神そのものが精神の形相であることはないが、精神は自己自身をそれによって認識する自らの働きが自己に終極するかぎりで、形相の様態で存在しているのである。それゆえ、精神は端的に自己自身よりもより単純である必要はない。ただし、知性認識されるものが認識する知性そのものよりもより単純なものとして理解され、したがって知性認識されるものが知性の完成と考えられるかぎりにおいて、知性認識の仕方によってであれば、事情は別である。

(1) 反対異論の第一に対しては次のように言わなければならない。精神は自己を自己自身によって認識するというアウグスティヌスの言葉は、自己の存在することを知覚することによって、自己を現実的に認識するその働きへと進んでいくような能力を、精神は自己自身から有していることを意味している、と理解されるべきである。そのことは精神の内に能力態的に保持されている形象から、その事物を現実的に思考しうることが精神に内在しているのと同様である。しかし、精神そのものの本性がどのようなものであるかは、既述の通り、精神は自らの対象の考察からでなければ知覚することはできない。

(2) 反対異論の第二に対しては次のように言わなければならない。「知性的直観はそうした事物を含んでいる」等と語っている註釈の言葉は、それによって知性認識するそのものに対してよりも認識の対象によりいっそう関係づけられるべきである。このことは他の諸々の直観について語られることを考察すれば明らかである。すなわち、同じ註釈[115]において、物体的な直観によって物体が見られ、霊的な、すなわち想像力による直観によって物体の類似物が見られ、知性的直観によって物体でもなく物体の類似物でもないものが見られる、と語られている。実際、もし註釈の言葉がそれによって認識されるそのものに関係づけられるときには、その点に関しては物体的な直観と霊的あるいは想像力における直観との間にいかなる相違もないことになろう。なぜなら、物体的な直観も物体の類似によって為されるからである。たとえば〔石が見られるとき〕眼の内にあるのは石ではなく、石の類似だからである。しかし、上述の直観の間には次の点で相違がある。すなわち、物体的な直観は物体そのものに終極するが、想像力の直観は対象としての物体の似像に終極するという点で両者は相違している。したがって、また「知性的直観は、事物そのものではないところの、事物の類似像といったものをまったく有していない、そうした事物を内容とする」と言われるときも、知性的直観は知性認識される事物と同一のものではない何らかの形象によって生ずるのではないということではなく、知性的直観は事物の何らかの類似にではなく、事物の本質そのものに終極するということが理解されているのである。実際、物体的直観によって或る人は物体そのものを見るのであって、物体の何らかの類似を見るわけではないように、知性的な直観においても或る人は事物の何らかの類似を見るのではなく事物の本質そのものを見るのである。もっとも、或るときには何らかの類似を通してその本質を見ることもあるのは、経験によっても明らかである。実際、われわれが魂を知性認識するとき、想像力による直観の場合に起こっていたように、魂の何らかの像を造り出しそれを観ているのではなく、魂の本質そのものを思考しているのである。しかしこのことから、その直観が何らかの形象によることが排除されるわけではない。

(3) 反対異論の第三に対しては次のように言わなければならない。哲学者の言葉は註釈者が同所[116]で解説している通り、天使たちの知性のように、質料からあらゆる意味で分離されている知性について理解されるべきであって、人間の知性について理解されるべきではない。そうでないと、それらの思弁的な知は、知られる事物と同じであることが帰結するであろうが、註釈者も同所で結論しているように、それは不可能なことである。

(4) 反対異論の第四に対しては次のように言わなければならない。魂は自分自身に対して可能的なもの、すなわち知性認識されることが可能であるという仕方で現在しているが、しかし自分自身によって知性認識されるという意味ではなく、既述の通り、その対象から認識されるという意味においてである。

(5) 反対異論の第五に対しては次のように言わなければならない。魂は自己から抽象された何らかの形象によって認識されるのではなく、自らの対象の形象によって認識されるのであり、その形象は魂が現実的に知性認識することによって魂の形相になるのである。したがって、異論の論拠は帰結しない。

(6) 反対異論の第六に対しては次のように言わなければならない。われわれの魂は自己自身に最も似たものであるけれども、しかし可知的形象として自己自身を認識する根原ではありえない。それは第一質料がそうでありえないのと同様である。というのも、われわれの知性が可知的なものどもの秩序においてあるのは、第一質料が可感的なものの秩序においてあるのと同様だからであり、それは註釈者が『霊魂論』第三巻[117]に語る通りである。

(7) 反対異論の第七に対しては次のように言わなければならない。魂が他の諸事物にとってそれらの認識されることの原因であるのは、魂が認識することの媒介としてではなく、質料的事物が魂の働きによって可知的なものにされることによってである。

(8) 反対異論の第八に対しては次のように言わなければならない。魂についての知識が最も確実なのは、それぞれの人が自分自身の内に自らが魂を所有しており、魂の活動が自らに内在していることを経験することによってである。しかし魂が何であるかを認識することは最も困難なことである。それゆえ、哲学者は同所で「魂について何らかの信念を得ることは最も困難なことの一つである」[118]と附言しているのである。

(9) 反対異論の第九に対しては次のように言わなければならない。魂は可感的事物から抽象された形象によって、あたかもその形象が魂の類似であると理解されるかのように、認識されるのではなく、可感的な事物から抽象される形象の本性を考察することによって、そのような形象がそこに受け取られる魂の本性が見出されるのである。ちょうど形相から質料が認識されるごとくである。

(10) 反対異論の第一〇に対しては次のように言わなければならない。物体的な光がそれ自身によって見られるというのは、それが可視的なものどもの見られうることの根拠となり、またそれら可視的なものどもを現実的に可視的なものにする或る形相となるということによってのみである。他方、太陽の内にある光そのものは、われわれの視覚の内にあるその光の類似によってでなければ、われわれによって見られることはない。すなわち、眼の内にあるのは石の形象ではなく石の類似であるように、太陽そのものの内にある光の形相が眼において同じものとしてあるということはありえない。同様に能動知性の光もわれわれによってそれ自身を通して認識されるのは、その光が可知的形象を現実的に可知的なものにする可知的形象の根拠であることにおいてである。

(11) 反対異論の第一一に対しては次のように言わなければならない。哲学者に引用されている言葉は、能動知性についての二つの見解に従って二様に説明される。すなわち、或る人々は、能動知性は離在実体であり、他のさまざまな知性実体の内の一つであると主張した。そして、その考えによれば能動知性は、他の諸々の知性実体と同様、常に現実的に知性認識しているのである。他方、或る人々は能動知性は魂の能力であると措定している。この考えによれば、能動知性は「或るときは知性認識し、或るときには知性認識しないといったことはない」と言われるが、その理由は、或るときに認識し或るときには認識しない原因は能動知性の側にではなく、可能知性の側にあることとである。というのも、人間がそれによって知性認識するすべての活動において、能動知性と可能知性の働きは協働しているからである。ところで、能動知性は何かを外部から受けることはなく、そうするのはもっぱら可能知性だけである。それゆえ、われわれが思考するために必要とされるものに関して、われわれが常に知性認識するために能動知性の側には何も欠けていないが、可能知性の側からは必要とされるものが存在する。実際、可能知性は感覚から抽象される可知的形象によってでなければ完成されないからである。

第九に、われわれの精神は魂の内に存在する能力態をそれらの本質によって認識するのか、あるいは何らかの類似によって認識するのかが問われる。そして、精神はそれらの本質によって認識する、と思われる。

(1)「コリントの信徒への手紙二」の「われは〔キリストにある〕一人の人を知れり」云々〔二コリ一二・二〕への註釈[119]は、「愛は、一方でそれが現在するとき、それによって存在している形象の内に或る仕方で見られ、他方で不在のときには自らに類似した何らかの似像の内に別の仕方で見られる、ということはない。しかし、愛は精神によって識別されうるかぎりでは或る人によってより弱く、或る人によってはより強く識別されるのである」と語っている。それゆえ、愛は精神によって自己の本質によって識別されるのであって、自己の何らかの類似によって識別されるわけではない。そして、他のいずれの能力態も同じ理由によって認識されるのである。

(2) さらに、アウグスティヌスは『三位一体論』第一〇巻[120]において、「精神に臨在しているものと同じ程度に、認識に臨在しているものは何であろうか」と述べている。ところで、魂のさまざまの能力態は自己の本質によって精神に臨在している。それゆえ、能力態は自らの本質を通して精神によって認識されるのである。

(3) さらに、「原因はその結果の完全性をより高い程度において含んでいる」[121]〔第一問題第六反対異論参照〕。ところで、精神のさまざまの能力態はその能力態のもとに従属している他のものどもの認識されることの原因である。それゆえ、能力態そのものは自らの本質を通して最高度に精神によって認識されるのである。

(4) さらに、自らの類似によって精神によって認識されるものはすべて、精神の内に生ずるよりも先に感覚の内に生ずる。ところで、精神の能力態は決して感覚の内に生ずることはない。それゆえ、精神の能力態は精神によって何らかの類似によって認識されるということはない。

(5) さらに、或るものは精神により近くあればあるほど、よりいっそう精神によって認識される。ところで、能力態は現実態よりも精神の知性的能力により近くあり、また現実態は対象よりもより近くある。それゆえ、精神は能力態を現実態や対象よりもよりいっそうよく認識するのである。したがって、精神は能力態をそれらの本質によって認識し、現実態や対象によって認識するわけではない。

(6) さらに、アウグスティヌスは『創世記逐語註解』第一二巻[122]において、精神と技とは同じ類の直観によって認識される、と述べている。ところで精神は自己の本質を通して精神によって認識される。それゆえ、技もその本質によって認識される。同様に、精神の他の諸々の能力態もその本質によって認識されるのである。

(7) さらに、善きものが情動に関係するように、真なるものは知性に関係する。ところで、善きものは情動の内に自らの何らかの類似によって在るのではない。それゆえ、真なるものも知性によって何らかの類似を通して認識されるわけではない。それゆえ、知性は自ら認識するもののすべてをそれらの本質によって認識するのであって、類似によって認識するわけではない。

(8) さらに、アウグスティヌスは『三位一体論』第一三巻[123]において、別の人の魂が身体のさまざまの動作から見てとられるようには「信仰はそれがそこにある心の内で信仰の所有者によって見られることはなく」、「むしろ最も確実な知識が信仰を保持し、良心が信仰を公に明らかにする」と語っている。それゆえ、このことによれば精神の知識は、信仰を良心が公に明らかにするかぎりで保持するのである。ところで、良心は信仰に現在的に内在することによって信仰を公に明らかにする。それゆえ、信仰は精神によって、自らの本質によって精神に現在的に内在することに即して知られるのである。

(9) さらに、形相は自らがそのものの形相であるその当のものに最も比例したものである。ところで、精神の内に存在している能力態は精神の一種の形相である。それゆえ、能力態は精神に最も比例したものである。それゆえ、われわれの精神は能力態を直接的に本質によって認識するのである。

(10) さらに、知性は自らの内にある可知的形象を認識する。しかし、その形象を別の形象で認識するのではなく、その形象の本質によって認識するのである。というのも、そうでないと無限に進んでゆくからである。ところが、こうしたことは形象そのものが知性を形相化するがゆえでなければありえない。したがって、知性は能力態によって同じように形相化されるのであるから、精神は能力態を本質によって認識すると思われる。
(11) さらに、能力態が精神によって認識されるのは、知性的直観によってのみである。ところで、知性的直観は自らの本質によって見られるものどもを対象とする。したがって、能力態は精神によって自己の本質を通して認識されるのである。

以上に反して、(1) アウグスティヌスは『告白』第一〇巻[124]において「どうです、この記憶という野原と洞穴と岩窟。それは無数にあり無数の種類の事物に無数の仕方で満たされています。或るものはあらゆる物体がそうであるように心象により、或るものは諸学芸のように現前により、或るものは魂の受動がない時にも生じる魂の情動のように何らかの知標により、記憶の中に含まれています」と語っている。以上より、魂に生ずるさまざまの情動は自らの本質にではなく、自らの何らかの知標によって認識されると思われる。このような情動をめぐって生じてくる徳の所有態も同じ根拠によって認識されると思われる。
(2) さらに、アウグスティヌスは『神の国』第一一巻[125]において、「われわれは内なる人間についてのかの意味、すなわち物体的意味よりもより卓越した意味を有している。そして、その意味によってわれわれは正しい事柄と不正な事柄とを知覚する。正しい事柄は可知的形象によって、不正な事柄は形象の欠如によって知覚されるのである」と述べている。ところで、正しいものごとや不正なものごとを徳や悪徳の所有と呼んでいる。それゆえ、魂が徳を所有することは形象によって認識され、その本質によって認識されるわけではない。
(3) さらに、知性の内に現在的な仕方で存在しているものだけが、その本質を通して知性によって認識される。ところで、徳の所有態が現在的な仕方で存在するのは知性の内にではなく、情動の内にである。それゆえ、徳の所有態がその本質を通して知性によって認識されることはない。
(4) さらに、知性的直観は物体的直観よりもより卓越している。ところで、物体的直観において或るものがそれによって見られる形象は、その形象を通して見られる事物とは常に別のものである。それゆえ、知性的直観によって見られる所有態も、精神によってその本質を通して見られるのではなく、何らかの別の形象を通して見られるのである。

(5) さらに、アウグスティヌスが『三位一体論』[126]で明らかにしている通り、何ものも認識されなければ欲求されることはない。ところで、魂の所有態はそれらを所有していない人々によって欲求される。それゆえ、それら所有態はその人々によって認識されているのである。ところで、その人々はそれら所有態を所有していないのであるから、それらの本質によって認識されることはない。それゆえ、それらの形象によって認識されるのである。

(6) さらに、サン＝ヴィクトルのフーゴー[127]は人間の内に三通りの眼、すなわち理性の眼、知性的直観の眼、肉の眼を区別している。知性の眼はそれによって神が見られる眼である。この眼は罪の後、堕落したと述べている。肉の眼はそれによってこの地上の物体的なものが見られる眼である。そして、これは罪の後も完全なままに留まっている。理性の眼は被造の可知的なものどもがそれによって認識される眼である。この眼は罪の後ぼんやりかすんだものになった。なぜなら、われわれは可知的なものを全体的にではなく部分的に認識するからである。ところで、ただ部分的にしか見られないものはすべて、その本質によって認識されているわけではない。それゆえ、精神の所有態は可知的なものであるから、精神はそれらを本質によって見るわけではないと思われる。

(7) さらに、神は精神に所有態と比べてその本質によって、よりいっそう現在的なものである。というのも、神はいずれの事物にもその内奥にあるからである。ところで、精神における神の現在は、われわれの精神が神を本質によって見るようにさせるわけではない。それゆえ、所有態も精神の内に現在するものではあるけれども、本質を通して精神によって見られるわけではない。

(8) さらに、知性認識する能力である知性は、現実に知性認識するために何かによって現実態へともたらされなければならない。そして、その何かは知性がそれによって現実的に知性認識するそのものである。ところで、所有態の本質は精神に現在するものであるかぎり、知性を可能態から現実態へともたらすことはない。なぜなら、もしそうだとすると所有態が魂の内に在る間は、それは現実的に認識されているのでなければならないであろう。

それゆえ、諸々の所有態の本質は所有態がそれによって知性認識されるそのものではないのである。

答えて次のように言わなければならない。魂の認識と同じように能力態の認識も二様にある。一つは、人がそれによって能力態が自分の内に内在しているかどうか、を認識するそれである。もう一つは、能力態が何であるかがそれによって認識されるそれである。しかしながら、これら二つの認識が能力態に関係する仕方は、魂に関係する仕方とは別の仕方である。すなわち、人が自らが何らかの能力態を所有していることをそれによって知る認識は、その能力態が何であるかを認識する知標を前提している。たとえば、貞潔の何であるかを知っているのでなければ、私は自分が貞潔であることを知ることはできないようにである。ところが、魂の場合は事情が違っている。すなわち、多くの人々は魂の何であるかを知らないけれども、自分が魂を所有していることは知っている。こうした相違の根拠は次のことである。すなわち、能力態も魂もそれらがわれわれの内に在ることを知覚するのは、魂や能力態を根原としてそれらより出てきた現実活動を知覚することによってのみである。ところが、能力態は自らの本質によってそうした現実活動の根原である。それゆえ、能力態はそうした現実活動の根原であるかぎりで認識されるならば、能力態についてそれが何であるかは認識されるのである。たとえば、貞潔とは人が肉体における或る許されない快楽から自らを、それによって遠ざけるものであることを知っていれば、私は貞潔について何であるかを知っているのである。ところで、魂が諸々の現実活動の根原であるのは、その本質によってではなくその能力によってである。それゆえ、魂の現実活動が知覚されるときには、そうした現実活動の根原の内在することが知覚されるのである。たとえば、動とか感覚とかの根原が魂の内に内在することは知覚されるのであるが、しかしそのことから魂の本性が知られるわけではない。

したがって、われわれが能力態について、それが何であるかを知っているかぎりで語るとき、それらを念頭におくとき二つのもの、すなわち能力態の把握と能力態についてわれわれの形成する判断とを看取しなければならない。実際、把握による能力態の知識はその対象と働きとから得られるのでなければならない。したがって、能力態そのものがその本質によって把握されることはできないのである。その理由は次の通りである。魂のいかなる能力の力もその対象へと向かうものである。他方、能力がそれらによって対象へと導かれるそれらのものに及んでゆくのは、何らかの立ち帰りによるほかはない。たとえば、われわれの観察するところでは、視覚は最初色へと導かれるが、自らの見るという働きへと導かれるのは一種の立ち帰りによって、すなわち色を見ることによって自分が見ていることを見ることによってのみである。ところで、その立ち帰りは不完全な仕方では確かに視覚にもあるが、しかし完全には知性の内にあり、知性は完全な立ち帰りによって自らの本質を知ることにまで立ち帰るのである。ところで、われわれの知性はこの世の状態では表象像に対して、『霊魂論』第三巻[128]に語られている通り、視覚が色に対するように関係づけられるが、しかし視覚が色を認識するように表象像そのものを認識するわけではなく、表象像がそのものの表象像であるそれらを認識するという仕方によってである。それゆえ、われわれの知性の働きが最初に向かうものは、表象像を通して把握されるものどもであり、次いで自らの働きを認識することへと立ち帰り、さらに形象、能力態、能力、そして精神そのものの本質へと立ち帰るのである。というのも、これらは知性に対してその第一対象として関係しているのではなく、知性がそれらによって対象へと導かれるものとして関係しているからである。

これに対して、これらのそれぞれについての判断は判断の尺度であるものによって為される。ところで、どんな能力態の尺度も能力態がそこへと秩序づけられているそのものである。そして、そのものはわれわれの認識に対して三通りの仕方で関係している。すなわち、或るときは、そのものは視覚にせよ聴覚にせよ感覚から取られたものである。たとえば、われわれは文法学や医学の有用性を見たり、あるいはそれを他のものから聞いたりする。そして、その有用性からわれわれは文法学や医学が何であるかを知るのである。他方、或るときには、そのものは自然本性的な認識によって賦与されているのであって、それは自然理性がその目的を指し示す諸々の徳という能力態において明らかである。他方、或るときには、それは神の側から注がれたものである。たとえば、信仰、希望、その他このような注入された諸徳において明らかである。そして、われわれにおける自然本性的な認識も神の照明に起原があるのであるから、両方の場合に創造されざる真理の助力が求められるのである。それゆえ、能力態の本性についての認識がそこで完成される判断は、われわれが感覚によって獲得したものによってか、あるいは創造されざる真理の助力をわれわれが求めることによってか、そのいずれかによってあるのである。

他方、能力態がわれわれの内に内在しているかどうかを認識するその認識には、二つがあることが考察されるべきである。すなわち、能力態的認識と現実態的認識とである。確かにわれわれは自分が能力態を有していることを現実的に知覚するのは、われわれが自分の内に感じ取るさまざまな能力態の働きからである。それゆえ、哲学者も『倫理学』第二巻[129]において、「働きにおいて生じてくる歓びを能力態のしるしと解さなければならない」と語っているのである。しかし能力態的認識に関しては、精神の抱くさまざまな能力態はそれ自体によって認識されると言われる。すなわち、能力態的認識の原因は、能力態的に認識されると言われるそのものを認識するという現実態に、或る人がそれによって進みうるものにされるそのものである。ところが、能力態はその本質によって精神の内に存在することを、精神は自らの所有しているその能力態を通して、能力態がそこにおいて現実的に知覚されるそれら働きへと進み出ることが可能であるというかぎりにおいて、現実的に知覚することへと進み出ることができるのである。しかし、認識的部分の能力態と情動的部分の能力態との間には次の点に相違がある。すなわち、認識的部分の能力態は、能力態がそれによって知覚されるその働きそのものと、さらに能力態がそれによって知覚されるその認識との根原である。実際、現実的な認識そのものが認識的な能力態から発出するからである。これに対して、情動的部分の能力態は確かに能力態がそれより知覚されうるその働きの根原ではあるが、しかし能力態がそれによって知覚される認識の根原ではない。したがって、認識的部分の能力態はそれがその本質よって精神の内に存在しているということから、自らの認識作用の直接の根原であることは明らかである。しかし情動的部分の能力態は認識の原因ではなく、認識がそこより得られるものの原因であるかぎりにおいて、いわば間接的な根原である。したがって、アウグスティヌスは『告白』第一〇巻[130]において、学芸は自らの現前によって認識されるが、魂の情動は何らかの知標によって認識されるのである、と語ったのである。

(1) それゆえ、第一に対しては次のように言わなければならない。註釈の言葉は認識の対象に関係づけられるべきであって、認識の媒介に関係づけられるべきではない。なぜなら、われわれは愛を認識するとき愛の本質そのものを考察しているのであって、想像において見る場合に起こっているごとく、愛の何らかの類似を考察しているのではないからである。

(2) 第二に対しては次のように言わなければならない。精神は自らの内に存在しているもの以上にもっとよく知っているようなものは何もない、と言われるが、それは精神の外に在るものどもの何かを、その何かからそれら外に在るものどもの認識に至るために、自らの内に所有しているということがないからである。ところで、精神は自らの内に存在しているものの現実的認識へと、精神自らの内に現在しているものから到達することができるのである。もっとも、それらは他の何かを通しても認識されるものではある。

(3) 第三に対しては次のように言わなければならない。原理が結論を認識することの原因であるように、能力態はそれが認識されるとき他のものが認識されるもののように、他のものの認識の原因であるわけではなく、むしろ能力態から魂は或るものを認識することへと完成されるのである。したがって、能力態は、認識される一つのものが認識される別のものを認識することの原因である場合のように、同名同義的なものとして認識されるものどもの原因であるのではなく、同じ名称の賦与を許さない同名異義的な原因であるのである。たとえば、白さは白きものを生ぜしめるが、だからといって白さは白いものではなく、或るものがそれによって白くあるそのものであるのと同様である。同様に、能力態も能力態であるかぎり認識されるものとしての認識の原因であるのではなく、或るものがそれによって認識されるそのものとしての認識の原因である。したがって、能力態は能力態を通して認識されるものどもよりもよりいっそう認識されていなければならない、ということはないのである。

(4) 第四に対しては次のように言わなければならない。能力態が魂によって認識されるのは、感覚によって抽象された能力態の何らかの形象によるのではなく、能力態によって認識されるものどもの形象による。他のものどもが認識されるということ自体において、能力態も他のものどもを認識する根原として認識されるのである。

(5) 第五に対しては次のように言わなければならない。能力により近いのは、現実態よりも能力態の方であるけれども、しかし現実態は認識されるものの性格を有する対象により近いものである。他方、能力は認識の根原の性格を有している。したがって、現実態は能力態よりもより先に認識されるが、能力態はよりいっそう認識の根原である。

(6) 第六に対しては次のように言わなければならない。技は知性的部分の能力態である。そして、能力態的認識に関して技は、精神がその現存によって認識されるのと同様に、それを所有している者によって知覚されるのである。

(7) 第七に対しては次のように言わなければならない。認識的部分の動とか働きとかは、精神そのものの内で完成される。したがって、或るものが認識されるためには精神の内にそのものの何らかの類似が存在しなければならない。特にそのものが自らの本質によって認識の対象として精神に結合されていない場合はそうである。これに対して、情動的部分の動とか働きは、魂から始まり事物に終極する。したがって、情動の内には知性の内における場合のように、魂がそれによって形相化される何らかの類似が必要とされるわけではない。

(8) 第八に対しては次のように言わなければならない。信仰は知性的部分の能力態である。したがって、精神に信仰が内在しているということ自体から、信仰は信仰そのものがそこに見出される知性の働きへと精神を傾かせる。しかし情動的部分にある他の能力態については事情は同じではないのである。

(9) 第九に対しては次のように言わなければならない。精神の抱くさまざまな能力態は精神に比例するものであり、それは形相が基体に比例し、完全性が完成されうるものに比例するようにであって、対象が能力に比例するようにではないのである。

(10) 第一〇に対しては次のように言わなければならない。知性は可知的形象を、その本質によって認識するのでもなく、その形象の何らかの形象によって認識するのでもなく、既述の通り、形象がそれの形象であるその対象を認識することによって、何らかの立ち帰りを通して認識するのである。

(11) 第一一に対しては次のように言わなければならない。前述の問題〔第八項〕において語られた事柄から、異論の一一への解答は明らかである。

(1) 反対異論の第一に対しては次のように言わなければならない。異論の典拠において、アウグスティヌスは認識する仕方を三つに区別している。その一つは魂の外にある諸事物に関わるものである。そして、それら事物についての認識をわれわれはわれわれの内にあるものから所有することはできないのであって、それらを認識するためにはそれらの似姿とか似像とかがわれわれの内に生じてくるのでなければならない。第二の仕方は知性的な部分の内にある事物に関わるものである。そして、それら事物はそれらの本質によって認識される、と述べている。というのは、われわれが認識するという働きへと赴くのはそれらからであり、そしてその働きにおいて認識の諸根原であるものが認識されるからである。それゆえ、さまざまの技は自らの本質によって認識される、と述べているのである。第三の仕方は情動的部分に属する事物に関わり、それらを認識する根拠は知性の内にではなく情動の内に存する。したがって、それらは感情の内にそれらの現存によってではなく、知性の内にあるそれらの知標とか概念とかによって、それを直接の根原としてそれによって認識されるのである。しかし、そうはいうものの情動的部分の能力態もそれらの現存によって、知性がそれら能力態をそこにおいて認識する働きを能力態が引き出すかぎりにおいて、認識の何らかの遠い根原ではあるのである。したがって、能力態は或る意味でそれらの現存によって認識される、と言われるのである。

(2) 反対異論の第二に対しては次のように言わなければならない。正義がそれによって認識されるその形象は正義の概念そのものであって、それの欠如によって不義が認識される。ところで、こうした形象とか概念とかは正義から抽象された何かではなく、種差として正義の存在を最終的に完成するものである。

(3) 反対異論の第三に対しては次のように言わなければならない。知性認識することは、固有に語れば、知性の働きではなく知性を通した魂の働きである。ちょうど熱くすることが熱の働きではなく、熱を通した火の働きであるごとくである。さらに、知性と感情の二つの部分は、身体器官の現実態である視覚と聴覚のように、位置によって区別されるものとして魂の内に考えられるべきではない。したがって、感情の内に在るものは知性認識している魂の内にも現存しているものである。それゆえ、魂は知性を通して知性の働きを認識することのみならず、感情の働きを認識することにも立ち帰るのである。それはちょうど魂が感情を通して感情の働きを欲求し愛することへと立ち帰るのと同様である。

(4) 反対異論の第四に対しては次のように言わなければならない。認識の完全性に含まれている区分は、知性認識されるものとしての対象と知性認識がそれによって為される手段とが区別される、そうした区分ではない。なぜなら、もしそうだとすれば、神が自己を認識するその神の認識は最も不完全なものになってしまうであろうからである。そうではなくて、その区分は認識されるものが他のすべてのものから区別される、その区分である。

(5) 反対異論の第五に対しては次のように言わなければならない。精神のさまざまの能力態がそれを所有していない人々によって認識されるのは、能力態が自らの内に内在していることが知覚されるその認識によってではなく、能力態の何であるか、あるいは能力態が他者の内に在ることを認識し知覚するその認識によってである。こうしたことは、既述の通り、現存によってあるのではなく別の仕方によってあるのである。

(6) 反対異論の第六に対しては次のように言わなければならない。理性の眼が被造の可知的なものとの関係でぼんやりしていると言われるのは、可知的なものどもは可感的事物よりもより卓越的であるが、それら可感的事物から得るのでなければ何ものも認識しないがゆえである。したがって、理性の眼は可知的なものどもを認識するためには欠陥のあるものとして見出されるのである。しかし理性の内に在るものどもが、それらの本質を通してそれらがそこにおいて知性認識される現実態へと直接的に向かうことを妨げるものは何もないのである。

(7) 反対異論の第七に対しては次のように言わなければならない。神はわれわれの精神に対して能力態よりもよりいっそう近くに現存するものであるけれども、しかしわれわれが自然本性的に認識する諸対象から能力態の本質を認識するのと同様に、神の本質を完全に見ることはできないのである。というのは、能力態は対象となるものと現実態とに比例したものであり、それらは最近接する根原であるが、そうしたことは神については語られないからである。

(8) 反対異論の第八に対しては次のように言わなければならない。精神の内の能力態の現存は、精神をして能力態そのものを現実的に認識するものたらしめるわけではないが、しかしそれは、能力態がそこから認識される現実態がそれによって引き出される能力態によって、精神を現実的に完全なものにするのである。

第一〇項

第一〇に、人は自らが恵みの愛・愛徳(caritas)を有していることを知ることができるか、が問われる。そしてその通りである、と思われる。その理由、

(1) 本質によって見られるものは最も確実に認識される。ところで、愛はアウグスティヌス[131]の語る通り、それを持っている者によって本質によって見られる。それゆえ、恵みの愛はその愛を所有している者によって知覚されるのである。

(2) さらに、恵みの愛はそのさまざまな働きにおいて特に歓びを生ぜしめる。ところで、さまざまの倫理徳の所有態はそれら徳の働きの内に生ぜしめる歓びによって知覚され、そのことは哲学者の『倫理学』第二巻[132]によって明らかである。それゆえ、恵みの愛もそれを所有する者によって知覚されるのである。

(3) さらに、アウグスティヌスは『三位一体論』第八巻[133]において「人は自らの愛する兄弟よりも、それをもって愛する愛をさらによく知っている」と述べている。ところで、その人は自分の愛する兄弟が存在することを最も確実に知っている。それゆえ、それでもって愛する愛が自分に内在していることを人は最も確実に知っている

のである。

(4) さらに、他のどんな徳の傾きよりも愛の傾きの方がより強烈である。ところで、人が他の諸々の徳が自分の内に内在していることを確実に知るのは、その人がそれら徳の働きへと傾くことからである。たとえば、正義の能力態を所有する者にとって、不正なことを為すのは困難であり、他方正しいことを為すのは容易であって、それは『倫理学』第五巻[134]に語られている通りであり、またこの容易さを自分自身の内に知覚することができる。それゆえ、誰でも自分が愛を持っていることを知覚しうるのである。

(5) さらに、哲学者は『分析論後書』第二巻[135]において、われわれが最も優れた能力態を所有し、かつそれらがわれわれに隠されていることは不可能である、と語っている。それゆえ、恵みの愛を持っている者がそれを持っていることを知らないというのは不適切である。

(6) さらに、恩寵は霊的な光である。ところで、この光はその光を豊かに注がれる人々によって、最も確実に知覚される。それゆえ、恩寵を所有する者たちによって、恩寵を所有していることは最も確かに知られるのである。そして、恵みの愛なしには恩寵は所有されないのであるから、恵みの愛についても同様のことが言えるのである。

(7) さらに、アウグスティヌスの『三位一体論』[136]によれば、何人《なんぴと》も知らないものを愛することはできない。ところで、或る人は自らの内の恵みの愛を愛している。それゆえ、或る人は恵みの愛が自らの内に存在することを認識しているのである。

(8) さらに、「塗油が」救いに必要な「万事について教える」〔一ヨハ二：二七〕。ところで、恵みの愛を持つことは救いのために必要である。それゆえ、恵みの愛を持っている者は自分が恵みの愛を持っていることを知っているのである。

(9) さらに、哲学者は『倫理学』第二巻[137]において「徳はどんな技よりも確かである」と語っている。ところで、人は技を持つとき、自らが技を持っていることを知っているのである。それゆえ、徳を持っているときも、したがってまた徳の内で最高の徳である愛徳・恵みの愛を持っているときも、そのことを知っているのである。

以上に反して、(1)「コヘレトの言葉」において、「何人《なんぴと》も自分が憎しみに値するのか、愛に値するのかを知らないのである」〔コヘ九：一〕と言われている。ところで、恵みの愛を持っている人は神の愛に値するものであり、それは「私は私を愛する者を愛する」〔箴八：一七〕と「箴言」にある通りである。それゆえ、何人も自分が恵みの愛を持っていることを知らないのである。

(2) さらに、何人も神がその者の内に住まうためにいつ来給うか、を確実には知ることはできない。それは「ヨブ記」に「もし私のもとに来られても、私は彼に気づかないであろう」〔ヨブ九：一一〕と言われている通りである。ところで、恵みの愛によって神は人間の内に住み給うのであり、「ヨハネの手紙一」に「愛の内に留まる者は神に留まり、神は彼の内に留まるのである」〔一ヨハ四：一六〕と言われている。それゆえ、何人も自分が恵みの愛を持っていることを確かには知ることはできないのである。

答えて次のように言わなければならない。或る人が恵みの愛を持つとき、自分が霊的な業に準備のあるのを見るときのように、自分が恵みの愛を持っていること、ならびに恵みの愛が人間の内に生ぜしめるそうした他のものどもによって自らが悪しきものを強く憎んでいることを、或る信頼に値するしるしから推量することができるのである。しかし、神の側から自らに啓示されるのでなければ、何人《なんぴと》も自分が恵みの愛を持っていると確実に知ることはできない。その理由は次の通りである。すなわち、既述の問題〔第九項〕から明らかな通り、人が何らかの能力態を自分が持っていると認識するその認識は、その能力態が何であるかの認識を前提している。ところが、或る能力態の何であるかは、その能力態がそれへと秩序づけられているもの、すなわちその能力態の尺度であるものによってその能力態について判断が下されるのでなければ、知られることはできない。ところが、恵みの愛がそれへと秩序づけられているそのものは把捉しえないものである。なぜなら、恵みの愛の直接の対象と目的は、恵みの愛がわれわれを結合する最高の善性である神であるからである。それゆえ、人は自らの内に知覚する愛の働きから、恵みの愛の本質規定のために必要とされるような仕方で、その人が神との合一にまで至りうるかどうかを知ることはできないのである。

(1) それゆえ、第一に対しては次のように言わなければならない。恵みの愛はその本質によって愛の行為の根原であり、その働きにおいて恵みの愛（caritas）と愛（dilectio）の両方が認識されるというかぎりでは、本質的に見られるのである。したがって、恵みの愛は自らの本質によって自らを認識する根原である。それは最も遠い根原ではある。しかし、恵みの愛が確実に認識される必要はない。なぜなら、愛のその働きは、その働きについて知覚されるものによってわれわれの内でそれを知覚するのであるが、その働きは自然本性的な愛と注入された愛との類似のゆえに、恵みの愛の十分なしるしではないからである。

(2) 第二に対しては次のように言わなければならない。恵みの愛によって働きの内に留まっているその歓びは、何らかの獲得された能力態によっても生ぜしめられうる。したがって、それは恵みの愛の存在を示すために十分な証拠ではない。なぜなら、共通的な証拠から或るものが確実に知覚されることはないからである。

(3) 第三に対しては次のように言わなければならない。精神は兄弟を愛するその愛を、愛であるかぎりにおいて最も確実に認識するけれども、しかしその愛が恵みの愛であることを確かに知っているわけではない。

(4) 第四に対しては次のように言わなければならない。愛が働くことへと傾くその傾向性は、愛を把捉する何らかの根原であるけれども、しかしそれは愛を完全に知覚するのに十分ではない。というのも、人が自らが或る能力態を所有しているのを知覚しうるのは、能力態がそこへと秩序づけられ、能力態についてそれによって判断されるそのものを完全に知る場合のみだからである。そして、こうしたことは愛によって知られえないからである。

(5) 第五に対しては次のように言わなければならない。哲学者は知性的部分の能力態について語っている。これらの能力態はもしそれらが完全であるとすれば、それらを所有している人々から隠されることはありえない。というのも、確かさは能力態の完全性に属するからである。それゆえ、知識のある人々は自分が知っていることを知っているのである。「というのも、知ることはものの原因を認識することであり」[138]、同様に或る人が基本原理の直知という能力態を所有するとき、自分がその能力態を所有していることを知っているのである。しかし、愛の完全性は認識の確実性にあるのではなく、情動の激しさにあり、したがって事情は同じではないのである。

(6) 第六に対しては次のように言わなければならない。比喩的に語られるものどもにおいて、その細部のすべてに関して類似性を認める必要はない。それゆえ、恩寵が光に喩えられるのは、物体的な光が物体的な視覚に発せられるように、恩寵が霊的な視覚に発せられることに関してではなく、ディオニュシウス[139]が語る通り、天体の光が何らかの仕方でこの月下の事物における生命の発端であるように、恩寵が霊的生命の始原であることに関してであり、さらにまた他の何らかの類似性に関してもそうである。

(7) 第七に対しては次のように言わなければならない。自分が恵みの愛を所有する（se habere caritatem）、ということは二様の意味で理解されうる。一つは命題の意味で（in vi orationis）理解される。もう一つは語の意味（in vi nominis）において理解される。命題の意味において理解されるのは、或る人が恵みの愛を所有していることは真である、と言われるときである。語の意味において理解されるのは、恵みの愛を所有すると言われていることについて、あるいはそのように言われることによって意味されていることについて、われわれが或ることを述語づけるときである。ところで、感情には複合や分割は属しておらず、善と悪がそのものの状態であるその事物そのものに駆り立てられることだけが属している。それゆえ、「私は愛する」（ego diligo）、あるいは「私は自分が恵みの愛を所有することを欲する」（volo me habere caritatem）と言われるとき、「私は、私が恵みの愛を所有している、と言う」（dico me habere caritatem）ことは、語の意味において取られているのである。そして、そのことが私に認識されていることは何らさしつかえない。というのも、私は、恵みの愛を所有することがどういうことかを、たとえその愛を私が所有していないとしても、知っているからである。それゆえ、恵みの愛を所有していない者も、自分が恵みの愛を所有することを欲求するのである。しかし、或る人が自分が恵みの愛を所有していることを知っていなければならない（sciat）ということが、その言表が命題の意味において取られるかぎりで、すなわち彼が恵みの愛を確かに所有している（habeat）というかぎりで、帰結するわけではない。

(8) 第八に対しては次のように言わなければならない。恵みの愛を持つことは救いのために必要であるけれども、しかし自らが恵みの愛を持っていることを知る必要はない。一般にそうしたことは知らない方がよりいっそう好都合である。というのも、そのことによって孤独や謙遜が保たれるからである。ところで、「塗油が救いに必要なすべてを教える」と言われることは、それらの認識が救いのために必要であるようなすべてのものに当てはまることが理解されるのである。

(9) 第九に対しては次のように言わなければならない。徳はすべての技よりも一つのものへの傾きの確かさによって、より確実であると言われるが、しかし認識の確かさによってそう言われるわけではない。というのは、トゥリウス[140]〔キケロ〕が語る通り、徳が一つのものに傾くのは何らかの本性の仕方によってであり、他方自然は技よりもより確かに、またより直接的に一つの目的に関わっているからである。したがって、「徳は技よりもより確かである」と、この仕方によっても語られるが、人は技よりも徳を自分が所有しているのをより確かに知覚する、と語られているのではない。

第一一項

第一一に、この世において精神は神をその本質によって見ることができるか、が問われる。そして、見ることができる、と思われる。その理由、

(1)「民数記」において、主はモーセについて「われの彼と語るや、口と口とを以て明白にし、彼の主を見る

や謎に依らざればなり」〔民一二：八〕と語っている。ところで、この記述は神を本質によって見ること、すなわち謎なしに神を見ることである。それゆえ、モーセは依然としてこの世の旅人であったのであるから、或る人はこの世において神を本質によって見ることができると思われる。

(2) さらに、「出エジプト記」の「人は私を見てなお、生きることはないであろう」〔出三三：二〇〕という聖句へのグレゴリウスの註釈[141]は「永遠なる神の輝きはこの肉の内に生きているが、貴重な徳の内に成長している人々の観想の鋭さによって見られることができる」と語っている。ところで、神の輝きは神の本質であることが同註釈に語られている。それゆえ、或る人はこの滅びゆく肉の内に生きながら、神を本質によって見ることができるのである。

(3) さらに、キリストはわれわれが所有しているのと同じ本性の知性を持っていた。ところで、地上の生の状態はキリストの知性に対して、神を本質によって見ることを妨げはしなかった。それゆえ、われわれもこの世の状態において神を本質によって見ることができるのである。

(4) 神はこの世の状態において知性的直観によって認識される。だから「ローマの信徒への手紙」に、「神の見えざる事柄は、造られたるものを通して知解され、観られるのである」〔ロマ一：二〇〕と語られている。ところで、知性的な直観とは事物がそれ自体において見られる直観であり、それはアウグスティヌスが『創世記逐語註解』[142]に語る通りである。それゆえ、われわれの精神はこの世の状態において、神を本質によって見ることができるのである。

(5) さらに、哲学者は『霊魂論』第三巻[143]において、「われわれの魂は或る意味ですべてである」と語っている。なぜなら、感覚はすべての可感的なものであり、知性はすべての可知的なものだからである。ところで、最高度に可知的なものとは神の本質である。それゆえ、この世の状態にあるわれわれの知性も、――アリストテレスはその状態にある魂について語っている――神を本質によって見ることができるのであり、それはわれわれの感覚もすべての可感的なものを感覚することができるのと同様である。

⑹　さらに、神の内には無限の善きことがあるように、無限の真なることもある。ところで、神の善性は無限であるけれども、この世の状態のわれわれによってただちに愛されうるものである。それゆえ、神の本質の真なる相もこの世の状態のわれわれによってただちに見られうるのである。

⑺　さらに、われわれの知性は神を見るために造られた。それゆえ、もしこの世の状態で神を見ることができないとすると、そうしたことは何らかの覆いによるほかはない。実際、その覆いは罪過のそれと被造性のそれと二様にある。原罪の前の無垢の状態において罪過の覆いは存在しなかったし、それは現在においても聖なる人々からは取り除かれている。「コリントの信徒への手紙二」に、「われわれは皆顔の覆いなしに主の栄光を見ている」〔二コリ三・一八〕と言われている。これに対して、被造性の覆いはわれわれが神の本質を見るのを妨げることはありえない。なぜなら、神はいかなる被造物よりもわれわれの精神により内在的であるからである。それゆえ、この世の状態においてわれわれの精神は神を本質によって見るのである。

⑻　さらに、他のものの内にあるものはすべて、受け取るそのものの仕方によって存在する。ところで、神はその本質によってわれわれの精神の内に存在する。したがって、われわれの精神のあり方は可知性そのものであるから、神の本質はわれわれの精神の内に可知的なものとして存在すると思われる。したがって、われわれの精神はこの世の状態において、神を本質によって知性認識するのである。

⑼　さらに、カッシオドルスは「人間精神の健全さは、かの近づきがたい輝きを知解する」[144]と述べている。ところで、われわれの精神は恩寵によって健全にされる。それゆえ、この世の状態において恩寵を有する者によって、近づきがたい輝きである神の本質は見られうるのである。

⑽　さらに、すべてのものに述語される「在るもの」は共通性において第一であるように、すべてのものを生ぜしめているところの在るものは原因することにおいて第一のもの、すなわち神である。しかし、共通性において第一である「在るもの」は、この世の状態においてもわれわれの知性の抱く第一の懐念（conceptio）である。それゆえ、原因性において第一のものである「在るもの」も、われわれはこの世の状態において、本質によって

ただちに認識することができるのである。

(11) さらに、見るためには、見る者と見られるものと意図とが必要である。ところで、これら三つはわれわれの精神の内に神の本質との関係で見出される。すなわち、われわれの精神そのものは自然本性的に神の本質を見ることのできるものである。というのも、精神はそのために造られたからである。神の本質も人間精神に現在的に臨在しているし、意図も欠けることはない。というのも、われわれの精神は被造物に向かうときにいつでも、神に向かっている。そして、被造物の内に神の類似が存するからである。それゆえ、われわれの精神はこの世の状態で神を本質によって見ることができるのである。

(12) さらに、アウグスティヌスは『告白』第一二巻[145]において、「もしわれわれ両人とも君の言葉の真であることを見、また両人とも私の言葉の真であることを見るとすれば、いったい私たちはどこでそれを見るのであろうか。確かに、私が君において見るのではなく、君が私において見るのでもない。そうではなくて、両人ともわれわれの精神を超える不変の真理そのものにおいて見るのだ」と語っている。ところで、不変の真理とは神の本質であって、そこでは神の本質のみが見られるのである。それゆえ、この世の状態においてわれわれは神の本質を見、その内にすべての真なるものを透察するのである。

(13) さらに、真理は真理であるかぎり、認識されうるものである。それゆえ、最高の真理は最高に認識されうるものである。ところで、最高の真理は神の本質である。それゆえ、この世の状態においてもわれわれは神の本質を、最高度に認識されうるものとして認識しうるのである。

(14) さらに、「創世記」には、「私は主を顔と顔とを合わせて見た」(創三二:三一)と言われている。「神の顔は御子が自分が神に等しくあることを奪ったものとは考えない形である」と、或る註釈[146]が語る通りである。ところで、その形とは神の本質である。それゆえ、ヤコブはこの世の状態で神を本質によって見たのである。

以上に反して、(1) 「テモテへの手紙一」の終わりのところで、「神は人間のなかで誰も見たことはなく、また見ることもできない近づきがたい光の中に住んでおられる」〔一テモ六：一六〕と言われている。

(2) さらに、「出エジプト記」に、「人は私を見てなお、生きることはないであろう」〔出三三：二〇〕と言われていることへのグレゴリウスの註釈は[147]、「神はこの肉の内に生きている人々によって限られた像によって見られることはできなかった」と述べている。ところで、この光は神の本質である。それゆえ、何人《なんぴと》もこの肉の内に生きているときには、神を本質によって見ることはできないのである。

(3) さらに、ベルナルドゥスは「この世の状態で神の全体が愛されうるけれども、しかしその全体は知性認識されえない[148]」と語っている。ところで、もし神がその本質によって見られるとすれば、神はその全体が知性認識されることになろう。それゆえ、神はこの世の状態では本質によって見られることはないのである。

(4) さらに、哲学者が『霊魂論』第三巻に[149]語る通り、われわれの知性は空間と時間の内で知性認識する。ところで、神の本質はあらゆる空間と時間を超越している。それゆえ、われわれの知性はこの世の状態において神を本質によって見ることはできない。

(5) さらに、神の本質が神の賜物より隔たるのは、第一現実態が第二現実態から隔たるよりも大きい。ところで、或るときに人が観想において直知と知恵の賜物を通して神を見るということから、魂は第二現実態である感覚の働きに関して身体から分離される。それゆえ、もし神を本質によって見るとすると、魂は身体の第一現実態であるかぎりにおいても身体から分離されるのでなければならない。ところで、こうしたことは人間がこの世の状態において存在している間はありえない。それゆえ、何人《なんぴと》もこの世の状態では神を本質によって見ることはできないのである。

答えて次のように言わなければならない。或る活動が或るものに適合するのに二様の仕方が可能である。一つは、その働きの根原が働くものの内に存するという仕方によってである。たとえば、自然本性的な働きにおいてわれわれが見るようにである。もう一つは、その働きとか動とかの始まりが外部の根原によるという仕方によってである。たとえば、強制された動によっての場合や、神によるのでなければ生じてこない奇跡的な業におけるごときで、たとえば、盲人を見るようにすることや、死者を生き返らせることなどである。

したがって、この世の状態にあるわれわれの精神にとって、神をその本質によって見ることは、第一の仕方によっては不可能である。すなわち、われわれの精神は自然本性的な認識によっては、『霊魂論』第三巻[150]に語られている通り、可知的形象をそれより得る対象のごとくに表象像に関係する。それゆえ、われわれの精神はこの世の状態で知性認識するものすべてを、表象像から抽象されたこうした形象によって認識するのである。ところが、このような形象はどれをとっても、神の本質や他のどんな離在的な存在者の本質をも表現するのに十分ではない。実際、可感的事物の何性は、――表象像から抽象された可知的形象とは可感的事物の類似性である――たとえ被造のものであっても、非質料的な実体の本質とは別の性格のものであり、神の本質からははるかに別の性格のものである。それゆえ、われわれの精神はわれわれがこの世の状態で経験している自然本性的な認識によって、神も天使も本質によって見ることはできないのである。しかし、天使たちは本質を通してそれらの本質とは相違している何らかの可知的形象によって見られることはできる。しかし、神の本質はすべての類を超越しすべての類の外にあるから、何らかの形象によって見られるといったことは不可能である。したがって、いかなる被造的な形象も神の本質を表現するのに十分なものと見なされえないのである。それゆえ、もし神がその本質によって見られねばならないとすれば、被造のどんな形象によっても見られず、神の本質そのものが神を見る者の知性の可知的形相になるのでなければならない。しかしこうしたことは被造の知性が、栄光の光によってそこまで調えられるのでなければ不可能である。したがって、神を本質によって見るときには、注入された光の態勢づけによって、精神は栄光というこの世の旅路の終極に到達しているのである。したがって、この世において神を本質によって見ることはないのである。

ところで、諸々の物体が神の全能に従属しているように、精神もまた従属している。その理由から、神の全能は或る物体にそれら物体の内にそれらへの態勢の見出されない諸結果を産出することを可能にするのである。たとえば、神の全能はペトロにそうしうる賜物を与えることなしに、水上を歩くことを可能にしたのであり〔マタイ一四・二九〕、同様に精神をして神の本質に天国において合一するようなそうした仕方で、しかも栄光の光を注がれることなしにこの世の状態で、神の本質に合一することを可能にするのである。ところで、こうしたことが起こるとき、精神は表象像から抽象するそうした認識の仕方から離れていなければならない。可滅的な物体もすみやかに働きうる特性が奇跡的な仕方で与えられるときに、同時にその身体が重くあるということはないのである。したがって、このような仕方で神を本質によって見ることが許されている人々は、諸々の感覚の働きから全面的に切り離され、その人の魂全体は神の本質を直観することに集中しているのである。そうした人々は本性によって自らにふさわしかったものから、いわばより上位の本性によって分離されているかのように、脱魂（raptus）の状態にあると言われるのである。

したがって、事態の通常のあり方では、何人《なんぴと》もこの世の状態では神を本質によって見ることはできない。もし或る人々にそれが奇跡的な仕方で許されるとしても、その魂はいまだ死すべき肉体から全面的に分離されてあるわけではない。しかしそうはいっても彼らは、この世の状態に全面的にあるわけではない。したがって、この世の死すべき状態においてそれに結びつけられる感覚の働きを持っていないのである。

(1) それゆえ、第一に対しては次のように言わなければならない。アウグスティヌスの『創世記逐語註解』第一二巻と『神を見ることについて——パウリナ宛書簡』[151]によれば、異論に引用されている言葉から「コリントの信徒への手紙二」〔二コリ一二・二〕においてパウロについて語られているのと同様に、モーセが何らかの脱魂状態（raptus）において神を本質において見たことが示されている。したがって、この点ではユダヤ人たちの律法者と異邦人の博士とは同等の位置を占めているのである。

(2) 第二に対しては次のように言わなければならない。グレゴリウスは観想の頂点において、神の本質を脱魂の状態において見ることにまで上昇してゆく人々について語っている。したがって、「神である知恵を見る者は、この世の生に対して全面的に死するのである」とすぐ続けているのである。

(3) 第三に対しては次のように言わなければならない。旅人であると同時に至福直観における把握者[152]であることは、神にして人間であったことからキリストに適合し、それはキリストに独自なことであった。それゆえ、人間本性に関係するすべてのものはキリストの権能の内にあった。したがって、魂と身体とのそれぞれの能力はキリストが秩序立てる通りの状態に置かれていたのである。したがって、身体の苦しみが精神の観想を妨げることはなかったし、精神の歓びが身体の苦しみを減ずることもなかった。したがって、彼の知性は栄光の光によって照らされ、神を本質によって見ていたが、しかし下位の諸部分に栄光が派出していたわけではなかった。その意味で彼は旅人であると同時に、至福直観における把握者であったのである。しかし、そうしたことは、キリスト以外の他の者たち、すなわち上位の能力から下位の能力へと何かが必然的に流出し、また下位の能力の激しい情念によって上位の能力が引っ張られるような、キリスト以外の他の者たちには語られえないのである。

(4) 第四に対しては次のように言わなければならない。この世の状態における知的直観によっては、神はその何であるかが知られるのではなく、ただ何でないかだけが知られるように認識されるのである。そして、この後者の点に関して、われわれは神の本質が万物を超えて位置していることを認識することによって、神の本質を認識するのである。もっとも、そうした認識は何らかの類似を通して成し遂げられるのである。すなわち、アウグスティヌスの言葉は上述の諸問題〔第八項および第九項〕から明らかなように、認識される事柄に関係づけられるべきであって、それによって認識されるそのものに関係づけられるべきではない。

(5) 第五に対しては次のように言わなければならない。われわれの知性はこの世の状態でも神の本質を何らかの仕方で認識しうるが、しかし神の本質についてそれが何であるかを知るほどにではなく、ただ神が何でないかを知るという意味においてである。

(6) 第六に対しては次のように言わなければならない。われわれは神を最初に他のものをあらかじめ愛するということなしに直接的に愛することができる。もっとも、或るときにわれわれは他の見られうるものへの愛から、見られないものどもへと移されることはあるけれども。ところで、この世の状態においては、われわれは他のものをあらかじめ認識することなしに神を直接に認識することはできない。その理由は次の通りである。情動は知性に伴ってくるのであるから、知性の働きが終極するところで情動の働きは始まる。ところで、知性は結果から原因へと進んでゆき、ついに神について何でないかを認識することによって、神そのものの何らかの認識へと到達するのである。したがって、情動は知性によって情動に提示されるそのものへと、知性がそこを通って通過していったすべての中間のものを通って戻るという必要なしに戻るのである。

(7) 第七に対しては次のように言わなければならない。われわれの知性は神を見るために造られたのではあるけれども、しかし自らの自然本性的な能力によって、神を見ることができるというようにではなく、知性に注がれた栄光の光によってできるようにである。したがって、すべての覆いが取り去られても、もし知性が栄光の光によって照明されているのでなければ、いまだ神を本質によって見る必然性はないのである。というのも、栄光の欠如そのものが知性にとって神を見ることの妨げとなろうからである。

(8) 第八に対しては次のように言わなければならない。われわれの精神は自らに固有なものとして所有している可知性とともに、他のものどもとも共通なものとして存在を所有している。それゆえ、神はわれわれの精神の内に存在するけれども、常にその内に可知的形相として存在する必要はなく、他の諸々の被造物の内におけると同様に存在を与える者として存在すればよいのである。ところで、神はすべての被造物に共通的に存在を与えているけれども、しかしどの被造物にも存在の固有の仕方を与えている。したがって、神は万物の内に本質、現存、能力によって存在していることに関しても、神は種々異なるものどもには異なる仕方で、また個々のそれぞれのものにはそのものに固有の仕方によって、存在しているのが見出されるのである。

(9) 第九に対しては次のように言わなければならない。精神の健全さには二つの意味がある。一つは信仰の恩寵によって罪過から精神が癒される健全さである。そして、この健全さはかの近づきえない輝きを、鏡を通して謎の内に見られるようにするのである。もう一つの健全さは、すべての罪過や罰や悲惨からの癒しであって、それらは栄光によるものである。そしてこの健全さは神を顔と顔とを合わせて見られるようにするものである。これら二つの直観は「コリントの信徒への手紙一」において、「今われらの見るは鏡をもってしておぼろなれども、かの時には、顔と顔とを合わせて見る」〔一コリ一三：一二〕というように区別されているのである。

(10) 第一〇に対しては次のように言わなければならない。共通性において第一のものである在るもの（ens）は、いずれのものとも本質的には同じであるから、いかなるものとの比例をも超えていない。したがって、どんな事物の認識においても在るものは認識されるのである。しかし、原因によって第一である在るものは、他のすべての事物を超越し、それらにいかなる比例も有していない。それゆえ、他のどんなものを認識しても、この意味での第一の在るものは完全に認識されるということはありえない。したがって、われわれが事物から抽象された形象によってものを認識するこの世の状態において、われわれは在るもの一般を十全に認識するけれども、しかし創造されざる在るものを認識するわけではないのである。

(11) 第一一に対しては次のように言わなければならない。神の本質はわれわれの知性に現在するものであるけれども、しかし知性が栄光の光によって完成されないかぎり、知性が認識しうる可知的形象として神の本質が知性に結合されることはない。精神そのものも、前述の光によって照明される以前には、神を本質によって見る権能を持っていないのである。したがって、見る者の権能も見られる者の現在も、ともに欠けるところがあるのである。さらに志向性も常に臨在しているわけではない。というのは、被造物の内には創造者の何らかの類似が見出されるけれども、しかしわれわれはその類似に向かうときにいつも、創造者の類似であるかぎりにおいてそれに向かっているわけではないからである。それゆえ、われわれの志向性が常に到達している必要はないのである。

(12) 第一二に対しては次のように言わなければならない。「詩編」の「さまざまな真理が減弱してしまった」〔詩一二：二〕への註釈[153]が語る通り、一つの創造されざる真理から「多くの真理は人間精神に刻印されている。ちょうど一つの顔から多くの似姿がさまざまの鏡に」あるいは一つの割れた鏡に「映っているごとくにである」。それゆえ、このことによれば、われわれが創造されざる真理の内に何かを見ると言われるのは、われわれの精神の内に映っているその真理の似姿に即して、何かについて判断することによってである。自体的に知られる原理命題によってさまざまな結論を判断するのと同様である。それゆえ、創造されざる真理そのものは、われわれによって本質によって見られる必要はないのである。

(13) 第一三に対しては次のように言わなければならない。最高の真理そのものはそれ自体に関しては、最高度に認識されるものである。ところで、その最高の真理がわれわれには可認識性が小さい、ということが起こるのであって、それは哲学者の『形而上学』第二巻[154]より明らかな通りである。

(14) 第一四に対しては次のように言わなければならない。異論に引用されている典拠は註釈において二様に解説されている。一つは想像力による直観について理解されている。それゆえ、『行間註釈』[155]は次のように述べている。「私は主を顔と顔とを合わせて見た。しかしそれは神が見られうるということではなく、神が彼に語ったその形を彼が見たということである」と。もう一つは、グレゴリウスの註釈[156]は聖なる人々が観想の中で神の真理をそれによって直観する知性的直観について語っているが、しかしそれはその真理が何であるかを知ることによってではなく、むしろそれが何でないかを知ることによってである。それゆえ、同所でグレゴリウスは「彼は真理を知覚することによって見る。というのは、彼は真理そのものがいかに大きいかを見るわけではない。真理に近づけば近づくほど、彼は自分が真理からますます遠くにあると見なすからである。実際、何らかの仕方でその真理を観たのでなければ、自分がそれを観ることができないことを知覚することもないであろうから」。そして少し後で附言している。「観想によって為されるこの直観は堅固に持続する直観ではなく、いわば直観の一種の模倣として神の顔と呼ばれる。なぜなら、われわれは人をその顔によって認識するのであるから、神の認識を神の顔と呼ぶのである」と。

第一二項

第一二に、神の存在することは、そうでないことが考えられないような論証の第一の基本原理のように、人間精神にとって自明なものか、が問われる。そして、自明なもの、と思われる。その理由、

(1) それらの認識がわれわれにとって自然本性的で生得的であるようなものは、われわれにとって自明的である。ところで、ダマスケヌス[157]が語る通り、「神が存在するとの認識は万人に自然本性的に挿入されている」。それゆえ、神の存在することは自明的である。

(2) さらに、アンセルムス[158]の語る通り、「神はそれより大いなるものが考えられないものである」。ところで、存在しないことが考えられないものは、存在しないことの考えられうるものよりもより大いなるものである。それゆえ、神は存在しないことが考えられないものである。

(3) さらに、神は真理そのものである。ところで、何人《なんぴと》も真理が存在しないと考えることはできない。なぜなら、真理が存在しないと主張されるとき、真理の存在が帰結しているからである。実際、もし真理が存在しないとしても、真理の存在しない、ということは真であるからである。それゆえ、神の存在しないことは考えられない。

(4) さらに、神は自らの存在そのものである。ところで、或るものが自らに述語されないこと、たとえば「人間は人間ではない」というように、述語されないことは考えられない。それゆえ、神が存在しない、ということは思考することもできない。

(5) さらに、万物は、ボエティウス[159]の語る通り、最高善を願望する。ところで、最高善であるのは神だけである。それゆえ、万物は神を願望しているのである。ところで、認識されていないものが願望されることはありえない。それゆえ、万人が共通に考えていることは神が存在する、ということである。それゆえ、神が存在しないことは考えられない。

(6) さらに、真理そのものはあらゆる創造された真理を卓越している。ところで、創造された或る真理は、それの存在しないことが考えられないほどに明白である。たとえば、「肯定命題と否定命題とは同時に真なるものではありえない」という、この命題の真理のごときである。それゆえ、神であるところの創造されざる真理の存在しないことは、はるかに考えられないのである。

(7) さらに、神は人間の魂よりも、より真なる存在を有している。ところで、魂は自らが存在しないと考えることはできない。それゆえ、神が存在しないことを魂は、はるかに考えることはできない。

(8) さらに、存在するものはすべて、存在するより前から、存在するであろうことが真であった。ところで、真理は存在する。それゆえ、より先には真理は存在するであろうことが真であった。ところで、真理によってでなければ、真であることはなかった。それゆえ、真理が常に存在しなかった、ということは考えられないことである。ところで、神は真理である。それゆえ、神が存在しないこと、あるいは常に存在しなかった、ということは考えられない。

(9) しかし、或る人々は上述の論証の過程において「端的に」と「或る限定のもとに」に関して誤りがあると主張した。なぜなら、真理は存在したより前に、存在するであろう、ということは真なる或ることを端的に語っているのではなく、或る限定のもとにのみ語っているのである。したがって、真理の存在することは端的には結論されえないのである。――これに対しては次のように言われる。すなわち、或る限定のもとに真なるものはすべて、不完全なものがすべて完全なものに還元されるように、端的に真なるものに還元される。それゆえ、もし真理が未来にあることが或る限定のもとで真であったとすれば、或るものは端的に真であらねばならなかったのである。かくして真理が存在する、と語ることは端的に真であったのである。

(10) さらに、神の固有の名前が「在る者」であることは、「出エジプト記」〔出三：一四〕に明らかな通りである。ところで、在るものが存在しないと考えることはできない。それゆえ、神は存在しないと、考えることもできないのである。

以上に反して、(1)「詩編」には、「愚かな者は心で、神はいない、と言った」〔詩一四：一〕と語られている。

(2)神が存在するということは、精神の能力態においては自明的であった。しかし、神の存在しないことが現実的に思考されうるのである。――これに対しては、自然本性的な能力態によって認識される事柄について、それと反対のことがわれわれの内なる理性によって考えられることはできない、と言うべきである。たとえば、論証の第一の基本原理のごときである。それゆえ、もし神の存在することに反対のことが現実的に考えられうるとすれば、神の存在することは能力態においては自明なことではないであろう。

(3)さらに、自明的なものは結果から原因へと推論することなしに認識される。すなわち、名辞が認識されるとただちにそれらは認識されるのであって、『分析論後書』[160]に語られている通りである。しかし神の存在することをわれわれは、その結果を透察することによってでなければ認識しないのである。「ローマの信徒への手紙」に、「神の見えざる事柄は、造られたるものを通して知解され、観られる」〔ロマ一：二〇〕と言われる通りである。それゆえ、神の存在することは自明ではない。

(4)さらに、或るものについてそのものの存在することが知られるのは、そのものの何であるかが認識されるのでなければならない。ところで、神について現世においてわれわれは何であるかを知ることはできない。それゆえ、神が存在するかどうかは、われわれには知られないのである。まして、神の存在が自明であることはまったくない。

(5)さらに、神の存在することは信仰箇条である。ところで、信仰箇条は信仰が提示し、理性の認識には矛盾することである。ところが、理性の認識に矛盾する事柄は、自明な事柄ではない。それゆえ、神の存在は自明ではない。

(6)さらに、アウグスティヌス[161]が語る通り、人間にとって自らの信仰よりもより確かなものは何もない。ところで、信仰に属している事柄について懐疑がわれわれに起こりうる。それゆえ、他のどんな事柄についても同様であって、かくして神の存在しないことが考えられうるのである。

(7) さらに、神を認識することは知者に属する。ところで、必ずしもすべての者が知恵を持っているわけではない。それゆえ、神の存在はすべての者に知られているわけではない。それゆえ、自明ではないのである。

(8) さらに、アウグスティヌスは『三位一体論』[162]において、「最高善はまったき浄き精神によって識別される」と述べている。ところで、必ずしもすべての者がまったき浄き精神を持っているわけではない。それゆえ、すべての者が最高善、すなわち神の存在を認識しているわけではない。

(9) さらに、理性が区別するもののうちで、一方は他方なしに思考されることが可能である。たとえば、われわれが神を、神が善き者であることを思考することなしに思考することのできることは、ボエティウスの『デ・ヘブドマディブス』[163]に明らかな通りである。ところで、神において本質と存在とは概念的に相違している。それゆえ、神の本質は存在が思考されることなしに思考されうるのである。したがって、先と同様の帰結になる。

(10) 神にとって神であることと義であることとは同じである。ところで、神は悪しきものを好むと主張するような人々は、神は義であるとは考えていない。それゆえ、或る人々が神が存在しないと考えることはありうることである。したがって、神の存在は自明的なことではない。

答えて次のように言わなければならない。この問題について三通りの見解が見出される。すなわち、或る人々は、マイモニデス[164]が伝える通り、神の存在することは自明的でないし、論証によっても知られず、ただ信仰によってのみ受け入れられるものであると主張した。そして、神の存在することを証明するために多くの人々が採用するさまざまの推論の弱さが或る人をして、こうしたことを主張するように促したのである。他方、別の人々は、たとえばアヴィセンナ[165]のごときは、神の存在することは自明的ではなく、論証によって知られるものであると主張した。さらに、別の人々は、たとえばアンセルムス[166]のごときは、神の存在することは、何人《なんぴと》も心の内でも神は存在しないと考えることもできないというほどに自明的であると考える。もっとも、神は存在しないと外に発言することはできるし、そのことを発する言葉を心の内に考えることはできる。第一の見解が誤っていることはきわめて明らかである。というのも、神の存在することは哲学者たちによって論破されることのない論証によって証明されていることが見出されるからである。もっとも、神の存在しないことを示すために或る人々によって、無価値な議論が採用されているけれども。すなわち、或ることの自明であるのに二様の仕方がある。

　すなわち、それ自体によって自明的であるのと、われわれにとって自明的であるのとの二つの仕方がある。それで、神の存在することはそれ自体によっては自明的であるが、しかしわれわれにとっては自明的ではないのである。したがって、われわれはこのことを認識するために結果から取られた論証を所有しなければならない。実際、それは次のように明らかである。或ることがそれ自体によって自明的であるためには、述語が主語の概念に含まれること以外に別の何ものも必要としない。というのも、そのときには主語は、述語が主語に内在していることが明白であることなしには考えられないからである。これに対して、われわれにとって自明であるためには、述語がその内に含まれる主語の概念が、われわれに認識されたものでなければならない。こうした理由から或る事柄が万人に自明的であるのは、そのような命題はその概念が万人に知られているようなそうした主語を持っている場合である。たとえば、「全体はすべてその部分よりも大きい」という命題のごときである。というのも「全体」が何であり、「部分」が何であるかは誰もが知っているからである。他方、或る事柄は命題の名辞の概念を認識している知恵ある人々にのみ自明的なものである。一般の人々はそれらの概念を知らないからである。このことについてボエティウスは『デ・ヘブドマディブス』[167]において「共通に思考される事柄に二つの仕方がある。一つは万人に共通なもので、〈等しいものからそれぞれ等しいものを引き去ると残りも等しい〉のごときで、もう一つは学識ある者にのみ共通なもので、たとえば〈非物体的なものは場所の内にはない〉のごときで、この思考内容を理解するのは一般の人ではなく学識ある者である」と述べている。なぜなら、一般の人々の思考は想像力を超えることができないので、非物体的事物の概念には到達しないからである。ところで、存在ということはいかなる被造物の概念にも含まれていない。なぜなら、どんな被造物の存在もそれの何性とは別のものだからである。だから或る被造物について、それの存在することがそれ自身によっても自明であると言われることはできないのである。ところが、神においてはその存在は神の何性の概念の内に含まれているのである。なぜなら、ボエティウス[168]の語る通り、存在するものと存在とは同じものであり、アヴィセンナ[169]の語る通り、「存在するか」と「何であるか」とは同じことである。したがって、神の存在することはそれ自体において自明である。ところで、神の何性はわれわれには知られていないのであるから、神の存在することはわれわれには知られておらず、それは論証を必要とするのである。ところで、肯定と否定の命題とが同時に真ではないことは今のわれわれに自明的であるが、神の本質を見るであろう天国においては、神の存在することはそれよりもはるかに自明的であろう。

　したがって、問題の両方の部分は或る意味で真であるから、両方の推論に答えなければならないであろう。

(1) それゆえ、第一に対しては次のように言わなければならない。神の存在の認識は万人においてその自然本性の内に刻印されている。なぜなら、神の存在することの認識へとそれによって到達しうる何かが、万人に自然本性的に刻印されているからである。

(2) 第二に対しては次のように言わなければならない。異論の推論は神の存在の自明でないことが、もし神の側から由来していれば妥当するであろう。ところで、神の存在しないことが考えられうることは、それ自体において最も知られたものを認識するのに欠陥のあるわれわれの側に由来しているのである。それゆえ、神の存在しないことが思考されうることは、神がそれ以上大きいものの何も考えられないものである、ということを妨げるわけではない。

(3) 第三に対しては次のように言わなければならない。真理は在るものにもとづいている。したがって、在るものが一般的に存在することが自明的であるように、真理の存在することも自明的である。しかし、万有の原因である或る第一の在るものの存在することは、信仰がそれを受け入れるか、論証がそれを証明するかするまでは、われわれに自明的であるわけではない。それゆえ、すべての真理が或る第一の真理から由来していることは自明的であるわけではない。それゆえ、神の存在することが自明的であることが帰結するわけではない。
(4) 第四に対しては次のように言わなければならない。異論の推論は、神性そのものが神の存在である、ということがもしわれわれに自明であれば、妥当するであろう。しかし、この現世においてわれわれには、そうしたことはわれわれは神を本質によって見ていないのであるから、自明的ではなく、そのことを主張するためには論証か信仰かを必要とするのである。
(5) 第五に対しては次のように言わなければならない。最高善は二様の仕方で願望される。一つはその本質によって願望される。そして、この意味では必ずしもすべてのものが最高善を願望するわけではない。もう一つは、そのものの類似によって願望される。そしてこの意味では、万物は最高善を願望しているのである。というのも、何かが願望されうるものであるのは、最高善の何らかの類似がそのものの内に見出されるかぎりにおいてだからである。それゆえ、このことから本質的に最高善である神の存在することが、自明であることが結論されるわけではないのである。
(6) 第六に対しては次のように言わなければならない。創造されたのではない真理は創造されたすべての真理を超越しているけれども、しかしわれわれには創造された真理の方が、創造されたのではない真理よりもはるかに知られたものであることは何らさしつかえない。というのも、哲学者[170]によれば、それ自体においてそれほど明らかでないものの方がわれわれにとっては、より知られたものだからである。
(7) 第七に対しては次のように言わなければならない。或るものが存在しない、と思考されることは二様の仕方で理解されうる。一つは、これら二つのものが同時に認識に入ってくるという仕方においてである。この意味では、或る人は自分が或るときに存在しなかったと思考するように、自分が存在しないと思考しても何らさしつかえない。しかし、この意味では或るものが全体であることと、そのもの自身の部分よりも小さいということが同時に認識に入ることはできない。その一方が他方を排除するからである。もう一つは、このように認識されたものに承認が与えられるという仕方によってである。そして、この意味において何人《なんぴと》も自分が存在しないと承認しつつ思考することはできない。すなわち、何かを思考すること自体において、その人は自分の存在することを知覚するからである。

(8) 第八に対しては次のように言わなければならない。今存在するものは、存在するより前から、存在するであろうことが真でなければならなかったのは、或るものが存在するであろう、と語られたそのときに、そのものが存在することを前提する場合のみである。他方、或るときには何ものも存在しなかった、という不可能な条件を措定する場合、そのような仮定にもとづいてはただ質料的な意味によってでなければ何ものも真なるものではないであろう。というのは、真理の質料は在ることのみならず、在らぬことでもあるからである。実際、在るものと在らぬものとについて真なることを語ることが可能だからである。この意味で、ただ質料的に、したがってまた或る限定された意味でのみそのときに真理が在るであろうことが帰結するのである。

(9) 第九に対しては次のように言わなければならない。或る観点において真であるものが、端的に真理とか真なるものに還元されねばならないのは、真理の存在することが前提されるときであって、その他の仕方によってではない。

(10) 第一〇に対しては次のように言わなければならない。神の名称は「在る者」であるけれども、しかしこのことはわれわれには自明的ではない。それゆえ、異論の推論は帰結しないのである。

(1) 反対異論の第一に対しては次のように言わなければならない。アンセルムスが『プロスロギオン』[171]において、愚かな者が心で「神はいない」と語ったことは、その者がこれらの言葉を思考したというかぎりで理解されるべきであって、そのことをその者が内なる理性によって思考しえたと理解されるわけではない、と解説しているのである。

(2) 反対異論の第二に対しては次のように言わなければならない。神の存在することが自明的であることと自明的でないこととは、能力態と現実態に関して同じ仕方においてである。

(3) 反対異論の第三に対しては次のように言わなければならない。神の存在することをわれわれが結果からしか認識しえないのは、われわれの認識の欠陥に由来することである。それゆえ、このことによって、神の存在することがそれ自体によって自明的であることが排除されるわけではない。

(4) 反対異論の第四に対しては次のように言わなければならない。或るものの存在することが認識されるために、そのものについて何であるかが定義によって知られる必要はないが、その名称によって何が意味されているかは知られる必要がある。

(5) 反対異論の第五に対しては次のように言わなければならない。神の存在することは信仰箇条ではなく、信仰箇条の前提となるものである。ただし、神の存在することとともに或る別のこと、たとえばペルソナの三一性とともに本性の一性を持っていることが一緒に理解される場合は別である。

(6) 反対異論の第六に対しては次のように言わなければならない。信仰に属する事柄は、確実性が固着の堅固さを含意するかぎり最も確かに認識される。実際、信ずる者が信仰によって保持するものよりも堅固に固着しているものは何もないからである。しかし、その確実性は認識されている事物における知性の憩いを含意するかぎりでは、最も確実に認識されるわけではない。実際、信ずる者が信じている事柄に同意することは、その者の知性が或る原理命題によってそれら信ずべき事柄に終極することから発しているのではなく、それら信じられていることを承認することへと知性を傾かせる意志より由来しているのである。信仰に属する事柄について疑いの動きが心に生じうるのは、こうした理由によるのである。

(7) 反対異論の第七に対しては次のように言わなければならない。知恵は神の存在することを認識することの内にのみではなく、神について何であるかを認識すること――このことはこの世の状態では神が何でないかを認識することに関してしかわれわれは認識しないけれども――に近づくことの内にも成り立つのである。実際、或るものを他のすべてのものから区別されたものであるかぎりにおいて知る者は、そのものの何であるかを認識するその認識に近づいているからである。そして、この認識についても、続いて導入されているアウグスティヌスの典拠は理解されるのである。

(8) 以上から反対異論の第八への解答も明らかである。

(9) 反対異論の第九に対しては次のように言わなければならない。概念的に区別されてあるものは分離して思考されることはできるけれども、相互に分離して存在していると常に思考されうるわけではない。というのも、神はその善性が思考されることなしに思考されるけれども、しかし神が存在し神は善き者ではないと思考されることは不可能であるからである。それゆえ、神において存在するものと存在することとは概念的に区別されるけれども、しかしそのことのゆえに神の存在しないことが思考されうることが帰結するわけではない。

(10) 反対異論の第一〇に対しては次のように言わなければならない。神はその正義の結果において認識されるのみならず、神の他の諸結果においても認識される。それゆえ、或る人によって神が義なる者として認識されえない、ということが帰結するわけではない。また神の業が何も認識されない、ということはありえない。というのも、神の業は認識されないことのありえない在るもの一般であるからである。

第一三項

第一三に、神のペルソナの三一性は自然理性によって認識されうるか、が問われる。そして、認識されうると思われる。その理由、

(1) 「ローマの信徒への手紙」には、「神の見えざる事柄は、造られたるものを通して知解され、観られる」云々〔ロマ一：二〇〕と語られている。ところで、註釈[172]は見えない事柄を御父のペルソナに、永遠なる力を御子のペルソナに、神性を聖霊のペルソナに関係づけている。それゆえ、自然理性によって被造物からわれわれは三位一体の認識へ至りうるのである。

(2) さらに、神の内に最も完全な能力の在ることとおよそすべての能力の起原の在ることは自然的認識によって認識される。それゆえ、神に第一の能力を帰さねばならない。ところで、第一の能力は生み出す能力である。それゆえ、神の内に生み出す能力のあることをわれわれは自然理性によって知ることができる。ところで、神の内に生み出す能力を措定すると、神のペルソナの区別は必然的に帰結してくる。それゆえ、ペルソナの区別をわれわれは自然理性によって認識することができるのである。――ところで、生み出す能力が第一の能力であることは次のように証明された。すなわち、さまざまな働きの秩序に従ってさまざまな能力の秩序が存在する。ところで、すべての働きのうちで第一の働きは知性認識することである。なぜなら、知性によって働くものが第一のものであることが示され、そしてそのように働くものにおいて、意志することや行為することよりも先に知性認識の仕方で認識することが存在しているからである。それゆえ、知性認識する能力はさまざまな能力のうちで第一のものである。ところで、知性認識する能力は生み出す能力である。なぜなら、知性認識する者はすべて自己自身の内に自己の知標を生むからである。それゆえ、生み出す能力は諸能力のうちで第一のものである。

(3) さらに、同名異義的なものはすべて同名同義的なものに還元されるのであって、それはすべての多が一に還元されるごとくにである。ところで、諸々の被造物の神からの発出は同名異義的な発出である。被造物は名前と概念において神と一致していないからである。それゆえ、神が神から発出する同名同義的発出は神の内に先在することを、自然理性によって措定しなければならない。そして、この発出が措定されると神の内にペルソナの区別が帰結するのである。

(4) さらに、「ヨハネの黙示録」への註釈[173]は、御父のペルソナについて誤った学派はまったく存しなかった、と述べている。ところで、御父のペルソナについて御子を持たないと主張されることは最大の誤りであろう。それゆえ、自然理性によって神を認識した哲学者たちの学派も、神の内に御父と御子を措定したのである。

(5) さらに、ボエティウスが『算術教程』[174]において語っている通り、すべての不等性には等しさが先行している。ところで、被造物と創造者との間には不等性が存在する。それゆえ、この不等性の前に神の内に何らかの等しさを措定しなければならない。ところで、神の内に等しさが存在しうるのは、そこに区別がある場合だけである。実際、ヒラリウス[175]が語る通り、何ものも自分自身に似ているわけではないように、自分自身に等しいわけではないからである。それゆえ、自然理性によって神の内にペルソナの区別を措定しなければならないのである。

(6) さらに、自然理性は神の内に最高の歓びがあることの認識にまで到達する。ところで、ボエティウス[176]が語る通り、「仲間なしにはいかなる善きものも悦ばしく所有することはない」。それゆえ、神の内にはペルソナが区別されてあり、それらペルソナの交わりからそれらペルソナの内に善性が悦ばしく所有されることが自然理性によって知られうるのである。

(7) さらに、自然理性は被造物の類似から創造者へと到達する。ところで、被造物の内には、創造者の類似性は本質的な属性に関してのみならず、ペルソナに固有な事柄に関しても見出される。それゆえ、われわれは自然理性によってペルソナに固有な事柄に至ることができるのである。

(8) さらに、哲学者たちは神についての認識を自然理性によってのみ所有した。ところで、或る哲学者たちは神の三位一体の認識にまで到達した。それゆえ、『天体論』第一巻[177]において、「この数、すなわち三によってわれわれは創造者の偉大さを讃えるのである」と語られているのである。

(9) さらに、アウグスティヌスは『神の国』第一〇巻[178]において、哲学者ポルフュリウスは御父と御父から生まれた御子なる神が存在すると主張したことを伝えている。また『告白』[179]においても、プラトンの或る書物において、「ヨハネによる福音書」の最初に語られていること、すなわち「初めに御言葉《みことば》があった」以下、「御言葉は肉となった」を除いてこうした言説を見出すと述べている。そして、これらの福音書の言葉には明らかにペルソナの区別が示されている。それゆえ、自然理性によって人は神の三位一体の認識に到達しうるのである。

(10) さらに、自然理性によって哲学者たちも、神が何であるかを語ることができることを認めた。ところで、神の語る働きには御言葉の発出とペルソナの区別とが伴う。それゆえ、ペルソナの三位一体は自然理性によって認識されうるのである。

以上に反して、⑴「ヘブライ人への手紙」には、「そもそも信仰は希望されるべき事物・事柄の実体、明らかでない事柄の証拠・確認なり」〔ヘブ一一：一〕と述べられている。他方、自然理性によって認識される事柄とは見ている事柄である。それゆえ、ペルソナの三位一体は信仰箇条に属するのであるから、自然理性によっては認識されえないと思われる。

⑵ さらに、グレゴリウス(180)は「信仰は人間理性がそれに証拠を提供する場合には、功績のあるものとはならない」と述べている。ところで、三位一体の信仰には特にわれわれの信仰の功績が成り立つ。それゆえ、こうしたことが自然理性によって認識されることはありえない。

答えて次のように言わなければならない。ペルソナの三位一体は二様の仕方で認識される。一つはペルソナが区別されるその固有な事柄（propria）に関して。そして、これらが認識されるときに、神における三位一体は真に認識されるのである。もう一つはそれぞれのペルソナに固有なものと見なされる本質的な事柄（essentialia）、たとえば能力は御父に、知恵は御子に、善性は聖霊に固有なものと見なされるが、これらを通して三位一体が認識される。しかしこのようなものによって、三位一体が完全に認識されうるわけではない。なぜなら、知性によって三位一体を考えないようにしても、それらは神の内に留まっているからである。しかし三位一体が前提されると、これらの属性はペルソナに固有なものへの何らかの類似性のゆえに、ペルソナに固有的なものと見なされるのである。

しかしペルソナに固有的なものと見なされるこれらのものは、自然理性によって認識されうるが、他方それぞれのペルソナに固有な事柄は決して自然理性によって認識されえない。このことの理由は次のごときである。すなわち、作用者の道具が及んでゆくことのできないような作用が、作用者から発出することはありえない。たとえば、鍛冶技術が家を建てることができないのは、そうした結果に鍛冶技術の道具が及んでゆかないからである。

ところで、註釈者が『霊魂論』第三巻[181]に語る通り、論証の第一の基本原理はわれわれにおいていわば能動知性の道具のごときものであり、この知性の光によってわれわれの内において自然理性は力を発揮するのである。それゆえ、第一の基本原理が及んでゆかないようなものには、われわれの自然理性はまったく及ぶことはないのである。ところで、第一の基本原理の認識は、哲学者の『分析論後書』第二巻[182]に明らかな通り、可感的事物から起原を取っている。ところが、結果から原因に到達するように、可感的な事物からペルソナに固有なものを認識することへと到達することは不可能である。なぜなら、神において原因性の性格を持つものはすべて本質に属しているからである。実際、神は自らの本質によって諸事物の原因であるからである。ところが、ペルソナに固有な事柄は関係であって、その関係によってペルソナは被造物に関わるのではなく、ペルソナ相互に関わるのである。それゆえ、自然理性によってわれわれは、ペルソナに固有な事柄に到達することはできないのである。

(1) それゆえ、第一に対しては次のように言わなければならない。註釈の説明はペルソナに固有的なものと見なされるものによって理解されるのであって、ペルソナに固有なものによってではない。

(2) 第二に対しては次のように言わなければならない。知性的能力が諸能力のうちで第一のものであることは、自然理性によって容易に明らかでありうるが、しかしこの知性的能力が生み出す能力であることは明らかではない。というのも、神においては知性認識する者、知性認識の働き、知性認識されるものが同じであるから、自然理性は神が知性認識することによって自己から区別される何かを生むということを措定するよう強いることはないのである。

(3) 第三に対しては次のように言わなければならない。すべての多は何らかの一を前提し、すべての同名異義性は同名同義性を前提している。しかし、必ずしもすべての同名異義的な生成が同名同義的な生成を前提しているわけではなく、自然理性に従えばむしろ逆のことが真である。すなわち、同名異義的な原因は種の自体的な原因であり、それゆえに種全体に対する原因性を有している。これに対し、同名同義的原因は種の全体的な原因ではなく、この個物とかあの個物とかにおける種の原因である。それゆえ、いかなる同名同義的な原因も種全体に関して原因性を有しているわけではない。さもないと、或るものは自己自身の原因であることになろう。しかし、これは不可能なことである。したがって、異論の推論は帰結しないのである。

(4) 第四に対しては次のように言わなければならない。引用されている註釈は、教会から出てきた異端の学派について理解されるものである。それゆえ、彼らの内に異教徒の学派は含まれないのである。

(5) 第五に対しては次のように言わなければならない。ペルソナの区別を前提しなくても、神の善性が神の知恵に等しいということによって、神の内に等しさを措定することはできる。――あるいは、次のように答えるべきである。すなわち、等しさの内には等しさの原因と等しさの主体の二つが考えられる。等しさの原因は一であるが、その他の比の原因は或る数である。それゆえ、一が数に先行するように、こうした考察から等しさは不等性に先行するのである。ところで、等しさの主体は多である。そしてこれら主体は不等性の主体に先行することはない。さもないと、すべての一の前に二が先行しなければならないことになろう。というのも、二の内にまず等しさが見出されるが、一と二の間には不等性があるからである。

(6) 第六に対しては次のように言わなければならない。ボエティウスの言葉は自らの内に完全な善性を所有していないものについて理解されるべきである。ところで、或るものは別のものの助けを必要とする。それゆえ、歓びは仲間なしに完成されることはない。しかし、神そのものは自らの内に善性の豊かさを有している。それゆえ、神のまったき歓びのために交わりを措定する必要はないのである。

(7) 第七に対しては次のように言わなければならない。被造物の内にペルソナに固有な事柄に関して、何らかの類似したものが見出されるけれども、しかしそれら類似したものから神の内にもそのようにある、と結論されることはできない。なぜなら、被造物において区別されて見出されるものどもは創造者においては区別なしに見出されるからである。

(8) 第八に対しては次のように言わなければならない。アリストテレスが理解したことは、神の内に三という数を措定することではなく、三という数の完全性を、古代の人々がそれを犠牲や祈禱の儀式の内に観察したということより示すということである。

(9) 第九に対しては次のように言わなければならない。哲学者たちの言葉はペルソナに固有的なものと見なされたものに関して理解されるのであって、ペルソナに固有なものに関してではない。

(10) 第一〇に対しては次のように言わなければならない。哲学者は自然理性によって、語ることがペルソナの区別を含意する仕方で語ることである、と気づいたわけでは決してなく、語ることが神に本質的に言われることによってのみ語ることを認めたのであった。

訳註

1——Augustinus, De Trinitate IX, cap. 2, PL 42, 962.

2——Aristoteles, De anima I, 5, 411a26.

3——Augustinus, De civitate Dei XI, cap. 26, PL 41, 339.

4——Id., De Trinitate IX, cap. 12, PL 42, 972.

5——Cf. Dionysius Areopagita, De divinis nominibus, cap. 4, § 8, PG 3, 704D; Dionysiaca, 189.

6——Augustinus, De Trinitate X, cap. 11, PL 42, 983; cf. Petrus Lombardus, Sententiae I, d. 3, cap. 2.

7——Avicenna, Liber de anima V, cap. 7, f. 27rb C.

8——Augustinus, De Trinitate X, cap. 11, PL 42, 983; cf. Petrus Lombardus, Sententiae I, d. 3, cap. 2.

9——Augustinus, De Trinitate XII, cap. 3, PL 42, 999.

10——Ibid.

11——Ibid. XII, cap. 4, PL 42, 1000; ibid. XV, cap. 7, PL 42, 1065.
12——Aristoteles, Metaphysica X, 1, 1052b31.
13——Dionysius Areopagita, De coelesti hierarchia, cap. 11, § 2, PG 3, 284D; Dionysiaca, 930.
14——Aristoteles, De caelo I, 25, 281a7.
15——Augustinus, De Trinitate IX, cap. 12, PL 42, 972; ibid. X, cap. 12, PL 42, 984.
16——Liber de causis, comm. 1.
17——Aristoteles, Metaphysica VIII, 2, 1042b25.
18——より正しくは、Augustinus, De Trinitate XII, cap. 2, PL 42, 999.
19——Id., Confessiones X, cap. 25, PL 32, 794.
20——Aristoteles, De memoria, cap. 1, 450a13.（『記憶と想起について』副島民雄訳、岩波書店、一九六八年）
21——Cicero, De inventione II, cap. 53, n. 160.
22——Aristoteles, De anima III, 4, 429a27.
23——Augustinus, De Trinitate XIV, cap. 11, PL 42, 1047.
24——Aristoteles, De anima III, 6, 430a31.
25——Cicero, op. cit. II, cap. 53, n. 160.
26——Aristoteles, De memoria, cap. 1, 450a13.
27——Augustinus, De Trinitate XIV, cap. 7, PL 42, 1043.
28——Avicenna, Liber de anima V, cap. 6, f. 25vb sqq.
29——Aristoteles, De anima III, 4, 429a27.
30——Cf. Albertus Magnus, Summa de creaturis, pars 1, tr. 1, De homine, q. 57, a. 5; id., De anima III, tr. 3, cap. 9-11.
31——Pseudo-Anselmus, De similitudinibus, cap. 2, PL 159, 605C.
32——Aristoteles, De anima III, 7, 431a14.
33——Ibid. III, 16, 434a11.
34——Augustinus, De Trinitate XIV, cap. 7, PL 42, 1043.

35 ——— Aristoteles, De anima III, 4, 429a27.

36 ——— Augustinus, De Trinitate XIV, cap. 11, PL 42, 1047.

37 ——— Ibid. XIV, cap. 7, PL 42, 1043.

38 ——— Ibid.

39 ——— Ibid. XIV, cap. 8, PL 42, 1044.

40 ——— Ibid. XIV, cap. 3, PL 42, 1038.

41 ——— Ibid. XIV, cap. 7, PL 42, 1043.

42 ——— Ibid. IX, cap. 12, PL 42, 972.

43 ——— Ibid. XIV, cap. 7, PL 42, 1043.

44 ——— Ibid. XII, cap. 3, PL 42, 999.

45 ——— Petrus Lombardus, Glossa in Epistolas beati Pauli, II Cor. 12:2, PL 192, 80D; cf. Augustinus, De Genesi ad litteram XII, cap. 6, PL 34, 458.

46 ——— Augustinus, De Genesi ad litteram XII, cap. 24, PL 34, 474.

47 ——— Aristoteles, De anima III, 6, 430b28.

48 ——— Id., Ethica Nicomachea I, 1, 1094b27.

49 ——— Augustinus, De Genesi ad litteram XII, cap. 24, PL 34, 474.

50 ——— Aristoteles, Physica I, 7, 191a7.

51 ——— Augustinus, De Genesi ad litteram XII, cap. 6, PL 34, 458.

52 ——— Ibid. XII, cap. 24, PL 34, 474.

53 ——— Aristoteles, Ethica Nicomachea I, 20, 1102b30.

54 ——— Boethius, De consolatione Philosophiae V, prosa 4, PL 63, 849B.

55 ——— Dionysius Areopagita, De coelesti hierarchia, cap. 12, § 2, PG 3, 292C; Dionysiaca, 936.

56 ——— Boethius, In Isagogen Porphyrii commenta editio secunda I, PL 64, 85D.

57 ——— Aristoteles, Metaphysica VII, 10, 1035b27.

58——Id., De anima III, 11, 434a16.

59——Boethius, Contra Eutychen et Nestorium, cap. 6, PL 64, 1349D.

60——Aristoteles, De generatione et corruptione I, cap. 7, 324a34.

61——Id., De anima III, 6, 430b28.

62——Augustinus, Confessiones X, cap. 10, PL 32, 786.

63——Id., De Trinitate X, cap. 1, PL 42, 971.

64——Id., De Genesi ad litteram XII, cap. 16, PL 34, 467.

65——Id., De Trinitate XII, cap. 2, PL 42, 999.

66——Avicenna, Metaphysica III, cap. 8, f. 82va.

67——Augustinus, De Genesi ad litteram XII, cap. 16, PL 34, 467.

68——Aristoteles, De anima III, 5, 430a18.

69——Id., Physica VII, 3, 247b23.

70——Id., Analytica posteriora I, 30, 81a38.

71——Ibid. II, 20, 100a10.

72——Id., Metaphysica I, 15, 991a8.

73——Cf. ibid. VII, 10, 1034b32 sqq.

74——Avicenna, Liber de anima V, cap. 5, f. 25rb.

75——Origenes, De principiis II, cap. 9, PG 11, 230B-C.（『諸原理について』小高毅訳、創文社、一九七八年）

76——Aristoteles, De anima III, 5, 430a10 sqq.

77——Ibid. III, 4, 429b24.

78——Augustinus, De Trinitate XII, cap. 4, PL 42, 1000.

79——Petrus Lombardus, Sententiae II, d. 16, cap. 3.

80——Augustinus, De Trinitate XIV, cap. 8, PL 42, 1044.

81——Ibid. X, cap. 11, PL 42, 983.

82——Aristoteles, Topica VI, cap. 2, 140a10.

83——Dionysius Areopagita, De divinis nominibus, cap. 4, § 4, PG 3, 697B; Dionysiaca, 161.

84——Boethius, De Trinitate, cap. 2, PL 64, 1250D.

85——Augustinus, De Trinitate XV, cap. 3, PL 42, 1060.

86——Ibid. XII, cap. 4, PL 42, 1000.

87——Ibid. XI, cap. 2-5, PL 42, 985-992.

88——Ibid.

89——Aristoteles, De anima I, 1, 402a1.

90——Id., De partibus animalium I, 5, 644b31.（『動物部分論』島崎三郎訳、岩波書店、一九六九年）

91——Id., De caelo I, 11, 281a14.

92——Id., Metaphysica II, 1, 993b7.

93——Dionysius Areopagita, De divinis nominibus, cap. 4, § 4, PG 3, 697C; Dionysiaca, 162.

94——Id., De coelesti hierarchia, cap. 2, § 3, PG 3, 141B; Dionysiaca, 762.

95——Aristoteles, De anima III, 7, 431a16.

96——Ibid. I, 4, 408b11.

97——Ibid. III, 4, 430a2.

98——Id., Analytica posteriora I, 8, 72b25.

99——Dionysius Areopagita, De divinis nominibus, cap. 7, § 2, PG 3, 868B; Dionysiaca, 390.

100——Augustinus, De Trinitate IX, cap. 3, PL 42, 963.

101——Petrus Lombardus, Glossa in Epistolas beati Pauli, II Cor. 12:2, PL 192, 81C; ibid., II Cor. 12:2, PL192, 80D.

102——Aristoteles, De anima III, 4, 430a3.

103——Averroes, In Aristotelis Metaphysicam II, comm. 1, VIII, 29 B.

104——Aristoteles, De anima I, 1, 402a1.

105——Ibid. III, 5, 430a15.

106 ——Ibid. III, 5, 430a22.

107 ——Augustinus, De Trinitate IX, cap. 6, PL 42, 965.

108 ——Aristoteles, Ethica Nicomachea IX, 9, 1170a31.

109 ——Averroes, In Aristotelis De anima III, comm. 5, VI^{1}, 139 B; comm. 17, VI^{1}, 160 F.

110 ——Aristoteles, De anima III, 4, 430a2.

111 ——Averroes, In Aristotelis De anima III, comm. 15, VI^{1}, 159 F.

112 ——Augustinus, De Trinitate IX, cap. 6, PL 42, 966.

113 ——Averroes, In Aristotelis De anima III, comm. 18, VI^{1}, 161 C.

114 ——Augustinus, De Trinitate IX, cap. 4, PL 42, 964.

115 ——Petrus Lombardus, Glossa in Epistolas beati Pauli, II Cor. 12:2, PL 192, 80B-C; cf. Augustinus, De Genesi ad litteram XII, cap. 24, PL 34, 474. 次の石の例は、Aristoteles, De anima III, 8, 431b29.

116 ——Averroes, In Aristotelis De anima III, comm. 15, VI^{1}, 160 A.

117 ——Ibid. III, comm. 15, VI^{1}, 139 B; comm. 17, VI^{1}, 160 F.

118 ——Aristoteles, De anima I, 1, 402a10.

119 ——Petrus Lombardus, Glossa in Epistolas beati Pauli, II Cor. 12:2, PL 192, 81A; cf. Augustinus, De Genesi ad litteram XII, cap. 16, PL 34, 459.

120 ——Augustinus, De Trinitate X, cap. 7, PL 42, 979.

121 ——Aristoteles, Analytica posteriora I, cap. 2, 72a29.

122 ——Augustinus, De Genesi ad litteram XII, cap. 24, PL 34, 474.

123 ——Id., De Trinitate XIII, cap. 1, PL 42, 1014.

124 ——Id., Confessiones X, cap. 17, PL 32, 790.

125 ——Id., De civitate Dei XI, cap. 27, PL 41, 341.

126 ——Id., De Trinitate X, cap. 1, PL 42, 971.

127 ——Hugo de Sancto Victore, De sacramentis christianae fidei I, p. 10, cap. 2, PL 176, 329C.

128——Aristoteles, De anima III, 7, 431a14; cf. Averroes, In Aristotelis De anima III, comm. 5, VI^1, 146 D.

129——Aristoteles, Ethica Nicomachea II, 3, 1104b3.

130——Augustinus, Confessiones X, cap. 17, PL 32, 790.

131——Id., De Genesi ad litteram XII, cap. 24, PL 34, 474.

132——Aristoteles, Ethica Nicomachea II, 3, 1104b3.

133——Augustinus, De Trinitate VIII, cap. 8, PL 42, 957.

134——Aristoteles, Ethica Nicomachea V, 15, 1137a17.

135——Id., Analytica posteriora II, 20, 99b25.

136——Augustinus, De Trinitate X, cap. 1, PL 42, 971.

137——Aristoteles, Ethica Nicomachea II, 5, 1106b14.

138——Id., Analytica posteriora I, 4, 71b9.

139——Dionysius Areopagita, De divinis nominibus, cap. 4, § 4, PG 3, 700A; Dionysiaca, 166.

140——Cicero, De inventione II, cap. 53, n. 159.

141——Gregorius I, Moralia XVIII, cap. 54, PL 76, 93A; ibid. XII, cap. 54, PL 76, 93C-D.

142——Augustinus, De Genesi ad litteram XII, cap. 6, PL 34, 458.

143——Aristoteles, De anima III, 8, 431b21.

144——Cassiodorus, De anima, cap. 3, PL 70, 1288B.

145——Augustinus, Confessiones XII, cap. 25, PL 32, 840.

146——Cf. id., De Trinitate II, cap. 17, PL 42, 863.

147——Gregorius I, Moralia XVIII, cap. 54, PL 76, 92D.

148——Pseudo-Bernardus (Willelmus Sancti Theodorici), De contemplando Deo, cap. 8, PL 184, 376.（『神の観想について』高橋正行・矢内義顕訳、本集成第一〇巻『修道院神学』、一九九七年、所収）

149——Aristoteles, De anima III, 6, 430a31.

150——Ibid. III, 7, 431a14.

151 ——Augustinus, De Genesi ad litteram XII, cap. 27-28, PL 34, 477-478; id., Epistula 147, cap. 13, PL 33, 610.

152 ——Cf. Guillelmus Altissiodorensis, Summa aurea III, tr. 11, q. 2, f. 195vb, ed. Parisiis 1500.（『黄金大全』山内清海訳、本集成第一三巻『盛期スコラ学』一九九三年、所収）

153 ——Petrus Lombardus, Glossa in Psalmos, Ps. 11:2, PL 191, 155A; cf. Augustinus, Enarrationes in Psalmos, Ps. 11:2, PL 36, 138.

154 ——Aristoteles, Metaphysica II, 1, 993b7.

155 ——Glossa interlinearis, super Gen. 32:30.

156 ——Gregorius I, Moralia XXIV, cap. 6, PL 76, 292C.

157 ——Johannes Damascenus, De fide orthodoxa I, cap. 1, PG 94, 789B; ed. E. M. Buytaert, 12.

158 ——Anselmus, Proslogion, cap. 3, PL 158, 228.（『プロスロギオン』古田暁訳、本集成第七巻『前期スコラ学』所収）

159 ——Boethius, De consolatione Philosophiae III, prosa 2, PL 63, 724.

160 ——Aristoteles, Analytica posteriora I, 7, 72b23.

161 ——Cf. Augustinus, De Trinitate XIII, cap. 1, PL 42, 1014.

162 ——Ibid. I, cap. 2, PL 42, 822.

163 ——Boethius, De hebdomadibus, ed. R. Peiper, p. 171, 85.

164 ——Moses Maimonides, Dux neutrorum seu dubiorum I, cap. 74.

165 ——Avicenna, Metaphysica I, cap. 1, f. 70rb C.

166 ——Anselmus, Proslogion, cap. 2-4, PL 158, 227-229.

167 ——Boethius, De hebdomadibus, ed. R. Peiper, p. 169, 2.

168 ——Ibid., p. 169, 43.

169 ——Avicenna, Metaphysica VIII, cap. 4, f. 99^{r}.

170 ——Aristoteles, Physica I, 1, 184a16.

171 ——Anselmus, Proslogion, cap. 4, PL 158, 229A.

172 ——Petrus Lombardus, Glossa in Epistolas beati Pauli, Rom. 1:20, PL 191, 1328C.

173 ——— Glossa ordinaria super Apoc. 1:4; cf. Guillelmus Altissiodorensis, op. cit. III, tr. 4, f. 136rb, ed. Parisiis 1500.

174 ——— Boethius, De institutione arithmetica I, cap. 32, PL 63, 1110C.

175 ——— Hilarius, De Trinitate III, 23, PL 10, 92B.

176 ——— より正しくは、Seneca, Epistulae morales ad Lucilium I, epist. 6, 4.

177 ——— Aristoteles, De caelo I, 1, 268a14.

178 ——— Augustinus, De civitate Dei X, cap. 23, PL 41, 300.

179 ——— Id., Confessiones VII, cap. 9, PL 32, 740.

180 ——— Gregorius I, Homiliae XL in Evangelia II, hom. 26, PL 76, 1197C.

181 ——— Averroes, In Aristotelis De anima III, comm. 36, VI^{1}, 184 C.

182 ——— Aristoteles, Analytica posteriora II, 20, 100a10.

真理論

第一一問題　教師について

一――人間は教えることができて教師と呼ばれうるか、あるいはそうしたことは神のみに可能なことか。

二――或る人は自分自身の教師と言われうるか。

三――人間は天使によって教えられうるか。

四――教えることは活動的生の働きであるか、あるいは観想的生の働きであるか。

第一項

問題は教師についてである。そして第一に、人間は教えることができて教師と呼ばれうるか、あるいはそうしたことは神のみに可能なことか、が問われる。そして神のみが教え、教師と呼ばれるべきだ、と思われる。その理由、

(1)「マタイによる福音書」に、「汝らの師は一人である」〔マタ二三：八〕と言われ、「あなたがたは先生と呼ばれてはならない」という句がそれに先行している。これへの註釈[一]は「神の栄誉を人間に帰してはならない、あるいは神に属するものを自分たちに要求してはならない」と述べている。それゆえ、教師であることと教えることは神にのみ属すると思われる。

(2) さらに、もし人間が教えるとすれば、何らかの記号によるほかはない。なぜなら、たとえ事物そのものによって何かを教えていると思われる場合でも、たとえば、歩くとはどういうことかと問われて、或る人が歩いてみせるという場合のごときであるが、しかしこうしたことも何らかの記号が結びつけられないと、教えるためには十分ではないのであって、それはアウグスティヌスが『教師』[二]で示している通りである。すなわち、同じ行為に多くの要素が関わっており、それゆえその行為について、指示が何に関して為されているのか、すなわちその行為の実体に関して、あるいは附帯性に関して為されているかは、知られないであろう。ところで、記号によって事物の認識に到達することはできない。というのも、記号の認識は事物の認識を目的としてそれに秩序づけられ、他方結果はその原因より優れていることはないから、事物の認識は記号の認識よりすぐれているからである。それゆえ、何人《なんぴと》もいかなる事物の認識をも他の人に伝えることはできない。したがって、他の人を教えることはできないのである。

(3) さらに、もし或る諸事物の記号が或る人に人間によって提示される場合、記号が提示されるその人は、記号がそれらの記号であるそれら事物を認識するか、認識しないかのいずれかである。もしそれら事物を認識するとすれば、それら事物について教えられることはない。他方、もし事物を認識しないとすれば事物が知られないのであるから、それら記号の意味も認識されることはありえない。たとえば、石というこの事物を知らないがゆえに、人は石というこの名称が何を意味しているかを知ることができないようである。ところで、もし記号の意味が知られないとき、人は記号を通して何かを学ぶことはありえない。それゆえ、もし人が教えるために、記号を提示すること以外に何もしないとすれば、人は人によって教えられることはありえないと思われる。

(4) 教えることは他の者に何らかの仕方で知を生ぜしめることにほかならない。ところで、知の基体は知性である。他方、人がそれによってのみ教えうると思われる可感的な記号は、知性的部分には到達しないで、感覚的能力の内にのみ留まっている。それゆえ、人間が人間によって教えられることは不可能である。

(5) さらに、もし知が或る人によって別の人の内に生ぜしめられるとすれば、その知は学習者に内在していたか、あるいは内在していなかったかのいずれかである。もし知が内在していなくて、或る人によって別の人の内に生ぜしめられるとすれば、或る人は別の人の内に知を創造しているのである。しかし、これは不可能である。他方、もし知がすでに内在していたとすれば、その知は完全な現実態において内在していたのであり、そのときには知は生ぜしめられえない。実際、すでに存在するものが生ずることはないからである。あるいは、その知は種子的原理に即して内在していたのである。ところで、種子的原理は創造されたいかなる力によっても現実態に引き出されることができず、ただ神によってのみ自然の内に植え込まれるのであり、それはアウグスティヌスが『創世記逐語註解』[3]に語る通りである。それゆえ、或る人が別の人を教えることはいかなる仕方でも不可能であることが帰結する。

(6) さらに、知は一種の附帯性である。ところで、附帯性は自らの基体を実体的に変化させることはない。それゆえ、教授することは教師から学徒へと知を注ぎ移すことにほかならないと思われるから、或る人が別の人を教えることは不可能である。

(7) さらに、「ローマの信徒への手紙」の「信仰は聞くより起こる」(ロマ一〇:一七)への註釈[4]は、「神は内的に教えるけれども、説教者は外的に告知する」と述べている。ところで、知は精神の内に内的に生ぜしめられ、感覚の内に外的に生ぜしめられるわけではない。それゆえ、人間は神によってのみ教えられるのであって、他の人間によって教えられるわけではない。

(8) さらに、アウグスティヌスは『教師』[5]において、「地上で真理を教える神だけが天上に座を有している。他の人間はこの座に対して農夫が樹木に対するように関わっている」と述べている。ところで、農夫は樹木の制作者ではなく、それを育てる者である。それゆえ、人間は知の教授者とは言われえず、知への態勢を調える者と言われうるにすぎない。

(9) さらに、もし人間が真の教授者であれば、真理を教えなければならない。ところで、真理を教えるものはみな精神を照らす。真理は精神の光だからである。それゆえ、人間が教えるとすれば、その人は精神を照らすであろう。しかし、これは偽である。「この世に入ってくるすべての人を照らす」〔ヨハ一・九〕のは神だからである。それゆえ、或る人間が別の人間を本当に教える、ということは不可能である。

(10) さらに、もし或る人間が他の人間を教えるとすれば、可能的に知っている者を現実的に知っている者にするのでなければならない。それゆえ、教えられる者の知は可能態から現実態へと引き出されるのでなければならない。しかし、可能態から現実態へと引き出されるものは変化するのでなければならない。それゆえ、知とか知恵は変化することになろう。これは『八三問題集』[6]においてアウグスティヌスが語ることに反する。同書で彼は「人間に到来する知恵そのものは変化せず、かえって人間を変えるのである」と語っている。

(11) さらに、知は魂の内での諸事物の表現にほかならない、と思われる。実際、知は知る者の知られるものへの類似化にほかならない。ところで、或る人が別の人の魂に事物の類似を表現することはできない。というのも、もしできるとすれば、その人は他の人の内面において働いていることになろう。しかし、それは神のみに属することだからである。それゆえ、或る人間が別の人間に教えることはできない。

(12) さらに、ボエティウスは『哲学の慰め』[7]において、教授を通して人間の精神は知ることへと喚起されるだけである、と述べている。ところで、知性を知ることへと喚起する者は知性を知る者にするわけではない。ちょうど、或る人を物体的に見ることへと喚起する人は、その或る人を見るようにするわけではないのと同様である。それゆえ、或る人が別の人を知るようにさせるわけではない。したがって、或る人が別の人を教える、と固有の意味で言うことはできない。

(13) さらに、知に要求されるのは認識の確実性である。さもないと、それは知ではなく、臆見か信念であり、そのことは、アウグスティヌスが『教師』[8]に語る通りである。ところで、或る人は自ら提示する可感的な記号によって、他の人の内に確実性を産み出すことはできない。というのも、感覚の内にあるものは知性の内にあるものよりもより間接的であり、他方確実性は常により直接的なものによって生ぜしめられるからである。それゆえ、或る人が別の人を教えることは不可能である。

(14) さらに、知に必要とされるものは可知的光と形象のみである。ところで、これらのいずれも或る人の内に、他の人によって生ぜしめられることは不可能である。なぜなら、もしそれが可能であればこれら単純な形相は創造によってしか産出されえないのであるから、人間は何かを創造しなければならないであろう。それゆえ、人間は他の人間の内に知を生ぜしめることはできない。したがって、人間は他の人間を本当には教えることはできない。

(15) さらに、アウグスティヌスが言う通り[9]、人間の精神に形相を与えうるのは神だけである。ところで、知は精神の一種の形相である。それゆえ、魂の内に知を生ぜしめるのは神だけである。

(16) さらに、罪過が精神の内にあるように、無知も精神の内にある。ところで、神だけが精神を罪過から浄化する。「イザヤ書」に「私は私自身のためにあなたの背きの罪をぬぐう」〔イザ四三：二五〕とある。それゆえ、神だけが精神を無知から浄化する。したがって、教えるのは神だけである。

(17) さらに、知は確実性を持った認識であるから、或る人が知を得るのは、その人の言葉が確証されるようなその人からである。ところで、人は人間の語るのを聞くことから、確かさを与えられるわけではない。さもないと、或る人に別の人によって語られることはすべてその人には明らかに確かなことであることになろう。ところで、人が確かさを与えられるのは、その人がその内面で真理が語るのを聞くときだけである。人は他の人間から聞く事柄についても、確かであるために内的真理の助言を求めるのである。それゆえ、人間が教えるのではなく、内面で語る真理、すなわち神が教えるのである。

(18) さらに、何人《なんぴと》も、他の人の言葉を聞く前でさえ、もし訊ねられたときには答えたであろう事柄について、他の人の言葉によって学ぶというようなことはない。ところで、生徒は教師が提示する事柄について、教師が語る前にも質問されたときには答えるであろう。というのも、生徒が教師の言葉から教えられるのは、事柄が教師の提示する通りにあることを認識するときのみだからである。それゆえ、或る人が別の人の言葉によって教えられることはないのである。

以上に反して、(1)「テモテへの手紙二」に、「私は福音のために立てられ、説教者であり、異邦人の教師である」〔二テモ一：一一〕と言われている。それゆえ、人間が教師であり、教師と言われることは可能である。

(2)「テモテへの手紙二」の「しかれども汝は学びしこと、確信せることに留まれ」〔二テモ三：一四〕に対して、註釈[10]は「真の教師としての私から」と述べている。それゆえ、先と同じ結論となる。

(3) さらに、「マタイによる福音書」において、「汝らの師は一人である」と「汝らの父はひとりである」〔マタ二三：八‐九〕と、同じ箇所で語られている。ところで、神がすべての人の父であることは、人間も真に父と言われうることを排除するわけではない。それゆえ、神が万人の教師であることによっても、人間が真に教師と言われうることが排除されるわけではない。

(4) さらに、「ローマの信徒への手紙」の「山々を越えて〔良き知らせを伝える者の足は〕なんと美しいことか」〔ロマ一〇：一五〕に対する註釈[11]は、「彼らは教会を照らす足である」と語っている。ところで、それは使徒たちについて語っているのである。それゆえ、照明することは教師の行為であるから、教えることは人間に適合すると思われる。

(5) さらに、『気象論』第四巻[12]に語られている通り、おのおののものが完全であるのは、そのものが自分に似たものを生み出しうるときである。ところで、知は一種の完全な認識である。それゆえ、知を所有している人間は他の人を教えることができるのである。

(6) さらに、アウグスティヌスは『マニ教徒駁論』[13]において、罪の前には泉によって灌水されていた大地は、罪の後では雲から降る雨を必要としたように、大地によって表現される人間精神は、罪の前には真理の泉によって豊饒にされていたが、罪の後には雲から降る雨のように他の者からの教授を必要とするであろう、と語っている。それゆえ、少なくとも罪の後には人間は人間によって教えられるであろう。

答えて次のように言わなければならない。同じ種類の意見の相違が三つの事柄において見出される。すなわち、諸々の形相を存在へと引き出すことにおいて、諸々の徳の獲得において、ならびに諸々の知の獲得においての三つにおいてである。すなわち、或る人々はすべての可感的な形相は外的な作用者――それは離在した実体または形相であり、それを彼らは諸形相の賦与者とか能動的知性実体と呼んでいる――から存在していること、またすべての下位の自然的な作用者は形相の受容のために質料を準備するものとしてのみ存在する、と主張した。同じように、アヴィセンナもその『形而上学』のなかで、「善き習慣の原因はわれわれの行為ではなく、むしろ行為は善き習慣に反するものの出来することを妨げ、人間の諸々の魂を完成する実体――能動的知性実体あるいはそれに類似した実体――から善き習慣が生じてくるように、われわれを善き習慣へと準備するのである」と語っている。同様に、かの人々はわれわれの内の知は離在的作用者によってのみ作出される、とも主張する。それゆえ、アヴィセンナは『自然学』第六巻において、諸々の可知的形相は能動的知性実体からわれわれの精神に流出する、と主張するのである[14]。

他方、或る人々は反対の意見を表明した、すなわち上述の三つはすべて諸事物に内在していて、それらは外に原因を持っているのではなく、ただ外的な作用によって露《あらわ》にされるだけである、と主張した。実際、或る人々は、自然的なすべての形相は質料の内に隠れているが、現実的に存在していたのであり、自然的な作用者はそれら形相を隠れた状態から露な状態に引き出す以外のことは何もしない、と主張した。同じように、或る人々は、徳のすべての所有態は本性的にわれわれの内に賦与されているが、それら所有態をいわば隠していた障害物は諸行為の実践によって除去される、たとえば、鉄の輝きが露になるために錆が削り取られるように、と主張した。同じように、或る人々はまた、すべてのものの知は魂と一緒に魂の内に創造されたのであり、具体的な教授や知に対する外部からのさまざまな支援によって、魂がかつて知っていた事柄の想起や考察へと促されるということだけが起こっている、と主張したのである。それゆえ、彼らは学習は想起にほかならない、と主張するのである。

　ところで、これら両方の意見は合理的な根拠を欠如している。すなわち、第一の意見は下位の自然の内に現れるすべての結果をもっぱら第一の諸原因に帰することによって、近接原因を排除している。その点で、この意見は、諸原因の秩序とそれらの結合によって織りなされる宇宙の秩序から逸脱しているのである。というのも、第一原因は自らの善きものの卓越性から他の諸事物にそれらが存在することのみならず、原因として存在することをも授けるからである。第二の意見もほとんど同じ不都合に陥る。『自然学』第八巻[15]に語られている通り、障害物を除去するものは附帯的に動かすものにすぎないから、もし下位の作用者は形相や徳や知の所有態を隠していた障害物を除去することによって、事物を隠れた状態から露な状態へと産出するだけだとすれば、下位のすべての作用者はただ附帯的に作用するだけであることが帰結することになる。

　それゆえ、アリストテレスの教説によれば、これら二つの意見の間の中間の道が、上述のすべてにおいて採用されるべきである。すなわち、自然的形相は、他の人々が語った通り、確かに質料の内に存在するが、現実態においてではなくただ可能態の内にのみ存在する。そして、その可能態から形相は現実態に、他の意見が主張したように第一原因によってのみではなく、外的な近接原因によってもたらされるのである。同様にまた、『倫理学』第六巻[16]のアリストテレスの意見によれば、諸々の徳の所有態は、それら徳が完全に形成される前に、徳の一種の発端である何らかの自然本性的な傾向性の内にわれわれに先在しているが、その後行為の実践によってふさわしい完成へともたらされるのである。知の獲得についても同じように言われるべきである。すなわち、知の一種の種子、すなわち知性の抱く最初の懐念（conceptio）はわれわれの内に先在し、それら懐念は可感的事物から抽象された形象を通して能動知性の光によってただちに認識されるものである。それらは公理命題のように複合されていてもよいし、在るものや一なるもののように知性がただちに捉えるものの概念、すなわち複合されざるものでもよい。ところで、帰結してくるすべてのことは一種の種子的原理としてのこれら普遍的原理の内に含まれているのである。それゆえ、それら普遍的な認識から精神がより先には普遍的で、いわば可能態において認識されていた個別的なものを現実的に認識するよう引き出されるとき、そのときに人は知を獲得すると言われるのである。

しかし、次のことを知らなければならない。自然物において或るものが可能態にあるのには二様の仕方がある。一つは、完全な能動的可能態の内にある。すなわち、内在的根原がそのものを完全な現実態に導出するに十分な場合である。たとえば、治癒するという場合に明らかである。実際、病人は病人の内にある自然的な力から健康へと導かれるのである。もう一つの仕方では、受動的可能態の内にある。すなわち、内在的根原が或る物を現実態に引き出すのに不十分な場合である。たとえば、空気から火が生ずるという場合に明らかである。実際、こうしたことは空気の中にある何らかの力によって生ずることはできなかった。したがって、或るものが完全な能動的可能態の内に先在する場合、外的作用者は内在的作用者を支援し、それらによってそれが現実態に移行しうるそれらを内在的作用者に提供することによってのみ作用するに留まる。たとえば、医者は治療において自然本性を強化し、自然が治癒するために道具として用いる薬を処方することによって、第一義的に働く自然の管理者であるのである。他方、或るものがただ受動的可能態の内にのみ先在するときには、外的作用者が可能態から現実態へと第一義的に引き出すものである。たとえば、火が可能的に火である空気から現実的な火を生ぜしめるようにである。それゆえ、知は学習者において純粋に受動的ではなく、能動的な可能態の内に先在しているのである。さもないと、人は自分自身では知を獲得することはできないことになろう。それゆえ、或る人は二様の仕方で癒され、一つは自然本性の働きによってのみ癒され、もう一つは薬に助けられつつ自然本性によって癒されるように、知の獲得の仕方もまた二様にあるのである。一つは、自然理性がそれ自体によって未知の事柄の認識に至る場合である。この仕方は発見と言われる。もう一つは、自然理性に或る人が外部から支援される場合である。この仕方は教導による学習と言われる。

ところで、自然と技とによって産出される諸結果において、技は自然と同じ仕方と同じ手段によって働く。たとえば、風邪を患っている人において、自然は暖かくすることによってその人に健康を回復させるように、医者も同様のことをするのである。同じように知の獲得においても、或る人が発見することによって自分自身を未知の事柄の発見にもたらすように、教授する者は同じ仕方で他の者を未知の事柄の認識へともたらすのである。

ところで、発見によって未知の事柄の認識へと到達する理性の過程は、それ自体で知られる共通的な原理を特定の事柄に適用し、そこから個別的な結論へと進んでゆき、しかもこれらの結論から他の結論へと進んでゆくことである。それゆえ、以上の次第によれば、或る人が別の人を教えると言われるのは、彼自身が自らの自然理性によって進んでゆく理性の推論を他の人に、記号によって明らかにするというかぎりにおいてである。すなわち、学徒の自然理性は自らに提示されたものを一種の道具として、それらによって未知の事柄の認識に至るのである。それゆえ、医者が自然の働きによって病人の内に健康を生ぜしめると言われるように、人間もまた知を他の人の内にその人の自然理性の働きによって生ぜしめると言われるのである。そして、このことが教えることである。それゆえ、或る人は別の人を教え、別の人の教師と言われる。こうしたわけで、哲学者は『分析論後書』第一巻[7]において「論証は人を認識させる推論である」と語るのである。ところで、もし或る人が別の人に、それ自体で知られる原理の内に含まれていない事柄、あるいは含まれていることが明らかにされない事柄を提示する場合には、その人の内に知を生ぜしめないで、おそらく臆見とか信念とかを生ぜしめることになろう。もっとも、これも何らかの仕方で生得的な第一の諸原理から生ぜしめられているのではある。実際、人はそれ自体で知られる諸原理から、それら諸原理から必然的に帰結してくる事柄は確実に保持され、他方それら原理に反する事柄は全面的に斥けられるべきである、と考える。ところで、自明な原理から必然的に帰結しないことやそれら原理に反しないことには承認を与えることも与えないこともできる。ところで、このような原理がわれわれにそれによって知られる理性の光は、われわれの内に反映している創造されざる真理の一種の類似として、神からわれわれに賦与されているのである。それゆえ、人間の教説はすべてこの光の力によるのでなければ効力を持ちえないのであるから、神だけが内的にかつ第一義的に教える者であることは、ちょうど自然が内的かつ第一義的に治療するのと同様に明らかである。しかし、それにもかかわらず人間も固有の意味で治療し教えると、前述の仕方で言われるのである。

(1) それゆえ、第一に対しては次のように言わなければならない。主が弟子たちに先生と呼ばれないように命令していたということで、註釈はこのことが無条件に理解されないために、この禁止がいかに理解されるべきかを解説しているのである。すなわち、神にふさわしい教授の卓越性を、人間に帰するような仕方で人間を教師と呼ぶことは、われわれには禁止されている。神にふさわしい仕方で人間を教師と呼ぶことは、人間の知恵に希望を置くようなものであり、人間からわれわれが聞く事柄について神に相談しないようなものである。神の真理は自らの類似を刻印することによってわれわれの内で語るものであり、その刻印によってわれわれはすべてについて判断しうるのである。

(2) 第二に対しては次のように言わなければならない。事物の認識がわれわれの内に生ぜしめられるのは、記号の認識によってではなく、他のより確かな事物、すなわち原理の認識によってである。これら原理はわれわれに何らかの記号によって提示され、或る意味では既述の通りわれわれに知られていたが、より先に端的にはわれわれに未知であった他の事柄に適用されるのである。実際、原理の認識はわれわれの内に結論の認識を生ぜしめるが、記号の認識はそれを生ぜしめないのである。

(3) 第三に対しては次のように言わなければならない。記号によって教えられる事柄について、われわれは或る点では認識しており、或る点では認識していないのである。したがって、もし人間とは何かが教えられるとき、人間についてわれわれは或ることを、すなわち動物の意味、あるいは実体ないし、少なくともわれわれに知られないことのありえない在るものそれ自体の意味をあらかじめ知っていなければならない。同様に、もし結論について教えられる場合、われわれは主語と述語が何であるかをあらかじめ知っていなければならない。また、結論がそれより教えられる原理のあらかじめの認識を持っていなければならない。実際、「すべての学習はあらかじめ存在する認識から生ずる」と『分析論後書』の初めで言われている[18]。それゆえ、異論の推論は帰結しないのである。

(4) 第四に対しては次のように言わなければならない。われわれの知性は感覚的能力に受容される可感的記号から可知的形相（intentiones intelligibiles）を得る。そして、知性は自らの内に知を産出するために、これら可知的形相を用いるのである。というのも、記号が知を生ぜしめる近接原因ではなく、既述の通り、原理から結論を推論する理性がそれである。

(5) 第五に対しては次のように言わなければならない。教えられる者の内には、知は完全な現実態において存在したのではなく、われわれが自然本性的に認識する普遍的な概念は、帰結してくるすべての知のいわば種子である、という意味で、いわば種子的原理の内に存在したのである。ところで、これら種子的原理は、被造の力によって注入されたかのごとく、被造の力によって現実態に引き出されることはないけれども、しかしそれらの内に原初的で潜勢的な仕方で存在するものは、被造の力の作用によって現実態に導出されうるのである。

(6) 第六に対しては次のように言わなければならない。教える者は、教師の内にある個的に同じ知が生徒の内に生ずるかのように、生徒に知を移し注ぐとは言われない。かえって、教授を通して教師の内にある知に類似した知が、既述のように、可能態から現実態へと引き出されて生徒の内に生ずるのである。

(7) 第七に対しては次のように言わなければならない。医者は外的に働き自然だけが内的に働くけれども、医者は健康を生ぜしめると言われるように、人間は外的に告知し、神が内的に教えるけれども、人間も真理を教えると言われるのである。

(8) 第八に対しては次のように言わなければならない。アウグスティヌスは、『教師』において、教えるのは神だけであることを示すことによって、人間が外的に教えることを排除することを意図しているのではなく、神そのものだけが内的に教えることを言わんとしているのである。

(9) 第九に対しては次のように言わなければならない。人間は真理を教え精神を照らすかぎりで、真に本当の教授者と言われうるが、このことは人間が理性の光を精神に注入するのではなく、外的に提示する事柄によって理性の光を知の完成へと支援することを意味している。この意味において、「エフェソの信徒への手紙」に「この恵みは、聖なる者たちすべてのなかで最もつまらない者である私に与えられました。私は、この恵みにより、キリストの測り知れない富について、異邦人に福音を告げ知らせており、すべてのものをお造りになった神の内に世の初めから隠されていた秘められた計画が、どのように実現されるのかを、すべての人々に解き明かしています」〔エフェ三：八–九〕と言われているのである。

(10) 第一〇に対しては次のように言わなければならない。知恵には創造されたものと創造されざるものとの二つがある。そして、両方の知恵が人間に注入され、その注入によって人間はそれら知恵において前進して、より善いものに変わると言われる。ところで、創造されざる知恵はいかなる仕方でも可変的ではないが、創造された知恵はわれわれにおいて附帯的に、つまり自体的ではない仕方で変化する。実際、われわれは変化への可能性を二様に考えることができる。一つは、知恵が永遠なる事物に対して持っている関係に即して。この意味では知恵は全く不変的である。もう一つの仕方では、知恵がその基体において有している存在に即して。この意味では、知恵を可能的に有している基体がそれを現実的に有している基体に変化するとき、知恵は附帯的に変化するのである。実際、知恵がそれらから成り立っている可知的形相は事物の類似であり、かつ知性を完成する形相だからである。

(11) 第一一に対しては次のように言わなければならない。教授を通して得られる知がそれらから成り立っているそれら可知的形相は、学徒の内に直接的には能動知性によって表現されるが、間接的には教える人によって表現される。実際、教授者は学徒に可知的事物の記号を提示し、それら可知的事物から能動知性は可知的な類似を獲得し、それらを可能知性の内に表現するからである。それゆえ、教授者の言葉は、それが聞かれたり書かれたりしたものにおいて見られたりするとき、知性の内に知を生ぜしめることに対して、魂の外にある事物と同じ効力を有している。というのも、両者から能動知性は可知的類似性を受容するからである。もっとも、教授者の言葉はそれらが可知的形相の記号であるかぎりにおいて、魂の外の可感的対象よりも知を生ぜしめることにより近くに位置してはいるのである。

(12) 第一二に対しては次のように言わなければならない。知性と身体的視覚との間にまったき類似があるわけではない。すなわち、身体的視覚はその諸対象の或るものから別の対象へと進んでゆくような比量的な能力ではなく、そのすべての対象は視覚が向かうとただちに視覚にとって見られうるものである。それゆえ、視力を持っているものは可視的なすべてのものを見ることに対して、ちょうど所有態を持っている者が所有態的に知っている事柄を思考することに対するように関わっているのである。したがって、見る者は見るために別のものによって刺激される必要はない。ただし、見る者の視覚が他のものによって見られるものに指とかこれに類するものによって指示される場合は別である。これに対して、知性的能力は比量的能力であるから、或るものから別のものへと進んでゆく。それゆえ、思考すべきすべての可知的なものに対して対等に関わっているのではなく、それ自体で知られる或るものどもはただちに見てとり、それらの内に或る別のものどもが含蓄的に含まれており、それらを知性は原理の内に含蓄的に含まれている事柄を理性を利用して展開することによってのみ、認識することができるのである。それゆえ、知性的能力は、所有態を所有する前に、附帯的な可能態の内のみならず、本質的な可能態の内にもあるのである。というのも、知性的能力は、『自然学』第八巻[19]に言われている通り、教授を通して所有態を現実化する動者を必要とするからである。ただし、或るものをすでに所有態的に知っている者はそのような動者を必要としない。それゆえ、教授者は本質的動者として、知性を可能態から現実態へと引き出して、自らが教える事柄を知るよう知性を促すのである。しかし、或る事物を身体的視覚に示すものは、附帯的動者として視覚を働きへと促すのである。知の所有態を有している者も何かによって思考することへと促されうるのである。

(13) 第一三に対しては次のように言わなければならない。知の確実性の全体は諸原理の確実性に起原がある。

というのも、結論が確実性をもって認識されるのは、それらが原理に還元される場合だからである。したがって、或ることが確実性をもって知られるのは、神によってわれわれに内的に賦与された理性の光による。その光によって神はわれわれの内で語りかけるのである。他方、そうしたことが外部から教える人間によるのは、その人がわれわれを教えて結論を原理へと還元するかぎりにおいてである。しかし、そのことからわれわれが知の確実性を得るのは、結論がそこへと還元される原理の確実性がわれわれに内在している場合だけである。

(14) 第一四に対しては次のように言わなければならない。外部から教える人間は可知的光を流入させるのではなく、われわれに可知的類似の何らかの記号を提示するかぎりにおいて、何らかの仕方で可知的形象の原因である。そして、われわれの知性は可知的類似をそれら記号から獲得し、それらを自らの内に保持するのである。

(15) 第一五に対しては次のように言わなければならない。「精神に形相を与えうるのは神だけである」と言われるとき、他の形相をどれほど多く所有していようとも、それなしには精神は無形相と見なされる、そうした精神の究極の形相について理解される。ところで、これは精神がそれによって御言葉《みことば》へと向けられ、御言葉に固着する形相である。アウグスティヌスの『創世記逐語註解』[20]から明らかな通り、理性的本性が形相化されていると言われるのはこの形相によってのみである。

(16) 第一六に対しては次のように言わなければならない。罪過は、後に続く項〔第三項〕で明らかなように、神のみがそれに刻印することのできる情動の内にある。ところで、無知は知性の内にあり、これに対しては被造の力でさえ刻印することができる。実際、能動知性は可能知性に可知的形象を刻印し、可能知性が媒介となって可感的事物と人間の教授とからわれわれの魂の内に知が刻印されるのであり、それは既述の通りである。

(17) 第一七に対しては次のように言わなければならない。知の確実性を、既述の通り、人はわれわれに理性の光を授けた神からのみ所有する。実際、理性の光を通してわれわれは諸原理を認識し、知の確実性はそれら原理に起原があるからである。しかしながら、知は人間によっても何らかの仕方でわれわれの内に生ぜしめられることは、既述の通りである。

(18) 第一八に対しては次のように言わなければならない。教師が語る前に生徒はもし訊ねられたとき、自らがそれを通して教えられる諸原理については答えるであろうが、人が生徒に教えている結論については答えないであろう。したがって、生徒は原理を教師から学ぶのではなく、ただ結論のみを学ぶのである。

第二項

第二に、或る人は自分自身の教師と言われうるか、が問われる。そして、そう言われる、と思われる。その理由、

(1) 作用は道具的原因よりも主要的原因によりいっそう帰せられねばならない。ところで、われわれの内に生ぜしめられた知のいわば主要的な原因は能動知性であり、他方外部から教える人間は、いわば道具的な原因であって、知をそれによって生ぜしめる道具を能動知性に提供するものである。それゆえ、能動知性は外部の人間よりもより教えるものである。それゆえ、外部から語る人は外的に語ることのゆえに、彼を聞く人の教師と言われるとすれば、聞く人は能動知性の光のゆえにより十全な意味で自分自身の教師と言われるべきである。

(2) さらに、何人《なんぴと》も認識の確実性に到達することによらなければ、何かを学んだことにはならない。ところで、認識の確実性がわれわれの内に内在するのは、能動知性の光において自然本性的に知られる諸原理によってである。それゆえ、能動知性には特に教えることが適合する。かくして、上と同じことが帰結する。

(3) さらに、教えることは固有には人間によりも神に適合することは、「マタイによる福音書」に、「汝らの師は一人である」〔マタ二三：八〕と語られていることから明らかである。ところで、神がわれわれに教えるのは、理性の光をわれわれに伝え、それによってわれわれが万物について判断することができるかぎりにおいてである。それゆえ、教授する働きはその光に特に帰せられねばならない。かくして、上と同じことが帰結する。

(4) さらに、或るものを発見によって知ることは、他者から学ぶことより完全であることは、『倫理学』第一巻[21]において明らかな通りである。それゆえ、もし或る人が別の人から知を学ぶ仕方から、一方の者が他方の者の教師であるという意味で教師の名称が取られるとすれば、発見によって知を獲得する仕方からはるかに教師の名称は取られるべきであり、かくして或る人は自分自身の教師と言われるのである。

(5) さらに、或る人は徳へと他の人によってと自分自身によって動かされるように、或る人は自分自身によって発見することによって、また他の人から学ぶことによって知を獲得するようになる。ところで、外的な教導者や立法者を持つことなしに、諸徳の業に到達する者たちは自分自身に対して律法であると言われる。「ローマの信徒への手紙」に「たとえ律法を持たない異邦人も、律法の命じるところを自然に行えば、律法を持たなくとも、自分自身が律法なのです」〔ロマ二・一四〕と言われている。それゆえ、自分自身によって知を獲得する者も、自分自身にとって教師であると言われなければならない。

(6) さらに、教授者は、医者が健康を原因するものであるように、知を原因するものであることは既述の通りである。ところで、医者は自分自身を健康にする。それゆえ、或る人は自分自身を教えることもできるのである。

以上に反して、(1) 哲学者は『自然学』第八巻[22]において、教授者は必ず知恵を所有し、学習者は知恵を所有していないのであるから、教授者が学ぶということは不可能である、と語っている。それゆえ、或る人が自分自身を教えるとか、自分自身の教師と言われうる、といったことはありえない。

(2) さらに、教授者の職務は統治者と同様、優位の関係を含意している。ところで、このような関係が或る人に自分自身に対して内在することはありえない。たとえば、或る人が自分自身の父であったり、主人であったりしないからである。それゆえ、或る人が自分自身の教師と言われることも不可能である。

答えて次のように言わなければならない。或る人は、外部からの教授なしに自らに内的に賦与されている理性の光によって、たくさんの知らない事柄の認識に確実に到達することができる。それは発見によって知を獲得するすべての人において明らかである。したがって、或る意味で人は自分自身にとって知ることの原因であるが、しかしそのことのゆえに自分自身の教師であるとか、自分自身を教えるとかと厳密な意味で言われることはできない。実際、実在の世界において能動的な諸原理に二つのあり方のあるのをわれわれは見出すが、そのことは哲学者の『形而上学』第七巻[23]から明らかな通りである。すなわち、一つの能動的原理は、自らから結果の内に産出されるすべてのものを有しているものである。そして、同名同義的能動者におけるように、結果と同じ仕方で所有している場合と、同名異義的能動者におけるように、結果よりも卓越した仕方で所有している場合とがある。他方、或る能動的原理は結果の一部分だけが自らの内に先在しているようなものである。たとえば、健康を原因する動とか何らかの暖かい薬とかで、こうした薬の内に暖かさは、現実的あるいは潜在的に見出されるが、この暖かさは健康全体ではなく健康の一部分であるごとくである。それゆえ、第一の能動者は作用の完全な性格を有するが、第二の仕方の能動者はそれを有していない。というのも、或るものが作用するのはそのものが現実的にあることによってであるからである。後者の能動者は現実的には、産出さるべき結果を部分的にしか所有していないのであるから、それは不完全な仕方での能動者でしかありえないであろう。

ところで、教授は教授者あるいは教師の内の知の完全な働きを前提している。それゆえ、教える者とか教師は他の者の内に生ぜしめる知を、それが学ぶ者の内に教授を通して生ずるような仕方で、明瞭かつ完全に所有していなければならない。他方、或る者に知が内在的な原理によって獲得されるとき、知の能動原因であるものは獲得すべき知を部分的に、すなわち一般的な諸原理であるところの知の種子的諸原理に関してでしか所有していないのである。したがって、固有に語れば、教授者とか教師とかの名称はそのような原因性からは取られえないのである。

(1) それゆえ、第一に対しては次のように言わなければならない。能動知性は或る点では外から教える人間よりもより主要的な原因であるけれども、しかし能動知性の中には教授する者におけるように知が完全に先在しているわけではない。それゆえ、異論の推論は帰結しないのである。

(2) 第二に対しては、異論の第一に対してと同様に言われるべきである。

(3) 第三に対しては次のように言わなければならない。神は自分によって人間が教えられるすべての事柄を知っていた。それゆえ、神には教師の性格が適切に帰せられうるのである。しかし、能動知性については、すでに述べられた理由によって事情は同じではないのである。

(4) 第四に対しては次のように言わなければならない。発見による知の獲得の仕方は、知を受け取る者の側からはその者が知るためにより熟練しているかぎりにおいて、より完全であるけれども、しかし知を原因する者の側からは教授による知の獲得の仕方の方がより完全である。というのも、知の全体を明瞭に知っている教授者は、或る人が知の諸原理を一般的にあらかじめ知っていることによって自分自身から学ぶよりも、より容易にその者を知へと導くことができるからである。

(5) 第五に対しては次のように言わなければならない。律法は諸行為において、原理命題が思弁的な事柄において位置しているように、位置しているが、教師のように位置しているわけではない。それゆえ、或る人は自らにとって律法であるとしても、その者が自分自身にとって教師でありうることが帰結するわけではない。

(6) 第六に対しては次のように言わなければならない。医者が治療するのは、健康を、現実的に所有しているからではなく、医療の技の認識において所有しているかぎりにおいてである。ところで、教師が教えるのは、知を現実的に所有しているかぎりにおいてである。それゆえ、健康を現実的に所有していない者は、健康を医療の技の認識において所有していることから、自分自身の内に健康を生ぜしめることができる。しかし、或る人が知を現実的に所有し、かつ自分自身によって教えられるように知を持っていない、ということは不可能である。

第三に、人間は天使によって教えられうるか、が問われる。そして、教えられえない、と思われる。その理由、

(1) もし天使が教えるとすれば、内的に教えるか外的に教えるかのいずれかである。ところで、内的に教えることはない。というのも、アウグスティヌス[24]が語る通り、こうしたことは神にのみ属することだからである。また、外的に教えるとも思われない。というのは、外的に教えるとは何らかの可感的な記号によって教えることであり、そのことはアウグスティヌスが『教師』[25]に語る通りである。ところで、このような可感的な記号によって天使はわれわれを教えることはない。もっとも、天使が可感的に現れる場合は別である。それゆえ、天使は可感的に現れる場合を別にすれば、われわれを教えることはないのである。また可感的に現れるといったことは、いわば奇跡によってのように通常の自然の営みからは外れて起こることである。

(2) しかし、天使たちはわれわれの想像力の内に刻印するかぎりで、或る仕方で外的にわれわれに教えると言われてきた。——これに対しては次のように言われる。想像力に刻印された表象は現実的に想像するためには、志向が共存しなければ十分でないことは、アウグスティヌスの『三位一体論』[26]に明らかな通りである。ところで、志向は神のみがそれに刻印することのできる意志の行為であるから、天使は志向をわれわれの内にもたらすことはできない。それゆえ、想像力に刻印することによっても天使はわれわれを教えることはできない。というのも、われわれが現実的に何かを想像するのでなければ、想像力を媒介にしてわれわれが何かを教えられることはありえないからである。

(3) さらに、もしわれわれが天使たちによって可感的に現れることなしに教えられるとすれば、そうしたことは天使がわれわれの知性を照明するかぎりにおいてでしかありえないが、しかし知性を照明することはありえないと思われる。なぜなら、天使たちはわれわれの知性に自然的な光を伝えることはない。それは精神と一緒に創造されたものであるから、神からのみ由来しているからであり、また天使は恩寵の光を伝えることもないからで

ある。実際それは神のみが注入するからである。それゆえ、天使たちは見える形で現れるのでなければ、われわれを教えることはできないのである。

(4) さらに、或る人が別の人から教えられるときはいつでも、学ぶ者は教える者のさまざまな考えをよく吟味し、学習者の精神は教授者の精神が進めるのと同じ推論によって知に到達するであろう。ところで、人間は天使のさまざまな考えを見ることはできない。というのも、人間はそれら考えをそれら自体において見ることはなく、それは他の人間の考えを見ることができないのと同様だからである。事実、天使の考えは人間のそれよりいっそう隔たっているので、それを見ることはいっそう少ないのである。さらに可感的な記号の内に見るということも、可感的な仕方で現れる場合を除けばありえないことである。そして後者の場合については今は論じていない。それゆえ、天使たちは他の仕方でわれわれを教えることはできないのである。

(5) さらに、教えることは「この世に入ってくるすべての人を照らす」〔ヨハ一：九〕方に属することであるのは、「マタイによる福音書」の「汝らの師はキリスト一人である」〔マタ二三：一〇〕への註釈[27]より明らかである。ところで、こうしたことは天使には適合せず創造されざる光にのみ適合することは、「ヨハネによる福音書」〔ヨハ一：九〕に明らかな通りである。

(6) さらに、他の者を教える者は誰でもその者を真理へと導き、かくしてその者の魂に真理を生ぜしめる。ところで、真理を原因するのは神だけである。なぜなら、真理は可知的な光であり単純な形相であるから、それは継次的に存在するようになるのではなく、神にのみ適合する創造の働きによってのみ産出されうるものだからである。それゆえ、天使たちは創造者ではないから、ダマスケヌス[28]が語る通り、彼らは教えることができない、と思われる。

(7) さらに、絶えることのない照明は、絶えることのない光からのみ生じうる。なぜなら、光がなくなると基体も照明されるのを中止するからである。ところで、教授において、知は常に存在している必然的な事柄を対象とするから、絶えることのない何らかの照明が要請される。それゆえ、教授は絶えることのない光からのみ生じてくる。ところで、天使の光はこのようなものではない。というのも、天使たちの光は、もし神の側から保護されない場合には、絶えることがあるからである。それゆえ、天使は教えることはできないのである。

(8) さらに、「ヨハネによる福音書」には、イエスに従っていたヨハネの二人の弟子は、イエスが「汝らは何を求めているのか」と訊ねると、「ラビ――先生という意味――、どこに泊まっておられるのですか」〔ヨハ一・三八〕と答えたことが語られている。その箇所も註釈[29]は「この名称によって彼らは自らの信仰を示している」と解し、別の註釈[30]は「イエスは知らなかったから彼らに訊ねたのではなく、彼らが答えることによって功績を得るためであった。また彼らが何を求めているかとイエスが訊ねたとき、彼らは物ではなく人を訊ねている、と答えている」と述べている。以上すべてのことから明らかになることは、その回答において彼らはイエスが或る人（persona）であることを表明しており、その表明において自らの信仰を示し、そのことで功績を得ている、ということである。ところで、キリスト教信仰の功績は、キリストが神のペルソナであると告白することにある。それゆえ、教師であることは神のペルソナのみに属するのである。

(9) さらに、教える者は誰でも真理を明らかにするのでなければならない。ところで、真理は一種の可知的な光であるから、真理の方が天使よりもわれわれにいっそう知られている。それゆえ、われわれは天使によって教えられない。より知られたものが、より知られていないものによって、明らかにされることはないからである。

(10) さらに、アウグスティヌスは『三位一体論』[31]において、「われわれの精神はいかなる被造物も介在することなく、直接神によって形成される」と述べている。ところで、天使は一種の被造物である。それゆえ、人間精神を形成するために、天使が神と人間精神の間に、精神より上位のものとして、また神よりは下位のものとして介在することはない。したがって、人間は天使によって教えられることはありえない。

(11) さらに、われわれの情動は神そのものにまで到達するように、われわれの知性も神の本質を観想するまでに到達することができる。ところで、神自身はいかなる天使をも媒介とすることなく、恩寵の注入によってわれわれの情動を形成する。それゆえ、神はわれわれの知性を何ものをも媒介とすることのない教授によって形成するのである。

(12) さらに、すべての認識は何らかの形象によって生じてくる。それゆえ、天使が人間を教えるとすれば、人間がそれによって認識する何らかの形象を、天使は人間の内に原因するのでなければならない。ところで、そうしたことは形象を創造することによってか(ダマスケヌス[32]が主張する通り、そうしたことは天使にはいかなる仕方でも妥当しない)、あるいは表象像の内にある形象を照明し、それら表象像から可知的形象が人間の可能知性に反映することによってのみ可能なことである。後者は、能動知性は表象像を照明することを任務とする離在実体である、と主張するかの哲学者たちの誤謬に陥ると思われる。したがって、天使は教えることはできないのである。

(13) 天使の知性の人間の知性からの隔たりは、人間の知性の人間の想像力からの隔たりよりもより大きい。ところで、想像力は人間知性の内にあるものを受け取ることはできない。というのも、想像力は知性が把持することのない個別的な形相しか捉えることができないからである。それゆえ、人間の知性も天使の精神の内にあるものを受容することはできない。したがって、人間は天使によって教えられる、といったことはありえない。

(14) さらに、或るものがそれによって照明されるその光は、照明されるものに比例したものでなければならない。物体的な光が色に比例しているごとくである。ところで、天使の光は純粋に霊的なものであるから、表象像に比例したものではない。実際、表象像は或る意味で物体的なものであり、身体的器官に把持されているものだからである。それゆえ、天使たちは、すでに語られた通り、われわれの表象像を照明することによって、われわれを教えるといったことはありえない。

(15) さらに、認識されるものはすべてそのものの本質によってか、そのものの類似を通してかのいずれかによって認識される。ところで、人間精神が事物をそのものの本質によって認識するような認識を、天使によって原因されることはありえない。なぜなら、もしそうしたことがあるとすれば、諸々の力や魂の内にある他のものどもは、天使そのものによって刻印されていることになろう。というのも、それらはそれらの本質によって認識されるからである。同じように、自らの類似によって認識されるような事物の認識も天使によって原因されることはありえない。というのも、認識者の内にある事物の類似により近いのは、天使よりも認識されるべき事物だからである。それゆえ、いかなる仕方によっても天使は人間に対して認識の原因ではない。そして、認識の原因であることは教えることである。

(16) さらに、農夫は、外から自然に自然の成果をもたらすように刺激を与えるけれども、しかし創造者と言われないことは、アウグスティヌスの『創世記逐語註解』[33]に明らかな通りである。それゆえ、同じ理由によって天使たちは、人間の知性を知ることへと鼓舞はするけれども、教える者とか教師とかと言われてはならないのである。

(17) さらに、天使は人間より上位のものであるから、もし天使が教えるとすれば、天使の教説は人間の教説を卓越するものでなければならない。ところで、こうしたことはありえない。というのは、人間は自然の内に特定の原因を持っているような事物については教えることができるが、天使たちは未来の非必然的な事柄のような他の事柄を教えることはできない。というのも、そうした非必然的な事柄の知を持つのは神だけであって、天使たちの自然的な認識はそうした事柄に到達することができないからである。それゆえ、天使は人間たちを教えることはできないのである。

以上に反して、(1) ディオニュシウスは『天上位階論』第四章[34]において、「私は、キリストの人間性の神秘が天使たちに最初に教えられ、次いで天使たちによって知の恵みがわれわれに降りてくるのを見る」と語っている。

(2) さらに、「下位のものの為しうることは、上位のものも為しうる」。しかもはるかに優れた仕方でできることは、ディオニュシウスの『天上位階論』[35]に明らかである。ところで、人間の間の秩序は天使の間の秩序より下位のものである。それゆえ、人間は人間を教えることができるのであるから、天使ははるかにすぐれて人間を教えることができるのである。

(3) さらに、神の知恵の秩序は物体的実体の内によりも霊的実体の内により完全に見出される。ところで、月下の物体の秩序には、自らの完全性を天上の物体の刻印から獲得することが属している。それゆえ、下位の霊、すなわち人間的な霊も知の完全性を上位の霊、すなわち天使たちの刻印から得るのである。

(4) さらに、可能態にあるものはすべて現実態にあるものによって、現実態へともたらされうる。また現実態にある度合いのより少ないものは、より完全に現実態にあるものによって現実態へともたらされる。ところで、天使の知性は人間の知性よりもいっそう現実態にある。それゆえ、人間の知性は天使の知性によって知の現実態にもたらされうる。かくして、天使は人間を教えることができるのである。

(5) さらに、アウグスティヌスは『堅忍の賜物』[36]において、救いの教説を或る人は神から直接に、或る人は天使から、或る人は人間から得ると述べている。それゆえ、神だけでなく天使も人間も教えることができるのである。

(6) さらに、太陽のように光を放射し、光を遮っている窓を開ける者は家を照らすと言われる。ところで、神だけが真理の光を精神に注ぐけれども、天使や人間は光の知覚を妨げるものを取り除くことはできる。それゆえ、神のみならず天使や人間も教えることができるのである。

答えて次のように言わなければならない。天使は人間をめぐって二様の仕方で働く。一つはわれわれの仕方によって、すなわち天使が肉体を取るか、あるいは他のいずれの仕方にせよ、人間に可感的な仕方で現れて、感覚的な仕方で語ることによって人間を教導するときである。今われわれはこの仕方での天使の教授について探究しているわけではない。なぜなら、この仕方では天使は人間と何ら違わない仕方で教えるからである。もう一つの仕方では、天使はわれわれをめぐって天使自身の仕方によって、すなわち眼に見えない仕方で働きかける。そして、この仕方によって人間は天使によっていかように教えられうるのかの探究が、本問題の意図するところである。それゆえ、以下のことを知らなければならない。天使は人間と神との中間の者であるから、自然の秩序に従って神よりは劣っているが、人間よりは優れている教授の仕方が天使には適合するのである。このことがいかに真実であるかは神がいかなる仕方で教え、人間がいかなる仕方で教えるかが明らかになって初めて認識されることである。このことを明証にするためには次のことを知らなければならない。すなわち、知性と身体的視覚との間には次の相違がある。身体的な視覚にはそのすべての対象はそれを認識するために等しい近さにある。というのも、感覚はその諸対象の一つから他の対象に必然的に進んでゆかなければならないような比較考量的能力ではないからである。他方、知性はすべての可知的対象に対してそれらを認識するために等しい近さにあるわけではなく、或るものを知性はただちに直観することができるが、或るものは別のものが先に透察されてのみ直観されるものである。したがって、人間は未知のものの認識を二つのものを通して獲得する。すなわち、知性的な光とそれ自体で知られる基本的な原理とによってである。そして、後者は能動知性に属する前者の光に対して、道具が制作者に対するように関係しているのである。

したがって、これら両者に関して、神は最も卓越した仕方で人間の知の原因である。というのは、神は魂そのものを知性的光で装い、また諸々の知のいわば種子である第一の諸原理の知標を魂に刻印したからである。ちょうど、他の諸々の自然物に産出されるべきすべての果実の種子的根拠を刻印したのと同様である。

ところで、人間は、自然の秩序によれば、他の人と知性的な光の種において対等であるから、或る人が他の人に対してその人の内に光を生ぜしめたり、増し加えたりすることによって知の原因であることは、いかなる仕方でもありえない。しかし、未知の事柄の知がそれ自体で知られる原理によって生ぜしめられるその側面からは、或る人は別の人に対して知ることの或る意味での原因である。しかし、諸原理の知を伝える者としてではなく、既述の通り〔第二項〕、諸原理の内に含蓄的に、また或る意味で可能態において含まれていた事柄を、外部感覚に示される何らかの可感的な記号によって現実態へと引き出すことによっての原因である。

他方、天使は人間より知性的光を自然本性的により完全に所有しているから、両方の側面から人間にとって天使は知ることの原因でありうる。しかし、神よりはより劣った仕方によって、また人間よりはより優れた仕方によって原因である。実際、光の側からは、天使は神が為すように光を注入することはできないけれども、しかし注入された光をより完全に洞察するように強化することはできる。というのも、或る類において不完全なものはすべてその類のより完全なものに接続されるとき、そのものの力はより強化されるからである。それは諸々の物体において、位置を与えられている物体は位置を与えている物体によって強化されているのが見出されるのと同様で、『自然学』第四巻[37]に明らかな通り、場所を与えている物体は、与えられている物体に対して、現実態が可能態に対するように関わっているのである。諸原理の側からも、天使は人間を教えることができる。もっとも、神が為すように諸原理そのものの知を伝えることによってではなく、また人間が為すように諸原理からの結論の導出を可感的な記号のもとで提示することによってでもなく、身体器官を刺激することから形成されうる何らかの形相を想像力の内に形成することによってである。たとえば、頭に上ってくる湿り気の相違に従って、種々異なる表象像を受け取る眠っている人や精神耗弱の人たちにおいて明らかなごとくである。このような仕方で、「他の者の霊と接触することによって、天使自身が知っている事柄を自らが接触する人にこのような像によって示すことが起こりうる」ことは、アウグスティヌスの『創世記逐語註解』第一二巻[38]に明らかな通りである。

(1) それゆえ、第一に対しては次のように言わなければならない。眼に見えない仕方で教える天使は、外部感覚に教えを提示する人間の教授と比較すると、確かに内的な仕方で教えるが、光を注入することによって精神の内部で働く神の教授と比べると、天使の教授は外的なものと見なされる。

(2) 第二に対しては次のように言わなければならない。意志の意図は強制されえないけれども、しかし感覚的部分の志向は強制されうる。たとえば、人が刺されるとき、必然的に傷に注意を向けざるをえないのである。身体器官を用いる他の感覚的能力すべてについても同様である。そして、このような志向が想像力のために十分である。

(3) 第三に対しては次のように言わなければならない。天使は恩寵の光も自然の光も注入することはないけれども、しかし神から注入された自然の光を強化することは既述の通りである。

(4) 第四に対しては次のように言わなければならない。自然物においては、自らが形相を有しているのと同じ仕方で形相を刻印する同名同義的作用者や、自らが刻印するのとは違った仕方で形相を有している同名異義的作用者が存在するように、教授についても同様なことがある。すなわち、或る人は同名同義的作用者として他の人を教える。それゆえ、或る人は自らが知を所有しているその仕方で、つまり原因から結果へと進むことによって他の人に知を伝える。そのことから教える者のさまざまな考えが何らかの記号を通じて学ぶ者に知られるのでなければならない。これに対して、天使は同名異義的作用者として教える。すなわち、天使は、人間には推論の方法によって知られる事柄を直観的に認識する。したがって、人間は天使のさまざまな考えが知られようになるそうした仕方で、天使によって教えられるのではなく、人間の内には諸々の事物の知が人間のあり方に従って生ぜしめられ、それら事物を天使ははるかに異なった仕方で認識するのである。

(5) 第五に対しては次のように言わなければならない。主は神にのみ適合する教授のかの仕方について語っていることは、同所の註釈によって明らかである。したがって、教授のこの仕方を天使にわれわれは帰属させないのである。

(6) 第六に対しては次のように言わなければならない。教える者は学ぶ者の内に真理を生ぜしめているのではなく、真理の認識を生ぜしめているのである。というのは、教えられるさまざまな命題はそれらが知られる前にも真であるからである。真理はわれわれの知に依存するのではなく、事物の存在に依存するからである。

(7) 第七に対しては次のように言わなければならない。われわれが教授を通して獲得する知は、絶えず存在する事物に関わるが、その知自身は存在しなくなることがありうる。それゆえ、教説の照明は絶えることのない光に由来している必要はない。あるいは、もしそれが第一の根原としての絶えることのない光から由来しているとしても、中間の根原として在りうるところの絶えることのない被造の光が、全面的に排除されるわけではない。

(8) 第八に対しては次のように言わなければならない。キリストの弟子たちにおいて、最初彼を知恵ある人や教師として尊敬したが、後には彼らを教える神として彼に聞き従ったというように、或る種の信仰の進歩が認められる。或る註釈[39]は少し後のところ〔ヨハ一：四九〕で「ナタナエルは自分が別のところで為したことをキリストは、そこにいなかったけれども、見たこと——それは神性の証である——を知ったゆえに、彼が教師であるのみならず、神の御子でもあると告白している」と述べている。

(9) 第九に対しては次のように言わなければならない。天使は知られざる真理をその実体を示すことによって明らかにするのではなく、より知られた別の真理を提示するか、あるいは知性の光そのものを強化することによって、明らかにするのである。それゆえ、異論の推論は帰結しない。

(10) 第一〇に対しては次のように言わなければならない。アウグスティヌスの意図は、天使の精神が人間の精神よりもより卓越した本性を持っていない、と主張することではなく、或る人々が主張するように、人間精神が天使と接合することによって究極的な形相化によって完成されるために、天使は神と人間との中間に入るわけではないことを主張することである。というのも、彼らは、人間の究極的な至福は、神そのものに接続することに自らの至福があるような知性実体に、われわれの知性が接続することにあると主張しているからである。

(11) 第一一に対しては次のように言わなければならない。われわれの内にはその基体と対象とから強要される或る力がある。たとえば、身体器官の震動によっても対象の強さによっても、刺激を受ける感覚的な諸力がその一つである。他方、知性は身体器官を用いないから基体から強要されることはないが、その対象からは強要される。というのは、論証の効力から人は結論に同意するよう強要されるからである。他方、情動はその基体からもその対象からも強要されないで、そのものの固有の本能によってこのものとかあのものとかに動かされる。それゆえ、情動に刻印しうるのは内的に働く神のみである。他方、知性に対しては、人間や天使も知性がそれによって強要される諸対象を表象することによって、或る意味で刻印することができるのである。

(12) 第一二に対しては次のように言わなければならない。天使はわれわれの精神の内に形象を創造することもなく表象像を直接に照明することもないが、自らの光をわれわれの知性の光に接続することによって、われわれの知性は表象像をより力強く照らすことができる。しかし、天使が表象像を直接照らすとしてもそのことのゆえに、かの哲学者たちの立場が真であることが帰結するわけではないであろう。実際、表象像を照らすことは能動知性に属するけれども、しかしそれは能動知性だけの働きではないと言われうるであろう。

(13) 第一三に対しては次のように言わなければならない。想像力は人間知性の内にあるものを受け取ることはできるが、しかし違った仕方によってである。同様に、人間知性は天使の知性の内にあるものを、自らの仕方で捉えることができる。しかし、人間の知性は想像力に、それらが一つの魂の能力であるかぎりにおいて、基体においてはより似ているけれども、しかし天使の知性には類の点でより似ている。両者が非質料的な能力だからである。

(14) 第一四に対しては次のように言わなければならない。霊的なものが物体的なものに働きかけることに比例したものであることは、何らさしつかえない。というのも、下位のものは上位のものによって、働きかけられることは何らさしつかえないからである。

(15) 第一五に対しては次のように言わなければならない。天使は人間に対して、人間が事物をその本質によって認識するその認識に関して原因であるわけではないが、事物をその類似によって認識するその認識に関しては原因である。しかし、それは事物に対してその類似より天使がより近いからではなく、表象力を動かすことによってか知性の光を強化することによって、事物の類似を精神の内に反映させるかぎりにおいてである。

(16) 第一六に対しては次のように言わなければならない。創造することは神にのみ属する第一の原因性を含意するが、作ることは原因性を一般的に含意している。教えることも知に関して同じ原因性を含意している。したがって、神だけが創造者と言われるが、神も天使も人間も制作者とか教授者と呼ばれうるのである。

(17) 第一七に対しては次のように言わなければならない。自然の中に特定の原因を有するものについて、天使は人間よりもより多くのものを認識しているように、より多くのことを教えることができる。しかも、教えるものをより卓越した仕方で教えることができる。それゆえ、異論の論拠は帰結しないのである。

第四項

第四に、教えることは活動的生（vita activa）の働きであるか、あるいは観想的生（vita contemplativa）の働きであるか、が問われる。そして、それは観想的生の働きである、と思われる。その理由、

(1) グレゴリウスが『エゼキエル書講話』[40]で語る通り、「身体がないときには、活動的生もない」と思われる。ところで、教えることは身体がないときもなくならない。なぜなら、身体を持たない天使も、既述のごとく〔第三項〕、教えるからである。それゆえ、教えることは観想的生に属する。

(2) さらに、グレゴリウスが『エゼキエル書講話』[41]において語る通り、「観想的生が後に実現されるために、先に活動的生が為される」。ところで、教授は観想的働きに先行するのではなく、それに伴ってくるものである。それゆえ、教授は活動的生に属するわけではない。

(3) グレゴリウスが同所で語る通り、「活動的生は業に没頭している間は、見ることはより少ない[42]」。ところで、教えている者は必然的に端的に観想している者より、いっそうよく見ているのでなければならない。それゆえ、教えることは活動的生によりも観想的生により属している。

(4) さらに、それぞれのものを、そのもの自身において完全にするものと、他のものどもに自らと同じ完全性を伝えることを可能にするものとは、同じ完全性である。たとえば、火が自ら熱くあるのと他のものを熱くするのは同じ熱によってであるごとくである。ところで、或る者が神の事柄を観想することにおいて、自分自身において完全であることは観想的生に属している。それゆえ、同じ完全性を他者に伝えるという教授は、観想的生に属するのである。

以上に反して、(1) グレゴリウスは同所において「飢えている者にパンを分け与える生は活動的である。また知恵の言葉を知らない者を教えることは活動的生である[43]」と語っている。

(2) さらに、憐れみの業は活動的生に属している。ところで、教えることは霊的な施しに数えられている。それゆえ、教授は活動的生に属する。

答えて次のように言わなければならない。観想的生と活動的生とは相互にそれらが関わっている主題的対象とその目的によって区別される。すなわち、活動的生の対象は人間的行為が関わっている時間的なものである。他方、観想的生の対象は諸事物の知られうる側面であって、観想する者はそれらに思いを留めている。対象のこうした相違は目的の相違から発現してくる。ちょうど、他のすべての事柄において、対象のあり方は到達されるべき目的に必要な事柄によって決定されるようにである。実際、観想的生の目的は、――今、われわれが観想的生から為しているかぎりにおいて――真理の洞察である。私が言っているのは、観想する者に可能的な仕方での創造されざる真理の観想である。そうした真理はこの世では不完全にしか洞察されないが、しかし来世では完全に見られるであろう。それゆえ、グレゴリウスも「観想的生は天上の祖国で完成されるべく、この世で始まる[44]」と語っているのである。他方、活動的生の目的はわれわれの隣人の支援に向けられている働きである。

ところで、教える働きの内にわれわれは二つの対象を見出す。その証拠として、教える働きの動詞も二つの対格に結合されている。すなわち、一つの対象は教えられている事物そのものである。もう一つは知が伝えられるその者である。したがって、第一の対象の観点によれば、教授は観想的生に属するが、第二の対象の観点によれば、それは活動的生に属する。しかし、目的の側面からは教授はもっぱら活動的生に属するのが見出される。というのも、そこにおいて教授が目指している目的に到達するその究極的な対象は、活動的生の対象だからである。それゆえ、教授は、既述のことから明らかなように、何らかの仕方で観想的生にも属しているけれども、観想的生よりは活動的生により属しているのである。

(1) それゆえ、第一に対しては次のように言わなければならない。活動的生は、労苦を伴って遂行され隣人のさまざまな弱さを支援するかぎりで、身体の存在しないところには存在しない。グレゴリウスが同所で、「活動的生は額に汗して働くゆえに骨の折れるものである」[45]と語るのは、この意味においてである。そして、これら二つは来たる生には存在しないであろう。しかし、それにもかかわらず、位階的な働きが天上のさまざまな霊にあることは、ディオニュシウス[46]が語る通りであり、そのような働きはこの世でわれわれが今行っている活動的生とは違った仕方のものである。それゆえ、そこであるであろう教授はここでの教授とははるかに別のものである。

(2) 第二に対しては次のように言わなければならない。グレゴリウスは同所で、「生きることの善き秩序は活動的生から観想的生へと向かうことであるように、精神はしばしば観想的生から活動的生へと有益な仕方で立ち帰る。それは、観想的生が精神を燃え立たせることによって活動的生がより完全に保たれるためである」[47]と述べている。しかし、念頭に置くべきことは、活動的生が観想的生に先行するのは、観想的生とはいかなる仕方でもその対象の点で合致することのない働きに関してである。しかし、観想的生から対象を受け取るそうした働きに関しては、活動的生が観想的生に伴うことは必然である。

(3) 第三に対しては次のように言わなければならない。教授者の洞察が教授の根原であるが、教授そのものは事物の洞察の内によりも洞察される事物についての知の伝達の内にある。それゆえ、教授者の洞察は活動によりも観想により属しているのである。

(4) 第四に対しては次のように言わなければならない。異論の論拠は観想的生活が教授の根原であることを証明している。ちょうど熱が熱くすること自体ではなく、熱くすることの根原であるようにである。ところで、観想的生活が活動的生活の根原であるのが見出されるのは、前者が後者を導くかぎりにおいてである。ちょうど逆に、活動的生が観想的生のために態勢を調えるようにである。

(5) 第五に対しては次のように言わなければならない。解答は既述のことから明らかである。というのも、教授と観想的生とは、既述の通り、対象の第一の種類に関しては一致するからである。

訳註

1――Glossa interlinearis, ibid.; cf. Pseudo-Chrysostomus, Opus imperfectum in Matthaeum, hom. 43, PG 56, 880.

2――Augustinus, De magistro, cap. 10, PL 32, 1212.（『教師』茂泉昭男訳、教文館、一九七九年）

3――Augustinus, De Genesi ad litteram VI, cap. 10 et 14, PL 34, 346 et 349.

4――Petrus Lombardus, Glossa in Epistolas beati Pauli, Rom. 10:17, PL 191, 1479B.

5――Augustinus, De magistro, cap. 14, PL 32, 1220.

6――Augustinus, De diversis quaestionibus LXXXIII, quaestio 73, PL 40, 84.

7――Boethius, De consolatione Philosophiae V, prosa 5, PL 63, 854B.

8――Augustinus, De magistro, cap. 12, PL 32, 1217.

9――Id., De Genesi ad litteram III, cap. 20, PL 34, 292.

10――Petrus Lombardus, Glossa in Epistolas beati Pauli, II Tim. 3:14, PL 192, 378A.

11――Id., Glossa in Epistolas beati Pauli, Rom. 10:15, PL 191, 1477 D.

12――Aristoteles, Meteorologica IV, cap. 3, 380a12.（『気象論』泉治典訳、岩波書店、一九六九年）

13――Augustinus, De Genesi contra Manichaeos II, cap. 3-5, PL 34, 198 sqq.

14――Avicenna, Metaphysica IX, cap. 2, f. 103ra D; id., Liber de anima V, cap. 5, f. 25rb.

15――Aristoteles, Physica VIII, 8, 255b24.

16――Id., Ethica Nicomachea VI, 11, 1144b4.

17――Id., Analytica posteriora I, 2, 71b17.

18——Ibid. I, 1, 71a1.

19——Id., Physica VIII, 8, 255a33 sqq.

20——Augustinus, De Genesi ad litteram III, cap. 20, PL 34, 292.

21——Aristoteles, Ethica Nicomachea I, 4, 1095b10.

22——Id., Physica VIII, 9, 257a12.

23——Id., Metaphysica VII, 9, 1034a21.

24——Augustinus, De magistro, cap. 14, PL 32, 1220.

25——Ibid., cap. 10, PL 32, 1212.

26——Id., De Trinitate XI, cap. 3 et 4, PL 42, 988-990.

27——Glossa ordinaria, ibid.

28——Johannes Damascenus, De fide orthodoxa II, cap. 3, PG 94, 873B; ed. E. M. Buytaert, 74.

29——Glossa interlinearis, ibid.

30——Glossa ordinaria, ibid.

31——Augustinus, De Trinitate III, cap. 8, PL 42, 876.

32——Johannes Damascenus, De fide orthodoxa II, cap. 3, PG 94, 873B; ed. E. M. Buytaert, 74. 次の哲学者たちは、cf. Avicenna, Liber de anima V, cap. 5, f. 25rb.

33——Augustinus, De Genesi ad litteram IX, cap. 15, PL 34, 403.

34——Dionysius Areopagita, De coelesti hierarchia, cap. 5, PG 3, 196B; Dionysiaca, 814; cf. Boethius, De consolatione Philosophiae V, prosa 4, PL 63, 849B.

35——Ibid., cap. 12, § 2, PG 3, 292; Dionysiaca, 935.

36——Augustinus, De dono perseverantiae, cap. 19, PL 45, 1023.（『堅忍の賜物』片柳栄一訳、教文館、一九八五年）

37——Aristoteles, Physica IV, 8, 213a1 sqq.

38——Augustinus, De Genesi ad litteram XII, cap. 12, PL 34, 464.

39——Glossa ordinaria, super Ioh. 1:49.

40 ——Gregorius I, Homiliae in Hiezechielem II, hom. 2, PL 76, 954A.

41 ——Ibid. II, hom. 2, PL 76, 954D.

42 ——Ibid. II, hom. 2, PL 76, 954C.

43 ——Ibid. II, hom. 2, PL 76, 953A.

44 ——Ibid. II, hom. 2, PL 76, 954A.

45 ——Ibid. II, hom. 2, PL 76, 954B.

46 ——Dionysius Areopagita, De coelesti hierarchia, cap. 3, § 1, PG 3, 164D; Dionysiaca, 785.

47 ——Gregorius I, Homiliae in Hiezechielem II, hom. 2, PL 76, 954D.

真理論

第一二問題　予言について

一――予言・預言は所有態であるか、あるいは現実態であるか。
二――予言は諸々の知の対象である結論を扱うのであるか。
三――予言は自然的なものであるか。
四――予言を所有するためには何らかの自然的な態勢が必要とされるか。
五――予言のために倫理的な善性は要求されるか。
六――預言者は永遠性の鏡の内に見るのであるか。
七――神は預言者への啓示において、預言者の精神に事物の新しい形象を刻印するのか、あるいは、ただ知性的な光のみを刻印するのか。
八――予言によるすべての啓示は天使が仲介して為されるのか。
九――預言者は予言の霊に触れられるとき、常に諸感覚から遠ざけられるのか。
一〇――予言が予定、予知、威嚇の予言に区分されるのは適切であるか。

一一——予言の内には不変的な真理が見出されるか。
一二——知性的直視のみによる予言は、想像力の幻視を伴った知性的直視を有する予言よりも、より卓越しているか。
一三——予言の段階は想像力の幻視によって区別されるか。
一四——モーセは他の預言者たちよりもより優れていたか。

第一項

問題は予言（prophetia）についてである。第一に、予言・預言は所有態（habitus）であるか、あるいは現実態（actus）であるか、が問われる。そして、予言は所有態ではない、と思われる。その理由、

(1) 註釈者が『霊魂論』第三巻で語っている通り[一]、所有態は或る人が意志するときに、それによって働きを行うそのものである。ところで、預言者は望むときに予言を行うことができるわけではない。それは「列王記」第四巻〔王下三：一五〕のエリシャにおいて明らかである。彼は王に問われたとき、琴の奏者が呼ばれ、そうしてエリシャの上に主の手が臨んだときにのみ、答えることができたのである。それゆえ、予言は所有態ではない。

(2) さらに、何らかの認識的な所有態を持っている人は誰でも、その所有態のもとにある事柄は、他の人から何も受け取ることなしに思考することができる。というのは、思考するために教導者を必要とする者は、いまだ所有態を有していないからである。ところで、預言者は予言されうる事柄をそれらが個々に示されるのでなければ、透察することはできない。それゆえ、「列王記」第四巻で、エリシャはその息子が死んだ女について語っている。「彼女はひどく苦しんでいる。主はそれを私に隠して知らされなかったのだ」〔王下四：二七〕。それゆえ、予言は認識的な所有態ではない。また、それは別の所有態でもない。予言は認識の働きに属するからである。

(3)　しかし、預言者は神から自分に示される事柄を認識しうるためには、何らかの所有態を必要とする、と主張されてきた。――これに対しては次のように言われる。神の語りは人間の語りよりもより力あるものである。ところで、或る人が人間の語りから或ることが未来のことであることを理解するためには、いかなる所有態も必要としない。それゆえ、神が預言者に語る啓示を知覚するための所有態の必要性は、はるかに小さいと思われる。

(4)　さらに、所有態はその所有態のもとにあるすべてのものを認識するのに十分である。ところで、予言の賜物によって或る人は、予言されるべきすべてのものについて教えられているわけではない。というのも、グレゴリウスは『エゼキエル書講話』第一巻[2]において語り、例によって証明している。「或るときには予言の霊は予言する人の魂に触れるが、それは現在の出来事のためであって、未来のことのためでは決してない。また、或るときには、未来のことのために触れるが、現在のことのためには触れない」と。それゆえ、予言の賜物は所有態ではない。

(5)　予言されうるすべてのことが予言の賜物のもとにあるのではなく、それを啓示するために賜物が与えられるそのものだけがそのもとにある、と主張されてきた。――これに対しては次のように言われる。何らかの注入を行うことが制限されうるのは、注入を与える者の側からか、注入を受ける者の側からか、のいずれかからである。ところで、予言の賜物の注入は、人間の知性がすべての予言されうるものの認識を受容しうる者であるから、予言の賜物がそれを受け取る者の側から、すべての予言されうるものに及んでゆかないよう制限を受けるというようなことはなく、また注入する者の寛大さは無限のものであるから、賜物を注入する者の側からも賜物は制限を受けることはない。それゆえ、予言の賜物はすべての予言されうるものに及んでゆくのである。

(6)　さらに、魂の情動的部分からは、恩寵の一つが流入することによって、魂はすべての過ちから解放されるようなあり方をしている。それゆえ、魂の知性的部分からは、一つの予言の光が流入することから、魂は予言されうるものについてのすべての無知から浄化されるようなあり方をしているのである。

(7)　さらに、恩寵による所有態は獲得された所有態よりもより完全である。ところで、獲得された所有態は多くの現実態に及んでゆく。それゆえ、予言も、もしそれが恩寵による所有態であるとすれば、ただ一つの予言されうるものにではなく、すべてのものに及んでゆくのである。

(8) さらに、もしわれわれが個々の結論に個々の所有態を有しているとすれば、それら所有態が一つの完全な知の内に合一されるのは、それら諸結論が同じ諸原理から導出されることによって、何らかの結びつきを有している場合のみである。ところで、予言が関わっている未来の非必然的な事柄や他のものは、一つの知のさまざまな結論が有しているようには、何らかの結びつきを相互に有しているわけではない。それゆえ、もし予言の賜物がただ一つの予言されるものにしか及ばないとすれば、また予言が所有態であるとすれば、一人の預言者の内には彼が認識している予言されうるものの数と同じ数の予言の所有態があることが帰結するであろう。

(9) しかし、予言の所有態は一度注入されると、すべての予言されうるものに及んでゆくが、或る種の形象を開示することに関しては新しい啓示が必要である、と主張されてきた。――これに対しては次のように言われる。予言の注入された所有態は獲得された所有態よりも完全であり、また予言の光は能動知性の自然的光よりも完全でなければならない。ところで、能動知性の光の力と知の所有態とから、それに想像力の補助が附加されるとき、われわれは所有態が及んでゆくものどもを現実的に考察するために、われわれが必要とする同じ数の形象を形成することができるのである。それゆえ、もし預言者が所有態を有しているとすれば、預言者は彼に何らの形象も新たに示されることなく、このことをはるかに力強く為すことができるのである。

(10) さらに、『詩編』の初めへの註釈[3]に言われている通り、「予言は不変の真理によって諸事物の出来《しゅったい》を告知する神的な霊感である」。ところで、霊感は所有態ではなく、現実態の名称である。それゆえ、予言は所有態ではない。

(11) さらに、哲学者[4]によれば、見ることは一種の受動である。それゆえ、直視も受動の働きである。『列王記』第一巻に「今、預言者と言われる者は、かつて見る者と言われていた」〔サム上九：九〕とある。それゆえ、予言は所有態ではなく、むしろ受動態である。

(12) さらに、哲学者(5)によれば、所有態は変化しにくい性質である。他方、予言は容易に変化する。というのは、予言は預言者の内に常に留まっているものではなく、状況によって留まるにすぎないからである。それゆえ、「アモス書」の「私は預言者ではない」〔アモ七：一四〕という言葉に、註釈(6)は「霊は預言者に予言をいつも与えているのではなく、状況に応じて与えている。そして、照明されるとき、そのとき彼は預言者と呼ばれるのは正しい」と言っている。グレゴリウスも『エゼキエル書講話』第一巻において、「予言の霊はしばしば預言者たちから欠落しており、また彼らの精神の内に常に手近な仕方であるわけではない。というのは、霊を持っていないときに彼らは、霊を持っているときはそれを賜物から所有しているということを、認めているからである」と述べている。それゆえ、予言は所有態ではない。

以上に反して、(1) 哲学者の『倫理学』第三巻(7)によれば、「魂の内には三つのものがある。すなわち、能力(potentia)、所有態、そして情態(passio)である」。ところで、予言は能力ではない。なぜなら、そのときはすべての人が預言者であることになろう。魂の能力はすべての人に共通だからである。同様に、予言は情態ではない。というのも、『自然学』第七巻(8)に言われている通り、情態は魂の感覚的部分のみにあるからである。それゆえ、予言は所有態である。

(2) さらに、認識されるものはすべて、何らかの所有態によって認識される。ところで、預言者は告知する事柄を認識しているが、しかし本性的所有態(habitus naturalis)や獲得された所有態(habitus acquisitus)によって認識しているのではない。それゆえ、預言者は、われわれが予言と言っている何らかの注入された所有態(habitus infusus)によって、認識しているのである。

(3) さらに、もし予言が所有態でないとすれば、そうしたことがあるのは、預言者が新たな霊感(inspiratio)を受けるのでなければ、予言されうる他のすべてのものを見ることができないという理由からのみである。しかし、このことは予言が所有態であることを妨げるわけではない。というのは、一般的に諸原理の所有態を有している者は、個別的な知の何らかの所有態が附加されるのでなければ、或る知の個別的な結論を考察することはできないからである。それゆえ、予言は或る種の一般的な所有態であり、個々の予言されうるものを認識するために、新しい啓示が必要とされるのは何らさしつかえない。

(4) さらに、信仰はすべての信ずべき事柄の一種の所有態である。しかし、信仰の所有態を有している者は、信ずべき事柄のすべてをただちに判明に知っているわけではなく、信仰箇条を判明に認識するためには教導を必要とするのである。それゆえ、たとえ予言が所有態であるとしても、預言者が予言されうるものを判明に認識するためには、なお一種の語りかけとしての神の啓示が必要とされるのである。

答えて次のように言わなければならない。「詩編」への註釈[9]に言われている通り、「予言は見ることであり、預言者は見る者である」。このことは先に語られた通り、「列王記」第一巻〔サム上九：九〕から明らかである。しかし、すべての見ることが予言と言われうるのではなく、われわれの通常の認識をはるかに超えているものどもを直視することだけが予言と言われる。したがって、預言者とは、遠くから語る者、すなわち、告知する者と言われるのみならず、現れを意味するギリシア語のファーノス（phanos）から、遠くから見ている者とも言われるのである。ところで、明らかにされるものはすべて、使徒の「エフェソの信徒への手紙」〔エフェ五：一三〕にも見られうるように、何らかの光のもとで明らかにされるのであるから、人間に通常の認識を超えて明らかにされる事柄は、より高次の光によって明らかにされるのでなければならない。そして、この光は予言の光と言われ、この光を受容することから、或る人は預言者にされるのである。

しかし、次のことを知らなければならない。すなわち、或るものは他のものの内に二様の仕方で受け取られる。一つは、基体の内に留まっている形相として受け取られる。もう一つは、受動の仕方によって受け取られる。たとえば、顔色の悪さは、この顔色を生まれつきに、あるいは何らかの重大な事件から所有している人の内には、或る性質として存在するが、何らかの恐れから突然蒼白になる人の内には、移ろいやすい刻印として存在する。

同様に物体的な光も、確かに星辰の内には星辰の性質として、すなわち、それらの内に恒常的に留まっている一種の形相として存在する。他方、空気の内には一種の受動態として存在する。というのは、空気は光を保持しているのではなく、光っている物体の通り道に置かれることによってのみ光を受け取るからである。

したがって、人間の知性には一種の光が恒存している性質、あるいは形相すなわち能動知性の本質的光として存在し、その光のゆえにわれわれの魂は知性的と言われるのである。ところで、予言の光はこのような仕方で預言者の内に存在することはできない。というのは、或るものを知性的光によって認識する者は誰でも——その光は、その人の内に形相として留まっており、いわばその人に固有なものになっているものである——、それらについて確固とした認識を持たなければならない。そして、こうしたことはそれらがそこにおいて認識される原理の内にそれらを見ているのでなければ、起こりえない。というのも、認識されるものはそれらの原理へと還元されないかぎり、その認識は確実なものとして確立されることはなく、そのものは他の人たちによって話されたものとして、何らかの蓋然性によって把捉されているからである。それゆえ、個々のものについては他の者から言葉を受け取るのでなければならない。たとえば、もし或る人が幾何学の結論を諸原理からいかにして導出するかを知らないとすれば、彼は幾何学の所有態を持っていないのであって、幾何学の結論について認識している事柄すべてを、ちょうど教える先生を信じている者のように把捉していることになろう。したがって、個々の事柄について教えられることを必要とするであろう。というのも、彼は、第一の諸原理に還元しなければ、或る事柄から他の事柄へと進むことはできないであろうからである。

ところで、自然的な認識を超え、予言が取り扱う未来の非必然的な事柄やその他のことを、われわれがそれにおいて認識するその原理は神そのものである。それゆえ、預言者たちは神の本質を見ていないのであるから、彼らの内に内属している一種の所有態的な形相である光によって予言的に見ている諸事物を認識するということはできないで、彼らは個々の事物を個的に教えられなければならない。したがって、予言の光は所有態ではなくむしろ預言者の魂の内に一種の受動態の仕方によってあるのでなければならない。ちょうど、空気の内に太陽の光があるように。それゆえ、光は空気の内に太陽が照らしているときにのみ在るように、前述の光も預言者の精神の内に神から現実的に霊感を受けるときにのみ存在する。そうしたわけで、聖人たちは予言について語るとき〔第四異論および第一〇異論〕、予言を受動の仕方で語り、予言は霊感を受けること、あるいは聖霊が預言者の心に触れる一種の接触（tactus）であると呼んでいるのである。また、これに類した他の表現によって予言について語っている。したがって、予言の光に関して、予言が所有態でありえないことは明らかである。

しかし、次のことを知らなければならない。すなわち、物体的な諸事物において、或るものは受動の後、受動の働きが去っても受動されやすくなる、ということがあるように——たとえば、水は先に熱くされると、冷たくなった後も熱くなりやすいし、また人はたびたび悲しみに陥った後は、容易に悲しい気持ちになりやすいように——、精神は何らかの神的な霊感によって触れられた後、その霊感が去った後も、再びそれを受けやすい状態のままに留まっていて、ちょうど敬虔な祈りの後、精神はより敬虔に留まっているのと同様である。それゆえ、アウグスティヌスはこうした理由から『神に祈ることについて』[10]の書において、「不安や仕事のせいで生温くなり始めた精神は、もし頻繁に燃え立たせられなければ全面的に冷たくなり、内面において破壊されるであろう。したがって、われわれは決まった時間、精神を祈りの修行へと呼び戻すのである」と語っているのである。したがって、預言者の精神も、一度あるいはもっと多く神から霊感を受けた後、現実的な霊感が止まっても再び霊感を受けやすい状態のままにいるのである。そして、この適性を予言の所有態であると言うことができる。アヴィセンナも『自然学』第六巻[11]において、「われわれにおける諸々の知の所有態は、能動的な知性実体の照明とその知性実体から流出する可知的形象を受け取るための、われわれの魂の或る種の適性にほかならない」と語っている通りである。しかしながら、固有の意味では、それは所有態とは言われることはできない。むしろ、或る人が現実に霊感を受けていないときも、それによってその人が預言者と呼ばれる適性、あるいは或る種の態勢と言われうるものである。それにもかかわらず、所有態という言葉にもとづいて推論が為されないように、われわれは両方の側面を支持し、両方の推論に答えることになるであろう。

(1) それゆえ、第一に対しては次のように言わなければならない。異論の定義は固有に解された所有態には適合しない。したがって、前述された適性は予言する所有態であると言うことはできない。しかし、能動的な実体から受け取るためのわれわれの魂の適性も、アヴィセンナの見解によれば、この仕方によって所有態と言うことができる。というのは、そうした受容は彼の見解によれば自然的であるからである。それゆえ、この適性を持っている者は、欲するときに受け入れる権能を有しているのである。というのは、自然的な流入は、質料が態勢づけられているときには欠けることはないからである。しかし、予言の流入は神の意志にのみ依存している。それゆえ、預言者の精神において適性がいかに大きくても、予言を行うことは彼の権能の内にはないのである。

(2) 第二に対しては次のように言わなければならない。もし予言の光が、予言される諸事物についての知の一種の所有態として、精神に内在しているとすれば、預言者は予言されうる何かを認識するために、新たな啓示を必要としないであろう。しかし、その光は所有態でないがゆえに、新しい啓示を必要とする。ところで、光を得るための適性そのものは所有態との類似性を有している。そして、この光がなければ、予言されうるものどもは認識されることはできないのである。

(3) 第三に対しては次のように言わなければならない。神が預言者にそれによって内的に語りかけ、預言者の精神の照明にほかならないその神の語りを知覚した後は、内的に聞いた事柄をそれによって知覚するいかなる所有態も必要とされない。ところで、この語りを知覚するためには、その語りがより卓越的であり、それの知覚が自然的な諸能力を超えていればいるほど、何らかの適性がよりいっそう効力を発揮すると思われる。

(4) 異論の第四への解答は既述のことから明らかである。

(5) 第五に対しては次のように言わなければならない。予言の光は、一度注がれると、予言されうるすべての事柄についての認識を行うのではなく、それらを認識するために光が与えられるそれらのものについてのみ認識を行うのである。ところで、この制限は光を与えるものの無力から来るのではなく、「望むままに、一人一人に」

〔二コリ一二・一二〕分配する者の知恵の秩序づけから来るものである。

(6) 第六に対しては次のように言わなければならない。すべての大罪(peccatum mortale)は、それら罪のいずれによっても、人間は神から切り離される、という点で或る一致点を有している。それゆえ、人間を神に結びつける恩寵は、すべての大罪から解放する。しかし、すべての小罪(peccatum veniale)からではない。小罪は人間を神から切り離さないからである。ところで、予言されるべき事物は神の知恵の秩序づけにおいてのみ、相互に結びつきを有するものである。それゆえ、神の知恵を全面的に直視していない者たちによって、或るものは他のものなしに見られうるのである。

(7) 第七に対しては次のように言わなければならない。注入された所有態は獲得された所有態よりも、その由来しているものによってより完全である。すなわち、その起原の観点によって、また注入された所有態がそれのために与えられるそのものの観点によってより完全である。すなわち、注入された所有態がそれに到達するために与えられた対象は、獲得された所有態がそれへと秩序づけられているそのものよりもより高次だからである。しかし、所有態を所有する仕方、あるいは完成する仕方に関しては、獲得された所有態の方がより完全であることは何らさしつかえのないことである。たとえば、信仰の注入された所有態によってわれわれは信ずべきものを見るが、それは知の獲得された所有態によって諸々の知の結論を見るようには、完全に見ていないことは明らかである。同様に、予言の光は注入されたものであるけれども、しかし獲得された所有態のように、われわれの内に完全にあるわけではない。そのことは注入された所有態の尊厳を証明するものである。というのは、それら所有態は大変卓越しているから、人間の弱さはそれらを十全に所有することができないことが生じてくるからである。

(8) 第八に対しては次のように言わなければならない。異論の推論は、もし預言者の精神にみなぎる光が所有態であるとすれば、妥当するであろう。しかし、もしわれわれが、前述の光を知覚するための適性が所有態、あるいは、所有態に準ずるものであると主張するなら、異論の推論は妥当しない。というのは、人はこの同じものから、いずれのものについても照明される適性のあることが可能だからである。

(9) 第九に対しては次のように言わなければならない。予言の啓示のために新たに諸形象の形成がいかに必要とされるかは、後で語られるであろう。

(10) 第一〇に対しては次のように言わなければならない。霊感は所有態の名称ではないけれども、そのことから予言が所有態でないことが証明できるわけではない。というのは、所有態は現実態によって規定されるのが普通だからである。

(11) 第一一に対しては次のように言わなければならない。哲学者[12]によれば、見ることは二様に語られる。すなわち、所有態と現実態とによって。それゆえ、直視も現実態と所有態の名称であることは可能である。

(12) 第一二に対しては次のように言わなければならない。予言の光は変化しにくい性質ではなく、移行しやすい或るものである。そして、引用された典拠はこの意味で語っているのである。ところで、照明を再び知覚するよう留まっているその適性は、変化しやすいものではなく、預言者の内に大きな変化が生じて、その変化によってそうした適性が取り去られるのでなければ、長く留まっているのである。

(1) 反対異論の第一に対しては次のように言わなければならない。現実態は全面的に所有態に起原があるから、哲学者のかの分類では現実態は所有態に帰せられている。あるいは、それら現実態は受動的な働きにも帰せられる。というのは、受動的な働きは魂の一種の現実態だからである。たとえば、怒るとか欲望するとかがそうである。ところで、予言は、預言者の直視そのものに関するかぎり、精神の現実態である。他方、予言が、突然にいわば移行する仕方で受容される光に関係するかぎり、それは知性的な部分の受容が受動的な働きと呼ばれるかぎりで、受動的な働きに似ているのである。というのも、認識は一種の受動であって、『霊魂論』第三巻[13]に言われている通りである。——あるいは、次のように言われる。哲学者のかの分類は、もし分類に含まれる諸部分が固有に解される場合、魂の内にあるすべてを十全に包括しているのではなく、哲学者がそれについて意図している倫理的な事柄に属するものだけ含んでいるのである。そのことは哲学者が同所で自ら言わんとしていることを、それらによって説明しているさまざまな例から明らかである。

(2) 反対異論の第二に対しては次のように言わなければならない。認識されるすべてのことが何らかの所有態によって認識されるのではなく、完全な認識がそれについて持たれるそのものだけが所有態によって認識されるのである。というのは、所有態から発出しない不完全なものの現実態がわれわれの内にもあるからである。

(3) 反対異論の第三に対しては次のように言わなければならない。論証的な知の内には、個別的な結論がその内にいわば胚種の内に含まれているように、潜勢的に含まれている或る種の一般的なものが存在する。それゆえ、それら一般的な事物の所有態を持っている人は、個別的な結論に対して間接的な可能態の内にのみあり、この可能態はそれを現実態へと導く動者を必要とする。ところで、予言される事物の内には、或るものが他の先のものから導出され、したがって、先のものの所有態を所有しているものは後のものの所有態を漠然とした仕方で所有している、というような関係は存在しない。それゆえ、異論の推論は帰結しないのである。

(4) 反対異論の第四に対しては次のように言わなければならない。われわれの知性は予言や信仰によって別々の仕方で完成される。というのは、予言は知性をそれ自体において完成するからである。それゆえ、預言者は予言の賜物をそれのために所有している諸事物を明確に見ることができるのでなければならない。他方、信仰はわれわれの知性を情動への関連で完成する。というのは、信仰の現実態は意志によって命令された知性の現実態だからである。それゆえ、知性は信仰によって神が信ぜられることとして命令する事柄を、承認するよう準備するだけである。信仰が聞くことに、予言は見ることに似ているとされるのは、こうした理由からである。したがって、予言の所有態を持つ者は、予言されうるすべてのものをはっきりと認識していなければならないようには、信仰の所有態を持っている者は信ぜられうるすべてのことを明確に認識している必要はないのである。

第二項

第二に、予言は諸々の知の対象である結論（conclusiones scibiles）を扱うのであるか、が問われる。そして、扱わない、と思われる。その理由、

(1) 予言とは「不変の真理によって諸事物の出来《しゅったい》を告知する霊感である」[14]。ところで、諸事物の出来は未来の非必然的な事柄について言われ、論証的な知の結論はこのような事柄には関わらない。それゆえ、そのようなものについての予言はありえない。

(2) さらに、ヒエロニュムスは、予言は「神の予知のしるし」[15]であると語った。ところで、予知は未来の事柄についてであった。したがって、未来の事柄、特に予言が最もそれに関わった未来の非必然的な事柄は、いかなる知の結論でもありえないから、予言は知の対象である結論についてではありえないと思われる。

(3) さらに、自然は余分なもので溢れることはなく、また必要なものを欠くこともない。その働きが最も秩序づけられたものである神には、はるかにそういうことはない。ところで、人間は論証的な知の結論を知るために、予言によるのとは別の途を有している。すなわち、それ自体によって知られる諸原理によって結論を所有する。それゆえ、もしこのようなものが予言によって認識されるのだとすれば、それは余分なことになるであろう。

(4) さらに、生成の仕方の相違は種の異なることのしるしである。たとえば、註釈者が『自然学』第八巻に語る通り[16]、精子から生まれた鼠は、腐敗しているものから生まれた鼠と同じ種に属することは不可能である。ところで、人間は論証的な知の結論を、それ自体で知られる原理から自然本性的に獲得する。それゆえ、もし論証的な知を別の仕方で予言を通して受け取る或る人々がいるとすれば、彼らは別の種に属するであろう。そして、同名異義的に人間と言われるであろう。しかし、これは不条理と思われる。

(5) さらに、論証的な知はいつでも差異のない仕方で在るものを対象としている。ところで、予言はいつでも同様の仕方で関係しているのではなく、グレゴリウスが『エゼキエル書講話』[17]で語る通り、「或るときは、預言

者の霊は未来のことではなく現在のことについて預言者の心に触れ、或るときはその逆である」。それゆえ、予言は知の対象であるものには関わらないのである。

(6) さらに、予言によって知られるものに対して、預言者や他の者の精神は同じ仕方で関係するわけではない。ところで、マイモニデス[18]が語る通り、「論証によって知られるすべてのことにおいて、預言者の判断とその他の誰であれ、その判断を知っている者の判断は同じである。そして、それらいずれも他方より好まれるということはない」。それゆえ、論証によって知られるものを予言が対象にすることはないのである。

以上に反して、(1) われわれが預言者たちを信ずるのは、彼らが霊感を受けているかぎりにおいてである。ところで、預言者たちの書物に書かれている事柄に、たとえそれらが諸々の知の結論に属しているとしても、われわれは信頼を置かなければならない。たとえば、「彼は水の上に地を堅く据え給いぬ」〔詩一三六・六〕と言われ、またこの種の他の何かがある場合である。それゆえ、予言の霊は諸々の知の結論についても、預言者たちに霊感を与えるのである。

(2) さらに、奇跡の恩寵は自然の力を超えていることを為すことに関係しているように、予言の賜物は自然的な認識を超えている事柄を認識することに関係している。ところで、奇跡の恩寵によって、自然の為すことのできない事柄のみならず、たとえば盲目の人に視力を与えるとか、死者を立たせるとかということのみならず、自然の為すことのできること、たとえば熱病の人を癒すといったことも生じてくるのである。それゆえ、予言の賜物によって自然的な認識が到達することのできない事柄のみならず、自然の認識が到達することのできる事柄、諸々の知の結論はそうしたものであるが、これらも認識されるのである。したがって、それらについて予言はありうると思われる。

答えて次のように言わなければならない。目的のために存在するすべてのものにおいて、質料は目的の要求に従って限定される。これは『自然学』第二巻[19]において明らかな通りである。ところで、予言の賜物は、「コリントの信徒への手紙一」の「しかるに、霊の現ることを人々に賜るは公益のためにして」〔一コリ一二：七〕から明らかな通り、教会の有用性のために与えられるのである。そして、同書は予言がその内に数えられる多くの例を付け加えている。それらの認識が救いに有用でありうるそれらすべては予言の質料的対象である。それらは過去のこと、現在のこと、未来のこと、あるいは永遠なことでもよいし、必然的なことでも非必然的なことでもよい。他方、救いに属しえないものは予言の質料的対象の外にあるものである。それゆえ、アウグスティヌスは『創世記逐語註解』第二巻[20]において、「われわれの著作家たちは天がどういう形をしているかを知っていたけれども、霊は彼らを通して救いに有益な事柄だけを語ることを欲した」と述べている。また、「ヨハネによる福音書」に「かの真理の霊来たらん時、一切の真理を汝らに教え給わん」〔ヨハ一六：一三〕と言われているが、註釈[21]は「救いに必要な〔真理〕」と付け加えている。ところで、私は、救いに必要なものども――それらが信仰の教導に必要なものであれ、道徳の形成に必要なものであれ――と言う。ところで、諸々の知において論証された多くの事柄は、これらのために有用でありうる。われわれの知性は不滅であるとか、被造物の内に考察され神の知恵と権能の賛美へと導く事柄も不滅である、ということきである。それゆえ、われわれはこれらについての言及が聖書においてなされているのを見出すのである。

しかし、次のことを知らなければならない。予言は遠くにあるものの認識であるから、先に語られたことすべてに対して同じ関係を有しているわけではない。というのは、或るものがわれわれの知標から遠くにあるのは、それら事物そのもののゆえである。他方、或るものはわれわれの内の或るもののゆえである。未来の非必然的な事柄はそのもの自身のゆえに、われわれから遠くにある。というのは、それらは存在を欠いているがゆえに、認識されないものだからである。実際、それらはそれら自体において存在していないし、自らの原因の内に限定されているわけでもないからである。他方、われわれの内の或るもののゆえにわれわれから遠くにあるものとは、事物そのもののゆえにではなくわれわれの欠陥のゆえに、それらを認識することの困難をわれわれが有するものである。というのは、それらは最高度に認識されうるものであり、最も完全に存在しているものだからである。本性的に可知的なものや特に永遠なものがそうである。ところで、或る事物にそれ自体において属するものは、そのものに他のものによって属するものよりも、そのものにより真実に属している。それゆえ、未来の非必然的なものは、われわれの認識から他のいずれのものよりも遠く離れているのであるから、したがって、それらは特に予言に属していると思われる。それらは予言の定義において予言の特別な対象として措定されているほど、大いに予言に属しているのである。したがって、「予言は不変の真理によって諸事物の出来を告知する神的な霊感である」[22]と言われている。予言という名前はこれから取られていると思われる。それゆえ、グレゴリウスは『エゼキエル書講話』[23]において、「予言は未来のことをあらかじめ語るがゆえにそう言われる。現在や過去のことを語るとき、その名前の特質を失うのである」と述べている。

他方、われわれの内の或るもののゆえに、われわれから遠くに在るものの内にも考察さるべき或る区別が存在する。すなわち、或るものは人間のすべての認識を超えているものとして、われわれから遠くにある。たとえば、神は三にして一であるとか他のこのようなものである。そして、これらは知の結論ではない。他方、或るものは、端的に人間の認識を超えているわけではないが、或る人の認識を超えているがゆえに、われわれから遠くにあるものである。たとえば、有識者には論証によって知られるが、無学の者は自然的な認識によってそれらに到達しないが、或るときに神の啓示によってそれらにまで高められる。したがって、これらのものは端的に予言されるべきものではなく、そのような人々との関連で予言されうるものである。それゆえ、諸々の知において論証される結論は、端的に予言に属することはできない。

(1) それゆえ、第一に対しては次のように言わなければならない。諸事物の出来は予言の定義の内に予言の最も固有な題材として措定されるが、しかし、予言の全題材であるように措定されるわけではない。

(2) 異論の第二に対しても同様に、予言はその主要な題材のゆえに、予知のしるしと言われる。

(3) 第三に対しては次のように言わなければならない。諸々の知の結論は予言によるのとは別の仕方でも知られうるけれども、しかし、それら結論が予言の光によって示されることは余分なことではない。というのは、われわれは知の結論によりも予言の語ったことにより強く固着するからである。そして、このことにおいても神の恵みと神の完全な知が示されるのである。

(4) 第四に対しては次のように言わなければならない。自然的な原因は、それらの力が有限で一つのものに限定されているから、特定の結果を有している。したがって、種々異なった原因から生成の異なった仕方で存在へと産出されるものどもは、種において異なったものでなければならない。ところで、神の力は無限であるから、自然の働きなしに自然が産出する結果と同じように種において同じ結果を産出することができる。それゆえ、もし自然的に認識されうるものが、神から啓示されうるとしても、種々異なった仕方で認識を受け取る者が種において相違している、ということが帰結するわけではない。

(5) 第五に対しては次のように言わなければならない。予言はときどき異なった時間によって区別されるものに関わるけれども、しかし、或るときはすべての時間にわたって真であるものに関わる。

(6) 第六に対しては次のように言わなければならない。マイモニデスは、啓示は論証によって知られる事柄について預言者に啓示が為されることはありえなかった、という風に理解しているのではなく、それらが論証によって知られるやいなや、それらについて予言が為されるか、為されないかは大差はない、と認識しているのである。

第三項

第三に、予言は自然的なものであるか、が問われる。そして、自然的なものである、と思われる。その理由、

（1）目覚めている者の認識は眠っている者の認識よりも優っている。ところで、眠っている者に、未来の事柄を見ることが自然的に起こる。たとえば、夢の中の予示において明らかなように[24]。それゆえ、或る人々は目覚めているときに、はるかにすぐれて未来のことを自然本性的に予見することができる。しかし、こうしたことは預言者の任務である。それゆえ、或る人は自然的に預言者でありうるのである。

（2）しかし、目覚めている人の認識は判断に関して優っているが、眠っている人の認識は受容することに関して優っている、と主張されてきた。――これに対しては次のよう言われる。認識的能力が或るものについて判断できるのは、そのものの形象を受け取るかぎりにおいてである。それゆえ、判断は受容に伴ってくるものである。それゆえ、受容が優れているところでは判断もより完全である。したがって、もし眠っている者が受け取ることにおいてより優れているとすれば、判断することにおいてより優れていなければならない。

（3）さらに、知性が睡眠中に拘束されるのは、知性が感覚に依存するかぎりにおいて、ただ附帯的な仕方によってのみである。というのは、知性の働きは感覚に、知性が感覚から受け取るかぎりにおいてのみ依存しているからである。判断は受容した後に存在する。それゆえ、知性の判断は睡眠中には拘束されていない。したがって、措定されている区別はまったく重要でないと思われる。

（4）さらに、或るものに他のものから分離されること自体から属しているものは、或るそのものにその本性によって適合している。たとえば、鉄は錆から離れること自体から鉄に輝きが附帯してくるのである。それゆえ、その輝きは鉄に本性的なものである。ところで、魂は身体的な感覚から切り離されること自体から、未来の事柄を予見することが魂に適合する。それは、アウグスティヌスが『創世記逐語註解』第一二巻[25]において、たくさんの例で明らかにしている通りである。それゆえ、未来のことを予見することは、人間の魂そのものにとって自然本性的であると思われる。したがって、先と同じ結論となる。

（5）さらに、グレゴリウスは『対話』第四巻[26]において、「或るとき魂の能力そのものがその鋭敏さによって或るものを予見し、他方、或るときには、身体から離れようとする魂は啓示によって、出来しようとしている事柄

は特に未来の事柄の直視の内に成り立つ予言を、自然的に有することができるのである。

(6) 魂が自然的な認識によって予見する未来のことは、自然の内に特定の原因を有しているが、預言者は他の未来のことにも関わると主張されてきた。——これに対しては次のように言われる。自由決定力に依存しているものは、自然の内に特定の原因を持つことはない。ところで、魂が自らの鋭敏さによって予見するものは、まったく自由決定力に依存している。——それはグレゴリウスが語る例から明らかである。すなわち、グレゴリウスは、或る人が病気で、或る教会で彼の埋葬が準備されていたとき、死に近づいていたその人が起き上がり衣服を着て、自分はアッピア街道を通って聖シクストゥス教会へ行くつもりだ、と予言した人について語っている。そして、しばらくして彼が亡くなったとき、彼の葬儀の列がアッピア街道に沿って進んでいたとき、人々は突然彼を聖シクストゥス教会に埋葬しようと決心した。というのは、彼らが彼を埋葬しようと考えていた教会への道のりが遠かったからである。そして、彼らはこのことを、彼が先に何を言っていたかを知ることなしに行ったのである。しかし、グレゴリウスが付け加えて語る通り[27]、「もし彼の魂の力と鋭敏さが自分の身体に起こるであろうことを予見していなかったとすれば、彼はこのことを予言することはできなかったであろう」。それゆえ、自然的な原因に依存していないこのような未来の事柄も、人間によって自然的に予見されることが可能である。したがって、先と同じ結論となる。

(7) さらに、われわれは自然的な原因から自然的な仕方で起こらない事柄の意味を知覚することはできない。ところで、占星術者は諸天体の動から予言の意味を知覚する。それゆえ、予言は自然的なことである。

(8) さらに、自然的な知において、哲学者たちは自然的に起こりうる事柄のみを規定した。ところで、アヴィセンナは『自然学』第六巻において[28]、予言について規定した。それゆえ、予言は自然的である。

(9) さらに、アヴィセンナが『自然学』第六巻において措定しているように、予言にはただ三つのものだけが必要とされる。すなわち、知性の明澄性、想像力の完全性、そして外部の事物が従うほどの魂の権能の三つである。ところで、これら三つは自然的に所有されうる。それゆえ、或る人は自然的に預言者であることができるのである。

(10) しかし、われわれの知性と想像力は、未来の自然的な事柄をあらかじめ認識することにまでは完成されうるが、これらについて予言があるわけではない、と主張されてきた。――これに対しては次のように言われる。下位の諸原因に依存しているものどもは自然的なものと言われる。ところで、イザヤは予見し、ヒゼキヤが亡くなるであろう、と予言した〔イザ三八：一〕。そして、同所への註釈[29]に言われている通り、このことをこの地上の原因の秩序によって行ったのである。それゆえ、予言は未来の自然的な出来事をあらかじめ認識することである。

(11) さらに、神の摂理は存在へと産出された事物に、それら事物がそのものなしには存在の内に保たれえないそのものを自らの内に所有するように授けているのである。たとえば、人間の体の内に、それによって食物が取られ消化され、またそれなしには死すべき命は保持されないそうした肢体を措定するのと同様に。ところで、人類は社会なしには保持されえない。実際、一人の人間は生きるための必要な事柄において、自分一人だけでは十分ではないのである。それゆえ、人間は「自然本性的に社会的な動物である」と、『倫理学』第八巻[30]に言われている通りである。ところで、社会は正義なしには維持されえない。ところで、正義の規範は予言である。それゆえ、人間は自然本性的に予言に到達しうることが人間の本性に授けられているのである。

(12) さらに、どのような類においても、その類において最も完全なものは自然的に見出される。ところで、人々の類において最も完全な者は預言者である。というのは、彼は人間の内にあるもの、すなわち、知性によって他の人々を超えているからである。それゆえ、人間は自然的に予言に到達することができるのである。

(13) さらに、神の固有性の被造物の固有性からの隔たりは、未来の諸事物の固有性の現在の諸事物の固有性からの隔たりよりもより大きい。ところで、人間は自然的な認識によって、被造物の固有性を通して神の認識へと到ることができる。それは「ローマの信徒への手紙」に「神の見えざる事柄は、造られたるものを通して知解され、観られる」云々〔ロマ一：二〇〕と言われていることより明らかである。それゆえ、今存在しているものから、人間は自然的に未来の事柄の認識に至ることができる。したがって、人間は自然的に預言者でありうるのである。

(14)　しかし、神は存在することにおいてより隔たっているけれども、認識することにおいては未来の事柄がより隔たっている、と主張されてきた。——これに対しては次のように言われる。すなわち、存在の根原と認識の根原は同じものである。それゆえ、存在に即してより隔たっているものは、認識によってもより隔たっているのである。

(15)　さらに、アウグスティヌスは『自由意思論』[31]において、善きものの三つの類、すなわち、重要でないもの、重要なもの、普通のものを区別している。ところで、予言は重要でない善きものの内には数えられない。こうした善きものは物体的な善きものだからである。さらにまた、最も重要な善きものの内に数えられることもない。というのも、これらの善きものはわれわれがそれらによって正しく生き、何人《なんぴと》もそれらを悪用することのできないものであって、それらの善きものは予言に適合するとは思われない。それゆえ、予言は魂の自然的な善きものである普通の善きものに属していることが帰結する。したがって、予言は自然的なものであると思われる。

(16)　さらに、ボエティウスは『二つの本性について』[32]において、一つには「働きかけたり、働きかけられたりすることの可能なもの」すべてが自然と言われる、と述べている。ところで、或る人が預言者であるためには、既述の通り〔第一項〕、一種の霊的な受動、すなわち予言の光の受容が要請される。それゆえ、予言は自然的であると思われる。

(17)　さらに、働きかける者にとって働きかけは自然的であり、働きを受ける者にとって働きを受けることが自然的であるとすれば、受動は自然的でなければならない。ところで、予言の完全性を人々に注入することは、神そのものには自然的である。というのは、神は自らの本性によって善き者であり、自己を伝えることは善き者に本性的なことだからである。同様に、人間の精神にとって、神から何かを受け取ることは自然的なことである。というのは、人間精神の本性は、神から受け取ったものからのみ成り立っているからである。それゆえ、予言を受け取ることは自然的なことである。

(18) さらに、自然的で受動的ないずれの能力にも、何らかの自然的で能動的な能力が対応している。ところで、人間の魂の内には予言の光を受け取るための自然的な能力が存在する。それゆえ、魂の内には或る人がそれによって予言の働きへと導かれる、或る自然的で能動的な能力が存在するのである。したがって、予言は自然的なものであると思われる。

(19) さらに、人間は他の動物よりも自然本性的により完全な認識を有している。ところで、或る他の動物は特に彼らに関わるそれら未来の事柄を、自然本性的に予知している。たとえば、未来の雨を予知する蟻や、或る種の魚は未来の嵐をあらかじめ知らせる、といったことから明らかである。それゆえ、人間も自然本性的に、自らに関わる事柄を予知しているのでなければならない。したがって、人間は自然本性的に預言者でありうると思われる。

以上に反して、(1) 「ペトロの手紙二」には、「予言は、昔、人意によりてもたらされずして、神の聖人たちが聖霊に感動せられて語りしものなればなり」〔二ペト一：二一〕と言われている。

(2) さらに、外的原因に依存しているものは自然本性的であるとは思われない。ところで、予言は外的原因に依存している。というのは、預言者は永遠性の鏡の内に読むからである〔第六項〕。それゆえ、予言は自然的なものではない、と思われる。

(3) さらに、われわれの内に自然本性的に内在しているものは、われわれの権能の内にある。ところで、「ペトロの手紙二」の「固くせられし預言者の言葉われらにあり」〔二ペト一：一九〕という言葉への註釈[33]より明らかな通り、「預言者の権能には未来の事柄を予言する霊を所有することは含まれていなかった」のである。それゆえ、予言は自然的なものではない。

(4) さらに、自然的なものは、より多くのものに現れるものとして存在する。ところで、予言はきわめて少数の者の内にあるものである。それゆえ、予言は自然的なものではない。

答えて次のように言わなければならない。或るものが自然的なものである、と言われるのに二様の仕方がある。一つは、そのものの能動的根原が自然であるからである。たとえば、火は上方に向かってゆくことは自然的である。他の仕方では、自然がそのもののいずれの状態の根原であるからでもなく、そのような完成に必要である状態の根原であるからである。たとえば、理性的魂の注入は、自然本性の働きを通して身体が、魂の受容のために必要な状態によって態勢づけられているかぎりにおいて、自然的である。

したがって、或る人々の意見は、予言が自然的であるのは第一の意味においてであった。というのは、アウグスティヌスが『創世記逐語註解』第一二巻(34)において伝えている通り、彼らは「魂はそれ自体の内に予知の何らかの能力を有している」と主張したからである。ところで、こうした主張をアウグスティヌスは同所で批判している。というのは、もしその主張の通りであるとすれば、そのときは魂は自らの権能において、欲するときはいつでも、未来のことをあらかじめ認識することができることになろう。しかし、これは明らかに偽である。さらに、このことの偽であることは次のことからも明らかである。すなわち、人間精神の本性は自然本性的には、能動知性の最初の道具であるところの自明な諸原理によって、精神が到達することのできないような認識の根原ではありえないからである。実際、人間精神はこのような自明な原理から、未来の非必然的な事柄の認識に到達することはできないからである。もっとも、何らかの自然的な兆候を透察することによって、であれば別である。たとえば、医者が未来の健康とか死をあらかじめ認識する場合とか、占星術者が未来の嵐や晴天を予知する場合とかである。しかし、未来の事柄についてのこうしたあらかじめの認識は、予感とか予言に帰せられるのではなく、むしろ技の認識に帰せられるものである。それゆえ、他の人々は予言は第二の意味で自然的であると主張した。すなわち、自然本性は人を、何らかのより高次の原因の作用によって、未来の事柄のあらかじめの認識を受容しなければならないであろう状態に導くことができるからである。実際、この見解は或る予言については真であるが、使徒〔パウロ〕によって聖霊の賜物の内に数えられているそうした予言〔一コリ一二・一〇〕については真ではない。

それゆえ、これら二つの相違を理解するためには、未来の非必然的な事柄は、現実に存在する前には、二つのものに先在していたこと、すなわち、神の予知の内と、それら未来の事柄がそれらの力によって存在へと引き出されるそれら被造物の原因の内に、先在したことを知らなければならない。ところで、これら二つの内に未来の事柄は、二つの点に関して異なった仕方で先在している。第一に、被造の諸原因の内に先在しているすべてのものは、神の予知の内にも先在しているが、その逆は成立しないことである。というのは、神は未来の或る事柄の諸理念を、それらを被造の事物に注入することなしに、自らの内に保持していたからである。たとえば、アウグスティヌスが『創世記逐語註解』(35)において語る通り、神の力によってのみ生じてくる事柄の諸理念がそうである。第二に、被造の諸原因の内の未来の事柄に関して、或るものは可変的な仕方で先在している。というのは、そのような結果を導入することへと秩序づけられている原因の力は、或る出来事によって妨げられうるが、神の予知の内の未来のすべての事柄は不変的な仕方で存在しているからである。というのは、未来の事柄は神の予知のもとに服しているが、それはそれら諸原因のそれら未来の事柄への秩序によってのみならず、その秩序や出来事の出来によってもそうだからである。それゆえ、未来の事柄のあらかじめの認識は人間精神の内に二様の仕方で生ぜしめられうる。一つは、未来の事柄が神の精神の内に先在することから生ぜしめられる。そして、この予言は聖霊の賜物と言われる。そして、これは自然的なものではない。というのは、自然的で媒介的な諸原因なしに神の力によって生ぜしめられるものは、自然的なものとは言われず、奇跡的なものと言われるからである。ところで、このような未来の事柄の啓示は、自然的で媒介的な原因なしに生ずる。というのも、未来の事柄の諸理念は、この仕方では、被造の原因の内にあるかぎりで啓示されるのではなく、神の精神の内にあり、そこから預言者の精神の内に派出するかぎりにおいて啓示されるからである。他の仕方では、被造の諸原因の力から、すなわち、或る未来の事柄についての或る種のしるしがその内に先在しているそれら諸天体の力から、何らかの動が人間の想像力に生ぜしめられるかぎりにおいて、未来の事柄のあらかじめの認識が生ぜしめられるのである。そして、人間の知性、すなわち、下位の知性が離在した知性の照明から教導され、或るものを認識することへと高められることがその本性であるかぎりにおいて、この予言は前述の仕方で自然的であると言うことはできる。

ところで、この自然的な予言は、今われわれの語っている予言とは三つの仕方で相違している。第一に、われわれが今語っている予言は、未来の事柄の予見を神から直接に所有しているが、——もっとも、天使が神の光の力において働くかぎりで、天使は仲介者でありうるが——他方、自然的な予言は第二の諸原因の固有の働きかけによるものである、という点で相違している。第二には、自然的な予言は自然の内に特定の原因を有しているそれら未来の事柄にのみ及んでゆくが、今われわれの語っている予言は、すべてのものに差異のない仕方で関わっている、という点において相違している。第三には、自然的な予言は誤りえない仕方で予見するのではなく、多くの場合に真であるものが予言されるように予見するが、他方、聖霊の賜物である予言は誤りえない仕方で予見する、という点において相違している。それゆえ、それは神の予知のしるしであると言われる。というのも、未来の事柄が神によって予知されているその不可謬性によって予見するからである。これら三つの相違はカッシオドルスの定義(36)の内に見ることができる。第一の相違は「神的な」と言っていることに、第二の相違は「諸事物の出来」と一般的に言っていることに、第三の相違は「不変の真理によって告知する」と語っていることの内に見られる。

ところで、予言が学的に知られるものとしての必然的な事物を扱うかぎりにおいて、第一と第二の二つの相違はそのまま残っている。というのは、人間は自然的な予言によってそれら学的に知られる事柄の認識を、神から直接的に受け取るのではなく、第二の諸原因が媒介となって、また自らの自然的な能力において働いている第二の諸原因の働きによって、そうした認識を受け取っているからである。さらに、そのような認識は必要なすべてのことに及ぶのではなく、第一の諸原理によって知られうる事柄のみに及ぶのである。というのは、このような認識は、能動知性の光の力がそれらを超えて及んでゆくことはなく、また神の予言が自然的な認識を超えた事柄、たとえば、神は三にして一であるとかこのような何かに高められるようには、他のものに自然本性的に高められることもない。しかし、第三の相違はこの事柄においては除去される。というのは、両者の予言は預言者に、論証の諸原理によって学的に知られる場合のように、不変的かつ最も確実に、このような学的に知られる必然的な事柄を、知らしめるからである。というのも、両者の予言によって人間の精神は高められ、原理と同様、結論をも或るものから他のものを導出することなく、単純な直知によって最も確実に見るところの離在した諸実体に適合するような何らかの仕方で、知性認識するからである。

さらに、両者の予言は、われわれが夢は眠っている人に生ずる現れのことであり、幻は目覚めているが、正気から逸れている人に生ずるもののことであると言うかぎりにおいて、夢とか幻から相違しているのである。というのは、夢においても単純な幻においても、魂は見られた表象像によって、全面的にせよ部分的にせよ拘束され、すなわち、本当のもののようにそれらに、全面的にせよ部分的にせよ、固着するからである。しかし、両者の予言において何らかの表象像が夢あるいは幻視において見られるけれども、預言者の魂はそれらの表象によって拘束されることはなく、見ているものが本当のものではなく、何かを意味しているそのものに類似しているものであることを、予言の光を通して認識し、それらの意味を認識するのである。というのは、「ダニエル書」に言われている通り、「実に幻視には悟る力を要する」〔ダニ一〇：一〕からである。以上から、自然的な予言は夢と神的な予言との中間的なものであることが明らかである。それゆえ、夢は自然的な予言の一部分、あるいは一事例であると言われる。自然的予言は、同じくまた神的な予言の不完全な類似でもある。

(1) それゆえ、第一に対しては次のように言わなければならない。認識においては二つのこと、すなわち、受容と受容されたものについての判断とを考察しなければならない。受容されたものについての判断に関しては、目覚めている者の認識は眠っている者の認識よりもより優れている。というのも、『睡眠と覚醒について』[37]に言われている通り、目覚めている者の判断は自由であるが、眠っている者の判断は拘束されているからである。他方、受容に関しては眠っている者の認識がより優れている。というのは、外的な動からの内的な刻印は、感覚が休んでいるときよりよく受容されうるからである。それは離在した諸実体によるにせよ、諸天体によるにせよ、同じである。それゆえ、「民数記」に「全能なる御者の幻示を見たる者、倒れて」、すなわち眠っていて、「その眼を開かれた者」〔民二四：四〕とバラムについて語られていることは、この意味において理解されるべきである。

(2) 第二に対しては次のように言わなければならない。判断は形象の受容に依存しているばかりではなく、判断される事柄が認識の何らかの原理によって吟味されることにも依存している。たとえば、われわれは結論について諸原理へと分析することによってそれらを判断するように。それゆえ、外的な諸感覚が眠りにおいて拘束されるとき、内的な力は、いわば、外的な感覚の喧噪から解放され、神的あるいは天使的な光によって、あるいは諸天体の力ないし他の何ものかによって、知性や想像力の上になされた内的な刻印をよりよく知覚することができるのである。たとえば、濃い粘液が眠っている人の舌に触れるとき、甘い物を食べていると彼には思われるように。ところで、感覚がわれわれの認識の第一の始原であるから、われわれは判断するすべての対象を何らかの仕方で感覚へと連れ戻さなければならない。それゆえ、哲学者は『天体論』第三巻[38]において、技や自然の働きを補足するものは可感的な可視的事物であり、それら事物からわれわれは他のものについて判断しなければならない、と語っている。同様に、『倫理学』第六巻[39]において、直知が諸原理に関わるように、感覚は最も外のものに関わると語り、判断する者の分析の終極であるものを最も外のものと呼んでいる。したがって、睡眠中、諸感覚は拘束されているから、人は実在の事物の類似物をあたかもそれらが実在の事物そのものであるかのように見て、或る関連で誤るということもないほどに、判断が完全であるということはありえない。しかし、或るときに眠っている人は或る事物について、それらが実在の事物ではなく、それら事物の類似物であると認識することはある。

(3) 第三に対しては次のように言わなければならない。知性の判断は、知性のその働きが外的な器官によって実行される、という仕方で感覚に依存しているわけではない。しかし、その分析が終極に至るためには最も外側で終極のものとしての感覚を必要とする。

(4) 第四に対しては次のように言わなければならない。アウグスティヌスが『創世記逐語註解』第一二巻[40]で語る通り、或る人々は「理性的魂はそれ自体の内に予感の何らかの能力を有している」と主張した。しかし、同所で彼はこの見解を非難している。というのは、もしそういうことであるとすれば、魂は未来のことを予見しようと欲するならば、予見する用意ができていることになろう。しかし、これは明らかに偽である。したがって、魂が感覚から切り離されたとき、ときどき未来の事柄を予見することがあるが、それはそうした予見が自然本性的な能力によって魂に適合しているがゆえではなく、未来の事柄の何らかの認識がそれらから為されうるそれら諸原因の刻印を知覚することが、このような切り離しによってより容易にされているからである。

(5) 第五に対しては次のように言わなければならない。グレゴリウスの言葉の内に、彼が未来の事柄のあらかじめの認識の原因と主張する魂の鋭敏さは、離在した諸実体から何かを受け取る魂の適性そのものとして、——聖人たちに天使たちから或ることが啓示されるかぎりの恩寵の秩序においてのみならず、本性の秩序によって下位の知性は上位の知性によって本性的に完成されるかぎりにおいて、また人間の身体が、未来の或る出来事を予見する用意がその内にある諸天体の刻印に従属しているかぎりにおいても——理解されなければならない。魂はその鋭敏さによってこれら出来事を天体の刻印によって想像力の内に残された何らかの類似物を通して見るのである。

(6) 第六に対しては次のように言わなければならない。自由決定力は自然的な諸原因に従属しているわけではないけれども、しかし、自然的な原因はときどき自由決定力によって為される事柄を促進したり、妨害したりする。たとえば、異論で言及されている出来事において、雨とか過度な暑熱は棺架を運んでいた人々に不快な疲労感を起こさせうるものであり、彼らは棺架を目的地に運ばないことがあるであろう。そして、われわれは天体によってそうしたことの起こることをあらかじめ認識することができたのである。

(7) 第七に対しては次のように言わなければならない。人間の体は天体の影響のもとにあるから、天体の動から、われわれは人間の体のいずれの状態の予兆をも知覚することができる。それゆえ、人間の体の何らかの構成とか状態は、自然的な予言のためにはいわば必要不可欠なものであるから、もし諸天体から自然的な予言のための予兆が知覚されるとしても、聖霊の賜物である予言の予兆は決して知覚されないのである。

(8) 第八に対しては次のように言わなければならない。予言について規定したかの自然哲学者たちは、今われわれの語っている予言について扱うことはできず、ただ自然的な予言についてのみ扱うことが可能であったのである。

(9) 第九に対しては次のように言わなければならない。かの三つのうちの一つは自然本性的に魂に属することはできない。すなわち、魂は外的な質料が魂の支配のもとにあるほど大きな力を持っている、ということは魂に本性的に属しているわけではない。というのも、アウグスティヌスが語る通り[41]、「物体的質料は天使たち自身の意向にさえ従属していないからである」。したがって、この点において、アヴィセンナや他のいずれの哲学者の言うことも支持することはできない。他方、異論が触れている他の二つのものは、それらが人間の内に本性的に生ずるかぎりにおいて、自然的な予言の原因である。しかし、われわれが語っている予言の原因であるわけではない。

(10) 第一〇に対しては次のように言わなければならない。自然的な予言によって啓示されうるのは、自然的な諸原因に従属しているものだけであるが、神的な予言によって他のものどものみならず、これらのものどもも認識されうるのである。

(11) 第一一に対しては次のように言わなければならない。人間の社会は、永遠の生命という目的へと秩序づけられているかぎり、予言がそのものの根原であるところの信仰の正義によってのみ保持されうるものである。それゆえ、「箴言」には「予言なくならば、民滅びん」〔箴二九：一八〕と言われている。ところで、この目的は超自然的であるから、この目的に秩序づけられている正義と予言の根原の両者も超自然的である。他方、社会的に善きものの秩序づけにおいて、人間社会がそれによって統治されている正義は、人間に賦与されている自然法の諸原理によって十分所有されることができる。したがって、予言は自然的である必要はないのである。

(12) 第一二に対しては次のように言わなければならない。人類の内に超自然的な原因からしか産出されえないそれほど偉大な完全性が見出されうることは、人間の高貴さから生じてくる。ところで、そのような完全性を非理性的な被造物は受容することができない。したがって、人類の内の最も完全なものは自然本性の力によって獲得される必要はなく、自然の状態によって最も完全なものだけは必要であるが、恩寵の状態によって最も完全なものが必要であるというわけではない。

(13) 第一三に対しては次のように言わなければならない。或る事物は二様の仕方で認識されることが可能である。すなわち、そのものは存在するか、とそのものは何であるかの認識が可能である。ところで、われわれがそれらから認識を得るそれら被造物の固有性は、神の固有性から最高度に隔たっているから、われわれは神について何であるかを認識することはできない。しかし、被造物は神に依存しているから、被造物をよく洞察することから神が存在することをわれわれは認識することができる。ところで、現在しているものは未来のものに依存していないが、しかし、類似した固有性は持っているから、現在している事物から何らかの未来のものが存在することをわれわれは認識することはできないが、もし未来のものが存在するとすれば、それらが何であるか、あるいはそれらの固有性がどんなものか、を知ることはできるのである。

(14) 第一四に対しては次のように言わなければならない。神の被造物からの隔たりは、或る被造物の他の被造物からの隔たりよりも、存在の仕方に関してははるかに大きい。しかし、存在の根原とそのような根原から存在を所有しているものとの間にある関係に関しては、上述の隔たりの大きさの関係は同様ではない。したがって、われわれは被造物を通して神の存在することは認識するが、神の何であるかは認識しないのである。しかし、反対に、未来の非必然的な事柄の認識は、現在するもの、あるいは過去のものによってあるのである。

(15) 第一五に対しては次のように言わなければならない。予言は最高の善きものの内に分類される。それは無償で授けられた賜物だからである。というのは、予言を功績的な働きの直接的な根原として正しい生活が為されないとしても、予言の全体は正しい生き方へと秩序づけられているからである。さらにまた、或る人が、予言の濫用自体が予言の行為であるような仕方で、――ちょうど人が自然的な能力を濫用するように――予言を濫用するといったことはない。というのは、予言を金銭の儲けを得るためとか人々の称賛を得るためとかに用いる人は、隠されたことを認識してそれを公にするという、予言の善き行為を有してはいても、このような善きものの濫用は欲望とか他の悪徳の行為だからである。ところで、或る人は予言を、行為の根原としてでないとしても、行為の目的として濫用する。ちょうど、諸徳が最高の善きものに数えられるとしても、それら徳を誇る人々は徳を濫用しているようにである。

(16) 第一六に対しては次のように言わなければならない。われわれが、或るものが自然的であると言うのは、そのものがいずれの意味に解された自然から由来してもよいのではなく、ボエティウス[42]がそこでそれに与えている第三の意味によってである、すなわち、「自然は動の根原であり」、また動がその内に「附帯的にではなく、自体的に」存在するそのものにおける静止の根原であるかぎりにおいての自然によってである。さもないと、すべての能動や受動、また諸々の固有性が自然的であると言わなければならないであろうからである。

(17) 第一七に対しては次のように言わなければならない。自らの善性を他者に伝えることは、神にとって自然本性的なことである、すなわち、神の本性に適合的なことである。しかし、本性の必然によって伝えるという意味においてではない。そのような伝達は、自らの賜物を万物に秩序に従って配分する知恵の秩序に即して、神の意志によって為されるからである。被造物にとっても神から善性を受け取ることは、自然本性的なことである。しかし、どんな善性でもよいというわけではなく、自らの本性に当然帰せられる善性を受け取ることである。たとえば、人間に理性的であることは当然帰せられるが、石とか驢馬には帰せられることはないのである。それゆえ、何らかの完全性が神によって人間の内に受け取られる場合、そのものが人間本性に帰するものを超越するとき、そのものは人間にとって自然的である必要はないのである。

(18) 第一八に対しては次のように言わなければならない。人間の魂には予言の光を受容する受動的な能力が存在するが、それは自然的能力ではなく、もっぱら従順の能力である。たとえば、物体的な本性の内に奇跡的に生ずるもののために存在する能力のように。それゆえ、そのような受動的能力に自然的な能動的能力が対応している必要はないのである。

(19) 第一九に対しては次のように言わなければならない。非理性的な動物は未来の事柄の天体に依存しているもののみを、あらかじめ知ることができるにすぎない。天体の刻印によって彼らの想像力は、未来の事柄の予兆に対応する或ることを為すよう動かされるのである。そして、そのような刻印は人間においてよりも非理性的な動物においてより大きな場所を有している。というのは、非理性的動物は、ダマスケヌスが語る通り[43]、「何かを為しているというよりも、より為されている」からである。それゆえ、彼らは諸天体の刻印に全面的に従うのである。しかし、自由な意志を持っている人間はそのように行為するわけではない。また、何らかの未来の事柄の予兆は動物の行為から引き出されうるけれども、そのことから非理性的動物は未来のことをあらかじめ知っていると言われてはならない。というのは、これら動物は自らの行為の根拠を認識している者のように、未来の事柄の予兆に従って行為しているわけではなく、むしろ本性的な本能に導かれているからである。

第四項

第四に、予言を所有するためには何らかの自然的な態勢(dispositio naturalis)が必要とされるか、が問われる。そして、必要とされる、と思われる。その理由、

(1) 或るものの内に受け取られるすべての完成は、受け取る者の態勢によって受け取られるのであるから、受け取る者の内に或る決まった態勢を必要とする。ところで、予言はそのような完全性である。それは「アモス書」第一章第二節の「主はシオンから吠えたけり」から明らかである。この箇所に対してヒエロニュムスの註釈[44]は次のように述べている。すなわち、「或るものを他のものに喩えることを欲する者がすべて、彼らが経験した

もの、またその内で彼らが育てられたそれら事物から比喩を取ることは、自然なことである。たとえば、船乗りが自らの敵を嵐に喩え、損害を難破に喩えるように。したがって、牧者は自らの恐れを獅子の吠えたけりに似たものと見なし、敵を獅子、熊、あるいは狼だと言う。したがって、家畜の牧者であった預言者は、神の恐れを獅子の吠えたけりに類似化するのである」。それゆえ、予言は人間本性の内に、或る決まった態勢をあらかじめ要求するのである。

(2) さらに、予言のためには想像力の善性が求められる。というのも、予言は想像力が見ることよってしばしば為されるからである。ところで、想像力の善性のためには、身体器官の善き態勢や体質が求められる。それゆえ、予言には自然的な態勢があらかじめ要求されるのである。

(3) さらに、自然的な妨げは、附帯的に附加してくるものよりもより強力である。ところで、附帯的に附加してくる或る受動は予言を妨げる。それゆえ、ヒエロニュムス[45]は「マタイによる福音書」に註解して次のように述べている。「夫婦の行為が為されるとき、たとえ出生の務めに従っている者が預言者と思われるとしても、聖霊の現存は与えられないであろう」と。それは罪過のゆえではない。というのも、夫婦の行為には罪過はないからである。そうではなく、その行為が欲望の情念に結合しているからである。それゆえ、自然的な体質が態勢づけられていないことが、予言が為されえないように或る人を妨げるのである。

(4) さらに、自然は恩寵に、恩寵が栄光に秩序づけられるように、秩序づけられている。ところで、栄光に到達しなければならない者において、恩寵の完成されていることを栄光はあらかじめ必要とする。それゆえ、予言も他の無償の賜物も自然的な態勢をあらかじめ必要とするのである。

(5) さらに、予言における思弁は獲得された知の思弁よりも優れている。ところで、獲得された知の思弁は自然的な態勢が調っていないことによって妨げられる。というのも、或る人々は自然的な態勢の側が調っていないので、ほとんど、あるいはまったく知の獲得に達することができないのである。それゆえ、自然的な態勢の不調は、より強く予言における思弁を妨げるのである。

(6) さらに、「ローマの信徒への手紙」に言われている通り、「神に由来しているものは、秩序づけられている」〔ロマ一三：一〕。ところで、予言の賜物は神に由来している。それゆえ、その賜物は秩序立って神によって配分されている。ところで、もしそれを所有するためにふさわしい態勢を持っていない人には賜物が与えられないとすれば、秩序ある配分は存在しないことなろう。それゆえ、予言は自然的な態勢をあらかじめ必要とするのである。

以上に反して、 (1) 与える者の自由意思にのみ依存しているものは、受け取る者の何らかの態勢をあらかじめ必要とすることはない。ところで、予言はこのようなものである。それは「コリントの信徒への手紙一」に明らかな通りである。すなわち、予言と他の聖霊の賜物を枚挙した後、「これらすべてのことは、同じ唯一の霊の働きであって、霊は望むままに、それを一人一人に分け与えてくださる」〔一コリ一二：一一〕と述べている。また、「ヨハネによる福音書」には「霊は思いのままに吹く」〔ヨハ三：八〕と言われている。それゆえ、予言を所有するために、自然的な態勢があらかじめ必要とされることはない。

(2) 「コリントの信徒への手紙一」において、使徒は「かえって知者を辱めんとて神は世の愚かなるところを召し給い、強きところを辱めんとて神は世の弱きところを召し給う」〔一コリ一：二七〕と語っている。それゆえ、聖霊の賜物は基体における何らかの態勢を、あらかじめ必然的に要請するわけではない。

(3) さらに、グレゴリウスは「聖霊降臨祭の説教」(46)で、「聖霊は琴《キタラ》引きの少年を満たし、彼を詩編作者にする〔サム上一六：一三、サム下一：一七〕。無花果《いちじく》を摘み取っている家畜の群れの牧者を満たし、彼を預言者にする〔アモ七：一四―一五〕」と述べている。それゆえ、予言の賜物はそれが与えられる人に何らかの態勢とか状態とかをあらかじめ必要としない。かえって、それを授けることは神の意志にのみ依存しているのである。

答えて 次のように言わなければならない。予言の内には二つのことを考察しなければならない。すなわち、予言の賜物そのものと、すでに受け取られたこの予言の使用という二つである。人間の権能を超えている予言の賜物そのものは、神によって授けられるのであって、被造の何らかの原因の力によって与えられるわけではない。もっとも、自然的な予言は、既述の通り〔第三項〕、或る被造物の力によってわれわれの内に完成されるものではある。ところで、神の働きと被造物の働きとの間に次のような相違が存在する。すなわち、結果を生ぜしめるために、神は自らの働きによって形相のみならず質料をも産出する。神の働きは質料をあらかじめ必要としないように、結果を完成するために質料的な態勢をも必要としないのである。しかし、形相を質料なしに、あるいは態勢なしに作るのではなく、質料と形相とを唯一の働きによって同時に創造することができる。それどころか、神は自らが導入している完全性に必要とされる固有の態勢に態勢づけられていない質料をも作ることができる。たとえば、死者の蘇りにおいて明らかである。というのは、死せる体は魂を受け入れるためには、まったく態勢づけられていないからである。他方、神の唯一の業によって体は魂と魂への態勢とを受け取るのである。しかし、被造物の働きのためには、質料と質料にふさわしい態勢があらかじめ要請される。というのは、被造物の力はどんなものからどんなものをも作ることができるわけではないからである。それゆえ、自然的な予言が自然的態勢にふさわしい態勢をあらかじめ必要とすることは明らかである。しかし、聖霊の賜物である予言はそれをあらかじめ必要とはしない。しかし、予言にふさわしい自然的な態勢は、予言の賜物と一緒に預言者に与えられている必要がある。

他方、いずれの予言の実行も、預言者の権能の内にある。このことに即して、「コリントの信徒への手紙一」には、「預言者の霊は預言者に従う」〔一コリ一四：三二〕と言われている。したがって、或る人は自らが予言することを妨げることができる。そして、ふさわしい予言を実行するためには、ふさわしい態勢が必然的に要請される。というのも、予言の実行は預言者の自然的な力から発出するからである。それゆえ、特定の態勢をも必要とするのである。

(1) それゆえ、第一に対しては次のように言わなければならない。或る諸態勢は予言にとって差異のないものである。そして、これらの態勢は神の働きによって預言者の内で変化することはなく、これら態勢の適合性に即して予言が発出するのである。というのは、予言された事柄が或る類似のもとでよりも、他の類似のもとで表現されるかどうかは、予言にとって関係のないことだからである。しかし、神は預言者から予言に対立する態勢を取り除き、必要な態勢を彼に与えるのである。

(2) 第二に対しては次のように言わなければならない。予言のためには想像力の優れていることが要請される。しかし、それは必ずしもあらかじめ必要とされるわけではない。というのは、予言の賜物を注入する神自身は予言の能力の態勢を改善することができるからである。ちょうど、神はかすんだ目をはっきりと見えるように作り直すことができるようにである。

(3) 第三に対しては次のように言わなければならない。この種の激しい情念は理性の注意を完全に自ら自身に引きつけ、したがって、理性の注意を霊的なものどもの追求から逸らしてしまう。したがって、怒りとか悲しみとか快楽といった激しい情念によって、予言の実行は予言の賜物を受けている者においても妨げられる。したがって、態勢が自然的に調っていないことは、神の力によって何らかの仕方で配慮されているのでなければ、妨げとなるであろう。

(4) 第四に対しては次のように言わなければならない。異論に提示されている類似の適用は、恩寵が自然に附加されるように、栄光は恩寵に附加されるということに限定される。しかも、あらゆる関連において類似性があるわけではない。というのは、恩寵は栄光に値するが、自然は恩寵に値するわけではないからである。それゆえ、恩寵の功績は栄光を所有するためにあらかじめ要求されるが、自然の態勢は恩寵を獲得するためにあらかじめ要求されるわけではない。

(5) 第五に対しては次のように言わなければならない。或る意味で、獲得された知はわれわれによって原因されている。しかし、魂の諸器官の態勢を改善することは、予言の賜物を注入する神の権能の内にあるようには、われわれの力の内にはない。したがって、両者は同様ではないのである。
⑹　第六に対しては次のように言わなければならない。予言の賜物は神によって最も秩序正しく分け与えられる。そして、この賜物の秩序正しい配分は、ときどきその賜物への態勢が最も劣っていると思われる人々に授けられるということを伴う。したがって、それは神の力に帰せられるのである。また、「コリントの信徒への手紙一」に、「これ何人《なんぴと》も、御前において高ぶらざらんためなり」〔一コリ一：二九〕と言われている通りである。

第五項

第五に、予言のために倫理的な善性は要求されるか、が問われる。そして、それは要求される、と思われる。その理由、

⑴　「知恵の書」に、「〔知恵は〕万国にわたりて聖なる魂に入り、これを神の友とし、また預言者と為す」〔知七：二七〕と言われている。ところで、神の友であるのは、倫理的な善きものを持つ者のみである。「ヨハネによる福音書」には、「人もしわれを愛せば、わが言葉を守らん」〔ヨハ一四：二三〕と言われている。それゆえ、倫理的な善性を持たない者は預言者にされることはないのである。

⑵　さらに、予言は聖霊の賜物である。ところで、聖霊はいかなる罪人の内にも住まうということはない。それは「知恵の書」の「教訓を賜う聖霊は虚構《いつわり》を避けて逃げ去り」〔知一：五〕の言葉から明らかである。それゆえ、予言の賜物はいかなる罪人の内にも存在することはできない。

⑶　さらに、人がそれを悪しき仕方で用いることのできないものは、いかなる罪人の内にも存在することはありえない。ところで、何人も予言を悪しき仕方で用いることはできない。というのも、予言の働きは聖霊から出るものであるから、もし或る人が予言を悪しき仕方で用いるとすれば、罪人から出る行為と聖霊の働きとは同じ

ものであることになろう。しかし、これは不可能である。それゆえ、予言はいかなる罪人の内にも存在することはない。

(4) さらに、哲学者は『睡眠と覚醒について』[47]において、「もし占いが夢を通して神から出ているとすれば、それを平凡な人に与えるが、最も善き人々には与えないということは、ふさわしいことではない」と言っている。それゆえ、予言が最も善き人々を除いて与えられる、ということはふさわしいことではない。

(5) さらに、プラトン[48]が語る通り、最善のものを産出することは最善のものに属する。ところで、予言は悪しき人によりも、善き人の内によりふさわしく存在する。それゆえ、神は最善なる者であるから、予言の賜物を悪しき人々には決して与えないであろう。

(6) さらに、自然の働きの内には神の働きの類似が存在する。それゆえ、ディオニュシウスは『神名論』第四章[49]において、神の善性を太陽の光に、結果の類似のゆえに喩えている。ところで、自然的な働きによって或る完全性は、より態勢づけられたものによりいっそう与えられる。ちょうど、透過性のある物体が太陽によってより照明されるようにである。したがって、予言の賜物を受け取るために悪人より善人の方がより態勢づけられているのであるから、予言の賜物は悪人よりも善人により豊かに与えられるべきである、と思われる。しかし、すべての善人に与えられているわけではない。したがって、それはいかなる悪人にも与えられるべきではない。

(7) さらに、恩寵は自然が高められるために与えられる。ところで、自然は悪人においてよりも、善人においてより高められるべきである。ところで、予言の恩寵は悪人によりも善人によりいっそう与えられるべきである。それゆえ、先と同じことが帰結する。

以上に反して、(1) バラムは預言者であった、と言われるが、彼は悪人であった〔二ペト二：一五－一六〕。

(2) さらに、「マタイによる福音書」には、断罪された人々の口から「主よ、われわれは御名によりて予言をし」云々〔マタ七：二二〕と言われている。それゆえ、予言は悪しき人々の内にも存在しうるのである。

(3) さらに、恵みの愛を持っていない人はすべて悪人である。ところで、予言は恵みの愛を持っていない人の内にも存在しうることは、「コリントの信徒への手紙一」に「われたとい予言することを得て、一切の神秘、一切の学科を知り、またたとい山を移すほどなる一切の信仰を有すとも、愛なければ何ものにもあらず」〔一コリ一三・二〕と言われていることから明らかである。それゆえ、予言は或る罪人の内にもありうるのである。

答えて次のように言わなければならない。人間の善性は、人がそれによって神に合一するその恵みの愛の内にある。それゆえ、恵みの愛なしに存在しうるものはすべて、善人と悪人とに共通的に見出されうる。というのは、神の善性は神の意図を成就するために善人をも悪人をも用いる、ということにあるからである。それゆえ、恵みの愛への必然的な依存性を持っていないようなそうした賜物は、善人と悪人との両方に贈与されるからである。ところで、予言は二つの理由から恵みの愛にいかなる必然的な結合をも有していない。第一に、予言は知性の内にあるが、恵みの愛は情動の内にある。ところで、知性は情動よりもより先である。したがって、予言や知性の他の諸々の完全性は、恵みの愛に依存していない。この理由から、信仰、予言、知、そしてこのようなすべてのものは善人の内にも悪人の内にも存在しうるのである。第二には、予言が或る人に与えられるのは、教会の有益性のためであって、その人自身のためではない。ところで、或る人は、その人自身においては善人ではないが、恵みの愛によって神に結合しているかぎりで、何らかの仕方で教会に有益に奉仕するということが起こってくる。それゆえ、予言、奇跡の働き、教会のさまざまな奉仕、そして教会の有益性のために寄与するこの種のすべての事柄は、ときどきそれだけが人間を善き者にするところの恵みの愛を離れて見出されるのである。

しかし、次のことを知らなければならない。すなわち、恵みの愛がそれによって失われる罪の或るものは、予言を行うことを妨げるが、或る罪は妨げない。というのは、肉の罪は精神を完全に霊性から引き離し、人は肉の罪に従属すること自体から予言にふさわしくないものになる。というのも、予言の開示のためには精神の最高の霊性が要求されるからである。他方、霊的な罪は精神の霊性をそのようには妨げない。したがって、或る人は、霊的な悪徳に従属しているが、しかし肉の罪には従属していないか、あるいは精神が自らの霊性からそれによって引き離されるこの世の無数の煩いに従属していないとき、その人は預言者であることがありうるのである。それゆえ、マイモニデス[50]は、この世のさまざまな欲望や煩いに巻き込まれていることは、その者が偽の預言者であることの証拠である、と語っているのである。また、このことは「マタイによる福音書」に「汝ら偽預言者に警戒せよ」〔マタ七：一五〕、さらに少し後で「ゆえに汝ら、その実によりて彼らを知るべし」〔マタ七：一六〕と言われていることと合致する。この言葉への註釈[51]は、このことは明白に見られるものについて理解されるべきである、と語っている。そして、これらは最高度に肉の罪である。実際、霊的な悪徳は内面に隠れているからである。

(1) それゆえ、第一に対しては次のように言わなければならない。知恵は二様の仕方で魂の内に入ってくる。一つには、神の知恵そのものが魂の内に住まう、という仕方で入ってくる。このことが、人を聖なる者にし、神の友にするのである。別の仕方では、知恵の結果に関してのみ、知恵は魂の内に入る。この仕方は人を聖なる者や神の友にすることはない。知恵が悪人たちの精神に入り、彼らを預言者にするのはこの第二の仕方によってである。

(2) 第二に対しては次のように言わなければならない。予言は聖霊の賜物であるけれども、しかし、聖霊は予言の賜物と一緒に与えられるのではなく、恵みの愛の賜物とのみ一緒に与えられるものである。それゆえ、異論の推論は帰結しない。

(3) 第三に対しては次のように言わなければならない。予言の行為そのものは、予言から出ているかぎりにおいて悪しきものであるという意味で、予言を悪しき仕方で実行するということはありえない。というのは、或る人が予言の実行を何らかの悪しきものへと秩序づけるとき、予言の行為そのものは善きもので聖霊から出ているけれども、その行為をふさわしくない目的に向けることは聖霊から出ているのではなく、人間の転倒した意志から出ているからである。

(4) 第四に対しては次のように言わなければならない。哲学者の意図は、神から与えられるものは理性に反することのありえない贈与者の意志に依存している、と語ることである。それゆえ、もし夢の中に生ずる未来の事柄の予知が、神によって送り込まれたものであるとすれば、その送り込みには何らかの差別が明らかになるはずであろう。しかし、そこには差別は明らかにならない。というのは、そのような予知はどの人にも生じうるからである。そのことは、諸々の夢における予知は自然本性から出ていることを示している。しかし、予言の賜物の内に、われわれは差別を見出す。というのも、この賜物は個々具体的な態勢を有しているとしても、すべての人に与えられるわけではなく、神の意志が選ぶ人々のみに与えられるからである。しかし、神の選ぶ人々はその人々自身に関して、端的に善人とか最善の人々とかであるわけではなく、彼らを通して予言の任務が神の知恵がふさわしいと判断する程度にまで遂行されるかぎりで、善人であるのである。

(5) 第五に対しては次のように言わなければならない。神が最善な方であることは、善人のみならず悪人をも善用することを知っていることの内に示される。それゆえ、もし彼が悪しき預言者に予言の善き役割を果たさせるとしても、神の至高の善性の何ものも取り去られることはない。

(6) 第六に対しては次のように言わなければならない。いずれの善人もいずれの罪人よりもより預言者なるにふさわしい、ということはない。というのは、或る人は恵みの愛を欠如しているが、霊的な事柄を知覚するのにふさわしい精神を所有しているからである。というのは、彼らはこの世の煩いや肉的な情動から解放されており、知性の自然的明澄さを授けられているからである。他方、反対に或る人々は恵みの愛を持っているが、この世の仕事で心が占領され、子供を産むことに忙しく、自然的にも鋭敏な知性を持っていないからである。したがって、こうしたことや類似した状況のゆえに、予言の賜物は或るときには悪しき人々に与えられ、善き人々に拒絶されるのである。

(7) 第七に対しては次のように言わなければならない。予言の恩寵によって人間の本性は、直接栄光を所有するまで高められるのではなく、他の人々の有用性のために高められる。ところで、善き人々においては、その本性はむしろ成聖の恩寵によって栄光を獲得することにまで高められている。それゆえ、異論の推論は帰結しない。

第六項

第六に、預言者は永遠性の鏡の内に見るのであるか、が問われる。そして、その通りである、と思われる。その理由、

⑴「イザヤ書」の「汝を調えよ、汝は死ぬであろうから」〔イザ三八：一〕への註釈[52]は、「預言者は神の予知の書――そこにすべてが書かれている――を読む」と語っている。ところで、神の予知の書は、そこに諸事物の形相が永遠から光り輝いている永遠性の鏡にほかならないと思われる。それゆえ、預言者は永遠性の鏡の内に見ているのである。

⑵しかし、預言者たちは予知の書の内に読んだり、永遠性の鏡の内に見たりする、と言われた。ただし、鏡そのものや書物を質料的に見るという意味ではなく、予言の認識がその書物や鏡から派出していることから、それらを原因とするという意味において言われたのである。――これに対しては次のように言われる。預言者が永遠性の鏡の内に見たり、神の予知の書の内に読んだりするということによって、特権的に与えられた或る認識が預言者たち自身に帰属されているのである。ところで、或る認識が永遠性の鏡や神の予知の書から派出すると言われることにおいて、認識のいかなる特権も指摘されていない。というのも、ディオニュシウスの『神名論』第七章[53]に明らかな通り、人間のすべての認識はそこから派出するからである。それゆえ、預言者たちは永遠性の鏡の内に見ていると言われるが、鏡そのものから知を引き出すように見ているという意味ではなく、鏡そのものを見るとき、鏡の内に他のものを見ているという意味においてである。

⑶そこに在るものでなければ、何ものも見られることはできない。ところで、未来の非必然的なものどもは、

預言者たちによって見られるかぎりの不変の真理に即しては、神の予知そのものの中にしか存在しない。それゆえ、預言者たちは神の予知そのものの中にしか見ないのであるから、先と同じ結論が帰結する。

(4) しかし、未来の非必然的な事柄は、確かに最初は神の予知の内にあるけれども、そこから預言者によってそこで見られる人間の精神へと何らかの形象によって派出する、と主張されてきた。——これに対しては次のように言われる。或るものの内に受け取られるものは、受け取るものの仕方によってそのものの内にあるのであって、自らの仕方によってあるわけではない。ところで、預言者の精神は可変的である。それゆえ、預言者の精神の内に未来の非必然的な事柄は、不動の仕方で受け取られることはありえない。

(5) さらに、神の認識に固有なものは、神の内にのみ認識されうる。ところで、未来の非必然的な事柄を認識することは、「イザヤ書」の「未来に関わるしるしは何か、告げてみよ。さすればお前たちが神々であることを認めるとしよう」〔イザ四一：二三〕の言葉から明らかなように、神に固有なことである。それゆえ、預言者たちによって未来の非必然的事柄が認識されうるのは、神自身の内においてのみである。

(6) さらに、アヴィセンナ[54]は、人間の精神はときどき「予知の世界に結合される」ほど高められる、と語っている。ところで、人間精神の最高の上昇は預言者の認識においてある。それゆえ、預言者の認識は未来の事柄が神の予知の内に見られるほど、予知の世界に結合されていると思われる。

(7) さらに、人生の目的は、哲学者たちが伝えている通り、人間がより高次の世界、すなわち可知的な諸実体からなる世界に精神によって結合することである。ところで、もし人間が自らの目的に到達しないとすれば、それは人生にふさわしいことではないであろう。それゆえ、人間は或るときに可知的諸実体に精神によって結合することに到達するのである。そして、それら諸実体のうちの最高のものは、万物がそこに反映している神の本質である。それゆえ、預言者は人間の内で最高度に高められた精神を所有しているから、永遠性の鏡であると思われる神の本質に、精神によって結合することに到達するのである。したがって、先と同じ結論が帰結する。

(8) さらに、一方が上位で他方が下位であり、また上位の方から下位の方に似像が反映しているような二つの鏡がある場合、下位の鏡の内に諸形象を見ている者は、その者の見る働きは或る意味で上位の鏡から派出しているけれども、その者はそれら形象を上位の鏡の内に見ているとは言われない。ところで、未来の事物の諸形象は神の精神から預言者の精神にもたらされる。ちょうど上位の鏡から下位の鏡に形象がもたらされるように。それゆえ、預言者は自分自身の精神の内に神の精神から受け取った形象を見ているということから、預言者はそれら形象を神の精神の内に見ていると言われるべきではなく、むしろ自分自身の精神の内に見ていると言われるべきである。預言者自身の精神は永遠性の鏡ではなく、時間に依存している鏡である。それゆえ、先に語られた通り、もし預言者たちが自分自身の精神の内にのみ見るとすれば、彼らは永遠性の鏡の内に見ていると言われるべきではなく、永遠性の鏡から派出しているけれども、時間に依存している鏡の内に見ていると言われるべきである。

(9) しかし、或る人は太陽によって照らされた事物の内に見るのみならず、太陽の照明によって見ているかぎり、太陽そのものの内にも見ている、と主張されてきた。——これに対しては次のように言われる。可視的な事物の類似は太陽の内には存在しないが、しかし、このことは鏡の特質に属していると思われる。それゆえ、太陽の内に見るということは、鏡の内に見るような仕方では語られていない、と思われる。

(10) さらに、神を至福の対象としてわれわれが見るその直視は、神を諸事物の形象として見るその直視よりもより高貴である。というのは、前者は人を至福にするが、後者はしないからである。ところで、この世の状態にある人間は、至福の対象であるかぎりの神を見るために、より大きな上昇によって高められる。すなわち、脱魂(raptus)における場合のように、その上昇によって精神は諸々の感覚から全面的に切り離される。それゆえ、脱魂を伴わないより小さい上昇によっても、預言者の精神は諸事物を志向する形象としての神の本質を見ることへと、高められることが可能である。したがって、預言者は永遠性の鏡の内に見ることができるのである。

(11) さらに、それ自体で考えられた神の本質と他の事物の類似であるかぎりの神の本質との隔たりは、或る事物の類似としての神の本質と他の事物の類似としての神の本質との隔たりよりもより大きい。というのは、神の被造物からの隔たりは、或る被造物の他の被造物からの隔たりよりもより大きいからである。ところで、或る人は神を或る被造物の形象として、神を他の被造物の形象として見ることなしに、見ることができる。さもなければ、神を見ているすべての者は万物を認識していなければならないであろう。それゆえ、人は神の本質をそれ自体において見ることなしに、或る諸事物の形象としての神を見ることができる。それゆえ、神を本質によって見ない者は、永遠性の鏡の内に見ることが可能である。そして、このことは預言者たちに最高度に適合すると思われる。

(12) さらに、アウグスティヌスは、『三位一体論』第六巻[55]において、或る人々の精神は諸事物の最高の頂点そのものにおいて、不変的な理念を透察するよう高められている、と言っている。ところで、預言者たちの精神は最高度に高められている、と思われる。それゆえ、彼らが予言的に見るものは、事物の頂点そのものにおいて、すなわち神の本質において透察していると思われる。したがって、先と同じ結論が帰結する。

(13) さらに、或るものについての判断は、そのものより上位のものによってのみ為されうることは、アウグスティヌスの『真の宗教について』[56]において明らかな通りである。ところで、預言者が判断する事柄は諸事物の不変の真理である。それゆえ、それら真理について、時間的で可変的なものによって判断することはなく、神そのものである不変の真理によって判断することが可能である。したがって、先と同じ結論が帰結する。

以上に反して、(1)「ルカによる福音書」の「われ汝らに告ぐ、多くの預言者および王たちは、汝らの見るところを見んと欲せしかど見ることを得ず」云々〔ルカ一〇：二四〕という言葉に、註釈[57]は「預言者たちと義人たちは、遠くから神の栄光を、鏡を通して謎の内に見ている」と語っている。ところで、神の永遠なる予知そのものの内に見ている者は、謎の内に見ているわけではない。それゆえ、預言者たちは永遠性の鏡と呼んでいる神の予知そのものの内に見ているわけではない。

(2) さらに、グレゴリウスは『エゼキエル書講話』第二巻第二講話[58]において、「この世の死すべき肉に生きているかぎり、誰も観想の力において光のかの無限の光線に精神の眼を固着させるほど進化していない。というのは、全能なる神はその明澄さの内に透察されていないからである。しかし、魂はその明澄さの内に何らかのものを観ている。それゆえ、魂はこの直視によって活力を得て進化し、後には神を見るという栄光に到達するのである。実際、預言者イザヤはそうした意味で、自らが主を見たと宣言し、〈私は座しておられる主を見た〉云々〔イザ六：一〕と語るとき、ただちに附言して〈彼の下にあったものが神殿を満たしていた〉と述べているのである。というのは、すでに語られた通り、精神が観想において進化するとき、神の何であるかを凝視しているのではなく、彼の下にあるものを見ているからである」と語っている。以上から、イザヤと他の預言者たちは、永遠の鏡そのものの内に見ているのでないことは明らかである。

(3) さらに、悪しき人は誰も永遠なる鏡の内に見ることはできない。それゆえ、「イザヤ書」の異文によれば「邪悪な人は、神の栄光を見ないように、去らせよう」〔七十人訳、イザ二六：一〇〕と言われている。ところで、或る悪しき者たちは預言者である。それゆえ、予言の直視は、永遠の鏡の内にあるわけではない。

(4) さらに、預言者は、予言的に見ている事柄について、明確な認識を有している。ところで、永遠な鏡はまったく一様なものであるから、その内に多くの事物の明確な認識が得られるようなものではない、と思われる。それゆえ、予言における直視は永遠の鏡の内にあるわけではない。

(5) さらに、或るものは視覚に結合している鏡においてではなく、視覚から隔たっている鏡において見られる。ところで、永遠性の鏡は預言者の精神に結合している。というのは、神自身は万物の内に本質によって存在するからである。それゆえ、預言者の精神は永遠の鏡の内に見ることはできない。

答えて次のように言わなければならない。鏡は固有の意味においては、質料的な事物の内にしか見出されない。ところで、霊的な諸事物において、或るものが質料的な鏡から取られた類似のゆえに、転用された意味で鏡と言われる。すなわち、ちょうど可視的な諸事物の形相が質料的な鏡の内に明らかに見られるように、他のものがその内に表現されているそのものは鏡と言われるのである。したがって、或る人々は、すべての事物の理念がそこに輝いている神の精神そのものが一種の鏡であると言い、また永遠性を持っているかぎりで永遠であることより、永遠性の鏡と言われると主張している。それゆえ、彼らは、その鏡は二様の仕方で見られることができると主張するのである。一つは、至福の対象としての自らの本質によって見られる。この仕方では、それは、無条件に至福な者たち、あるいは脱魂におけるように或る意味で至福な者たちのいずれかの者によってのみ見られる。もう一つは、諸事物の類似がその内に反映しているかぎりで、見られる。この意味で、それは固有の仕方で鏡と見なされる。この意味で彼らは、永遠性の鏡は自らの至福を受け取る前の天使や預言者たちによって見られていると主張する。

ところで、この見解は二つの理由から合理的であるとは思われない。第一に、神の精神に反映している諸事物の形象そのものは、実在的には神の本質そのものと別のものではなく、これら形象とか理念は神の精神において、神の本質の種々異なる被造物への種々異なる関係によって区別されるからである。したがって、神の本質と本質の内に反映している形象とを認識することは、それ自体における神の本質と他者に関係づけられた本質とを認識することにほかならない。ところで、或るものを他のものに関係づけられたものとして認識するよりも、そのものをそれ自体において認識することの方がより先である。それゆえ、神が諸事物の形象として見られるその直視は、神が至福の対象であるかぎりにおいて、神自身が本質として見られるその直視を前提している。或る者が神を諸事物の形象として見るが、至福の対象としては見ない、ということはありえないからである。第二に、或るものの形象は他のものの内に二様の仕方で見出される。一つは、或るものは、自らがその事物の類似であるそのものの前に先在するものとして存在する。もう一つは、その事物そのものから発出するものとして存在する。したがって、諸事物の類似が諸事物の前に存在するものとして、そのものの内に明らかであるそのものは、固有の意味で鏡と言われず、むしろ範型と言われることができる。他方、諸事物の類似が事物そのものによってそれの内に生ぜしめられるそのものは、鏡と言われうる。したがって、神は、神の内に諸事物の類似や理念があるがゆえに、諸事物の鏡であり、また被造物そのものが、「コリントの信徒への手紙一」の「今われらの見るは鏡をもってしておぼろなれども」云々〔一コリ一三：一二〕の言葉によって、神の鏡であると聖人たちによって語られている。したがって、御子は、御父から自らの内に神性の形象が受け取られているかぎりで、御父の鏡と言われるのである。「知恵の書」に、「そはこれ久遠の光より出る輝きにして、主の御稜威《みいつ》の曇りなき鏡なり」〔知七：二六〕と言われている通りである。

したがって、預言者たちは永遠性の鏡の内に見ていると博士たちが言うとき、われわれは永遠なる神自身を彼が諸事物の鏡であるかぎりにおいて見ている、ということを意味していると解すべきではなく、神の永遠性がそこに表現されている何らかの被造物を見ていることを意味していると解すべきである。したがって、われわれは永遠性の鏡がそれ自身永遠なものではなく、永遠性を表現していると理解するのである。実際、このことから、ボエティウス[59]が語る通り、現在の事柄を認識するのと同様、未来の事柄を確実に認識することは神に適合するのである。というのも、神の直視はすべてのことがそこでは同時的である永遠性によって、測られるからである。したがって、全時間と全時間の内に起こるすべての事柄とは、神の直視にとって一挙に現在的な事柄である。したがって、未来の事柄についての認識が、かの神の直視から、予言の光と預言者がその内に見ている形象とによって預言者の精神に反映しているかぎり、それら形象は予言の光とともに永遠性の鏡と言われるのである。というのは、それらは神の直視を、その直視がすべての未来の事柄を現在の事柄として永遠性の内に見ているかぎり、表現しているからである。それゆえ、われわれは、預言者たちが永遠性の鏡の内に見ることを、承認しなければならない。しかし、最初に導入されたいくつかの異論が示していると思われるように、彼らが永遠の鏡を見ていることを承認すべきではない。それゆえ、これら異論は順序立って答えられるべきである。

(1) それゆえ、第一に対しては次のように言わなければならない。預言者たちは予知の書の内に読むと言われているのは、次の比喩によってである。すなわち、神の予知の書そのものから、未来の諸事物の知標が預言者の精神の内に生ぜしめられるからである。ちょうど、書物を読むことから、書物に書かれている事柄の知標が読む者の精神の内に生ずるように。しかし、このことは質料的な書物を読む人が質料的な書物を見ているように、預言者は神の予知そのものを見ていることを意味するわけではない。——あるいは、次のように言うことができる。預言者の精神の内に生ずる知標は、永遠性の鏡、すなわち永遠性を表現している鏡と言われるように、それは質料的な意味で予知の鏡と言うことができる。というのも、その知標の内に神の予知が、何らかの仕方で描かれているからである。

(2) 第二に対しては次のように言わなければならない。すべての認識は神の予知から派出しているけれども、しかし、すべての認識が神の予知を、その永遠性が未来の事柄を現在の事柄として、われわれに見させるような仕方で表現しているわけではない。それゆえ、いかなる認識もが永遠性の鏡と呼ばれるわけではなく、この点に預言者の認識が預言者に特権的なものとして示されているのである。

(3) 第三に対しては次のように言わなければならない。未来の非必然的な事柄の不変的な真理に即しての諸理念は、神の精神を起原としてその内に存在するが、そこから預言者の精神に流入するのである。したがって、預言者は獲得する啓示において未来の事柄を、不変的な仕方で認識することが可能である。

(4) 第四に対しては次のように言わなければならない。受け取られる形相は、基体の内に存在を有するかぎり、受け取るものの仕方に何らかの度合いにおいて従っているのである。というのは、受け取られる形相は受け取るものの内に、受け取る基体の必要に応じて、質料的あるいは非質料的に、また一様にあるいは多様に存在するからである。他方、受け取られた形相は或る度合いに応じて、受け取る基体を自らの存在の仕方に、すなわち、形相の特質に属しているさまざまな卓越性を引き寄せるのである。というのは、基体はこのような仕方で形相によって完成され、優れたものにされるからである。そして、この仕方で可滅的な身体は、不滅性の栄光によって不滅的なものにされるのである。同様に、不変の真理からの香気によって、預言者の精神は可変的なものを不変的な仕方で見ることにまで高められるのである。

(5) 第五に対しては次のように言わなければならない。未来の事柄についての知標は神に固有なものであるから、未来の事柄の認識は神からのみ得られることができる。しかし、神から未来の事柄を認識するすべての者が、神そのものを見ていることは必要ではない。

(6) 第六に対しては次のように言わなければならない。異論の哲学者によれば、預言者の精神は予知、あるいは可知的実体の世界に結合されている。しかし、預言者は可知的実体そのものを見ているという意味においてではなく、可知的実体の照明からそれらの予知を分有する者になる、という意味においてである。

(7) 第七に対しては次のように言わなければならない。信仰によっても人生の目的は、人間がより高次の世界に結合することである。ところで、この目的に到達するのは天国においてのみであって、この世においてではない。

(8) 第八に対しては次のように言わなければならない。預言者がその内に見る鏡は時間に依存しているけれども、しかしそれは神の永遠なる予知を表現しているものである。そのかぎりで預言者は永遠性の鏡の内に見ているのである。

(9) 第九に対しては次のように言わなければならない。太陽は可視的な諸事物の鏡とは言われないけれども、可視的事物はそれら事物の内に太陽の明るさが輝いているかぎりで、或る意味で太陽の鏡と言われうるのである。したがって、預言者の精神の内に生ぜしめられた知標も永遠性の鏡と言われるのである。

(10) 第一〇に対しては次のように言わなければならない。神がそれによって諸事物の形象と見られるその直視は、神がそれによって至福の対象と見られるその直視よりもより完全である。というのも、後者の直視は前者のそれを前提し、後者がより完全であることを示すからである。原因の内にその結果を透察することのできる者は、原因の本質だけを見る者よりも原因をより完全に見るからである。

(11) 第一一に対しては次のように言わなければならない。神が或る被造物に関連づけられるその関係は、神が他の被造物に関連づけられるその関係を前提していない。神が被造物に関連づけられる関係は、神が神の端的に解された本質そのものを前提しているのと同様ではないのである。したがって、異論の結論は帰結しない。

(12) 第一二に対しては次のように言わなければならない。アウグスティヌスの言葉は預言者の幻視に関連づけられるべきではなく、天国の聖なる人々、あるいはこの世の状態においても、脱魂におけるパウロ〔二コリ一二・二〕のように、天国での仕方で見る者たちの直視に関連づけられるべきである。

(13) 第一三に対しては次のように言わなければならない。預言者たちは未来の事柄についての不変の真理を、創造されたのではない真理を通して判断する。しかし、その真理を見ているからではなく、その真理から照明されているからである。

反対異論のいくつかの推論に、われわれは、既述の通り、預言者たちは永遠性の鏡の内に見ているけれども、永遠なる神そのものを見ていないと主張することに関しては、同意するのである。

(4)-(5) ところで、最後の二つの推論は正しく結論していない。というのは、神は完全に一様であるけれども、しかし、諸事物の認識は神の内に、神がそれぞれの事物の固有の理念であるかぎりにおいて、判明に獲得されうる。同様に、鏡は質料的なものから霊的なものへ転用されるけれども、しかし、この転用は、質料的な鏡のすべての諸条件に即して、したがって、それら諸条件のすべてを霊的な鏡の内に観察しなければならないように認められるのではなくて、ただ表現の働きに即してのみ認められるのである。

第七項

第七に、神は預言者への啓示において、預言者の精神に事物の新しい形象を刻印するのか、あるいは、ただ知性的な光のみを刻印するのか、が問われる。そして、諸形象の刻印はなく、光だけが刻印される、と思われる。その理由、

(1)「コリントの信徒への手紙二」〔二コリ一二：二〕への註釈[60]に語られている通り、人は知性的な直視によってのみ預言者と言われる。ところで、知性的な直視は、同所で言われている通り、事物の類似によって事物に関連するのではなく、事物の本質そのものによって事物に関連づけられる。それゆえ、予言の直視において、いかなる形象も預言者の精神に刻印されることはない。

(2) さらに、知性は質料と質料的諸条件とから抽象する。それゆえ、もし預言者を生ぜしめる知性的直視の内に何らかの類似が生ぜしめられるとすれば、それら類似は質料や質料的諸条件と混じり合うことはないであろう。それゆえ、それら類似によって預言者は個々のものを認識することはできないで、ただ普遍的なものだけを認識しうるだけであろう。

(3) さらに、或る事物についての啓示が預言者になされるとき、それら事物の何らかの形象を預言者は自らの精神の内に有している。たとえば、エルサレムの焼失を予言していたエレミヤ〔エレ一：一三〕は、自らの魂の内に感覚から獲得したその都市の形象と、しばしば見ていた燃える火の形象を持っていたように。それゆえ、もし同じ事物の他の諸形象が預言者の精神に神から刻印されているとすれば、同じ基体の内に同じ可知的本性の二つの形相が存在することが帰結する。しかし、これは不都合である。

(4) さらに、神の本質がそれによって見られるその直視は、諸事物のいずれの形象もがそれによって見られる直視よりも強力である。ところで、神の本質がそれによって見られるその直視は、すべての事物についての認識を得るためには十分ではない。さもないと、神の本質を見ている者は万物を見ていることになろう。それゆえ、いずれの形象が預言者の精神に刻印されようとも、それら形象は預言者を諸事物の認識へと導くことはできないであろう。

(5) さらに、人が自分自身の力によって作り出すことのできるものは、預言者において神の働きかけによって生ぜしめられる必要はない。ところで、諸事物から得られた像を結合したり分離したりする想像力によって、いずれの事物の形象をも自らの精神の内に形成することができる。それゆえ、諸事物の何らかの形象が、預言者の魂の内に神によって刻印される必要はないのである。

(6) さらに、自然は可能な、より短い途によって働く。より秩序だって働く神は、はるかに短い途によって働く。ところで、より短い途は、新しく刻印された他の形象によってよりも、むしろ預言者の魂の内にある形象によって、諸事物の何らかの認識を預言者にもたらすことである。それゆえ、何らかの形象が新たに刻印されるとは思われない。

(7) さらに、「アモス書」〔アモ一・二〕へのヒエロニュムスの註釈[61]が語る通り、預言者たちは自らが親しんでいる諸事物の類似を用いる。しかし、もし彼らの直視が新たに刻印された形象によって為されるとすれば、こうしたことはないであろう。それゆえ、いかなる形象も新たに預言者の魂に刻印されることはなく、ただ予言の光だけが刻印されるのである。

以上に反して、(1) 視覚は、或る特定の可視的なものを認識するために光によって特定されるのではなく、可視的なものの形象によって特定される。同様に、可能知性は可知的なものを認識するために能動知性の光によって特定されるのではなく、可知的なものの形象によって特定される。それゆえ、預言者の認識は、以前に認識していなかった或るものどもへと特定されるのであるから、光の流入は、もし形象も刻印されるのでなければ、十分ではないと思われる。

(2) さらに、ディオニュシウスは『天上位階論』第一章[62]において、「神の光の放射がわれわれを照らすことは、〔その光が〕多様な聖なる覆いで覆われてでなければ不可能なことである」と述べている。ところで、彼にとってさまざまな比喩は覆いであった。それゆえ、預言者に可知的な光は、比喩的な類似によってのみ注がれる。

(3) さらに、すべての預言者において光の注入は、一様なものである。しかし、すべての預言者が一様な認識を獲得するわけではない。というのは、或る預言者は現在のことについて、或る預言者は過去のことについて、或る預言者は未来のことについて予言するからである。それは「エゼキエル書」の冒頭に対するグレゴリウスの註釈[63]が語る通りである。それゆえ、預言者たちには光が注がれるだけではなく、預言者たちのさまざまな認識が、それによって区別される何らかの形象が刻印されるのである。

(4) さらに、予言による啓示は、神あるいは天使によって預言者に為された内的な語りに即して為される。たとえば、このことはすべての預言者の書いたものを見る者には明らかである。ところで、すべての語りは何らかの記号によって為される。それゆえ、予言的な啓示は何らかの類似によって為されるのである。

(5) さらに、想像力の幻視と知性的な直視は、身体的な直視よりもより卓越している。ところで、身体的な直視が超自然的な仕方でなされるときには、物体的な新しい形象が見る者の眼に示される。たとえば、ベルシャツァルに明らかであった壁に書いている人の手〔ダニ五：五〕について明白であるように。それゆえ、超自然的になされる想像力と知性とによる直視において、新たな形象ははるかに強く刻印されるのでなければならない。

答えて次のように言わなければならない。予言は一種の超自然的な認識である。ところで、認識のためには二つのもの、すなわち認識対象の受容と受容されたものについての判断が必要であり、これは既述の通り〔第三項第一異論解答〕である。それゆえ、或るときには、認識は認識対象の受容に即して超自然的であり、或るときは判断に即してのみ超自然的であり、また或るときにはそれら両方に即して超自然的である。ところで、もし認識が受容に即してのみ超自然的であるとすれば、人はそのことから預言者とは言われない。たとえば、ファラオは雌牛と穀物の穂との数量のもとに未来の豊作と飢饉についての判断を獲得したが、彼は預言者とは言われなかったのである〔創四一：二五―三六〕。他方、彼が超自然的な判断、あるいは、超自然的な判断と受容とを同時に所有するとすれば、そのことから彼は預言者であると言われるであろう。

ところで、超自然的な受容は直視の三つの種類によってのみ可能である、すなわち、神によって身体的な眼に何かが示されるとき、身体的な直視による受容がある。たとえば、書く人の手がベルシャツァルに示されたように〔ダニ五：五〕。神から諸事物の何らかの形が預言者に示されるとき、想像力の幻視による受容がある。たとえば、煮えたぎっている大釜がエレミヤに現れ〔エレ一・一三〕、馬や山がゼカリヤに現れた〔ゼカ六・一-六〕ように。また、何かが知性にその自然的能力を超えて示されるときには、知性的な直視による受容がある。ところで、人間の知性は可感的な諸事物のすべての可知的形相に対して自然的本性的な可能態の内にあるから、知性の内にいずれの可知的形象が生ずる場合でも、超自然的受容があるわけではない。自然的に形成されたのではなく、何かを示すためにもっぱら神の側から形成された事物が透察されるときには、超自然的な受容があったし、また諸感覚から取られたのではなく、魂の何らかの力によって形成された、或る類似が見られるとき、想像力の幻視の内に超自然的な受容があったが、そのように知性に可知的形象があるときはいつも超自然的な受容があるわけではない。知性が超自然的に受容するのは、可知的実体そのものを、たとえば、神とか天使をそれらの本質によって見るときだけである。しかし、このことに人間の知性は自らの本性の能力によって到達することはできない。ところで、これら三つの超自然的な受容のうちの最後のそれは、預言者の仕方を超えている。それゆえ、「民数記」第一一章[64]に、「もし汝らの間に主の預言者あらば、われ、幻示の中にこれに現れ、夢の中にこれに語らん。されど、わが家を通じて最も忠実なる、わが下僕モーセは然らず。蓋しわれの彼と語るや、口と口とを以て明白にし、彼の主を見るや、謎と形象とに依らざればなり」〔民一二・六-八〕と言われている。それゆえ、脱魂のときに見られ、あるいは至福なる者たちに見られるように、神をその本質において見ることは、あるいは他の可知的な諸実体のその本質において見ることも、預言者の直視の仕方を超えているのである。しかし、第一の超自然的な受容、すなわち、身体的な直視による受容は、予言的な受容の下位にある。というのも、この受容によって預言者は他のいずれのものよりも優れているわけではない。実際、すべてのものは見るために神によって形成された形象を等しい仕方で見ることができるからである。それゆえ、予言に固有な超自然的な受容は想像力による直視の受容である。したがって、すべての預言者は他の者によって見られるものについて、ただ超自然的な判断のみを有しているか、たとえば、ヨセフがファラオの見た事物について判断した〔創四一・二五-二六〕ように、あるいは想像力による幻視によって判断と同時に受容を有しているか、のいずれかである。

それゆえ、超自然的な判断が預言者に与えられるのは、彼の知性が判断するためにそれから強められる、彼の内に注入されたその光によってである。このかぎりではいかなる形象も必要とされない。しかし、受容のためには形象の新しい形成は必要である。それは、預言者の精神の内に、以前に存在しなかった形象が産み出されるにせよ、たとえば、生まれながら盲目の人にさまざまの色の形象が刻印されるといった場合のように、あるいは先在している形象が、預言者に示されるべき諸事物を表示しうる仕方で神によって秩序づけられ結合されるにせよ、それはいずれでもよい。このような仕方で、預言者に啓示が、光によってのみならず形象によっても為され、他方、或るときには光だけによって啓示が為されることを承認しなければならない。

(1) それゆえ、第一に対しては次のように言わなければならない。預言者と言われるのは知性的な直観を有する者だけであるが、しかし、知性的な光のみが予言に属するのではなく、想像力の光も属するのである。後者の光において、個々の事物の表現にふさわしい形象が形成されうるのである。

(2) 以上から異論の第二に対する解答は明らかである。

(3) 第三に対しては次のように言わなければならない。預言者は、自らがかつて見たことのあるそれら事物の形象が新たに注入される必要はないが、想像力の宝庫に保持されている形象から、予言されるべき事物を指示するのにふさわしい何らかの秩序づけられた集合が形成される必要はあるのである。

(4) 第四に対しては次のように言わなければならない。神の本質は、それ自体で存在するかぎりにおいて、どのような事物であれそのすべてを、いかなる形象や比喩よりもより明確に表現する。ところで、直視する者の視力は神の本質の卓越性によって凌駕されるのであるから、その本質を見ている者は、本質が表現しているすべてを見ているわけではない。他方、想像力に刻印された形象はわれわれに比例したものである。それゆえ、われわれはそれら形象から諸事物の認識に到達することができるのである。

(5) 第五に対しては次のように言わなければならない。しるしから知を獲得する者において、しるしの認識が事物そのものへと導く途であるように、逆に或るものをしるしで表示する者には、しるしで表示すべき事物の認識が、しるしの形成に前提されていなければならない。というのも、人は自分の知らない事物について適切なしるしを提示することはできないからである。したがって、人は誰でも自然的な能力によって、どんな像でも形成できるけれども、しるしで表示すべき未来の出来事を認識している人だけが、それらを固有に表現するために比喩を形成することができる。そして、想像力の幻視における像のこうした形成は、預言者の内で超自然的な仕方で起こるのである。

(6) 第六に対しては次のように言わなければならない。預言者の想像力の内に先在している形象は、それらがそこにあるかぎり、未来の出来事を表示するためには、十分ではない。したがって、それらは神の力によって別の何かに作り変えられなければならない。

(7) 第七に対しては次のように言わなければならない。預言者の想像力に先在している形象は、いわば、神の力によって啓示されるかの想像力の幻視の諸要素である。というのも、それらから何らかの仕方で予言の幻視は作り上げられるからである。そのことから預言者は自らが親しんでいる諸事物の類似を使用するのである。

ところで、既述の通り、予言による啓示は必ずしも常に何らかの形象によって為されるわけではないから、反対異論に導入されている推論に答えなければならない。

(1) 反対異論の第一に対しては次のように言わなければならない。預言者の認識は、彼が超自然的な判断だけを受け取るとき、知性的な光から何らかの個的な事物へのいかなる限定をも受け取らないけれども、彼の認識は誰か別の者によって見られた形象からその限定を受け取ることはある。たとえば、ヨセフの認識はその限定を、ファラオによって見られた形象からか、あるいは超自然的にではなく自分自身によって見られた形象によって受け取ったように。

(2) 反対異論の第二に対しては次のように言わなければならない。神の光の輝きは預言者を照明するとき、それら輝きは常に比喩によって覆われている。しかし、常に形象が注入されるという意味においてではなく、前述の輝きが先在している形象に混ざり合う、という意味においてである。

(3) 反対異論の第三に対しては次のように言わなければならない。預言者たちが受け取る啓示も、或る者が他の者よりもより十全に受け取る知性的光によって、あるいは、先在しているにせよ、預言者自身によってか他の者によってか新たに獲得されるにせよ、その形象によって区別されるのである。

(4) 反対異論の第四に対しては次のように言わなければならない。グレゴリウスが『道徳論』第二巻[65]に語る通り、「神は天使たちに自らの不可視の秘義を天使たちの心に示すその働きによって語りかける」のである。同様に、聖なる魂に確かさを注入するかぎりで、彼らに語っていると附言している。したがって、神が聖書の内で預言者に語ったと言われているその語りは、諸事物の刻印された形象に関してのみならず、預言者の精神が或るものについて、それによって確かなものにされるその賦与された光に関しても認められるのである。

(5) 反対異論の第五に対しては次のように言わなければならない。知性的な直視と想像力の幻視とは身体的な直視よりも高次であるから、前者によってわれわれは現在しているもののみならず、不在のものをも認識している。他方、身体的な直視によっては現在しているもののみを知覚するに留まる。それゆえ、諸事物の形象は想像力と知性の内に保持されているが、感覚の内には保持されていない。それゆえ、身体的な直視が超自然的であるためには、新しい物体的形象が常に形成されなければならない。しかし、こうしたことは、想像力の幻視、あるいは知性的な直視が超自然的であるためには必要とされない。

第八項

第八に、予言によるすべての啓示は天使が仲介して為されるのか、が問われる。そして、そうではない、と思

われる。その理由、

(1) アウグスティヌスが『三位一体論』第六巻に語る通り[69]、「或る人たちの精神は、天使たちによってではなく、諸事物の最高の頂そのものにおいて不変的な諸理念を見るほどに高められる」。ところで、こうしたことは特に天使に属すると思われる。それゆえ、預言者たちの啓示は天使が仲介して為されるわけではない。

(2) さらに、聖霊の賜物と注入された所有態とは神から直接由来している。ところで、予言は聖霊の賜物であることは、「コリントの信徒への手紙一」〔一コリ一二：一〇〕に明らかな通りである。また、それは注入された一種の光でもある。それゆえ、予言は天使の仲介なしに神によって為されるのである。

(3) さらに、被造の力から発する予言は、先に述べられた通り〔第三項〕、自然的な予言である。ところで、天使は被造物の一種である。それゆえ、自然的ではなく聖霊の賜物である予言は、天使が仲介して実現されるものではない。

(4) さらに、予言は光の注入と形象の刻印とによって実現される。ところで、これらのいずれも、天使によって為されうるとは思われない。というのも、もしそうだとすれば、天使は光や形象の創造者であることになろう。実際、これらは無からでなければ作られえないからである。それゆえ、予言の直視は天使が仲介して為されるわけではない。

(5) さらに、予言の定義において、予言とは神的な啓示あるいは霊感である、と言われている。ところで、もし予言が天使の仲介によって為されるとすれば、予言は神的ではなく、天使的であると言われるであろう。それゆえ、予言は天使が仲介して為されるわけではない。

(6) さらに、「知恵の書」には、神の知恵は「万国にわたりて聖なる魂に入り、これを神の友とし、また預言者と為す」〔知七：二七〕と言われている。それゆえ、或る人は神によって直接に預言者に立てられるのであり、天使によるのではない。

以上に反して、(1) モーセが他の預言者たちよりもより卓越していたことは、「民数記」第一一章〔民一二：六―七〕と「申命記」終章〔申三四：一〇〕に明らかな通りである。ところで、神はモーセに天使たちを仲介して啓示を行わせた。それゆえ、『ガラテヤの信徒への手紙』に、律法は「仲裁者の手を経て天使たちによりて布告せられたるものなり」〔ガラ三：一九〕と言われている。また、「使徒言行録」でステファノはモーセについて「これすなわち、かつて荒野に会せしとき、シナイ山にてともに語りし天使およびわれわれの先祖とともにありし人なり」〔使七：三八〕と語っている。それゆえ、すべての他の預言者たちは、天使が仲介者となって、啓示を受け取ったのである。

(2) さらに、ディオニュシウスは『天上位階論』第四章[67]において、「われわれの栄光ある先祖たちは天上の諸々の権勢を仲介して神的な直視を受け取った」と述べている。

(3) さらに、アウグスティヌスは『三位一体論』[68]において、旧約聖書において先祖たちに為されたすべての出現は、天使の奉仕を通して生じた、と述べている。

答えて次のように言わなければならない。予言による啓示を生ぜしめるとき、二つのことが協働する。すなわち、精神の照明と想像力における形象の形成である。それゆえ、預言者の精神がそれによって照明される予言の光そのものは、元々神を起原として発出している。しかし、その光を適切に受容するためには、人間の精神は天使の光によって強められ、或る程度準備されるのである。というのも、神の光は最も単純で、力において最も普遍的であるから、神の光はより制限され、人間精神により比例している天使の精神に結合することによって、何らかの仕方で制限され特殊化されるのでなければ、この世の人間の魂によって知覚されるようには比例していないからである。他方、想像力における諸形象の形成は、アウグスティヌスが『三位一体論』第三巻[69]において証明している通り、まったく物体的な被造物は霊的被造物によって管理されるゆえに、天使たちに固有に帰せられなければならない。ところで、想像力は身体器官を用いる。それゆえ、想像力における諸形象の形成は、固有の意味で天使たちの管理に属しているのである。

(1) それゆえ、第一に対しては次のように言わなければならない。既述の通り〔第六項第一二異論解答〕、アウグスティヌスの異論の言葉は、天国での直視、あるいは脱魂の状態の直視に関係づけられるべきであって、予言の直視に関係づけられるべきではない。

(2) 第二に対しては次のように言わなければならない。予言は予言の光のゆえに聖霊の賜物の内に数えられる。確かに、予言の光は神によって直接に注入されている。もっとも、この光の適切な受容のためには天使たちの援助が協働しているけれども。

(3) 第三に対しては次のように言わなければならない。被造物の固有の力によって生ぜしめられるものは、或る意味で自然的であるが、被造物の固有の力によってではなく、神の働きの一種の道具として、神によって動かされるかぎりの被造物によって生ぜしめられるものは、超自然的なものである。それゆえ、天使の自然的な認識に即して天使に起原を有する予言は、自然的な予言であるが、天使が神から啓示を受け取ることに即して天使に起原を有する予言は、超自然的な予言である。

(4) 第四に対しては次のように言わなければならない。天使は人間知性に光を創造することもなく、想像力に形象を創造することもない。しかし、神は人間知性における自然的な光を強めるために、天使の働きを利用する。このことによって、天使は人間を照明すると言われる。また、天使は想像力の器官を動かす力を有することから、天使は予言のためになるかぎりで、想像力の直視を形成することができるのである。

(5) 第五に対しては次のように言わなければならない。作用は道具にではなく、主要な作用者に帰せられる。たとえば、足台は鋸の成果ではなく、大工の成果と言われるように。同様に、天使が予言の啓示の原因であるのは、神から受け取られた啓示による神の道具としてのみであるから、予言は天使の啓示ではなく、神の啓示と言われなければならない。

(6) 第六に対しては次のように言わなければならない。神の知恵は、魂に入っていくとき、天使たちの援助を媒介とすることなく、何らかの結果を生ぜしめる。たとえば、人がそれによって神の友となる恩寵の注入のように。しかし、前述された〔天使の〕援助を媒介として、〔神の知恵が〕何らかの他の諸結果を生ぜしめるのは何らさしつかえはない。このような仕方で、〔神の知恵は〕天使が媒介となって、聖なる魂に入っていって預言者を生ぜしめるのである。

第九項

第九に、預言者は予言の霊に触れられるとき、常に諸感覚から遠ざけられるのか、が問われる。そして、遠ざけられる、と思われる。その理由、

(1) 「民数記」に「もし汝らの間に主〔なるわれ〕の預言者あらば、われ、幻示の中にこれに現れ、夢の中にこれに語らん」〔民一二：六〕と言われている。ところで、「詩編」の最初で註釈[70]が語る通り、予言は「語られ、あるいは為されると思われる事柄を通して」生ずるとき、「夢と幻視によって」生じているのである。ところで、語られ、あるいは為されると思われるものが、実際には語られず、あるいは為されないときには、人は諸感覚から引き離されているのである。それゆえ、予言の直視は常に感覚から引き離された預言者の内に存在する。

(2) 一つの力が自らの働きに強く集中するとき、別の力はその働きから引き離されねばならない。ところで、予言の直視において内的な力、すなわち知性と想像力は自らの働きに最高度に集中している。というのは、予言の直視はこの世の状態でそれらが到達しうる最高のものだからである。それゆえ、予言の直視において常に預言者は、外的な諸々の力から引き離されているのである。

(3) さらに、知性の直視は想像力の直視よりも優れている。また、想像力の直視は身体的な直視よりも優れて

いる。ところで、卓越さのより劣るものとの混合はより優れたものから何かを取り去ってしまう。それゆえ、知性の直視と想像力の幻視は、身体的な直視に混合されないときにより完全である。それゆえ、予言の直視において、それらはこの世の状態に即して至高の完全性に達しているのであるから、そのときには身体的な直視といかなる仕方によっても混合することはない、すなわち、預言者が身体的な直視と同時にそれらの直視を用いるという仕方で混合する、といったことはない、と思われる。

(4) さらに、感覚の知性と想像力とに対する隔たりは、下位の理性と上位の理性との隔たりよりも大きい。ところで、人がそれによって永遠の事柄を観想することに集中する当の理性の思考は、人がそれによって時間的な事柄に固着する下位の理性から人を引き離している。それゆえ、知性と想像力との予言の直視は身体的な直視からはるかに強く人を引き離すのである。

(5) さらに、同一の力は同時に多くのものに集中することはできない。ところで、或る人が身体的な諸感覚を使用しているとき、その人の知性と想像力は身体的に見られているそれらの事物に集中している。それゆえ、人はこのものと身体の諸感覚を離れた予言の直視に現れる諸事物とに、同時に集中することはできないのである。

以上に反して、 (1) 「コリントの信徒への手紙一」に、「預言者の霊は預言者に従う」〔一コリ一四：三二〕と言われている。ところで、こうしたことは、もし預言者が諸感覚を失っているとすればありえないであろう。というのも、そのときには預言者は自己を制御していないであろうから。それゆえ、予言の直視は感覚を失っている人には生じてこない。

(2) さらに、予言の直視によって、諸事物について確かな誤りのない認識が得られる。ところで、夢において、あるいは他のいずれの仕方においてであれ、諸感覚から引き離された者たちには誤りの混じった不確かな認識がある。というのは、アウグスティヌスが『創世記逐語註解』第一二巻[7]において語っている通り、彼らは諸事物の類似物をあたかも事物そのもののように、それら類似に執着するからである。それゆえ、予言は感覚から引き離されて為されることはないのである。

(3) さらに、もし上のことが措定されれば、預言者たちは何を語っているのかを知らない狂気の者のようにしゃべっているのだ、と語ったモンタヌスの誤謬[72]が帰結すると思われる。

(4) さらに、予言は、「詩編」の最初で註釈[73]が語る通り、ときどき「言葉と行為とによって為される。行為によってとは、ノアの箱船によって教会が意味されているという場合である。言葉によってとは、天使たちがアブラハムに語った事柄のようにである」。ところで、ノアが箱船を作っているとき、またアブラハムが天使たちと語らい彼らに仕えているとき、二人は諸感覚から引き離されていなかった。それゆえ、予言は常に諸感覚から引き離されることによって為されるわけではない。

答えて次のように言わなければならない。予言は二つの働きを有している。すなわち、一つは主要的なもので、直視することである。他は二次的なもので、告知することである。ところで、告知は預言者によって、言葉によって、あるいは行為によっても為される。それは「エレミヤ書」〔エレ一三：四〕に語られていること、すなわち、自分の腰の帯を腐敗させるために河の近くに置いた、ということから明らかである。ところで、いずれの仕方で告知が為されようとも、それは常に諸感覚から引き離されていない人によって為される。というのは、このような告知は何らかの可感的な合図によって為されるからである。それゆえ、告知する預言者は彼の告知が完全であるためには、諸感覚を使用しなければならない。さもないと、彼は狂気の人のように告知することになろう。

他方、予言の直視に関しては、既述から〔第七項〕明らかなように、二つのもの、すなわち判断と予言の固有の受容とが協働する。したがって、預言者が神からその判断だけが超自然的で、その受容は超自然的でないように霊感を受けるとき、そのような霊感は諸感覚からの引き離しを必要としない。というのは、知性の判断は諸感覚を使用しない者においてよりも、それらを使用する者において自然本性的により完全であるからである。他方、予言に固有な超自然的な受容は、想像力の幻視に即してある。この幻視を透察するために、人間の精神は或る霊と諸感覚から引き離されなければならない。これはアウグスティヌスの『創世記逐語註解』第一二巻[74]に語られている通りである。その理由は、想像力は人が感覚を使用するかぎり、感覚によって得られる事柄に集中している、ということである。それゆえ、彼の集中は主要的には、人が感覚から引き離されている場合でなければ、他のところから得られるものに移ってゆくことはありえない。それゆえ、予言が想像力に即して為されるときはいつでも、預言者は諸感覚から引き離されていなければならないのである。

ところで、この引き離しは二様の仕方で起こる。一つは、魂の内の何らかの原因から起こる。もう一つは、自然的な原因から起こる。実際、自然的な原因から起こるのは、外部の諸感覚が何らかの病気のせいによって鈍くなるか、あるいは睡眠中に脳に上昇していく蒸気のゆえに鈍くなるときである。脳に上がっていく蒸気から触覚が動かないものにされることがありうるからである。他方、魂の内の原因からの場合は、たとえば、人が知性や想像力の対象に過度に集中することから、外的な諸感覚によって引き離される場合である。ところで、身体的な諸感覚から引き離されることは、預言者の内に病気のゆえに、たとえば、癲癇病者や狂人において起こっているようには起こらないで、もっぱら睡眠中のように自然的に態勢づけられた原因によって起こってくる。したがって、想像力の直視を伴って起こる予言は、常に自然的に態勢づけられた原因によって、諸感覚からの引き離しがあるときの睡眠中に為されるか、あるいは魂の内の原因から引き離しがあるときの幻視において為される。ところで、感覚から引き離された預言者――それが眠りのなかで引き離されているにせよ、幻視によって引き離されているにせよ――と、諸感覚から引き離されたすべての他の者たちとの間には、預言者の精神は想像力の幻視において見られているものについて照明される、ということにおいて相違している。それゆえ、預言者はそれらが事物ではなく、自らの判断が精神の光のゆえにそれらについて確かである或る事物の類似物であることを認識しているのである。したがって、予言の霊感は或るときには諸感覚から引き離されて為され、或るときは引き離されないで為される。それゆえ、両方の推論に対して答えなければならない。

(1) それゆえ、第一に対しては次のように言わなければならない。異論の言葉において、主はモーセが超自然的な受容に関して、他の預言者たちよりも卓越していることを示すことを意図している。というのは、モーセは神の本質そのものを、それ自体において見ることにまで高められたからである。ところで、預言者たちが受容したすべての事柄は、睡眠においてあるいは幻視における類似物においてのみ受容したのである。しかし、預言者の判断は睡眠においてあるいは幻視における何らかの類似物によってあるわけではない。それゆえ、預言者の判断は感覚からの引き離しなしにも為されるのである。

(2) 第二に対しては次のように言わなければならない。内的な力は自らの対象を直視するとき、もしその直視が完全であるならば、外的な直視からは引き離される。しかし、内的な力の判断はいかに完全であろうとも、外的な働きから引き離されるわけではない。というのは、外的なものについて判断することは、内的な力に属しているからである。それゆえ、上位のものについての判断は、外的な働きと同じものに秩序づけられている。したがって、それらは相互を妨げることはないのである。

(3) 第三に対しては次のように言わなければならない。異論の論拠は知性と想像力との直視について、受容に即しては妥当するが、判断に即しては妥当しないことは既述の通りである。

(4) 第四に対しては次のように言わなければならない。魂の諸能力は魂の一つの本質に根基があることによって、それらの働きにおいて相互に妨げるのである。それゆえ、魂の或る諸能力は相互により近いほど、それらが異なった対象に向けられるときには、本性的に相互を妨げるものである。それゆえ、異論の推論は帰結しない。

(5) 第五に対しては次のように言わなければならない。異論の推論は知性と想像力との超自然的な受容に関しては妥当するが、判断に関しては妥当しない。

(1) 反対異論の第一に対しては次のように言わなければならない。使徒は予言の告知に関して語っているのである。というのは、霊感をそのものについて受けるものごとについて告知するか、告知しないかは自由決定力の内にあるからである。ところで、啓示に関しては預言者自身が霊に服している。というのは、啓示は預言者の自由決定力に即してではなく、啓示する霊の自由決定力に即して為されるからである。

(2) 反対異論の第二に対しては次のように言わなければならない。預言者の精神が睡眠中とか直視において見るものについて、諸感覚から切り離されている最中においても、真なる判断を所有するほど照明されるのは、予言の光からである。

(3) 反対異論の第三に対しては次のように言わなければならない。モンタヌスの誤謬は二つの事柄にあった。第一に、見られているものについて、真なる判断をそれによって所有する精神の光を、預言者から取り去ったことである。第二に、告知するとき預言者たちは諸感覚から引き離されている、と主張したことである。狂人において、あるいは睡眠中に語る人々において起こっているように考えたのである。ところで、こうしたことは上述のことから帰結しないのである。

(4) 反対異論の第四に対しては次のように言わなければならない。予言は言葉や行為によって為されると語られていることは、予言の直視によりも予言の告知にいっそう関連づけられるべきである。

第一〇項

第一〇に、予言が予定、予知、威嚇の予言に区分されるのは適切であるか、が問われる。そして、適切ではない、と思われる。その理由、

(1) 註釈[75]は予言を区分するとき、「詩編」の初めのところで、「或る予言は予知に即してあり、その予言は言葉の意味に従って、あらゆる仕方で実現されていなければならない。たとえば〈見よ、おとめが身ごもるであろう〉〔イザ七：一四〕のように。別の予言は威嚇に即してある。たとえば、〈あと四〇日すれば、ニネベの都は滅

ぼされるであろう〉〔ヨナ三：四〕のように。そして、この予言は言葉の表面的な意味によってではなく、言葉の暗黙の了解が意味していることによって実現される」と述べている。それゆえ、ヒエロニュムス[76]が予言について行っている第三の区分、すなわち予定に即しての予言は余分なものと思われる。

(2) さらに、すべての予言に固有なものは、予言を区分しているその一部分として措定されるべきではない。ところで、神の予知に即してあることは、すべての予言に固有なことである。というのは、註釈[77]が「イザヤ書」〔イザ三八：一〕で語っている通り、「預言者は予知の書の内に読んでいる」からである。それゆえ、予知に即しての予言は、予言を区分しているその一部分に措定されるべきではない。

(3) さらに、予知は、予定が予知の定義の一部分であるかぎりにおいて、予定よりもより一般的であるから、予知は予定から、予知の外延が予定の外延より大きいものとの関連でのみ区分されうる。ところで、予知の外延は予定の外延よりも悪しきものとの関連ではより大きい。というのは、悪しきものについて予知はあるが、それについての予定はないからである。ところで、善きものについては予知と予定の両方が存在する。それゆえ、或る予言は予知に即してあり、或る予言は予定に即してあると語られるとき、このことは或る予言は善きものに関わり、或る予言は予定に関わることを意味している。ところで、善きものと悪しきものは自由決定力には差異のない仕方で依存している。したがって、ヒエロニュムス[78]が「予定の予言は、われわれの〔自由〕決定力なしに実現されるものであるが、予知の予言はわれわれの〔自由〕決定力が関わっているそれである」と語るとき、彼が区別しているそれら二つの予言の種類の間にはまったく何の相違もないのである。

(4) さらに、予定は、アウグスティヌス[79]が言うように、救いに関わる善きものについてである。ところで、救いに関わる諸々の善きもののうちに、われわれの自由決定力に依存しているわれわれの功績も数えられる。それゆえ、われわれの予定に即した予言には自由決定力が混合している。したがって、ヒエロニュムスはまずい仕方で区別したのである。

(5) さらに、予言においては三つのものだけが考察されうる。すなわち、予言がそのものからあるそれ、予言がその内にあるそれ、そして、予言がそれについてあるそれ、の三つである。ところで、予言がそのものからあるそれには、いかなる区別も存在しない。というのは、すべての予言は一つの根原から、すなわち聖霊からあるからである。さらに、予言がその内にあるそれにおいても、いかなる区別もない。というのも、人間の霊が予言の基体だからである。さらに、予言が関わる事柄は善きものか悪しきものかのみである。それゆえ、予言は二つの部分をもつ区分によってのみ区分されるべきである。

(6) さらに、ヒエロニュムス[80]は「見よ、おとめが身ごもるであろう」という予言は、予定に即してある、と語っている。ところで、この予言の実現のためには、自由決定力がおとめの同意の内に混じっている。したがって、予知に従ってある予言と違っていないのである。

(7) さらに、未来にあることが知られていない未来の事柄についての告知は、すべて誤っているか、あるいは少なくとも告知する者には疑わしいものである。ところで、威嚇を含む予言によって、或る事柄、たとえば或る都市の破壊といったことがあらかじめ語られる。したがって、このような告知は誤ることも、疑わしいこともないのであるから、——というのは、予言の作者である聖霊には偽も疑いもないからである——こうした未来のことは少なくとも聖霊によっては予知されていなければならない。それゆえ、威嚇を含む予言は予知に即した予言から区別されないのである。

(8) さらに、或ることが威嚇を含む予言によってあらかじめ語られるとき、そのあらかじめの語りは条件的にか無条件的にか、いずれかで理解されるべきである。もし条件的に理解されるべきならば、或る超自然的な認識の内に成立する予言には、このことは当てはまるとは思われない。というのは、もし或る条件が満たされれば、未来の事柄をあらかじめ認識することは自然理性でさえ可能であるからである。それゆえ、それは無条件的に理解されねばならない。したがって、予言は誤っているか、あるいは、予言されていることが出来するかいずれかであろう。したがって、このことは神に予知されていなければならない。それゆえ、威嚇を含む予言は、予知の予言に対立的に区別されるべきではない。

(9) さらに、「エレミヤ書」〔エレ一八：八〕には、神の威嚇と約束とを実現することについて同様の規則が提示されている。すなわち、威嚇が取り消されるのは、威嚇されている民がその罪を悔い改めるときであるが、同様に、約束が中止されるのは、約束されていた民が正義を放棄するときだからである。それゆえ、或る者は威嚇を含む予言を予言の或る部分として措定するように、約束の予言を第四の部分として措定しなければならない。

(10) イザヤはヒゼキヤに予言的に「汝の家を調えよ、汝は死ぬであろうから」〔イザ三八：一〕と語った。ところで、この予言は予定によるものではない。というのは、そのような予言は必然的にあらゆる仕方でわれわれの自由決定力なしにも、実現されるものだからである。さらに、それは予知によるものでもない。というのは、こうした未来のことを神はあらかじめ知っていたわけではなかったからである。さもないと、予知に偽があったことになろう。さらに、これは威嚇によるものでもなかった。というのは、無条件に未来のことが予言されていたからである。それゆえ、予言の何らかの第四の種類を措定しなければならない。

(11) このことは下位の原因によって起こるであろう、と予言されていた。したがって、それは威嚇を含む予言であった、と主張されてきた。――これに対しては次のように言われる。病気の人の死の下位の原因は、医術によって人間に知られたものになることができる。それゆえ、もしイザヤが下位の原因によってのみ、このことが起こるであろうことを予言したのであれば、彼は予言的にあらかじめ語ったのではないか、あるいは、予言的なあらかじめの語りは医師のあらかじめの語りと相違のないものであるかのいずれかである。

(12) さらに、すべての予言は、諸事物について上位の諸原因を見るか、あるいは下位の諸原因を見るかによってである。それゆえ、もしあらかじめ語られる予言が、何らかの原因、すなわち下位の原因によるがゆえに条件的なものと理解されるならば、同じ理由によってすべての予言が条件的なものであることになろう。したがって、すべての予言は威嚇を含む予言と同じ性格を持つことになろう。

(13) さらに、威嚇を含む予言は、「言葉の表面的な意味によって」実現されないけれども、「言葉の暗黙裡に表示している意味によっては実現される」ことは、カッシオドルスが語る通りである。たとえば、「ニネベは滅ぼされるであろう」〔ヨナ三：四〕というヨナの言葉は、アウグスティヌスの『神の国』によれば、実現されたのである。[81]というのは、「ニネベの城壁は立って残っているが、その悪しき習俗は一掃されたからである」。ところで、こうしたことは言葉の外的な表面的な意味によってではなく、霊的な意味によって実現されることは、予定と予知の予言の内にも見出される。たとえば、「イザヤ書」では「私はサファイアであなたの基《もとい》を固める」〔イザ五四：一一〕と、また「ダニエル書」では「山から人手によらず切り出された石」〔ダニ二：三四〕が彫像を粉々にした、と。またこのような他の多くのことが語られている。それゆえ、威嚇を含む予言は予知と予定の予言とに対立するものとして区別されるべきではない。

(14) さらに、もし未来の事柄の類似物が或る人に示されるとき、その人はそれら類似物によって表示されている事柄を理解するのでなければ、預言者とは言われない。たとえば、穀物と牛を見たファラオ〔創四一：二五―三六〕は預言者とは言われていない。「実に幻視には悟る力を要する」〔ダニ一〇：一〕と「ダニエル書」に言われている通りである。ところで、神の威嚇がそれらの人々によって為されるその人々は、言葉の表面的な意味によってのみ自らが提示することを理解するけれども、それらによって意味されている事柄について照明されているわけではない。たとえば、ニネベが物質的に滅ぼされるべきことを理解していたヨナ〔ヨナ三：四〕について明らかな通りである。それゆえ、彼は町が滅ぼされず修復されたとき、あたかも自分の予言が実現されなかったかのように嘆いたのであった〔ヨナ四〕。それゆえ、このことから預言者と言われるべきでなかった。したがって、威嚇も予言の種類に措定されるべきではない。それゆえ、先に語られた区別はまったく区別ではないと思われる。

以上に反して、反対のことが「マタイによる福音書」の「見よ、おとめが身ごもるであろう」〔マタ一：二三〕という言葉への註釈[82]から明らかである。そこでは前述の区別が措定され、説明されている。

答えて次のように言わなければならない。予言は神の予知から発出することは、既述のことから〔第三項〕明らかである。ところで、神は未来のことをあらかじめ認識する他のすべての者たちとは別の仕方で、未来のことを予知しているということを知らなければならない。すなわち、未来の事柄の認識について、二つのことを考察しなければならない。未来の諸結果に対する原因の秩序そのものと、諸結果がそれらの原因から現実的に発出することにおけるこの秩序の帰結あるいは作用の二つを考察しなければならない。したがって、未来の事柄について何らかの認識を有している被造の力は、どのようなものであっても、そのものの認識は諸原因の秩序にまでしか到達しない。たとえば、医者が未来の死を予知していると言われるのは、自然的な原理が死への態勢にあることを知っているかぎりにおいてである。また、同様の仕方で天文学者は未来の豪雨や暴風をあらかじめ認識している、と言われる。それゆえ、これらの原因は、もしそれらの結果が妨げられうるようなものであれば、未来に起こることがこのような仕方で予知されているものは常に出来するわけではない。ところで、神は未来の事柄を諸原因の秩序によって認識するのみならず、諸原因の秩序の帰結そのもの、あるいは、作用に関しても認識する。その理由は、神の直視が全時間を一なる不可分の今の内に包括している永遠性によって測られることである。それゆえ、神は一つの単純な直視によって諸原因が何に秩序づけられているか、またその秩序がいかにして実現されたり妨げられたりするかをも見ているのである。ところが、こうしたことは、その直視が或る特定の時間に制限されている被造物には不可能なことである。それゆえ、神はその時に存在するものどもを認識するのである。未来の事柄がいまだ未来の事柄であるときには、それらはそれらの原因の秩序の内にのみ存在する。それゆえ、その仕方によってのみわれわれは認識することができる。それゆえ、そのことを正しく考察するすべての者には、われわれが未来の事柄を予見すると言われるとき、われわれは未来の事柄についてよりも現在の事柄についてより多くの知を有していることは明らかである。したがって、未来の事柄を真に知るということは、神のみの固有性に留まるであろう。

したがって、予言は神の予知から、或るときは諸原因の秩序によって発出し、或るときはその秩序の遂行、あるいは実現によって発出する。それゆえ、預言者に啓示が諸原因の秩序についてのみ為されるとき、それは威嚇を含む予言と言われる。というのも、そのときに預言者に啓示されるすべてのことは、今存在している諸事物によって、これこれの人はこのことにとか、あのことにとかと定められているのである。他方、諸原因の秩序の実現は二様の仕方で為される。或るときは、神の力の働きからのみ為される。たとえば、ラザロの蘇りとかキリストの懐妊などである。予定の予言はこの神の働きによって為されている。というのは、ダマスケヌスが[83]言う通り、「神が予定するものはわれわれの力の内にはないものである」からである。それゆえ、予定はいわば神の一種の準備的な働きと言われる〔第六問題第一反対異論参照〕。しかるに、人は自分自身が為そうとしていることを準備するが、他の人の為そうとしていることを準備するわけではない。他方、或る事柄は、自然本性的であれ意志的であれ、神以外の諸原因の働きによっても実現される。これらは、他の諸原因によって完成されるかぎり、予定されていたわけではないが、しかし予知はされていた。したがって、これらのものの予定は予知によってある、と言われるのである。ところで、予言は人々のためになされるのであるから、予知の予言は特に、人々がその自由決定力によって為す事柄に関わる。それゆえ、ヒエロニュムスは他の被造の諸原因をわきにやって、予知の予言に注意を向けるときは自由決定力についてのみ言及しているのである。

(1) それゆえ、第一に対しては次のように言わなければならない。ヒエロニュムスが措定している異論の三区分は、既述の通り、二区分へと還元される。というのは、或る区分は諸原因の秩序に関わり、或る区分はその秩序の結果に関わるからである。そして、カッシオドルス〔第一三異論参照〕はこの区分を主張したのである。他方、ヒエロニュムスは区分された第二のものを細区分したのである。したがって、カッシオドルスは二つの部分を含む区分を措定し、ヒエロニュムスは三つの部分を含む区分を措定したのである。カッシオドルスも予知を一般的な仕方で認めていた。というのも、それは被造の力によってにせよ、非被造の力によってにせよ、すべての出来事に関係しているからである。ところで、ヒエロニュムスは、それ自体で言えばそれらについては予定が存在しないもののみに、すなわち被造の力によって発出するものに関係するかぎりで或る種の限定をもって予知を理解したのである。

(2) 第二に対しては次のように言わなければならない。すべての予言は神の予知をいわば基として有している。ところで、神の予知には秩序とその秩序の出来《しゅったい》が含まれているのであるから、或る予言はその一方から、或る予言は他方から発出する。ところで、神の予知が固有の意味で予知の名を有するのは、予知が未来にある諸事物の出来に関係することによってである。というのは、出来への秩序は現在にあるからである。それゆえ、それについては予知よりもむしろ知があるのである。したがって、秩序に関わるかの予言は予知によって語られるのではなく、出来によってあるものだけが予知によってあると言われるのである。

(3) 第三に対しては次のように言わなければならない。予知はここでは、予知が予定よりもより広い外延を有するかぎりにおいて、予定に対立的に区分されたものとして理解されている。ところで、予定が厳密に理解されるならば、予知が予定よりもより広い外延を有するには、悪しき事柄においてのみではなく、もっぱら神の力によってのみ生ずるのではない善きものすべてにおいてもそうである。それゆえ、異論の推論は帰結しない。

(4) 第四に対しては次のように言わなければならない。われわれの功績は恩寵からも自由決定力からも由来している。しかし、それが予定に属するのは、それが神のみから由来する恩寵から存在しているかぎりにおいてのみである。それゆえ、われわれの自由決定力に由来するものは、附帯的な意味で予定に属している、と言われるのである。

(5) 第五に対しては次のように言わなければならない。予言はここでは、予言が取り扱っているものどもによって区別されているが、善きものと悪しきものによって区別されているのではない。というのは、これらの違いは予言を通して認識される未来の事柄に対して、附帯的に関わっているからである。むしろ、既述の通り、予言は秩序や秩序の出来に関わるものによって区別されているのである。

(6) 第六に対しては次のように言わなければならない。キリストを懐妊するとき、至福なるおとめの同意は、そのことを生ぜしめるものとしてではなく、妨げを取り除くものとして介入したのである。というのは、そんな大きな恵みは、望んでいない者に授けられることはふさわしいことではなかったからである。

(7) 第七に対しては次のように言わなければならない。或ることが未来に在るであろうことは、そのような仕方で在るであろうことからのみならず、それらの諸原因の内にそのような仕方で在るであろうように秩序づけられていることによっても、語られうる。たとえば、医者はこのような仕方で、あの人は健康になるであろうとか、死ぬであろうとかというのである。そして、出来事が別の仕方で起こるとしても、彼は偽りを語ったわけではない。というのは、そのときには、このことが諸原因の秩序からそのように起ころうとしていたからである。しかし、このことは妨げられることが可能であった。また、そのときより先には引き続いて起ころうとしていたことが、起こらないことがあるであろう。それゆえ、哲学者は『生成消滅論』第二巻[84]において、「歩くつもりにしていても、人は、実際には歩かないかもしれないからである」と語っている。このことに即して、威嚇する預言者の告知は、彼の語ったことは出来しないけれども、偽りでもないし、疑わしいものでもないのである。

(8) 第八に対しては次のように言わなければならない。もし威嚇を含む予言が、その予言が直接関わっている諸原因の秩序に関係づけられるならば、その場合はそれはあらゆる条件から免れている。というのは、このことが起こらないように、諸条件の内に秩序づけられていることは絶対的に真だからである。ところで、予言は自らが間接的に関わっている秩序の出来に関連づけられるならば、この条件のもとに理解されなければならない。しかし、それは超自然的である。というのも、われわれは自然的認識によって原因が存在するとしても、すなわち、邪悪さが留まっているときにも、これこれの罰が神の正義に従って、はっきりと帰せられなければならないと知ることはできないからである。

(9) 第九に対しては次のように言わなければならない。われわれは約束を含む予言を、威嚇を含む予言と理解する。というのは、両者は同じ可知的性格を有しているからである。しかし、この性格は威嚇を含む予言の内によりいっそう表明されている。というのも、威嚇の方が約束よりも、よりしばしば取り消されるからである。実際、神は罰するよりも憐れむ方により傾くからである。

(10) 第一〇に対しては次のように言わなければならない。異論の予言は威嚇を含む予言であった。そして、条件は明白には提示されていなかったけれども、その告知は暗黙裡の条件のもとに理解されるべきである、諸事物のそのような秩序が存続しているならば。

(11) 第一一に対しては次のように言わなければならない。下位の諸原因は、たとえば医者があらかじめ認識しうるような、自然的な原因であるのみならず、神の啓示からのみ認識される価値のある原因でもある。同様に、健康とか死とかの自然的な原因も、人間の才能によってよりも神の啓示によって、はるかに完全に認識されるのである。

(12) 第一二に対しては次のように言わなければならない。上位の諸原因、すなわち神の予知の内にある諸事物の諸理念は、下位の諸原因はその力が及ばないようには、自らの諸原因の実現に力が及ばないといったことはない。したがって、上位の諸原因において諸事物の出来は端的に認識されるが、下位の諸原因においては条件的にのみ認識されるのである。

(13) 第一三に対しては次のように言わなければならない。予定と予知の予言において実現されるべき真理は、或る類似物のもとに提示されるけれども、いかなる文字通りの意味もその類似物によって理解されるのではなく、文字通りの意味は類似物によって表示されるものどもによって把捉されるのである。ちょうど、すべての比喩的な表現において起こっているように。それゆえ、これらの予言において、類似物に関してはいかなる真理も見出されず、類似物を通して表示されるものに関してのみ真理は見出されるのである。それゆえ、威嚇を含む予言においての預言者の言葉の文字通りの意味は、出来する諸事物のそれら類似物によって認識されるのである。というのは、それら類似物は類似物として提示されるのみならず、何らかの事物としても提示される。それゆえ、このような類似物によって表示されたものとして出来するものは、文字通りの意味に属するのではなく、神秘的な意味に属する。たとえば、「ニネベは滅ぼされるであろう」と言われるとき、物質的な滅亡は字義通りの意味に属するが、悪しき風習の滅亡は道徳的意味に属するのである。そして、字義通りの意味自体の内に、既述の通り、諸原因の秩序によって或る真理が認められるのである。

(14) 第一四に対しては次のように言わなければならない。異論の穀物と牛はファラオの夢において何らかの事物として示されたのではなく、その類似物としてのみ示されたのである。したがって、それら類似物のみを見たファラオは、何らかの事物の知的認識を持っていたわけではない。それゆえ、彼は預言者ではなかったのである。他方、「ニネベは滅ぼされるであろう」と告げられたヨナには、何らかの事物の知解、すなわち、滅亡への功績の秩序づけの知解があったのである。たとえ彼が他のもの、すなわち回心についての予知をまったく持っていなかったとしても。したがって、彼が理解していなかったことに関しては、預言者ではなかったのである。しかし、ヨナと威嚇した預言者たちは、彼らがあらかじめ語った予言は予知による予言ではなく、威嚇による予言であったことを知っていたのである。「ヨナ書」の最後では、「だから、私はあらかじめタルシシュに逃げました。というのも、私はあなたが恵みと憐れみの深い方であることを知っていますから」〔ヨナ四：二〕と言われている。

第一一項

第一一に、予言の内には不変的な真理が見出されるか、が問われる。そして、見出されない、と思われる。その理由、

(1) 不変的な真理は予言の定義の内に措定されるのであるから、もし不変的な真理が予言に属しているとすれば、それは固有の理由によって属していなければならない。ところで、予言が対象とする未来の非必然的なものは、固有の意味では不変的なものではなく、神の予知に関わるかぎりでのみ不変的であり、そのことは、ボエティウス[85]が語る通りである。それゆえ、不変的な真理は予言に、その定義の一部分として帰せられるべきではな

い。
(2) さらに、何らかの可変的な条件が存在するときにのみ実現するものは、不変的な真理を有していない。ところで、可変的な条件、すなわち、正義や邪悪における持続性が存在するときにのみ実現される或る予言、すなわち、威嚇を含む予言がある。それは「エレミヤ書」〔エレ一八：八〕に言われている通りである。それゆえ、すべての予言が不変的な真理を有しているわけではない。
(3) 「イザヤ書」〔イザ三八：一〕への註釈(86)は、「神は預言者たちに自らの意向を開示するが、熟慮した事柄を開示するわけではない」と述べている。ところで、神の意向は同所で語られている通り可変的である。それゆえ、予言は不変的真理を有しているわけではない。
(4) さらに、もし予言が不変的な真理を有しているならば、それは見ている預言者の側からか、見られている事物の側からか、あるいは事物がそこにおいて見られる永遠の鏡においてであるか、のいずれかである。ところで、見る者の側からではない。というのは、人間的な認識は可変的であるからである。また非必然的なものである事物の側からでもないし、神の予知、あるいは鏡においてでもない。というのは、このことによって必然性が事物に課せられるわけではないからである。それゆえ、予言はいかなる仕方によっても不変的な真理を有することはない。
(5) ところで、神の予知は、出来《しゅったい》が別の仕方でありえないように必然性を課することはないが、予知されていることが別の仕方で出来しないように必然性を課することはありうる。そして、この後者の仕方では予言は不変的な真理を有する。というのは、哲学者(87)によれば、変化することがありえないもの、あるいは変化するのが難しいもの、あるいは端的に変化しないもの、これらが不変的なものと言われるからである。――これに対しては次のように言われる。可能的なものが措定されると、いかなる不可能なものも帰結しない。したがって、もし予知されたことや予言されたことが、別の仕方であることが可能であるとすれば、そのときもし別の仕方であると措定されるならば、いかなる不可能なものも帰結しないであろう。しかし、予言が可変的真理を有することは帰結するのである。それゆえ、予言が不変的な真理を有することは必然的なことではない。
(6) さらに、命題の真理性は事物の条件に従う。哲学者[88]が言う通り、「事物が在る、あるいは在らぬということから、言表は真あるいは偽となる」からである。ところで、予言がそれについて為されるそれら事物は、非必然的で可変的である。それゆえ、予言的な告知も可変的な真理を有している。
(7) さらに、結果が必然的とか非必然的とかと言われるのは近接原因からであって、第一原因からではない。ところで、予言がそれについて為される諸事物の近接原因は、可変的である。もっとも、第一原因は不変的であるけれども。それゆえ、予言は不変的真理ではなく可変的真理を有している。
(8) さらに、もし予言が不変的真理を有しているならば、或るものは予言されていて、そのものが生成しないということはありえない。ところで、予言されたことが予言されていない、ということはありえない。それゆえ、もし予言が不変的真理を有しているならば、予言されたことが出来することは必然的なことである。したがって、予言は未来の非必然的な事柄には関わらないであろう。

以上に反して、(1)「詩編」の初めへの註釈[89]では、「予言は不変の真理によって諸事物の出来を告知する神的な霊感、あるいは、啓示である」と語られている。
(2) さらに、予言はヒエロニュムス[90]が語る通り、「神の予知のしるし」である。ところで、予知されたものはそれらが予知に服しているかぎりにおいて、必然的なものである。それゆえ、予言されたものもそれらについて予言があるかぎりにおいて、必然的なものである。それゆえ、予言は不変的な真理を有している。
(3) さらに、可変的なものについての神の知は不変的である。というのも、神の知は諸事物に起原があるわけではないからである。ところで、同様に予言的な認識も諸事物そのものから取られているわけではない。それゆえ、予言は可変的な諸事物について不変的な真理を有しているのである。

答えて次のように言わなければならない。予言の内には二つのこと、すなわち予言される事柄自体とそれらについて所有される認識の二つを考察しなければならない。そして、これら二つの起原の秩序は違っている。というのは、予言される事柄そのものは、近接原因としての可変的な諸原因から直接由来しているが、不変的な原因からは、それを遠い原因としてそれから由来している。予言的な認識は逆に神の予知に、それを近接原因として依存しているが、予言された事物には原因として依存することはなく、それら事物のしるしとしてのみ依存しているわけではない。ところで、すべての結果の必然性と非必然性は近接原因に依存しているのであって、第一原因に依存しているわけではない。それゆえ、予言される事物そのものは可変的であるが、予言的な認識は不変的である。それが由来している神の予知が不変的であるのと同様である。予言的な認識は神の予知に、範型づけられたものが範型に由来するように由来しているのである。というのは、知性の真理が必然的であることから、知性の認識内容のしるしである言表が必然的な真理を有するように、神の予知が不変的であることから、それのしるしである予言が不変的な真理を有することが帰結するのである。

ところで、神の予知が可変的な事柄について、いかにして不変的に真でありうるかは、別の問題「神の知について」において〔第二問題第一三項〕語られた。それゆえ、予言の不変性全体が神の予知に依存しているのであるから、ここでは繰り返す必要はない。

(1) それゆえ、第一に対しては次のように言わなければならない。或るものは別のものの内に、その別のものがそれ自体において解されるとき、附帯的に内在するが、その同じものに他のものが附加されるときには、自体的に内在することは何らさしつかえない。たとえば、動くことは人間に附帯的に内在しているが、走っているかぎりの人間には動くことは自体的に内在する、というように。したがって、予言されるこのものにも、不変的であることは自体的には適合しないが、予言されているかぎりのそのものには自体的に適合するのである。それゆえ、不変的な真理が予言の定義の内に措定されるのは適切である。

(2) 第二に対しては次のように言わなければならない。威嚇を含む予言は不変的な真理を確かに有している。というのは、その予言は既述の通り〔第一〇項第八異論解答〕、諸事物の出来に関わるのでなく、事物の出来に対する諸原因の秩序に関わるからである。そして、事物の出来は或るときには帰結してこないことがあるけれども、預言者があらかじめ語るこの秩序は必然的だからである。

(3) 第三に対しては次のように言わなければならない。神の熟慮は決して変化することのない神の永遠な状態と言われる。それゆえ、グレゴリウスは「神は決して自らの熟慮したことを変えない」と言っているのである。他方、判決とは或る諸原因がそれへと秩序づけられているそのもののことである。というのも、判決は裁判の審理において諸原因の重要性によって下されるからである。さらに、諸原因がそれへと秩序づけられているものは、ときどき神によって永遠から秩序立てられている。そして、そのときは神の熟慮と判決とは同じものである。他方、或るときは、諸原因は神によって永遠からは秩序立てられていない或るものに、秩序づけられている。そのときは、神の熟慮と判決とは異なるものに向けられている。それゆえ、下位の諸原因に関わっている判決の内にはしばしば可変性が見出されるが、熟慮の内には常に不変性が見出される。ところで、預言者に或るときには熟慮に一致する判決が啓示される。このときは、予言は出来に関しても不変的な真理を有している。他方、熟慮に一致しない判決が啓示される。そのときは、既述の通り、予言は秩序に関しては不変的な真理を有し、出来に関してはそれを有していないのである。

(4) 第四に対しては次のように言わなければならない。永遠の鏡は予言に不変件を与えている。しかも、それは予言される諸事物に必然性を課するからではなく、それが非必然的な諸事物についての予言を、あたかもその予言そのものが必然的であるかのようにするからである。

(5) 第五に対しては次のように言わなければならない。或るものが予知によって予言されていると仮定すると、そのものはそれ自体においては存在しないことは可能であるが、しかし、予知されていると言われていることを認めると、そのものが存在しないことは不可能である。というのは、そのものは予知されたものとして確定されているということから、そのものがそのようにあるであろうことは確定されている。予知は出来そのものに関わるからである。

(6) 第六に対しては次のように言わなければならない。命題の真理性は、真理を命題化している者の知がその起原を事物から所有しているときは、事物の条件に従う。しかし、異論ではこのように提起されていない。

(7) 第七に対しては次のように言わなければならない。予言された事物の近接原因は可変的であるけれども、予言そのものの近接原因は既述の通り不変的である。それゆえ、異論の論拠は帰結しない。

(8) 第八に対しては次のように言わなければならない。予言されたことが出来しないことは、予知されたことが出来しないことと類似した判断がなされるべきである。そして、このことがいかなる程度において承認され、いかなる程度において否定されるべきかは、「神の知について」〔第二問題第一三項〕において語られた。

第一二項

第一二に、知性的直視（visio intellectualis）のみによる予言は、想像力の幻視（imaginaria visio）を伴った知性的直視を有する予言よりも、より卓越しているか、が問われる。そして、卓越していない、と思われる。その理由、

(1) 想像力による幻視を伴った知性的直視を有するその予言は、知性的直視だけを有する予言を含んでいる。それゆえ、両方の直視を有する予言の直視は、ただ一つの直視を有する予言よりもより優れている。というのは、或るものを含んでいるものは、その或るものが含んでいるものを凌駕しているからである。

(2) さらに、或る予言において知性的光が溢れるほどにあればあるほど、予言はより完全である。ところで、知性的な光の充溢から預言者の内に知性から想像力への光の溢れが生じ、そこで想像力に幻視が形成される、ということが起こってくる。それゆえ、想像力の幻視を伴って所有する予言は、知性的な直視のみを所有するその

予言よりもより完全である。

(3) さらに、洗礼者ヨハネについて「マタイによる福音書」では、彼は預言者であり「預言者以上の者」〔マタ一一：九〕であると言われている。このことは、他の預言者たちのようにキリストを知性的に、あるいは想像力において見るのみならず、指で身体的に指示さえしたというかぎりで語られているのである。それゆえ、身体的に見ることが結合している予言は最も優れたものである。同じ論拠によって、想像力の幻視が結合しているその予言は、ただ知性的な直視のみを有する予言よりもより優れているのである。

(4) さらに、或るものは、その種の特質を構成する種差がそのものの内により十全に見出されれば見出されるほど、そのものはよりいっそう完全なものである。ところで、予言を構成する種差は幻視と告知である。それゆえ、告知を有しているその予言は、告知を有していない予言よりもより完全である。ところで、告知は想像力の幻視がなければ生じえない。というのは、告知する者は語ろうとする言葉を想像力の内に有していなければならないからである。それゆえ、想像力と知性との直視を伴って為されるその予言はより完全である。

(5) さらに、「コリントの信徒への手紙一」の「彼は霊によって神秘を語っている」〔一コリ一四：二〕に対して、註釈[91]は「霊によってのみ表示された事物の類似物を見る者は、より劣った預言者である。諸事物の知解のみをあらかじめ授けられている者は、より優れた預言者である。しかし、両者に優っている者が最高の預言者である」と語っている。それゆえ、先と同じ結論となる。

(6) さらに、マイモニデス[92]が語る通り、予言は知性において始まり、想像力において完成する。それゆえ、想像力の幻視を有する預言者は知性的な直視だけを有する預言者よりもより完全である。

(7) さらに、知性的な光の弱さは予言の不完全性を示している。ところで、予言の直視が想像力にまで派出してゆかないことが起こるのは、知性的な光の弱さからと思われる。それゆえ、想像力の幻視を持たないその予言は、より不完全であると思われる。

(8) さらに、或る事物を、そのもの自体においてと他のもののしるしであるかぎりにおいての両方で認識することは、そのものをそのもの自体において認識することよりもより完全である。それゆえ、同じ論拠によって、或る事物をしるしの内に表現されているものとして認識することは、その事物をその事物自体において認識することよりもより完全である。ところで、知性的な直視とともに想像力の幻視を有している予言において、予言される事物はそれ自体において認識されるのみならず、似像によって表現されるかぎりにおいても認識される。それゆえ、想像力の幻視を有している予言は、知性の直視のみを含んでいる予言よりもより優れている。知性の直視においては、予言される事物はその物自体においてのみ認識され、しるしにおいて表現されているかぎりにおいては認識されないからである。

(9) ディオニュシウスが『天上位階論』第一章[93]において語る通り、「神の光の放射がわれわれを照らすことは、多様な聖なる覆いで覆われてでなければ不可能なことである」。ところで、彼はそれら覆いを想像力の像と呼んでいる。実際、これら像によって知性的光の浄さは、いわば、覆われるからである。それゆえ、すべての予言の内には想像力の像が人間によって形成されてか、神によって挿入されてか、いずれかによって存在しなければならない。ところで、神によって挿入された像は人間によって形成された像よりもより優れたものである。それゆえ、神によって同時に知性的な光と想像力の像が注入されているその予言は、最も優れていると思われる。

(10) さらに、ヒエロニュムスが『列王記序言』[94]において語っている通り、預言者は聖なる著作家に対立的に区別される。ところで、彼がそこで預言者と呼んでいるすべての人々は、あるいはほとんどすべての人々は、啓示を想像力の像のもとに受け取っている。他方、彼が聖なる著作家と呼んでいる人々の多くは、そのような像なしに啓示を受け取っている。それゆえ、より固有に預言者と言われるのは、知性的な直視のみによって啓示が為される人々よりは、知性的ならびに想像力の直視によって啓示が為される人々の方である。

(11) さらに、哲学者の『形而上学』第二巻[95]によれば、われわれの知性は本性的には最も知られうる諸事物の第一の諸原因に対して、「梟の眼が太陽の光に対するように」関係している。ところで、梟の眼は何らかの暗さのもとでしか太陽を見つめることはできない。それゆえ、われわれの知性も神的なものを何らかの暗さのもとで認識するのである。それゆえ、それらを何らかの類似物のもとで認識するのである。したがって、知性的な直視は想像力の幻視よりもより確かということはないであろう。というのも、両方の直視は類似物のもとで生ずるからである。それゆえ、知性的な直視に結合したかの想像力の幻視は、知性的な直視の卓越性を減ずることはないと思われる。したがって、両方の直視のもとで生ずるかの予言はより優れているか、あるいは少なくとも卓越性は等しいのである。

(12) さらに、想像されうるものが想像力に対するように、可知的なものは知性に対して関係している。ところで、想像されうるものが想像力によって認識されるのは、類似が媒介となるときのみである。それゆえ、可知的なものが知性によって認識されるのは、同様の仕方によってのみである。したがって、先と同様のことが帰結する。

以上に反して、(1)「詩編」の冒頭への註釈[96]において、「予言の別の仕方は他のさまざまな予言よりも優れている。すなわち、聖霊の霊感のみから、つまり、為されたこと、語られたこと、幻視、あるいは夢といった外部からのあらゆる助けから離れて、予言されるときの予言の仕方である」と語られている。他方、想像力の幻視と結合されているかの予言は、夢とか幻視の助けを伴っているのである。それゆえ、知性的直視のみを伴っている予言はより優れている。

(2) さらに、或るものの内に受け取られるものはすべて、受け取るそのものの仕方によって受け取られる。ところで、知性的直視において或るものがその内に受け取られるその知性は、想像力の幻視において或るものがその内に受け取られるその想像力よりも優れている。それゆえ、知性的な直視に即して為される予言の方がより優れている。

(3) さらに、知性的な直視があるところには、偽は存在しえない。というのも、アウグスティヌスが『真の宗教について』[97]において語っている通り、欺かれている者は知性認識していないからである。他方、想像力の予言はたくさんの虚偽を混合して有している。それゆえ、『形而上学』第四巻[98]に、それは虚偽の根原のように措定されているのである。

(4) さらに、魂の或る能力がその働きから取り去られると、別の能力がその働きにおいて強められる。それゆえ、もし或る予言において想像力がまったく活動しないとすれば、知性的な直視はより強くなるであろう。それゆえ、予言もより優れたものになるであろう。

(5) さらに、諸能力が相互に関係しているように、諸能力の働きも相互に関係している。ところで、想像力に結合していない知性、つまり天使の知性は想像力に結合している知性、つまり人間の知性よりもより優れている。それゆえ、想像力の幻視を持たない知性的な直視を有している予言も、それら両方の直視を有する予言よりもより優れているのである。

(6) さらに、働きを補助することは、働くものの不完全性を示している。ところで、想像力の幻視は、「詩編」冒頭への註釈[99]において、予言を補助するものとして措定されている。それゆえ、想像力の幻視を有する予言は不完全なものである。

(7) さらに、或る光は暗闇や靄から遠ざかっているほど、よりいっそう明るいものである。ところで、想像されたさまざまな像は知性的な光がそれによって暗くされる、いわば一種の靄である。その理由からイサアク[100]は、表象像から抽象する人間の理性は知力の陰の内に起原を有すると語っているのである。それゆえ、知性的な光を像なしに有している予言はより完全である。

(8) さらに、予言的認識の卓越性全体は、それが神の予知を模倣しているということにある。ところで、想像力の幻視を伴わない予言は想像力の幻視を有している予言よりも、いかなる想像の働きも含んでいない神の予知をより模倣している。それゆえ、想像力の幻視を欠いているその予言はより優れている。

答えて次のように言わなければならない。種の本性は類の本性と種差の本性から成り立っているのであるから、種の価値はそれら両者から評価される。そして、これら二つを考察することから、或るときには、或る諸事物は価値において相互を凌駕することがある。すなわち、種の本性に関するかぎり、種を形相的に構成する種差がその内によりすぐれて存在するそのものは、常に種の特質をより完全に分有している。他方、端的に語れば、或るときには種の本性がその内でより完全であるそのものが、より優れており、或るときにはその内に種の本性がより完全に存在するそのものが、より優れている。というのは、種差は類の本性の内に或る完全性を加えるとき、種差に由来する卓越性は或るものを端的により優れたものにするからである。たとえば、理性的動物である人間の種において、理性的であることにおいてより多くを授けられているものが、動物の特質に関わるものにおいて、たとえば、感覚や運動、その他これに類するものにおいてより多くを授けられているものより、端的に優れているように。他方、種差が何らかの不完全性を含意しているとき、類の本性がより完全にその内に存在しているそのものは、端的により優れている。それは、見られていないものどもについての判明でない認識であるところの信仰において明らかである。というのは、信仰という類の本性をより多く有し、信仰の種差において欠けるところのある者、すなわち、信ぜられうるものの何らかの知解をすでに有し、それらを何らかの仕方ですでに見ている信仰者は、より劣って認識する者よりも端的により優れた信仰を有しているのである。しかし、信仰の特質に関しては、信じている事柄をまったく見ていない者の方が信仰をより固有に有しているのである。予言においても同じことが妥当する。というのは、予言は陰で覆われ不分明さの混じった一種の認識であるからである。そのことは「ペトロの手紙二」に「あなたがたには、予言の言葉はいっそう確かなものとなっています。夜が明け、明けの明星があなたがたの心に昇るときまで、暗い所に輝くともし火として、どうかこの預言の言葉に留意してください」〔二ペト一・一九〕と言われている通りである。そして、予言という名称そのものもこのことを明らかにしている。実際、予言はいわば遠くから見ることだと言われる。というのも、明瞭に見られるものはいわば近くから見られているからである。

それゆえ、もしさまざまの予言を、予言の特質を完成する種差に関して比較するならば、想像力の幻視が混じっているその予言の方が、予言の特質をより完全に、かついっそう固有な仕方で有しているのが見出される。というのは、この場合に予言の真理の認識は暗くされているからである。他方、もしさまざまの予言を類の本性に属するもの、たとえば、認識とか幻視とかを比較するならば、或る区別をしなければならないと思われる。というのは、すべての完全な認識は二つの要素、すなわち、受容と受容されるものについての判断とを有しているから、予言において受容されたものについての判断は知性によってのみ為されるが、受容の方は知性と想像力によって行われるからである。それゆえ、或るときには予言においていかなる超自然的な受容も存在しないで、ただ超自然的な判断があるだけである。したがって、知性だけが、いかなる想像力の幻視もなしに照明されるのである。そして、おそらくソロモンの霊感(101)はこのようなものであったのである。というのは、神の刺激によって、われわれが自然的に得るところの人間の習俗や諸事物の自然について、神は他の者たちよりも自らの刺激によってより正確に判断したからである。他方、或るときには超自然的な受容も存在する。そして、このことは二様の仕方で起こる。というのは、諸事物の像が神の力によって預言者の精神の内に形成される場合のように、想像力の受容もあるし、また知性は真理の認識で明らかに溢れており、知性は何らかの像の類似から真理を把捉するのではなく、かえって自らがすでに見ている真理から知性自身で像を形成することができる場合のように、知性による受容もあるからである。そして、知性はこれら像をわれわれの知性の本性のゆえに使用するのである。しかし、受容が判断なしに存在するような予言は存在しえない。したがって、知性的な直視なしに想像力の幻視といったものはありえないのである。

したがって、何らの超自然的な受容もなく、ただ判断だけを持っている知性の純粋な直視は、判断と想像力の受容を有する直視より劣っているのである。他方、判断と想像力の受容とを有する知性の直視は、判断と想像力の受容とを有する直視よりも優れている。この関連では、知性的な直視だけを有する予言は、想像力の幻視を混合して有する予言よりもより優れているのである。

(1) それゆえ、第一に対しては次のように言わなければならない。両方の直視において成立するかの予言は知性的な直視をも有しているけれども、知性的な直視においてのみ成立するかの予言を含んでいない。というのは、前者の予言は後者の予言よりもより卓越した直視を有しているからである。実際、前者においては知性的な光の知覚は受容と判断のために十分であるが、後者においては判断のためにのみ十分であるにすぎない。

(2) 第二に対しては次のように言わなければならない。両方の予言において、予言の光は知性から想像力へと発出するが、しかし両者において異なった仕方においてである。というのは、ただ知性的な直視だけを有していると思われるかの予言において、予言的な啓示のまったき十全性は知性の内に知覚される。そこから、表象像なしには認識することのできないわれわれの知性のゆえに、像は知性認識する者の意思によって表象力の内に適切に形成されるのである。他方、別の予言においては、予言的な啓示の十全性の全体が知性に受け取られるのではなく、一部は判断に関して知性に受け取られ、一部は受容に関して想像力に受け取られる。それゆえ、知性的な直視だけを含むかの予言においては、知性的な直視がより完全である。というのは、知性に受け取られた光の欠陥から、知性は或る意味で可知的な純粋性から想像力の像へと或る程度後退する、ということが起こるからである。夢において起こっているようにである。

(3) 第三に対しては次のように言わなければならない。ヨハネがキリストを指で指し示したことは、われわれが今予言の比較について語っている仕方においては、予言の直視に属しているのではなく、むしろ予言の告知に属しているのである。キリストを身体的に見たということも、彼により完全な性格の予言を与えたのではなく、それは予言というより神から与えられたより大きな一種の賜物であった。それゆえ、「ルカによる福音書」に「多くの王および預言者たちは、汝らの見るところを見んと欲せしかど見ることを得ず」〔ルカ一〇・二四〕と言われている。

(4) 第四に対しては次のように言わなければならない。言葉や行為による告知は両方の予言に共通している。というのは、知性的な直視だけを有する予言も、預言者が自由に形成する像に従って告知されうるからである。

⑸　第五に対しては次のように言わなければならない。註釈は、他の人によって受け取られるものについてのみ知性の判断を有している者について語っているのである。たとえば、ヨセフは、ファラオは見ていたが、起こるであろうものの認識をファラオ自身は受け取っていなかった事柄についての判断のみを有していたように〔創四一：二五―三六〕。したがって、推論は、今われわれが語っている知性の直視だけを有しているかの予言については、何も結論していないのである。

⑹　第六に対しては次のように言わなければならない。この点においてわれわれはマイモニデス[102]の見解を支持しない。というのは、彼はダビデの予言はイザヤやエレミヤの予言より劣っていると主張するが、それと反対のことが聖人たちによって語られているからである。しかし、或る点で彼の言ったことは真理性を含んでいる。というのは、判断が完成されるのは、判断がそれについて為されるべきそれら事物が提示される場合だけだからである。それゆえ、知性的な光はその内にただ判断するためだけに知覚されるかの予言においては、ただ光そのものが存在するだけである。その光は、それらについて判断されるべき或るものどもがその光の前に提示されるまで、――それらが光そのものから受け取られるにせよ、他のものから受け取られるにせよ――何かの特定の認識を生ぜしめることはないのである。したがって、知性の直視は想像力の幻視によって、ちょうど共通なものが特殊的なものによって限定されるように、完成されるのである。

⑺　第七に対しては次のように言わなければならない。予言が知性的な直視のみによって為されるのは、知性的な光の弱さから常に起こるわけではなく、或るときは既述の通り、知性の受容の完全さそのもののゆえでもある。それゆえ、異論の論拠は帰結しない。

⑻　第八に対しては次のように言わなければならない。しるしはしるしであるかぎり認識の原因である。他方、しるしで指示されるものは他のものによって知られているものである。ところで、それ自身で知られ他のものどもを認識するようにさせるものは、それ自身でのみ知られるものよりもより優れた仕方で認識されるように、反対に他のものによってではなく自分自身によって知られているものも、他のものによって知られるものよりもよ

り優れて認識される。たとえば、原理が結論よりも優れて認識されるように。したがって、しるしとしるしによって指示されるものについて事情は逆である。したがって、異論の論拠は帰結しない。

(9) 第九に対しては次のように言わなければならない。神によって刻印された像は、人間によって形成された像より優れているけれども、神から知性の内にある認識の受容は、想像力の形相によって生ずるかの受容よりも優れている。

(10) 第一〇に対しては次のように言わなければならない。想像力の幻視によって予言を有する者どもは、先の区別においてはより特別に預言者と呼ばれる。というのは、彼らにおいて種差によっても、予言のより十全な性格が見出されるからである。ところで、知性的な直視のみを超自然的に、判断に関してのみであれ、判断と受容に関して同時にであれ、それを有している者たちが聖なる著作家と呼ばれるのである。

(11) 第一一に対しては次のように言わなければならない。われわれの知性は神の事柄を何らかの類似物によって認識するけれども、それらの類似物は非質料的であることから、想像力の類似物よりもより優れている。したがって、知性的な直視もより優れているのである。

(12) 第一二に対しては次のように言わなければならない。或る事物は、その本質によって可知的であるように、その本質によって想像されうるものであるわけではない。というのは、想像力は質料的な事物にのみ関わるからである。しかし、それでいて、想像力は質料なしにでなければ、何かを受け取ることはできない。それゆえ、或るものを想像することはそのものの本質によってではなく、そのものの類似物によって為される。他方、知性は非質料的に受け取る。そして、知性によって質料的なもののみならず、非質料的なものも認識される。それゆえ、或るものどもは知性によってその本質によって認識され、他方、或るものどもは類似物によって認識されるのである。

反対異論への解答は、それら異論が偽を結論しているかぎりで、容易に見てとることができる。

第一三項

第一三に、予言の段階は想像力の幻視によって区別されるか、が問われる。そして、そうである、と思われる。その理由、

(1) 予言された事物の受容がより優れたものであるとき、予言はより優れたものである。ところで、或るときには予言された事物の受容は、想像力の幻視によって為される。それゆえ、想像力の幻視によって予言の段階は区別されるのである。

(2) さらに、認識のより完全な手段は、より完全な認識を生ぜしめる。知(scientia)が臆見(opinio)よりもより完全であるのは、この理由からである。ところで、想像力による類似物は予言における認識の手段である。それゆえ、想像力の幻視がより優れているところでは、予言の段階はより高いものである。

(3) さらに、類似によって為されるすべての認識において、類似の表出力が強いほど、認識はより完全である。ところで、予言において想像力の幻像は予言の啓示がそれらについて為されるそれら事物の類似である。それゆえ、想像力の幻視がより完全であるとき、予言の段階はより高いのである。

(4) さらに、予言の光は知性から想像力へと降りてゆくのであるから、知性における予言の光がより完全であればあるほど、想像力の幻視はより完全である。それゆえ、想像力の幻視の種々異なる段階は、知性的な直視の種々異なる段階を示しているのである。ところで、知性的な直視がより完全であるとき、予言はより完全である。それゆえ、想像力の幻視によっても予言の段階は区別されるのである。

(5) しかし、想像力の幻視の多様性は予言の種を区別しない、と主張されてきた。したがって、予言の段階はそれによって区別されないのである。――これに対しては次のように言われる。すべての熱い要素は同じ種に属

する。[103] しかし、医者たちは熱さを第一、第二、第三、そして第四の段階に区別する。それゆえ、段階の区別は種の区別を必要としないのである。

(6) さらに、程度の多い少ないは種を異なったものにしない。ところで、知性的な直視が預言者たちにおいても区別されるのは、予言の光の受容がより完全であるか、それほど完全でないかによってである。それゆえ、知性的な直視の程度の差異は、予言の種を異なったものにはしない。それゆえ、先に語られた解答によって、段階を異なったものにしないのである。したがって、予言が知性の直視によっても想像力の幻視によって区別されないとすれば、予言の内には段階はないことになろう。それゆえ、予言の段階は想像力の幻視によって区別されることが帰結することになる。

以上に反して、(1) 想像力の幻視が預言者を生ぜしめるのではなく、知性的な直視だけが生ぜしめるのである。それゆえ、想像力の幻視によっても予言の段階は区別されないのである。

(2) さらに、それ自体によって区別されるものは、そのものに形相的であるものによって区別される。ところで、予言において知性的な直視は形相的であり、他方、想像力の幻視はいわば質料的である。それゆえ、予言の段階は知性的直視によって区別され、想像力の幻視によっては区別されないのである。

(3) さらに、想像力の幻視は同じ預言者においてしばしば変化する。というのは、預言者は啓示を或るときはこの仕方で、或るときは別の仕方で認識する。それゆえ、想像力の幻視によって予言の段階が区別されうるとは思われない。

(4) さらに、知が知られるものに関わるように、予言は予言されるものに関わっている。ところで、諸々の知は、『霊魂論』第三巻[104]に言われている通り、知られる事物によって区別される。それゆえ、予言も予言される事物によって区別され、想像力の幻視によって区別されるわけではない。

(5) さらに、「詩編」の冒頭への註釈[105]によれば、予言は言葉と行為、夢と幻視の内に成立する。それゆえ、予言の段階は言葉と行為によってよりも、幻視と夢がそれに属しているその想像力の幻視によってよりいっそう区別される、ということはありえない。

(6) さまざまな奇跡も予言には必要である。それゆえ、モーセは主によって派遣されたとき〔出三：一二〕、しるしを求めた。そして、「詩編」において「われらは味方のしるしを見ず。今は預言者もなし」云々〔詩七四：九〕と言われている。それゆえ、予言の段階がしるしによってよりも、幻視によって区別されてはならない。

答えて次のように言わなければならない。或るものを構成するために二つのものが協働し、両者から構成されるものにおいて、その一方が他方よりもより根原的であるとき、比較の段階は根原的なものによっても二次的なものによっても認められうる。ところで、根原的であるものの超出は卓越性を端的に示しており、他方、二次的であるものの超出は卓越性を端的にではなく、或る限られた意味において示している。二次的であるものにおける超出が、根原的であるものにおける超出のしるしである場合は別である。たとえば、人間的な功績のためには、根原的なものとしての愛と二次的なものとしての外的な業が協働する、というごとく。ところで、功績的行為は端的に言えば、すなわち本質的な報償に関しては、より大きい恵みの愛〈caritas〉から発出する功績はより大きいと判断されるが、他方、業の大きさは或る限られた意味では、或る附帯的な報償に関してはより大きな報償を生ぜしめるが、しかし、それは端的な意味においてではない。ただし、グレゴリウスが[106]「神の愛は、もしそれがあれば、大きなことを為す」と言っていることによって、それが恵みの愛の強さを示す場合は別である。それゆえ、予言のためには知性的な直視が根原的なものとして、また想像力の幻視が二次的なものとして協働するのであるから、予言の段階は知性的な直視がより卓越しているということにもとづいて、端的により卓越していると判断されるべきである。他方、想像力の幻視の卓越性にもとづいては予言の段階は、端的にではないが或る意味において、より卓越的であることが示される。ただし、想像力の幻視の完全性が知性的な直視の完全性を示す場合は別である。ところで、知性的な直視の側からは、いかなる特定の段階も受け取られえない。というのは、知性的光の充溢は何らかのしるしによってしか明らかにされないからである。それゆえ、それらのしるしによって予言の段階を区別しなければならない。したがって、予言の段階は四つのことにもとづいて区別されることができる。

第一に、予言のために必要とされるものによって区別される。ところで、予言は二つの働き、すなわち、直視と告知を有している。しかし、直視のために二つのもの、すなわち、知性による判断と、或るときは知性に、或るときは想像力による受容との二つが必要とされる。他方、告知のためには告知する者の側から或るものが、すなわち、或る者が真理を語ることを、真理の反対者のために恐れるといったことのないように、或る勇敢さが必要とされる。この意味で、主はエゼキエルに「看よ、われ汝の面を彼らの面よりも強くし、汝の額を彼らの額よりも固くせり。われ汝の面を金剛石のごとく珪石のごとくにせり。彼らを恐るるなかれ、また彼らの面前にて臆するなかれ、そは反抗を為す一家なればなり」〔エゼ三：八―九〕と言っている。他方、別のものが告知されたものの側から必要とされる。すなわち、それによって告知されたものの真理が示されるしるしが必要である。それゆえ、モーセも主から、彼が信じてもらえるよう、しるしを受けたのである。ところで、告知は予言において主要的にではなく二次的な位置を占めるにすぎないから、予言の最下の段階は、その者に何らの啓示が為されなくても、何かを語ったり為したりするための或る勇気と適性がその内に見出されるその者の内に存在する。たとえば、すべての超自然的な流入が予言に帰せられる、そうした広義において予言を解すると、サムソンの内に予言の或る段階があったというような場合である。他方、第二の段階はソロモンの内にあるように、判断による知性的直視のみを有する者の内にあるであろう。他方、第三の段階はイザヤとエレミヤにおけるごとく、想像力の幻視を伴った知性的直視を有する者の内にあるであろう。他方、第四の段階はダビデにおけるごとく、判断と受容とに関してきわめて充実した知性的直視を有する者の内にあるであろう。

第二に、予言の段階は予言する者の態勢にもとづいて区別されうる。それゆえ、予言は、「民数記」〔民一二：六〕に言われている通り、人が夢において、あるいは目覚めているときの直視において起こるのであるから、人が目覚めているときに起こる予言の段階は、夢のなかで起こる予言よりもより完全である。その理由は、知性は判断するのによりよく態勢づけられているからであり、また可感的な事物から引き離されることは自然的に起こるのではなく、神が開示する事柄への内的な力の完全な集中から起こってくるからである。

第三には、これら事物を受容することから区別される。というのは、予言される事物がより明白に表示されると、いっそう予言の段階はより高次なものとなる。ところで、いかなるしるしも言葉以上により明白に何かを表示するといったことはない。それゆえ、「列王記」第一巻〔サム上三：四〕でサムエルについて読まれるように、予言される事物をより明白に指示している言葉が受容されるとき、予言の段階は、他の諸事物の類似物である何らかの像が、たとえばエレミヤに示された煮え立っている大釜〔エレ一：一三〕のように、指示されるときよりも、より高次だからである。というのも、このことから予言の光は、より明白な類似によって予言される事物が示されるときよりも、それ自身の力においてより知覚されることが明らかに示されるからである。

第四に、啓示を行う者の側から区別される。すなわち、予言の段階は、夢においてであれ直視においてであれ、言葉をただ聞くだけのときよりも、語る者が見られるときの方がより卓越している。というのは、このことから預言者は啓示する者の認識により近づいていることが示されるからである。他方、予言の段階は語る者が人間の姿において見られるときよりも、天使の姿において見られるときの方がより高次である。また、語る者がさらに神の姿において見られるとき、予言の段階はさらに卓越している。たとえば、「イザヤ書」において「私は座しておられる主を見た」云々〔イザ六：一〕と言われているごとく。というのは、予言の啓示は神から天使に降りてゆき、天使から人間へと降りてゆくのであるから、予言の第一の根原により近づけば近づくほど予言の受容はより明らかに示されるからである。

それゆえ、予言の段階が想像力の幻視によって区別されることを指摘しているそれら異論は、前述の仕方で承認しなければならない。また、段階の相違は種の区別を必要とすると言うべきではない。

他方、反対異論に対しては順序の通りに答えなければならない。

(1) 第一に対する解答は上述のことから明らかである。

(2) 第二に対しては次のように言わなければならない。或るものが種によって区別されるときは、その区別は形相的なものによってなされるべきである。他方、もし同じ種においてさまざまな段階の区別がなされるときは、質料的なものによっても区別がなされうる。たとえば、『形而上学』第一〇巻[107]に言われている通り、動物は質料的な差異である雄と雌によって区別されるごとく。

(3) 第三に対しては次のように言わなければならない。予言の光は預言者に留まっている何かではなく、いわば移りゆく一種の刻印であるから、預言者も予言の同じ段階にいつもいる必要はない。かえって、或るときは啓示は或る段階によって為され、別のときは啓示は別の段階によって為されるのである。

(4) 第四に対しては次のように言わなければならない。より高貴な或るものは、或るときにはさほど完全に認識されないことがあるから、たとえば、神的な事柄について臆見が持たれ、被造の諸物については知が持たれるときのように、そういうことがあるから、予言される事物から予言の段階を引き出すことはできない。特に、告知されるべき事柄が預言者に、予言がその者たちのために与えられるその人々の態勢の要求に従って啓示されるとき、このことは妥当する。——予言される事物に従っても、予言の段階は区別されると言うこともできる。しかし、それら啓示される事物のはなはだ大きい相違のゆえに、われわれは予言の何らかの限定された段階を指定することはできない。もっとも、神について何かが啓示されるとき、諸々の被造物について何かが啓示されるときよりも啓示の段階がより優れている、とあたかも語られるような、一般的な仕方の場合は別である。

(5) 第五に対しては次のように言わなければならない。異論で扱われている言葉と行為は予言の啓示に属しているのではなく、予言が告知される人々の態勢に従って為される告知に属する。それゆえ、このかぎりで、予言の段階は区別されることはできない。

(6) 第六に対しては次のように言わなければならない。奇跡の恵みは予言とは違っている。しかし、予言の真理は奇跡から示されるかぎりにおいて、それは予言に帰せられる。それゆえ、この関連では奇跡の恵みは予言よりもより優れている。ちょうど、根拠を示す知は事実を示す知よりもより優れているように。このことから、「コリントの信徒への手紙二」〔二コリ一二：一〇〕において、奇跡の恵みが予言の恵みより先に置かれている。それゆえ、予言の啓示を有し、奇跡さえ行うそうした預言者は、最も卓越しているのである。しかし、もし預言者が予言の啓示なしに奇跡を行うとすれば、端的にはおそらくより優れているとしても、予言の性格に属することにおいてより優れていることはないのである。ところで、そのような者は予言の段階の最下に数えられるであろう。ちょうど、何かを為すために勇敢さだけを持っている人のように。

第一四項

第一四に、モーセは他の預言者たちよりもより優れていたか、が問われる。そして、優れていなかった、と思われる。その理由、

(1) グレゴリウスが語る通り、「時間の経過とともに神についての認識は増大した」[108]のである。それゆえ、後の時代の預言者たちはモーセよりもより卓越していたのである。

(2) さらに、註釈[109]は「詩編」の冒頭で、ダビデは最も卓越した預言者と言われる、と語っている。それゆえ、モーセは最も卓越した預言者ではなかった。

(3) 太陽と月を留まらせたヨシュアによって、モーセによるよりもより大きな奇跡が為された〔ヨシュ一〇：一三〕。また、太陽を後に戻らせたイザヤによって〔イザ三八：八〕より大きな奇跡が為されたのである。それゆえ、モーセが最大の預言者というわけではなかった。

(4) さらに、「シラ書」において、エリアについて「そもそも誰かその栄誉において、汝と匹敵《なら》ぶことを得る

者あらん。汝は主なる神の言葉によりて、死せる者を冥府より、死の運命より、起たしめたり」〔シラ四八：四―五〕と言われている。したがって、先と同じ結論となる。

(5) さらに、「マタイによる福音書」において、ヨハネについて「女より生まれたる者のうちに、洗者ヨハネより大いなる者は、いまだかつて起こらず」〔マタ一一：一一〕と言われている。それゆえ、モーセは彼より大いなる者ではなかった。したがって、先と同じ結論となる。

以上に反して、(1)「申命記」の終わりで「主が面と面とを合わせて知り給えるモーセのごとき預言者は、最早イスラエルの中に起こらざりき」〔申三四：一〇〕と言われている。

(2) さらに、「民数記」に「もし汝らの間に主の預言者あらば、われ、幻示の中にこれに現れ、夢の中にこれに語らん。されど、わが家を通じて最も忠実なる、わが下僕モーセは然らず」〔民一二：六―七〕と語られている。このことから、彼が他の預言者たちよりも優れていることは明らかである。

答えて次のように言わなければならない。預言者たちのうちで卓越性は種々異なった基準に従って、さまざまの預言者に帰せられうるが、しかし端的に言えば、モーセは彼らすべてのうちで最も偉大であったのである。というのは、彼の内に予言のために必要な四つのものが最も卓越した仕方で発見されていたからである。

第一に、知性の直視は彼において最も卓越しており、それによって彼だけが神の本質そのものを見るほどにまで高められることができた。それは「民数記」の「彼の主を見るや、明白に、謎と形象とに依らざればなり」〔民一二：八〕に明らかである。さらに、彼のこの直視は他の予言的な直視のように、天使が媒介して為されたのではない。それゆえ、同所で「口と口とを以て」と言われている。このことをアウグスティヌスは、『神を見ることについて――パウリナ宛書簡』[110]と『創世記逐語註解』第一二巻[111]において明白に語っている。

第二に、想像力の幻視はモーセにおいて最も完全に存在した。というのも、彼はそれをいわば意のままに所有していたからである。それゆえ、「出エジプト記」に「その時主モーセと面と面とを合わせて、人がその友に語るごとく語り給えり」〔出三三：一一〕と言われている。このことの内に、想像力の幻視に関する彼の別の卓越性にも気づくことができる。すなわち、彼は啓示する者の言葉を聞いたのみならず、人間の姿においてでもなく天使の姿においてでもなく、いわば神自身を、しかも夢においてではなく目覚めているときに見た、という卓越性が彼にはあるのである。こうしたことは他のいずれの預言者についても見出すことはできない。

第三に、彼の告知も最も卓越していた。というのは、彼より先に現れたすべての預言者は、自らの家庭のことを、教師が教科を教えるように教えたのに対し、モーセは「主はこれらのことを語る」〔出四：二二〕と、しかも一つの家庭にではなく人々全体に述べて、主の側から話した最初の預言者であった。また、先行した他の預言者の語ったことに注意が向けられるように、たとえば預言者たちがモーセの掟が遵守されるよう告知して導いたように、主の側から告知したのでもなかった。それゆえ、先行する預言者たちの告知は、後に続く預言者たちの告知の一種の基礎であったモーセの掟への準備であったのである。

第四に、告知へと秩序づけられているものに関しても彼はより卓越していた。実際、さまざまな奇跡に関して卓越していたというのは、モーセはすべての民の回心と教導のためにしるしを生ぜしめたが、他の預言者たちは特殊な人々と特殊な仕事のために個別的なしるしを生ぜしめたのである。それゆえ、「申命記」の終わりで、「主が面と面とを合わせて知り給えるモーセのごとき預言者は、最早イスラエルの中に起こらざりき」と言われ、啓示の卓越性に関しては、「主は彼をファラオとそのすべての臣とその全地とに遣わし、エジプトの地において諸々のしるしと奇跡とを行わしめ」、さらに「モーセはすべてのイスラエルの前にて大いなる驚異をなしたるなり」〔申三四：一〇–一二〕、また勇敢さに関しても最も卓越していたのは明らかであり、彼は棒だけをもって〔出一〇：一三参照〕エジプトへ主の言葉を告知するためのみならず、エジプトを鞭打ち、民を解放するために赴いていったのである。

(1) それゆえ、第一に対しては次のように言わなければならない。グレゴリウスの言葉は、受肉の神秘に属する事柄について理解されるべきである。それらについて後の時代の或る預言者たちは、モーセよりもより明白に啓示を受け取ったのである。しかし、モーセが最も明らかに教えられた神性の認識に関しては、そういうことはなかった。

(2) 第二に対しては次のように言わなければならない。ダビデが預言者たちのうちで最も卓越していると言われるのは、彼がキリストについて最もはっきりと、しかもいかなる幻視も伴わずに啓示したからである。

(3) 第三に対しては次のように言わなければならない。かのさまざまな奇跡は、為されたことの実体に関しては、モーセの奇跡よりもより大きかった。しかし、モーセの奇跡は為す仕方に関してはより大きかった。というのは、モーセの奇跡は全民族に、また新しい法・掟における民の教導と解放のために為されたからである。他方、他のこれら奇跡は或る個別的な事情のために為されたのである。

(4) 第四に対しては次のように言わなければならない。エリアの卓越性は、特に死から免れて保持されていたことに認められる。また、彼は勇敢さにおいて他の多くの預言者たちよりも卓越していた。実際、その勇敢さによって「彼はその時代の支配者を恐れなかった」〔シラ四八：一二〕のである。また、「シラ書」の同所において言われている通り、奇跡の大きさに関しても卓越していた。

(5) 第五に対しては次のように言わなければならない。モーセが他の預言者たちよりも上位に置かれるとき、このことは旧約の預言者たちについて理解されるべきである。というのは、すべての予言がそれへと秩序づけられているキリストが未来に現れることが期待されていたそのときは特に、予言は固有の状況の内にあったからである。ところで、ヨハネは新約に属している。それゆえ、「マタイによる福音書」に、「そは、もろもろの預言者と律法の予言したるは、ヨハネに至るまでなればなり」〔マタ一一：一三〕と言われている。しかし、新約聖書により明瞭な啓示が存在する。「コリントの信徒への手紙二」に、「われらはみな素顔にて主の光栄を鏡に映すがごとく見奉りて」云々〔二コリ三：一八〕と言われているからである。そこで、使徒ははっきりと自分と他の使徒

35——Ibid. VI, cap. 14, PL 34, 349.

36——Petrus Lombardus, Glossa in Psalmos, Praef., PL 191, 58B-C; cf. Cassiodorus, Expositio Psalmorum, Praef., cap. 1, PL 70, 12B.

37——Aristoteles, De somno et vigilia, cap. 1, 454b10.

38——Id., De caelo III, 7, 306a14.

39——Id., Ethica Nicomachea VI, 7, 1142a25.

40——Augustinus, De Genesi ad litteram XII, cap. 13, PL 34, 464.

41——Id., De Trinitate III, cap. 8, PL 42, 875.

42——Boethius, Contra Eutychen et Nestorium, cap. 1, PL 64, 1342A.

43——Johannes Damascenus, De fide orthodoxa II, cap. 27, PG 94, 960D; ed. E. M. Buytaert, 153.

44——Glossa ordinaria, ibid.; cf. Hieronymus, Commentarii in Amos, ibid., PL 25, 993A-B.

45——Cf. Decretum Gratiani II, causa 32, q. 2, c. 4, ed. E. A. Friedberg, Leipzig 1879, I, 1120; Petrus Lombardus, Sententiae IV, d. 32, cap. 3. さらに詳しくは Origenes, In Numeros homiliae, hom. 6, n. 3, Rufino intereprete, PG 12, 610C.

46——Gregorius I, Homiliae XL in Evangelia II, hom. 30, PL 76, 1225D.

47——Aristoteles, De somno et vigilia, cap. 1, 462b20.

48——さらに詳しくは、Dionysius Areopagita, De divinis nominibus, cap. 4, § 19, PG 3, 716B; Dionysiaca, 234.

49——Ibid., cap. 4, § 1 et 4, PG 3, 693B et 697B; Dionysiaca, 146 et 162.

50——Moses Maimonides, op. cit. II, cap. 41.

51——Glossa ordinaria, ibid.

52——Glossa ordinaria, ibid.

53——Dionysius Areopagita, De divinis nominibus, cap. 7, § 1, PG 3, 868B; Dionysiaca, 390.

54——さらに詳しくは、Algazel, Metaphysica, p. II, tr. 5, sent. 9, ed. J. T. Muckle, p. 196; cf. Avicenna, Metaphysica IX, cap. 7, f. 107[ra] B.

55 ——— より正しくは、Augustinus, De Trinitate IV, cap. 17, PL 42, 903.

56 ——— Id., De vera religione, cap. 31, PL 34, 147.

57 ——— Glossa ordinaria, ibid.

58 ——— Gregorius I, Homiliae in Hiezechielem II, hom. 2, PL 76, 956A.

59 ——— Boethius, De consolatione Philosophiae V, prosa 6, PL 63, 859A.

60 ——— Petrus Lombardus, Glossa in Epistolas beati Pauli, II Cor. 12:2, PL 192, 81B; cf. Augustinus, De Genesi ad litteram XII, cap. 9, PL 34, 461.

61 ——— Glossa ordinaria, ibid.; cf. Hieronymus, Commentarii in Amos, ibid., PL 25, 993A-B.

62 ——— Dionysius Areopagita, De coelesti hierarchia, cap. 1, § 2, PG 3, 121B; Dionysiaca, 733.

63 ——— Glossa ordinaria, ibid.; cf. Gregorius I, Homiliae in Hiezechielem I, hom. 1, PL 76, 786A.

64 ——— より正しくは、第一二章第六―八節。

65 ——— Gregorius I, Moralia II, cap. 7, PL 75, 559B.

66 ——— より正しくは、Augustinus, De Trinitate IV, cap. 17, PL 42, 903.

67 ——— Dionysius Areopagita, De coelesti hierarchia, cap. 4, § 3, PG 3, 180C; Dionysiaca, 811.

68 ——— Augustinus, De Trinitate III, cap. 11, PL 42, 882.

69 ——— Ibid. III, cap. 4, PL 42, 873.

70 ——— Petrus Lombardus, Glossa in Psalmos, Praef., PL 191, 58C.

71 ——— Augustinus, De Genesi ad litteram XII, cap. 25, PL 34, 475.

72 ——— Cf. Hieronymus, Commentarii in Esaiam, Prol. et cap. 1[1], PL 24, 19B et 23B.

73 ——— Petrus Lombardus, Glossa in Psalmos, Praef., PL 191, 58C.

74 ——— Augustinus, De Genesi ad litteram XII, cap. 13, PL 34, 464.

75 ——— Petrus Lombardus, Glossa in Psalmos, Praef., PL 191, 59B.

76 ——— Cf. Glossa ordinaria, super Matth. 1:22-23.

77 ——— Glossa ordinaria, ibid.

78 ——Glossa ordinaria, super Matth. 1:22-23.

79 ——Augustinus, De praedestinatione sanctorum, cap. 10, PL 44, 974.

80 ——Cf. Glossa ordinaria, super Matth. 1:22-23.

81 ——Cf. Cassiodorus: Petrus Lombardus, Glossa in Psalmos, Praef., PL 191, 59B; Augustinus, De civitate Dei XXI, cap. 24, PL 41, 739.

82 ——Glossa ordinaria, ibid.

83 ——Johannes Damascenus, De fide orthodoxa II, cap. 30, PG 94, 971A; ed. E. M. Buytaert, 161.

84 ——Aristoteles, De generatione et corruptione II, cap. 11, 337b7.

85 ——Boethius, De consolatione Philosophiae V, prosa 6, PL 63, 861A.

86 ——Glossa ordinaria, ibid.; cf. Gregorius I, Moralia XVI, cap. 10, PL 75, 1127B.

87 ——Aristoteles, Physica V, 4, 226b10.

88 ——Id., Categoriae, cap. 5, 4b8; cap. 12, 14b21.

89 ——Petrus Lombardus, Glossa in Psalmos, Praef., PL 191, 58B-C; cf. Cassiodorus, Expositio Psalmorum, Praef., cap. 1, PL 70, 12B.

90 ——Glossa ordinaria, super Matth. 1:22.

91 ——Petrus Lombardus, Glossa in Epistolas beati Pauli, I Cor. 14:2, PL 191, 1664B.

92 ——Moses Maimonides, op. cit. II, cap. 37.

93 ——Dionysius Areopagita, De coelesti hierarchia, cap. 1, § 2, PG 3, 121B; Dionysiaca, 733.

94 ——Hieronymus, Prologus in libro Regnum, PL 28, 599.

95 ——Aristoteles, Metaphysica II, 1, 993b9.

96 ——Petrus Lombardus, Glossa in Psalmos, Praef., PL 191, 58D.

97 ——より正しくは、Augustinus, De diversis quaestionibus LXXXIII, quaestio 32, PL 40, 22; cf. Augustinus, De vera religione, cap. 34, PL 34, 150.

98 ——Aristoteles, Metaphysica IV, 5, 1010b2.

99——Petrus Lombardus, Glossa in Psalmos, Praef., PL 191, 58D.

100——Isaac Israeli, Liber de definitionibus, ed. J. T. Muckle, p. 313.

101——「列王記上」第五章九―一四節参照。

102——Moses Maimonides, op. cit. II, cap. 45.

103——Cf. Aristoteles, De generatione animalium II, cap. 3, 736b29 sqq. 次の「医者たち」は未詳。

104——Id., De anima III, 8, 431b24.

105——Petrus Lombardus, Glossa in Psalmos, Praef., PL 191, 58C.

106——Gregorius I, Homiliae XL in Evangelia II, hom. 30, PL 76, 1221B.

107——Aristoteles, Metaphysica X, 9, 1058b21.

108——Gregorius I, Homiliae in Hiezechielem II, hom. 4, PL 76, 980B.

109——Petrus Lombardus, Glossa in Psalmos, Praef., PL 191, 59B.

110——Augustinus, Epistula 147, cap. 13, PL 33, 610.

111——Id., De Genesi ad litteram XII, cap. 27, PL 34, 477.

真理論

第一三問題　脱魂について

一――脱魂とは何か。
二――パウロは脱魂において神を本質によって見たのであるか。
三――この地上を旅する人〔この世の人間〕の知性は、諸々の感覚から解き放たれることなしに、神をその本質によって見ることにまで高められうるか。
四――知性が神を本質によって見うるためには、どれほど大きな分離が必要とされるか。
五――使徒が自らの脱魂について知っていた事柄、知らなかった事柄、それらが何であるか。

第一項

問題は脱魂（raptus）についてである。第一に、脱魂とは何か、が問われる。

(1)　博士たちによって、「脱魂とは自然本性に即して在るものから〔当のものの〕自然本性に反するものへと、より上位の本性の力によって上昇することである」[1]と叙述されている。そして、こうした叙述は不適切であると思われる。というのも、アウグスティヌスが語る通り[2]、人間の知力は自然本性的に神を認識する。ところで、脱魂において人間の知性は神の認識へと高められる。それゆえ、人間の知性は、脱魂において自然本性に反するものへと高められるのではなく、自然本性に即して在るものへと高められるのである。

(2)　さらに、被造の霊が非被造の霊に依存する度合いは、月下の物体が天体に依存する度合いよりもはるかに大きい。ところで、諸天体からの刻印は月下の諸物体にとって、註釈者が『天体論』第三巻[3]に語る通り、自然的なものである。それゆえ、人間の霊の上昇は、たとえより上位の自然本性によって起こるとしても、まったく自然的である。

(3)　さらに、「ローマの信徒への手紙」の「〔野生のオリーブが〕元の性質に反して良いオリーブに接ぎ木されたなら」云々〔ロマ一一：二四〕の言葉に対して註釈[4]は、「自然の作者である神は、自然に反して何ものも作ることはない。というのは、それぞれのものが自然のすべての規範と秩序との根原から受け取るそのものは、それぞれのものにとって自然本性であるからである」と述べている。ところで、脱魂の上昇は人間本性の創造者である神から生じている。それゆえ、脱魂は自然本性に反するのではなく、自然本性に即している。

(4)　しかし、脱魂は人間の霊の仕方によってではなく、神の側から生じているのであるから、自然本性に反すると主張されてきた。――これに対しては次のように言われる。ディオニュシウスは『神名論』第八章[5]において、「神の正義は、すべての事物にそのものの尊厳の尺度に即して、自らの善きものを配分することの内に認められる」と述べている。ところで、神が何かを自らの正義に反してなすことはありえない。それゆえ、神はいかなるものにも、そのものの尺度に即していないような何かを配分することはないのである。

(5)　さらに、もし人間のあり方が或る観点で変化する場合、それは人間固有の善きものが取り去られるという仕方で変化しているわけではない。アウグスティヌスが『八三問題集』[6]で語る通り、神は人間が堕落することの原因ではない。ところで、人間固有の善きものとは、ディオニュシウスの『神名論』第四章[7]によって明らかなように、理性に従って生き自発的に行為することである。それゆえ、強制は自発性に反し、理性の善きものを空しくするのであるから、――必然性は、『形而上学』第五巻[8]に言われている通り、自発性に反することから悲しみを生ぜしめるから――神は人間の内に自然に反するいかなる強制的な上昇をも生ぜしめることはない、と思われる。ところが、こうしたことが脱魂において起こっていると思われる。それは名前そのものが含意している通りであり、また「より上位の本性の力によって」という言葉において、先に言及された叙述が指摘する通りである。

(6) さらに、哲学者の『霊魂論』第三巻[9]によれば、可感的対象の過度の強さは感覚を破壊するが、可知的対象の強さは知性を破壊することはない。ところで、感覚が強烈な可感的対象の認識を欠くのは、感覚器官がそれら対象によって破壊されるからである。それゆえ、知性は可知的対象がいかに強烈であっても、それら対象を自然本性的に認識することができるのである。したがって、人間の精神はいかなる可知的なものに高められようとも、その上昇は自然に反するものではないであろう。

(7) アウグスティヌスは『霊と魂について』[10]において、天使と魂は本性によっては等しく、その任務においては等しくないのだ、と述べている。ところで、人間が脱魂においてそれらへと高められるものどもを認識することは、天使の本性に反することではない。それゆえ、脱魂の上昇は人間にとっても本性に反するものではない。

(8) さらに、もし或る動が自然本性的であるならば、動の終極に到達することも自然本性的であろう。というのも、いかなる動も無限ではないからである。ところで、人間の精神は神に向かって自然本性的に動いてゆく。それゆえ、アウグスティヌスも『告白』第一巻[11]において「あなたは私たちを、ご自身に向けてお造りになりました。ですから私たちの心は、あなたの内に憩うまで、安らぎを得ることができないのです」と述べている。それゆえ、精神が脱魂のときに起こっているように、神に至るその上昇は、自然本性に反するものではない。

(9) しかし、神へと運ばれることは人間精神にとって、精神それ自体からは自然的であるわけではなく、神のあらかじめの設定によってのみ自然的であり、したがって無条件に自然的であるわけではない、と主張されてきた。――これに対しては次のように言われる。下位の本性は神のあらかじめの設定によってでなければ、働くことも何らかの目的に向かうということもない。この理由から自然の業は知性の業であると言われるのである。ところで、われわれは自然物の動や働きは端的に自然本性的である、と言う。それゆえ、神へと運ばれることも、それがもし神のあらかじめの設定によって精神に自然本性的であるとすれば、端的に自然本性的であると判断されるべきである。

(10) さらに、魂は、それ自身で存在し霊と呼ばれるかぎりにおいては、身体と結合し、したがって魂と言われるかぎりでの魂よりも、より先に存在する。ところで、何らかの霊であるかぎりでの魂の活動は、神と他の離在する諸実体を認識することである。他方、身体に結合しているかぎりの魂の活動は、物体的で可感的な諸実体を認識することである。それゆえ、可知的なものを認識する魂の能力の方が、可感的なものを認識する能力よりもより先である。したがって、可感的なものの認識は魂にとって自然本性的であるから、神的な可知的なものの認識も魂にとって自然本性的であろう。したがって、先と同じことが帰結するのである。

(11) さらに、或るものは手段に対してよりも目的に対して、より自然的に秩序づけられる。手段に対する秩序は目的に対する秩序のために生ずるからである。ところで、可感的な諸事物はそれによって神の認識に到達する一種の手段である。「ローマの信徒への手紙」には「神の見えざる事柄は、造られたるものを通して知解され、観られる」〔ローマ一：二〇〕と言われている。ところで、可感的な事物の認識は人間に本性的である。それゆえ、可知的なものの認識も本性的である。したがって、帰結は先と同じことになる。

(12) さらに、何らかの自然本性的な力によって生ずるものはすべて、自然本性に反するということは無条件的にありえない。ところで、草木や石のごとき或る事物は、或る不可思議なことが見られるように、精神を諸感覚から解放する自然的な力を持っているのである。こうしたことは脱魂においてあると思われる。それゆえ、脱魂は理性に反するような上昇ではない。

以上に反して、「コリントの信徒への手紙二」の「われはキリストにある一人の人を知れり」云々〔二コリ一二・二〕に対する註釈[12]は、「脱魂、すなわち、本性に反して高められた状態」と述べている。それゆえ、脱魂は理性に反するような上昇である。

答えて次のように言わなければならない。他のどのような事物も、このもの、たとえば火とか石とかであるかぎりで、そのものに本性的である何らかの働きを有しているように、人間にも人間であるかぎりの自然本性的な働きが属している。ところで、諸々の自然物において、或る事物は自らの自然本性的な働きによって変化するが、それは二様の仕方で起こる。一つは、自らの力の欠陥から起こる変化で、その欠陥は外的な原因からにせよ内的な原因からにせよ、いずれからでもよい。たとえば、精子の形成力の弱さから異常な胎児が生まれるごときである。もう一つは神の力の働きからの変化で、すべての自然は自らの意向にもとづいて神の力の働きに従うのである。おとめが身ごもったり、盲人が見るようにされる場合のように、こうしたことは奇跡において起こっている。同様に、人間の自然本性的で固有の働きも二様の仕方で変化することができる。ところで、人間に固有の働きとは、想像力と感覚が媒介となって、知性認識することである。実際、人間がすべての下位のものどもを無視して、知性的なものにだけ固着する働きは、人間であるかぎりにおいてではなく、何らかの神的なものが人間の内にあるかぎりの人間の働きであること、『倫理学』第一〇巻[13]に言われている通りである。他方、人間が知性や理性に逆らって可感的なものにのみ固着する働きは、人間であるかぎりの人間ではなく、動物たちとも共通なものとして所有している自然本性に即して有しているものである。したがって、人間は諸感覚から切り離され感覚を超えた何かを見るとき、人間は自らの認識の自然本性的な仕方からは変化しているのである。それゆえ、このような変化は自らに固有な力の欠陥から生ずる。たとえば、狂乱の人や精神の錯乱した他の人々において起こっているごとくである。実際、諸感覚からのこうした分離は人間の上昇ではなく、むしろ人間の品位の低下である。しかし、或るときにはそうした恍惚状態が神の力によって生ぜしめられる。そのときそれは固有の意味での上昇である。というのは、働きかけるものは働きかけられるものを自らに似たものにするのであるから、神の力によって生じた人間を超えた恍惚状態は、人間にとって本性的なものよりもより高次の何ものかへの秩序を持っている。したがって、脱魂についての先の叙述――それは脱魂を一種の動と規定している――において、「上昇」は脱魂といった事態の類を示し、「より上位の本性の力によって」は脱魂の作出因を示しているのである。「自然本性によって在るものから自然に反するものへ」ということは、その動の出発点と到達点の二つの端を示している。

(1) それゆえ、第一に対しては次のように言わなければならない。人は多様な仕方で神を認識することができる。すなわち、神の本質によって、諸々の可感的事物によって、あるいは可知的な諸結果によって認識することができる。人間にとって自然本性的なものについても同様に区別しなければならない。というのも、同じ一つのものである或る事柄は、そのものの種々異なる状態によって自然本性に反するものであったり、また自然本性に即してあったりするが、マイモニデス(14)が言う通り、事物の自然本性は事物が生成しているときと事物が完成された存在の内にあるときとでは同じでないからである。たとえば、人は成熟した年齢あるいは他のそうした年齢に達したときには、成熟した大きさをもつことが本性的である。しかし、子供が生まれたときに成熟した大きさを持つことは、自然本性に反するであろう。それゆえ、次のように言うべきである。人間の知性にとってどのような状態においても、何らかの仕方で神を認識することは自然本性的である。ところで、その発端において、すなわちこの世の生においては神を可感的な被造物を通して認識することが人間には自然本性的である。しかし、人間の知性が自らのまったき完全性にあるとき、すなわち来世の状態においては神を神自身を通して認識することが自然本性的なのである。したがって、もしこの世の状態において神を来世の状態によって認識するほどに上昇するとすれば、それは本性に反することであろう。ちょうど、生まれた子供がすぐに髭を生やしているということが本性に反するのと同様であろう。

(2) 第二に対しては次のように言わなければならない。自然本性は二様の仕方において理解される。すなわち、

〔一つには〕それぞれの事物に固有な自然本性として個別的に理解され、〔他方〕自然的な諸原因の全秩序を包括する自然本性として一般的に理解される。この理由から、事物は二様の仕方によって、自然本性に即してあるとか自然本性に反してあるとか、言われる。一つの仕方によって、或るものは個別的に理解された自然本性との関連において語られ、他の仕方によっては一般的に理解された自然本性との関連において語られる。たとえば、老人たちの欠陥や衰えは個別的に理解された自然本性には反している。しかし、相反するものから複合されたものはすべて滅びる・衰弱するということは、一般的に理解された自然本性に即しては自然的である。したがって、諸原因の全般的な秩序（ordo universalis causarum）は、下位のものどもは自らよりも上位のものどもによって動かされるということを有しているから、下位の本性の内に上位の本性の刻印から生ずるすべての動は、――自然物の内にであれ霊的な事物の内にであれ――一般的に理解された自然本性に即しては自然的であるが、しかし個別的に理解された自然本性に即しては自然的ではない。もっとも、上位の自然本性によって下位の自然本性の内に刻印され、その刻印そのものが下位のものの自然本性であるという場合は別である。したがって、神によって被造物の内に生ぜしめられるものどもが、いかなる意味で自然本性に即してあるとか、自然本性に反してあるとか言われうるか、このことは明らかである。

(3) 第三に対しては次のように言わなければならない。脱魂のような上昇は、「ローマの信徒への手紙」〔ロマ一一：二四〕に対して註釈[15]が解説している通り、その上昇が自然の通常の営みの過程に反するがゆえに、自然に反すると言うべきである。

(4) 第四に対しては次のように言わなければならない。神は正義に反して働くことはないけれども、ときどき正義を超えて何かを行うことはある。すなわち、或ることが正義に反しているのは、そのものに帰せられるものがそのものから取り去られる場合である。それは人間の事柄において、或る人が他の人から盗むというときに明らかである。他方、人には本来帰せられないものを気前のよさから配分するときには、それは正義に反するのではなく、正義を超えているのである。したがって、神がこの世にある人間精神をその仕方を超えて高めるとき、神は正義に反してではなく正義を超えて為しているのである。

(5) 第五に対しては次のように言わなければならない。人間の行為は功績的価値を有するという事実そのものによって、その行為は理性と意志の導きのもとにあるのでなければならない。ところで、脱魂において行為に賦与される善きものはこのようなものではない。それゆえ、その善きものは人間の意志から発出する必要はなく、神の力のみから発出するのでなければならない。しかし、石が自然本性の状態よりより速く投下されるときその動は強制されていると言われるが、そのように善きものの神からの発出は、強制によってあるとは決して言われないのである。ところで、固有の意味では「強制されたものとは力を被るものがそのものにおいて何らの寄与もしないもののことである」と『倫理学』第三巻[16]に言われている通りである。

(6) 第六に対しては次のように言わなければならない。感覚と知性とに共通なことは、両者がともに過度に強い可知的なものあるいは可感的なものを、それらの何かを両者が捉えるとしても、それらを完全に捉えるには至っていないということである。しかし感覚は過度に強い可感的なものに動かされることで破壊され、その後はより弱い可感的なものを認識することができなくなるが、知性はより卓越した可知的なものを捉えることによって強められ、その後はより弱い可知的なものをよりよく認識することができる、という点においては両者に相違がある。それゆえ、哲学者の前述の典拠は目下のことには妥当しないことは明らかである。

(7) 第七に対しては次のように言わなければならない。天使と魂とは、人々が天国において天使のようになる究極的な完成の段階との関連においてのみ、本性において等しいと言われる。それは「マタイによる福音書」〔マタ二二：三〇〕に言われている通りである。あるいは、知性的本性は天使の内により完全に見出されるけれども、天使も魂も知性的本性を共有しているかぎりにおいては、そう言われるのである。

(8) 第八に対しては次のように言わなければならない。自然本性的な動の終極への到達は自然本性的である。実際、動の始めや中間においてではなく動の終極においてはそうである。それゆえ、異論の論拠は帰結しないのである。

(9) 第九に対しては次のように言わなければならない。神の設定に由来している自然物の諸々の働きが自然的である、と言われるのは、それら働きの根原がそれら事物にそれらの本性に属するように賦与されている場合である。しかし、脱魂という上昇はこのような仕方で神から人間に設定されているわけではない。それゆえ、同様ではないのである。

(10) 第一〇に対しては次のように言わなければならない。自然の意図においてより先であるものが、或るときには時間的により後にある。たとえば、同じ基体において現実態は可能態に対してこのようにある。実際、同一のものは時間的には現実態においてよりも可能態においてより先にあるが、本性からは現実態にあることがより先である。同様に、霊であるかぎりの魂の働きは、本性の秩序に関してはより先であるが、時間的にはより後である。それゆえ、或る働きが別の働きの時間に現れるならば、それは本性に反するであろう。

(11) 第一一に対しては次のように言わなければならない。手段への秩序は目的への秩序のためにあるけれども、しかし、人が自然本性的に目的に到達するのは、手段を通してのみである。もし到達が別の仕方でなされるならば、その到達は本性的ではないであろう。したがって、目下の問題も同様である。

(12) 第一二に対しては次のように言わなければならない。異論が言う感覚からの解放、すなわち或る自然物の力によって起こるそうした解放は、自らに固有の力の欠陥から起こる解放に還元される。というのも、そのような事物が諸感覚から解放する本性を持つのは、それら事物が感覚を無感覚にするかぎりにおいてだからである。それゆえ、感覚からのそのような解放は脱魂とは異質のものである。

第二項

第二に、パウロは脱魂〔二コリ一二・二〕において神を本質によって見たのであるか、が問われる。パウロは

見ていない、と思われる。その理由、

(1)「エフェソの信徒への手紙」の「彼らは闇によって知恵をくらまされている」〔エフェ四：一八〕という言葉に、註釈[17]は「知恵を持つ人はすべて、何らかの光によって照らされている」と述べている。それゆえ、もし知性が神を見るほどにまで高められるならば、その知性はそうした直視に比例した何らかの光によって照らされていなければならない。ところで、そのような光は栄光の光にほかならない。この光については「詩編」において「あなたの光にわれわれは光を見るであろう」〔詩三六：一〇〕と言われている。それゆえ、神は至福なる知性によってでなければ本質によって見られることはできない。したがって、パウロは脱魂において栄光化されていたわけではないであろうから、神を本質によって見ることはできなかったのである。

(2) しかし、そのときパウロは至福であったと主張されてきた。——これに対しては次のように言われる。アウグスティヌスが『神の国』[18]において語る通り、持続性は至福の概念に属する。しかし、そうした状態はパウロにおいて持続して存続したわけではない。それゆえ、彼は至福であったわけではない。

(3) さらに、魂の栄光から栄光は身体へと溢れ出る。ところで、パウロの身体は栄光化されていなかった。それゆえ、彼の精神も栄光の光によって照らされていたわけではなかった。したがって、パウロは神を本質によって見ていたわけではない。

(4) しかし、かの状態においても神を本質によって見ることによって、彼は端的に至福であったのではなく、或る限定のもとに至福であったにすぎない、と主張されてきた。——これに対しては次のように言われる。或る人が端的に至福であるために要請されるものは、栄光の働きとその働きの根原である栄光の賜物だけである。たとえば、ペトロの体が水の上に持ち上げられた〔マタ一四：二九〕ことに加えて、この働きの根原である機敏さをも自らの内に有していたとすれば、それは端的に栄光化されていたであろう。ところで、栄光の働きである神の直視の根原である光輝は栄光の賜物である。したがって、もしパウロの精神が神を本質によって見て、この直視の根原である光によって照らされていたとすれば、彼の精神は端的に栄光化されていたのである。

（5）さらに、パウロは脱魂において信仰と希望を持っていた。しかし、それらは神を本質によって見ることとは両立しない。というのも、信仰は「ヘブライ人への手紙」に言われている通り、「明らかでない事柄」〔ヘブ一一：一〕に関わり、他方「ローマの信徒への手紙」に言われている通り、「すでに見るところは、人何ぞこれを希望せん」〔ロマ八：二四〕だからである。それゆえ、彼は神を本質によって見たわけではない。

（6）さらに、天国への愛は功績を立てる根原ではない。ところで、パウロは脱魂において功績を立てる状態にいた。というのも、彼の魂は、アウグスティヌスが『創世記逐語註解』第一二巻[19]に語る通り、いまだ可滅的な身体から切り離されていなかったからである。それゆえ、彼は天国への愛を持っていなかったのである。ところで、天国の直視が完全であるところでは、天国への愛も完全なままにそこにある。というのも、人は神を知る程度に応じて、神を愛するからである。それゆえ、彼は神を本質によって見ていなかったのである。

（7）さらに、神の本質が喜びを伴わないで見られる、といったことのありえないことは、アウグスティヌスの『三位一体論』第一巻[20]に明らかである。それゆえ、もしパウロが神を本質によって見たとすれば、その直視そのものにおいて彼は喜びに満たされたであろう。それゆえ、その直視から切り離されることを望まなかったし、またさらに神が彼をその直視から彼の意志に反して切り離すこともなかった。なぜなら、神は大変気前のよい方であるから、神の方から自らの賜物を取り去ることはないからである。それゆえ、パウロはその状態から切り離されることはなかったであろう。しかし、これは偽である。それゆえ、彼は神を本質によって見ることはなかったのである。

（8）さらに、或る善きものを功績なしに所有している者は、その善きものを罪を犯すことなしに失うものである。したがって、神を本質によって見ることは、功績にもとづいて所有される何ものかであるから、神を本質によって見る人は誰でも、その直視から遠ざけられることはありえない。ただしその人が罪を犯すといったことが起これば別である。しかし、そうしたことはパウロには語られえない。実際、彼は自らについて「ローマの信徒への手紙」で「私は確信する、死も生もわが主イエス・キリストにおける神のいつくしみより、われらを切り離すことはないであろう」〔ロマ八：三八―三九〕と述べているからである。したがって、同じ結論となる。

(9) さらに、パウロが脱魂に陥ったと言われるとき、彼の脱魂とアダムの深い眠り〔創二：二一〕と福音史家ヨハネの脱魂との間の相違が問われる。ヨハネによれば自分は「気を奪わるるごとくに〔脱魂状態に陥ったように〕なった」〔黙一：一〇〕と語り、また「使徒言行録」にはペトロの経験は「気を奪わるるごとくにして幻に会った」〔使一一：五〕と語られているからである。

以上に反して、アウグスティヌスは『創世記逐語註解』第一二巻と『神を見ることについて――パウリナ宛書簡』(21)において語り、また「コリントの信徒への手紙二」〔二コリ一二：四〕への註釈(22)に見られる事柄、これらすべての箇所からきわめて明白なことは、パウロが脱魂において神を本質によって見たということである。

答えて次のように言わなければならない。これについて或る人々は、パウロは脱魂において神を本質において見たのではなく、この世の直視と来世の直視との中間の何らかの直視によって見たと主張した。われわれはこの中間的な直視は天使に本性的な直視の種類を意味しているように理解することができる。つまり、彼〔パウロ〕は神を見たであろうが、自然本性的認識によって神の本質を通して見たのではなく、非被造の本質の可知的類似である自分自身の本質を考察するかぎりで、可知的形象を通して見たであろう。『原因論』(23)に言われている通り、「知性実体は自分より上位のものを知る」のは、その上位のものに原因されているかぎりにおいてであるからである。このかぎりで、パウロは脱魂のとき、彼の精神の内に何らかの知性的な光が反映することによって、神を見たと理解されるのである。しかし、鏡と可感的被造物の暗さによるところのこの世の認識は、人間には自然本性的であるが、神をその本質によってわれわれが見る天国の認識は、神にのみ自然本性的である。

しかし、この見解はアウグスティヌスの見解に矛盾する。というのも、アウグスティヌスは上述の箇所で、パウロは脱魂の状態で神を本質によって見た、と明瞭に語っているからである。また、ユダヤ人たちにおける旧約の奉仕者〔モーセ〕が神を本質によって見たということも、「民数記」に、「彼の主を見るや、明白に、謎と形象とに依らざればなり」〔民一二：八〕と言われていることから明らかなように、単に蓋然的といったことではないし、また、異教徒たちの教師である新約の奉仕者〔パウロ〕にこうしたことが認められない、ということも蓋然的なことではない。特に、使徒自らが「コリントの信徒への手紙二」において、「人を罪に定める務めが栄光をまとっていたとすれば、人を義とする務めはなおさら栄光に満ちあふれている」〔二コリ三：九〕と推論しているのであるから、このことは真なることである。しかしまた、使徒は彼の精神が神を見るほどに超自然的な光によって照らされていたとしても、無条件に至福であったのではなく、或る限られた意味でのみ至福であったにとどまる。実際、このことは物体的光の例によって明らかになりうる。すなわち、或る事物において、太陽からの光はその事物の本性と同性質にされた恒常的な形相として見出される。たとえば、諸々の星辰やルビーなどにおけるように。他方、或る事物においては、光は太陽から空気におけるように一種移行する受動の状態のように受け取られる。というのも、光は空気の中に太陽と同性質のもののように恒常する形相として生ぜしめられるのではなく、太陽が退くと光も移行するからである。同様に、栄光の光も精神に二様の仕方で注がれる。一つは、同性質にされた恒常的な形相の仕方によって。この意味では光は精神を端的に至福にする。この仕方によって光は天国の至福者たちに注がれる。もう一つの仕方では、栄光の光は或る移行する受動の状態として人間精神に触れるのである。この仕方でパウロの精神は脱魂において栄光の光によって照らされたのである。名称そのものが、このことが「素早く」（raptim）移行することにおいて起こったことを示している。それゆえ、パウロは端的に栄光化されたのではなく、また栄光の賜物を所有したのでもない。というのも、そうした光輝が彼の固有性になったわけではないからである。したがって、それが魂から身体に派出したわけではなく、この状態に恒常的に留まったわけでもなかったのである。

(1)－(4)　以上から最初の四つの論拠に対する解答は明らかである。

(5) 第五に対しては次のように言わなければならない。完全な直視が実現すると、信仰はなくなる。それゆえ、パウロの内に本質による神の直視があったかぎりにおいて、パウロには信仰はなかったのである。しかし、そのとき本質による神の直視は現実態によるそれであって、栄光の所有態によってではない。それゆえ、逆に、信仰はそのとき所有態によってはあったのであるが、現実態によってあったわけではない。希望についても同様である。

(6) 第六に対しては次のように言わなければならない。パウロはそのとき功績を立てる状態にいたけれども、しかし現実態において功績を立てたわけではない。というのは、天国を見る働きを持っていたように、天国への愛の働きを持っていたからである。しかし、或る人々は、天国を直視する働きを持っていたけれども、天国への愛の働きを持っていなかった——というのも、もし知性が脱魂していたとしても、その人の情動は脱魂していなかったから、と主張する。しかし、こうしたことは「コリントの信徒への手紙二」の「楽園へと脱魂した」〔二コリ一二：四〕への註釈[24]が「天のエルサレムにいる人々が享受しているかの静けさへの脱魂」と言っていることに明らかに反する。ところで、享受は愛によるのである。

(7) 第七に対しては次のように言わなければならない。かの直視はパウロにおいて存続しなかったことは、彼の精神を照らした光の条件そのものによったことは、既述のことから明らかである。

(8) 第八に対しては次のように言わなければならない。至福な者たちにおける神の直視は、功績にもとづくものであったけれども、しかしかの直視はパウロに功績の報償として与えられたものではなかった。それゆえ、異論の推論は帰結しない。

ところで、これら最後の二つの推論は、直視の一般的な仕方を凌ぐいずれかの仕方で神を見たということを反駁する以上に、パウロは神をその本質によって見たということを反駁したと結論しているわけではない。

最後に問われていることに対しては次のように言われるべきである。精神の超出、脱自、脱魂、これらすべては聖書では同じものと解せられ、人間を超えたものをわれわれがそれによって本性的に志向する外的な可感的事物からの何らかの上昇を意味している。ところで、こうしたことは二様の仕方で起こる。すなわち、或るときには外部の事物からのこうした切り離しがただ意図に関してのみ起こる。たとえば、或る人は外部感覚と外的事物を用いるが、彼の意図の全体は神の事柄を観想し愛することに向かっている場合のごときである。このような場合、精神の超出、すなわち脱自、あるいは脱魂のいずれの状態においても、どんな人も神の事柄の観想者であり、それを愛する人である。それゆえ、ディオニュシウスは『神名論』第四章[25]において、「神への愛は脱自を生ぜしめる」と語っている。また、グレゴリウスは『道徳論』[26]において、観想について語り、「内的な事柄を理解するために脱魂する者は、可視的な事物から目を閉じる」と述べている。人が或る事物を超自然的に見るために自らの感覚や可感的事物の使用を奪われているときでも、これらの名称がより一般的に用いられるかぎりで脱自、脱魂、精神の超出は別の仕方でも起こるのである。ところで、「予言について」の問題において語られた通り〔第一二問題第九項〕、事物は感覚、知性、想像力を超えて見られるとき、超自然的に見られているのである。

したがって、アウグスティヌスは二様の脱魂を『創世記逐語註解』第一二巻[27]において区別している。一つは幻視のために精神が感覚から脱魂されるそれである。ペトロや黙示録での福音史家ヨハネにおいては、この意味での脱魂が起こっていることは、アウグスティヌスが同所[28]で語る通りである。もう一つは、精神が感覚と想像力とから同時に知的直視へと脱魂されるそれである。実際、このことは二様にある。一つは、知性が神を何らかの可知的なものの伝達によって理解する。これは天使たちに固有なものである。アダムの脱自はこのような仕方であった。それゆえ、「創世記」〔創二：二一〕への註釈[29]では、「この脱自の正しい解釈は、アダムの精神が天使の集いに与り、神の至聖所に入って最究極のものを理解することにまで招かれた、ということである」と述べられている。もう一つは、知性が神をその本質によって見ることに即しての脱自がある。既述の通り、パウロが脱自したのはこのことのためであった。

第三項

第三に、この地上を旅する人〔この世の人間〕の知性は、諸々の感覚から解き放たれることなしに、神をその本質によって見ることにまで高められうるか、が問われる。そして、そのように高められる、と思われる。その理由、

⑴ 途上の状態と復活の後とで、人間の本性は同じである。もし人間の本性が種において同じでないとすれば、個的に同じ人間が復活することはないであろう。ところで、復活の後には聖なる人々は、感覚から解き放たれることなしに、精神によって神をその本質において見るであろう。それゆえ、この地上の旅人にも同じことが可能的である。

⑵ しかし、この地上の旅人の身体は可滅的であるがゆえに、知性が身体の諸感覚から切り離されないかぎり神へと自由に赴くことのありえないほど、知性を押しつぶしていると言われてきた。実際、こうした可滅性は復活の後には存在しないであろう。――これに対しては次のように言われる。何ものも自らに対立するものによってでなければ働きを被ることがないように、対立するものによってでなければ妨げられることはない。ところで、身体の可滅性は知性の働きに対立するとは思われない。というのも、知性は身体の現実態ではないからである。それゆえ、身体の可滅性は知性が神へと自由に可能性を妨げるわけではない。

⑶ さらに、キリストはわれわれにとっては罰であるところの、われわれの可死性と可滅性を受け取ったことは確かである。ところで、キリストの知性はたえず神の直視を享受していた。しかしだからといって、彼の内に常に外的な諸感覚からの切り離しが生じていたわけではなかった。それゆえ、身体の可滅性は知性が諸感覚から切り離されることなく神へ赴くことを不可能にするわけではない。

⑷ さらに、パウロは神を本質によって見た後も、その直視において見た事柄を記憶していた。そうでないと、

「コリントの信徒への手紙二」において、「得もいわず人の語るべからざる言葉を聞きしなり」〔二コリ一二：四〕と、もしそれらを記憶していなかったら、語ることはなかったであろう。それゆえ、神を本質によって見ていた間に、その人の記憶の内に何かが刻印されたのである。ところで、記憶は感覚的部分に属することは、哲学者の『記憶と想起について』[30]に明らかな通りである。それゆえ、人がこの世で神を本質によって見ているときに、身体の諸感覚から切り離されることはまったくないのである。

(5) さらに、知性的な諸能力の感覚的な諸能力に対する近さよりも、感覚的な諸能力は相互に対してより近くに位置している。ところで、感覚的な諸能力に属している想像力は、いかなる想像の対象をも外部感覚から切り離されることなく現実的に把捉することができる。それゆえ、知性も神の直視を感覚的な諸能力から切り離されることなく現実的に把捉することができるのである。

(6) さらに、自然本性によって在るものは、自らが存在するために自然本性に反するものの何ものも必要としない。ところで、人間の知性にとって神をその本質によって見ることは、人間知性はそのことのために創造されているのであるから、自然本性的なことである。それゆえ、感覚的認識が人間にとって本性的であるかぎりにおいて、諸感覚からの分離は人間にとって本性に反することであるから、神をその本質によって見るために諸感覚からの分離は必要としないと思われる。

(7) さらに、一緒に合一されたものどもだけが相互から切り離されることができる。ところで、その対象が神である知性実体は、『霊と魂について』[31]に言われている通り、身体の諸感覚に結合されているのではなく、むしろ最も隔たっていると思われる。それゆえ、神をその本質を通して人間が知性によって見るために、人間が諸感覚から切り離されることは必要としないのである。

(8) さらに、パウロが神の直視へと高められていたと思われるのは、聖なる人々に約束されているかの栄光の証人が存在するためである。それゆえ、アウグスティヌスは『創世記逐語註解』第一〇巻[32]において、「われわれは、なぜこの世の後、永遠にその内に生きるべき命を神が示された最も卓越した直視そのものにまで脱魂した偉大なる使徒、異邦人たちの博士を信じないであろうか」と語っている。ところで、この世の後、神を見ている人々の内にあるであろう聖なる人々のかの直視の内には、復活の後には身体的感覚からの切り離しは生じてこないであろう。それゆえ、神を本質によって見たとき、パウロの内に、このような切り離しが起こったとは思われない。

(9) さらに、殉教者たちは自らの苦しみの拷問のさなかにおいて、心の内部では神の栄光の何かを知覚していた。それゆえ、ウィンケンティウス[33]は「見よ、私はすでに高みへと引き上げられ、独裁者よ、上の世界から汝の支配者たちすべてを見下ろしている」と語っている。また聖人たちの他の受苦の記録においては、同じ趣旨と思われる章句が読まれるのである。ところで、こうした聖なる人々に感覚からの切り離しは生じなかったことは明らかである。そうでないと、悲しみの感覚を持つことはなかったであろう。それゆえ、神がそれによって本質において見られるその栄光に或る人が与るためには、諸感覚からの切り離しは必要とされない。

(10) さらに、可感的なものに関わる働きにより近いのは、思弁知性よりも実践知性である。ところで、実践知性は可感的対象に関わる人間の働きに常に注意を向けている必要はないのであって、それはアヴィセンナの『治癒の書』[34]に語られている通りである。そうでないと、最も優れた琴《キタラ》の弾き手であっても、もし弦を個々に打つたびに技能に注意しなければならないとすれば、最も下手な弾き手と思われることが起こってくるであろう。実際、ふさわしい旋律を妨げるはなはだしい音の中断が生じてくるであろう。それゆえ、可感的事物に関わる人間の働きに思弁知性が注意を払う必要ははるかに少ない。したがって、思弁知性は、感覚的諸能力が感覚的な働きに従事している間も、知性のいずれの働きにも、また神の本質そのものにさえ自由に向かう状態に留まっているのである。

(11) さらに、パウロは神を本質によって見ていた間もなお信仰を持っていた。ところで、鏡を通して謎の内に見ることは〔一コリ一三・一二〕信仰に属することである。それゆえ、パウロは神を本質によって見ている間も同時に、鏡を通して謎の内に見ていたのである。ところで、謎の内の認識は鏡を通した認識であり、可感的なものを通したそれである。それゆえ、神を本質によって見ていたと同時に可感的なものにも注意を向けていたのである。したがって、結論は先と同じである。

以上に反して、(1) アウグスティヌスが『創世記逐語註解』第一二巻[35]において語り、また「コリントの信徒への手紙二」〔二コリ一二：二〕への註釈[36]において引用されている通り、「神をあるがままの形象の内に見ている人は誰も、身体的感覚においてわれわれが生きているその死すべき命を生きているのではない。しかして、もし何《なん》人《ぴと》もこの世に何らかの仕方で死ぬことがないとすれば――完全に身体から離れるにせよ、自らが身体の内にあるのか外にあるかも正当には分からぬほどに身体的感覚から目をそむけ遠ざかるにせよ、――かの直視へと脱魂し、上げられることはない」のである。

(2) さらに、「コリントの信徒への手紙二」の「私たちが正気でないとするなら、それは神のためであったし、正気であるなら、それはあなたがたのためである」〔二コリ五：一三〕への註釈[37]は、「精神によって天の事柄を理解することへと高められることを精神の脱自と呼んでいる。したがって、或る意味で下位の事柄が記憶から抜け落ちることがある。この世を凌いでいる神の秘密が開示されたすべての聖なる人々は、この脱自の状態にいたのである」と述べている。それゆえ、神をその本質によって見る者はだれでも下位の諸事物に注意を向けることから退き、したがって下位の諸事物しか見ない感覚の使用から退くことが必要である。

(3) さらに、「詩編」に「彼処に心も空なる若人ベニヤミンあり」〔詩六八：二八〕と言われているが、これに対して註釈[38]は、「ベニヤミン」すなわちパウロは「脱自の状態にある。すなわちその精神は身体的感覚と関わりはないのである。ちょうど、彼が第三天にまで上げられた場合のごとくである」と述べる。ところで、アウグスティヌスが『創世記逐語註解』第一二巻[39]に語る通り、第三天によって神を本質によって見ることが理解されている。それゆえ、本質による神の直視は身体的感覚に関わらないことが必要である。

(4) さらに、本質による神の直視にまで高められている知性の働きは、想像力のいずれの働きよりもより効力がある。ところで、人は或るときに想像力の激しさのゆえに身体的諸感覚から切り離されることがある。それゆえ、神の直視へと運ばれているときには、それら諸感覚からいっそう強く切り離されていなければならない。

(5) さらに、ベルナルドゥス[40]は「神の慰めは魅惑的で、他の慰めを許容する人々には与えられないであろう」と語っている。それゆえ、同じ理由によって、神の直視はそれと一緒に他のものを見ることを許さない。それゆえ、神の直視は感覚の使用を許さないのである。

(6) さらに、神を本質によって見るためには、心の最高度の清浄さが求められる。「マタイによる福音書」には「こころの清い人は幸いである」云々〔マタ五：八〕とある。ところで、心は二様の仕方で不浄になる。すなわち、罪と物質的な想像物によって不浄になることは、ディオニュシウスが『天上位階論』第七章[41]において、「これら、すなわち天上に在るものたちは清浄であると見なされるべきである。それは染みがないとか汚点とかから自由であるとかという意味ではない」。このことにおいて、至福なる天使たちにはまったくなかった罪の汚れが言及されている。また「物質的な想像物を受容するものではない、という意味でもない」。このことにおいては、想像物による汚れが触れられており、それはサン＝ヴィクトルのフーゴー[42]によって明らかである。それゆえ、神を本質によって見る精神は外部感覚のみならず、内部感覚からも解き放たれていなければならない。

(7) さらに、「コリントの信徒への手紙一」に「完全なものが来たときには、部分的なものは廃れよう」〔一コリ一三：一〇〕と言われている。ところで、そこで完全なものとは本質による神の直視を意味し、不完全なものとは可感的なものを通して為される鏡による謎の内の直視を意味している。それゆえ、人が本質によって神を見るまでに高められるとき、可感的なものの直視から解き放たれているのである。

答えて次のように言わなければならない。アウグスティヌスの叙述から明らかなように、この可滅的な身体の内に生きている人間が神をその本質によって見ることができるのは、身体的感覚をまったく意識しなくなる場合だけである。その理由は二つのことから取られる。第一に、知性と魂の他の諸能力とに共通なことから取られる。

すなわち、魂のすべての能力において、一つの能力が自らの働きに集中しているとき、他の能力はその働きにおいて弱められるか、あるいは全面的に抑圧されるのをわれわれは見出すのである。たとえば、視覚の働きにきわめて強く集中している人において、その人の聴覚は現に語られている事柄を知覚しないことは明らかである。もっとも、それらの強烈さが聞く人の感覚を自分の方に引きつける場合は別である。以上のことの理由は次の点にある。すなわち、何らかの認識能力の働きには集中が要請され、それはアウグスティヌスが『三位一体論』[43]において証明している通りである。ところで、一つのものの集中がそれら多くのものに同時に向かいうるのは、それらがあたかも一つのものと解せられるように相互に秩序づけられている場合だけである。ちょうど、或る動あるいは働きに相互に秩序づけられていない二つの終極がありえないのと同様である。それゆえ、すべての認識的諸能力がそれに基礎を置いている魂は一つであるから、すべての認識的能力の働きには一つの同じものの集中が要請される。したがって、魂が或る能力の働きに全面的に集中するとき、人間は他の能力の働きから解き放たれているのである。ところで、知性が神の本質を見るほどにまで高められるためには、この直視に全注意が集中されなければならない。実際、こうしたことは神の本質が知性がまったき努力を尽くして初めて到達する最強度に可知的な対象であるからである。それゆえ、精神が神の直視にまで高められるときには、人間は身体的感覚から全面的に解き放たれていなければならないのである。

　他方、第二にこのことの論拠を知性の固有性から指摘することができる。すなわち、事物についての認識は、『形而上学』第九巻[44]に語られている通り、事物が現実態にあるかぎりにおいて持たれ、可能態にあるかぎりでは持たれないのであるから、認識の最高の位置を占める知性は、最高度に現実態にある非質料的なものに固有の意味で関わる。それゆえ、すべての可知的対象はそれ自体において質料を免れているか、知性の働きによって質料から切り離されているかのいずれかである。したがって、知性が質料的なものとの、いわば、接触からより自由になればなるほど知性はより完全である。したがって、人間の知性は可知的形象をそれより抽象する表象像を見ることによって、質料的なものに到達するのであるから、人間知性は常に純粋に非質料的な形相を見ている天使の知性ほどの効力を持っていない。しかしそれにもかかわらず、知性認識の純粋さが人間知性において全面的に暗くされていないというかぎりで（たとえば、それらの認識が質料的なものを超えて及んでゆくことのない諸感覚において起こっているように）、人間知性に純粋さの何ほどかが留まっていること自体から、純粋に非質料的なものどもを考察する能力が人間知性に内在しているのである。それゆえ、或るときにもし非質料的なものの最高のもの、すなわち、神の本質を見るために通常の仕方を超えて高められるとき、人間の知性は少なくともその働きの間は、質料的なものを見ることから完全に解き放たれていなければならない。それゆえ、感覚的諸能力は質料的なものにのみ関わるのであるから、人が神の本質を見ることができるのは、身体的な諸感覚の使用から完全に解き放たれている場合だけである。

(1) それゆえ、第一に対しては次のように言わなければならない。復活の後、至福なる魂が身体に結合される根拠は、今魂が身体に結合される根拠とは別である。すなわち、復活において身体は霊に全面的に従属し、霊そのものから栄光のさまざまな固有性が身体へと溢れ出るほどに従属している。それゆえ、それらは霊的身体〔一コリ一五：四六〕とさえ呼ばれるのである。ところで、二つのものが結合され、その一方が他方に対して全面的な支配権を保持するとき、そこにはいかなる混合も存在しない。というのも、他方のものは支配者の権限の内に全面的に入っているからである。たとえば、一滴の水が千の葡萄酒の壺に注がれても、葡萄酒の純粋さはいささかも損なわれないようにである。したがって、復活において身体とどのような結合をしようとも、そのことから知性にいかなる汚れも生ぜず、また知性の能力もいかなる点でも弱められることはないであろう。それゆえ、身体の感覚から切り離されることなく知性は神の本質を観想するであろう。ところが、今、身体はこのような仕方で霊に従属していない。したがって、推論は類似していないのである。

(2) 第二に対しては次のように言わなければならない。われわれの身体が可滅的であるのは、身体そのものが魂に完全に従属していないからである。というのは、もし身体が魂に完全に従属しているならば、復活の後にあるであろうように、魂の不滅性からその不滅性は身体にも溢れ出るであろうからである。そうしたわけで、身体の可滅性は知性を押しつぶしているのである。というのは、身体の可滅性はそれ自体で知性に対立しているわけではないが、可滅性の原因が知性の純粋さを損なっているからである。

(3) 第三に対しては次のように言わなければならない。キリストは神にして人間であったことから、自らの魂のすべての部分と身体とに対して十全な権限を有していた。それゆえ、ダマスケヌス[45]が語る通り、神性の力によってわれわれの贖いにふさわしいかぎりで、魂の諸能力のそれぞれにそのものに固有なことを為すことを許したのである。したがって、キリストにおいて或る能力から別の能力へと溢れ出たり、或る能力が別の能力の働きの激しさによって自らの働きから切り離されたりする必要はないのである。それゆえ、キリストの知性は神を見たことによって、身体的な感覚からの知性の何らかの切り離しが生ずる必要はないのである。しかし、他の人間たちにおいては事情は異なっている。すなわち、彼らにおいては魂の諸能力相互の何らかの結合から或る能力から別の能力への溢れ出しとか障害とかが生じてくることが、必然的に帰結してくるのである。

(4) 第四に対しては次のように言わなければならない。パウロは神を本質によって見るのをやめた後、その直視において認識した事柄を彼の知性に留まっている形象、すなわち先の直視の何らかの残存物である何らかの形象によって記憶しているのである。すなわち、彼は神の本質によって神の御言葉《みことば》そのものを見、そしてその本質の直視から多くのものを認識したけれども（したがってこの直視は御言葉そのものに関しても、御言葉の内に見た事柄に関しても、何らかの形象によってあったのではなく、御言葉の本質によってのみあったのである）、それにもかかわらず御言葉を注視することから彼が見た事物の或る類似が彼の知性の内に刻印されたのである。そして、それら類似によって後に、先に御言葉の本質によって見ていた事柄を認識することができたのである。後にこれら可知的形象を記憶や想像力の内に保存されている個的な志向性や形相に適用することによって、先に見ていたものを想起することができるのである。このことは感覚的能力である記憶力の働きによってもできるのである。したがって、神を見る働きにおいて感覚的能力の一部分である彼の記憶力の内に、何かが生ずるという必要はなく、もっぱら彼の精神の内に生ずる必要があるのである。

(5) 第五に対しては次のように言わなければならない。想像力のどんな働きによっても外部諸感覚からの分離が生ずるわけではないけれども、想像力の働きが激しいときにそうした分離が生ずる。同様に、知性のいずれの働きによっても諸感覚からの分離が生ずる必要はないが、神を本質によって見るという最も激しい働きによっては分離が生ずるのでなければならない。

(6) 第六に対しては次のように言わなければならない。何らかのときに神の本質を見るに至ることは、人間知性に本性的であるけれども、この世の状態においてこのことに至るのは、既述の通り、人間知性にとって自然本性的ではない。したがって、異論の推論は妥当しない。

(7) 第七に対しては次のように言わなければならない。神の事柄をそれによって把捉するわれわれの直観知（intelligentia）は、把捉の過程では感覚に混合することはないけれども、しかし判断の過程においては感覚に混合する。それゆえ、アウグスティヌスは『創世記逐語註解』第一二巻[46]において、「われわれの直観知の光によってわれわれはこの月下の世界の諸事物を判断し、物体ではなく物体の形相に似た形相も帯びていないものどもを知覚する」と述べている。したがって、直観知は或るときには、つまりこの世界の事物を判断するのではなく、天上の事物の直視にのみ注意を集中しているとき、諸感覚から解き放たれている、と言われるのである。

(8) 第八に対しては次のように言わなければならない。聖なる人々の至福の実体は神の本質を見ることにある。それゆえ、アウグスティヌス[47]は「直視は報償の全体である」と言っている。この理由から、人〔パウロ〕は神の本質を見たがゆえに、かの至福のふさわしい証人でありえたのである。しかし、その人は至福者に属しているあらゆる特権を経験する必要はなかった。かえって、彼の経験したことから他の諸事物を認識することができたのである。というのも、彼は至福であるために脱魂したのではなく、至福の証人であるために脱魂したからである。

(9) 第九に対しては次のように言わなければならない。殉教者は拷問の中にあるとき、神の栄光の何ほどかを知覚したが、神を本質によって見ている人々のように、あたかも神の栄光をその泉において飲んでいるわけではなく、その栄光の何らかの散布によってさわやかにされたのである。それゆえ、アウグスティヌスは『創世記逐語註解』第一二巻[48]において、「そこで——すなわち、神がその本質によって見られるところで——至福なる生はその泉において飲まれる。その泉から栄光の何ほどかがこの地上の人間の生に散布される。したがって、この世のさまざまな誘惑においてこの世の生は平穏に、強く、義しく、思慮をもって生きられるであろう」と述べている。

(10) 第一〇に対しては次のように言わなければならない。思弁知性は或る人が可感的なものをめぐって働く事柄に注意を集中するように強制されることはなく、他の可知的な事柄に従事することができる。ところで、思弁的働きの強さは、可感的な働きから全面的に切り離されるほど強いものである。

(11) 第一一に対しては次のように言わなければならない。パウロはその働きにおいて信仰という所有態を持っていたであろうが、信仰の現実態を持っていたわけではない。それゆえ、異論の推論は帰結しないのである。

第四項

第四に、知性が神を本質によって見うるためには、どれほど大きな分離が必要とされるか、が問われる。そして、魂が形相として身体に合一しているその合一自体からの分離が必要とされると思われる。その理由、

(1) 植物的魂の諸能力は感覚的魂の諸能力よりもいっそう質料的である。ところで、知性が神を本質によって見るためには、既述の通り〔第三項〕、諸感覚からの分離が生じていなければならない。それゆえ、植物的魂の働きから切り離されていることが、かの直視の純粋さのためにより強く要請されるのである。ところで、この切り離しは、魂が形相として身体に合一されているかぎりの動物の生の状態においては起こりえない。というのは、哲学者[49]が語る通り、「動物は常に栄養摂取している」からである。それゆえ、神の本質を直視するためには、魂

が形相として身体に合一しているその合一からの切り離しが為されていなければならない。

(2) さらに、「出エジプト記」の「〔人は私を見ることはできない。〕人は私を見てなお、生きることはないであろう」〔出三三：二〇〕に対するアウグスティヌスの註釈[50]は、「このことは、可滅的な肉のこの世の生には神は在るがままに現れえない、ということを示している。だが神は、かの生には現れうる。かの生に生かされるために、この世の生には死ぬべきである」と述べている。また、グレゴリウスの註釈[51]は同所について、「神である知恵を見る者はこの世の生に完全に死ぬのである」と述べている。ところで、死は魂が形相としてそれに合一していた身体からの分離によって起こる。それゆえ、神が本質によって見られるためには、身体からの魂の全面的な分離が起こらねばならない。

(3) さらに、『霊魂論』第二巻[52]に語られている通り、「生きることは生きているものどもにとって在ることである」。ところで、生きている人間の存在は、魂が形相として身体に合一することによって生ずる。ところで、「出エジプト記」に「人は私を見てなお、生きることはないであろう」〔出三三：二〇〕と言われている。それゆえ、魂が形相として身体に合一されている間は、神を本質によって見ることはできない。

(4) さらに、魂が形相として身体に合一するその合一は、魂が身体に動者として合一するその合一よりもより強い。この後者の合一から、身体器官を通して働く諸能力の働きが発出してくる。この後者の合一は神の本質の直視を妨げる。その直視のためには身体的感覚からの分離が生じていなければならないからである。それゆえ、第一の合一は直視をはるかに強く妨げるであろう。したがって、その合一から切り離されていなければならないであろう。

(5) さらに、能力は本質のあり方を超えて高められることはない。というのも、能力は本質から流出し、本質に基礎を置くものだからである。したがって、魂の本質が質料的な身体に形相として合一しているとすれば、知性的な能力は全面的に非質料的なものの上へと高められることは不可能であろう。

(6) さらに、より大きな汚染が魂の内に生ずるのは、物体的な類似が魂に結合することからよりも、身体が魂に結合することからである。ところで、精神が神を本質によって見るためには、精神は既述の通り〔第三項〕、想像力や感覚によって把捉されるところの、物体のさまざまな類似物から浄められていなければならない。それゆえ、精神は神を本質によって見るためには、身体からはるかに強く分離されていなければならない。

(7) さらに、「コリントの信徒への手紙二」に、「私たちは体を住みかとしているかぎり、主から離れていることを知っています。目に見えるものによらず、信仰によって歩んでいるからです」〔二コリ五：六－七〕と言われている。それゆえ、魂は身体の内にある間は、神を自分の目で見ることはできない。

以上に反して、(1) 「出エジプト記」の「人は私を見てなお、生きることはないであろう」〔出三三：二〇〕に対するグレゴリウスの註釈[53]には、「永遠なる神の輝きは、この肉体において生きているが、非常に高価な徳によって成長している人々によって見られうる」と言われている。ところで、同じ註釈で言われている通り、神の輝きは神の本質である。それゆえ、神の本質が見られるために、魂は身体から全面的に分離される必要はない。

(2) アウグスティヌスは『創世記逐語註解』第一二巻[54]において、魂は想像力で見ることのみならず、真理そのものが明確に見られる知性的に見ることへも脱魂する。ところで、魂は死における場合ほど感覚から離れるわけではないが、眠っているときよりは感覚から離れているのである、と言っている。それゆえ、アウグスティヌスがそこで語っている創造されざる真理を見るために、魂の身体からの分離は魂が形相として合一されているかぎり、生じる必要はない。

(3) この同じことはアウグスティヌスの『神を見ることについて――パウリナ宛書簡』[55]によって明らかである。すなわち「啓示のそうした卓越した段階――すなわち神を本質によって見ること――が聖なる人々には、死んでその体が葬られる以前に、与えられることは信じられないことではない」と言っている。それゆえ、魂は身体に形相としてなお結合したままで神を見ることができるのである。

答えて次のように言わなければならない。知性の最も完全な働きである、神の本質を見ることのためには、知性的働きの激しさを本来的に妨げるものども、あるいはその同じ激しさで妨げられるものどもからの切り離しが必要とされる。ところで、こうしたことは或るものにおいては自体的に起こり、或るものどもには附帯的にのみ起こる。

確かに、知性的働きと感覚的働きとは、相互をそれらの働きそのものによって妨げる。一つは、両方の働きに志向性が臨在していなければならないことのゆえに妨げ、もう一つは、知性は表象像から何かを受け取るのであるから、何らかの仕方で感覚的な働きと混合し、したがって、知性の純粋性は既述の通り〔第三項〕、感覚的な働きから何らかの仕方で汚染されるからである。しかし、魂は形相として身体に結合するために、何らかの志向性が必要とされるわけではない。というのも、この結合は魂の意志にではなく魂の本性により依存するからである。同様に、このような結合から知性は直接に汚染されるわけではない。というのも、魂が形相として身体に合一するのは、魂の諸能力が媒介となってではなく、自らの本質によって合一するからである。それは『形而上学』第八巻[56]に証明されている通りである。ところで、魂の本質は身体に合一するが、それは他の質料的な形相、すなわち質料の内に全面的にあり、その力とか働きとかがそれら形相から質料的なものとしてしか発出しえないほど、いわば質料に沈潜している形相のようには、魂の本質は身体の諸条件に全面的に従属しているわけではない。ところで、魂の本質から或る意味で物体的な、つまり身体器官の現実態として存在する何らかの力や能力、すなわち感覚的能力や栄養摂取する能力が発出するのみならず、まったく非質料的でいかなる身体あるいは身体の部分の現実態としても存在していない知性的能力も発出することは、『霊魂論』第三巻[57]に証明されている通りである。それゆえ、知性的能力は身体に合一しているかぎりで魂の本質から発出しているのではなく、むしろ身体から自由にあり、身体にまったく従属していないというかぎりで発出する。したがって、魂の身体への合一は、知性の働きにまで拡大することはなく、知性の純粋性を妨げることはありえない。したがって、もし働きに自体的であるものについて考えるとき、魂が身体にその形相として合一しているその合一の解体は、知性の働きに必要なものではない。その働きがいかに強いものであっても、そうした解体を必要としない。同様に、植物的魂の働きから切り離されている必要はない。というのは、魂のこの部分の働きはいわば自然本性的なものであって、そのことは能動的ならびに受動的な性質、すなわち熱と冷、湿と乾の力によって完成されることから明らかである。それゆえ、それらは理性にも意志にも従属しないことは、『倫理学』第一巻[58]に明らかである。したがって、これらの働きのために志向性の必要とされないことは明らかである。したがって、それら諸性質の現実態によって志向性が知性的働きから取り去られる（averti）必要はないのである。同様に、知性的働きもこの種の働きと何ら関係することはない。実際、このような働きから何も受け取らないからである。というのも、それらの働きは認識に関わらないからであり、また知性は植物的魂の働きによって支えられねばならない何らかの身体的道具を、感覚的能力の場合に起こっているようには、用いることもないからである。したがって、知性の純粋性が植物的魂の働きによって害されることは決してないのである。以上から明らかなことは、働きを自体的に考えると、植物的な魂の働きと知性の働きとが相互を妨げることはないのである。

　しかし、これらの一方が他方を附帯的に妨げることはありうる。たとえば、知性は身体的な器官の内にある表象像から何かを得るが、この身体器官は栄養摂取の魂の働きによって養われ保持されなければならない。したがって、栄養摂取の能力の働きのゆえに、器官の状態の内に、したがって知性が何かをそれより受け取る感覚能力の働きの内に変化が起こりうる。その意味で知性そのものの働きも附帯的には妨げられるのである。それは睡眠中や食事の後において明らかなごとくである。他方、知性の働きも、想像力の働きが知性の働きに必要であるかぎりで、このような仕方で植物的魂の働きを妨げるのである。そして、想像力の激しさは熱と冷との協働を要請する。したがって、栄養摂取する能力の働きは観想の働きの激しさによって妨げられるのである。しかし、このことは神の本質が見られるその観想においては当てはまらない。というのも、そのような観想は想像力の働きを必要としないからである。

　以上から明らかなことは、神を本質によって見るためには、植物的魂の働きからの分離は必要ではなく、何らかそれら働きの弱体化もまたいかなる意味でも必要ではないが、ただ感覚的な諸能力の働きからの分離だけは必要である。

⑴　それゆえ、第一に対しては次のように言わなければならない。植物的魂の諸能力は感覚的魂の諸能力よりもより質料的であるけれども、それとともに植物的諸能力は知性からより隔たっており、したがって、知性の強さを妨げたり、あるいは知性の強さによって妨げられたりする可能性もより少ないのである。

⑵　第二に対しては次のように言わなければならない。「生きる」ことは二様に解せられる。一つは、生きているものの存在そのものが意味され、そのことは魂が身体にその形相として合一していることから帰結する。もう一つの仕方では、「生きる」ことは生命の働きとして理解される。哲学者が『霊魂論』第二巻[59]で、生きることを知性認識すること、感覚認識すること、そして魂の他の働きに区別している通りである。同様に、死は生命の欠如であるから、死は或るときには魂が身体にその形相として合一するその合一の欠如を指示し、他方或るときには生命の働きの欠如を指示するように区別されなければならない。それゆえ、アウグスティヌスは『創世記逐語註解』第一二巻[60]において、「人はこの世の生から何らかの仕方で死ぬ。完全に身体から離れるにせよ、身体的感覚から目をそむけ遠ざかるにせよ」と述べている。そして、引用されている註釈において、死はこのように理解されている。それはグレゴリウスの註釈[61]からの引用に伴う言葉から明らかな通りである。すなわち、「神である知恵を見る者はこの世の生に完全に死ぬのである。したがって、その者はこの世の生への愛によって連れ戻されることはない」と述べている。

⑶　以上のことから異論の第三への解答は明らかである。

⑷　第四に対しては次のように言わなければならない。魂が身体にその形相として合一するその合一がより強いということ自体から、その合一からの分離の可能性のより少ないことが帰結する。

⑸　第五に対しては次のように言わなければならない。もし魂の本質が身体に合一され、身体に全面的に拘束

されているとすれば、異論の推論は正しく結論しているであろう。しかし、こうしたことの偽であることはすでに語ったところである。

(6) 第六に対しては次のように言わなければならない。想像力や感覚の働きのために必要とされる物体の類似物は、物体そのものよりも非質料的であるけれども、知性の働きにより近い関係を有している。それゆえ、既述の通り、それら働きへのより密接な関係を有しているのである。

(7) 第七に対しては次のように言わなければならない。使徒の言葉は、われわれが身体の内にあると言われるかぎりで理解されるべきである。しかも、魂が身体にその形相として合一していることからのみならず、われわれが身体的な諸感覚を用いることからも理解されるべきである。

第五項

第五に、使徒〔パウロ〕が自らの脱魂について知っていた事柄、知らなかった事柄、それらが何であるかが問われる。そして、彼の魂が身体の内にあったかどうかは知っていた、と思われる。その理由、

(1) 使徒はこのことを彼に随った人の誰よりもよりよく知っていた。ところで、多くの人は共通して、脱魂のあいだパウロの魂は身体にその形相として合一していたことに同意している。それゆえ、パウロはそのことをもっと強く知っていたのである。

(2) さらに、パウロは脱魂のとき何を見たか、またどのような直視で見たかを知っていた。そのことは、「コリントの信徒への手紙二」において、「私は第三天にまで奪われた〔脱魂された〕人を知っています」〔二コリ一二・二〕と彼が言っていることから明らかである。したがって、その天がどのようであったか、すなわち物体的なものであったか霊的なものであったか、そしてその天を霊的に見たのか、あるいは身体的に見たのかを知って

いた。そして、このことから彼は自分が身体において見たのか、身体の外で見たのかを知っていたことが帰結する。というのは、身体的な直視は身体を通してでなければ生じえない。他方、知性的直視は常に身体なしに起こるからである。それゆえ、彼は自分が身体においてあったか、身体の外にあったかを知っていたのである。

(3) さらに、彼自身が言っている通り、「第三天にまで奪われた〔脱魂された〕人を」彼は知っていた。ところで、人とは魂と身体とから結合されたものの名称である。それゆえ、彼は魂が身体に結合されていたことを知っていたのである。

(4) さらに、彼は彼自身の言葉から明らかなように、自分が脱魂したことを知っていた。ところで、死せる人は脱魂した者を意味していない。それゆえ、彼は自分が死んだのではないことを知っていたし、したがってまた魂が身体に結合されていたことを知っていたのである。

(5) さらに、彼は天国で聖なる人々が神を見るその直視によって、神を脱魂の内に見たのである。それはアウグスティヌスが『創世記逐語註解』第一二巻[62]と『神を見ることについて』の書簡[63]において語る通りである。ところで、天国にいる聖人たちの魂は自らが身体の内にいるのか、身体の外にいるのかを知っている。それゆえ、使徒もこのことを知っていたのである。

(6) さらに、グレゴリウスは「万物を見ている者を見る者たちに、見ていないような何かがあるであろうか[64]」と語っている。とりわけ、このことは見ている者たち自身に属するものに関係していると思われる。ところで、身体に結合されているか、あるいは結合されていないかは最高度に魂に属している。それゆえ、パウロの魂は自らが身体に結合されていたか、されていなかったかを知っていたのである。

以上に反して、「コリントの信徒への手紙二」には「私は、キリストに結ばれていた一人の人を知っていますが、その人は一四年前、第三天にまで引き上げられたのです。体のままか、体を離れてかは知りません。神がご存じです」〔二コリ一二：二〕。それゆえ、体においてか、体から離れてかは、パウロの魂は知らなかったのである。

答えて次のように言わなければならない。このことをめぐってはたくさんの意見がある。或る人々は、使徒が自分は知らないと言わんとしたことを次のように理解した。すなわち、かの脱魂のとき自らの魂は身体に結合されていたのか、あるいは結合されていなかったのか、ということを知らなかったということではなく、自分が魂と身体との両方によって同時に奪い去られたのか、したがって身体的にも自分が天国に連れていかれたのか、たとえば「ダニエル書」の最後〔ダニ一四：三五（ベル三六）〕に、「ハバククは〔バビロンに〕連れていかれた」と読まれるようにであったのか、あるいは魂だけによって連れ去られたのか、すなわちさまざまの神の幻の中で脱魂されたのか、たとえば、「エゼキエル書」に「神の幻によって私はイスラエルの地に連れていかれた」〔エゼ四〇：二〕と言われているようにであったのか、このことを使徒は自分は知らないと言わんとしたのだ、というふうに或る人々は理解したのである。ヒエロニュムスも『ダニエル書序言』[65]で、「最後的には、われわれの使徒も自分が体のまま奪い去られたとはあえて主張せず、〈体のままであったか体を離れてであったかは私は知らない〉と言ったのである」と語るとき、彼も或るユダヤ人の解釈を支持しているのである。

しかし、アウグスティヌスはこの解釈を『創世記逐語註解』第一二巻[66]において批判している。「使徒の言葉から明らかなことは、彼は自分が第三天にまで脱魂されたことを知っていたということである。それゆえ、彼がそこへ脱魂されたその天は、真に天であって天の何らかの類似物といったものではない、ということは明らかである。というのは、もし彼が天へと脱魂されたと言うとき、彼の想像力において天の類似物を見るために脱魂されたと言わんとしていたとすれば、彼は同じ仕方で物体において、すなわちこの物体の類似物へと脱魂されたと言うことができたであろう。したがって、彼が知っていた事柄と知らなかった事柄とを区別することは必要ではなかったであろう。というのも、両者を、すなわち、彼が天にいたことと物体において脱魂されたこと、すなわち、夢の中で起こるように、物体の類似物へと脱魂したことを等しく認識したであろうから。それゆえ、彼がそこへと脱魂されたそれが真に天であったことを確かなこととして認識したのである。それゆえ、それが物体であるか、非物体的な何ものかであるかを、彼は知っていたのである。というのも、もしそれが物体であったなら、彼はそれに身体的に奪い去られたのである。他方、それが非質料的な何ものかであったなら、彼はそのものに身体的に脱魂することは不可能であった。それゆえ、使徒は自分が身体的に奪い去られたか霊的にのみ奪い去られたかについて疑問を持たなかったが、彼の知性においてのみ天へと脱魂したことを知っていたことが帰結するのである。しかし、彼はその脱魂において彼の魂は身体の内にあったのか、なかったのか、このことには確かに疑問を持ったのである」。

他の或る人々はこのことを承認するが、しかし、脱魂の間使徒はこのことを知らなかったけれども、後で先に持っていた直視からそれを臆測して知ったのである、と主張する。というのは、その脱魂において使徒の全精神は神の事柄に引き渡され、魂が体の内にあったか外にあったかを知覚しなかったのである、と。ところで、このことも使徒の言葉にはっきり対立する。というのは、彼は何を知っていたかと何を知らなかったかを区別するように、現在を過去から区別する。実際、彼は一四年前、第三天にまで上げられた人を過去においてのように語るが、自分が或ることは知っており、或ることはそれを知らないことを現在におけるように承認する。それゆえ、かの脱魂の一四年後においても、彼は脱魂が起こったときの体のままであったか、体から離れてであったかをなお知らなかったのである。

したがって、他の或る人々は、脱魂のとき、あるいはそれの後においても、彼の魂は何らかの仕方で体の中にあったが、完全な仕方で体の中にはなかったのかどうかを知らなかった、と主張した。というのは、彼らは脱魂のときとその後の両方において、彼の魂はその身体に形相として合一していることを知っていたが、魂が身体に結合され、したがって魂は諸感覚から何かを受け取りえたかどうか、これについては知らなかった、と主張するからである。あるいは、別の人々によれば、彼は栄養摂取的能力が、魂が身体の世話をそれによって行う働きを実践したかどうかは知らなかったのである、と。ところで、このことも使徒の言葉に適合しないと思われる。というのも、使徒は体のままであったのか、体を離れてあったのか、自分は知らないということを無条件に語っているからである。さらにまた、魂が身体から全面的に分離していなかったときに、魂が身体においてこの仕方であったか、あの仕方であったかを自ら知らないと語ることは、はなはだ適切ではないと思われる。

したがって、魂が身体に結合されていたか、されていなかったかを、使徒は無条件に知らなかった、と言うべきである。このことはアウグスティヌスが『創世記逐語註解』第一二巻[67]において、長い探究の末の結論として次のように述べていることである。すなわち「それゆえ、おそらく次のことが帰結する。彼はこのこと自体を知らなかった、とわれわれは理解する。すなわち彼が第三天へと脱魂したとき、魂は身体が生きていると言われるときのように身体の内にあったのか——目覚めている者の魂か、眠っている者の魂か、恍惚状態において身体的感覚から引き離されていた魂かはともかく——、それとも魂は全面的に身体を離れ出ていて啓示（demonstratio）が終息するまでは死せる身体が横たわっており、死せる肢体に魂が戻る際には、眠っている者が目覚めるようにではなく、恍惚状態にあった者が感覚〔を持つ身体〕へと戻るようにでもなく、むしろ死者が完全に蘇るようであったのか、ということを知らなかったのである」。

(1) それゆえ、第一に対しては次のように言わなければならない。アウグスティヌスは『創世記逐語註解』第一二巻[68]において、「体においてであったか、体の外においてであったか、使徒は疑っている。彼が疑っているとき、われわれの誰があえて確かであろうか」と語っている。それゆえ、アウグスティヌスはこのことを未解決のまま残したのである。ところで、後の著作家たちがこの問題について何かを決定するとき、彼らは確実にではなく蓋然的に語っているのである。というのは、既述のことから明らかな通り、使徒の魂が身体に結合されたままのときに脱魂が起こった、と彼の言うその仕方で人は脱魂に陥ることが起こりうるであろうから、彼の魂は身体に結合されていた、と言う方がより蓋然的だからである。

(2) 第二に対しては次のように言わなければならない。異論の推論は最初に措定された使徒の言葉の解釈に反する。その解釈では使徒が疑いを持ったと思われるのは、脱魂した人の状態、すなわち魂が身体に合一されていたかどうかについてではなく、脱魂の仕方、すなわちその脱魂が身体的であったか、あるいはただ霊的でのみあったか、についてであるからである。

(3) 第三に対しては次のように言わなければならない。提喩法によれば、あるときには人間の一部分のみが人間と呼ばれる。特に人間のより卓越した部分である魂が人間と呼ばれる。ところで、このことは次のことを意味しているようにも解せられる。すなわち、使徒が脱魂したと語るその人は、脱魂していたそのときは人間でなかったけれども、一四年後、すなわち使徒が「私は、キリストに結ばれていた一人の人を知っています」と語ったときには人間であった、と。しかし、人間が第三天にまで脱魂されたと言っているのではない。

(4) 第四に対しては次のように言わなければならない。その状態で使徒の魂は身体から分離されていたとしても、しかしその分離は何らかの自然本性的な仕方によってではないのであって、身体から魂を無条件に分離されたまま存続するためにではなく、しばらくの間分離しているよう引き離す神の力そのものによってなったことである。すべての死者が脱魂しているとは言われえないけれども、上述のかぎりにおいて、使徒は脱魂したと言われうるのである。

(5) 第五に対しては次のように言わなければならない。アウグスティヌスが『創世記逐語註解』第一二巻[69]に語る通り、「使徒が身体の諸感覚から第三天と楽園へと引き離されたとき、確かに彼は、自らが身体の内にあるのか、身体の外にあるのかを知らなかったというかぎりでは、天使たちが持っていた諸事物についての十全で完全な認識には及ばないことを感じていた。したがって、死者たちの復活において、体が受け取られたときに、こうした可滅的なものが不可滅性を帯びるとき、上述のことは存在しなくはならないであろう」。したがって、彼の直視は或る点に関して至福者たちの直視に似ているが、しかし或る点に関してはそれはより不完全であったのである。

(6) 第六に対しては次のように言わなければならない。パウロが神を見るよう脱魂されたのは、自らが端的に至福であるためではなく、聖なる人々の至福と彼に開示された神の神秘との証人であるためであった。したがって、彼が御言葉《みことば》を直視するとき見たものは、それらのものの知を伝えるように脱魂が秩序づけられているそうした事物だけである。したがって、彼は至福なる者が特に復活の後に見るように、すべてのものを見たわけではない。というのも、そのときには、アウグスティヌスがすでに引用された言葉に附言しているように、「すべてのものは明白になるであろう。いかなる偽もなく、いかなる無知もなく」。

訳註

1——Cf. Albertus Magnus, Quaestio de raptu, ms. Vat. lat. 781, f. 14rb-14va.

2——Pseudo-Augustinus, De spiritu et anima, cap. 11, PL 40, 787.

3——Averroes, In Aristotelis De caelo et mundo III, comm. 20, V, 187 F.

4——Petrus Lombardus, Glossa in Epistolas beati Pauli, Rom. 11:24, PL 191, 1488B.

5——Dionysius Areopagita, De divinis nominibus, cap. 8, § 7, PG 3, 893D; Dionysiaca, 433.

6——Augustinus, De diversis quaestionibus LXXXIII, quaestio 3, PL 40, 11.

7——Dionysius Areopagita, De divinis nominibus, cap. 4, § 32, PG 3, 733A; Dionysiaca, 309.

8——Aristoteles, Metaphysica V, 5, 1015a28.

9——Id., De anima III, 4, 429a29.

10——より正しくは、Augustinus, De libero arbitrio III, cap. 11, PL 32, 1287.

11——Id., Confessiones I, cap. 1, PL 32, 661.

12——Petrus Lombardus, Glossa in Epistolas beati Pauli, II Cor. 12:2, PL 192, 80A.

13——Aristoteles, Ethica Nicomachea X, 11, 1177b27.

14——Moses Maimonides, Dux neutrorum seu dubiorum II, cap. 18.

15——Petrus Lombardus, Glossa in Epistolas beati Pauli, Rom. 11:24, PL 191, 1488B.
16——Aristoteles, Ethica Nicomachea III, 1, 1110a1 et b15..
17——Petrus Lombardus, Glossa in Epistolas beati Pauli, Eph. 4:18, PL 192, 203C.
18——Cf. Augustinus, De civitate Dei XI, cap. 11 et XIV, cap. 25, PL 41, 327 et 433.
19——Id., De Genesi ad litteram XII, cap. 5, PL 34, 458.
20——Id., De Trinitate I, cap. 10, PL 42, 834.
21——Id., De Genesi ad litteram XII, cap. 28, PL 34, 478; id., Epistula 147, cap. 13, PL 33, 610.
22——Petrus Lombardus, Glossa in Epistolas beati Pauli, II Cor. 12:4, PL 192, 83A.
23——Liber de causis, prop. 8 (7).
24——Petrus Lombardus, Glossa in Epistolas beati Pauli, II Cor. 12:4, PL 192, 83A.
25——Dionysius Areopagita, De divinis nominibus, cap. 4, § 13, PG 3, 712A; Dionysiaca, 215.
26——Gregorius I, Moralia XXX, cap. 16, PL 76, 554B.
27——Augustinus, De Genesi ad litteram XII, cap. 26, PL 34, 476.
28——Ibid. XII, cap. 2, PL 34, 455.
29——Glossa ordinaria, ibid.; cf. Augustinus, De Genesi ad litteram IX, cap. 19, PL 34, 408.
30——Aristoteles, De memoria, cap. 1, 450a13.
31——Pseudo-Augustinus, De spiritu et anima, cap. 11, PL 40, 787.
32——より正しくは、Augustinus, De Genesi ad litteram XII, cap. 28, PL 34, 478.
33——Cf. Acta Sanctorum, die 22 Ianuarii, ed. Bollandus, Parisiis 1865, II, 395 b.
34——Avicenna, Sufficientia I, cap. 14, f. 22rb I.
35——Augustinus, De Genesi ad litteram XII, cap. 27, PL 34, 477.
36——Petrus Lombardus, Glossa in Epistolas beati Pauli, II Cor. 12:1, PL 192, 82A-B.
37——Ibid., II Cor. 5:13, PL 192, 41B; cf. Augustinus, Enarrationes in Psalmos, Ps. 30:1, PL 36, 230.（『詩編注解(1)』今義博・大島春子・堺正憲・菊地伸二訳、教文館、一九九七年）

38 ——Petrus Lombardus, Glossa in Psalmos, Ps. 67:28, PL 191, 615C.

39 ——Augustinus, De Genesi ad litteram XII, cap. 28, PL 34, 478.

40 ——Pseudo-Bernardus (Gaufridus), Declamationes, n. 66, PL 184, 472A.

41 ——Dionysius Areopagita, De coelesti hierarchia, cap. 7, § 2, PG 3, 208B; Dionysiaca, 845.

42 ——Hugo de Sancto Victore, Commentaria in Hierarchiam coelestem S. Dionysii Areopagitae, VII, PL 175, 1052A.

43 ——Augustinus, De Trinitate XI, cap. 3 et 4, PL 42, 988-990.

44 ——Aristoteles, Metaphysica IX, 9, 1051a29.

45 ——Johannes Damascenus, De fide orthodoxa III, cap. 15, PG 94, 1060B; ed. E. M. Buytaert, 240.

46 ——Augustinus, De Genesi ad litteram XII, cap. 24, PL 34, 474.

47 ——Id., De Trinitate I, cap. 9, PL 42, 833.

48 ——Id., De Genesi ad litteram XII, cap. 26, PL 34, 476.

49 ——Aristoteles, Topica II, cap. 4, 111b25.

50 ——Glossa ordinaria, ibid.; cf. Augustinus, Quaestiones in Heptateuchum II, q. 154, PL 34, 649.

51 ——Glossa ordinaria, ibid.; cf. Gregorius I, Moralia XVIII, cap. 54, PL 76, 93A.

52 ——Aristoteles, De anima II, 4, 415b13.

53 ——Glossa ordinaria, ibid.; cf. Gregorius I, Moralia XVIII, cap. 54, PL 76, 93A.

54 ——Augustinus, De Genesi ad litteram XII, cap. 26, PL 34, 476.

55 ——Id., Epistula 147, cap. 13, PL 33, 610.

56 ——Aristoteles, Metaphysica VIII, 5, 1045b23.

57 ——Id., De anima III, 4, 429a24.

58 ——Id., Ethica Nicomachea I, 20, 1102b29.

59 ——Id., De anima II, 2, 413a22.

60 ——Augustinus, De Genesi ad litteram XII, cap. 27, PL 34, 477-478.

61 ——Glossa ordinaria, ibid.; cf. Gregorius I, Moralia XVIII, cap. 54, PL 76, 93A.

62——Augustinus, De Genesi ad litteram XII, cap. 28, PL 34, 478.

63——Id., Epistula 147, cap. 13, PL 33, 610.

64——Gregorius I, Dialogi IV, cap. 33, PL 77, 376B.

65——Hieronymus, Prologus in Danielem prophetam, PL 28, 1294B.

66——Augustinus, De Genesi ad litteram XII, cap. 3-4, PL 34, 456-457.

67——Ibid. XII, cap. 5, PL 34, 458.

68——Ibid. XII, cap. 3, PL 34, 456.

69——Ibid. XII, cap. 36, PL 34, 484.

Corpus fontium mentis medii aevi

中世思想原典集成 第II期 1
トマス・アクィナス 真理論 上

発行日——二〇一八年三月二三日初版第一刷発行

著者——トマス・アクィナス

訳者——山本耕平

編訳監修——上智大学中世思想研究所

発行者——下中美都

発行所——株式会社平凡社

〒一〇一—〇〇五一 東京都千代田区神田神保町三—二九

電話〇三—三二三〇—六五七九［編集］ 〇三—三二三〇—六五七三［営業］

振替〇〇一八〇—〇—二九六三九

印刷製本所——中央精版印刷株式会社

造本装幀——中垣信夫＋冨木 愛

ISBN 978-4-582-73434-8 C3310 Printed in Japan

NDC 分類番号 132 A5 判（21.6cm） 総ページ 954

平凡社ホームページ http://www.heibonsha.co.jp/

Corpus fontium mentis medii aevi

中世思想原典集成 全20巻

1——初期ギリシア教父（小高 毅）＊
2——盛期ギリシア教父（宮本久雄）＊
3——後期ギリシア教父・ビザンティン思想（大森正樹）＊
4——初期ラテン教父（加藤信朗）＊
5——後期ラテン教父（野町 啓）＊
6——カロリング・ルネサンス（大谷啓治）＊
7——前期スコラ学（古田 暁）＊
8——シャルトル学派（岩熊幸男）＊
9——サン＝ヴィクトル学派（泉 治典）＊
10——修道院神学（矢内義顕）＊
11——イスラーム哲学（竹下政孝）＊
12——フランシスコ会学派（坂口昂吉）＊
13——盛期スコラ学（箕輪秀二）＊
14——トマス・アクィナス（山本耕平）＊
15——女性の神秘家（冨原眞弓）＊
16——ドイツ神秘思想（木村直司）＊
17——中世末期の神秘思想（小山宙丸）＊
18——後期スコラ学（稲垣良典）＊
19——中世末期の言語・自然哲学（山下正男）＊
20——近世のスコラ学（田口啓子）＊
別巻——中世思想史／総索引＊

中世思想原典集成 第II期

1・2——トマス・アクィナス 真理論 上・下（山本耕平）＊
3——カンタベリーのアンセルムス著作集・書簡集（矢内義顕）
4・5——ニコラウス・クザーヌス著作集 上・下（八巻和彦）
（以下続刊）

括弧内＝各巻監修者　＊＝既刊